Steffen Kailitz (Hrsg.)

# Schlüsselwerke der Politikwissenscha

Steffen Kailitz (Hrsg.)

# Schlüsselwerke der Politikwissenschaft

VS VERLAG FÜR SOZIALWISSENSCHAFTEN

Bibliografische Information Der Deutschen Nationalbibliothek
Die Deutsche Nationalbibliothek verzeichnet diese Publikation in der Deutschen Nationalbibliografie; detaillierte bibliografische Daten sind im Internet über <http://dnb.d-nb.de> abrufbar.

1. Auflage Mai 2007



Lektorat: Frank Schindler

Der VS Verlag für Sozialwissenschaften ist ein Unternehmen von Springer Science+Business Media.
www.vs-verlag.de



Umschlaggestaltung: KünkelLopka Medienentwicklung, Heidelberg
Druck und buchbinderische Verarbeitung: Krips b.v., Meppel
Gedruckt auf säurefreiem und chlorfrei gebleichtem Papier
Printed in the Netherlands

ISBN 978-3-531-14005-6

# Inhalt

# Einleitung

## 1 Was ist ein politikwissenschaftliches Schlüsselwerk?

Während die Studierenden in den Naturwissenschaften mit einigen Standardlehrbüchern auskommen und ansonsten praktisch tätig sind, nimmt das Lesen einen wesentlichen Teil des Studiums der Politikwissenschaft in Anspruch. Wer nur ungern liest, sollte daher den politikwissenschaftlichen Weg meiden. Wo soll man aber anfangen mit dem Lesen? Die Vielzahl der politikwissenschaftlichen Werke ist selbst für den ausgebildeten Politikwissenschaftler kaum überschaubar, den Neuling im Fach droht sie schier unter sich zu begraben. Dieser Band will dem Leser bei der Orientierung helfen. Aus dem reichhaltigen Meer der Schriften wurden jene herausgefischt, die in besonderem Maße die Entwicklung der Politikwissenschaft spiegeln.

Zunächst einmal ist festzulegen, welche Bücher als wissenschaftlich gelten können. In den Worten von Gary King, Robert O. Keohane und Sidney Verba (→ King/Keohane/Verba 1994) dient wissenschaftliche Forschung dazu, „auf der Grundlage von empirischen Informationen über die Welt Schlussfolgerungen zu ziehen" (S. 7). Ebenso wenig wie nur ein Friseur Haare schneiden kann, ist demnach nur ein Wissenschaftler fähig, wissenschaftlich zu arbeiten. Wer ein wissenschaftliches Werk verfasst, muss also nicht zwangsläufig eine wissenschaftliche Ausbildung durchlaufen haben und an einer Universität arbeiten. Diese Definition öffnet das Tor, auf dem die Klassiker des politischen Denkens von Aristoteles bis zu Walter Bagehot ihren Eingang in das Werk gefunden haben.

Was ist nun ein spezifisch politikwissenschaftliches Buch? Als politikwissenschaftlich sind schlicht alle Untersuchungen anzusehen, die sich auf wissenschaftliche Weise mit politischen Untersuchungsgegenständen auseinandersetzen. Anders gewendet: Politikwissenschaftlich ist ein Werk keineswegs nur dann, wenn es ein Politikwissenschaftler vorgelegt hat. Auch Geschichtswissenschaftler, Soziologen und Wirtschaftswissenschaftler können politikwissenschaftliche Werke schreiben. So zählen etwa drei der Leitfiguren der Soziologie – Max Weber (→ Weber 1922), Niklas Luhmann (→ Luhmann 1981) und Jürgen Habermas (→ Habermas 1992) – zu Schöpfern von Schlüsselwerken der Politikwissenschaft. Eine Reihe weiterer Denker wie John Stuart Mill (→ Mill 1861), Alexis de Tocqueville (→ Tocqueville 1835/1840), Karl Marx (→ Marx 1869), Gaetano Mosca (→ Mosca 1895) und Robert Michels (→ Michels 1911) haben Bausteine einer politischen Soziologie geliefert, die schließlich in die Etablierung des eigenständigen Universitätsfachs Politikwissenschaft mündete. Auch Staatsrechtslehrer wie Hermann Heller (→ Heller 1934), Hans Kelsen und Carl Schmitt (→ Schmitt 1927) haben das politikwissenschaftliche Denken über die Grenzen Deutschlands hinaus in bedeutender Weise beeinflusst. Aus dem Bereich der Wirtschaftswissenschaften prägten die Theorien des rationalen Handelns das Profil der heutigen Politikwissenschaft.

Die Auswahl der „Schlüsselwerke" erfolgte nicht aus einer spezifisch deutschen Perspektive. Dies wäre angesichts der zunehmenden internationalen Vernetzung der Politikwissenschaftler verfehlt gewesen. Die Entwicklung der modernen Politikwissenschaft nach dem Zweiten Weltkrieg prägten in bedeutendem Maße Forscher aus den USA. Diese Dominanz der US-Forscher in der modernen Politikwissenschaft spiegelt sich in der hohen Zahl der berücksichtigten Werke aus den USA. Dabei ist zu beachten, dass die Politikwissenschaft der USA bis heute Forscher aus allen Ländern anzieht. In der „American Political Science Association" finden sich Mitglieder aus über 80 Ländern. Neben den US-Amerikanern finden sich überproportional viele Westeuropäer unter den Autoren der „Schlüsselwerke". Dies liegt wesentlich daran, dass die Politikwissenschaft nur in Demokratien gut gedeihen kann. Es gibt in der Neuzeit einen klaren Zusammenhang zwischen der Entwicklung der Politikwissenschaft und der Entwicklung demokratischer Strukturen (Easton/Stein/Gunnell 1995). Die Dominanz von Diktaturen in Afrika, Asien, Lateinamerika und Osteuropa führte damit auch dazu, dass Autoren aus diesen Ländern kaum unter den Autoren der „Schlüsselwerke" vertreten sind.

Der Rahmen der Auswahl ist somit gezogen. Die Schlüsselwerke ermittelte ich nun mittels zweier Kriterien: Ein Buch ist ein Schlüsselwerk der Politikwissenschaft, wenn es 1. in origineller Weise die Kenntnisse über die Politik in einem bedeutendem Maße erweitert. Originell kann ein Werk dabei in mancherlei Hinsicht sein. Das Buch kann ein neues Forschungsgebiet erschlossen oder einen neuen methodischen Ansatz ausprobiert haben. Originell können aber auch sehr gelungene Systematisierungen des politikwissenschaftlichen Wissens in einem bestimmten Bereich sein. Ein Werk kann aber noch so originell und inhaltlich beeindruckend sein, ohne die Aufmerksamkeit der Politikwissenschaftler ist es kein „Schlüsselwerk" der Politikwissenschaft. Ein „Schlüsselwerk" muss also 2. in deutlich überdurchschnittlicher Weise – über die Grenzen der eigenen Nation hinaus – rezipiert worden sein. Ein wesentlicher Teil der Angehörigen des Fachs muss es als ein grundlegendes Werk ansehen. Die beiden Kriterien können dabei in unterschiedlich starkem Maße zutreffen. Ein sehr hohes Maß auf dem einen Feld kann ein geringeres Maß auf dem anderen Feld ausgleichen.

Nachdem die Kriterien festgelegt waren, begann ich die deutsch- und englischsprachigen Einführungen in das Fach Politikwissenschaft zu sichten. Sehr hilfreich bei der Auswahl waren etwa das „New Handbook of Political Science“ (Goodin/Klingemann 1996) und die aus Tagungen der „American Political Science Association“ hervorgegangenen Bände zur „State of the Discipline“ (Finifter 1983; Finifter 1993; Katznelson/Milner 2002).

Um die intersubjektive Nachvollziehbarkeit der Auswahl zu gewährleisten, erschien es sinnvoll, möglichst viele Fachkollegen in den Prozess der endgültigen Auswahl einzubinden. Einem Kreis von über 100 Politikwissenschaftlern, darunter die Autoren dieses Bandes, legte ich meine Kandidatenliste für die „Schlüsselwerke“ vor. Die Experten sollten zwei Fragen beantworten:

1. Welche der aufgeführten Werke gehören nicht in eine Auswahl der 150 wichtigsten Werke der Politikwissenschaft?
2. Welche Werke fehlen in der Liste der wichtigsten Werke der Politikwissenschaft?

Durch diese Expertenbefragung kamen knapp 20 neue Werke in die Liste, aber fast 40 fielen heraus. Dies Schicksal traf überdurchschnittlich viele Bücher deutscher Politikwissenschaftler. Obwohl eine große Zahl von Politikwissenschaftlern in den Auswahlprozess einbezogen wurde, gewährleistet das methodische Vorgehen keine intersubjektive Nachvollziehbarkeit im strengen wissenschaftlichen Sinne.

Mancher Leser könnte es als ein Problem ansehen, dass sich unter dem Etikett „Schlüsselwerke der Politikwissenschaft“ zugleich Bücher wie das erst wenige Jahre alte „Veto Players“ (→ Tsebelis 2002) von Georg Tsebelis und Aristoteles' „Politik“ finden, das bereits seit mehr als 2.300 Jahre gelesen wird. Tatsächlich betont es aber die überaus erstaunliche Leistung des antiken Denkers, dass seine „Politik“ nach all diesen Jahrhunderten noch immer als Schlüsselwerk der Politikwissenschaft einzustufen ist. Die Grundlage der Aufnahme ist schließlich, dass sich seine Theorie des Politischen vor einem Vergleich mit zeitgenössischen Demokratietheorien nicht zu scheuen braucht (Schmidt 2000, S. 544-547). Bei wenige Jahre alten Büchern ist die Einstufung als Schlüsselwerk Vorschusslorbeere. In einem größeren historischen Abstand ist zu prüfen, ob dieses Urteil Bestand hat.

Bei einigen der Schlüsselwerke lässt sich darüber streiten, ob sie heutige methodische Standards erfüllen und/oder ob sie nicht Schwachpunkte in der Argumentation aufweisen. Dies dürfte beispielsweise für das Werk „Demokratie oder Anarchie? Untersuchung über die Verhältniswahl“ von Ferdinand Hermens (→ Hermens 1941) gelten. Dennoch hat dieses Buch die Wahlsystemforschung auf internationaler Ebene befruchtet und kann als ein Schlüsselwerk gelten. Hermens legte als erster eine umfangreiche vergleichende Studie von Wahlsystemen vor. Darüber hinaus kann er als Pionier des „constitutional engineering“ gelten, der nachdrücklich die Ansicht vertrat, dass die institutionelle Schraube Wahlsystem nur richtig eingestellt sein muss, damit die Demokratie funktioniert. Mit seiner Untersuchung des Zusammenhangs von Wahlsystem und Parteiensystem beeinflusste er die gesamte weitere Wahlsystemforschung.

Bei aller Begründung der Auswahl dürfte es bei diesem Band sein wie bei jedem „Kanon“. Jeder stört sich, dass das eine oder andere Buch, dass er für unwürdig hält, Aufnahme fand. Jedem Leser dürfte umgekehrt das eine oder andere für die Entwicklung des Fachs zentrale Werk fehlen. Mancher Leser dürfte kritisieren, dass deutsche Politikwissenschaftler überproportional vertreten sind, andere dürften dies umgekehrt sehen. Bereits die vielfältigen und anregenden Kommentare der Kollegen zu meiner Kandidatenliste für die Schlüsselwerke zeigten, dass es keinen Königsweg gibt. Dieser „Kanon“ soll den Lesern auch das Vergnügen bereiten, sich an ihm zu reiben. Nicht nur durch die Auswahl dieses Bandes selbst, sondern auch durch seinen Anstoß, sich über die Frage auseinanderzusetzen, welche Studien zu den Schlüsselwerken der Politikwissenschaft zählen, möchte dieser Band einen Beitrag zum Selbstverständnis der Politikwissenschaft leisten.

Mein Blickwinkel auf die Politikwissenschaft, der die klassischen Geistesgrößen nicht nur zu Ahnen, sondern zu Vertretern der Politikwissenschaft erklärt, hat bedeutende Folgen für das Selbstbewusstsein des akademischen Fachs mit diesem Namen. Er dürfte nicht ohne Widerspruch bleiben. Vor einigen Jahren klagte Jürgen W. Falter, der damalige Präsident der „Deutschen Vereinigung für Politische Wissenschaft“: „Die internationale Politikwissenschaft wartet noch immer auf ihren Galilei oder Newton, die deutsche noch immer auf ihren Max Weber“ (Falter 2003, S. 234). Wenn wir aber nicht von dem gegenwärtigen akademischen Fach ausgehen, sondern von einer Definition, was Politikwissenschaft ausmacht, dann lässt sich dem selbstbewusst entgegenhalten: Die internationale Politikwissenschaft hatte ihren Aristoteles und ihren Machiavelli, die deutsche nicht nur ihren Max Weber, sondern auch ihren Immanuel Kant. Auch in der Moderne hat die

Politikwissenschaft keinen Grund sich den Naturwissenschaften unterlegen zu fühlen. So erscheint der Beitrag von David Easton zum Fortschritt des menschlichen Denkens nicht so viel weniger wert als der vieler Nobelpreisträger. Dass sich unter den Autoren dieses Bandes nur vier Nobelpreisträger finden – Kenneth Arrow, James Buchanan, Friedrich August Hayek und Douglass C. North – und dazu noch durchweg im Bereich der Wirtschaftswissenschaften, liegt schlicht daran, dass es noch immer keinen Nobelpreis für Sozialwissenschaften gibt. Das bleibende Verdienst der in einem weiten Sinne verstandenen Politikwissenschaft für die Menschheit scheint mir zu sein, dass sie über die Jahrhunderte die Fortentwicklung der Organisation menschlicher Gemeinwesen in Richtung der Ausbreitung eines demokratischen und rechtsstaatlichen Denkens gefördert hat. Diesem Erbe der Verbesserung der Organisation des menschlichen Gemeinwesens sollte sich die moderne Politikwissenschaft verpflichtet fühlen.

## 2 Aufbau der Beiträge

Der Aufbau der „Schlüsselwerke der Politikwissenschaft“ gleicht dem ähnlicher Bände aus Nachbardisziplinen (u.a. Papcke/Oesterdiekhoff 2001, Holtz-Bacha/Kutsch 2002). In diesem Band stellen 73 Autoren 129 Schlüsselwerke aus allen Zweigen der Politikwissenschaft vor. Ebenso wie die Schlüsselwerke repräsentieren die Autorinnen und Autoren die gesamte Breite des Fachs sowie alle Alters- und Qualifikationsstufen. Einige der Beiträger wie Max Kaase (→ Barnes u.a. 1979), Peter Graf Kielmansegg (→ Kielmansegg 1977) oder Dieter Nohlen (→ Nohlen 1986) sind selbst Autoren von Schlüsselwerken der Politikwissenschaft.

Die Autoren mussten bei der Vorstellung der Werke der Anforderung gerecht werden, dass die Artikel für politikwissenschaftlich Interessierte ohne entsprechendes Studium sowie Studierende im Grundstudium (auch aus den Nachbarwissenschaften) verständlich sind. Der Inhalt der Beiträge musste aber zugleich so angelegt sein, dass er auch für fortgeschrittene Studenten und Politikwissenschaftler aller weiterer Qualifikationsstufen eine anregende Erinnerungsstütze bietet. Die Beiträge sollen dabei keineswegs das Lesen der Schlüsselwerke ersetzen, sondern zu diesem anregen. Umgekehrt ist das Lesen eines Beitrags dieses Bandes auch für jene nicht nutzlos, die das Schlüsselwerk kennen. Die Autoren bieten dem Leser zahlreiche Hintergrundinformationen zu den Schlüsselwerken. Bei der Gestaltung ihrer Texte sollten sie die folgenden Punkte berücksichtigen:

1. Autor(en) und Entstehung: Der erste – kurze – Teil soll die Grundinformationen zur Entstehungsgeschichte des Werks und zu den Autoren enthalten.
2. Inhalt des Werks: Der Kernteil des Beitrags soll den Aufbau und die wesentlichen Ergebnisse des Werks referieren.
3. Kritik: Worin liegen besondere Stärken, worin Schwächen des Werks? Warum ist das Buch als ein Schlüsselwerk der Politikwissenschaft anzusehen?
4. Rezeption: Dieser Teil soll sich nicht auf die Rezeption des Gesamtwerks eines Autors beziehen, sondern stets nur auf das besprochene Werk (evtl. auch auf eng damit zusammenhängende andere Werke des Autors). Welche Bücher anderer Autoren traten direkt in die Fußstapfen dieses Buches? Welche setzen sich kritisch mit ihm auseinander und verfolgten eigene Pfade?

Um es dem Leser zu erleichtern, die „Schlüsselwerke" zu benutzen, ist bei jedem Beitrag die verwendete Ausgabe (VA) des „Schlüsselwerks" angegeben. Um die Werke zeitlich einzuordnen, sind darüber hinaus auch jeweils die Erstausgabe (EA) und die erste deutsche Ausgabe (DA) angegeben. Die Navigation durch die „Schlüsselwerke" soll zudem dadurch erleichtert werden, dass in den Beiträgen Verweise auf andere Schlüsselwerke mit einem Pfeil (z.B. → Almond/Powell 1978) kenntlich gemacht werden. Bei Verweisen auf die Klassiker der Politikwissenschaft wie etwa Charles de Montesquieus „Geist der Gesetze" (→ Montesquieu 1748) wird stets auf das Jahr der Erstausgabe verwiesen, nicht auf das Jahr des von dem Verfasser des Beitrags benutzten Ausgabe. Sortiert sind die Beiträge wie üblich nach dem Nachnamen des (erstgenannten) Autors des Schlüsselwerks. Ich hoffe, die „Schlüsselwerke der Politikwissenschaft" bieten ihren Lesern Orientierung im Dickicht der politikwissenschaftlichen Literatur und manche Anregung für eigene – kleinere oder größere – Forschungsprojekte.

Abschließend möchte ich den Autorinnen und Autoren herzlich für die gute Zusammenarbeit danken. Bereits bei der endgültigen Zusammenstellung der Auswahlliste haben mir fast alle mit fruchtbaren Ratschlägen zur Seite gestanden. Ihnen allen sei dafür herzlich gedankt. Darüber hinaus haben mir auch viele weitere Politikwissenschaftler, die – aus zeitlichen Gründen – keine Beiträge übernommen haben, sehr wertvolle Anregungen gegeben. Für besonders hilfreiche und umfangreiche Anmerkungen aus dem Kreis der Autoren und Nichtautoren möchte ich hiermit Klaus von Beyme, Stephan Bierling, Wilfried von Bredow, Ludger Helms, Rainer Schmalz-Bruns, Jürgen Hartmann, Eckhard Jesse, Volker Rittberger, Manfred G. Schmidt, Suzanne Schüttemeyer und Ruth Zimmerling danken. Der großen Mehrheit des Autorenkreises, die die Beiträge bereits vor langer Zeit abgeliefert haben, bin ich zudem zu ausgesprochen großem Dank für die unerschütterliche Geduld bis zum Erscheinen des Bandes schuldig. Insgesamt brauchte das Projekt deutlich mehr als drei Jahre von den Anfängen bis zur Drucklegung. Meine Frau Susanne hat mich vom ersten Entwurf bis zur letzten Korrektur der Druckfassung bei dem Projekt unterstützt. Sie hat damit erst die Herausgabe dieses Werks ermöglicht. Besonderen Dank schulde ich auch Frank Schindler für die sehr gute Zusammenarbeit von der ersten Projektskizze bis zur Drucklegung des Werks. Ich danke weiterhin Florian Hartleb für seine umfangreiche Hilfe bei den letzten Korrekturen an dem Buch.

# Ein – sehr kurzer – Streifzug durch die Politikwissenschaft

Die Kenner der Geschichte der Politikwissenschaft mögen die Oberflächlichkeit des folgenden Streifzugs verzeihen. Sie können getrost weiterblättern, sie werden hier kaum Neues erfahren, lediglich Einiges über die Sichtweise des Herausgebers dieses Bandes. Dieser Teil wendet sich somit vor allem an die Leser, die noch neu und etwas orientierungslos in den Gefilden der Politikwissenschaft sind. Ein Nachschlagewerk wie die „Schlüsselwerke" liest der Leser gewöhnlich nicht von vorne nach hinten. Ich möchte den Neueinsteigern in die Politikwissenschaft daher eine kleine Orientierungshilfe geben, um interessante Gassen durch die „Schlüsselwerke der Politikwissenschaft" aufzuzeigen.

Die Politikwissenschaft ist als Universitätsfach mit diesem Namen noch eine recht junge Disziplin (u.a. Andrews 1982). Wer Wissenschaft aber schlicht begreift, als das Ziehen von Schlussfolgerungen aufgrund von empirischen Beobachtungen, der muss zu dem Schluss kommen, dass die Geschichte der Politikwissenschaft keineswegs nur die kurze Zeitspanne seit der Etablierung der modernen Politikwissenschaft in den USA im 19. Jahrhundert umfasst. Zahlreiche Bücher, die lange entstanden, bevor sich die moderne Politikwissenschaft etablierte, sind originär politikwissenschaftliche Werke. Gabriel Almond, einer der bedeutendsten Vertreter der modernen Politikwissenschaft, urteilt: „Die Geschichte der Politikwissenschaft fängt mit Plato an" (Almond 1998, S. 53). Die Werke Platons bezeichnet er als „erste Klassiker der Politikwissenschaft". Er spricht dabei bewusst von politikwissenschaftlichen Werken, weil diese Bücher die Kriterien der Wissenschaftlichkeit erfüllen. Für Almond wurden die beiden großen Fragen der Politikwissenschaft bereits in der Antike formuliert: „Welche institutionellen Formen des politischen Gemeinwesens gibt es?" und „Welche Maßstäbe verwenden wir, um sie zu bewerten?" (S. 57). Diese Grundfragen prägten bereits Platons „Staat" (→ Platon zwischen 387 und 367 v. Chr.) und Aristoteles' „Politik" (→ Aristoteles ca. 335 v. Chr.). Aristoteles entwickelte eine durchdachte Typologie der Staatsformen, die über Jahrhunderte Bestand hatte (Gallus/Jesse 2004). Die Politikwissenschaft ist also kein Phänomen der Moderne, sondern ihre Wurzeln reichen zurück bis in die Antike. Die „Klassiker des politischen Denkens" (Maier/Denzer 2001) von Platon bis

Max Weber sind zugleich „Klassiker der Politikwissenschaft“ (Bleek/ Lietzmann 2005, S. 13; siehe auch Almond 1998).

Für die Politikwissenschaft öffneten sich auch keineswegs erst in der Moderne die Tore der Universitäten. Vielmehr wurde bereits seit der Gründung der ersten Universitäten im Hochmittelalter (11. bis 13. Jahrhundert) dort auch die Lehre von der Politik vermittelt (u.a. Bleek 2002). Eine eigenständige Stellung hatte die Politikwissenschaft dabei allerdings zunächst nicht. Mit der Politik beschäftigten sich Studenten und Lehrer überwiegend im Rahmen der praktischen Philosophie. Einen bedeutenden Einschnitt in der Geschichte des politikwissenschaftlichen Denkens gab es in der Zeit der Reformation (ca. 1517-1648). Niccolò Machiavelli (→ Machiavelli 1532) stellte mit seinem „Fürsten“ dem eher positiv geprägten Menschenbild von Aristoteles und Platon ein eher negativ geprägtes gegenüber. Dieses neue Menschenbild, das noch deutlicher Thomas Hobbes (→ Hobbes 1651) ausformulierte, mündete Jahrhunderte später im Bild des reinen Rational Choice-Ansatzes eines einseitig seinen Nutzen maximierenden Menschen (→ Downs 1957). Machiavelli und Hobbes trugen mit diesem Denken zu einem „revolutionären Wandel im politischen Denken“ (Bleek/Lietzmann 2005, S. 13) bei.

Nicht zuletzt in Deutschland entwickelte sich in der frühen Neuzeit die Politikwissenschaft weiter. So legte etwa der Württemberger Gelehrte Magnus Hesenthaler bereits 1662 einen umfassenden Überblick zur Geschichte der Politikwissenschaft vor (Philipp 2006). Ab Mitte des 18. Jahrhunderts klebte auf politikwissenschaftlichen Studien das Etikett „Staatswissenschaften“. Langsam verschwand in Deutschland die Politikwissenschaft nun weitgehend aus dem Angebot der Universitäten.

Es dürfte kein Zufall sein, dass die moderne Politikwissenschaft wenig später in den USA entstand. Die Autoren des ersten und bis heute einflussreichsten Kommentars zur US-Verfassung, die „Föderalisten“, verstanden sich selbst als Politikwissenschaftler, die auf den Schriften anderer Politikwissenschaftler wie Charles de Montesquieu (→ Montesquieu 1748) aufbauten (→ Hamilton/Jay/Madison 1766, u.a. Art. 9). Nach dem Ende des Amerikanischen Bürgerkriegs etablierte sich 1866 das Fach Politikwissenschaft an den Universitäten der USA. Dabei spielte der Einfluss der deutschen Forschungstradition eine sehr bedeutende Rolle. Wissenschaftler aus Deutschland und nicht zuletzt an deutschen Universitäten ausgebildete US-Amerikaner wie Woodrow Wilson drückten der aufkommenden Politikwissenschaft ihren Stempel auf. 1903 entstand die „American Political Science Association“ als erste nationale Vereinigung von Politikwissenschaftlern. Im

Mittelpunkt der Politikwissenschaft standen der Staat und seine Institutionen. Typische Beispiele sind etwa Theodore Woolseys „Political Science, or the State Theoretically and Practically Considered" (1878) und Woodrow Wilsons „The State: Elements of Historical and Practical Politics" (1889). Einen wichtigen Platz in der Politikwissenschaft hatte zudem die Auseinandersetzung mit den klassischen Werken der normativen politischen Philosophie. Einen bedeutenden Schub für die Entwicklung der Methodik der Politikwissenschaft brachte die in den 1920er Jahren von Charles Merriam in Chicago gegründete Schule, zu der u.a. Harold Lasswell (→ Lasswell 1936) und Gabriel Almond gehörten. Durch die Chicagoer Schule hielt die Statistik mit ihren Analyseinstrumenten Einzug in die Politikwissenschaft. In Deutschland fand die Politikwissenschaft an den Universitäten – trotz einiger Vorläufer in der Weimarer Republik (vor allem die Deutsche Hochschule für Politik) – erst wieder nach 1945 ihren Platz. Eine zentrale Rolle spielten dabei Remigranten, die während des Zweiten Weltkriegs in die USA geflüchtet waren (vgl. u.a. Söllner 1997). Zu ihnen zählten Arnold Bergstraesser, Ernst Fraenkel (→ Fraenkel 1964), Ferdinand A. Hermens (→ Hermens 1941) und Eric Voegelin (→ Voegelin 1952).

Die moderne Politikwissenschaft ist kein homogenes Fach. Unter ihrem Dach sind Forscher vereint, deren Forschungsperspektiven sich grundlegend voneinander unterscheiden. Drei Ansätze spielen dabei eine besonders große Rolle:

1. Institutionalismus: Zunächst war die moderne Politikwissenschaft geprägt von einer institutionalistischen Perspektive. Im Mittelpunkt der Untersuchungen standen die in der Verfassung verankerten Institutionen. Beispielhafte Werke legten etwa Walter Bagehot (→ Bagehot 1867); Hermann Heller (→ Heller 1934), Carl Joachim Friedrich und Zbigniew Brzezinski (→ Friedrich/Brzezinski 1956), Ferdinand Hermens (→ Hermens 1941) sowie Karl Loewenstein (→ Loewenstein 1957) vor.

Ab den 1950er Jahren geriet die institutionalistische Perspektive durch die behavioralistische „Revolution" in den USA stark in die Defensive. Für Europa und besonders für Deutschland galt das nie in gleichem Maße. Dies zeigen etwa die Werke Karl Dietrich Brachers (→ Bracher 1955), Klaus von Beymes (→ Beyme 1970;), Gerhard Lehmbruchs (→ Lehmbruch 1976) und Dieter Nohlens (→ Nohlen 1986). Auf internationaler Ebene hielt u.a. Juan Linz (→ Linz 1975) die Fahne des Institutionalismus hoch. In den letzten beiden Jahrzehnten erlebte international die institutionalistische Perspektive sowohl in eher traditioneller Form (→ Carey/Shugart 1992, → Linz/Stepan 1996) etwa in der Transformationsforschung als auch in der veränderten

Form der verschiedenen Varianten des Neoinstitutionalismus (→ Lijphart 1999; → March/Olsen 1989; → North 1990; → Scharpf 1997) ein Comeback.

2. Behavioralismus: In den Jahrzehnten nach dem Zweiten Weltkrieg veränderte die behavioralistische (verhaltenswissenschaftliche) „Revolution" die Politikwissenschaft. Im Mittelpunkt dieser Perspektive stehen die Einstellungen und das Verhalten der Menschen. Für diese Ausrichtung der Politikwissenschaft stehen u.a. die Namen von Harold Dwight Lasswell (→ Lasswell 1936), Gabriel Almond und Sydney Verba (→ Almond/Verba 1963), Karl W. Deutsch (→ Deutsch 1963), Heinz Eulau (1963), Samuel Barnes und Max Kaase (→ Barnes u.a. 1979), Ronald Inglehart (→ Inglehart 1977) sowie die Wahlforscher um Angus Campbell (→ Campbell u.a. 1960) und um Paul Lazarsfeld (→ Lazarsfeld/Berelson/Gaudet 1944). Besonders einflussreich war David Easton (u.a. → Easton 1965), der den Begriff des „politischen Systems" in der Politikwissenschaft etablierte. Typische Forschungsfelder von Behavioralisten sind die Wahlforschung, die politische Kulturforschung, die politische Partizipationsforschung und die Erforschung politischer Kommunikation. Die Policyforschung lässt sich als eine Art „Fortsetzung des Behavioralismus mit den gleichen Mitteln, aber teilweise anderen, nämlich stärker praxisorientierten Zielsetzungen" (Falter 1982, S. 70) ansehen. Auf diesem Feld haben sich u.a. Daniel Lerner und Harold D. Lasswell (Lerner/Lasswell 1951), Manfred G. Schmidt (→ Schmidt 1982), David Knoke und Franz Urban Pappi (Knoke u.a. 1996) Verdienste erworben.

Die Ausbreitung des Behavioralismus ging Hand in Hand mit der Verbreitung der Datenerhebung und Datenauswertung mit statistischen Verfahren. Mit der behavioralistischen „Revolution" ging also eine Erhöhung des methodischen Anspruchs der Politikwissenschaft einher. So sollten etwa Untersuchungen über reine Beschreibungen politischer Vorgänge hinausgehen und auf eine Erklärung und Prognose zielen. Damit sie nachprüfbar sind, müssen die Ergebnisse des Forschers demnach von seiner Person unabhängig sein. Wenn ein anderer Forscher die Untersuchung wiederholt, muss er zu den annähernd gleichen Ergebnissen kommen. Dieser methodische Anspruch ist inzwischen nahezu Allgemeingut politikwissenschaftlicher Forscher geworden. Er ist mit einer institutionalistischen Perspektive ebenso vereinbar wie mit einer behavioralistischen. Dies zeigen etwa die Arbeiten von Arend Lijphart (→ Lijphart 1999) und Douglas Rae (→ Rae 1971).

Der methodische Anspruch ist also klar von der inhaltlichen Ausrichtung des Behavioralismus zu trennen. Trotz der hervorragenden Aufarbeitung der Positionen des Behavioralismus durch Jürgen F. Falter (1982) scheint in Deutschland das Missverständnis verbreitet, Behavioralisten würden Werturteile grundsätzlich als unwissenschaftlich ablehnen. Tatsächlich gehen Behavioralisten lediglich davon aus, dass Werturteile nicht im strengen wissenschaftlichen Sinne begründbar sind. Werturteile sieht der typische Behavioralist als „wichtige Variablen der sozialen Steuerung und der technologischen Verwertung seiner Ergebnisse“ (Falter 1982, S. 197). Es ist daher falsch, Behavioralismus und Positivismus nahezu gleichzusetzen. Die Behavioralisten sind in aller Regel keine positivistischen Dogmatiker, die alle nicht direkt aus Beobachtungen ableitbaren Begriffe und Aussagen aus der Wissenschaft verbannen wollen. Die Behavioralisten sind daher gewöhnlich nicht – wie in der Einführungsliteratur zur Politikwissenschaft häufig behauptet – wertneutral, sie orientieren sich in ihrer Forschung vielmehr in der Regel am Ideal einer liberalen Demokratie (siehe u.a. → Almond/Verba 1963, → Dahl 1971).

3. Theorien der rationalen Wahl: Zunächst unbemerkter als der Behavioralismus, aber im Rückblick fast ebenso stark beeinflusste die aus den Wirtschaftswissenschaften stammende Theorie der rationalen Wahl und die diesem Forschungszweig eigene Neigung zur Arbeit mit mathematischen Modellen das Profil der heutigen Politikwissenschaft. Die Theorien rationaler Wahl weisen bedeutsame Unterschiede auf. Alle verbinden aber zwei Grundannahmen: 1. Kollektives Handeln und soziale Situationen lassen sich nach diesem Modell aus den Eigenschaften und dem Verhalten von Individuen ableiten (methodischer Individualismus). Diese Annahme ist die gemeinsame Basis von Behavioralismus und den Theorien der rationalen Wahl. Die zweite Annahme stellt daher den Kern des Rational Choice-Ansatzes dar. Demnach beruhen Einstellungen und Verhalten der Menschen auf rationalen Entscheidungen. Als rational gilt dabei ein Verhalten, wenn ein Mensch von mehreren Möglichkeiten die Alternative bevorzugt, die am besten seinen Präferenzen entspricht. Zurückführen lässt sich das Menschenbild des Ansatzes bis auf Niccolò Machiavelli und Thomas Hobbes (vgl. Kunz 2004). Vertreter sind u.a. Robert Axelrod (→ Axelrod 1984), Kenneth Arrow (→ Arrow 1951), James M. Buchanan und Gordon Tullock (→ Buchanan/Tullock 1962), Anthony Downs (→ Downs 1957) und Mancur Olson (→ Olson 1965), Elinor Ostrom (→ Ostrom 1990), William H. Riker und Peter C. Ordeshook (→ Riker/ Ordeshook 1973).

Institutionalismus, Behavioralismus und Theorien der rationalen Wahl sind keine trennscharfen Kategorien. Daher kann ein bestimmter Politikwissenschaftler zugleich Institutionalist und Anhänger einer Theorie der rationalen Wahl sein. Heinz Eulau, ein Vorkämpfer des Behavioralismus erklärte auch bereits 1963, dass institutionalistische und behavioralistische Analyse keineswegs in einem unüberwindbaren Gegensatz stünden, sondern sich gegenseitig befruchtende Unterfangen seien (Eulau 1963, S. 15). Allen drei Zugängen ist gemeinsam, dass sie durch die empirische Beobachtung Schlussfolgerungen über die Welt ziehen wollen. In diesem Sinne sind alle drei Zugänge einer empirisch-analytischen Politikwissenschaft zuzuordnen. Alle drei Ansätze schließen aber keineswegs normative Elemente aus. Auch Behavioralismus und Rational Choice-Ansatz beinhalten – entgegen einem verbreiteten Missverständnis – keineswegs eine pauschale Ablehnung von Konzepten wie Diktatur und Extremismus, die zugleich eine empirische und eine normative Komponente aufweisen. So nutzen auch Behavioralisten wie Max Kaase (Infratest 1980), Hans-Dieter Klingemann und Franz Urban Pappi (1972) und Anhänger der Theorie der rationalen Wahl wie Albert Breton und Ronald Wintrobe (Breton u.a. 2002), etwa das Extremismuskonzept.

Bis heute lassen sich in der Politikwissenschaft Ansätze mit einem eher positivem und einem eher negativen Menschenbild unterscheiden. Der Behavioralismus ist deutlich geprägt vom Bild eines homo sociologicus, eines sozialen Menschen, der sich an den gesellschaftlichen Normen orientiert, die Theorien der rationalen Wahl dagegen vom Bild eines nutzenmaximierenden homo oeconomicus. Im Bereich der Internationalen Politik stehen sich diese Menschenbilder unter den Etiketten Idealismus und Realismus gegenüber. Aus der Perspektive von Idealisten wie Immanuel Kant (→ Kant 1795) ist der Mensch vernunftbegabt und berücksichtigt bei seinem Handeln für ihn einsehbare Normen. Aus der Perspektive von Realisten wie Edward Hallett Carr (→ Carr 1939) und Hans Morgenthau (→ Morgenthau 1948) versuchen Menschen und damit auch Staaten dagegen, ihren Nutzen zu maximieren und verstoßen dabei auch gegen Regeln.

Die Varianten des empirisch-analytischen Zugangs decken den größten Teil der Politikwissenschaft ab. Ein bedeutender Bereich der Politikwissenschaft scheint sich aber im Grunde der Definition von Wissenschaft im Sinne von Keohane, King und Verba (→ King/Keohane/Verba 1994) etwas zu verweigern. Es handelt sich um den seit der Antike existierenden Bereich der normativen politischen Philosophie. Mir erscheint es daher sinnvoll von der Antike bis zur Gegenwart in der Politikwissenschaft zwischen dem Bereich der empirisch-analytischen und der normativ-philosophischen Politikwissenschaft zu unterscheiden. In den USA wurde die normativ-philosophische Forschung im Zuge der behavioralistischen „Revolution" dabei weitgehend aus den politikwissenschaftlichen Fachbereichen der USA verdrängt, in Europa dagegen nicht.

In der modernen Politikwissenschaft wollten ohnehin manche in den 1950er und 1960er Jahren in der amerikanischen Politikwissenschaft schon das Totenglöcklein der normativen politischen Philosophie vernommen haben. Nach dem Erscheinen von John Rawls „Theorie der Gerechtigkeit" verstummten diese Stimmen. Rawls Theorie führt die lange und ehrwürdige Linie der Vertragstheorien von John Locke (→ Locke 1690) über Thomas Hobbes (→ Hobbes 1651) und Jean-Jacques Rousseau (→ Rousseau 1762) bis Immanuel Kant (→ Kant 1797) fort. Das Buch prägte die normativ-philosophische Diskussion der folgenden Jahrzehnte nachhaltig, indem es Autoren wie Robert Nozick (→ Nozick 1974), Michael Sandel (→ Sandel 1982) und Michael Walzer (→ Walzer 1983) zu Gegenentwürfen inspirierte. In diesen Entwürfen kommen deutlich die unterschiedlichen normativen Grundpositionen der Autoren zum Vorschein.

Normativ-philosophische und empirisch-analytische Politikwissenschaft stehen keineswegs in einem Gegensatz zueinander, sondern können einander befruchten. So lässt sich das Werk der amerikanischen „Föderalisten" (→ Hamilton/Madison/Jay 1788) im Grenzbereich zwischen empirisch-analytischer und normativ-philosophischer Politikwissenschaft verorten. Ausdrückliche Gegenpositionen zu einer empirisch-analytischen Politikwissenschaft bezogen aber 1. der normativ-ontologische Ansatz, der vom christlichen Wertesystem und 2. der kritisch-dialektische Ansatz, der vom marxistischen Wertesystem geprägt ist. Der normativ-ontologische Ansatz orientiert sich an überzeitlichen Werten. Politik hat aus dieser Perspektive die Aufgabe, sich um die Seelen der Menschen zu sorgen. Seine Anhänger sind in den Fußstapfen von Platon auf der Suche nach einer politischen Ordnung, die diesem Anspruch am ehesten gerecht wird. Vertreter sind etwa Wilhelm Hennis (→ Hennis 1963), Leo Strauss und Eric Voegelin (→ Voegelin 1952). Typisch für diese Richtung erscheint folgende Aussage von Voegelin: „Die Voraussetzung des Unternehmens, das über bloße Meinungen (doxai) zur Wissenschaft (episteme) von der Ordnung vordringen will, ist eine durchgearbeitete Ontologie, die alle Seinsbereiche, vor allem den weltjenseitigen, göttlichen, als real anerkennt und nicht versucht, die höherstufigen Seinsbereiche durch Kausalerklärungen auf niederstufige zu ‚reduzieren'" (→ Voegelin 1952, S. 16).

Die historisch-dialektische Sozialwissenschaft zielt darauf, ideologische Verschleierungen der herrschenden Verhältnisse in Gesellschaft, Politik und Wirtschaft zu entlarven. Ihr bekanntester Vertreter ist Karl Marx (u.a. → Marx 1869). Die wissenschaftlich bedeutendste Variante ist die Kritische Theorie der Frankfurter Schule (vgl. zu ihr u.a. Dubiel 2001). Die Kritik des

Kapitalismus bei Marx mündete bei ihr in einer Kritik der gesamten westlichen Zivilisation. Vertreter sind etwa Theodor W. Adorno, Max Horkheimer (Adorno/Horkheimer 1969) und Herbert Marcuse (1967). Unter den Autoren der „Schlüsselwerke" lassen sich Franz Neumann (→ Neumann 1942), Amitai Etzioni (→ Etzioni 1968) – und mit deutlichen Abstrichen – Jürgen Habermas (→ Habermas 1992) dieser Denkschule zuordnen.

In einem Spannungsverhältnis stehen normativ-ontologischer Ansatz und historisch-dialektischer Ansatz mit dem empirisch-analytischen Ansatz nicht, weil die einen Werturteile fällen und die anderen nicht. Als Widerspruch erscheint vielmehr, dass Anhänger der Reinformen eines normativ-ontologischen und eines historisch-dialektischen Ansatzes Elemente des Glaubens in die Wissenschaft hereintragen. Beim normativ-ontologischen Ansatz ist dies der christliche Glaube, beim kritisch-dialektischen Ansatz der Marxismus. Dabei sind aber mit Blick auf beide Ansätze Differenzierungen angebracht. Jürgen Habermas, der als Vertreter des kritisch-dialektischen Ansatzes gilt, trägt nicht mehr Glaubenselemente in die Sozialwissenschaft hinein als Vertreter einer normativen politischen Philosophie mit liberalen oder kommunitaristischen Anschauungen. Im Kern trifft dieses Urteil mit Blick auf den historisch-dialektischen Ansatz daher nur auf orthodoxe Marxisten wie etwa Reinhard Kühnl und Georg Fülberth zu (vgl. u.a Kühnl 1971).

Die noch häufig anzutreffenden Versuche die gegenwärtige Politikwissenschaft in einen empirisch-analytischen Ansatz, einen normativ-ontologischen und einen historisch-dialektischen zu unterteilen, erscheinen nicht mehr sehr sinnvoll. Die wissenschaftstheoretischen Positionen sind besser auf einem Kontinuum zwischen den Extremen eines absolut wertneutralen Positivismus und eines reinen Normativismus abzutragen. Vertreter des normativ-ontologischen Ansatzes und des kritisch-dialektischen Ansatzes weisen in der modernen Politikwissenschaft dabei die größte Nähe zum Pol eines reinen Normativismus auf.

Es gibt aber zwischen den Vertretern dieser Ansätze bedeutende Unterschiede, die durch das Bild einer Dreifaltigkeit der Politikwissenschaft nicht angemessen erfasst wird. Auf dem Kontinuum siedeln die Behavioralisten und die Anhänger des Rational Choice-Ansatzes durchschnittlich deutlich näher in Richtung des positivistischen Pols als Vertreter des klassischen Institutionalismus. Bei gegenwärtigen Institutionalisten (z.B. Klaus von Beyme und Dieter Nohlen) ist jedoch keineswegs mehr zwangsläufig eine stärker normative Ausrichtung festzustellen als bei Behavioralisten. Fast alle gegenwärtigen Politikwissenschaftler bewegen sich in einem Raum, der weit von den Polen eines reinen Positivismus und eines reinen Normativismus entfernt ist. Jürgen W. Falter, der in der Einführungsliteratur häufig als typischer Repräsentant einer empirisch-analytischen Position genannt wird, vertritt einen Standpunkt, der als typisch für die heutigen Politikwissenschaftler erscheint: „Wenn Politik in ihrer Gesamtheit Gegenstand der Politikwissenschaft sein soll, erscheint es sinnvoll, beide Aspekte [, empirische und normative,] zum Gegenstand und Inhalt der Disziplin zu machen“ (Falter 2003, S. 230).

## Literatur:


Theodor W. Adorno/Max Horkheimer, Dialektik der Aufklärung. Philosophische Fragmente, Frankfurt a.M. 1969.

Gabriel Almond, Political Science: The History of the Discipline, in: Robert E. Goodin/Hans-Dieter Klingemann (Hrsg.), A New Handbook of Political Science, Oxford 1998, S. 50-97.

William G. Andrews (Hrsg.), International Handbook of Political Science, Westport 1982.

Dirk Berg-Schlosser/Sven Quenter, Literaturführer Politikwissenschaft. Eine kritische Einführung in Standardwerke und „Klassiker“ der Gegenwart, Stuttgart u.a. 1999.

Wilhelm Bleek, Geschichte der Politikwissenschaft in Deutschland, München 2002.

Wilhelm Bleek/Hans J. Lietzmann (Hrsg.), Klassiker der Politikwissenschaft. Von Aristoteles bis David Easton, München 2005.

Wilhelm Bleek/Hans J. Lietzmann (Hrsg.), Schulen in der deutschen Politikwissenschaft, Opladen 1999.

Albert Breton u.a. (Hrsg.), Political Extremism and Rationality, Cambridge 2002.

Helmut Dubiel, Kritische Theorie der Gesellschaft. Eine einführende Rekonstruktion von den Anfängen im Horkheimer-Kreis bis Habermas, Weinheim/München 2001.

David Easton/Michael B. Stein/John G. Gunnell (Hrsg.), Regime and Discipline: Democracy and the Development of Political Science, Ann Arbor 1995.

Heinz Eulau, The Behavioral Persuasion in Politics, New York 1963.

Jürgen W. Falter, Der „Positivismusstreit“ in der amerikanischen Politikwissenschaft, Opladen 1982.

Jürgen W. Falter, Die Politikwissenschaft in Deutschland zu Beginn des 21. Jahrhunderts, in: Ders./Felix W. Wurm (Hrsg.) Politikwissenschaft in der Bundesrepublik Deutschland. 50 Jahre DVPW, Wiesbaden 2003, S. 223-238.

Ada W. Finifter (Hrsg.), Political Science: The State of the Discipline, Washington 1983.

Ada W. Finifter (Hrsg.), Political Science: The State of the Discipline II, Washington 1993.

Alexander Gallus/Eckhard Jesse (Hrsg.), Staatsformen. Modelle politischer Ordnung von der Antike bis zur Gegenwart, Köln 2004.

Robert E. Goodin/Hans-Dieter Klingemann (Hrsg.), A New Handbook of Political Science, Oxford 1998.

Jürgen Hartmann, Geschichte der Politikwissenschaft. Grundzüge der Fachentwicklung in den USA und in Europa, Opladen 2003.

Christina Holtz-Bacha/Arnulf Kutsch (Hrsg.), Schlüsselwerke für die Kommunikationswissenschaft, Wiesbaden 2002.

Infratest-Studie, Politischer Protest in der Bundesrepublik Deutschland. Beiträge zur sozialempirischen Untersuchung des Extremismus, Stuttgart u.a. 1980.

Ira Katznelson/Helen V. Milner (Hrsg.) Political Science: The State of the Discipline, Washington 2002.

Hans-Dieter Klingemann/Franz Urban Pappi, Politischer Radikalismus. Theoretische und methodische Probleme der Radikalismusforschung dargestellt am Beispiel einer Studie anlässlich der Landtagswahl 1970 in Hessen, München/Wien 1972.

Reinhard Kühnl, Formen bürgerlicher Herrschaft. Liberalismus - Faschismus, Reinbek 1971.

Daniel Lerner/Harold D. Lasswell (Hrsg.), The Policy Sciences: Recent Developments in Scope and Method, Stanford 1951.

Herbert Marcuse, Der eindimensionale Mensch, München 1967.

Manfred Mols, Politik als Wissenschaft: Zur Definition, Entwicklung und Standortbestimmung einer Disziplin, in: Ders./Hans-Joachim Lauth/Christian Wagner (Hrsg.), Politikwissenschaft: Eine Einführung, 4. Aufl., Paderborn u.a. 2003, S. 25-66.

Claus Offe, Strukturprobleme des kapitalistischen Staates. Aufsätze zur Politischen Soziologie. Frankfurt a.M. 1972.

Sven Papcke/Georg W. Oesterdiekhoff (Hrsg.), Schlüsselwerke der Soziologie, Wiesbaden 2001.

Michael Philipp, Projekt Hesenthaler: Magnus Hesenthalers Antesignanus politicus (1662) und die Politikwissenschaft in Tübingen im 17. Jahrhundert, http://www.philso.uni-augsburg.de/web2/Politik1/mpfopr3.htm#Antesignanus (Stand: 20. Juni 2006).

Manfred G. Schmidt, Demokratietheorien. Eine Einführung, 3. Aufl., Opladen 2000.

Alfons Söllner, Die Gründung der westdeutschen Politikwissenschaft: Ein Reimport aus der Emigration?, in: Claus-Dieter Krohn/Patrik von zur Mühlen (Hrsg.), Rückkehr und Aufbau nach 1945: Deutsche Remigranten im öffentlichen Leben Nachkriegsdeutschlands, Marburg 1997, S. 274-287.

Woodrow Wilson, The State. Elements of Historical and Practical Politics. A Sketch of Institutional History and Administration, Boston 1889.

Theodore Woolsey, Political Science, or the State Theoretically and Practically Considered, New York 1878.

# Liste der Schlüsselwerke

# Autorenverzeichnis


Dr. Kai Arzheimer, Universität Mainz
Prof. Dr. Uwe Backes, Hannah-Arendt-Institut in Dresden
PD Dr. Nils Bandelow, Ruhr-Universität Bochum
PD Dr. Michael Becker, Universität Bamberg
Dr. Joachim Behnke, Universität Bamberg
Prof. Dr. Arthur Benz, Fernuniversität Hagen
Prof. Dr. Manfred Brocker, Katholische Universität Eichstätt-Ingolstadt
Dr. André Brodocz, TU Dresden
Prof. Dr. Hubertus Buchstein, Universität Greifswald
Prof. Dr. Frank Decker, Universität Bonn.
Prof. em. Iring Fetscher, Frankfurt a.M.
Prof. em. Manfred Funke, Universität Bonn
PD Dr. Ludger Helms, Humboldt-Universität zu Berlin
Dr. Stefan Fröhlich, Universität Erlangen-Nürnberg
Dr. Alexander Gallus, Universität Rostock
Dr. Anna Geis, Hessische Stiftung Friedens- und Konfliktforschung in Frankfurt a.M.
Dr. Florian Hartleb, TU Chemnitz
Dr. Michael Haus, TU Darmstadt
Prof. Dr. Wolfram Hilz, Universität Bonn
Prof. Dr. Ursula Hoffmann-Lange, Universität Bamberg
Prof. Dr. em. Egbert Jahn, Universität Mannheim
Prof. Dr. Eckhard Jesse, TU Chemnitz
Prof. Dr. Uwe Jun, Universität Trier
Prof. Dr. Dr. hc. Max Kaase, International University of Bremen
PD Dr. Steffen Kailitz, TU Chemnitz
Dr. Susanne Kailitz, Redaktion „Das Parlament“ in Berlin
Prof. Dr. André Kaiser, Universität Köln
Prof. Dr. Paul Kevenhörster, Universität Münster
Prof. Dr. Peter Graf Kielmansegg, Universität Mannheim
Sascha Kneip, M.A., Wissenschaftszentrum Berlin für Sozialforschung
PD Dr. Volker Kronenberg, Universität Bonn
Prof. Dr. Volker Kunz, Universität Mainz
Dr. Jürgen P. Lang, München
Dr. Markus Lang, Universität Jena
Dr. Markus Llanque, Universität Duisburg-Essen
Prof. Dr. Hans-Joachim Lauth, Fernuniversität Hagen

Lazaros Miliopoulos, M.A., Universität Bonn
Dr. Melanie Morisse-Schilbach, TU Dresden
Prof. Dr. Werner Müller, Universität Rostock
Dr. Wolfgang Muno, Universität Mainz
Prof. Dr. Beate Neuss, TU Chemnitz
Dr. Arne Niemann, Univerität Amsterdam
Prof. em. Dr. Dieter Nohlen, Universität Heidelberg
Prof. em. Dr. Franz Nuscheler, Universität Duisburg-Essen
Alexander Petring, M.A., Wissenschaftszentrum Berlin für Sozialforschung
Dr. Gert Pickel, Europa Universität Frankfurt an der Oder
Dr. Susanne Pickel, Universität Greifswald
Prof. Dr. Walter Reese-Schäfer, Universität Göttingen
Prof. Dr. Ingrid Reichart-Dreyer, TU Berlin
Prof. Dr. Günter Rieger, Berufsakademie Stuttgart
Prof. Dr. Edeltraud Roller, Universität Mainz
Prof. Dr. Friedbert Rüb, Universität Hamburg
Prof. Dr. Ulrich Sarcinelli, Universität Koblenz-Landau
Prof. Dr. Josef Schmid, Universität Tübingen
Prof. Dr. Rüdiger Schmitt-Beck, Universität Duisburg-Essen
Prof. em. Dr. Dr. h.c. Dieter Senghaas, Universität Bremen
Prof. Dr. Eva Senghaas-Knobloch, Universität Bremen
Prof. Dr. Alfons Söllner, TU Chemnitz
PD Dr. Rudolf Speth, FU Berlin
Jun.-Prof. Dr. Manuela Spindler, Universität Erfurt
Prof. Dr. Tine Stein, FU Berlin
PD Dr. Gerd August Strohmeier, Universität Passau
Dr. Michael Thöndl, Fachhochschule des bfi Wien
Prof. Dr. Ingeborg Tömmel, Universität Osnabrück
Prof. Dr. Arno Waschkuhn, Universität Erfurt
Prof. Dr. Nikolaus Werz, Universität Rostock
Prof. Dr. Raban Graf von Westphalen, TU Darmstadt
Prof. Dr. Bettina Westle, Universität Erlangen-Nürnberg
Prof. Dr. Elmar Wiesendahl, Universität der Bundeswehr München
Prof. Dr. Barbara Zehnpfennig, Universität Passau
Prof. Dr. Ekkart Zimmermann, TU Dresden
Prof. Dr. Reinhard Zintl, Universität Bamberg

# Schlüsselwerke der Politikwissenschaft

## Gabriel A. Almond/G. Bingham Powell, Comparative Politics. System, Process, and Politics, Boston/ Toronto 1978.

Gabriel Almond (1911-2002) ist einer der einflussreichsten, wenn nicht der einflussreichste Politikwissenschaftler. Dazu beigetragen hat vor allem das zusammen mit Sidney Verba verfasste Werk „The Civic Culture“ (→ Almond/Verba 1963), mit dem er das Konzept und Verständnis der Politischen Kultur nachhaltig prägte. G. Bingham Powell setzte mit „Contemporary Democracies. Participation, Stability and Violence” (→ Powell 1982) und „Elections as Instruments of Democracy” (Powell 2002) Standards auf dem Feld der vergleichenden Demokratieforschung. Der 1966 erschienene Band „Comparative Politics: a Developmental Approach“ zählte, als die Autoren 1978 „Comparative Politics. System, Process, and Politics“ veröffentlichten, bereits zu den modernen Klassikern der Politikwissenschaft. Die Autoren hatten sich aber nicht auf den Lorbeeren ausgeruht, sondern ihren Ansatz systematisch weiterentwickelt und dabei die Kritiken der ersten Version produktiv aufgenommen und verarbeitet. Das Ergebnis ist ein Band, der die Vergleichende Politikwissenschaft im Rahmen der Systemtheorie bis heute richtungweisend geprägt hat.

Die Autoren wollten die Vergleichende Politikwissenschaft in methodischer wie geographischer Hinsicht öffnen. Ihr zentrales Anliegen war es, einen methodischen Rahmen auszuarbeiten, der den Vergleich aller politischen Systeme ermöglichen sollte. Mit diesem Anspruch richtete sich der neue Ansatz gegen die klassische, nur die Industrieländer in den Blick nehmende Institutionenkunde. Um der Zielsetzung zu genügen, galt es eine Begrifflichkeit für den interkulturellen Vergleich zu entwickeln. Das Instrumentarium lieferte die Systemtheorie, die von Almond und Powell unter einer funktionalistischen Perspektive aufgegriffen wurde. Die nun als unpassend verstandenen Begriffe „Staat“, „Amt“ und „Institution“ machten Platz für die Begriffe „Politisches System“, „Rolle“ und „Struktur“. In geographischer Hinsicht sollten nun auch Entwicklungsländer mit den gleichen wissenschaftlichen Kriterien wie die Industrieländer untersucht werden. Weil die Entwicklung der Industrieländer als Maßstab für die Entwicklungsländer diente, warfen Kritiker Almond und Powell einen western bias vor.

Die zweite Version von „Comparative Politics“ unterscheidet sich von der ersten durch eine systematischere Anlage und eine erhebliche Erweiterung. Nachdem Kritiker der ersten Version bemängelten, dass die Autoren die Policy-Dimension vernachlässigt hätten, berücksichtigten Almond/Powell diese nun in einem eigenen Kapitel. Der erste Hauptteil führt in den Systemansatz ein. Die Autoren stellten zunächst die grundlegenden Merkmale des politischen Systems vor, die im Anschluss an Max Weber alle Interaktionen umfassen, die den Gebrauch des legitimen physischen Zwangs betreffen. Zugleich wird mit den Kriterien von Säkularisierung und struktureller Differenzierung sowie Subsystemautonomie der Entwicklungsmaßstab präsentiert, der in den folgenden Abschnitten zu politischer Kultur und politischen Strukturen ausbuchstabiert wird. Hierbei rücken die Begriffe der Legitimation und Stabilität politischer Herrschaft in das Zentrum der Betrachtung. Im zweiten Hauptkapitel werden die Systemfunktionen politische Sozialisation, politische Rekrutierung und politische Kommunikation behandelt. Dabei werden bürger- und elitenspezifische Formen unterschieden. Darüber hinaus diskutierten Almond/Powell verschiedene Ausprägungen der Systemfunktionen hinsichtlich ihrer Zuordnung zum Grad politischer Entwicklung. Das dritte Hauptkapitel beschäftigt sich mit den Prozessfunktionen. Verschiedene Formen der Interessenartikulation und -bündelung werden unter der Fragestellung diskutiert, welche Strukturen die für alle politischen Systeme gleichen Funktionen erfüllen. Dabei behandeln Almond und Powell vor allem die Strukturen, die für den Beschluss und die Implementation von Gesetzen bedeutsam sind. Die in der ersten Fassung des Werks noch sichtbare Kontroll- und Überwachungsfunktion rückt in den Hintergrund. Public Policy ist das Thema des abschließenden vierten Kapitels. Auch die Entwicklungsthematik findet breiter Berücksichtigung. So untersuchen die Autoren die Möglichkeiten, die Leistungsfähigkeit von politischen Entwicklungswegen hinsichtlich verschiedener öffentlicher Güter zu evaluieren und zu optimieren.

Die nachdrückliche Wirkungskraft des Ansatzes zeigt sich in der breiten Übernahme seiner zentralen Kategorien. Es dürfte sich wohl kaum noch eine vergleichende Studie finden, die nicht teilweise von Almond und Powells Klassifikationssystem geprägt ist. Allerdings ist zu bedenken, dass gerade der Kernbegriff „Funktion" nicht hinreichend präzisiert wurde. Die Systemfunktionen beziehen sich auf die Stabilität politischer Systeme. Die Prozessfunktionen rücken die Performanz des politischen Systems in den Mittelpunkt. Ein weiterer produktiver Aspekt besteht in der funktionalen Ausrichtung des Ansatzes. Er ermöglicht es, funktionale Äquivalente im strukturellen Bereich einzubeziehen. Es wird also berücksichtigt, dass in unterschiedlichen Kulturen die gleiche Funktion durch unterschiedliche Strukturen erfüllt werden kann. Die systemtheoretische Begrifflichkeit besitzt somit durchaus eine interkulturelle Sensibilität.

Die Autoren machen in ihrer Arbeit wiederholt auf die Notwendigkeit und den Nutzen von sorgsam gestalteten Typologien aufmerksam. Sie folgen in diesem Aspekt dem großen Werk von Max Weber „Wirtschaft und Gesellschaft" (→ Weber 1922) und greifen auch die methodische Form der Idealtypenbildung auf, wenngleich die methodologische Reflexion stärker in der Hintergrund tritt. Generell zeigt sich die zweite Version von „Comparative politics" theoretisch enthaltsamer als die erste. In dieser waren zumindest einige Vermutungen zur politischen Entwicklung zu finden. So prägte folgende Aussage die Systemwechselforschung nachhaltig: „Zur Entwicklung kommt es, wenn die vorhandene Struktur und Kultur des politischen Systems außer Stande sind, ohne weitere strukturelle Differenzierung oder kulturelle Säkularisierung mit einem Problem oder einer Herausforderung fertig zu werden" (Almond/Powell 1966, S. 34).

Die Bedeutsamkeit der Studie liegt vor allem in der Analyse des Inputbereichs des politischen Systems. Doch auch in der Systematisierung der Politikfeldanalyse zeigte sie sich mit der begrifflichen Unterscheidung von outputs und outcomes ebenso wie dem Einbezug der Feedback-Schleifen wirkungsträchtig. Positiv ist ihr Anliegen zu bewerten, interkulturell angelegte Vergleiche zu favorisieren, um Unterschiede und Gemeinsamkeiten funktionaler und struktureller Muster zu identifizieren. Dies ist eine wichtige Grundlage für das anspruchsvolle Unternehmen, eine allgemeine Entwicklungstheorie aufzustellen. Die Zurückhaltung in der zweiten Version von „Comparative Politics" markiert jedoch bereits das Scheitern dieses Unterfangens. Der eigene westliche Entwicklungsmaßstab wird von den Autoren nun bereits selbst kritisch hinterfragt, wenngleich nicht aufgegeben. Beide Ziele der Autoren – interkulturelle Vergleiche und eine Entwicklungstheorie – sind weiterhin aktuell. Die Frage nach dem angemessenen Entwicklungsmaßstab betrifft sowohl Transformationsstudien als auch entwicklungstheoretische Überlegungen. Beide Bereiche markieren Forschungsfelder, in denen „Comparative Politics" besonders deutliche Spuren hinterlassen hat.

## Literatur:

Gabriel Almond, Introduction. A Functional Approach to Comparative Politics, in: Ders./James S. Coleman (Hrsg.), The Politics of the Developing Areas, Princeton 1960, S. 3-64.

Gabriel Almond/G. Bingham Powell, Comparative Politics: A Developmental Approach, Boston/Toronto 1966.
Gabriel A. Almond, Politische Systeme und politischer Wandel, in: Wolfgang Zapf (Hrsg.), Theorien des sozialen Wandels, Königstein i.Ts. 1979, S. 211-227.
Klaus Faupel, Zu Almonds und Eastons Versionen des input-output-Schemas und zum dominanten Systemkonzept bei Almond: Eine logische Analyse, in: Dieter Oberdörfer (Hrsg.), Systemtheorie, Systemanalyse und Entwicklungsländerforschung. Einführung und Kritik, Berlin 1971, S. 361-405.
Samuel E. Finer, Almond's Concept of „The Political System": A Textual Critique, in: Government and Opposition (1969/70), S. 3-21.
Arno Waschkuhn, Politische Systemtheorie. Entwicklung, Modelle Kritik. Eine Einführung, Opladen 1987.

*Hans-Joachim Lauth*

## Gabriel A. Almond/Sydney Verba, The Civic Culture. Political Attitudes and Democracy in Five Nations, Princeton 1963

*(VA: Paperback-Ausgabe, Prince ton 1965).*

Die Untersuchung von Gabriel Almond und Sydney Verba zur „Civic Culture" („Bürgerkultur") ist ein faszinierendes Beispiel dafür, wie politische Ereignisse und intellektuelle Strömungen bei der Entstehung eines bahnbrechenden politikwissenschaftlichen Werkes zusammenwirken. Eine wesentliche Antriebskraft für die Autoren war die Geschichte des 20. Jahrhunderts mit ihren totalitären Tendenzen in Deutschland, Russland und auch Italien. Dabei spielt Deutschland eine besondere Rolle. Die weltweite Kenntnis über die Ermordung der Juden in Vernichtungsfabriken warf die Frage auf, wie – entgegen aller Erwartung – eine solche totalitäre Perversion in einem Kulturvolk möglich war. So lag die Notwendigkeit, sich nach dem Ende des Zweiten Weltkrieges mit der Frage der Stabilität demokratischer Herrschaft zu befassen, als Thema für die Politikwissenschaft gleichsam auf der Hand.

Almond und Verba fanden an der Ostküste der USA ideale intellektuelle Voraussetzungen vor, um sich dieser Thematik anzunehmen. In einem 1980 veröffentlichten Rückblick (Almond/Verba 1980) benannte Almond vier Strömungen, die für die wissenschaftliche Grundlegung der „Civic Culture" von Bedeutung waren; 1. Theorien der Aufklärung und des Liberalismus, die in ihrer erwarteten positiven Dynamik durch die genannten totalitären Strömungen und Ereignisse infrage gestellt wurden, 2. die europäische Soziologie und dabei besonders die durch Talcott Parsons in die USA hinein vermittelten Theorieperspektiven Max Webers (→ Weber 1922), 3. die Sozialpsychologie und dabei besonders die Arbeiten von Samuel Stouffer u.a. zum „American Soldier" und von Theodor Adorno u.a. zur „Autoritären Persönlichkeit"; und 4. die Psychoanthropologie. Dabei gilt Almond das Aufkommen der modernen wissenschaftlichen Umfrageforschung als der „catalytic agent" (S. 15), in dem sich die vier Strömungen als Forschungsprogramm zur Politischen Kultur kristallisiert haben.

In ihrer Einführung zur „Civic Culture" betonen Almond und Verba zum einen, dass ihr Interesse bei der Analyse der politischen Kultur, also bei den Einstellungen zur Politik und nicht zu anderen gesellschaftlichen Teilsystemen wie etwa der Religion oder der Wirtschaft liegt. Der sozialpsychologischen Fundierung ihres Ansatzes folgend, konzeptualisieren sie politische Kultur als eine psychologische Orientierung gegenüber Objekten: „When we speak of the political culture of a society, we refer to the political system as internalized in the cognitions, feelings and evaluations of its population" (S. 13).

Politische Kultur muss sich nicht notwendigerweise auf Nationalstaaten beziehen. Der Bezug auf Nationalstaaten liegt aber nahe, denn diese bilden die verfassungsmäßigen und rechtlichen Rahmenbedingungen, innerhalb derer ihre Bürger politisch handeln. Den Arbeiten und Konzepten Parsons folgend, unterscheiden die Autoren kognitive (Wissen), affektive (Gefühle) und evaluative (Bewertungen) Orientierungen gegenüber politischen Objekten. Diese Objekte werden in das politische System allgemein, die Inputstrukturen (Formulierung von Forderungen, z.B. durch politische Teilhabe), die Outputstrukturen (Ergebnisbezogenheit) und die eigene Rolle (Selbstbild im politischen Prozess) differenziert.

Die Autoren hielten allerdings ihre theoretischen Differenzierungen in der empirischen Analyse nicht durch. So sind auch die Schritte nicht klar, über die sie zu ihren drei Typen Politischer Kultur kommen: 1. die Kirchturmskultur (Parochialkultur), in der keines der genannten vier Orientierungsobjekte positiv besetzt ist; 2. die Untertanenkultur (Subjektkultur), in der die Outputdimension dominiert; 3. die Teilhabekultur, in der alle Objektdimensionen positiv besetzt sind. Almond und Verba hielten dabei eine stark partizipationsorientierte Politische Kultur für problematisch, weil sie nur schwer kompromissfähig sei und sich ständig im Prozess hoher Irritierbarkeit befinde. Sie sprachen sich demgegenüber für den Mischtyp der civic culture aus. In der civic culture ersetzen partizipatorische Orientierungen nicht die

Subjekt- und Parochialorientierungen, sondern werden mit diesen kombiniert. „The maintenance of these more traditional attitudes *and their fusion* with the participant orientations lead to a balanced political culture in which political activity, involvement, and rationality exist but are balanced by passivity, traditionality, and commitment to parochial values" (S. 30, Hervorhebung im Original).

Aus der Verbindung der drei Orientierungs- und der vier Objekttypen ergibt sich eine zweidimensionale Matrix. Bei der Analyse von politischer Kultur sind nach Almond und Verba die Zellen dieser Matrix systematisch mit Ergebnissen aus repräsentativen Bevölkerungsumfragen zu füllen. Dieses Ziel haben die Autoren in der „Civic Culture" verfolgt, wenn auch nicht komplett erreicht. Kommerzielle Agenturen befragten im Auftrag von Almond und Verba in den Jahren 1959/1960 in fünf Ländern jeweils ca. 1.000 Personen (ergänzt um ein halbes Jahr später erhobene ca. 100 qualitative Nachinterviews pro Land). Während die Entscheidung für die USA, Großbritannien und die Bundesrepublik Deutschland dem theoretischen Konzept entsprach, stellten Italien und vor allem Mexiko gegenüber der ursprünglich geplanten Auswahl von Frankreich und Schweden einen unbefriedigenden Kompromiss dar.

Wenn die Daten nach heutigem Maßstab als unterausgewertet gelten müssen, dann ist zu bedenken, dass die Auswertungen mit Lochkarten auf Fachzählsortiermaschinen durchgeführt werden mussten. Auf der Grundlage der 1959 erhobenen Daten attestierten Almond und Verba den Deutschen eine subjekt- und outputorientierte Perspektive und stellten eine skeptische Prognose für die Stabilität der deutschen Demokratie. Diese Diagnose war zu der Zeit durchaus zutreffend, und man kann im Rückblick nur die diagnostische Weitsicht der Autoren bewundern. Nichts drückt das besser aus als die Aussage von Verba in einem 1965 veröffentlichten Beitrag zur politischen Kultur Deutschlands: „For the growth of a democratic political culture Bonn needs what Weimar did not have – time." (Verba 1965, S. 169).

Natürlich hatte die Umfrageforschung in den USA bereits vor dem Zweiten Weltkrieg und in Europa spätestens danach einen festen Platz mit ständig verbesserten methodischen Standards eingenommen. In der Politikwissenschaft stand diese Forschungstechnik allerdings noch am Anfang und fand ihren Niederschlag zunächst in der Wahlforschung. Mit der „Civic Culture" haben Almond und Verba schon früh einen Standard in der international vergleichenden politikwissenschaftlichen Umfrageforschung gesetzt, der lange Zeit nur durch sie selber (vor allem durch Sidney Verba) überboten worden ist (Verba/Nie/Kim 1978). In einem umfassenden systemtheoretischen Ansatz ist durch die „Civic Culture“ erstmals ein wohldefinierter Platz für die politischen Einstellungen der Bürger geschaffen worden, der als Mikroperspektive aus der politikwissenschaftlichen Forschung nicht mehr weg zu denken ist. Almond und Verba ist vorgeworfen worden, für sie sei politische Kultur eine unabhängige Variable gegenüber den politischen Institutionen. Tatsächlich stand den Autoren jedoch stets vor Augen, dass politische Kultur und politische Struktur sich gegenseitig beeinflussen. Daraus ergibt sich zwangsläufig, dass Untersuchungen der Politischen Kultur komparativ und längsschnittlich angelegt sein müssen. Und die methodische Kritik, die Scheuch erstmals 1968 an der „Civic Culture“ geäußert hat, als er die Gefahr des individualistischen Fehlschlusses im Sinne der Generalisierung von Mikrobefunden auf die Makroebene des politischen Systems beschwor, ist heute ebenfalls sehr wohl verstanden. „Civic Culture“ ist eine Pionierstudie. Die Kritik muss sich daher in erster Linie gegen Protagonisten richten, die es versäumten, den ursprünglichen Ansatz systematisch weiterzuentwickeln und zugelassen haben, dass Politische Kultur zu einem Begriff für alles mögliche verkommen ist.

Das Konzept der Politischen Kultur diskutierten in erster Linie amerikanische Sozialwissenschaftler, ohne dass daraus ein zusammenhängendes Forschungsprogramm entstanden wäre. Im Kontext der internationalen Politikwissenschaft nimmt in historischem Blickwinkel die „Civic Culture“ einen herausgehobenen Platz ein (siehe u.a. Goodin/Klingemann 1996, S. 15, 31, 32). Die deutsche Rezeption der „Civic Culture“ zeigt ein eigentümliches Gesicht (siehe dazu Kaase 1983). Nach dem Erscheinen des Buches 1963 war das Echo gering. Es hatte somit zunächst keinen Einfluss auf die deutsche Politikwissenschaft. Bezeichnend ist, dass das Buch nie in die deutsche Sprache übersetzt worden ist. Lediglich Scheuch (1968) setzte sich mit der „Civic Culture“ vor allem methodologisch ausführlich auseinander.

Erst zu Beginn der 1980er Jahre erfuhr das Konzept der Politischen Kultur ein überraschendes Revival, das seinen Höhepunkt zum einen 1981 in Diskussionsforen der „Politischen Vierteljahresschrift“ und zum anderen in der Gründung des „Arbeitskreises Politische-Kultur-Forschung“ der „Deutschen Vereinigung für Politische Wissenschaft“ 1982 gefunden hat, der inzwischen schon längere Zeit in dieser Form nicht mehr existiert (siehe dazu Berg-Schlosser/Schissler 1987).

Politische Kultur wird weiter als catch-all term benutzt und die theoretisch-analytische Fundierung des Begriffs und vor alle seine systematische Fundierung sind nicht vorangekommen. So bleibt die „Civic Culture“ ein singuläres Monument politikwissenschaftlicher Theorie und Forschung. Entscheidende Anstöße gehen von der Studie bis heute eher indirekt auf die zeitgenössische politikwissenschaftliche Umfrageforschung aus, die allerdings auch ohne einen analytisch fundierten Begriff von Politische Kultur auskommen kann.

**Literatur:**

Gabriel A. Almond/Sidney Verba (Hrsg.), The Civic Culture Revisited, Boston 1980.
Dirk Berg-Schlosser/Jakob Schissler (Hrsg.), Politische Kultur in Deutschland. Bilanz und Perspektiven der Forschung, Opladen 1987.
Robert E. Goodin/Hans-Dieter Klingemann (Hrsg.), A New Handbook of Political Science, Oxford 1996.
Max Kaase, Sinn oder Unsinn des Konzepts „Politische Kultur" für die Vergleichende Politikforschung, oder auch: Der Versuch, einen Pudding an die Wand zu nageln, in: Ders./Hans-Dieter Klingemann (Hrsg.), Wahlen und politisches System, Opladen 1983, S. 144-172.
Erwin K. Scheuch, The Cross-cultural Use of Sample Surveys: Problems of Comparability, in: Stein Rokkan (Hrsg.), Comparative Research across Cultures and Nations, Den Haag 1968, S. 176-209.
Sidney Verba/Norman H. Nie/Jae-on Kim, Participation and Political Equality. A Seven-Nation Comparison, Cambridge 1978.
Sidney Verba, Germany: The Remaking of Political Culture, in: Lucian W. Pye/ders. (Hrsg.), Political Culture and Political Development, Princeton 1965, S. 130-170.

*Max Kaase*

## Hannah Arendt, The Origins of Totalitarianism, New York 1951

*(DA: Elemente und Ursprünge totaler Herrschaft. Antisemitismus, Imperialismus, totale Herrschaft, Frankfurt a.M. 1955; VA: 9. Aufl., München/Zürich 2003).*

Hannah Arendt, 1906 in Linden bei Hannover als Kind sozialdemokratisch engagierter Eltern jüdischer Herkunft geboren, in Königsberg aufgewachsen, promovierte nach einem Studium der Philosophie, Theologie und klassischen Philologie in Marburg (u.a. bei Martin Heidegger), Freiburg (bei Edmund Husserl) und Heidelberg mit einer Arbeit über den „Liebesbegriff bei Augustinus" (Betreuer: Karl Jaspers). Mit einem Stipendium der „Notgemeinschaft der Deutschen Wissenschaft" arbeitete sie ab 1929 in Berlin, wohin sie mit ihrem späteren ersten Ehemann Günther Stern (= Günther Anders) gegangen war, an einer Studie über Rahel Varnhagen und die deutsche Romantik. Ihre jüdischen Wurzeln gewannen durch die Machtübernahme der Nationalsozialisten neue Bedeutung. Sie emigrierte 1933 nach Paris und engagierte sich in zionistischen Organisationen. Hier lernte sie den ehemaligen Kommunisten Heinrich Blücher kennen, den sie 1940 nach der Scheidung von Stern heiratete. Sie wurde mehrere Wochen im Lager Gurs in Frankreich interniert, kam aber wieder frei und emigrierte im Mai 1941 mit ihrem Ehemann und der aus Königsberg geflohenen Mutter in die USA, wo sie sich für die in Europa verfolgten Juden engagierte und zu publizieren begann, u.a. im „Aufbau", der in New York erscheinenden deutsch-jüdischen Emigrantenzeitung.

Eine erste Gliederung des Totalitarismusbuches entwarf Arendt Ende 1944. Der provisorische Titel lautete: „Die Elemente der Schande: Antisemitismus – Imperialismus – Rassismus". Das Manuskript schloss Arendt im Herbst 1949 ab. Es enthielt bereits die ersten beiden historischen Abhandlungen zum „Antisemitismus" und „Imperialismus", war aber in den vergleichend-strukturanalytischen Betrachtungen des dritten Teils vergleichsweise knapp und endete mit einem „wenig schlüssigen" (Arendt 1966, S. 631) Resümee. Für die erste deutsche Ausgabe (1955) erweiterte Arendt den dritten Teil, arbeitete insbesondere die Nürnberger Prozessdokumente ein. Die Version unterschied sich darüber hinaus vom englischen Original durch die Verwendung vieler ursprünglich auf Deutsch verfasster Passagen. Die wichtigste Veränderung war die Ergänzung des dritten Teils um das Kapitel „Ideologie und Terror", in dem die theoretische Einordnung des Totalitarismus vertieft und der Ideologie des Marxismus-Leninismus stärkere Aufmerksamkeit geschenkt wurde. Überdies hatte Arendt zahlreiche Publikationen eingearbeitet, die zwischen 1933 und 1945 in Deutschland erschienen waren. Auf der Grundlage der deutschen Ausgabe erschien 1958 eine erweiterte englische Ausgabe. In einem „Epilog" berücksichtigte Arendt die Ereignisse von Stalins Tod bis zur ungarischen Revolution. Diesen Teil überholten die weiteren Ereignisse, so dass er in die Ausgabe letzter Hand (1966/67) keine Aufnahme mehr fand.

Das Werk gliedert sich in drei Teile. Die ersten beiden zu „Antisemitismus" und „Imperialismus" verknüpfen Ideologiegeschichte und philosophische Reflexion mit historisch-politischen Konstellationsanalysen und soziologischen Betrachtungen. Bei aller entschiedenen Zurückweisung eines Geschichtsdeterminismus lassen sie den Einfluss der Marxschen Methode und ihrer analytischen Kategorien („das Kapital", „die Bourgeoisie") erkennen. Analysiert wird die Geschichte des Judentums „in Mittel- und Westeuropa von der Zeit der Hofjuden bis zur Dreyfus-Affäre, soweit sie die Geburt des Antisemitismus beeinflusste oder von ihr beeinflusst wurde". Mit dem Aufkommen der Antisemitenparteien in den 1870/1880er Jahren lösen sich Judenfrage und antisemitische Ideologie gänzlich von der „beschränkte[n] Realbasis des Interessengegensatzes und der nachvollziehbaren Erfahrung" (S. 28), auf denen die ältere Judenfeindschaft beruhte. Eine zentrale Voraussetzung dieses Ablösungsprozesses bildet die Entfaltung des Imperialismus. Dessen Real- und Ideologiegeschichte zeichnet Arendt von der Entstehung der europäischen Kolonialreiche bis zum Ende der britischen Herrschaft über Indien nach. Die Herausbildung einer „Weltpolitik" bilde die Voraussetzung für den „totalitäre[n] Anspruch auf Weltherrschaft". Der damit einhergehende „Zerfall des Nationalstaats" (S. 282) und der Klassengesellschaft setze die sozialen und mentalen Kräfte frei, ohne die das Aufkommen totalitärer Bewegungen nicht zu erklären sei.

Der „totalitären Kristallisationsform" dieser Prozesse ist das dritte Buch gewidmet. Hannah Arendt betont den pseudodemokratischen Charakter der totalen Herrschaft, die „ohne Massenbewegung und ohne Unterstützung durch die von ihr terrorisierten Massen nicht möglich" (S. 658) ist. Die modernen Massen sind nach Arendt durch „Atomisierung" und „Individualisierung" gekennzeichnet. Sie unterscheiden sich vom pöbelhaften „Mob", der sozialen Rekrutierungsbasis totalitärer Eliten, durch ihre Verführbarkeit zu totaler, selbstloser Ergebenheit. Sie lassen sich mittels Propaganda für die Ziele totalitärer Bewegungen gewinnen und durch neuartige Organisationsformen erfassen. Sobald die totalitären Bewegungen jedoch an die Macht gelangt seien, werde Propaganda durch Indoktrination und Terror ersetzt, um die „ideologischen Doktrinen und die aus ihnen folgenden praktischen Lügen mit Gewalt" zu verwirklichen: „Terror wird zu der spezifisch totalen Regierungsform" (S. 727), gestützt auf einen umfassenden Repressions- und Verfolgungsapparat. Der Terror verliere seine Funktion auch nach der Brechung des Widerstands nicht, sondern diene der „Verwirklichung der jeweiligen totalitären Fiktion" (S. 874) und der Ausschaltung des ideologisch definierten „objektiven Gegners" (S. 879). Er erreiche seine Perfektion in den Konzentrationslagern, die nicht nur der Isolierung und Ausrottung, sondern auch als Experimentierfelder der totalen Beherrschbarkeit des Menschen dienten. Totalitäre Politik verfolge die „Rezepte von Ideologien" (S. 952), die einen „Anspruch auf totale Welterklärung" (S. 964) erhöben, alles „aus einer als sicher angenommenen Prämisse [...] mit absoluter Folgerichtigkeit" deduzierten und sich in ihrem Denken auf diese Weise „von Erfahrung und erfahrener Wirklichkeit" (S. 965) emanzipierten. In der ideologischen Fiktionen nachjagenden, strukturzerstörenden Rastlosigkeit der Bewegung bestehe die historische Neuartigkeit des Totalitarismus, der sich darin von allen früheren Formen der Tyrannis unterscheide.

Das Verständnis des Werkes wird durch den Verzicht auf eine Einleitung und eine Erläuterung des methodischen Vorgehens erschwert. Die ersten beiden Bücher mit ihrer breiten historischen Anlage und den inhaltlichen Abschweifungen lassen nicht immer den konkreten Bezug zu den totalitären Bewegungen des 20. Jahrhunderts erkennen. Die umfangreichen Abhandlungen zum „Antisemitismus" und „Imperialismus" beziehen sich in ihren ideologiegeschichtlichen Teilen fast ausschließlich auf den Nationalsozialismus. Erst in dem relativ kurzen, später ergänzten Kapitel „Ideologie und Terror: eine neue Staatsform" hat Arendt den Marxismus-Leninismus behandelt, allerdings im Wesentlichen unter denkstrukturellen, kaum hingegen unter ideologiegeschichtlichen Aspekten. Den Begriff der „totalen Herrschaft" fasst Arendt eng. Totalitarismus ist demnach ohne Massenmobilisation, Massenterror und Konzentrationslager undenkbar. Das totalitäre System existierte für Arendt nur im NS-System ab 1938 und in der Sowjetunion unter Stalin.

Die Mängel seiner Anlage haben die Rezeption des gedankenreichen, die Grenzen von Fachdisziplinen sprengenden Werkes mit seinen historischen, soziologischen und philosophischen Reflexionen nicht behindert. Unter den Bedingungen der Ost-West-Konfrontation und einer sich intensivierenden Auseinandersetzung mit den totalitären Regimes löste das Buch der bis dahin unbekannten Autorin lebhafte Diskussionen aus. Freilich ging das Interesse an Arendts Analysen in den 1960er und 1970er Jahren im Zuge sich verstärkender, zum Teil politisch motivierter Kritik am Totalitarismusansatz zurück. Das Ende des „real existierenden Sozialismus" und der damit einhergegangene Abbau ideologischer Denkhemmungen und Lagerbildungen hat das Interesse an einer politischen Denkerin neu entfacht, die vor dem Hintergrund eigener leidvoller Erfahrungen mit großer intellektueller Schonungslosigkeit und Eigenständigkeit den Gefährdungen der Freiheit und dem Phänomen des Totalitären auf den Grund zu gehen suchte.

## Literatur:

Seyla Benhabib, From Martin Heidegger to Alexis de Tocqueville. The Contemporary Relevance of Hannah Arendt's Theory of Totalitarianism, in: Alfons Söllner/Ralf

Walkenhaus/Karin Wieland (Hrsg.), Totalitarismus. Eine Ideengeschichte des 20. Jahrhunderts, Berlin 1997, S. 158-173.
Margret Canovan, The Leader and the Masses. Hannah Arendt on Totalitarianism and Dictatorship, in: Peter Baehr/Melvin Richter (Hrsg.), Dictatorship in History and Theory. Bonapartism, Caesarism, and Totalitarianism, Washington D.C./Cambridge 2004, S. 241-260.
Brigitte Gess, Genese politischer Urteilskraft im „Wind des Denkens" – Interpretations- und Innovationspotentiale der Totalitarismuskonzeption Hannah Arendts, in: Uwe Backes/Eckhard Jesse (Hrsg.), Jahrbuch Extremismus & Demokratie, Bd. 11, Baden-Baden 1999, S. 33-46.
Elisabeth Young-Bruehl, Hannah Arendt. Leben, Werk und Zeit, Frankfurt a.M. 1986.
Stephen J. Whitfield, Into the Dark. Hannah Arendt and Totalitarianism, Philadelphia 1980.

*Uwe Backes*

## Aristoteles, Politika, ca. 335 v. Chr.

*(EA auf lateinisch Straßburg um 1469; DA: Die Politik, Breslau 1802; VA: Berlin 1996).*

Die „Politik" von Aristoteles (384-322 v. Chr.) gilt als das Gründungswerk der Politikwissenschaft in Hinblick auf die Titelgebung wie bezüglich des Methodenbewusstseins der Darstellung. Aristoteles war 367 v. Chr. in Platons Athener Akademie eingetreten. Anders als sein akademischer Lehrer zielt Aristoteles nicht darauf, ein philosophisches Lehrgebäude zu errichten, sondern sammelt zunächst Fakten und Meinungen, die er ausgewogen diskutiert, bevor er seine eigenen Überzeugungen als Ergebnis präsentiert. Das Buch ist im Kontext der ethischen und verfassungshistorischen Themen zu lesen, denen er gesonderte Arbeiten widmete. Zu nennen sind die „Nikomachische Ethik", in der die Politik als Ort speziellerer Fortführung ethischer Überlegungen benannt wird, die „Rhetorik" mit einer Theorie politischer Kommunikation in der Demokratie und die Sammlungen politischer Verfassungen. Die „Politik" behandelt vergleichend neben den griechischen Stadtstaaten auch kretische, phönizische und vermutlich auch persische Verfassungformen. Sie basiert auf tief greifenden philosophischen Grundüberlegungen und umfangreicher empirischer Feldforschung. Dies schlägt sich in Passagen unterschiedlicher Länge zu Meinungen anderer Autoren, verschiedensten politischen Verfassungen sowie der Darstellung und Diskussion zahlreicher Modelle nieder. Die am ausführlichsten behandelte und zugleich am deutlichsten abgelehnte Lehrmeinung ist dabei die Platons.

Die erhaltene Fassung der „Politik" beruht auf Vorlesungen von Aristoteles. Es ist nicht aus einem Guss geschrieben und wurde offenbar nicht von letzter Hand bearbeitet, sondern von den Schülern redigiert und zusammengestellt. In Bücher unterteilt, in denen sich verschiedene Phasen seines Schaffens spiegeln, behandelt Aristoteles verschiedenste Bereiche der Politik, von anthropologischen Prämissen über Fragen der Regierungslehre bis zu einzelnen Politikfeldern wie der Bildungspolitik und schließlich auch Fragen des Idealstaates.

Buch 1 enthält wesentliche Definitionen, so die von der politischen Natur des Menschen, der als politisches Lebewesen (zoon politikon) definiert wird. Den Staat vergleicht Aristoteles mit einem Organismus, der den Teilen vorausgeht und den Teilen ihren Platz zuweist. Zu diesen Teilen gehören soziale Beziehungen zwischen Mann und Frau, zwischen Eltern und Kindern sowie zwischen Hausvorstand und Sklaven. Diese drei Relationen bilden die Beziehung des Hauses (oikos). Mehrere Häuser bilden Siedlungen, die wiederum eine polis bilden. Buch 2 erörtert die Forschungssituation in der politischen Theorie. Am umfangreichsten diskutiert er dabei Platons Beitrag, vor allem die „Politeia" (→ Platon zwischen 387 und 367 v. Chr.) und die „Nomoi". Ferner werden existierende Verfassungen des gesamten besiedelten Mittelmeerraum behandelt. Buch 3 behandelt die systematische Frage des Verhältnisses von Bürger und Polis. Bürger sind nur die Bewohner der Stadt, die alle politischen Rechte besitzen. Zu diesen zählt Aristoteles das Recht zur Besetzung politischer Ämter. Er legt ein Verfassungsschema vor, in dem die Verteilung der Herrschaft in quantitativer (einer, einige, alle,) und qualitativer (eigenes oder allgemeines Interesse) Hinsicht analysiert wird, so dass man auf sechs Varianten kommt: Tyrannis, Oligarchie und Demokratie als nur dem Eigeninteresse zugewandte und Monarchie, Aristokratie und Politie als dem Allgemeininteresse verpflichtete Verfassungsformen. Aristoteles hat hierbei auf eine ältere Tradition zurückgegriffen und sie systematisiert, beispielsweise die Verfassungsdiskussion bei Herodot. Innerhalb dieses Sechser-Schemas konzentriert sich Aristoteles auf das zu seiner Zeit wichtigste Verfassungsmodell, das zwischen Oligarchie und Politie changiert. Es wird in einem zweiten, dem an die Seite gestellten Modell näher besprochen, in dem Oligarchie und Demokratie Extrempositionen bilden. In der Mitte zwischen beiden Polen steht der von Aristoteles bevorzugte moderate Ausgleich. Hier kommt das Mesotes-Ideal zum Tragen, das bereits in der Ethik als das Beste das Mittlere zwischen den Extremen festlegte. In Buch 4 behandelt

Aristoteles auf der Grundlage seines Sechser-Schemas folgende Fragen: Was ist die absolut und was die relativ zu den Eigenschaften der Bevölkerung beste Verfassung und schließlich: Wie ist diese Verfassung zu verwirklichen? Im Mittelpunkt stehen hierbei wiederum Demokratie und Oligarchie. Buch 5 diskutiert die Gründe des Niedergangs und die Mittel zur Erhaltung bestehender Verfassungen. Insbesondere wird die Revolution behandelt und das Problem des Machterhalts in der Tyrannis. Buch 6 wirkt wie eine Detailstudie zum vierten Buch, insofern hier wie in einem Handbuch unterschiedliche Behörden erörtert werden. Die beiden letzten Bücher 7 und 8 bilden eine Einheit. Ihr Thema ist die vollkommene Polis, das Glück des Einzelnen in ihr und sein Verhältnis zum Glück des Ganzen. Vor allem werden Fragen der politischen Erziehung und ihr Effekt für die ethische und damit mittelbar politische Einstellung diskutiert.

Die kategorialen Unterscheidungen von Aristoteles haben die politische Theoriebildung für zwei Jahrtausende maßgeblich beeinflusst. Aus politikwissenschaftlicher Sicht ist Aristoteles der Pionier der vergleichenden Methode. Sein Verfassungsschema diente als Modell des Vergleichs politischer Systeme noch den Gründervätern der USA als Vorbild. Erst Niccolò Machiavelli (→ Machiavelli 1532) und Jean Bodin (1576) versuchten mit einigem Erfolg, etwas Neues an dessen Stelle zu setzen. Diese Strömung fragte, ob die Entwicklung des modernen Staates die aristotelischen Leitbegriffe nicht überflüssig macht. Thomas Hobbes (→ Hobbes 1651) ging so weit, ihre weitere Anwendung als eine der möglichen Bürgerkriegsursachen zu denunzieren, würden sie doch Vorstellungen von Freiheit und Politik verbreiten, die historisch unangemessen geworden seien.

In der politischen Philosophie hat eine liberalismuskritische Richtung die Rezeption und Adaption des aristotelischen Werkes dazu genutzt, Fragen der ontologischen Verwurzelung und der normativen Orientierung der Politik wiederzubeleben, die vergessen zu haben sie einer szientifischen Politikwissenschaft vorwerfen. Hier sind verschiedene Ansätze zu unterscheiden: auf der einen Seite Alisdair MacIntyre oder Martha Nussbaum (1990), die bei Aristoteles die Frage nach den Gütern und der Identität des politischen Menschen wieder aufgreifen und die „Politik" im Zusammenhang mit der „Nikomachischen Ethik" lesen, auf der anderen Seite die von Hannah Arendt begründete Rezeption, die den Handlungsbegriff stärker betont. Der Neo-Aristotelismus kennt darüber hinaus zahlreiche Varianten (Gutschker 2002). Eine stärker politikwissenschaftliche Aneignung des Analytikers und Empirikers Aristoteles sieht sich durch die politisch-philosophische Lektüre eher behindert als angeregt und steht noch aus. Sie hätte die Politik als Regierungslehre und Lektüre für Gesetzgeber und damit für Praktiker zu interpretieren, die mit den für politische Verhältnisse typischen Konflikten und seinen Lösungsmöglichkeiten vertraut gemacht werden sollen (Yack 1993).

**Literatur:**

Jean Bodin, Sechs Bücher über den Staat (1576), München 1981.
Thomas Gutschker, Aristotelische Diskurse. Aristoteles in der politischen Philosophie des 20. Jahrhunderts, Stuttgart 2002.
Otfried Höffe (Hrsg.), Aristoteles, Politik, Berlin 2001.
David Keyt (Hrsg.), A Companion to Aristotle's Politics, Oxford 1991.
Fred D. Miller, Nature, Justice, and Rights in Aristotle's politics, Oxford 1995.
Martha Nussbaum, Aristotelian Social Democracy, in: R. Bruce Douglas (Hrsg.), Liberalism and the Good, New York 1990, S. 203-252.
Bernard Yack, Problems of Political Animal. Community, Justice, and Conflict in Aristotelian Political Thought, Berkeley 1993.

*Marcus Llanque*

## Raymond Aron, Paix et guerre entre les nations, Paris 1962

*(DA, VA: Frieden und Krieg. Eine Theorie der Staatenwelt, Frankfurt a.M. 1963; 2. Aufl., Frankfurt a.M. 1986).*

Der politische Philosoph und Soziologe Raymond Aron (1905-1983) war lange Zeit als politischer Publizist tätig, ehe er 1955 eine Professur an der Sorbonne in Paris übernahm und dort einige seiner vielen einflussreichen Werke schrieb. Mit „Frieden und Krieg" erhebt Aron den umfassendsten Anspruch, sich an einer Gesamtdarstellung zur Theorie und Geschichte der internationalen Beziehungen, genauer der internationalen Politik, zu versuchen. Das Werk trägt den Titel „Frieden und Krieg (zwischen den Staaten)". Aron geht davon aus, dass Krieg und Frieden die beiden grundsätzlich verschiedenen Formen des Zustandes und des Verlaufs internationaler Politik sind.

Das über 900 Seiten umfassende Werk ist in vier Teile gegliedert mit den knappen und irritierenden Titeln: „Theorie", „Soziologie", „Geschichte" und „Praxeologie". Historische Argumente mit Bezügen auf die Geschichte von der Antike bis zur Gegenwart durchziehen alle vier Teile, während im Teil „Geschichte“ vor allem die Gegenwart oder Zeitgeschichte dominiert. Im ersten Teil „Theorie. Begriffe und Systeme“ entfaltet Aron sein Verständnis von den internationalen Beziehungen. Das internationale System als Staatensystem und in einem allgemeineren Sinne das System territorial organisierter politischer Einheiten kann wegen der Dialektik von Krieg und Frieden nicht gleichzusetzen sein mit dem politischen System als Parteiensystem, obwohl die politischen Parteien sich gelegentlich auch im Bürgerkrieg als Kriegsparteien gegenüberstehen. Bürgerkrieg und Bürgerfrieden thematisiert Aron deshalb nur nebenbei. Zwischenstaatliche Beziehungen als der Kern der internationalen Beziehungen lassen sich nach Aron entsprechend den beiden Modi Frieden und Krieg unterscheiden. Die Akteure sind der Diplomat (d.h. Repräsentanten des Staates nach außen wie Staatsoberhaupt, Regierungschef, Außenminister und Botschafter im engeren Sinne) oder der Soldat. Aron, der sich immer wieder auf Carl von Clausewitz beruft, betont den Vorrang der Politik und der Diplomatie auch im Krieg. Die Kriegsgefahr im Frieden ergibt sich für Aron daraus, dass ein übergeordnetes Gesetz, eine gemeinsame Moral und ein Schiedsgericht fehlen, die Konflikte zwischen den Staaten regeln und die Sicherheit der Nationen gewährleisten könnten. Aus dem doppelten Charakter der internationalen Politik als friedlich-diplomatischer wie kriegerisch-militärischer Politik entsteht für Aron die Notwendigkeit einer kategorischen Unterscheidung von Innen- und Außenpolitik.

Der zweite Teil „Soziologie. Determinanten und Regelmäßigkeiten“ erörtert systematisch die Bedeutung des Raumes – in kritischer Auseinandersetzung mit der Geopolitik als einer geodeterministischen Lehre –, der Bevölkerungsgröße und der mobilisierbaren Soldaten, den ökonomischen und sonstigen Hilfsquellen, den Völkern bzw. Nationen und den politischen Systemen. Aron schließt diesen Teil mit Gedanken zum historischen Werden und Vergehen der Ordnungssysteme des Nationalstaates, der Zivilisationen oder Großkulturen und zur Institution des Krieges ab. Er geht dabei davon aus, dass die Nation nach wie vor das gesellschaftliche und politische Kollektiv ist, das die Menschen am stärksten bindet. Im größten Teil der menschlichen Geschichte bestanden nach Aron gleichzeitig mehrere internationale Systeme. Dies sind für ihn Komplexe von politischen Einheiten, die durch diplomatische und kriegerische Beziehungen verknüpft waren. Erst nach 1945 sei im Zeitalter eines drohenden Atomkriegs, der die gesamte Menschheit vernichten konnte, das planetarische System entstanden. Dies habe die internationale Politik vor eine völlig neue Aufgabe gestellt: die

Mäßigung oder die Abschaffung des Krieges. Der dritte Teil zur „Geschichte“ thematisiert u.a. den Ost-West-Konflikt und die politischen Prozesse inner- und außerhalb der hierarchisch strukturierten Blöcke.

Der vierte Teil behandelt schließlich die „Praxeologie“ oder die „Antinomien des diplomatisch-strategischen Handelns“. Dabei sucht Aron nach einem Ausweg aus der historischen Situation, die einerseits durch die Fortexistenz nationaler Staatlichkeit, andererseits durch die 1962 bereits klar erkennbaren Tendenzen zu einer die Existenz der Menschheit gefährdenden Vernichtungskapazität der nuklearen Waffen gekennzeichnet ist. Aron ist skeptisch, dass durch Rüstungskontrolle oder Abrüstung sowie durch das nukleare Abschreckungssystem die Antinomien des diplomatischen und strategischen Handelns aufgehoben werden können.

Das Erlebnis des nationalsozialistischen und kommunistischen Weltherrschaftsstrebens sowie des Algerienkrieges und der Gefahren der nuklearen Abschreckung begünstigten Arons fundamentalen Zweifel an den Lehren des „Idealismus“ in den internationalen Beziehungen, des demokratischen ebenso wie des sozialistischen. Er überzeugte ihn von der Stärke des gewalt- und kriegsbereiten Nationalismus in all seinen Varianten, einschließlich des demokratischen „Nationalismus“ der USA, und von der Schwäche einer universalen Moral und der Bestrebungen zu einem allgemein verbindlichem Völkerrecht oder gar zu einem Weltbundesstaat.

Gemeinhin wird Arons Werk in die Reihe der grundlegenden Werke des „Realismus“ gestellt, obwohl Aron starke Vorbehalte gegen Hans J. Morgenthaus Perspektive (→ Morgenthau 1948) einer Rückkehr in das internationale System des 18. Jahrhunderts mit seinen gehegten Kriegen äußert. Aron sucht nicht so explizit wie John Herz, der auch oft den „Realisten“ zugeordnet wird, eine Synthese aus „Idealismus“ und „Realismus“. Aber sein ganzes Werk ist von der skeptischen Hoffnung geprägt, dass eine universale Moral sich mit realistischer Politik verbinden lässt. Er setzt dabei gänzlich auf die Lernfähigkeit der staatlichen Führungen in den Nationalstaaten in Ost und West. Aron sieht durchaus eine gewisse Bedeutung von die Grenzen der Staaten überschreitender Beziehungen und Ideologien für die zwischenstaatliche Politik. Er misst ihnen aber kein größeres Gewicht bei und untersucht sie nicht systematisch. So erkennt er noch nicht die ab den 1970er Jahren wachsende Bedeutung internationaler Nichtregierungs- wie auch Regierungsorganisationen. Seine politikberatende Devise lautete auf dem Höhepunkt des Ost-West-Konflikts, kurz vor der Kubakrise 1962: „Űberleben heißt siegen”, oder: „die Abwesenheit des Krieges [ist] so lange zu bewahren, bis der Frieden möglich sein wird – sofern er überhaupt je möglich sein wird". Aron hat damit faktisch eine friedliche Koexistenz des demokratischen Westens und des sozialistischen Ostens gemeint. Für ihn mussten die westlichen Demokratien kriegsbereit, auch nuklearkriegsbereit sein. Daraus erwachse keine substantielle Gefahr für die innere demokratische Ordnung. Der von der Sowjetunion beherrschte Osten müsse wiederum lernen, sich mit der Nichtverwirklichung des universalen sozialistischen Anspruchs abzufinden. Das Problem sei aber, dass er ideologisch nicht auf ihn verzichten könne, ohne die eigene Ideologie zu unterminieren. Aron wagte nicht, diesen Ansatz weiter zu denken, wie es dann in den 1990er Jahren, in der Zeit der „Perestrojka" und des „neuen Denkens", geschah, als die führenden sowjetischen Kommunisten die Kernelemente ihrer Ideologie selbst aufgaben und damit den Ost-West-Konflikt beendeten. Arons Skeptizismus erlaubte es auch nicht, Immanuel Kants Ansatz eines „demokratischen Friedens" (→ Kant 1796) für die gegenwärtigen Verhältnisse weiterzudenken, ohne die Clausewitzschen Gedanken über das Verhältnis von Krieg und Politik außer Acht zu lassen. Aber auch nach dem Ende des Ost-West-Konflikt bleibt das Hauptwerk von Aron eine unverzichtbare Anregung zum Studium von Krieg und Frieden in den internationalen Beziehungen.

**Literatur:**

Raymond Aron, Clausewitz, den Krieg denken, Frankfurt a.M. 1980.
Carl von Clausewitz, Vom Kriege (1832), Frankfurt a.M. 2005.
John H. Herz, Weltpolitik im Atomzeitalter, Stuttgart 1961.

*Egbert Jahn*

## Kenneth J. Arrow, Social Choice and Individual Values, New Haven 1951

*(2. Aufl., New Haven 1963; NA: New Haven 1980).*

Kenneth Arrow (geb. 1921) erhielt für seine Beiträge zur ökonomischen Theorie 1972 zusammen mit John R. Hicks den Nobelpreis für Wirtschaftswissenschaften. Bis zu seiner Emeritierung lehrte er als Professor für Wirtschaftswissenschaften an der Stanford University. Seine Promotion „Social Choice and Individual Values" gilt als grundlegende Arbeit der Forschung zu kollektiven Entscheidungen. Bei kollektiven Entscheidungen sind mehrere Individuen an einer gemeinsamen Entscheidungsfindung beteiligt. Die Entscheidungen beziehen sich auf die Auswahl einer Alternative aus einer Menge unterschiedlicher Möglichkeiten für das Kollektiv. Dabei können die Beteiligten ganz unterschiedliche Interessen vertreten. Alternativen sind z.B. mehrere Kandidaten für ein Präsidentenamt oder die unterschiedlichen Pläne für eine Steuerreform. Bei solchen Themen stellt sich die Frage, wie die individuellen Präferenzordnungen zu einer kollektiven Präferenzordnung kombiniert werden sollen. In der Tradition wohlfahrtsökonomischer Überlegungen spricht man hier von der Konstruktion einer sozialen Wohlfahrtsfunktion. Ihre Grundlagen und die mit der Aggregation der individuellen Präferenzen verbundenen Probleme werden in der modernen Sozialwahltheorie in aufwendiger mathematischer Weise behandelt („Social" oder „Collective Choice"). Die Arbeit von Arrow ist für diese normativ-analytische Richtung der Public Choice-Theorie bzw. der ökonomischen Theorie der Politik wegweisend und wurde in der Folge vor allem von Amartya K. Sen (1982) weiterentwickelt. Die Public Choice-Theorie unterstellt in allen Varianten rationales Verhalten der Individuen. Damit wird die Fähigkeit bezeichnet, zwischen besser und schlechter zu unterscheiden und sich widerspruchsfrei danach zu verhalten.

Arrow geht davon aus, dass es vielfältige Möglichkeiten gibt, kollektive Entscheidungen zu treffen. So ließe sich zum Beispiel festlegen, dass die Vorlieben des ältesten Individuums die kollektive Präferenzordnung bestimmen. Für Arrow müssen kollektive Entscheidungen auch bestimmten inhaltlichen Kriterien genügen. Demnach sollen die Entscheidungen des Kollektivs demokratisch zustande kommen und widerspruchsfrei sein. Gegenstand der Überlegungen von Arrows ist nun die Klärung der Frage, ob unter demokratischen Bedingungen gesichert ist, dass individuelle Präferenzen in rationale, widerspruchsfreie kollektive Entscheidungen transformiert werden können. Hierbei geht Arrow von wenigen minimalen Anforderungen an demokratische Verfahren aus. Die zentralen Voraussetzungen lassen sich so zusammenfassen. Die Bedingung der kollektiven Rationalität verlangt, dass kollektive Entscheidungen auf einer Ordnung von Alternativen beruhen, die transitiv und damit widerspruchsfrei ist. Transitivität bedeutet, wenn Alternative X gegenüber Alternative Y vorgezogen wird und Alternative Y gegenüber Alternative Z, dann muss auch Alternative X gegenüber Alternative Z vorgezogen werden. Mit der Bedingung der Unabhängigkeit von irrelevanten Alternativen wird sichergestellt, dass sich die kollektiven Entscheidungen tatsächlich nur an den individuellen Präferenzen bezüglich der zur Entscheidung stehenden Alternativen orientieren. Die Präferenzordnung der betreffenden Alternativen soll sich also nicht ändern, wenn andere Alternativen thematisiert werden. Die Bedingung der Pareto-Inklusivität setzt voraus, dass eine von allen Individuen vorgezogene Alternative auch bei der kollektiven Entscheidung bevorzugt wird. Darüber hinaus gilt das individualistische Prinzip, d.h. es sind beliebige individuelle Präferenzen zugelassen. Schließlich werden diktatorische Entscheidungen ausgeschlossen. Das bedeutet, dass kein Individuum die kollektive Entscheidung allein bestimmen darf. Es muss also ein Gleichheitsprinzip gelten. Die drei erstgenannten Bedingungen betreffen allgemeine Rationalitätsbedingungen, während die beiden letztgenannten Bedingungen die zentralen demokratischen Prinzipien kennzeichnen.

Arrow zeigt mit seinem „allgemeinen (Un-)Möglichkeitstheorem", dass es kein Verfahren gibt, das allen Bedingungen gleichzeitig genügt. Das Ergebnis wird als Theorem bezeichnet, weil es logisch aus den axiomatisch gesetzten Prämissen folgt. Der Sachverhalt lässt sich an einem vereinfachten Beispiel zeigen, das von einer demokratischen Gesellschaft mit drei Individuen A, B und C ausgeht. Diese müssen über drei Alternativen X, Y und Z mittels einfacher Mehrheitsregel entscheiden und weisen folgende Präferenzordnungen auf. A: $X > Y > Z$, B: $Z > X > Y$, C: $Y > Z > X$. Die Alternativen werden paarweise zur Abstimmung gestellt. Wird zunächst über die Alternativen X und Y abgestimmt, folgt daraus eine Mehrheit für X. Eine nachfolgende Abstimmung über die Alternativen Y und Z ergibt eine Mehrheit für Y. Auf Grundlage der genannten Minimalbedingungen sollte daher insgesamt für die Gesellschaft gelten: $X > Y > Z$. Diese kollektive Entscheidungsfunktion ist aber lediglich das Ergebnis der Abstimmungsfolge. Wenn zunächst die Alternativen X und Z zur Wahl stehen, ergibt sich eine Mehrheit für Z. Mit einer zweiten Abstimmung über die Alternativen X und Y folgt daraus logisch die gesellschaftliche Situation $Z > X > Y$, die aber der ersten Zielfunktion widerspricht. Diese widersprüchliche Konsequenz, nach der zugleich X gegenüber Z und Z gegenüber X vorgezogen wird, ist ein Problem zyklischer Mehrheiten, das sich lediglich vermeiden lässt, wenn die Präferenzen der Individuen eine andere Ordnung aufweisen. Ansonsten hängt es von der Reihenfolge der Abstimmungen ab, welche Prioritäten im Entscheidungsprozess die Oberhand gewinnen, weshalb keine der Alternativen mit einer sicheren Mehrheit rechnen kann. Dieses Problem wurde bereits im 18. Jahrhundert von dem französischen Philosophen und Mathematiker Marquis de Concordet diskutiert. Es wird daher auch als „Paradoxie von Concordet" bezeichnet.

Nach Arrow gibt es kein demokratisches Entscheidungsverfahren, das es ermöglicht, die Präferenzen rationaler Individuen in einer gesellschaftlich widerspruchsfreien Zielfunktion zusammenzufügen, wenn die Präferenzen nicht homogen sind. Eine widerspruchsfreie Entscheidung, hier z.B. X > Y > Z, würde die Interessen einer Mehrheit verletzen (B und C). Den Individuen andere Präferenzen aufzuerlegen, verstößt ebenso gegen die Prämissen des Modells. Auf diese Weise findet sich bei Arrow eine der zentralen Erkenntnisse der Public Choice-Theorie: individuelle Rationalität und kollektive Rationalität fallen häufig auseinander. Jede Bündelung von individuellen Präferenzen, die widerspruchsfreie Entscheidungen sicherstellt, bewirkt eine Verletzung der minimalen Anforderungen an demokratische Entscheidungsverfahren. Umgekehrt gibt es keine widerspruchsfreie Umwandlung von individuellen Präferenzen in kollektive Entscheidungen, wenn die minimalen Anforderungen an demokratische Entscheidungsverfahren eingehalten werden sollen.

Die Ergebnisse der formalen Analysen Arrows sind unter demokratietheoretischen Gesichtspunkten von weit reichender Bedeutung. Seine Überlegungen schärfen das Bewusstsein für die Grenzen des demokratischen Verfahrens. Wenn die Präferenzen der Beteiligten nicht übereinstimmen, bleiben stabile Ergebnisse aus, die unabhängig von der Reihenfolge der Abstimmungen sind. Daher sind demokratische Entscheidungsverfahren für Manipulationen anfällig (Coleman 1990, S. 397 ff.; Leininger 1993). Zugleich wird die verbreitete und in der Public Choice-Theorie dominierende Sichtweise der Demokratie als eine Methode der Bündelung von Präferenzen grundlegend in Frage gestellt (→ Schumpeter 1950). Dies gilt vor allem für moderne Wohlfahrtsstaaten, die durch einen umfangreichen öffentlichen Sektor sowie eine hoch differenzierte Wirtschafts- und Gesellschaftsstruktur gekennzeichnet sind. Die Produktion und Verteilung öffentlicher Güter bedeutet, dass sich kollektive politische Entscheidungen auf ein breites Spektrum unterschiedlicher staatlicher Leistungen beziehen. Dabei sind in Anbetracht der vielfältigen wirtschafts- und gesellschaftspolitischen Zielvorstellungen homogene, aufeinander abgestimmte Präferenzen der einzelnen Gesellschaftsmitglieder besonders unwahrscheinlich. Unter diesen Bedingungen ist es kaum mehr möglich, die individuellen Interessen zu einem konsistenten politischen Programm zu integrieren, das eine stabile Mehrheit unterstützt. Die Folge sind wechselhafte Mehrheitsverhältnisse. Daher ist die Politik eher von kurzfristigen, diskontinuierlichen Entscheidungen als von langfristiger Planung getragen (Lehner 1981, S. 48 ff.). Unter diesen Bedingungen erscheint es kaum angemessen, von der Maximierung sozialer Wohlfahrt, sozialer Gerechtigkeit oder des Gemeinwohls in der Politik zu sprechen. Folgt man der Analyse von Arrow, ergeben sich diese Probleme in großem Maße aus der Aggregationsproblematik in modernen Wohlfahrtsstaaten und wohnen dem demokratischen Verfahren inne.

Die Arbeit von Arrow ist Ausgangspunkt zahlreicher Diskussionen und prägt die Forschung über die theoretischen Grundlagen der Logik kollektiver Entscheidungen (Kern/Nida-Rümelin 1994). Dabei wird in einigen Arbeiten die Auffassung vertreten, dass es zumindest für spezielle Situationen demokratische Entscheidungsverfahren gebe, die schwächere Bedingungen erfüllen würden. Auf ähnliche Weise wird im Rahmen einer Theorie der Verteilungsgerechtigkeit diskutiert, dass sich Wohlfahrts- und Gerechtigkeitsprinzipien formulieren lassen, die das Unmöglichkeitstheorem überwinden (Kern 2001). Demgegenüber lässt sich argumentieren, dass zwar bestimmte Voraussetzungen aufgegeben werden können, aber für demokratische Entscheidungsverfahren noch andere Bedingungen gelten sollten. Damit bestätigen sich Arrows Folgerungen.

## Literatur:

James S. Coleman, Foundations of Social Theory, Cambridge 1990.

Lucian Kern, Theorien der Verteilungsgerechtigkeit, in: Ulrich Druwe/Volker Kunz/Thomas Plümper (Hrsg.), Jahrbuch für Handlungs- und Entscheidungstheorie, Bd. 1, Opladen 2001, S. 181-212.

Lucian Kern/Julian Nida-Rümelin, Logik kollektiver Entscheidungen, München 1994.

Franz Lehner, Einführung in die Neue Politische Ökonomie, Königsstein i.Ts. 1981.

Wolfgang Leininger, The Fatal Vote: Berlin versus Bonn, in: Finanzarchiv 50 (1993), S. 1-20.

Amartya K. Sen, Poverty and Famines: An Essay on Entitlement and Deprivation, Oxford 1982.

Hanns Wienold, Kenneth Joseph Arrow, Social Choice and Indiviudal Values, in: Sven Papcke/Georg W. Oesterdiekhoff (Hrsg.), Schlüsselwerke der Soziologie, Wiesbaden 2001, S. 13-16.

*Volker Kunz*

## Robert Axelrod, The Evolution of Cooperation, New York 1984

*(DA: Die Evolution der Kooperation, München 1987; VA: 5. Aufl., München 2000).*

Robert Axelrod ist Professor für Politikwissenschaft und öffentliche Ordnung (public policy) an der Universität von Michigan. Sein 1984 erschienenes Buch gehört zu den wichtigsten Werken einer sozialtheoretischen Richtung, die sich mit dem grundlegenden Problem der Entstehung sozialer Ordnung, des friedlichen und kooperativen Zusammenlebens der Menschen, beschäftigt. Es werden die Bedingungen untersucht, die rationale und ichbezogene Akteure veranlassen, freiwillig in einer für alle vorteilhaften Kooperation zusammenzuwirken. Unter diesen Voraussetzungen wird die Entstehung und Aufrechterhaltung sozialer Kooperation erklärungsbedürftig, weil für die beteiligten Akteure ein Konflikt zwischen individueller und kollektiver Rationalität besteht. Dieses zentrale Problem sozialen Zusammenlebens analysiert Axelrod mittels der Methode der Computersimulation und auf Grundlage der Spieltheorie. In diesem Zugang liegt der innovative Kern der Untersuchung, die damit eine neue Perspektive und ein besseres Verständnis für klassische Fragestellungen der Sozialwissenschaften und ihre Lösungen entwickelt. Der Einsatz von Computersimulationen bietet sich immer dann an, wenn die Elemente eines Systems in komplexer, nicht-linearer Form interagieren, die eindeutige deduktive Ableitungen schwierig oder sogar unmöglich macht. Bei der Spieltheorie handelt es sich um eine besondere Variante der mathematischen Entscheidungstheorie für Kollektive. „Spiel" bezeichnet dabei eine Situation wechselseitiger Abhängigkeit von zwei oder mehreren Beteiligten. Da es hierbei immer um die Entscheidung zwischen verschiedenen Alternativen geht und grundsätzlich rationales, d.h. folgen- und erfolgsorientiertes Verhalten vorausgesetzt wird, spricht man in diesem Zusammenhang auch vom Ansatz der rationalen Wahl (Kunz 2004). Entsprechend dem methodologischen Individualismus werden soziale Tatbestände als Folge der Wahlhandlungen von Individuen betrachtet. Akteure können aber auch Kollektive sein, wenn ihnen ein bestimmtes einheitliches Interesse unterstellt werden kann.

In dieser Perspektive geht es Axelrod um die Frage nach den Bedingungen gesellschaftlicher Kooperation „in einer Welt von Egoisten ohne zentralen Herrschaftsstab" (S. 3). Diese klassische Frage von Thomas Hobbes (→ Hobbes 1651) ist auch deshalb von besonderem analytischen Interesse, weil damit der schwierige Fall geprüft werden kann, „wo Kooperation gerade nicht vollständig auf einer vollständigen Berücksichtigung der Interessen anderer oder der Wohlfahrt der Gruppe insgesamt beruht“ (S. 6). Ausgangspunkt der Untersuchung ist das so genannte Gefangenendilemma, das für die formale, spieltheoretische Analyse des Grundproblems der Kooperation ohne zentrale Machtinstanz besonders geeignet ist: Zwei Akteure haben zwei Alternativen: 1) zu kooperieren oder 2) nicht zu kooperieren (d.h. zu defektieren). Der Name des Spiels resultiert aus der ursprünglichen Story, die abstrakt die Situation beschreibt, dass jeder Akteur zwar von wechselseitiger Kooperation profitieren kann, beide Akteure aber einen höheren Eigennutz erreichen können, wenn sie die kooperativen Bemühungen des anderen Akteurs durch unkooperatives Handeln ausnutzen (Luce/Raiffa 1989). Bei einmaliger Interaktion ist es deshalb in jedem Fall, unabhängig von der Wahl des anderes Akteurs, besser, nicht zusammen zu arbeiten. Daher scheitert eine Kooperation zum gegenseitigen Vorteil. Die beiderseitige Defektion bildet damit das spieltheoretische Nash-Gleichgewicht. Sie ist aber für jeden Akteur ungünstiger als wechselseitige Kooperation, die kollektiv gesehen das Pareto-optimale Ergebnis und daher rational ist. Unter Pareto-optimal ist zu verstehen, dass sich kein Ergebnis erreichen lässt, dass für einen der Akteure besser wäre, ohne dass das Ergebnis eines anderen sich dadurch verschlechtern würde. Mit Nash-Gleichgewicht ist ein Zustand gemeint, von dem ausgehend kein Akteur einen Vorteil erzielen kann, indem nur er seine Strategie ändert.

Wenn auch reale Situationen häufig komplizierter sind, lässt sich mit dem Gefangenendilemma das grundlegende Prinzip der Problemstruktur sehr anschaulich zeigen. Typische Beispiele sind neben dem grundsätzlichen Problem staatlicher bzw. sozialer Ordnung Umweltverschmutzung, Handelskonflikte zwischen Industriestaaten, Verhalten am Arbeitsplatz, Heizkosten in Mietshäusern bei gemeinsamer Abrechnung, Abrüstung oder militärische Konflikte. Allen diesen Situationen ist gemeinsam, dass jeder Akteur einen Anreiz besitzt, sich eigennützig zu verhalten. Daraus entstehen kollektiv suboptimale Ergebnisse. Axelrods zentrale These ist, dass es auch unter den Bedingungen des Gefangenendilemmas rational sein kann, freiwillig zu kooperieren. Dies sei dann der Fall, wenn die selben Akteure über längere Zeit interagieren. Diese Situation erscheint für viele Fälle realistischer als eine einmalige Interaktion. Die Bedingung ist, dass das Ende der Wechselbeziehung nicht genau absehbar ist. Dies entspricht einer unendlichen oder zumindest in der Endzahl ungewissen Wiederholung des Spiels („Superspiel“). Diese Situationsveränderung hat weitreichende Folgen für die Strategiewahl der einzelnen Akteure: „Dies bedeutet, dass gegenwärtige Entscheidungen nicht allein den Ausgang des gegenwärtigen Treffens bestimmen, sondern auch die späteren Entscheidungen der Spieler beeinflussen können. Die Zukunft kann folglich einen Schatten auf die Gegenwart zurückwerfen und dadurch die aktuelle strategische Situation beeinflussen" (S. 11). Dabei ist der Schatten der Zukunft um so länger, je größer der so genannte „Diskontparameter" ist. Der „Diskontparameter" ist dabei um so größer, je länger die erwartete Dauer und Stabilität der Wechselbeziehung. In einem hinreichend großen „Diskontparameter" liegt nach Axelrod eine kooperative Lösung des Gefangenendilemmas begründet.

Die erfolgreiche kooperative Superspiel-Strategie ist die so genannte Tit for Tat-Strategie (zu deutsch: Dies für das-Strategie), die auf dem Prinzip der Gegenseitigkeit beruht. Der Akteur ist dabei kooperationsfreundlich, provozierbar und nicht nachtragend. Das Motto lautet: Wie du mir, so ich dir. Die Akteure handeln beim ersten Zug grundsätzlich kooperativ. Dann wird die Aktion gewählt, die der andere Akteur im vorangegangenen Zug gemacht hat. Bei Kooperation wird die kooperative Strategie beibehalten und auf Defektion folgt Defektion. Wenn bei vorangegangener Defektion der Interaktionspartner wieder kooperiert, kooperiert man ebenfalls. Es handelt sich also, und dies ist der entscheidende Punkt, nicht um eine rein kooperative Strategie, die sich relativ zu ihren Konkurrenten nicht bewährt. Es ist vielmehr eine Strategie der bedingten Kooperation, die auf Gegenseitigkeit und ausgleichende Gerechtigkeit setzt. Der Nachweis des Erfolgs von Tit for Tat ergibt sich aus den Ergebnissen von Computersimulationen. In mehreren Computerturnieren ließ Axelrod wie in einem Turnier zwischen Schachprogrammen verschiedene Verhaltensstrategien gegeneinander antreten, die eine Reihe von Wissenschaftlern programmiert hatten. In einer ersten Runde wurden 14 Strategien eingereicht und von Axelrod durch eine Zufallsregel ergänzt. Die Teilnehmer erhielten die Auswertung des Turniers mit der Aufforderung, eine bei Bedarf verbesserte Strategie einzusenden. Im zweiten Turnier traten 62 Strategien gegeneinander an. Im dritten Turnier war am Anfang nicht mehr jede Strategie einmal vertreten, sondern die Computersimulationen wurde für verschiedene Verteilungen von Strategieanteilen durchgeführt. In allen drei Fällen erwies sich die vergleichsweise einfache und von Anatol Rapaport eingereichte Tit for Tat-Strategie als erfolgreichste Strategie.

Die Robustheit der Strategie in einer breiten Vielfalt von Umgebungen bestätigte sich darüber hinaus im Rahmen einer populationsökologischen Analyse hypothetischer zukünftiger Runden des Turniers. Hierbei wurde untersucht, „was bei einer Folge von Turnieren passieren würde, wenn die erfolgreicheren Regeln einen immer größeren Teil der Umgebung für jede Regel bilden und wenn die weniger erfolgreichen Regeln immer seltener angetroffen werden“ (S. 43). Auch in diesem Simulationsexperiment erwies sich Tit for Tat als relativ erfolgreichste Strategie. Darüber hinaus zeigt Axelrod, dass es für die Akteure nach der Entstehung und Verbreitung der von dieser Strategie getragenen Kooperation keinen Anreiz gibt, von dieser Strategie abzuweichen. Andere Strategien konnten Tit for Tat nicht verdrängen. Außerdem ist Tit for Tat lernfähig. Die Strategie fasst unter bestimmten Bedingungen auch in einer feindlichen Umgebung Fuß. „Also kann“, wie Axelrod folgert, „auf Reziprozität [= Gegenseitigkeit] gegründete Kooperation in einer vorwiegend unkooperativen Welt in Gang gesetzt werden, sie kann sich in einer vielgestaltigen Umgebung erfolgreich verbreiten und sie kann sich, einmal etabliert, verteidigen“ (S. 90). Dieser Erfolg trifft zwar nicht auf jeden Einzelfall zu, stellt sich aber insgesamt im Vergleich zu allen anderen Strategien über eine lange Folge von Interaktionen ein, ohne dass dies von den Akteuren absichtlich gewollt sein müsste. Nach Axelrod kommt es noch nicht einmal darauf an, dass die Akteure rational sind.

Voraussetzung ist allerdings, dass die Handlungen der Akteure identifizierbar sind, um sie bei Defektion auch sanktionieren zu können, und die Zukunft einen ausreichend großen Schatten auf die Gegenwart wirft. Vor diesem Hintergrund diskutiert Axelrod nach der Beschäftigung mit der empirischen Erklärungskraft seiner Analyse an ausgewählten Beispielen Vorschläge für erfolgreiches Verhalten in der Situation eines dauerhaft wiederholten Gefangenendilemmas und praktische Konsequenzen, wie Kooperation gefördert werden kann. Für die Gestaltung einer kooperativen Welt und die Bewältigung kollektiver Dilemmas kommt es nach Axelrod entscheidend darauf an, die Voraussetzungen zu schaffen und zu stärken, die künftige Interaktionen zwischen den Akteuren wahrscheinlicher machen. Hierdurch werde der langfristige Anreiz zur wechselseitigen Kooperation gestärkt und der kurzfristige zur Defektion geschwächt. Diese Folgerungen sind für die Politikwissenschaft von großem Interesse, weil sich damit Argumente für die Implementation und Förderung bestimmter institutioneller Arrangements ergeben. Beispielsweise scheinen für den internen gesellschaftlichen Zusammenhalt in einer zunehmend globalisierten Welt die Existenz engmaschiger sozialer Netzwerke, die Etablierung föderalstaatlicher Organisationsprinzipien und internationale Organisationen oder Regimes für die friedliche Entwicklung in den internationalen Beziehungen besonders vorteilhaft zu sein (Axelrod/Keohane 1986).

Die zentrale Leistung von Axelrod besteht darin aufzuzeigen, dass Kooperation in Gefangenendilemma-Situationen möglich ist und er die dafür notwendigen Bedingungen diskutiert. In spieltheoretischer Perspektive ist von Bedeutung, dass er Lernprozesse in die Analyse integriert und damit nicht nur die übliche Frage nach der Existenz und den Eigenschaften möglicher Gleichgewichte beantwortet, sondern auch den Prozess ihrer Entwicklung thematisiert. Unter methodischen Gesichtspunkten ist der neuartige Einsatz von Computersimulationen hervorzuheben. Aufgrund der vielfältigen theoretischen, methodischen und praktischen Implikationen gehört die Arbeit von Axelrod zu den am meisten zitierten Untersuchungen. Sie gilt als zentraler Beitrag zu einer integrativen erklärenden Sozialtheorie. Darüber hinaus schließen zahlreiche empirische Studien zur Kooperationsproblematik in den unterschiedlichsten Bereichen an Axelrod an. Allerdings ist zu berücksichtigen, dass soziale Dilemmas nicht nur in Form des Gefangenendilemmas auftreten und die Modellierung insgesamt von sehr einfachen, zum Teil speziellen und technisch strittigen Voraussetzungen ausgeht, was für die Befunde nicht immer unerheblich ist. Es gibt daher vielfältige Bemühungen – auch von Axelrod selbst –, die Analysen weiterzuführen und zu verfeinern (Axelrod 1997; Baurmann/Leist 2000; Hoffmann 2000).

## Literatur:


Robert Axelrod, The Complexity of Cooperation. Agent-Based Models of Competition and Collaboration, Princeton 1997.

Robert Axelrod/Douglas Dion, The Further Evolution of Cooperation, in: Science (1988), S. 1385-1390.

Robert Axelrod/Robert O. Keohane, Achieving Cooperation under Anarchy: Strategies and Institutions, in: Kenneth A. Oye (Hrsg.), Cooperation under Anarchy, Princeton 1986, S. 226-254.

Robert Axelrod's Home Page, http://www-personal.umich.edu/~axe/ (Stand: 9. September 2005).

Michael Baurmann/Anton Leist (Hrsg.), Symposium on R. Axelrod´s Evolution of Cooperation, in: Analyse und Kritik 22 (2000) (mit einem Beitrag von R. Axelrod).

Evolution of Cooperation Web Site, http://pscs.physics.lsa.umich.edu/Software/CC/ECHome.html

Robert Hoffmann, Twenty Years on: The Evolution of Cooperation Revisited, in: Journal of Artificial Societies and Social Simulation 3 (2000), http://www.soc.surrey.ac.uk/JASS/3/2/forum/1.html.

Volker Kunz, Rational Choice, Frankfurt a.M./New York 2004.

Duncan Luce/Howard Raiffa, Games and Decisions (1957), Dover 1989.


*Volker Kunz*

## Walter Bagehot, The English Constitution, London 1867

*(NA: The English Constitution. Introduction by R. H. S. Crossmann Ithaca/New York 1966; DA: Die englische Verfassung, hrsg. und eingeleitet von Klaus Streufthau, Neuwied/Berlin 1971).*

Walter Bagehot wurde 1826 in Longport/Somerset geboren und verstarb 1877 in London. Er betätigte sich als Bankier in der Londoner City und schrieb aus dieser beruflichen Erfahrung viel beachtete wirtschafts- und finanzwissenschaftliche Studien, u.a. „Lombard Street" (1873). Berühmt wurde er jedoch als politischer Journalist und als Herausgeber des renommierten „Economist" (1861-1877). Seine Biographen rühmen die intellektuelle Brillanz und sprachliche Eleganz des „vielleicht größten Journalisten aller Zeiten" (so Richard Crossman, ein verfassungspolitischer Vordenker der Labour-Party in der Einleitung zur Neuausgabe des Werks von 1966). Auch deshalb war Bagehots Hauptwerk Pflichtlektüre bei Studierenden des prominenten deutschen Politikwissenschaftlers Dolf Sternberger (→ Sternberger 1978) und ist es noch immer an britischen Universitäten.

Obwohl Bagehot in der Einleitung zur 2. Auflage von „The English Constitution" 1872 bemerkte, dass sich diese Verfassung seit Benjamin Disraelis Wahlrechtsreform von 1867 in tausend Punkten verändert habe, gilt dieser Sammelband von acht Essays immer noch als ein Meisterwerk der politischen Systemanalyse. Der Journalist Bagehot erreichte so großen Ruhm, weil er sich als „Beobachter, der auf die lebende Wirklichkeit schaut", respektlos über all die klassischen Verfassungstheorien, die sich um die staatsrechtliche Figur des „King in Parliament" gerankt hatten, hinwegsetzte. Zu diesen „belanglosen Ideen" zählte er die verfassungsrechtlichen Dogmen der Gewaltenteilung und der gemischten Verfassung. Auch heute lebende Verfassungsrechtler rümpfen über eine derartige Respektlosigkeit die Nase.

Bagehot setzte diesen Dogmen seinen Realtypus der parlamentarischen Regierungsform (parliamentary government) entgegen, der für ihn zunächst bedeutete, dass das Unterhaus, bestehend aus Repräsentanten des Besitz- und Bildungsbürgertums, als wahrer Souverän über alle Entscheidungskompetenzen verfügte, die bis zum Beginn des 19. Jahrhunderts auf Krone, Ober- und Unterhaus verteilt waren. Das wirkungsmächtige Geheimnis der parlamentarischen Regierungsform sei deshalb nicht die Teilung der Gewalten, sondern vielmehr die „enge Vereinigung, die nahezu völlige Verschmelzung der exekutiven mit der legislativen Gewalt" – und zwar durch das institutionelle und personelle Bindeglied des Kabinetts. Parlamentarische Regierung bedeutete also für Bagehot – wie ein Jahrhundert später wieder für Dolf Sternberger – im Wortsinn, dass das Parlament mittels seines exekutiven „Hauptausschusses" selbst regiere. Er erkannte, dass diese Regierungsform nur mit Hilfe von Parteiorganisationen, die parlamentarische Mehrheiten bilden und die den „Hauptausschuss" des Parlaments, also die Regierung, stützen können, möglich geworden war.

Die Einschätzung der Rolle des Premierministers, die es in der Verfassungstheorie noch gar nicht gab, verriet Bagehots Gespür für Entwicklungstendenzen: Er bezeichnete ihn – und hatte dabei offensichtlich den Premier Lord Palmerston vor Augen – als „the head-master of the nation, the great elevator of the Country" und als „the visible sovereignty" gegenüber der „unbekannten Größe" von US-amerikanischen Präsidenten. Wie sich die Zeiten ändern! Heute müsste man die Beschreibung der beiden Figuren austauschen. Der US-Präsident erscheint viel eher als der britische Premier als der „head-master of the nation", obwohl sich auch im Vereinigten Königreich ein System des „prime ministerial government" herausgebildet hat.

Noch heute nimmt die Parlamentarismustheorie – allerdings selten zustimmend – Bezug auf Bagehots Lehre der fünf Parlamentsfunktionen. Für ihn war die Wahlfunktion mit dem doppelten Zweck der Bildung und Absicherung einer Regierung die Hauptfunktion des Parlaments und das konstitutive Merkmal der parlamentarischer Regierungsform. Sie bildete auch den Hintergrund für sein entschiedenes Plädoyer für das mehrheitsbildende relative Mehrheitswahlsystem. Sein Disput mit John Stuart Mill (→ Mill 1861) über die Vor- und Nachteile dieses Wahlsystems bleibt erinnerungswürdig. Zugleich verteidigte Bagehot das Parlamentsauflösungsrecht des Kabinetts als Gegengewicht zum Misstrauensvotum eines Parlaments, das Regierungen nach Lust und Laune stürzen konnte. Er löste allerdings den logischen Widerspruch nicht auf, dass sich dieses Gleichgewicht nicht mit der von ihm betonten Omnikompetenz des Parlaments vertrug. Wenn ein Geschöpf den Schöpfer nach Hause schicken kann, hat es Rechte, die aus der Prärogative der Krone (= Vorrechte des Herrschers bei der Auflösung des Parlaments und dem Erlass von Gesetzen) stammten.

Der Wahlfunktion nachgeordnet sind die Artikulationsfunktion von öffentlichen Belangen, die Lehr- und Informationsfunktion gegenüber der Öffentlichkeit. An letzte Stelle setzte Bagehot – entgegen herrschender Verfassungslehre – die Gesetzgebungsfunktion, die für ihn nur ein Nebenprodukt darstellte. Noch geringer wertete er das Budgetrecht, weil er dem Parlament in Budgetfragen eine „außergewöhnliche Unfähigkeit" unterstellte. Diese

Prioritätensetzung der Parlamentsfunktionen war damals provozierend und bleibt auch in der modernen Verfassungstheorie noch herausfordernd, weil sie gängigen Lehrsätzen widerspricht.

Es waren aber nicht so sehr diese in brillanter Sprache beschriebenen Spielregeln des britischen Regierungssystems in der Mitte des 19. Jahrhunderts, die den Ruhm von Bagehot begründeten, sondern seine scharfsinnigen und häufig scharfzüngigen Beobachtungen von Herrschaftsverhältnissen und Machtpraktiken hinter der institutionellen Fassade von Westminster. Es gelang ihm meisterhaft, durch die Unterscheidung von „ehrwürdigen" (Krone und Oberhaus) und „effizienten Teilen" (Unterhaus und Kabinett) die „lebende Verfassung" von ihrem „gotischen Exterieur" zu trennen. Er hatte immer die Untertanen der Königin Viktoria vor Augen, denen er eine „große Einfalt" als größte politische Tugend zuschrieb. Besonders für diesen „ungebildeten Mob" wirke die Krone mit ihrer theatralischen Show wie eine Maske, hinter der die wirklich Regierenden walten und schalten könnten.

In solchen Passagen entdeckten Kritiker einen Zynismus, der in der 1872 veröffentlichten Schrift „Physics and Politics" noch unverblümter zum Ausdruck kam, andere einen scharfsinnigen Einblick in das kollektive Seelenleben der viktorianischen Epoche. Die „ehrwürdigen Teile" waren aber für Bagehot nicht nur nützliche Instrumente zur Massenmanipulation, sondern auch emotionale Stützen von Autorität und Legitimität. Diese Verbindung von politischer Psychologie und Institutionenanalyse, die sich nicht im verfassungsrechtlichen Dogmenstreit verhedderte, macht „The English Constitution" noch heute zu einer lohnenden Lektüre – eben zu einem Klassiker der Politikwissenschaft.

Ernst Fraenkel ordnete „The English Constitution" als „klassische empirische Darstellung" in die Geschichte der Politikwissenschaft ein. Zutreffender ist das Urteil von Bagehots Biographen Alastair Buchan, dass der „originellste und wertvollste Aspekt" (Buchan 1960) in der Analyse der Sozialstruktur und des sozialen Klimas, die das Verfassungsleben im Viktorianischen Zeitalter prägten, liege. Richard Crossman entdeckte die Faszination einer „Legende" einer längst vergangenen Epoche des britischen Parlamentarismus in der gedanklichen und sprachlichen Brillanz eines klugen politischen Journalisten, der frühere Legenden entzaubert hatte. Deshalb sollte dieses wahrhaft klassische Werk möglichst in der englischen Originalfassung gelesen werden.

## Literatur:

Walter Bagehot, Lombard Street: a Description of the Money Market, London 1873.
Alastair Buchan, The Spare Chancellor, East Lansing 1960.
Franz Nuscheler, Walter Bagehot und die englische Verfassungstheorie, Meisenheim am Glan 1969.
Norman St. John-Stevas, Walter Bagehot, London 1959.

*Franz Nuscheler*

# Benjamin R. Barber, Strong Democracy. Participatory Politics for a New Age, Berkeley/Los Angeles/London 1984

*(= VA; DA: Starke Demokratie. Über die Teilhabe am Politischen, Hamburg 1994).*

Benjamin Barber (geb. 1939) war Professor für Politikwissenschaft an der Rutgers University in New Brunswick und Direktor des basisdemokratisch ausgerichteten Walt Whitman Center for the Culture and Politics of Democracy. 2001 wechselte er an die Universität von Maryland. Er war unter anderem Berater von Bill Clinton und Howard Dean (1991-2003 Gouverneur von Vermont).

Barbers Hauptwerk und zugleich seine wichtigste politische Forderung ist die „Starke Demokratie", die in verstärkter Partizipation auf allen politischen Entscheidungsebenen und auf der Reaktivierung von Bürgersinn besteht. Barber versteht sie als moderne Form der Selbstregierung und stellt sie der gegenwärtigen „dünnen Demokratie" gegenüber. In der „dünnen Demokratie" dränge die Repräsentation zwischen die Bürger und die Politik und senke so die Bereitschaft der Bürger zur politischen Teilhabe, ohne die eine wirkliche Selbstregierung des Volks nicht möglich sei. Die „starke Demokratie" ist nach Barber dabei vereinbar mit der Befürwortung des politischen Konflikts, mit der Gesellschaftstheorie des Pluralismus und der Trennung des privaten und des politischen Handlungsbereichs. Barber will also nicht zu einer Politikform zurückkehren, in der noch jeder jeden kennen konnte. Es gibt Gemeinsamkeiten mit der klassischen Demokratietheorie der antiken Polis, zu denen sich Barber auch ausdrücklich bekennt, allerdings in einer radikal modernisierten Form. Die „starke Demokratie" versucht, Konflikte umzuwandeln und Privatinteressen so zu reformulieren, dass sie dem öffentlichen Vorteil genügen. Sie versteht die Individuen als Staatsbürger und betont so deren Gemeinsamkeit und Gleichheit in ihrer staatsbürgerlichen Aktivität statt ihrer Separatheit als Privatpersonen.

Wenn die Menschen von Natur aus soziale Lebewesen sind, wie Barber in der aristotelischen Tradition der Politiktheorie (→ Aristoteles ca. 335 v. Chr.) meint, dann ist die staatsbürgerliche Beteiligung die einzige legitime Form, welche die natürliche Abhängigkeit der Menschen annehmen kann. Geschichtlich sind außerordentlich viele Formen der Bürgerschaft entwickelt worden. Idealtypisch kann man die repräsentative Demokratie und die direkte Demokratie in ihrer unitarischen, tendenziell totalitären Form gegeneinander stellen und die „starke Demokratie" als drittes Konzept davon abheben.

Die mögliche Herrschaft einiger weniger Aktivisten ist ein Grundproblem dieses Nach-68er-Denkens. Der Einwand, der die Rechte der Nichtaktivisten einklagt, ist einer der stärksten, der gegen die partizipatorische Demokratie gemacht werden kann. Barber hat darauf eine – recht originelle – Antwort gefunden, nämlich die Installierung eines „Ermöglichers". Der „Ermöglicher" soll als eine Art Ombudsmann der Gemeinschaft für die Fairness des Vorgehens verantwortlich sein. Er soll dafür sorgen, dass auch die Zurückhaltenden zum Zuge kommen.

Die affektiven Bindungen, die aus diesem Nachbarschaftskonzept resultieren, sind nach Barbers Meinung deutlich weniger riskant als der herkömmliche Patriotismus, der schnell in bloßen Chauvinismus und in fahrlässige Kriegsbegeisterung umschlagen kann, und auch weniger gefährlich als die Zivilreligion, die oft genug (wie z.B. im Genf zur Zeit Calvins) den Stil fundamentalistischen Eifererturns angenommen hat.

Heutige Demokratietheoretiker betrachten die partizipatorische oder kommunitarische Demokratie durchweg als Anachronismus, die allenfalls kleinen Stadtstaaten wie dem antiken Athen oder dem Genf zur Zeit Rousseaus angemessen sei. Barber hält ihnen entgegen, dass das Problem der Größe oder der Massengesellschaft nur ein Problem der Kommunikation sei und gelöst werden kann. Es komme darauf an, dezentrale, föderale oder andere zellenartige kommunikationsfähige Einheiten zu schaffen. Auf jeden Fall müsse aber der Wille bestehen, die Bürger zu beteiligen und die Macht nicht den multinationalen Konzernen, den internationalen Banken und den Kartellen zu überlassen. Seine Parole lautet: „Wenn das Großunternehmen die Demokratie nicht besiegen soll, dann muss die Demokratie den Konzern besiegen" (S. 257). Die Mitbestimmung der Arbeitenden und die Demokratisierung der Arbeitsplätze können nach Barber das Monopol der großen Korporationen ein wenig lockern. Der entscheidende Kampf müsse aber auf dem politischen Feld ausgetragen werden. Mit seiner scharfen Opposition zu Großkonzernen und Großbürokratien steht Barber politisch weit links. Er strebt aber keineswegs eine Verstaatlichung der Produktionsmittel an. Barber steht vielmehr in der Tradition amerikanischer Anti-Kartell-Gesetzgebung steht, die kapitalistische Konkurrenz und den Freihandel fördern sollen. Zur Basisdemokratie gehört für ihn die erklärte Feindschaft gegenüber allen übermäßig dominanten Großorganisationen.

Barber ist sich bewusst, dass seine starke Demokratie zwar aus einer attraktiven theoretischen Tradition abgeleitet ist, im Grunde aber ohne überzeugende Praxis dasteht. Er versucht deshalb in möglichst enger Anknüpfung an existierende Institutionen einige Hinweise auf Verwirklichungschancen zu geben. Als historische Beispiele nennt Barber Bürgerbewegungen wie die „Grünen" in Deutschland oder Konzepte einer nachbarschaftlichen Selbstregierung, die inspiriert sind von den städtischen (nicht entscheidungs-, sondern nur beratungsbefugten) Vollversammlungen, wie sie in einigen Neuengland-Staaten in den USA vorkommen. Er schlägt kommunale Vielzweckgebäude in den Nachbarschaften vor, um den kommunalen Aktivitäten Raum zu geben. Dort soll auch ein Büro für den „Ermöglicher" eingerichtet werden, damit die Versammlung einen Leiter und Sekretär hat. Das Fernsehen kann seiner Meinung nach helfen, die Kommunikation sehr viel größerer Einheiten herzustellen. Partizipatorische Diskussionen sind dann auch über weite Entfernungen möglich.

Barber hat ein Kurzprogramm für seine „starke Demokratie" entwickelt. Es sind zwölf praktische Punkte zur Wiederbelebung des Bürgersinns und der bürgerlichen Beteiligung in einer televisionären Massendemokratie auf der Basis eines radikal modernisierten Rousseauismus (→ Rousseau 1762): 1. Ein landesweites System von Nachbarschaftsversammlungen von bis zu 5.000 Bürgern. Diese würden anfangs nur Beratungsaufgaben haben, aber möglicherweise lokale Gesetzgebungskompetenz bekommen können; 2. Eine nationale Bürgerkommunikationskooperative, um den Gebrauch der neuen Telekommunikationstechnologien zu regulieren sowie die Debatte bei Volksbefragungen zu überwachen; 3. Ein Bürgervideotextdienst und ein Gesetz zur öffentlichen Erziehung, um den Zugang zu Informationen anzugleichen und volle staatsbürgerliche Erziehung für alle Bürger zu fördern; 4. Experimente in Entkriminalisierung und informeller Laienrechtsprechung im lokalen Bereich; 5. Eine nationale Initiative zu Volksentscheiden, die öffentliche Initiativen und Referenden zur Gesetzgebung des Kongresses ermöglicht, mit Multiple-choice-Optionen und einem zweiten Wahlgang; 6. Experimentelle elektronische Wahlverfahren, anfangs nur für Erziehungszwecke und für Meinungsumfragen, unter der Oberaufsicht der Bürgerkommunikationskooperative; 7. Auswahl für bestimmte örtliche Ämter durch Losverfahren, mit Anreizen durch Bezahlung; 8. Experimente mit einem internen Gutscheinsystem für ausgewählte Schulen, Sozialwohnungen und den öffentlichen Nahverkehr; 9. Ein Programm eines allgemeinen Bürgerdienstes, der die Wahlmöglichkeit des Wehrdienstes für alle Bürger einschließt; 10. Unterstützung der öffentlichen Hand für lokale Freiwilligenprogramme in „Gemeinwesenarbeit“ und „gemeinsamer Aktion“; 11. Öffentliche Unterstützung für Arbeitsplatzdemokratie, mit Institutionen der öffentlichen Hand als Modell für Alternativen in der Wirtschaft; 12. Eine neue Architektur des bürgerlichen und öffentlichen Raums. Da sich Elemente dieses Gesamtkonzepts durchaus umsetzen lassen und ihre Überzeugungskraft aus einer umfassenden sozialphilosophischen Begründung partizipatorischer Demokratie gewinnen (die alte Forderung der amerikanischen Studentenbewegung seit dem Port Huron Statement von 1962), ist Barber immer wieder als Politikberater und intellektueller Begleiter von basisdemokratischen Prozessen gefragt.

**Literatur:**

Benjamin R. Barber, Jihad vs. McWorld, New York 1995 (DA: Coca Cola und Heiliger Krieg. Wie Kapitalismus und Fundamentalismus Demokratie und Frieden abschaffen, Bern/München/Wien 1996).

Benjamin R. Barber, The Truth of Power. Intellecual Affairs in the Clinton White House, New York 2001.

Benjamin R. Barber, Fear's Empire. Terrorism and Democracy, New York 2003.

Gisela Riescher, Benjamin R. Barber, in: Dies. (Hrsg.), Politische Theorie der Gegenwart in Einzeldarstellungen von Adorno bis Young, S. 28-31.

*Walter Reese-Schäfer*

## Samuel H. Barnes/Max Kaase u.a., Political Action – Mass Participation in Five Western Democracies, Beverly Hills/London 1979.

In den 1960er und 1970er Jahren rollten Wellen des Protests über die entwickelten Demokratien, in den USA ausgehend von der Anti-Vietnamkriegs- und der Bürgerrechtsbewegung sowie in Westeuropa von den Studentenunruhen. Die konkreten Anlässe dieser Proteste waren zwar unterschiedlich, jedoch skandalisierten alle die politische Macht als nicht responsiv. Die Protestierenden warfen dem Staat also vor, nicht auf die Anforderungen seiner Bürger zu reagieren. Die Proteste zielten an etablierten Wegen der politischen Einflussnahme wie Parteien und Parlamenten vorbei.

Zunächst reagierten Öffentlichkeit und Sozialwissenschaft ratlos, da Massenproteste als typisch für ein vordemokratisches Stadium galten. Die Debatte um die so genannte Unregierbarkeits- und Legitimitätskrise westlicher Demokratien interpretierte die Massenproteste als Ausdruck politischer Unzufriedenheit infolge einer Überlastung des Staates durch endlos steigende Ansprüche und sah darin Anzeichen einer Selbstzerstörung der kapitalistischen, liberalen Demokratie. Im normativen Bereich wurde die ältere Debatte zwischen Elite- und Partizipationstheorien der Demokratie neu belebt. Die Anhänger der Partizipationstheorien hofften dabei auf verstärkte politische Einflusschancen für Bevölkerungsteile, die in den herkömmlichen Institutionen unterrepräsentiert waren. Insgesamt aber überwog die Befürchtung, dass diese neue, diskontinuierliche und teilweise destruktive Partizipation künftig von immer mehr Bürgern anstelle der institutionalisierten Beteiligungsformen genutzt würde. Daher sei die repräsentative Demokratie gefährdet.

Die empirische Partizipationsforschung berücksichtigte die neuen Massenproteste zunächst nicht. Vielmehr konzentrierte sie sich ausschließlich auf das Wählen und legale Aktivitäten in seinem Umfeld (z.B. Verba/Nie 1972, Milbrath/Goel 1977). Dies änderte sich erst mit „Political-Action". Dabei handelte es sich um ein international vergleichend angelegtes Projekt in Kooperation von Sozialwissenschaftlern der teilnehmenden Länder, nämlich Samuel H. Barnes, Farah, Ronald Inglehart und M. Kent Jennings (USA), Klaus Allerbeck, Max Kaase und Hans-Dietrich Klingemann (Deutschland), Felix J. Heunks (Niederlande), Alan Marsh (Großbritannien) sowie Leopold Rosenmayr (Österreich). Ferner waren Finnland, Italien und die Schweiz beteiligt. Sie sind allerdings in der Publikation nicht berücksichtigt. Primär auf der Grundlage repräsentativer Querschnittsumfragen in den Jahren 1973 bis 1976, ergänzt durch Eltern-Kind-Befragungen und ein Panel, wurde die politische Beteiligung einschließlich neuer legaler und illegaler Protestformen sowie politischer Gewalt untersucht.

Frühere Arbeiten hatten Partizipation eindimensional konzipiert, wobei sich der für eine Beteiligungsform erforderliche Aufwand (z.B. Zeit, Geld, Information, Wissen und Fähigkeiten) als entscheidend für ihre Nutzung erwiesen hatte: Je aufwendiger die Beteiligung, desto weniger Menschen beteiligen sich. Jedoch umfassten diese Arbeiten nur legale Aktivitäten im Umfeld des Wählens. Die Autoren von „Political Action" gingen nunmehr davon aus, dass die Protestformen eine zweite Dimension politischer Partizipation bilden. Sie sei ebenfalls hierarchisch entlang des „Schwierigkeitsgrades" geordnet. Die herkömmlichen Formen der politischen Teilhabe bezeichneten sie als „konventionell", die Protestformen als „unkonventionell". Als Kennzeichen konventioneller Partizipation wurden vor allem drei Punkte angesehen. Der Protest ist 1. legal; verläuft 2. in institutionalisierten Bahnen und wird 3. in der Bevölkerung überwiegend als legitim akzeptiert. Die unkonventionelle Partizipation ist nach der Studie dagegen 1. nur teilweise legal, 2. nur selten ansatzweise verfasst und 3. mit geringerem Legitimitätsstatus versehen.

Operationalisiert wurde die konventionelle Beteiligung, indem die Bürger nach der Häufigkeit ihrer Teilnahme an verschiedenen Aktivitäten im Umfeld des Wählens gefragt wurden. Zur Erfassung der unkonventionellen Partizipation wurde dagegen gefragt, ob man sich überhaupt schon einmal daran beteiligt hat oder inwieweit man bereit wäre, sich daran zu beteiligen. Gründe für dieses unterschiedliche Vorgehen waren, dass die unkonventionelle Partizipation für die überwiegenden Teile der Bürger noch neu war. Solche Aktionen erfolgten zudem nicht regelmäßig, so dass die Antwort auf die Frage nach der Häufigkeit der Teilnahme nicht sehr informativ gewesen wäre. Ferner wurde die Einstellung zu den Partizipationsformen als legitim oder illegitim erfragt sowie der Wunsch, solche Aktivitäten durch den Staat mit Polizeigewalt und harten Strafen zu unterbinden (Repressionspotenzial).

Mittels einer Guttman-Skalierung, die die Aktivitäten nach ihrem Schwierigkeits- und Verbreitungsgrad hierarchisch ordnet und dabei voraussetzt, dass Personen, die Aktivitäten auf einer höheren Stufe der Hierarchie nutzen, auch alle Aktivitäten auf den untergeordneten Hierarchiestufen nutzen, bildeten die Forscher zwei jeweils eindimensionale Skalen politischer Partizipation, die konventionelle und die unkonventionelle. Beide Skalen wurden anschließend zu einer Typologie kombiniert, die zeigt, inwieweit die

Bürger Handlungsformen beider Dimensionen nutzten. Daraus ging hervor, dass die so genannten Protestierer, definiert als Bürger, die fast ausschließlich unkonventioneller Partizipation einschließlich illegaler und gewaltsamer Formen zuneigen, in der Minderheit gegenüber solchen Bürgern waren, für die nur konventionelle oder aber sowohl konventionelle als auch unkonventionelle Beteiligungsformen vor allem der legalen Art in Frage kamen. Die Protestformen wurden also mehrheitlich nicht als Alternative, sondern als Ergänzung der institutionalisierten Einflusswege wahrgenommen. Daher – so die zentrale Folgerung der Studie – handele es sich nicht um eine systemfeindliche, die Demokratie gefährdende Entwicklung, sondern um eine Ausweitung des Partizipationsrepertoires der Bürger.

Weitere Analysen zeigten allerdings auch, dass der unkonventionellen Partizipation dieselben soziodemografischen Faktoren förderlich waren wie der konventionellen, nämlich vor allem höhere Schulbildung und ein höherer sozioökonomischer Status, verbunden mit den Ressourcen Geld und Zeit (vgl. Verba/Nie/Kim 1978). Daher konnten diese Formen kaum dazu beitragen, die politische Beteiligung bislang unterrepräsentierter Gruppen anzugleichen. Darüber hinaus gab es aber auch Unterschiede in den Determinanten. So wurden die unkonventionellen Formen von jüngeren, links und postmaterialistisch orientierten Bürgern (→ Inglehart 1977) überdurchschnittlich bevorzugt.

Aus der Kluft zwischen repräsentativen politischen Strukturen und zunehmend auf direkte Partizipation hin orientierten politischen Kulturen zogen die Autoren von „Political Action“ den Schluss, dass die Institutionenstruktur einer Veränderung bedürfe, um den gewachsenen Beteiligungswünschen der Bürgerschaft entgegenzukommen. Eine Institutionalisierung sachbezogener, direkter Einflusskanäle sollte zudem Unsicherheiten des nicht-verfassten politischen Protests im Hinblick auf Beteiligte, Aufwand und Risiken sowie Erfolgschancen verringern und der Gefahr entgegenwirken, dass Bürger durch die Teilnahme an erfolglosen Protestaktionen langsam in die Illegalität geraten. Darüber hinaus versprach man sich von einer Institutionalisierung sachbezogener Beteiligung eine Stärkung der politischen Verantwortlichkeit unter den Teilnehmenden und eine Verbesserung des Verständnisses für Möglichkeiten und Grenzen der Politik.

Die Studie wurde in drei Nationen repliziert (Jennings/van Deth u.a. 1990). Erhebungen uninstitutionalisierter politischer Partizipation gehören inzwischen zum Standardinstrumentarium in vielen nationalen und internationalen Umfragen. In nachfolgenden Studien (z.B. Uehlinger 1988) ging es konzeptuell vor allem um weitere Ausdifferenzierungen innerhalb der konventionellen und der unkonventionellen Partizipation, um Modifikationen dieser Dimensionierung und um methodische Verfeinerungen des Erhebungs- und des Analyseinstrumentariums. So wurde z.B. kritisiert, dass in „Political Action“ konventionelle und unkonventionelle Partizipation nicht mit demselben Instrument (bei beiden Bereitschaft und/oder Handeln) erfasst worden ist. Demnach seien beide nicht direkt vergleichbar. Die getrennte Guttman-Skalierung habe keinen Nachweis der Dimensionalität erbracht. Daher wenden neuere Studien oft ein einheitliches Frageinstrumentarium sowie zur Überprüfung der Struktur des Partizipationsraumes Faktorenanalysen oder multidimensionale Skalierung an. Dabei wurden auch weitere Dimensionen der Partizipation ermittelt. Ferner waren einige der verwendeten Punkte und/oder ihre dimensionalen Zuordnungen strittig. So ist etwa bei Boykotts oder Mietstreiks der Politikbezug fraglich, Zeitungslektüre oder Diskussionen erscheinen eher als informative Handlungen, weniger als Einflussversuche. Darüber hinaus kann sich im Zeitablauf der Legitimitätsstatus von Partizipationsformen ändern: Was unkonventionell war, kann sich zu eher konventionellem Verhalten entwickeln und es können neue Formen der Einflussnahme auftreten. Die Itembatterien wurden immer wieder verändert und ergänzt, u.a. auch um Formen, die auf der rechten Seite des politischen Spektrums stärkeren Anklang finden. Schließlich fassten neuere Arbeiten die Analyse von Determinanten zunehmend breiter. Insbesondere wurde die Mobilisierung durch Netzwerke im Kontext der Forschung zu neuen sozialen Bewegungen und Sozialkapital sowie Gelegenheitsstrukturen und Motivationen der Partizipation stärker berücksichtigt (z.B. Verba/Schlozman/Brady 1995).

**Literatur:**

M. Kent Jennings/Jan W. van Deth u.a., Continuities in Political Action, Berlin/New York 1990.

Lester W. Milbrath/Madan L. Goel, Political Participation – How and Why Do People Get Involved in Politics? Chicago 1977.

Hans-Martin Uehlinger, Politische Partizipation in der Bundesrepublik, Opladen 1988.

Sidney Verba/Norman H. Nie, Participation in America. Political Democracy and Social Equality, New York u.a. 1972.

Sidney Verba/Norman H. Nie/Jae-On Kim: Participation and Political Equality. A Seven Nation Comparison, Cambridge u.a. 1978.

Sidney Verba/Kay L. Schlozman/Henry E. Brady, Voice and Equality – Civic Voluntarism in American Politics, Cambridge/London 1995.

*Bettina Westle*

## Brian Barry, Sociologists, Economists & Democracy, London 1970

*(= VA; DA: Neue Politische Ökonomie. Ökonomische und soziologische Demokratietheorie, Frankfurt a.M./New York 1975).*

Brian Barry, Professor für Politikwissenschaft und Philosophie an der Columbia University in New York, stellte mit seinem 1970 veröffentlichten Werk „Sociologists, Economists and Democracy" eine überblicksartige, vergleichende Analyse der beiden wichtigsten Ansätze der Politikwissenschaft seiner Zeit vor. Die Publikation war erst die zweite größere Arbeit Barrys, der zahlreiche weitere bedeutende und prämierte Schriften, insbesondere theoretischer Prägung, vor allem zur Gerechtigkeitsforschung (Barry 1973, 1989, 2001) folgten. So gewann Barry 2001 den John Skytte-Preis für Politikwissenschaft und den WJM Mackenzie-Preis für sein Buch „Culture and Equality" und letzteren bereits 1989 für „Theories of Justice" (1989).

Ausgangspunkt für Barrys Arbeit ist das verstärkte Aufkommen zweier grundsätzlich verschieden argumentierender Ansätze in der Politikwissenschaft während der 1960er Jahre, die er als ökonomische Ansätze und soziologische Ansätze bezeichnet. Als soziologische Ansätze identifiziert er die Konzeptionen von Seymour Martin Lipset (→ Lipset 1960), David Easton (→ Easton 1965), Gabriel Almond und Sidney Verba (→ Almond/Verba 1963), Harry Eckstein sowie Talcott Parsons. Damit erfasste er theoretische Überlegungen, die mittlerweile unter dem Sammelbegriff der politischen Kulturforschung behandelt werden. Zu den ökonomischen Ansätzen zählt Barry die Arbeiten von Anthony Downs (→ Downs 1957), Mancur Olson (→ Olson 1965) und William Riker (→ Riker 1962). Vor allem Downs und Olson besitzen nach seiner Ansicht exemplarischen Charakter für die ökonomischen Ansätze in den Sozialwissenschaften. Diesen exemplarischen Charakter für die „soziologische" Denkschule weist Barry dem Soziologen Talcott Parsons zu.

Barrys Buch stellt diese beiden Denkschulen der Politikwissenschaft pointiert einander gegenüber und diskutiert ihre Tragfähigkeit für die Analyse von Demokratien und ihren Beitrag zur Weiterentwicklung moderner Demokratietheorien. Das Hauptinteresse Barrys liegt auf dem Gebiet der politischen Theorie. Zugleich hat er aber ein fast ebenso großes Interesse an der Praxistauglichkeit der Ansätze. Grund für letzteres ist der Rückgriff auf ein Kernkriterium für die Unterscheidung zwischen guten und schlechten theoretischen Ansätzen: die Brauchbarkeit in der empirischen Forschung.

Dieses Testkriterium legt Barry für beide Ansätze an. Um den Ansätzen Gerechtigkeit widerfahren zu lassen, überprüft er ihre Tauglichkeit an Problemen, die Vertreter der Theorie selbst wählten.

Die Zweiteilung in die beiden Denkschulen der Politikwissenschaft prägt die Struktur des Buches. Nach der Einleitung beschäftigt sich Barry mit den ökonomischen Ansätzen. Dabei sieht er vornehmlich das Phänomen der politischen Partizipation als Maßstab ihrer Tragfähigkeit an. Dem folgt die abwägende Debatte der Ansätze der Theorien, die er als „soziologisch" bezeichnet. Im Fokus der Analyse steht dabei der Zusammenhang zwischen Werten und der Stabilität von Demokratien. Das ist eine Problemstellung, die Barry im vierten Kapitel mit Bezug auf Parsons und die besondere Stellung von Werten in der soziologischen Konzeption noch vertieft. Anschließend nimmt Barry den Ansatz von Downs erneut auf und illustriert seine Brauchbarkeit für die Analyse des Parteienwettbewerbs um Wählerstimmen. Über Tests beider Ansätze an realen politischen Problemen aus der Wahl- und Parteienforschung, die er in zwei Kapiteln darstellt, kommt Barry zu einer Beurteilung der Erklärungskraft beider Ansätze für die Entwicklung von Demokratien. Dabei bezieht er sich für die ökonomische Ausrichtung auf die Konzepte von Olson und Downs, während er die von ihrem Bezug auf Werte getragenen soziologischen Ansätze durch die Überlegungen Parsons repräsentiert sieht.

Das zentrale Problem der ökonomischen Ansätze ist für Barry die Beliebigkeit des Schwellenwerts (thresholds) für oder gegen eine bestimmte Entscheidung. Der Schwellenwert könne unterschiedlich gesetzt werden, ohne dass ein Kriterium vorliege, ob er angemessen sei. Trotz weiterer Widersprüche der ökonomischen Ansätze, die er im Laufe seiner Arbeit aufdeckt, spricht er ihnen eine gewisse Erklärungsleistung nicht ab.

Für die soziologischen Ansätze ermittelt Barry eine Reihe von Problemen: ihre oft unklaren Kausalitätsbeziehungen, Schwächen in der Definition des Gegenstandes, eine 1970 noch ungenügende empirische Prüfung sowie das Fehlen eines klaren Nachweises, dass die politische Kultur die Arbeit der politischen Institutionen beeinflusst und nicht umgekehrt. Doch auch diese Ansätze sind es nach Barry wert, als Faktoren zur Erklärung politischen Verhaltens verwendet zu werden.

Beide theoretischen Konzepte unterscheiden sich nach Barrys Ansicht insbesondere in der „ideologischen" Ausrichtung: Er rechnet die soziologischen Ansätze zur nicht-utilitaristischen und die ökonomischen zur utilitaristischen Denkschule. Daneben ist es die Stellung von Werten in den beiden Konzepten, die den größten Unterschied ausmachen. Dabei sieht Barry zwischen beiden Seiten nur begrenzte Möglichkeiten der Annäherung oder Verzahnung, auch wenn diese aus seiner Sicht wünschenswert wären. Nach seinen Beobachtungen ist eine Koexistenz die beste Lösung im Zusammenspiel der ökonomischen und soziologischen Theorien. In Zukunft sollen gemäß Barry die Stärken der beiden Ansätze stringenter herausgearbeitet und die empirische Verwendbarkeit der unterschiedlichen Richtungen politikwissenschaftlicher Forschung verbessert werden.

Trotz aller interessanten Aspekte, die das Buch von Barry aufwirft, sind einige kritische Punkte zu benennen: Ein echter Vergleich der Leistungsfähigkeit beider Ansätze bleibt ausgespart, unterscheiden sich die zu lösenden Probleme doch recht deutlich. So weichen bereits die von Barry ausgewählten Zugänge für die beiden Ansätze oft innerhalb ihres Theoriezweiges so stark voneinander ab, dass sie nur in grobe Vergleichskategorien gefasst werden können. Zudem muss man bei der Lektüre der Arbeit Barrys den Zeitpunkt der Entstehung berücksichtigen. Die neueren Auflagen sind unveränderte Fassungen der Arbeit von 1970. Barrys Überlegungen berücksichtigen daher keine neueren Diskussionen zum Thema, wie sie gerade in der politischen Kulturforschung oder den Erweiterungen der Rational Choice-Theorien in den letzten Jahrzehnten zu beobachten sind.

Trotzdem bleibt Barrys Buch eine lesenswerte Lektüre. So ist es interessant zu sehen, wie bereits zu einem so frühen Zeitpunkt zwei der zentralen Ansätze der Politikwissenschaft diskutiert wurden. Häufig wird man mit Erstaunen feststellen, dass sich die Kritikpunkte nicht wesentlich verändert haben. Da die Probleme aber auch bis heute nicht grundlegend gelöst wurden, erscheint Barrys Forderung „mehr davon, aber besser“ (S. 183) genauso wenig banal wie vor 30 Jahren, sind doch noch heute Defizite in der Theorieentwicklung und fehlende empirische Prüfungen erkennbar.

Barrys Buch stellt somit auch heute noch einen hervorragenden zusammenfassenden Einblick in die Entstehungszeit der politischen Kulturforschung sowie der Theorien der rationalen Wahl in der Politikwissenschaft dar, der Studenten der Politikwissenschaft eine erste Berührung mit den Ansätzen ermöglicht und sie in den Entwicklungskontext der theoretischen Konzepte stellt. Besonders die vergleichende und kritische Diskussion der Ansätze hält viele Anregungen für Forscher bereit, die sich mit Facetten der Demokratie und des Lebens in ihr beschäftigen.

### Literatur:

Brian Barry, The Liberal Theory of Justice, Oxford 1973.
Brian Barry, Democracy, Power and Justice: Essays in Political Theory, Oxford 1989.
Brian Barry, Culture and Equality: An Egalitarian Critique of Multiculturalism, Cambridge 2001.

*Susanne Pickel*

## Stefano Bartolini/Peter Mair, Identity, Competition, and Electoral Availability: the Stabilisation of European Electorates – 1885-1985, Cambridge 1990.

Peter Mair (geb. 1951 in Irland), Professor für Vergleichende Politikwissenschaft an der Universität Leiden in den Niederlanden und Stefano Bartolini (geb. 1952 in Italien), Professor für Vergleichende Politikwissenschaft an der Universität in Bologna, legten mit „Identity, Competition, and Electoral Availability" ein bedeutendes Buch der vergleichenden Parteienforschung vor, das 1990 mit dem Stein Rokkan-Preis der UNESCO für vergleichende Sozialforschung ausgezeichnet wurde.

Im Zentrum der Analysen steht die Frage nach der Stabilität moderner westeuropäischer Parteiensysteme. Ausgangspunkt sind Ergebnisse über eine steigende Volatilität (Netto-Wählerwanderung) in Westeuropa in den 1980er und 1990er Jahren. Diese Wählerwanderungen nähren den Verdacht, die traditionellen europäischen Parteiensysteme befänden sich in einem Prozess der Veränderung oder Transformation. Um diese Entwicklungen analysieren zu können, greifen Bartolini/Mair auf umfangreiche Aggregatdatenbestände zu Wahlen in Westeuropa zurück und versuchen Muster der Kontinuität und des Wandels im Wahlverhalten zwischen 1885 und 1985 zu ermitteln. Als Datengrundlage dienen 303 Wahlen in 13 westeuropäischen Ländern zwischen 1885 und 1985, die nach dem Entstehen mindestens einer linken Klassenpartei durchgeführt wurden (vgl. zur Mobilisierung der Linksparteien Bartolini 2000).

Basis einer dauerhaften Stabilität der Parteiensysteme in Westeuropa ist nach Ansicht von Bartolini/Mair ein Grundkonsens über die politischen Verfahrensweisen in einer Demokratie, der aus der Befriedung der gesellschaftlichen Konflikte resultiert, die ein demokratisches politisches System gefährden würden. Damit verbunden ist die Homogenisierung der politischen Kulturen der westeuropäischen Gesellschaften sowie die Integration der verbliebenen gesellschaftlichen Konfliktlinien (cleavages) in den politischen Wettbewerb, der sich innerhalb des demokratischen Grundkonsenses bewegt. Um dieses System der friedlichen Konfliktlösung zu etablieren und zu erhalten, bedarf es nach Bartolini/Mair intermediärer Organisationen, also Verbindungsgliedern zwischen Staat und Gesellschaft wie Parteien und Verbänden. Weiterhin sei die Erkenntnis der politischen Akteure notwendig, dass Kompromisse kostspieligen und gefährlichen Auseinandersetzungen auf unsicherem politischem Terrain vorzuziehen seien. Basis der Konsolidierung demokratischer politischer Systeme sei somit ein stabiles Wahlverhalten der Bevölkerungen und eine Bindung der Wähler an „ihre“ Parteien. Diese langfristige Stabilität der Grundregeln der Demokratie sei von einer kurzfristigen Dynamik des (wechselnden) Wahlverhaltens zu unterscheiden, die aus den Prozessen des politischen Wettbewerbs herrühre. Stabilität demokratischer Regeln heißt dabei nicht, dass Regierungswechsel ausgeschlossen sind, vielmehr bedürften sie der Verlässlichkeit und Responsivität der politischen Eliten der allgegenwärtigen Möglichkeit ihrer Abberufung durch die Wähler. Wechselwahlverhalten auf Individualebene spricht nach Bartolini/Mair also einen anderen Aspekt der Stabilität der Parteiensysteme an als die Veränderung der Volatilität.

Die Perspektive der Stabilität des Wahlverhaltens auf Aggregatebene steht im Mittelpunkt des Interesses von Bartolini/Mair. Sie ist verantwortlich für die Zusammensetzung der Parteiensysteme und Repräsentation von gesellschaftlichen Konfliktlinien. Stabilität des Wahlverhaltens wird entsprechend als Stabilität des individuellen Wahlverhaltens und Abwesenheit strukturellen Wandels im Parteiensystem (Zusammensetzung und inhaltliche Grundlagen des Wettbewerbs) definiert. Instabilität des Wahlverhaltens entstehe durch individuelles Verhalten. Es werde aber nur politisch bedeutsam über Änderungen, die es in der Struktur von Parteiensystemen erzeugt. Diese Definition führt dazu, dass Bartolini/Mair zwischen zwei Bedeutungen instabilen Wahlverhaltens pendeln: Einerseits sprechen sie ein Verhaltensmuster an, andererseits einen Strukturwandel. Entsprechend spalten sie Volatiliät in verschiedene Untertypen auf, die in der Vergleichenden Politikwissenschaft in dieser Kombination und Vollständigkeit neu waren: Gesamtvolatilität als Nettowählerwanderung zwischen zwei aufeinander folgenden Wahlen, Blockvolatilität als Nettowählerwanderung zwischen Parteiblöcken, Intra-Blockvolatilität als Nettowählerwanderung innerhalb der Böcke und Parteivolatilität als Nettoveränderung des Stimmenanteils einer Partei. Alle Unterarten lassen sich den theoretischen Überlegungen gemäß als Systemeigenschaft oder als Indikator individuellen Wahlverhaltens deuten.

Cleavage-Strukturen, Anreize der Institutionen zur Wechselwahl und die Strukturen des politischen Marktes gemessen anhand der policy-Distanzen der Parteien interagieren in ihrem Einfluss auf die Veränderung des Wahlverhaltens (Gesamtvolatilität): Bartolini und Mair bestätigen Seymour Martin Lipsets und Stein Rokkans Hypothese des „Einfrierens" der Parteiensysteme (→ Lipset/Rokkan 1967). Zwischen 1885 und 1965 stabilisierten sich die Parteiensysteme. Sowohl die Gesamtvolatilität als auch die Blockvolatilität der Linksparteien ergeben unterschiedliche Stärken der Volatilität über alle 13 Länder. Der Entwicklungstrend der Gesamtvolatilität erweist sich als uneinheitlich. Die Blockvolatilität der Linksparteien sinkt stetig. Je weniger soziokulturelle Faktoren als Hauptachsen politischen Wettbewerbs fungieren, je stärker sie zur Identitätsbildung der Wähler beitragen und je stärker diese Bindungen an bestimmte Gesellschaftsgruppen ausgeprägt sind, desto geringer ist die Volatilität. Bieten die Institutionen große Anreize, die Parteipräferenz zu wechseln, steigt die Volatilität. In gering segmentierten Gesellschaften mit Institutionen, die eine hohe Mobilität fördern, ist eine hohe Volatilität am wahrscheinlichsten. Die Strukturen des politischen Marktes erhöhen das Volatilitätsniveau zusätzlich, wenn die programmatischen Unterschiede zwischen den politischen Alternativen gering sind. Da die Cleavage-Bindungen über den Analysezeitraum 1885-1985 zugenommen und die institutionellen Gegebenheiten eine Wechselwahl weniger fördern, stellen Bartolini/Mair fest, dass auch in der letzten Zeitspanne zwischen 1966 und 1985 eine weitere Stabilisierung der Parteiensysteme stattgefunden habe. Eine weitere Verringerung der Volatilität, wie dies die Ergebnisse von 1885 bis 1965 erwarten ließen, wurde von der Abnahme der policy-Distanzen verhindert.

Bartolini/Mair können anhand ihrer Analysen zeigen, dass die Theorie der Cleavages von Lipset/Rokkan auch in modernen Gesellschaften für die Entstehung der Parteiensysteme wesentlich ist. Gesellschaftliche Konflikte sind es, die den Parteienwettbewerb prägen und ihm seinen strukturellen Rahmen verleihen (Poguntke 2003, S. 203). Sie wenden sich damit gegen eine wissenschaftliche Diskussion, die den Wandel oder gar die Instabilität der Parteiensysteme westlicher Länder gezeigt haben will. Als zentrales Ergebnis der Datenanalyse ziehen Bartolini/Mair den Schluss, dass die Entwicklung der Wahlen in Westeuropa von einem langfristigen Stabilisierungsprozess getragen wird, der zu einem kontinuierlichen Abschwächen des Parteienwettbewerbs geführt hat. Die Autoren kommen zu dem Ergebnis, dass der Wandel innerhalb der modernen westeuropäischen Parteiensysteme zu stark betont wird, die Faktoren der Stabilisierung dagegen unterschätzt werden.

Dieser Nachweis der Stabilität von Parteiensystemen fand auch Widerspruch. So stellen Russell J. Dalton, Ian McAllister und Martin P. Wattenberg (2000, S. 37-41) fest, dass die Parteibindung der Bürger in Westeuropa nachlässt und damit die Stabilität der Parteiensysteme nicht mehr angenommen werden kann. Mit dem gleichen Indikator und der gleichen Analysemethode wie Bartolini/Mair belegen die Autoren ein zunehmendes Wechselwahlverhalten. Die Ansatzpunkte beider Argumentationsstränge sind jedoch unterschiedlich: Während Bartolini/Mair von Stabilität sprechen, wenn sich auf Aggregat- oder Strukturebene kaum Veränderungen des Parteiensystems ergeben, weisen Dalton/McAllister/Wattenberg wie bereits Dalton/Flanagan/Beck (1984) die Tauglichkeit des Analyseinstruments „Volatilität" auf Strukturebene zurück. Verhaltensänderungen seien dort zu analysieren, wo sie sich ereignen – und testeten die Stabilität des Wahlverhaltens auf Individualebene. Sie stellen steigende Tendenzen der Neigung zur Wechselwahl ebenso fest wie ein Abbröckeln der Bindung an bestimmte gesellschaftliche Gruppen (dealignment). Bartolini und Mair bilden mit ihrer Publikation, wie auch Lipset und Rokkan (→ Lipset/Rokkan 1967) einen bedeutenden Pol der modernen Parteienforschung ab: Sie vertreten die These der Stabilität der Parteiensysteme. Otto Kirchheimer, Ronald Inglehart (→ Inglehart 1977), Russell J. Dalton und Herbert Kitschelt halten dem vehement die Ansicht von der Lösung der Parteibindung der Wähler und der Destabilisierung der Parteiensysteme entgegen.

## Literatur:

Stefano Bartolini/Peter Mair, Identity, Competition, and Electoral Availability, Cambridge 1990.

Stefano Bartolini, The Political Mobilization of the European Left, 1860-1980. The Class Cleavage, Cambridge 2000.

Russell J. Dalton/Scott C. Flanagan/Paul Allen Beck (Hrsg.), Electoral Change in Advanced Industrial Democracies: Realignment or Dealignment? Princeton 1984.

Russell J. Dalton/Ian McAllister/Martin P. Wattenberg, The Consequences of Partisan Dealignment, in: Russell J. Dalton/ Martin P. Wattenberg (Hrsg.), Parties without Partisans. Political Change in Advanced Industrial Democracies, Oxford 2000, S. 37-63.

Thomas Poguntke, International vergleichende Parteienforschung, in: Dirk Berg-Schlosser/Ferdinand Müller-Rommel (Hrsg.), Vergleichende Politikwissenschaft, 3. Aufl., Opladen 2003, S. 189-206.

*Susanne Pickel*

## Klaus von Beyme, Die parlamentarischen Regierungs-syteme in Europa, München 1970

*(völlig überarbeitete Neuausgabe unter dem Titel: Die parlamentarische Demokratie. Entstehung und Funktionsweise 1789-1999, Wiesbaden 1999).*

Klaus von Beyme (geb. 1934) ist neben seinem Lehrer Carl Joachim Friedrich, einem „Gründungsvater der Vergleichenden Politikwissenschaft" (Beyme 1997), einer der deutsche Politikwissenschaftler, der national und international die meiste Beachtung erfahren hat. Von 1982 bis 1985 war er – wie Friedrich in den 1960er Jahren – Präsident der „International Political Science Association". Da Friedrich während seiner Amtszeit die amerikanische Staatsangehörigkeit hatte, war Beyme der erste Deutsche, der dieses Amt innehatte. In Erhebungen der „Deutschen Vereinigung für Politische Wissenschaft" 1986 und 1998 sprachen ihm die deutschen Politikwissenschaftler die größte Bedeutung auf dem Feld der Politikwissenschaft zu. Den Grundstein seines hervorragenden Rufs legte er mit seiner Habilitationsschrift „Die parlamentarischen Regierungssyteme in Europa". Das Werk gehört in den Bereich des klassischen Institutionalismus. Beyme führte mit ihm die Tradition Karl Loewensteins (→ Loewenstein 1959) und seines Lehrers Carl Joachim Friedrich (1953) fort.

Beymes ebenso umfangreiche (1.025 Seiten) wie anspruchsvolle Arbeit über die parlamentarische Demokratie ist ein Meilenstein der vergleichenden Demokratieforschung. Zum Zeitpunkt seines Erscheinens war die Einbeziehung einer Vielzahl von Ländern in einen Vergleich noch eine Rarität. Gerade die deutsche Politikwissenschaft beschränkte sich mit wenigen Ausnahme auf Einzelfallstudien. Vergleiche erfassten in der Regel zwei oder drei Länder. Nun kam Beyme und nahm die parlamentarischen Regierungssysteme aller europäischen Staaten in den Blick – dazu noch über einen Zeitraum von fast 200 Jahren.

Eine besondere Stärke des Bandes ist die detailreiche Schilderung der verschiedenen Etappen auf dem Weg von den ständischen Verfassungen des 18. Jahrhunderts zur modernen parlamentarischen Demokratie. Die Parlamentarisierung im 19. Jahrhundert bezeichnet Beyme mit guten Argumenten nur als Vorform der Demokratisierung. Erst mit der Einführung des allgemeinen Wahlrechts bildete sich demnach die moderne Demokratie heraus, in den meisten Staaten also erst nach dem Ende des Ersten Weltkriegs. Parlamentarisierung und Demokratisierung entwickelten sich somit nicht im

Gleichschritt. Die Varianten der parlamentarischen Regierungsform bildeten sich in Abgrenzung zur Monarchie und zu den präsidentiellen Republiken heraus. Auf beeindruckende Weise verdeutlicht Beyme dabei, dass die Unterscheidung zwischen Exekutive und Legislative durch die enge Verknüpfung von Regierung und Parlamentsmehrheit überholt worden sei. Damit stellte er – wie vor ihm bereits Walter Bagehot (→ Bagehot 1867) das Verständnis der Gewaltenteilungslehre von Charles de Montesquieu (→ Montesquieu 1748) nachdrücklich in Frage. Eine Absage erteilt er auch Robert Redslobs problematischer Unterscheidung zwischen einem „echten" britischen Parlamentarismus und einem „unechten" kontinentalen. Nachdrücklich zeigt Beyme, dass gerade die Demokratisierung der Parlamentarisierung im Sinne der Stärkung des Parlaments einen gewissen Rückschlag versetzt hat. Auch die Ausweitung der Kontrollmacht durch das Verfassungsgericht trägt laut Beyme zu einer gewissen „Entparlamentarisierung" bei.

Die Themen des zweiten Teils, der den historischen Ausführungen folgt, lauten: „Determinanten der Kabinettsbildung", „Einflüsse auf die Kabinettsbildung", „Die parlamentarische Grundlage von Regierungen", „Die Struktur parlamentarischer Kabinette", „Parlamentarische Ursachen der Regierungsauflösung", „Außerparlamentarische Ursachen der Regierungsauflösung", „Parlamentsauflösung [durch die Regierung]" und „Bedingungen der Kabinettsstabilität". Die Schrift konzentriert sich auf die Regierung und berücksichtigt das Parlament fast nur unter dem Blickwinkel des Verhältnisses zur Regierung.

Mit Blick auf die Zuordnung zum parlamentarischen Demokratietyp präsentiert Beyme elf Merkmale, unterteilt in sechs institutionelle und fünf sozialstrukturelle. Bei der Betrachtung stellt sich allerdings die Frage, ob es nicht, wie von Winfried Steffani (1979) propagiert, sinnvoller ist, Parlamentarismus und Präsidentialismus mit nur einem zentralem Merkmal abzugrenzen, nämlich der Frage, ob die Regierung durch das Parlament mit einem Misstrauensvotum abberufbar ist. Manches von Beyme genannte Charakteristikum ist eine direkte Folge des Kernkriteriums und von diesem untrennbar, z.B. die enge Verbindung von Exekutive und Legislative, genauer von Regierung und Parlamentsmehrheit. Andere Merkmale wie die Kompatibilität von Abgeordnetenmandat und Ministeramt sind in einigen parlamentarischen Demokratien wie Luxemburg und den Niederlanden nicht erfüllt. Das Recht, die Regierung zu kontrollieren, taugt wiederum nicht recht zur Unterscheidung parlamentarischer und präsidentieller Demokratien. Auch darüber, ob „sozialstrukturelle Kriterien" (1970, S. 43-48) wie ein „hoher Grad von Homogenität und solidarischem Verhalten im Kabinett" (1970, S. 43; 1999,

S. 45) zu den Kennzeichen jeglicher parlamentarischer Regierung gehören, lässt sich streiten. Über alle Zweifel erhaben erscheint nur das Kriterium der Abberufbarkeit der Regierung durch das Parlament. Beyme weist allerdings nach, dass gerade dieses Instrument inzwischen an Bedeutung verloren hat. Der Anlass eines Regierungssturzes ist immer seltener das Misstrauen der Parlamentsmehrheit und immer häufiger der Wahlentscheid der Bürger.

Beyme erkennt, dass die V. Republik Frankreichs schwer in die dichotome Unterscheidung in parlamentarische und präsidentielle Demokratien einzuordnen ist. Das Charakteristische dieses Systems ist die Verteilung der Regierungsmacht auf Präsident und Regierungschef. Beyme wirkt bei der Einordnung etwas unentschlossen. Sie gilt ihm zwar als eine der „Varianten des parlamentarischen Regierung" (1970, S. 387; 1999, S. 52), zugleich bezeichnet er das politische System Frankreichs jedoch wechselnd als „Semiparlamentarismus" (1970, S. 383) oder „semi-präsidentiell" (1970, S. 284, 884). Es wirkt nicht konsequent, dass Beyme Frankreich unter die parlamentarische Regierungsform fasst, denn er zählt zu den „Minimalkriterien parlamentarischer Regierung", dass das „Staatsoberhaupt nicht zur parlamentarisch unverantwortlichen Nebenregierung" (1999, S. 534) werden kann. Dies ist aber in der V. Republik Frankreichs der Fall. Im Unterschied zur verbreiteten Rede von der bipolaren Exekutive in parlamentarischen Demokratien sind diese in Wirklichkeit im Unterschied zu semipräsidentiellen Demokratien unipolar.

30 Jahre nach dem ersten Erscheinen überarbeitete Beyme das Werk grundlegend. Zwischen der Originalausgabe und der Neuausgabe zeigen sich dabei wesentliche Unterschiede: Die Erstausgabe von 1970 ist, wie Beyme selbst einleitend bemerkt, von einer Liebe zum historischen Detail geprägt, „die einige Sozialwissenschaftler an diesem Buch irritieren wird" (1970, S. 17). Mit der Neuausgabe verschiebt Beyme den Brennpunkt in zweierlei Hinsicht. 1. Von mehreren hundert Seiten schrumpft die Darstellung der „Parlamentarisierung der Repräsentativverfassungen" auf knapp 60 Seiten. Stärker als in der Erstausgabe nutzt Beyme nun auch quantitative Methoden etwa zur Messung von Regierungsbildungen und –auflösungen. Den mühsamen Gang durch eine Zahlenwüste muss dennoch kein Leser antreten. Gemäß seines Forschungsideals hält Beyme stets die „Balance zwischen luftigen Korrelationskonstruktionen – exakt, aber zunehmend irrelevant – und der Deskription" (1999, S. 12). Seine Studie entwickelt auf diese Weise neuen Glanz. 2. Die Neuausgabe ist weit weniger regierungslastig als die Erstausgabe. So ergänzte Beyme 1999 umfangreiche Kapitel zur Organisation und Funktion der Parlamente.

Die Messlatte auf dem Feld der vergleichenden Demokratieforschung hat Beyme mit seinem Buch hoch aufgelegt. In Deutschland wurde das Werk Beymes breit rezipiert, die Resonanz auf internationaler Ebene war weit geringer. Das Erscheinen der Erstausgabe fiel in eine Zeit, in der besonders im angelsächsischen Raum die Nachfrage nach Studien vom Typ des klassischen Institutionalismus recht gering war. Die Neuausgabe von 1999 wurde im Unterschied zur Erstausgabe ins Englische übersetzt. Die Ergebnisse finden vor dem Hintergrund der Neubelebung einer institutionalistischen Sichtweise, besonders der von Juan Linz angestoßenen Parlamentarismus-Präsidentialismus-Debatte (u.a. Linz/Valenzuela 1994; → Carey/Shugart 1992) einen stärkeren Eingang in die internationale Forschung, als dies beim ersten Anlauf der Fall war.

**Literatur:**

Klaus von Beyme, A Founding Father of Comparative Politics: Carl Joachim Friedrich, in: Hans Daalder (Hrsg.), Comparative European Politics: The Story of A Profession, London/Washington 1997, S. 7-15.
Carl Joachim Friedrich, Der Verfassungsstaat der Neuzeit, Berlin 1953.
Juan Linz/Arturo Valenzuela (Hrsg.), The Failure of Presidential Democracy, Baltimore/London 1994.
Wolfgang Merkel/Andreas Busch (Hrsg.), Demokratie in Ost und West. Für Klaus von Beyme, Frankfurt a.M. 1999.
Gisela Riescher, Klaus von Beyme, in: Dies. (Hrsg.), Politische Theorie der Gegenwart in Einzeldarstellungen. Von Adorno bis Young, Stuttgart 2004, S. 56-59.
Winfried Steffani, Parlamentarische und präsidentielle Demokratie. Strukturelle Aspekte westlicher Demokratie, Opladen 1979.

*Steffen Kailitz*

## Klaus von Beyme, Parteien in westlichen Demokratien, München 1982

*(VA: 2. Aufl., München 1984).*

Klaus von Beyme, 1934 geboren und inzwischen emeritierter Professor an der Universität Heidelberg, ist als Angehöriger der ersten in Deutschland ausgebildeten Generation von Politikwissenschaftlern einer der produktivsten und renommiertesten Vertreter der Disziplin und eines ihrer internationalen Aushängeschilder. Als „Parteien in westlichen Demokratien“ 1982 erschien, lagen bereits 15 von Beyme allein verfasste Monografien vor, darunter ein Werk über das „präsidentielle Regierungssystem der Vereinigten Staaten“ (1967) und seine monumentale Habilitationsschrift über die „parlamentarischen Regierungssysteme in Europa“ (→ Beyme 1970). Das als Einführungs- und Überblicksdarstellung angelegte vergleichende Werk über die Parteien hat trotz seines Piloniercharakters nur eine Neuauflage erlebt (1984). 1985, 1986 und 1987 folgten englische, spanische und italienische Übersetzungen.

Die systematisch-vergleichende Untersuchung westlicher Parteien und Parteiensysteme bewegt sich in der Tradition von Maurice Duvergers „Les Partis Politiques“ (→ Duverger 1951), Leon Epsteins „Political Parties in Western Democracies“ (1967) und Giovanni Sartoris „Parties and Party Systems“ (→ Sartori 1976), die Beyme als Referenzwerke nennt. Während Duvergers Arbeit sich überwiegend auf den Organisationsaspekt konzentriert und Sartori die sozialstrukturelle Dimension der Parteiensystemanalyse zugunsten der institutionellen Faktoren vernachlässigt, versucht von Beyme die verschiedenen Stränge der Forschung in einer theoriegeleiteten empirischen Gesamtdarstellung zusammenzubinden. Seinen methodischen Ansatz nennt er „historisch-soziologisch“ (S. 13 f).

Die Studie gliedert sich in zwei große Teile. Im ersten Teil analysiert Beyme die Parteien aus einer Binnenperspektive. Dabei werden zum einen die verschiedenen ideologischen „Parteienfamilien“ betrachtet und zum anderen die Organisationsstruktur und Organisationsfähigkeit der Parteien untersucht. Im zweiten, etwas kürzeren Teil rücken die Außenbeziehungen der Parteien in den Vordergrund. Hier geht es erstens um die begriffliche Erläuterung und typologische Unterscheidung von Parteiensystemen, zweitens um die elektorale Verankerung der Parteien (Wandlungen der Sozialstruktur und Wählerbewegungen) und drittens um die Rolle der Parteien als Regierungsinstitutionen. Den beiden Hauptteilen vorangestellt ist ein Kapitel über den Parteienbegriff und die historische Entstehung der Parteien, die anhand der einschlägigen Erklärungsansätze erläutert wird (institutionelle Theorien, Krisen- und Modernisierungstheorien).

Im Kapitel über die Parteienfamilien fällt auf, dass das Differenzierungsschema bei der anschließenden Einzeldarstellung nicht vollständig durchgehalten wird. Von den zehn genannten Gruppierungen fallen ausgerechnet die „Protestparteien des Kleinbürgertums“ unter den Tisch. Mit Blick auf die dauerhafte Etablierung neuer, so genannter rechtspopulistischer Parteien seit Mitte der 1980er Jahre, die Beyme nicht vorausahnen konnte, ist das nicht ohne Ironie. Im Übrigen bleibt die Auflistung aber aktuell und erschöpfend. Beyme schließt die Darstellung der Parteienfamilien mit einer Gesamtbetrachtung der ideologischen Differenzen zwischen den Parteien, die er im Abnehmen, aber nicht im Verschwinden begriffen sieht. Von der Systematik her hätte dieses Unterkapitel streng genommen eher in den zweiten Teil gehört.

Aus heutiger Sicht stärker überholungsbedürftig sind die Ausführungen zur Parteiorganisation. So differenziert die empirischen Beobachtungen in diesem Kapitel ausfallen, so unvollständig und unergiebig bleiben sie aus typologischer Sicht. Der Grund dafür liegt in der zum Entstehungszeitpunkt des Buches noch ungebrochenen Dominanz des Organisationsprinzips der Mitgliederpartei, deren Niedergang heute allenthalben konstatiert und von nicht wenigen beklagt wird. Die Herausbildung des Typus einer „professionalisierten Wählerpartei", die Beyme in seinen neueren Veröffentlichungen analysiert hat, geht auf strukturelle Veränderungen z.B. des Mediensystems zurück, die Anfang der 1980er Jahre noch nicht absehbar waren. Immerhin konstatiert der Autor in einem ausführlichen Unterkapitel über die Parteienfinanzierung eine zunehmende Etatisierung der Parteien, die mit einem Rückgang ihres Organisationsgrades (Mitgliederdichte) und weiterer Oligarchisierung einhergehe (Stärkung der Parteiführungen). Eine prinzipielle Infragestellung der innerparteilichen Demokratie im Sinne von Robert Michels (→ Michels 1911) vermag er darin aber nicht zu erkennen.

Der zweite Teil des Buches, der die Betrachtung auf der Parteiensystemebene fortsetzt, beginnt mit einer historischen Herleitung der Links-Rechts-Dimension. In seiner Klassifikation knüpft Beyme an Giovanni Sartoris Grundunterscheidung zwischen moderatem und polarisiertem Pluralismus an, die er typologisch verfeinert und empirisch aktualisiert. Beymes Schema ist weiterhin anwendbar. Allerdings ist die Zuordnung der Länder in einigen Fällen revisionsbedürftig. Auch die anschließenden Ausführungen über die Wirkungen des Wahlrechts auf die Parteiensystemstruktur und das Verhältnis von nationalen und regionalen Parteiensystemen haben an grundsätzlicher Bedeutung nichts eingebüßt.

Ähnlich verhält es sich mit der Betrachtung der Wählerebene. Beyme widmet sich hier zunächst den für die Herausbildung der Parteiensysteme prägenden historischen Wählertraditionen und Konfliktlinien (cleavages), wobei er sich in der Darstellung vom Schematismus des Lipset-Rokkan-Schemas (→ Lipset/Rokkan 1967) distanziert. Daran anknüpfend werden – im Anschluss an die konkurrierenden Erklärungsmodelle der Columbia- (→

Lazarsfeld/Berelson/Gaudet 1944) und Michigan-Schule (→ Campbell u.a. 1960) – die sozialstrukturellen und sozialpsychologischen Determinanten der Wählerentscheidung analysiert. Der Autor konstatiert eine Abnahme der natürlichen Parteibindungen in den meisten Ländern, hütet sich aber, dies zu einem allgemeinen Trend zu stilisieren. Dasselbe gilt für die im anschließenden Kapitel untersuchten Wählerfluktuationen, deren Zunahme laut Beyme nicht als Zeichen für eine Entlegitimierung der Parteien gewertet werden dürfe.

Das letzte Kapitel des Buches beschäftigt sich mit der Inkorporierung der Parteien in den Staat. Es beginnt mit einer Erörterung des Verhältnisses von zentraler Parteiorganisation und Fraktion. Die hier getroffenen Feststellungen haben ihre Gültigkeit cum grano salis behalten – genauso wie die anschließenden Ausführungen über die Spielarten der Regierungs- und Koalitionsbildung. Am Ende des Buches ist die Schlüsselfrage „Do parties matter?“ nach dem Einfluss der Parteien auf die materielle Politik platziert, von deren Beantwortung die Legitimität der demokratischen Regierungssysteme maßgeblich abhängt. Bei der Antwort würde man heute vermutlich zu nüchterneren Schlussfolgerungen kommen als seinerzeit der Verfasser, da inzwischen die alten ideologischen Gegensätze verblasst sind und der Staat an Handlungsfähigkeit weiter eingebüßt hat.

Für die Charakterisierung einer Arbeit als „Klassiker“ ist ihr bleibender Wert für die Forschung maßgeblich. Das Urteil über Beymes Buch fällt in dieser Hinsicht gespalten aus. Der systematische Zugriff und die theoretisch-typologischen Bemühungen weisen es als Standardwerk aus, auf dessen Kategorisierungen spätere Darstellungen aufbauen konnten. Beymes komparatistische Beschlagenheit und sein virtuoser Umgang mit dem empirischen Material haben ebenso politikwissenschaftliche Maßstäbe gesetzt wie die sympathische Selbstbeschränkung des Autors auf Theorien so genannter „mittlerer Reichweite“. Auf der anderen Seite hat die starke Emipirielastigkeit der mit einer Unmenge von Daten gespickten Darstellung zur Folge, dass das Werk größtenteils überholt ist und sich in großen Teilen nur noch als Geschichtsbuch eignet. Beyme hat aus dieser Verlegenheit selbst die Konsequenzen gezogen. Er hat auf eine Neubearbeitung des Stoffes verzichtete und stattdessen 2000 eine thematisch enger angelegte Studie über den Parteien(system)wandel vorgelegt, die das alte Buch theoretisch und empirisch fortschreibt (Beyme 2000). An seiner optimistischen Kernthese, wonach der Wandel nicht mit einem grundsätzlichen Bedeutungsverlust oder gar Niedergang der Parteien gleichzusetzen sei, hielt er dabei fest.

### Literatur:

Klaus von Beyme, Parteien im Wandel. Von den Volksparteien zu den professionalisierten Wählerparteien, Wiesbaden 2000.
Frank Decker, Parteien und Parteiensysteme im Wandel, in: Zeitschrift für Parlamentsfragen 30 (1999), S. 345-361.
Peter Mair (Hrsg.), The West European Party System, Oxford 1990.
Angelo Panebianco, Political Parties. Organization and Power, Cambridge 1988.
Alan Ware, Political Parties and Party Systems, Oxford/New York 1996.

*Frank Decker*

## Karl Dietrich Bracher, Die Auflösung der Weimarer Republik. Eine Studie zum Problem des Machtverfalls in der Demokratie, Stuttgart/Düsseldorf 1955.

Von seinen akademischen Anfängen an versteht sich Karl Dietrich Bracher (geb. 1922) als Wissenschaftler *für* die Demokratie. Die „Auflösung der Weimarer Republik", eine – wenn nicht *die* – bundesrepublikanische Pionierarbeit einer empirischen Macht- und Strukturanalyse anhand eines historischen Exempels, legt von dieser normativen Selbstverpflichtung des Autors Zeugnis ab. Es war nur konsequent, dass Brachers 1955 als Habilitationsschrift vorgelegte und von Hans Herzfeld maßgeblich betreute Untersuchung der „Auflösung der Weimarer Republik" als vierter Band der Schriftenreihe des Instituts für Politische Wissenschaft der Freien Universität Berlin erschienen ist. Denn entsprechend des Selbstverständnisses des Instituts ist für Bracher seine mehr als 700-seitige Studie zum Problem des Machverfalls in der Demokratie ein Beitrag zur Totalitarismus- und Demokratieforschung, die bestrebt war, die Erfahrung aus der Geschichte in gegenwartsbezogenes, gesellschaftliches und politisches Handeln für die Demokratie zu übersetzen.

Bereits im Vorwort zu seinem Buch macht Bracher deutlich, warum er sein Erkenntnisinteresse auf den Niedergang der ersten Demokratie auf deutschem Boden richtet: „In der Tat bieten wenige geschichtliche Perioden ein Bild, das so scharf umgrenzt, in seinen Bestandteilen so anatomisch deutlich, in seinem dynamischen Ablauf so stufenweise verfolgbar und in der schließlichen Verkettung zahlreicher Umstände zu einem Epochenereignis so eindringlich konsequent erschiene. An der Geschichte der Auflösung der Weimarer Republik lassen sich Ansätze zu einer Typologie der Machtverschiebung entwickeln, deren sachliche und methodische Folgerungen für die Beobachtung der Gegenwart wie für die Überprüfung früherer Epochen des Übergangs und der Verschiebung des geschichtlichen Akzents neue Gesichtspunkte und Deutungsmöglichkeiten erschließen könnte" (S. XX). Dementsprechend begreift Bracher seine Studie als einen Versuch, die Schlussphase jenes Auflösungsprozesses der Weimarer Republik als Beispiel für den Niedergang einer Demokratie darzustellen, die letztlich „am Missbrauch der Verfassung und ihrer politisch allzu perfektionistischen, dualistischen Mischkonstruktion von Parlaments- und Präsidialsystem" (Bracher 2001, S. 152) scheiterte. Der strukturelle Faktor einer unheilvollen Mischkonstruktion von Parlaments- und Präsidialsystem einerseits sowie der personelle Faktor von Verfassungs- und Machtmissbrauch andererseits bilden die thematische Klammer, welche die beiden großen Teile, in die das Buch gegliedert ist, zusammenhält: Nachdem im ersten Teil die Vorgeschichte der Republikgründung 1919 vergleichsweise kurz, sodann ausführlicher die Verfassungsstruktur, das Parteiensystem, die militanten Bewegungen, Ideologie und Sozialstruktur, Bürokratie, Reichswehr sowie die wirtschaftspolitische Machtstruktur von Weimarer dargestellt werden, widmet sich der kompaktere zweite Teil einer luziden Analyse, ja einer fast minutiös-rekonstruierten und quellenfundierten Kritik der „Präsidialkabinette" Brünings, Papens und von Schleichers

Bracher hält die quasi-monarchische, machtgesättigte Stellung des Reichspräsidenten, wie sie vor allem in Art. 48 der Weimarer Reichsverfassung – dem so genannten „Notverordnungsrecht" – zum Ausdruck kommt, für letztlich demokratiedestabilisierend, obwohl eine derart starke Stellung des Reichspräsidenten von den Verfassungsvätern als „Notanker" bei Versagen des Parteiensystems systemstabilisierend gedacht war. Seine personelle Kritik richtet sich vor allem auf den Reichspräsidenten Paul von Hindenburg sowie den von ihm 1930 an die Spitze des ersten Präsidialkabinetts ohne parlamentarische Mehrheit berufenen Reichskanzler Heinrich Brüning. Hindenburgs autoritär-antiparlamentarische Zielrichtung und Heinrich Brünings unpolitische Politik einer Staatsstabilisierung zu Lasten der Demokratie forcierten nach Ansicht Brachers einen dramatischen inneren Machtverlust und damit – über die Kabinette Papen, von Schleicher bis hin zu Hitler – die Auflösung der ersten parlamentarischen Demokratie auf deutschem Boden. Und dies, obwohl nach Auffassung Brachers eine parlamentarisch-demokratische Lösung der Staatskrise 1930 noch möglich gewesen wäre. Doch sei der Versuch zu einer parlamentarischen Regierungsbildung bewusst unterlassen, seien Parteiverhandlungen nicht anberaumt und Alternativlösungen nicht geprüft worden, weil ein verfassungsmäßiger Zwang wie das Vertrauen in die Parteiendemokratie selbst bei höchsten Repräsentanten der Staates fehlten. So scheiterte die Weimarer Demokratie nicht trotz, sondern aufgrund ihrer Verfassungsarchitektur, „weil die einzelnen Elemente seiner gesamten Statik nicht füreinander, sondern gegeneinander wirkten“ (Funke 1999, S. 46). Das heißt, sie scheiterte nicht auf revolutionärem, sondern auf legalem Wege. Sie scheiterte letztlich, daran lässt Brachers Buch keinen Zweifel, weil sie eine Demokratie mit allzu wenig überzeugten, wehrhaften Demokraten war. Dem Ja zu Hitler, das vor allem ein Nein zu Weimar war, hatten weder die Verfassung noch die politisch Verantwortlichen etwas entgegenzusetzen, so dass die Auflösung der Demokratie fast nahtlos in die Etablierung der Diktatur überging.

Bei manchem Titel mag man streiten, ob es sich tatsächlich um das „Schlüsselwerk“ einer bestimmten Wissenschaftsdisziplin handelt. Bei Brachers „Auflösung der Weimarer Republik“ nicht. Was nicht bedeutet, dass das Buch mitsamt seiner Aussagen stets unumstritten gewesen wäre: Tatsächlich war die Kritik, die gleich nach seinem Erscheinen aus Teilen der Geschichtswissenschaft geübt wurde, durchaus heftig. Über Jahre hinweg musste sich Bracher des Vorwurfs einer unhistorisch-deterministischen Interpretation des Zeitraums von 1930 bis 1933, wie er exemplarisch von Werner Conze (1964) erhoben wurde, erwehren. Doch lag der Kritik an Bracher ein nicht unerhebliches Missverständnis zugrunde, das sich mit zunehmendem zeitlichen Abstand immer mehr verflüchtigte. Denn die Habilitationsschrift des promovierten Althistorikers Bracher war eine politikwissenschaftliche Kombination von Strukturanalyse und Ereignisgeschichte und eben keine Historiographie im konventionellen Sinne. So markiert Brachers „Schlüsselwerk“ zehn Jahre nach Ende des Zweiten Weltkriegs eine Zäsur im zweifachen Sinne: zum einen inhaltlich im Hinblick auf einen neuartigen Interpretationsansatz des Scheiterns der Weimarer Republik, zum anderen institutionell im Hinblick auf die Herausdifferenzierung einer zwar historiographisch-rückgebundenen und doch eigenständigen Wissenschaft von der Politik und Zeitgeschichte. Wie groß die Wirkung der „Auflösung der Weimarer Republik“ als Schlüsselwerk der Politikwissenschaft bereits unmittelbar nach Erscheinen war, bekennt Helmut Schmidt noch in einem zeitlichen Abstand von fast vier Jahrzehnten, in dem ein jedweder Schwärmerei gänzlich unverdächtiger Altkanzler geradezu überschwänglich bekennt, Brachers Buch habe einen „tief greifenden Eindruck“, ja sogar verfassungspolitische Spuren bei der Konsolidierung der zweiten deutschen Republik hinterlassen.

Die Verfassungsergänzung von 1956, bei der es um die Stellung bzw. die Befugnisse des Verteidigungsministers – und damit um eine Ausbalancierung des politischen Kräfteverhältnisses von Kanzler und Minister – ging, stellt noch heute für Schmidt „ein Paradebeispiel dafür dar, wie ein Wissenschaftler große politische Wirkungen herbeiführen kann“ (Schmidt 1996, S. 130). Auch wenn Brachers nachfolgende Werke, die allesamt jene besondere Synthese aus historischer Tiefendimension und empirischer Struktur- und Machtanalyse in sich vereinen, bis heute große öffentliche Wirkung entfaltet haben, so kann doch die „Auflösung der Weimarer Republik“ einen herausragenden Platz im Oeuvre Brachers sowie im Kanon der politikwissenschaftlichen Zunft beanspruchen.

**Literatur:**

Karl Dietrich Bracher, Geschichte als Erfahrung. Betrachtungen zum 20. Jahrhundert, Stuttgart 2001.

Werner Conze, Brünings Politik unter dem Druck der großen Krise, in: Historische Zeitschrift 199 (1964), S. 529-550.

Manfred Funke, Was führte zum Scheitern der Weimarer Republik?, in: Peter R. Weilemann/Hanns Jürgen Küsters/Günter Buchstab (Hrsg.), Macht und Zeitkritik. Festschrift für Hans-Peter Schwarz zum 65. Geburtstag, Paderborn 1999, S. 41-47.

Helmut Schmidt, Weggefährten. Erinnerungen und Reflexionen, Berlin 1996.

*Volker Kronenberg*

## James M. Buchanan/Gordon Tullock, The Calculus of Consent. Logical Foundations of Constitutional Democracy, Ann Arbor 1962.

„The Calculus of Consent“ gehört zu den Pionierwerken der Public Choice-Theorie, d.h. der Anwendung des wirtschaftswissenschaftlichen Standardinstrumentariums auf politische Prozesse und Strukturen. Damit gehört es in eine Reihe mit Anthony Downs’ „Economic Theory of Democracy” (→ Downs 1957), Kenneth Arrows „Social Choice and Individual Values” (→ Arrow 1951) und Duncan Blacks „Theory of Committees and Elections” (1958). James Buchanan (geb. 1919) ist Wirtschaftswissenschaftler, hatte an verschiedenen Universitäten in den USA Professuren inne und ist bis heute in leitender Funktion am „Center for Study of Public Choice“ an der George Mason University in Fairfax, Virginia tätig. 1986 erhielt er den Nobelpreis für Wirtschaftswissenschaft. Gordon Tullock (geb. 1922) ist Jurist und Wirtschaftswissenschaftler und Gründungsherausgeber von „Public Choice“, einer der führenden internationalen Zeitschriften im Schnittfeld von Sozial- und Wirtschaftswissenschaften.

Im Zentrum des Buches steht die Frage, wie sich die Existenz und die Beschaffenheit politischer Institutionen erklären lassen. Buchanan und Tullock konzentrieren sich bei ihrer Antwort auf die Wahl von politischen Entscheidungsregeln, die in den Institutionen zur Anwendung kommen. Anders als eine dominante Richtung in der Wirtschaftswissenschaft lehnen sie wohlfahrtsökonomische Modelle ab, weil diese gegen das Postulat des methodologischen Individualismus verstoßen, wenn sie aggregierte Nutzenfunktionen unterstellen und bei der Beurteilung der Effizienz von Entscheidungsregeln die dafür aufzuwendenden Entscheidungskosten ignorieren. Stattdessen knüpfen sie an die Argumentationsfigur des hypothetischen Vertrags zwischen rational handelnden Individuen in der Sozialvertragslehre (→ Hobbes 1651; Locke 1690; Rousseau 1762) an. Ihre Ausgangsannahmen sind, dass es eine natürliche Ungleichheit der Individuen gibt, diese folglich auseinander strebende Präferenzen haben und dass eine minimale kollektive Ordnung besteht, in der die Individuen bereits mit Eigentumsrechten ausgestattet sind. Beides führe dazu, dass bereits im Naturzustand bei Eigentumsgebrauch Kosten für Dritte, also externe Kosten entstehen. Deshalb ist es für die Individuen rational, die kollektive Ordnung so auszubauen, dass Kosten für Dritte begrenzt werden können. Dafür sind zwei Alternativen denkbar: 1. freiwillige Vereinbarungen und 2. die Schaffung eines Staats. Welche Alternative gewählt wird, hängt von den Kosten ab, die aus Sicht der Individuen mit den Lösungen verbunden sind. Buchanan und Tullock unterscheiden zwei Kostenarten: erstens externe Kosten des privaten Eigentumsgebrauchs, zweitens Entscheidungskosten, die aus einer Entscheidungsregel resultieren. Mit zunehmender Anzahl der an der kollektiven Ordnung Beteiligten sinken die externen Kosten stetig, während die Entscheidungskosten stetig steigen. Wird eine verbindliche Entscheidung von einer Person getroffen, gibt es keine Entscheidungskosten. Dafür können die externen Kosten, die anderen entstehen, sehr hoch liegen. Bei Einstimmigkeit kann es keine externen Kosten geben. Allerdings sind die Entscheidungskosten potentiell unendlich, weil jeder Beteiligte eine Vetoposition einnimmt, die er strategisch nutzen kann. Rationale Individuen bevorzugen die Entscheidungsregel, bei der die Summe aus den beiden Kostenarten minimiert wird. Das sind die Interdependenzkosten. Mit diesem Kostenansatz modifizieren Buchanan/Tullock die Sozialvertragstheorie in der Tradition der Grenznutzenlehre. „Calculus of Consent“ enthält noch eine zweite Neuerung: Buchanan und Tullock unterscheiden zwei Stufen von Entscheidungsregeln. Auf der ersten Stufe wird der Regelkatalog der Verfassung – also die Grundsätze, nach denen die Regeln des politischen Alltags festgelegt werden – nach dem Einstimmigkeitsprinzip aufgestellt. Auf der nachgeordneten Stufe der operationalen Regeln, mit denen politische Alltagsentscheidungen getroffen werden, kann vom Einstimmigkeitsprinzip abgewichen werden. Für alle Materien, bei denen die Individuen relativ geringe externe Kosten erwarten, sei es rational, nach einer einfachen oder qualifizierten Mehrheitsregel vorzugehen, da auf diese Weise die Entscheidungskosten in Grenzen gehalten und somit die Interdependenzkosten minimiert werden könnten. Zur Begründung nehmen Buchanan und Tullock eine Argumentationsfigur vorweg, die aus der Vertragstheorie von John Rawls (→ Rawls 1971) als „Schleier des Nichtwissens“ bekannt ist. Da die Individuen unter völliger Unsicherheit darüber entscheiden müssen, welche Präferenzen sie in späteren Entscheidungssituationen haben und wie sie von Entscheidungen betroffen sein werden, weichen sie von der Einstimmigkeitsregel in allen Fragen zugunsten minimaler Interdependenzkosten ab, in denen sie keine drastischen Beschränkungen oder Gefährdungen privater Eigentumsrechte erwarten. Hier lassen sich allerdings Zweifel anmelden, inwiefern solche Annahmen verallgemeinerungsfähig sind. Sozialpsychologische Forschungen haben gezeigt, dass Individuen sich erheblich darin unterscheiden, wie risikobereit sie unter Unsicherheit entscheiden.

Dieses Erklärungsmodell von Entscheidungsregeln auf der Basis eines Kostenansatzes ist vorwiegend als Theoriebeitrag rezipiert worden. Das Buch enthält aber eine Reihe von Hinweisen, wie sich aus dem Modell empirisch prüfbare Hypothesen ableiten lassen, die Theorie also angewendet werden kann. Buchanan und Tullock zeigen z.B., dass die einfache Mehrheitsregel in der operativen Politik Anreize zur Überinvestition in öffentliche Güter enthält. Besonders interessant sind die Ausführungen zum „log-rolling“, also zum Stimmentausch zwischen Individuen über mehrere Themenfelder hinweg – ein Phänomen, das insbesondere am Beispiel von Legislativen mittlerweile intensiv empirisch erforscht wird. Buchanan und Tullock argumentieren in der Tradition der Tauschtheorie, dass Stimmentausch effizient sein kann und die wechselseitigen Gewinne durch Handel steigern hilft, wenn die Präferenzintensitäten der Entscheidungsbeteiligten über mehrere Problemfelder hinweg ungleich verteilt sind und somit ausgeglichen werden können. Natürlich leugnen die Autoren ethisch begründete Grenzen der Legitimität von Stimmentausch nicht. Das sei immer dann der Fall, wenn er dazu genutzt werden solle, permanente Mehrheiten zu etablieren, die Minderheiten ausbeuten. Eigene Kapitel widmen Buchanan/Tullock der repräsentativen Demokratie und dem Bikameralismus. Im Vergleich zur direkten Demokratie helfe die Wahl von Repräsentanten die Entscheidungskosten erheblich zu reduzieren bei einer eher geringen Zunahme der externen Kosten. Bikameralismus könne bei einer inkongruenten Zusammensetzung der beiden Parlamentskammern dazu beitragen, die externen Kosten deutlich zu minimieren, während die Zunahme der Entscheidungskosten geringer ausfalle als bei einer entsprechenden Erhöhung der Zustimmungshürde in einem Einkammersystem.

In der Rational Choice-orientierten Politikwissenschaft, die gemäß dem Wahlspruch Buchanans, „Politik ohne Romantik“ analysieren will, ist „Calculus of Consent“ überwiegend zustimmend rezipiert worden. Spätere Analysen haben genauer bestimmt, unter welchen Bedingungen (Nullsummen- vs. Positivsummenspiele, distributive vs. allokative Issues, Rolle des Agenda-Setters etc.) dieses Modell zutrifft. Für die Politikwissenschaft im allgemeinen liegt seine Bedeutung vor allem darin, dass die traditionell behauptete Besonderheit der einfachen Mehrheitsregel als natürliche Entscheidungsregel der Demokratie in Frage gestellt wird. Entsprechend kann die einfache Mehrheitsregel nicht als Maßstab für die Erklärung der Wahl und Bewertung von Entscheidungsregeln dienen, sondern muss als Referenzkriterium durch die Einstimmigkeitsregel ersetzt werden, von der Abweichungen nur durch Kostenminimierung begründbar sind. Dem hat allerdings Douglas Rae (1969) widersprochen und gezeigt, dass die einfache Mehrheitsregel für einen großen Bereich typischer Entscheidungssituationen (distributive Issues mit Nullsummencharakter, Zwangsabstimmungen ohne die Möglichkeit des exit) optimal ist. Darüber hinaus ist Buchanan und Tullock verschiedentlich vorgeworfen worden, sie plädierten für eine Status quo-orientierte Politik des Minimalstaats. Diese Kritik lässt sich sicherlich an den politischen Präferenzen der beiden Autoren festmachen; aus der Theorie, die normative Aussagen weitestgehend meidet, kann sie jedoch nicht abgeleitet werden. Die handlungstheoretische Fundierung ihres Modells im methodologischen Individualismus ist wissenschaftstheoretisch begründet. Ihre Annahme rational handelnder Individuen ist so gefasst, dass die Analyse für Egoisten wie für Altruisten gleichermaßen Gültigkeit beanspruchen kann. Ein Vergleich von Buchanans „Grenzen der Freiheit“ (1975), mit dem er die Vertragstheorie von „Calculus of Consent“ erweitert, etwa mit Robert Nozicks Konzeption in „Anarchy, State and Utopia“ (→ Nozick 1974), zeigt darüber hinaus, dass von der Begründung eines Laissez-faire-Staats keine Rede sein kann. Buchanans Gemeinwesen ist mehr als ein Schutzstaat („protective state“) zur kostenminimalen Verteidigung individueller Rechte, er ist explizit auch ein „productive state“ zur Kollektivgüterproduktion.

**Literatur:**

James M. Buchanan, Die Grenzen der Freiheit, Tübingen 1984.
Dennis C. Mueller, Public Choice III, Cambridge 2003.
Douglas W. Rae, Decision-Rules and Individual Values in Constitutional Choice, in: American Political Science Review 63 (1969), S. 40-56.

*André Kaiser*

## Hedley Bull, The Anarchical Society. A Study of Order in World Politics, Basingstoke, London 1977
*(2. Aufl., London 1995).*

Hedley Bull (1932-1985), Professor für Internationale Politik an der Universität von Oxford, gehört der so genannten „Englischen Schule“ an, die sich als eine eigenständige Theorieschule, abseits der US-amerikanisch dominierten Theorienlandschaft, etablieren konnte. „The Anarchical Society“ ist ein Standardwerk im Bereich der Internationalen Beziehungen, das sich gegen den dominierenden wissenschaftlichen Ansatz seiner Zeit richtete. In den 1970er Jahren ging die Debatte um die Frage, mit welcher Methode gesicherte wissenschaftliche Erkenntnis über die internationalen Beziehungen am besten zu erlangen sei. Die einen folgten einem szientistischen Wissenschaftsverständnis. Demnach sollten Instrumentarien der Naturwissenschaften auf die Sozialwissenschaften und damit auch auf die internationalen Beziehungen übertragen werden. Die andere Seite verfolgte einen geisteswissenschaftlich-hermeneutischen Ansatz. Diese Traditionalisten argumentierten, dass das Politische sich nicht in quantitativen Methoden erschließen lasse und beschreibende Forschung, die historische Kontexte berücksichtige, der „Königsweg“ zur Erkenntnis sei. The „Anarchical Society“ reiht sich in diese Forschungstradition ein.

Ideengeschichtlich lässt sich „The Anarchical Society" zwischen dem Realismus und dem Idealismus einordnen. Der klassische Realismus geht von einer hobbesianischen Vorstellung (→ Hobbes 1651) eines Kampfes „Jeder gegen jeden" aus und versteht die internationalen Beziehungen als ein System, das sich durch einen permanenten Konflikt zwischen Staaten definiert. Internationale Politik ist demnach ein Nullsummenspiel. Die Interessen des einen Staates schließen die Interessen des anderen Staates aus. Der Idealismus besetzt die Gegenposition und betont im Sinne von Immanuel Kant (→ Kant 1795) die universalen, vernunftmäßigen Werte des Individuums. Dessen Ziel sei nicht die Herstellung eines temporären, prinzipiell unsicheren Friedens zwischen Staaten, sondern die Entstehung einer Gemeinschaft von Weltbürgern durch gemeinsames Recht, Kooperation und Ausgleich. Internationale Politik ist demnach ein Nicht-Nullsummenspiel. Bull glaubte weder an das eine noch an das andere Bild von der Welt, sondern entwarf einen dritten Weg, den Menzel als „traditionalistischen Institutionalismus" (Menzel 2001, S. 85) beschreibt. Ziel seiner Arbeit ist es, Elemente (Institutionen) internationaler Ordnung zu identifizieren und ihre Wirkungsweisen zu beschreiben. Aus dem hobbesianischen Bild eines internationalen (Staaten)systems wird so das Bild einer internationalen Gesellschaft. Bull geht es dabei aber nicht um eine normative Abhandlung darüber, wie eine solche internationale Gesellschaft aussehen sollte. Stattdessen versucht er mittels einer historisch-philosophisch fundierten Analyse zu belegen, dass Elemente von Ordnung in den internationalen Beziehungen per se existieren. Sie tauchen im historischen Verlauf der Menschheitsgeschichte unterschiedlich stark auf, werden vom Realismus jedoch unter- und vom Idealismus überproblematisiert. Bull verdeutlicht Ordnung in den internationalen Beziehungen anhand von drei Schritten: Zunächst diskutiert er den Begriff der Ordnung und seine (historische) Relevanz in den internationalen Beziehungen. Dabei macht er eine erste wichtige Unterschcidung: „[I]nternationale Ordnung" meint das Verhältnis von Staaten in den internationalen Beziehungen, während „Weltordnung" umfassender ist und die grenzüberschreitenden Beziehungen zwischen den Individuen mit einschließt. Daraus folgt eine zweite wichtige Unterscheidung: Staatensystem (system of states) versus Staatengesellschaft (society of states). Charakteristisch für ein Staatensystem nach Bull ist, wenn zwei oder mehr Staaten ausreichend Kontakte untereinander vorweisen und Einfluss auf den anderen ausüben, so dass Entscheidungen im Sinne des Partners und zum Wohle des Ganzen getroffen werden (S. 9). Eine Staatengesesellschaft entsteht, wenn eine Gruppe von Staaten mit gemeinsamen Werten und Interessen eine „Gesellschaft" in dem Sinne bildet, dass sie sich an ein gemeinsames Regelwerk gebunden fühlen und über gemeinsame Institutionen verfügen (S. 13). Beispiele dafür sind das Völkerrecht und internationale Organisationen. Eine Staatengesellschaft ist also mehr als ein Staatensystem.

Bull geht allerdings wie die Realisten davon aus, dass Anarchie vorherrscht. Auch in der Staatengesellschaft handeln demnach Akteure nach dem Prinzip der Selbsthilfe und es gibt keine gemeinsame überstaatliche Institution, die ihr Handeln bestimmt. Doch geht er im zweiten Teil seiner Arbeit auf die Institutionen ein, die Anarchie begrenzen: das internationale Recht, das Gleichgewicht zwischen den Großmächten, die Diplomatie und der Krieg als Institutionen, die Ordnung fördern. So betont Bull, dass das internationale Recht sich nach dem Zweiten Weltkrieg ausgebreitet hat und als Subjekt nicht mehr nur die Nation, sondern auch das Individuum kennt. Er nennt die 1948 von der Generalversammlung der Vereinten Nationen beschlossene Allgemeine Erklärung der Menschenrechte und die Europäische Menschenrechtskonvention von 1950 als Beispiele. Krieg ist nach Bull ebenfalls eine Institution, die internationale Ordnung gewährleistet. Das klingt zunächst paradox, sind Kriege doch per se eine Quelle für Unordnung. Bull weist jedoch darauf hin, dass vor allem nach dem Zweiten Weltkrieg die Regierungen zu der Erkenntnis gelangt seien, dass Kriege kostspielig sind und Ziele stattdessen durch andere Instrumentarien erreicht werden können. Die wahrgenommenen negativen Konsequenzen der Institution Krieg führen so zu Ordnung. Andererseits können begrenzte Kriege notwendig sein, um Ordnung, zum Beispiel ein Mächtegleichgewicht, wiederherzustellen oder um internationales Recht zu stärken. In seinem Schlussteil diskutiert Bull Alternativen zu dem, was das internationale System zu seiner Zeit ausmachte. Letzteres zeichnete sich durch die Existenz souveräner Staaten, ein gewisses Maß an Interaktion und einen gewissen Grad an Akzeptanz von gemeinsamen Regeln und Institutionen aus. Anhand dieser Variablen beschreibt Bull drei theoretisch mögliche Typen eines internationalen Systems der Zukunft: 1. ein System, das aus Staaten besteht, in dem es wohl Interaktion, aber keine gemeinsamen Normen und Institutionen gibt, 2. ein System, das aus Staaten besteht, die aber keine Interaktionen aufweisen und damit auch keine gemeinsamen Normen und Institutionen sowie 3. ein System, das einen hohen Interaktionsgrad aufweist, gemeinsame Normen und Institutionen besitzt, aber keine souveränen Staaten.

„The Anarchical Society“ hat die Theorienlandschaft der Internationalen Beziehungen bereichert, weil es sich bewusst gegen einen Hauptstrom damaliger Theorieschulen richtete und die Bedeutung von Wesensmerkmalen der internationalen Beziehungen aufzeigen konnte, die szientistische Ansätze zu jener Zeit vernachlässigten. Dennoch umgibt das Werk ein Hauch von zum Teil selbstverschuldeter Tragik. Das Ziel von Bull bestand darin, eine Theorie von den internationalen Beziehungen zu entwickeln, die weder realistisch noch idealistisch ist und eine Methode zu vertreten, die weder historisch noch naturwissenschaftlich sein sollte (Daase 2003: 229-230). Genau diese Indifferenz war jedoch die Ursache dafür, dass das Werk lange Zeit, vor allem in den USA, unberücksichtigt blieb. Das wesentliche Problem des Werkes wurde darin gesehen, dass Elemente von Ordnung wie das Gleichgewicht zwischen den Mächten, das bei Bull Merkmal des Bildes von der internationalen Gesellschaft ist, bei den (strukturellen) Realisten ein Merkmal des entgegengesetzten Bildes darstellt, nämlich das vom Naturzustand eines Krieges. Darüber hinaus lässt Bull den Leser im Unklaren darüber, woher die internationale Gesellschaft kommt und wann sie entsteht. Ihre Entstehung und die Faktoren, die sie bedingen, bleiben ebenso ungeklärt wie die „kritische Masse" von Ordnung, derer es bedarf, damit aus einem internationalen System eine internationale Gesellschaft wird. Bis Anfang der 1990er Jahre blieben Bulls Werk und die Englische Schule eine Randerscheinung in der Lehre von den Internationalen Beziehungen. Mit dem Ende des Ost-West-Konflikts und der Lösung des Staates vom Prinzip der Territorialität durch die Globalisierung erfuhr die Englische Schule eine Renaissance. Im Mittelpunkt steht seitdem die Frage, wie aus einer internationalen Gesellschaft à la Bull, in der die Staaten weiterhin die Hauptakteure sind, eine „Weltgesellschaft" werden kann. Nach Barry Buzan (1993) bildet die internationale Gesellschaft nur eine Zwischenstation auf dem Weg von einem anarchischen Selbsthilfesystem zu einer Weltgesellschaft, in der ein geteiltes Wertesystem und ein gemeinsamer Verständigungshorizont zwischen unterschiedlichen Gesellschaften und Kulturen herrschen, so dass sie zu übergeordneten Leitbildern für das Handeln von Staaten werden.

## Literatur:

Barry Buzan, From International System to International Society: Structural Realism and Regime Theory Meet the English School, in: International Organization 3 (1993), S. 327-352.

Christopher Daase, Die Englische Schule, in: Siegfried Schieder/Manuela Spindler (Hrsg.), Theorien der Internationalen Beziehungen, Opladen 2003, S. 227-252.

Stanley Hoffmann, Hedley Bull and his Contribution to International Relations, in: International Affairs 62 (1986), S. 179-196.

Samuel M. Makinda, Hedley Bull and International Security, Canberra 1997.
Ulrich Menzel, Zwischen Idealismus und Realismus. Die Lehre von den Theorien Internationaler Beziehungen, Frankfurt a.M. 2001.
J. D. B.Miller/R. J. Vincent (Hrsg.), Order and Violence: Hedley Bull and International Relations, Oxford 1990.
Antje Wiener, Hedley Norman Bull, in: Gisela Riescher (Hrsg.), Politische Theorie der Gegenwart in Einzeldarstellungen. Von Adorno bis Young, Stuttgart 2004, S. 75-78.

*Melanie Morisse-Schilbach*

## Edmund Burke, Reflections on the Revolution in France, London 1790

*(DA: Bemerkungen über die französische Revoluzion, Wien 1791; VA: Betrachtungen über die französische Revolution, hrsg. von Ulrich-Frank Planitz, Zürich 1986).*

Edmund Burkes „Betrachtungen über die Französische Revolution“ gehören unter den großen Texten in der Geschichte des politischen Denkens zu denen, die für den Tag, den Augenblick geschrieben wurden. Die Streitschrift erschien am 1. November 1790, von der Jahreswende 1789/90 an hatte Burke an ihr gearbeitet. Noch war die Französische Revolution in ihrer konstitutionellen, gewaltarmen Phase, aber für Burke hatte sie sich schon in den ersten Monaten als rücksichtslos-gewalttätige Zerstörerin aller hergebrachten Ordnung decouvriert. Man musste Europa, vor allem England, die Bedrohung deutlich machen, die von den Ereignissen in Frankreich ausging. Die Betrachtungen sind ein leidenschaftlicher Warnruf.

Burke konnte, als er im 62. Lebensjahr die „Betrachtungen“ niederschrieb, auf ein langes Leben in der Politik zurückblicken. Seit 1765 war er Mitglied des Unterhauses. Er hatte Ruhm erworben als einer der wirkungsvollsten Parlamentsredner seiner Zeit. Er war Gefolgsmann des Marquis von Rockingham, eines der großen Whig-Magnaten. Seine „Partei“ stand in Opposition zu Georg III. und seinen Günstlingen, überzeugt davon, dass es die britische „gemischte“ Verfassung, so wie sie sich seit 1688 entwickelt hatte, gegen einen Monarchen zu verteidigen gelte, der nicht bereit sei, sich in sie einzufügen. Burke hatte also Zeit seines politischen Lebens für eine – in der Wahrnehmung seiner Zeit – freiheitliche Verfassungstradition gestanden. Als sich Charles-Jean-François Depont, ein junger Franzose aus dem Bekanntenkreis Burkes, im Herbst 1789 mit der Bitte um eine Einschätzung der revolutionären Ereignisse in Frankreich an Burke wandte, hat er vermutlich ein wohlwollendes Urteil erwartet. Tatsächlich wurde Burkes Antwort, als Brief an Depont formuliert, zum wirkungsmächtigsten literarischen Angriff auf die Französische Revolution überhaupt. Schon in den ersten Wochen nach ihrem Erscheinen wurde die Streitschrift neunmal nachgedruckt und ins Französische, wenig später dann auch ins Deutsche übersetzt.

Drei Fragen können dem Leser als Leitfaden durch die „Betrachtungen" dienen: In welcher Absicht hat Burke sie geschrieben? Wie führt er seinen Angriff auf die Französische Revolution – stilistisch und inhaltlich? Wie ist der Text gelesen worden? Was die erste Frage angeht, so hat Burke selbst deutlich ausgesprochen, dass es sein erstes und wichtigstes Ziel war, sein eigenes Land vor dem Übergreifen jener lebensgefährlichen ansteckenden Krankheit zu bewahren, die in Frankreich ausgebrochen war. Es fehlte in dieser frühen Phase in England nicht an Bekundungen der Sympathie mit den Vorgängen in Frankreich – gerade in Burkes eigener Partei. Es war zu erwarten, dass die Revolution den Forderungen nach Verfassungsreformen in England – die längst auf der Tagesordnung standen – Auftrieb geben würde. Burkes „Betrachtungen" sind eine Kampfschrift zur Verteidigung der britischen, im Kern aristokratischen, Verfassung und der Gesellschaftsordnung, die sie im 18. Jahrhundert trug, des – um es pointiert zu sagen – englischen „ancien régime" gegen die Französische Revolution.

Burke war, an diesem Punkt muss die Antwort auf die zweite Frage ansetzen, kein Philosoph, er war Politiker und als solcher vor allem Parlamentarier, Redner. Seine „Betrachtungen" sind keine systematisch aufgebaute und argumentierende philosophische Abhandlung. Sie sind ein überlanger Brief. Burke verzichtet auf jedes äußere Zeichen einer Gliederung, weitgehend auch darauf, für den Leser nachvollziehbar Stoff und Argumente zu ordnen. Er nutzt, bis zum Überdruss, alle Stilmittel der Rhetorik. Er zielt eher auf die Empfindungen seiner Leser als auf ihren Verstand – mit Kaskaden von polarisierenden rhetorischen Fragen, mit Spott und Sarkasmus, mit drastisch ausgeführten Schreckensskizzen aus dem Pariser revolutionären Geschehen des Jahres 1789.

Inhaltlich lassen sich zwei Abschnitte unterscheiden. Im ersten Abschnitt setzt sich Burke mit dem Versuch englischer Sympathisanten auseinander, die Revolution in Frankreich und die eigene „Glorious Revolution" von 1688 zueinander in Beziehung zu setzen. Dabei zeichnet er einen scharfen Kontrast zwischen 1688 und 1789 – hier eine Revolution, die brutal mit der Vergangenheit bricht und nach einem von der „Metaphysik" gelieferten Bauplan das Staatsgebäude von Grund auf neu erbauen will, dort eine Revolution, der es gerade umgekehrt darum ging, die überlieferten Einrichtungen und Anschauungen, so gut das in einem kritischen historischen Augenblick möglich war, zu bewahren. Im zweiten Teil nimmt er dann die Französische Revolution direkt ins Visier. Er rückt dabei, etwas überraschend für den heutigen Leser, die (schon im November 1789 beschlossene) Enteignung des Kirchenbesitzes und, naheliegender, das Verfassungswerk der Nationalversammlung ins Zentrum des Angriffs. Die Enteignung der Kirche ist für Burke ein Anschlag auf die beiden Grundpfeiler jeder Ordnung und jeder Zivilisation: das Eigentum und die Religion. In der Nationalversammlung sieht er nichts als eine zerstörerische Kraft, die Frankreich in die Anarchie gestürzt hat. Ihren Verfassungsentwurf unterzieht er einer vernichtenden Kritik, die viele ihrer Gesichtspunkte von Charles de Montesquieu (→ Montesquieu 1748) bezieht.

Wie konnte ein solcher Text mit seiner leidenschaftlichen Polemik gegen die gemäßigten Anfänge der Französischen Revolution, mit seiner Idyllisierung nicht nur des englischen, sondern auch des französischen ancien régime, mit seiner engen Fixierung auf das Recht des Eigentums, zumal der großen Landbesitzer – bei all seiner rhetorischen Brillanz – zu einer kanonischen Schrift des nachrevolutionären Konservativismus nicht nur in England, sondern weit darüber hinaus werden? Die außerordentliche Formulierungskunst Burkes spielte eine wichtige Rolle. Aber sie konnte ihre Wirkung dauerhaft nur entfalten, weil sich in den „Betrachtungen“, eingemischt in die Polemik des Augenblicks, in beträchtlicher Fülle Passagen finden, die als Schlüsselaussagen einer politischen Weltsicht gelesen werden können. Diese Passagen verweisen auf die Möglichkeit eines systematisch begründbaren grundsätzlichen Zweifels am Politikverständnis und Politikprogramm der europäischen Aufklärung.

Eine zusammenhängende Skizze dieser Weltsicht findet sich in den „Betrachtungen“ dabei nicht, aber alle ihre Element tauchen – verstreut – auf: Die menschliche Vernunft ist begrenzt. Die Ordnungen des Zusammenlebens können deshalb nicht am Reißbrett entworfen werden. Sie können auch nicht aus philosophischen Systemen deduziert werden. Sie müssen wachsen, damit sich die Erfahrungen vieler Generationen in ihnen verdichten können. Institutionen wachsen zu lassen und sie nicht einfach zu „machen“, heißt die Natur nachzuahmen. Die Berufung auf die „natürliche Ordnung der Dinge“ ist ein Schlüsselmotiv in den „Betrachtungen“. Ungleichheit, zumal der Unterschied zwischen Arm und Reich, aber auch die Ungleichheit der politischen Rechte gilt als Teil dieser „natürlichen Ordnung der Dinge“. Es gibt nach Burke

Rechte des Menschen als Menschen, aber das Recht, ein Gemeinwesen mit zu regieren, zählt für ihn nicht dazu.

Vieles von dieser konservativen Weltsicht findet sich in der vielleicht berühmtesten Passage aus den „Betrachtungen, in der Burke der rationalistischen Lehre vom Gesellschaftsvertrag (u.a. → Hobbes 1651; → Locke 1690; → Rousseau 1762) sein Bild von der Gesellschaft entgegenstellt: Gesellschaft sei zwar ein Vertrag, aber kein Vertrag, den man nach Belieben schließen und lösen könne, sondern eine Partnerschaft, in der Menschen – Generationen übergreifend – einander unkündbar verpflichtet seien, weil sie nur gemeinsam ein menschengemäßes Leben führen könnten. Burke als Streiter gegen die Französische Revolution und als Verteidiger des politischen und gesellschaftlichen Status quo des Englands seiner Zeit ist allenfalls bis zur ersten Parlamentsreform von 1832 aktuell geblieben. Als Kritiker einer sich selbst absolut setzenden Vernunftpolitik, als prophetischer Warner vor dem Gewaltpotential einer solchen Politik hat er mit den „Betrachtungen“ Aufnahme in den Kanon der Klassiker des politischen Denkens gefunden.

**Literatur:**

Edmund Burke, Reflections on the Revolution in France, hrsg. von Connor Cruise O'Brien, Harmondsworth 1968.

Edmund Burke, Further Reflections on the Revolution in France, hrsg. von Daniel E. Ritchie, Indianapolis 1992.

F. P. Lock, Burke's Reflections on the Revolution in France, London 1985.

Thomas Paine, Right of Man: Being an Answer to Mr. Burkes Attack on the French Revolution, London 1791/92 (DA: Die Rechte des Menschen: Eine Antwort auf Herrn Burkes Angriffe auf die Französische Revolution, Berlin 1792).

*Peter Graf Kielmansegg*

## Angus Campbell/Philip E. Converse/Warren E. Miller/Donald E. Stokes, The American Voter, New York 1960.

„American Voter“ gehört zu den am häufigsten zitierten Publikationen in der Wahlforschung. Seine herausragende Bedeutung erklärt sich weniger aus den substantiellen Ergebnissen der Autoren – obwohl diese teils heute noch Gültigkeit haben – als vielmehr aus dem Erklärungsansatz, den die vier Autoren entwickelt haben. Zusammen mit Anthony Downs' „Economic Theory of Democracy“ (→ Downs 1957) und „The People's Choice” von Lazarsfeld/Berelson/Gaudet (→ Lazarsfeld/Berelson/Gaudet 1944) bildet der „American Voter“ deshalb jene Trias von Klassikern, auf die sich die drei theoretischen Hauptströmungen der Wahlforschung – Rational Choice-Ansatz, (mikro-)soziologischer und sozialpsychologischer Ansatz – zurückführen lassen. Zugleich ist der „American Voter“ eines der Schlüsselwerke der „behavioralistischen Revolution“, die von den 1950er Jahren an die amerikanische Politikwissenschaft erfasste.

Hervorgegangen ist das Werk aus der Arbeit einer von Angus Campbell geleiteten Forschergruppe, deren wichtigste Mitglieder die Co-Autoren sind. Campbell selbst, von Hause aus Sozialpsychologe, war 1942 in die „Division of Programm Surveys“ eingetreten, die im Auftrag der US-Regierung die politischen Einstellungen der Amerikaner an der Heimatfront untersuchte. Unter der Federführung des Psychologen Rensis Likert wurden dort zahlreiche Methoden der modernen Umfrageforschung, die bis heute zum Standardrepertoire der Wahlforschung gehören, entwickelt oder verbessert. Dies erwies sich für Campbells weiteren Werdegang als entscheidend. Nach Kriegsende wechselte Campbell wie viele seiner Kollegen an das von Likert gegründete „Survey Research Centers“ der Universität von Michigan, das inhaltlich und methodisch an die Arbeit der „Division“ anknüpfte, und wurde 1948 zu dessen Direktor ernannt.

Im gleichen Jahr führte das „Survey Research Centers“ erstmals eine nationale Wahlumfrage durch, die – wenn auch in modifizierter Form – seit 1952 alle zwei Jahre wiederholt wird. Erhoben wurden dabei neben der Wahlabsicht und einer Reihe von sozio-demographischen Merkmalen eine Vielzahl politischer Einstellungen. Unter einer politischen Einstellung ist in diesem Zusammenhang eine (zumeist wertende) Wahrnehmung politischer Objekte zu verstehen. In ihrer Gesamtheit bilden diese Einstellungen ein subjektiv gefärbtes Bild der politischen Realität, das den Bürger (häufig) dazu motiviert, sich in einer bestimmten Weise zu verhalten.

Auf den vom „Survey Research Centers“ aus Anlass der Präsidentschaftswahl von 1952 erhobenen Daten basierte Campbells erster großer Beitrag zur Wahlforschung, die Studie „The Voter Decides“ (Campbel/Gurin/Miller 1954). Für die noch junge Disziplin der akademischen Wahlforschung bedeutete „The Voter Decides“ eine kleine Revolution. Zehn Jahre vor dessen Erscheinen war die Lazarsfeld-Gruppe auf der Grundlage von regional begrenzten Wählerstudien zu dem für die Politikwissenschaft ernüchternden Schluss gekommen, dass aus der Zugehörigkeit zu sozialen Gruppen Wahlnormen resultieren, die das politische Verhalten weitgehend determinieren: „A person thinks, politically, as he is, socially“ (→ Lazarsfeld/Berelson/Gaudet 1944). Diesem Befund setzten die Autoren ein Modell der Wahlentscheidung entgegen, das ausschließlich auf drei Einstellungsvariablen basierte, die zunächst gleichberechtigt nebeneinander standen: 1. der Beurteilung der zur Wahl stehenden Kandidaten, 2. der Bewertung der bei der Wahl relevanten politischen Streitfragen und 3. der so genannten Parteiidentifikation, worunter das Gefühl der Zugehörigkeit zu einer der beiden großen amerikanischen Parteien zu verstehen ist. Soziologische Variablen wurden in „The Voter Decides“ bewußt nicht berücksichtigt.

Für diesen „Psychologismus“ wurden Campbell u.a. heftig kritisiert. Kritiker warfen ihnen vor, dass ihr Modell den gesellschaftlichen Kontext der Wahlentscheidung fast vollständig ignoriere und Wahlverhalten auf Variablen zurückführe, die so eng mit dem Wahlakt selbst verbunden seien, dass die Erklärung tautologische Züge anzunehmen drohe. Positiv hervorgehoben wurde, dass die Autoren von „The Voter Decides“ den Blick der Wahlforschung wieder auf genuin politische Objekte und Merkmale lenkten.

Im „American Voter“ reagierten Campbell und seine Mitarbeiter auf diese Kritik, indem sie 1. ihre Aussagen durch eine breitere Datengrundlage absicherten und 2. ihre theoretischen Annahmen grundlegend modifizierten. Zum einen betrachteten sie die Parteiidentifikation nun als zentrale und langfristig stabile Variable, die den eher tagespolitisch geprägten Orientierungen an Kandidaten und Sachfragen kausal vorgelagert sei. Zum anderen wurden die drei psychologischen Variablen nicht mehr wie in „The Voter Decides“ als gegeben angesehen, sondern ihrerseits auf weiter in der Vergangenheit liegende Faktoren zurückgeführt, unter denen die historischen Erfahrungen der eigenen Bezugsgruppe mit den Parteien und die Verstärkung bzw. Abschwächung entsprechender Wahlnormen durch das unmittelbare soziale Umfeld eine wesentliche Rolle spielten. Auf diese Weise wurden die Erklärungsleistungen der soziologischen Studien in ein neues, sozialpsychologische Modell der Wahlentscheidung integriert, das neben langfristig stabilen Wählertraditionen kurzfristige politische Entwicklungen erklären kann.

Darüber hinaus berücksichtigten Campbell u.a. noch eine Reihe von weiteren Faktoren, die ironischerweise in einigen späteren Beiträgen zur Wahlforschung als Alternativen zum sozialpsychologischen Modell präsentiert wurden. Zu nennen sind insbesondere der institutionelle Kontext, die Wirtschaftslage und die Persönlichkeitsmerkmale der Wähler. Ihr berühmtes

Bild vom „Kausalitätstrichter“ fasst die Vorstellung der Autoren vom Zusammenwirken all dieser Einflüsse zusammen. Die Wahlentscheidung selbst betrachten die Autoren als „Resultante“ der oben angesprochenen politischen Einstellungen, die den Bürger entweder der einen oder anderen Partei zuneigen lassen. Ginge es der Wahlforschung nur darum, Verhalten optimal vorherzusagen, könnte sie sich auf die Messung dieser Einstellungen beschränken, da diese das Endprodukt aller zum Zeitpunkt der Wahlentscheidung wirksamen Einflüsse bilden. Für Forscher, die den Anspruch haben, Wahlverhalten zu erklären, kann die Betrachtung dieser Einstellungsvariablen aber nur ein erster Schritt sein. Sie werden zusätzlich solche Ereignisse berücksichtigen, die zeitlich weiter vom Augenblick der Wahl entfernt sind und deshalb nur einen indirekten, über Parteiidentifikation, Kandidaten- und Themenwahrnehmung vermittelten Einfluss auf die Wahlentscheidung haben. Je weiter man sich jedoch in der Vergangenheit zurückbewegt, desto mehr potentielle Einflüsse müssen in Betracht gezogen werden, um den psychischen Zustand zum Zeitpunkt der Wahl zu erklären. Der Kausalitätstrichter weitet sich deshalb in die Vergangenheit aus, bis schließlich ein Maß an Komplexität erreicht ist, das in der Forschungspraxis nicht mehr zu bewältigen ist.

Die statistischen Analysen der Autoren orientieren sich an diesem Erklärungsschema, ohne dass das Trichtermodell im eigentlichen Sinne getestet würde. Vielmehr stützen sich die Verfasser zeitbedingt auf einfache uni-, bi- und trivariate Verfahren wie Kreuztabellen und graphische Darstellungen, die einzelne Punkte ihrer Argumentation absichern sollen. Diese Auswertungen sind auch ohne statistische Kenntnisse leicht nachzuvollziehen; die teils geradezu luziden Interpretationen der Verfasser können noch heute als mustergültiges Beispiel der Aufbereitung umfangreichen Zahlenmaterials für interessierte, aber methodisch nicht geschulte Leser gelten.

Der Einfluss, den der „American Voter“ auf die weitere Entwicklung der Wahlforschung hatte, ist kaum zu überschätzen. Einen Eindruck davon vermittelt die Vielzahl der Publikationen, die den Titel von Campbell u.a. aufgreifen. Zu nennen sind hier u.a. „The Changing American Voter“ (Nie/Verba/Petrocik 1976), „The Unchanging American Voter“ (Smith 1989), „The Disappearing American Voter“ (Teixeira 1992) und schließlich der von einem der ursprünglichen Autoren mitverfasste „New American Voter“ (Miller/Shanks 1996).

Diese Resonanz erklärt sich zu einem Teil aus institutionellen Verflechtungen. Bereits vor der Publikation des „American Voter“ machten Campbell und seine Co-Autoren die – seit 1977 als „national research resource“ anerkannten – „Survey Research Centers"-Studien für Forscher anderer Universitäten zugänglich. 1962 gründete Warren E. Miller ein universitätsübergreifendes Konsortium (ICPSR), das bald zum größten Datenarchiv der Welt avancierte und durch seine Sommerkurse Tausende von Sozialwissenschaftlern mit den Daten, Methoden und theoretischen Überlegungen der Michigan-Gruppe in Kontakt brachte. Darüber hinaus suchten die Verfasser die Zusammenarbeit mit Wahlforschern in zahlreichen Ländern. Die „Survey Research Centers"-Studien wurden so zum Modell für Wahlstudien in aller Welt.

Hinzu kommt, dass alle vier Autoren weitere bedeutende Beiträge zur Wahlforschung vorgelegt haben, die auf dem „American Voter" aufbauen. Der 1966 erschienene Sammelband „Elections and the Political Order" fasst einige dieser Publikationen zusammen. Vielleicht am wichtigsten für den internationalen Erfolg des „American Voter" war aber die theoretische Struktur des dort skizzierten Erklärungsansatzes. Dieser ermöglichte es nicht nur, kurz- und mittelfristige Faktoren miteinander zu kombinieren. Er gestattete es darüber hinaus vielmehr, in eleganter Weise länderspezifische, auf die Wirtschafts-, Kultur- und Sozialgeschichte bezogene Überlegungen an den psychologischen Kern des Modells anzuschließen, der – entgegen der ursprünglichen Einschätzung von Campbell u.a. – auf eine Vielzahl von politischen Systemen übertragen werden konnte.

Gerade an diesem Punkt entzündeten sich allerdings heftige Kontroversen. Zu sehr schien die Idee der „psychologischen Mitgliedschaft" von den Besonderheiten, die die USA von den Staaten Europas unterscheiden (relativ stabiles Zweiparteiensystem, organisatorische Schwäche der Großparteien, geringe Bedeutung historisch begründeter ideologischer Konflikte), geprägt zu sein. Von etwa Ende der 1970er Jahre an konnte sich das sozialpsychologische Modell auch außerhalb der USA als Quasi-Standard etablieren.

Eine zweite Hauptlinie der Kritik steht in der Tradition des Rational Choice-Ansatzes und bemängelt vor allem das Fehlen einer Entscheidungsregel: Die Frage, welche der drei psychologischen Variablen im Konfliktfall den Ausschlag gibt, konnten Campbell u.a. nicht allgemeingültig beantworten. Ebenfalls vom Rational Choice-Ansatz beeinflusst sind schließlich viele der „revisionistischen" Kritiker des Konzeptes der Parteiidentifikation. Diese behaupten im Kern, dass die Parteiidentifikation, anders als von Campbell u.a. vermutet, keine langfristig stabile Variable sei, die die Wahlentscheidung vorstrukturiert, sondern ihrerseits von den kurzfristigen Faktoren verändert werden könne. Eine extreme Variante dieser Kritik geht sogar davon aus, dass die berichtete Parteiidentifikation von den Befragten mit der geplanten Wahlentscheidung in Einklang gebracht werde. Der Bedeutung des „American Voter" tun diese Kontroversen keinen Abbruch. Im Gegenteil: Gerade in der kritischen Auseinandersetzung mit dem „American Voter" zeigt sich, wie nachhaltig dieses Werk in den vergangenen viereinhalb Jahrzehnten das Denken selbst solcher Wahlforscher geprägt hat, die das sozialpsychologische Modell ablehnen.

**Literatur:**

American National Election Studies, http://www.umich.edu/~nes/ (Stand: 25. Juni 2006).
Angus Campbell/Gerald Gurin/Warren E. Miller, The Voter Decides, Evanston/White Plains 1954.
Warren Miller/J. Merrill Shanks, The New American Voter, Cambridge 1996.
Norman H. Nie/Sidney Verba/John R. Petrocik, The Changing American Voter, Cambridge 1976.
Eric Smith, The Unchanging American Voter, Berkeley 1989.
Ruy A. Teixeira, The Disappearing American Voter, Washington DC 1992.

*Kai Arzheimer*

## Fernando H. Cardoso/Enzo Faletto, Dependencia y desarrollo en América Latina. Ensayo de interpretación sociológica, Mexico/Buenos Aires 1969

*(DA, VA: Abhängigkeit und Entwicklung in Lateinamerika, Frankfurt a.M. 1976).*

Das Werk „Abhängigkeit und Entwicklung in Lateinamerika" ist einer der Ausgangspunkte für die in Lateinamerika und international geführte Dependencia-Debatte. Dependencia bedeutet dabei Abhängigkeit. Der 1931 in Rio de Janeiro geborene Sozialwissenschaftler Fernando H. Cardoso hatte den 200-seitigen Text im Exil gemeinsam mit dem chilenischen Soziologen Enzo Faletto (1935-2003) zwischen 1965 und 1967 verfasst. In einem in der deutschen Ausgabe knapp 20 Seiten langen Nachwort versuchten sie ihre Methode genauer zu beschreiben. Cardoso, der sich zunächst mit der Geschichte der Sklaverei und der Industrialisierung in Brasilien beschäftigt hatte, ging nach dem Militärputsch von 1964 ins Exil nach Santiago de Chile. Dort wurde die Niederlassung der lateinamerikanischen Wirtschaftskommission (CE-

PAL) sowie weitere Forschungsinstitute zu Zentren der Dependencia-Diskussion. Während sich Faletto auf die akademische Laufbahn konzentrierte, verbanden sich bei Cardoso wissenschaftliche und politische Ambitionen. Auf Einladung von Alain Tourraine war er 1967/68 an der Universität Nanterre in Paris. 1983 zog er erstmals in den brasilianischen Senat ein, 1992 wurde er Außenminister, 1993 Finanzminister, von 1995 bis Ende 2002 war er Präsident Brasiliens. Eine von ihm betriebene Verfassungsreform ermöglichte 1998 seine Wiederwahl. Cardoso, ursprünglich Anhänger eines staatszentrierten Entwicklungskonzeptes, förderte während seiner Präsidentschaft Liberalisierung und Deregulierung der Wirtschaft unter Berücksichtigung sozialer Aspekte. Zur Zeit lehrt er als Gastprofessor an der Brown University in den USA.

Das Buch beginnt mit einer Kritik an rein ökonomischen Interpretationen. Aber auch die Ergänzung der volkswirtschaftlichen durch eine soziologische Analyse – wie in den 1950er Jahren geschehen – reiche nicht aus. Notwendig sei vielmehr eine „umfassende Analyse von Entwicklung“ (S. 15), die interne und externe wirtschaftliche Faktoren, strukturelle Gegebenheiten und die historische Situation berücksichtige. In den lateinamerikanischen Ländern gebe es eine „Situation der Abhängigkeit“, die Auswirkungen auf die Klassen- und Machtstruktur habe. Die Geschichte der industrialisierten Nationen könne sich in den Entwicklungsländern nicht wiederholen. Lateinamerika stelle also nicht nur eine Abweichung vom europäischen Vorbild dar, sondern sei aufgrund seiner peripheren Situation ein historisch ganz anders gelagerter Fall. Zwischen dem Anspruch auf nationale Autonomie und den Gesetzen des Weltmarktes bestehe ein widersprüchliches Verhältnis, das bei der Analyse beachtet werden müsse.

Der folgende Hauptteil des Buches geht von einem historisch-strukturellen Ansatz aus. Zunächst wird die Lage in der Phase der „äußeren Expansion“, d.h. im 19. Jahrhundert geschildert. Anschließend werden Entwicklung und sozialer Wandel in einer Übergangsperiode dargestellt, in der die nationalen Ökonomien mehr Bedeutung gewannen. Zu einer Konsolidierung des Binnenmarktes kam es in der Phase von Nationalismus und Populismus von Mitte der 1940er Jahre an. Auf die Expansion hin zum Weltmarkt folgte im 20. Jahrhundert also eine Phase der Konsolidierung des Binnenmarktes und der Herausbildung eines entwicklungsorientierten Staates. Anhand von Länderbeispielen beschreiben Cardoso/Faletto die Auswirkungen abhängiger wirtschaftlicher Entwicklung auf die internen Machtkonstellationen und greifen die Frage der Mittelschichten auf. Die jüngste Etappe sei durch eine „Internationalisierung des Marktes“ sowie „einen neuen Charakter der Abhängigkeit“ gekennzeichnet, der einer nationalen Industrialisierung Grenzen setze.

Die beiden Autoren bezeichnen die Dependencia nicht als eine Theorie, sondern als eine Perspektive. Im Nachwort zur deutschen Ausgabe ordnen sie die Studie der „radikal-kritischen lateinamerikanischen Richtung“ (S. 209) zu. Das wichtigste Anliegen ihrer historisch-strukturellen Analyse sei es, „die Momente signifikanter struktureller Veränderungen in den durch unterschiedliche Abhängigkeitssituationen gekennzeichneten Ländern Lateinamerikas zu beschreiben“ (S. 215). Abhängigkeit und Imperialismus sahen sie nicht als die allein bestimmenden Faktoren, wodurch „die internen Aspekte auf ein bloßes ‚Epiphänomen‘ reduziert“ (S. 217) würden. Sie wollten keine „Theorie des abhängigen Kapitalismus“ formulieren, sondern sprachen von Situationen der Abhängigkeit. Damit setzten sie sich u.a. von Andre Gunder Franks Studie „Entwicklung der Unterentwicklung“ (1969) ab, das die Unterentwicklung in der Peripherie als die Kehrseite der Entwicklung in der Metropole sah. Von einer Trennung vom Weltmarkt ist nicht die Rede. Cardoso und Faletto sahen ihre Arbeit durchaus im Kontext von Überlegungen zur Modernisierung. Schon bei einer Tagung 1970 in Santiago wies Cardoso in einem Kommentar zu anderen Dependencia-Strömungen darauf hin, dass eine Theorie der Abhängigkeit unmöglich sei und es sich ebenso wenig um eine Revolutionstheorie handele (Cardoso 1972, S. 150). Er betonte die Notwendigkeit einer strukturgeschichtlichen Analyse von Situationen der Abhängigkeit. Cardoso und Faletto grenzten sich damit sowohl von dem radikalen Flügel der Dependencia ab, der aus einer zwangsläufigen „Entwicklung der Unterentwicklung“ (Frank 1969) die Schlussfolgerung einer sozialistischen Revolution gezogen hatte, als auch von dem nationalistischen Flügel, der eine nachholende Industrialisierung propagierte.

Obwohl von Sozialwissenschaftlern verfasst, enthält der Text vor allem ökonomische Aussagen. Die von Cardoso und Faletto geprägte Begrifflichkeit und Methode wurde in der Folgezeit von vielen Sozialwissenschaftlern aufgegriffen. Offenbar lag die Anziehungskraft darin, dass mit vergleichsweise einfachen Mitteln ein Interpretationsansatz für Abhängigkeit, Unterentwicklung und Modernisierungsrückstand geliefert wurde. Die dabei verwendeten Begriffe sind nicht sehr präzise. Im Unterschied zu anderen Anhängern der Dependencia-Debatte hatten die beiden Autoren jedoch selbst eher von einer Perspektive und nicht von einer Theorie gesprochen. Die allgemein gegenüber den Dependencia-Ansätzen erhobenen Vorwürfe einer ökonomischen Verkürzung, der mangelnden empirischen Überprüfbarkeit und einer Entlastungsfunktion, da alle negativen Einwirkungen den kapitalistischen Zentren oder dem Weltmarkt angelastet werden, treffen deshalb auf dieses Werk nur sehr partiell zu. Um ein Schlüsselwerk handelt es sich bei dem Buch, weil es eine breite Debatte in Lateinamerika mitinitiierte und auch außerhalb Lateinamerikas auf starke Resonanz stieß. Das Buch erschien nach der spanischen Ausgabe auf portugiesisch (1970), italienisch (1976), französisch (1978) und englisch (1979). Cardoso selbst hat den Ansatz in den folgenden Jahren fortgeführt. Als brasilianischer Präsident hat er versucht, seine Überlegungen in seiner Reformpolitik umzusetzen.

**Literatur:**

Andreas Boeckh, Dependencia-Theorien, in: Dieter Nohlen (Hrsg.), Lexikon Dritte Welt, Hamburg 2002, S. 181-185.

Fernando Henrique Cardoso, ¿"Teoría de la dependencia" o análisis concretos de situaciones de dependencia?, in: Ders., Estado y Sociedad en América Latina, Buenos Aires 1972, S. 133-150.

Fernando Henrique Cardoso, Charting a New Course: the Politics of Globalization and Social Transformation, hrsg. und eingeleitet von Mauricio A. Font, Maryland/Oxford 2001.

Andre Gunder Frank, Latin America: Underdevelopment or Revolution – Essays on the Development of Underdevelopment and Immediate Enemy, New York 1969.

Dieter Nohlen/Claudia Zilla, Fernando Henrique Cardoso (*1931). Abhängigkeit und Entwicklung in Lateinamerika, in: Entwicklung und Zusammenarbeit (2000), S. 280-291.

*Nikolaus Werz*

## John Carey/Matthew Soberg Shugart, Presidents and Assemblies. Constitutional Design and Electoral Dynamics, Cambridge 1992.

John Carey und Matthew Soberg Shugart sind zwei US-amerikanische Politikwissenschaftler, die im Umfeld von Arend Lijphart (→ Lijphart 1999) und Rein Taagepera groß geworden sind und sich im Zuge der Debatte über das geeignete konstitutionelle Design für junge Demokratien den empirischen politischen Institutionen, ihrer typologischen Ordnung und kritischen Evaluierung zugewandt haben. Sie leuchten den Bereich institutioneller Arrangements zwischen reinem Parlamentarismus und reinem Präsidentialismus weiter aus und plädieren in politikberatender Absicht für den Systemtyp des Semipräsidentialismus, der in der Wissenschaft bis vor wenigen Jahren wenig Aufmerksamkeit gefunden hat.

In Deutschland ist das institutionelle Arrangement des Semipräsidentialismus bekannt: Die Weimarer Republik lässt sich diesem Regierungstyp zuordnen. Der Begriff ist freilich jüngeren Datums und in Frankreich mit der Schaffung der V. Republik aufgekommen. Dort war das wissenschaftliche Interesse am Semipräsidentialismus naturgemäß größer und artikulierte sich vor allem in den Schriften von Maurice Duverger (1970, 1978), der den Begriff nicht nur popularisierte, sondern der den Semipräsidentialismus auch als eigenständigen, auf mehreren Merkmalen fußenden politischen Systemtyp begründete. In Deutschland hingegen stieß er bei Winfried Steffani (1995) auf fundamentale Kritik. Er hielt an einer dichotomen Unterscheidung zwischen Präsidentialismus und Parlamentarismus fest.

Carey und Shugart versuchten als erste auf breiter empirischer Grundlage, eine systematische Typologie der Realtypen jenseits der idealtypischen dichotomen Unterteilung in präsidentielle und parlamentarische Regierungssysteme zu entwerfen. Mit dem Fokus auf politischen Systeme, in denen sowohl der Präsident als auch das Parlament über eine demokratische Legitimationsbasis verfügen, untersuchten sie die Beziehungen zwischen Exekutive und Legislative. Sie entwickelten zwei Kriterien zur Differenzierung unterschiedlicher Regierungstypen: 1. das Ausmaß der Regierungsautorität des Präsidenten sowie 2. der Grad der wechselseitigen Unabhängigkeit von Exekutive und Legislative. Im Einzelnen fragten sie nach den Kontrollrechten des Parlaments gegenüber der Regierung, dem Recht zur Parlamentsauflösung durch den Staatspräsidenten (Grad der Trennung von Exekutive und Legislative), dem Recht zur Absetzung der Regierung durch den Präsidenten und den präsidentiellen Politikdomänen des Staatsoberhaupts (Kompetenzabgrenzungen in der doppelköpfigen Exekutive) sowie nach den legislativen Kompetenzen des Staatspräsidenten. Auf der Grundlage dieses Kriterienkatalogs entwarfen sie eine Typologie, welche die Identifizierung moderner Regierungssysteme auf einem Kontinuum erlaubt, das vom reinen Präsidentialismus bis zur versammlungsunabhängigen Regierung reicht.

Als Systemtypen unterscheiden Carey und Shugart: 1. Präsidentielles System: In ihm liegt die politische Macht beim Präsidenten. Er wird direkt oder quasi direkt durch die Staatsbürger gewählt. Die Amtszeiten des Präsidenten und des Parlaments sind fest und die beiden Organe voneinander unabhängig. Im Falle einer geschlossenen Exekutive entscheidet der Staatspräsident allein über die personelle Zusammensetzung der Regierung. Zusätzlich verfügt er über verfassungsrechtlich gesicherte Mitwirkungsrechte bei der Gesetzgebung (reiner Präsidentialismus).

2. Präsidentiell-parlamentarisches System: In ihm liegt der Hauptteil der Macht beim Präsidenten. Der Präsident als Spitze der Exekutive wird direkt oder quasi-direkt für eine feste Amtsperiode gewählt. Er hat das Recht zur Ernennung und Entlassung des Kabinetts bzw. einzelner Minister. Die Minister sind jedoch auch dem Parlament gegenüber politisch verantwortlich. Im Falle eines Misstrauensvotums kann der Präsident das Parlament auflösen oder die legislativen Kompetenzen vollends an sich reißen oder beides (Präsidentialismus mit parlamentarischer Kontrolle).

3.Premier-präsidentielles System: In ihm liegt die größere Macht beim Parlament. Der Präsident wird direkt oder quasi-direkt für eine feste Amtsperiode gewählt. Er besitzt beachtliche exekutive Befugnisse, muss diese aber mit einem Premierminister und Kabinett teilen, die vom Vertrauen des Parlaments abhängig sind und vom Staatspräsidenten nicht gegen den politischen Willen der Versammlung entlassen werden können. Der Präsident ist nicht notwendigerweise der Chef der Exekutive. Er muss mit einem Premier koexistieren und hat nicht unbedingt legislative Kompetenzen (Semipräsidentialismus nach Duverger)

4. Parlamentarisches System: In ihm liegt die politische Macht eindeutig beim Parlament bzw. bei dem ihm verantwortlichen Premier. Das Parlament ist souverän bei der Wahl oder Abberufung der Regierung. Das direkt oder indirekt gewählte Staatsoberhaupt hat weder bedeutende legislative Kompetenzen noch autonome Befugnisse bei der Regierungsbildung und kann das Parlament nicht aus politischen Gründen auflösen.

5. Versammlungsunabhängige Regierung: In diesem System wählt die Versammlung die Regierung für eine feste Amtszeit. Die Regierung kann die Versammlung nicht aus politischen Gründen auflösen, besitzt aber legislative Kompetenzen und ist für die gesamte Dauer ihrer Amtszeit unabhängig vom Vertrauen des Parlaments. Der ebenfalls durch die Versammlung gewählte Staatspräsident besitzt keine autonomen politischen Kompetenzen gegenüber der Regierung (Schweizer Kollegialregierung).

Carey und Shugart befassen sich vor allem mit dem präsidentiellen und dem premier-präsidentiellen Typ. Sie untersuchen zahlreiche historische Fälle und die institutionellen Arrangements, die diese im Einzelfall zusätzlich kennzeichnen, u.a. die rechtliche Möglichkeit der Wiederwählbarkeit des Präsidenten, die Komposition und Dauer der Kabinette, die direktdemokratischen Beteiligungsformen. Anschließend spitzen sie ihre Untersuchung auf die Frage der Macht und des Machtgleichgewichts zwischen Präsidenten und Versammlungen zu. Sie gelangen zu dem Ergebnis, dass sowohl Regime mit einer großen Legislativmacht des Präsidenten als auch solche, in denen die Kontrolle über die Regierungstätigkeit zwischen beiden Organen gleichgewichtig geteilt ist, problematisch für die Regierbarkeit sind. Hingegen bringen Regime mit relativ starken Parlamenten, die als Arenen für die Feinabstimmung bei der Lösung von Konflikten dienen, stabilere und effizientere Regierungen hervor. Weiterhin haben Carey und Shugart erstmals systematisch Zusammenhänge aufgegriffen, die sich aus der demokratischen Bestellung der Präsidenten und Versammlungen ergeben. Sie prüften die Interaktion zwischen Präsidentschafts- und Parlamentswahlen und insbesondere die Auswirkungen der Präsidentenwahlen und der Präsidentschaftswahlsysteme auf die Parteiensysteme. Sie kamen zu dem Schluss, dass die relative Mehrheitswahl im Vergleich zur absoluten Mehrheitswahl die Konzentration im Parteiensystem fördert, wenngleich sie in der Regel die gewählten Präsidenten mit einer geringeren Legitimität ausstattet.

Die Kritik an Carey und Shugart lässt sich unterscheiden in eine solche, die grundsätzlich die Aufgabe des Systemdualismus für fragwürdig hält (Steffani 1995), und jene, die sich an der Typologie selbst festmacht. Hinsichtlich der ersten Kritik wirkt entlastend, dass international renommierte Forscher (neben Duverger etwa Sartori 1994) den neuen Systemtyp anerkannt haben. Institutionelle Reformen in Lateinamerika haben sich in diese Richtung bewegt (Nohlen/Fernández 1998). Hinsichtlich der zweiten Kritik kann man den beiden Autoren gewiss vorhalten, dass sie – im Gegensatz zu früheren Klassifikationen, in denen der Parlamentarismus in Subtypen unterteilt wurde – nun den Präsidentialismus weiter ausdifferenziert haben. Diese Ausdifferenzierung kommt einer Mischung aus Beschreibung hybrider lateinamerikanischer Formen und eigenem Design gleich. Kritiker bemängeln, dass Carey und Shugart sich nur für den Graubereich zwischen beiden Grundtypen bzw. für abgeschwächte Formen des Präsidentialismus interessieren und den in Lateinamerika auftretenden verstärkten Präsidentialismus, der dem Präsidenten weit mehr Rechte einräumt als im System der checks and balances des US-Modells, kaum beachten. Indem sie auch Varianten parlamentarischer Systeme ausblenden, ist ihre Typologie der Regierungssysteme einseitig auf ihr Forschungsinteresse hin zugeschnitten. Kritiker beanstanden daher den unausgewogenen Ausdifferenzierungsgrad beider Grundtypen. Sie nehmen auch daran Anstoß, dass es der Typologie an logischer Konsistenz mangele, da das Merkmal, das Präsidentialismus und Parlamentarismus unterscheide, nicht zugleich ein Kriterium für die Ausdifferenzierung des präsidialen Grundtyps sein könne.

Die Aufnahme ihrer Schrift in die „Schlüsselwerke der Politikwissenschaft" haben sich Carey und Shugart dadurch verdient, dass sie die starre kategoriale Unterscheidung zwischen nur zwei Grundtypen, die zwangsläufig sehr heterogene Fälle beinhalten müssen, aufgegeben haben. Durch eine Ausdifferenzierung der Typen haben sie die theoretische Institutionendebatte stärker an die empirisch vorfindbaren Realtypen herangeführt und damit das Theoriepotential von Aussagen zu den Auswirkungen von Regierungsformen erheblich erhöht. Sie zeigten die Vielzahl von Variablen auf, deren variantenreiche Ausprägung die Beziehungen zwischen Präsident und Parlament unterschiedlich gestalten lässt. Zugleich überprüften sie auf breiter empirischer Grundlage etliche Annahmen der politischen Institutionenlehre, die sich bislang auf Axiome oder auf das US-amerikanische Präsidialmodell stützten. Sie erhellten des weiteren erstmals die Beziehungen zwischen Präsidenten und Versammlungen mit Blick auf die Parteiensysteme und jene institutionellen Variablen, die auf deren Struktur einwirken, vor allem die Wahlsysteme. In der Transitions- und Konsolidierungsforschung ist die Schrift zu einer notwendigen Referenz geworden, zumal sich erwiesen hat, dass in Lateinamerika die Unterscheidung zwischen verschieden Subtypen präsidentieller Systeme und in Osteuropa jene zwischen parlamentarischen und semipräsidentiellen Systemen wesentlich wichtiger ist als die zwischen Präsidentialismus und Parlamentarismus. In der Debatte über die Vorzüge und Nachteile beider Grundtypen weisen die beiden Autoren die scharfe Kritik am Präsidentialismus von Juan J. Linz (Linz/Valenzuela 1994) zurück und würdigen zutreffend (wie Nohlen/Fernández 1991; Nohlen/Fernández 1998) die Vorteile präsidentieller Systemtypen.

## Literatur:


Maurice Duverger, Institutions politiques et droit constitutionnel, 11. Aufl., Paris 1970.

Maurice Duverger, Échec au roi, Paris 1978.

Juan J. Linz/Arturo Valenzuela (Hrsg.), The Failure of Presidential Democracies, Baltimore / London 1994.

Dieter Nohlen/Mario Fernández (Hrsg.), Presidencialismo versus parlamentarismo, Caracas 1991.

Dieter Nohlen/Mario Fernández (Hrsg.), El presidencialismo renovado, Caracas 1998.

Giovanni Sartori, Comparative Constitutional Engineering, Houndmills 1994.

Winfried Steffani, Semi-Präsidentialismus: ein eigenständiger Systemtyp? Zur Unterscheidung von Legislative und Parlament, in: Zeitschrift für Parlamentsfragen 26 (1995), S. 621-641.
Bernhard Thibaut, Präsidentialismus und Demokratie in Lateinamerika, Opladen 1996.

*Dieter Nohlen*

## Edward Hallett Carr, The Twenty Years' Crisis, London 1939

*(VA: 2. Aufl., London 1946).*

„The Twenty Years' Crisis" von Edward Hallett Carr (1892-1982) ist einer der wenigen Klassiker auf dem Gebiet der Internationalen Beziehungen. Dieser Ruf ist aufgrund einer Reihe einschneidender und prägender Elemente des Werkes zustande gekommen: 1. die tief greifende Kritik an der Strömung, die Carr „Utopismus" zu nennen pflegte; 2. die scharfsinnige Analyse und oftmals polemische Darstellung zeitgenössischer internationaler Probleme; 3. der kühne Versuch, die Grundzüge für eine „Wissenschaft" der Internationalen Beziehungen zu legen.

Carr studierte Altphilologie an der Universität Cambridge. Bevor er 1936 als Professor den Woodrow Wilson Chair an der Universität Aberystwyth in Wales übernahm, hatte Carr 20 Jahre lang im britischen Außenministerium gearbeitet. Als der Zweite Weltkrieg ausbrach, wurde er leitender Redakteur der „Times" in London. Anfang der 1950er Jahre kehrte Carr als Professor zurück nach Cambridge. Er konzentrierte sich in seiner Arbeit vor allem auf die Geschichte der Sowjetunion und verfasste zu diesem Thema mehr als ein Dutzend Bücher. Prominente Werke Carrs sind „What is History" (1961) und „Nationalism and After" (1945). Sein bedeutendstes Werk ist aber „The Twenty Years' Crisis".

Carr unternimmt in dieser Studie eine tief greifende und nachhaltige Kritik an der „utopischen" Denkweise, die seiner Meinung nach die westliche Diplomatie und Wissenschaft nach dem Ersten Weltkrieg beherrschte. Diese Anschauung ist in der wissenschaftlichen Debatte als Idealismus bekannt. Merkmale dieser auf liberalen Idealen basierenden Betrachtungsweise umfassten u.a. den Glauben an eine natürliche Interessenharmonie der Staaten, das Vertrauen in Vernunft und rationales Handeln sowie die Sichtweise, dass Krieg irrational sei und durch Aufklärung, Diplomatie, das Völkerrecht sowie die Mechanismen und Institutionen des Völkerbundes verhindert werden könne. Carr argumentierte, dass das System der kollektiven Sicherheit, das durch den Völkerbund implementiert werden sollte, auf der fälschlichen Annahme beruhte, dass der territoriale und politische Status Quo für alle größeren Mächte im internationalen System zufriedenstellend sei. In einer Welt souveräner Staaten mit unterschiedlicher Macht sei dies unwahrscheinlich. Laut Carr sind Konflikte zwischen Staaten das unvermeidbare Ergebnis inkompatibler Ansprüche und Interessen, denen nicht unter Berufung auf universelle Prinzipien moralischen Verhaltens wirksam zu begegnen sei, sondern durch Verhandlungen, die das Prinzip des Gleichgewichts der Kräfte zwischen den Staaten berücksichtigten. Carr wies die Idee zurück, dass eine Nachahmung der juristischen und legislativen Prozesse, die innerhalb der Nationalstaaten durchgesetzt werden, auch in der internationalen Arena, d.h. zwischen Staaten, wirksam sein könnten und zu Frieden führen würden.

Was Carr als Bankrott des idealistischen Ansatzes bezeichnete, veranlasste ihn zu der Aussage, dass einige der Probleme der Zwischenkriegszeit mit einer realistischeren Herangehensweise hätten vermieden werden können. Carrs Erläuterungen zum Realismus beginnen mit Machiavelli (→Machiavelli 1532). Realismus ist für Carr gleichbedeutend mit „einer harten und rücksichtslosen Analyse der Realität" (S. 9). Er vertrat die Auffassung, dass die Allgegenwärtigkeit der Macht das zentrale Charakteristikum des internationalen Systems sei. Für Carr hatte die komplette Vernachlässigung der Rolle der Macht durch die Wissenschaftler der Zwischenkriegszeit entscheidend dazu beigetragen, dass alle ihre Versuche scheiterten, die Anarchie des internationalen Systems zu reformieren. Laut Carr war internationale Politik, wie Politik im Allgemeinen, immer „Machtpolitik". Er wies die Möglichkeit zurück, dass sich dies jemals ändern könne.

In Kommentierungen der „Twenty Years' Crisis" wird oft unterschlagen, dass Carr keineswegs der Auffassung war, Realismus oder Machtpolitik könnten die komplexen Zusammenhänge der internationalen Beziehungen ausreichend erklären. Während sein Werk oftmals als klassische Aussage des Realismus interpretiert wird, schrieb Carr, dass Realismus ohne „Utopismus" zu einer zynischen Realpolitik verkomme. Daher müssten vernünftige politische Wissenschaft und gesunde Politik auf Elementen von Realismus und Utopie basieren. Um seine Argumentation zu untermauern, widmete Carr ein Kapitel den Grenzen des Realismus. Er versuchte diese Position auf seine Politikempfehlungen abzustimmen. Dies führte zu einigen Einschätzungen Carrs, die ihm später viel Kritik einbrachten, wie z.B. seine Zustimmung zur britischen Appeasement-Politik unter Premierminister Chamberlain.

„The Twenty Years' Crisis" hat für viele zu einer Art Paradigmenwechsel in den Internationalen Beziehungen geführt. Der Idealismus kollabierte als dominante Denkschule, weil er daran scheiterte, internationale Ereignisse wie den Zweiten Weltkrieg erklären zu können. Carrs alternativer wissenschaftlicher Standpunkt bot nicht nur überzeugende Erklärungen, sondern auch die Aussicht auf akkurate Prognosen und effektive Politikempfehlungen. Bald schon verdrängte der Realismus den Idealismus als die vorherrschende theoretische Ausprägung im Bereich der Internationalen Beziehungen. Der akademische Diskurs zwischen idealistischen und realistischen Ansätzen wird in der Historiographie der Internationalen Beziehungen oft als „erste große Debatte" bezeichnet. Carr ist einer der wichtigsten Protagonisten. Einige Wissenschaftler halten diese Debatte jedoch für einen Mythos, zu dessen Inszenierung Carr entscheidend beigetragen habe, indem er eine Reihe unterschiedlicher Ideen gruppierte, um diese unter dem Label „Utopismus" zu diskreditieren. Laut Peter Wilson gab es keine zusammenhängende „utopische" oder idealistische Denkschule. Carr habe sie nur als eine Art „Strohmann" erfunden (Wilson 1998).

Seit Erscheinen der „Twenty Years' Crisis" hat das Buch bis in die heutige Zeit großes wissenschaftliches Interesse hervorgerufen. Dabei wurde es, nicht zuletzt aufgrund von Carrs Polemik, auch häufig kritisch kommentiert. Der liberale Theoretiker Norman Angell (1940) hielt es für ein „vollkommen bösartiges Buch von anspruchsvollem moralischem Nihilismus" (S. 47). Leonard Woolf kritisierte Carr u.a. für seinen uneinheitlichen Gebrauch des Begriffs „Utopismus", der widersprüchlicherweise nicht die Appeasement-Politik Chamberlains mit einschloss. Entscheidenden Auftrieb erhielt „The Twenty Years' Crisis" in den USA durch die Rezension von Hans Morgenthau im ersten Heft der Fachzeitschrift „World Politics". Morgenthau gewann dem Buch sehr viel Gutes ab, kritisierte jedoch, dass Carr keine moralische Lösung für die zwanzigjährige Krise gefunden habe (Morgenthau 1949). Ähnlich äußerte sich Martin Wight, der die Prinzipien der politischen Verpflichtung in Carrs Ansatz für unzureichend und unbefriedigend hielt (Wight 1946). Dieser Punkt untermauert, dass Carr den Begriff „Utopie" für die Beschreibung der ethischen Seite der Politik wählte. Hedley Bull vertrat die Auffassung, Carr habe gute Arbeit in der Zerstörung der alten Illusionen des 19. Jahrhunderts geleistet. Nur habe er es versäumt, Überlegungen hinsichtlich der zur Aufrechterhaltung jener Ordnung notwendigen Institutionen und Mittel folgen zu lassen. Dieser Aspekt wurde zum Ausgangspunkt von Bulls eigenem theoretischen Beitrag zur Theorie der Internationalen Beziehungen (→ Bull 1977).

Carr war 1945 zu der Auffassung gelangt, sein Buch habe nur in einem relativ eng bemessenen Zeitraum Einfluss gehabt. Die „Twenty Years' Crisis" inspirieren jedoch noch immer. Dies hat mehrere Gründe: 1. bietet das Buch eine spannende Analyse der Zwischenkriegszeit. 2. ist das Buch, wie bereits erörtert, der Ausgangspunkt für eine der wichtigsten Debatten der Internationalen Beziehungen. 3. handelt es sich um ein Buch, das auf verschiedenen Ebenen gelesen werden kann. Konkrete Hinweise zur Konfliktbewältigung in der Zwischenkriegszeit stehen neben Hypothesen zur Krisenprävention und einer breiteren These zur Stabilität des internationalen Systems. Dies sind nur einige der Gründe, weshalb „The Twenty Years' Crisis" auch künftige Generationen von Interessierten, Studierenden und Wissenschaftlern der internationalen Politik faszinieren, provozieren und zu Reflexion und Diskurs anregen wird.

## Literatur:

Norman Angell, Why Freedom Matters, Harmondsworth 1940.

Hedley Bull, The Twenty Years Crisis thirty years on, in: International Journal 24 (1969), S. 625-638.

Edward Hallett Carr, What is History?, London 1961.

Edward Hallett Carr, Nationalism and After, London 1945.

Michael Cox, Will the real E. H. Carr please stand up?", in: International Affairs 75 (1999), S. 643-654.

Graham Evans, E. H. Carr and international relations, in: British Journal of International Studies 1 (1975), S. 77-97.

William Fox, Carr and Political Realism: Vision and Revision", in: Review of International Studies 11 (1985), 1-16.

Paul Howe, The Utopian Realism of E.H. Carr, in: Review of International Studies 20 (1994), S. 277-297.

Jones, Charles, E. H. Carr and International Relations: A Duty to Lie, Cambridge 1998.

Hans J. Morgenthau, The Political Science of E.H. Carr, in: World Politics 1 (1949), S. 127-134.

Wight, Martin, The Realist's Utopia, Observer, 21 July 1946.

Wilson, Peter, The Myth of the „First Great Debate", in: Tim Dunne/Michael Cox/Ken Booth (Hrsg.), The Eighty Years' Crisis, Cambridge 1998, S. 1-15.

*Arne Niemann*

## Ernst-Otto Czempiel, Systemwandel durch Internationale Organisationen, Demokratisierung und Wirtschaft, Paderborn 1986

*(2. Aufl. unter dem Titel: Friedensstrategien. Eine systematische Darstellung außenpolitischer Theorien von Machiavelli bis Madariaga, Opladen/Wiesbaden 1998).*

Das Buch dokumentiert die Friedenstheorie von Ernst-Otto Czempiel (geb. 1927). Es ist die reife Frucht eines langen Nachdenkens über den Frieden unter heutigen Bedingungen. Zu Recht besteht Czempiel darauf, dass eine Friedenstheorie sich zuerst mit den ermöglichenden Bedingungen von Frieden auseinandersetzen müsse und dass dazu eine komplexe Analyse erforderlich sei, die sich nicht auf wenige Faktoren beschränke.

Czempiel definiert „Frieden“ als ein Prozessmuster des internationalen Systems, das gekennzeichnet ist durch abnehmende Gewalt und zunehmende Verteilungsgerechtigkeit. Dabei unterstellt er, dass die abnehmende Gewalt und die zunehmende Verteilungsgerechtigkeit sich gegenseitig beeinflussen. Demzufolge könnten sie auch wechselseitig bei einer gezielten politischen Steuerung eingesetzt werden. Je gerechter die Verteilung, desto weniger Gewalt gibt es nach Czempiel. Wo die Verteilung gerecht ist, wird demnach Gewalt mit hoher Wahrscheinlichkeit ausbleiben.

Czempiels Friedensdenken liegt eine sechsfach aufgefächerte Gewaltursachenanalyse zugrunde. Zu den Gewaltursachen zählt Czempiel das bekannte Sicherheitsdilemma in den internationalen Beziehungen sowie die Ungleichheit von Machtverteilung im internationalen System. Wichtig ist für ihn das politische System des handelnden Staats, besonders das Verhalten von Interessengruppen. Auf der überstaatlichen Ebene ist für Czempiel die Interaktion eines politischen Systems mit anderen, aber auch die Interaktion des politischen Systems mit seinem gesellschaftlichen Umfeld sowie mit wachsender Bedeutung die selbsttätige Interaktion in der von Czempiel so bezeichneten Gesellschaftswelt bzw. Wirtschaftswelt wichtig. Diese beiden „Welten“ – also transnational agierende Nichtregierungsorganisationen, Parteien und Verbände, Medien, Wirtschaftsunternehmen u.a. – gewinnen mit wachsender internationaler Interdependenz ein eigenständiges Gewicht. Schließlich betont er die Bedeutung der Kompetenz der Handelnden.

Aus dieser differenzierten Matrix ergeben sich logische Wenn-dann-Beziehungen für eine angemessene Friedensstrategie. Der Frieden wird in ihr als Prozessmuster des internationalen Systems begriffen. Die Friedensstrategie selbst muss einer mehrfachen Orientierung entsprechen, um den sechsfachen Gewaltursachen wirksam entgegenwirken zu können und eine sich selbst stabilisierende, nachhaltigen Frieden ermöglichende Architektur zu schaffen: Der Frieden wird demzufolge erreichbar durch die Einwirkung auf die Interaktion. Dabei sind das Völkerrecht und die Internationale Organisation die wichtigsten Medien einer solchen Einwirkung, um insbesondere die im Sicherheitsdilemma angelegten Gefährdungen (Rüstungsschübe, unilateral ausgerichtete Strategien) zu minimieren oder zu beseitigen. Zugleich muss eine Friedensstrategie auf die Änderung der gesellschaftlichen Strukturen zielen. Das bedeutet im Bereich von Herrschaft die Förderung von Demokratie, insbesondere eines transparenten Zugangs gesellschaftlicher Gruppierungen zum politischen System und die Chancengleichheit zur politischen Teilhabe. Es bedeutet aber auch das Streben nach einer Optimierung der Verteilungsgerechtigkeit. Denn neben dem Themenbereich Frieden und Herrschaft widmet Czempiel dem Zusammenhang von Frieden und Wohlstand große Aufmerksamkeit. Die Argumentationskette lautet: Krieg gefährdet Wohlstand. Wohlstand lässt somit Expansion über die eigenen Grenzen hinaus als irrational erscheinen. Eine expansive Politik qua Ablenkungsmanöver widerspricht den Erfahrungen der Menschen vor Ort, da dort allein schon ihr Wohlstand gesichert ist. Im Übrigen trägt mehr Bildung dazu bei, dass Menschen weniger anfällig für eine manipulative Politik sind. Die genannten Faktoren müssen zusammenwirken. Erst aus der Summe der Teilstrategien ergibt sich eine tragfähige Friedensstrategie.

Dieses Buch gewinnt seinen Reiz durch die Komplexität seiner Argumentation. Der Reiz wird dadurch gesteigert, dass Czempiel sein friedenstheoretisches Argument mit ideengeschichtlichen Rückblicken auf ältere friedenstheoretische Angebote entfaltet. So gewinnt man durch die Lektüre dieses Buches nicht nur einen Zugang zu den Erfordernissen einer zeitgemäßen Konzeptualisierung von Frieden und entsprechender Strategien. Das Werk bietet kongeniale Einblicke in Beiträge der neuzeitlichen Ideengeschichte, in denen aber in der Regel nur einzelne den Frieden ermöglichende Bedingungen artikuliert wurden. Auf eine sehr innovative Art ist Czempiel mit diesem Buch eine komplexe Synthese der Friedensfaktoren gelungen. Für die Disziplin der Internationalen Beziehungen und auch für die Friedensforschung bleiben diese Publikation und die Komplexität der Argumentation noch zu entdecken.

### Literatur:

Ernst-Otto Czempiel, Schwerpunkte und Ziele der Friedensforschung, München/Mainz 1972.

Ernst-Otto Czempiel, Internationale Politik. Ein Konfliktmodell, Paderborn 1981.

Ernst-Otto Czempiel, Kluge Macht. Außenpolitik für das 21. Jahrhundert, München 1999.

Michael Spieker, Ernst-Otto Czempiel, in: Gisela Riescher (Hrsg.), Politische Theorie der Gegenwart in Einzeldarstellungen. Von Adorno bis Young, Stuttgart 2004, S. 99-103.

*Dieter Senghaas*

## Robert A. Dahl, Polyarchy: Participation and Opposition, New Haven 1971.

Robert Alan Dahl (geb. 1915), Emeritus an der Yale University, gilt im angloamerikanischen Raum als einer der einflussreichsten Politikwissenschaftler und ein Hauptvertreter der empirischen vergleichenden Demokratieforschung. Während er den Begriff „Demokratie" allein für die voll entfaltete Volksherrschaft reserviert wissen möchte, bezeichnet er als „Polyarchie" (griechisch für „Herrschaft der Vielen") die real existierenden Demokratien. Dabei kann der Polyarchiegrad variieren. Dahls Hauptkriterien sind das Ausmaß des öffentlichen Wettbewerbs (vor allem im Hinblick auf oppositionelle Chancen zum Machtwechsel) und der Grad der bürgerschaftlichen Einbeziehung in die öffentlichen Angelegenheiten (vornehmlich im Sinne von Wahlentscheidungen), jeweils unterstützt durch Liberalisierung und aktive Partizipation.

Thema des Buches ist der Regimewechsel von mehr oder weniger geschlossenen Hegemonien zu einander widerstreitenden Oligarchien oder Polyarchie-Formen unter Einbezug von Zwischenstufen und Variationen. Die einzelnen Typen (closed hegemonies, inclusive hegemonies, competitive oligarchies, polyarchies) unterscheidet Dahl in erster Linie begriffslogisch, ohne die Übergangsstadien und Abstufungen zu konkretisieren. Die realen Entsprechungen bleiben hinsichtlich ihrer Ein- und Ausschlussmechanismen unterbelichtet. Dadurch kommen die Zuordnungen von Dahl über den Status von „Faustregeln" kaum hinaus und sind nicht als stringent.

„Polyarchien“ unterscheiden sich von autoritären Systemen im Wesentlichen durch Freiheits-, Versammlungs- und Vereinigungsrechte, Informationsfreiheit sowie die (weitgehende) Allgemeinheit des aktiven und passiven Wahlrechts, ausgeprägte Kritik- und Kontrollrechte, einen intensiven Wettbewerb um die politische Führung sowie die Verantwortlichkeit der Entscheidungsträger gegenüber den Repräsentierten. Insbesondere eine anhaltende Responsivität der Regierung in Bezug auf die Präferenzen der Bürger ist für Dahl ein zentrales Charakteristikum der Demokratie. Dabei müssen die Bürger für Dahl auch in der Lage sein, ihre Präferenzen zu formulieren.

Soziale Ungleichheit sowie weitere Ungleichheiten und Verwerfungen soziokultureller und struktureller Art können den Bestand gefährden, die Gestaltungsmöglichkeiten erheblich einschränken und demokratische Prozesse blockieren. Für Dahl kommt es vor allem auf die Einstellungen und Werthaltungen der politischen Eliten an, die Demokratisierung zu beschleunigen oder zu behindern. Er konnte dabei nur die ersten beiden Demokratisierungswellen einbeziehen, also von der Amerikanischen und Französischen Revolution bis zur Zwischenkriegszeit im 20. Jahrhundert und nach dem Zweiten Weltkrieg bis zum Abschluss der Dekolonialisierung.

Wirksames politisches Regieren ist von institutionellen Arrangements abhängig, vor allem vom Verhältnis der Exekutive zu den anderen politischen Kräften, ferner ist die Ausformung des Parteiensystems von großer Bedeutung. Eine extreme Polarisierung oder Fragmentierung schade integrativen Aspekten. Dahl stellt illustrative Überlegungen zu den Einstellungen der politischen Akteure und zur politischen Sozialisation an. Wechselseitiges Vertrauen fördere Polyarchien und verhandlungsförmige Konfliktregelungen, Misstrauen dagegen eher hegemoniale Ausrichtungen. Außenpolitische Einflüsse schätzt Dahl ambivalent ein. Dabei behandelt er nur den Fall eines starken Drucks von außen, z.B. bei der europäischen Entwicklung nach dem Ende des Zweiten Weltkriegs. Eine schwache oder nur temporäre Einwirkung wird für Polyarchietendenzen im Vergleich dazu als förderlicher angesehen. Grundlegende Wandlungen benötigen nach Dahl in aller Regel mehr als eine Generation, zumal es immer wieder Gegenströmungen und autoritäre Gegenwellen gegeben habe und wohl weiter geben werde. Bei Dahls Auswertung der Daten von 114 Staaten wurden wegen partieller Einschränkungen bei Wahlen und Abstimmungen im Übrigen die USA (wegen eines faktisch eingeschränkten Wahlrechts der schwarzen Bevölkerung in den Südstaaten) und die Schweiz (wegen des fehlenden kantonalen und nationalen Frauenstimmrechts) als noch unvollständige „Polyarchien“ und somit „Sonderfälle“ eingestuft.

Viele Ergebnisse und Einschätzungen Dahls sind vage und der eingeschränkten Datenlage geschuldet, zumal die Erhebungs- und Auswertungsmethoden noch unausgereift waren. Der Autor wusste dies und bemühte sich die Befunde nüchtern zu kommentieren. Er gab jedoch der Entwicklung zu vollständig entfalteten „Polyarchien“ eindeutig den Vorrang und empfahl diesen Modernisierungsweg. Insofern hat Dahl mit gutem Gespür einen Entwicklungspfad aufgezeigt, der inzwischen von einer Staatenmehrheit nach der dritten Demokratisierungswelle beschritten wurde. Ein Manko besteht darin, dass Dahl aufgrund seiner stark auf Eliten und die politische Administration bezogenen Perspektive weder direktdemokratische noch zivilgesellschaftliche Elemente berücksichtigte. Auch wenn sich der Polyarchiebegriff nicht durchgesetzt hat, ist die Studie sehr bedeutsam, da sie die weiteren Bemühungen zur Demokratiemessung beeinflusst hat. Allerdings sind die neueren Untersuchungen wesentlich komplexer angelegt. Dahls Konzeption bleibt der Rang einer „Pionierstudie“.

## Literatur:

Marcus Obrecht, Robert Alan Dahl, in: Gisela Riescher (Hrsg.), Politische Theorie der Gegenwart in Einzeldarstellungen. Von Adorno bis Young, Stuttgart 2004, S. 103-106.

Gisela Riescher, Dahl, Polyarchy, in: Theo Stammen/Gisela Riescher/Wilhelm Hofmann (Hrsg.), Hauptwerke der politischen Theorie, Stuttgart 1997, S. 125-128.

Gary S. Schaal, Die politische Theorie der liberal-prozeduralistischen Demokratie: Robert A. Dahl, in: André Brodocz/ders. (Hrsg.), Politische Theorien der Gegenwart, Bd. I, Opladen 2002, S. 253-280.

Alan Ware, Robert Dahl. Political Scientist, in: Government and Opposition 33 (1998), S. 394-400.

Horst C. Zipfel, Demokratietheorie zwischen Norm und Wirklichkeit: Das Polyarchie-Konzept Robert A. Dahls, in: Zeitschrift für Politik 29 (1982), S. 376-402.

*Arno Waschkuhn*

## Karl W. Deutsch, Nationalism and Social Communication. An Inquiry into the Foundations of Nationality, Cambridge/London 1953

*(VA: 2. Aufl., Cambridge/London 1966).*

Dieses Buch stammt aus der Feder eines zu seiner Entstehungszeit noch nicht bekannten, 1938 aus Prag in die USA emigrierten Politikwissenschaftlers, der in den Jahrzehnten danach, nicht zuletzt aufgrund dieser Publikation berühmt geworden ist. Für das Verständnis dieses Buches ist der biographische Hintergrund von Karl W. Deutsch (1912-1992) interessant: Deutsch wurde 1912 in Prag geboren. Er gehörte zur deutschsprachigen Minderheit in der späteren Tschechoslowakischen Republik und erlebte in seiner Jugend hautnah ethnisch, kulturell und politisch bestimmte Nationalitätenkonflikte sowie die erbitterten Auseinandersetzungen zwischen dem katholischen und dem sozialistischen politischen Lager in Österreich. Sein Werk prägten nicht zuletzt der Aufstieg und die Gewaltherrschaft des Nationalsozialismus. Nach der Emigration in die USA – Deutsch hatte zuvor in Prag seine Doktorarbeit abgeschlossen – begann er mit dem systematischen Studium der Grundlagen und Entwicklungsdynamiken nationalistischer Bewegungen und der ihn dann lebenslang bewegenden Frage, welche Faktoren zur Herausbildung von Nationalstaaten und zu Integrationsverbünden jenseits des Nationalstaates beitragen.

Deutschs biographische Erfahrung ist der Zerfall und das Ende der österreichisch-ungarischen Monarchie sowie der Versuch, aus der Erbmasse dieses Imperiums neue Staaten zu begründen. Solche Desintegrations- und nationalen Integrationsprozesse wurden vielfach schon in der ersten Hälfte des 20. Jahrhunderts beschrieben. Deutsch hat sämtliche bedeutenden Werke, die vor 1953 erschienen sind (z.B. von Otto Bauer, Hans Kohn, Eugen Lemberg, Carlton Hayes u.a.), für seine Analyse ausgewertet. Was seine Studie gegenüber diesen früheren Analysen auszeichnet, sind die Breite der diskutierten Faktoren und die ordnende Gewichtung der einzelnen Faktoren wie auch ihrer Wechselwirkungen.

Die Studie verdient als eine der wenigen in der neueren Politikwissenschaft das Etikett transdisziplinär. Deutsch konsultiert die Geschichtswissenschaft, die Nationalökonomie, die Rechtswissenschaft, die Sozialpsychologie, die Kulturwissenschaft und die Politikwissenschaft. Er untersucht die subjektiven (psychologischen) Faktoren, vergisst aber darüber nicht, jene elementaren sozio- und wirtschaftsgeographischen, sozioökonomischen und soziokulturellen Sachverhalte zu registrieren, die erforderlich sind, damit ein Prozess des ethnischen oder nationalen Erwachens in Gang kommt.

Für Deutsch ist die Herausbildung von Nationalismus, Nationalität und Nationenbildung eine Folge der Transformation traditionaler Gesellschaften in moderne. Die entscheidende Kategorie hierfür ist das Konzept der sozialen Mobilisierung: Ursprünglich dörfliche Gesellschaften werden zu stadtlastigen. Agrargesellschaften wandeln sich zu Industrie- und Dienstleistungsgesellschaften. Aus Analphabeten werden Menschen, die des Schreibens und Lesens kundig sind. Moderne städtische Zusammenballungen ermöglichen eine Kommunikationsverdichtung und machen die Masse der Menschen organisationsfähig. Diese Menschen sind in städtischen Ballungsräumen der Möglichkeit beraubt, ihre Lebensgrundlagen selbst zu erwirtschaften. Sie werden daher zu abhängig Beschäftigten. Dieser Faktor trägt nach Deutsch wesentlich zur Politisierung bei. Prozesse der Aufwärts- und Abwärtsmobilität zählen zu den entscheidenden Ausgangsbedingungen moderner ethnopolitischer und nationalistischer Bewegungen, besonders wenn durch ethnisch begründete Diskriminierung die Zugänge für eine erfolgreiche sozioökonomische Existenz blockiert sind. Ob in einem heterogenen Gesellschaftsgebilde die spaltenden oder die einigenden Prozesse die Oberhand gewinnen, hängt gemäß Deutsch wesentlich von der Balance zwischen den Prozessen der Assimilation und der Differenzierung ab.

Den Nationalstaat hält Deutsch für eine „Produktivkraft", weil diese politische Organisationsform helfe, die kollektiven Probleme sozial mobiler Gesellschaften zu bewältigen. Da er das Ergebnis von kollektiven Lernprozessen ist, kann allerdings nicht unterstellt werden, dass diese immer auf innovatives Lernen ausgerichtet sind. Das Lernen kann auch, wie sich am Beispiel des chauvinistischen Nationalismen zeigt, Ausdruck menschenverachtender Lernpathologie sein. Im Hinblick auf beide Varianten prognostizierte Deutsch vor mehr als 50 Jahren eine viele Jahrzehnte lang nicht endende Zukunft von Nationalismen. Er ging also nicht vom Ende des Nationalstaates aus und schon gar nicht vom Versiegen nationalistischer Bewegungen. Ganz im Gegenteil: Der Nationalismus sei zukunftsträchtig, weil das Ausmaß an sozialer Mobilisierung von Gesellschaften in der Welt weiterhin zunehmen würde. Diese Prognose ist durch den Geschichtsverlauf in der nach der Veröffentlichung des Buches eintretenden Phase der Dekolonisierung und durch das Aufblühen von Ethnonationalismen nach dem Ende des Ost-West-Konfliktes umfassend bestätigt worden. Wer im Hinblick auf diese Ereignisse diese Studie von Deutsch neu liest, kann über deren Weitsichtigkeit nur erstaunt sein. Umso erstaunlicher ist, dass die neuere Nationalismusforschung, nicht auf dieses Werk zurückgreift. Heute gelten Autoren wie Ernest Gellner (1995), Benedict Anderson (1988), Eric Hobsbawn, Miroslav Hroch u.a. als die Klassiker neuerer Nationalismusforschung. Dieser Sachverhalt kann nur erstaunen, denn die genannten Autoren bieten Konzepte als neu an, deren geistige Vaterschaft eher bei Karl Deutsch zu suchen ist als bei ihnen selbst. Das gilt insbesondere im Hinblick auf die viel zitierte Arbeit von Anderson und seine These, Nationen seien „imaginierte Gemeinschaften". Allerdings dürfte eine noch ausstehende faire Auseinandersetzung mit der neueren Nationalismusforschung das Werk von Deutsch als *den* Klassiker erkennen.

Dann dürfte auch erkennbar werden, dass das von Deutsch für den Prozess der Nationenbildung angebotene analytische Instrumentarium sich vorzüglich für die Analyse von Integrationsprozessen jenseits des Nationalstaates eignet. Denn auch auf dieser Ebene spielen vergleichbare objektive und subjektive Faktoren eine Rolle, die je nach Ausgangslage, Entwicklung und Wechselwirkung Integrationsprozesse zum Erfolg führen oder scheitern lassen. Diese weitergehende Perspektive hat Deutsch in diesem frühen Hauptwerk umrissen, um sie in späteren Publikationen ausführlich zu entfalten: Desintegration, Nationenbildung und Integration jenseits des Nationalstaates waren für Deutsch immer Problemlagen innerhalb einer konzeptuellen Gesamtperspektive.

## Literatur:

Benedict Anderson, Die Erfindung der Nation. Zur Karriere eines folgenreichen Konzepts, Berlin 1988.

Karl W. Deutsch, An Interdisciplinary Bibliography on Nationalism, 1935-53, Cambridge 1956.

Karl W. Deutsch u.a., Political Community and the North Atlantic Area, Princeton 1957.

Karl W. Deutsch, Nationalism and its Alternatives, New York 1969 (DA: Der Nationalismus und seine Alternativen, München 1972).

Karl W. Deutsch u.a., Nationalism and National Development. An Interdisciplinary Bibliography, Cambridge 1970.

Karl W. Deutsch, Tides Among Nations, New York 1979.

Ernest Gellner, Nationalismus und Moderne, Hamburg 1995.

Richard L. Merritt/Bruce M. Russett (Hrsg.), From National Development to Global Community. Essays in Honor of Karl W. Deutsch, London 1980.

*Dieter Senghaas*

## Karl W. Deutsch, The Nerves of Government. Models of Political Communication and Control, New York 1963

*(DA, VA: Politische Kybernetik. Modelle und Perspektiven, Freiburg im Breisgau 1969).*

Karl W. Deutsch (1912-1992) gilt als einer der großen Theoretiker auf dem Gebiet der internationalen Politik. In Prag geboren und dort 1938 zum Dr. iur. promoviert, begann er seine politikwissenschaftliche Laufbahn erst in der Emigration. Von den frühen 1950er bis in die späten 1980er Jahre hinein lehrte er an den renommiertesten Universitäten der USA, unter anderem Harvard und Yale. Als 1963 sein bahnbrechendes Werk „The Nerves of Government" erschien, bestimmten Eskalationen der weltweiten Ost-West-Konfrontation die Regierungspolitik seiner neuen Heimat. Das Ende des Koreakriegs hatte zehn Jahre zuvor den Beginn eines bis dato beispiellosen Rüstungswettlaufs markiert. Der Schock der Kubakrise im Oktober 1962 war noch nicht ausgestanden – die Welt war am Abgrund eines dritten globalen Krieges vorbei geschlittert. Die Ereignisse hatten gezeigt, wie schmal der Grat war, auf dem politische Entscheidungen getroffen werden mussten. Fehleinschätzungen der Lage, eine gestörte Kommunikation konnten schnell katastrophale Folgen haben.

Kybernetik ist ein aus den Naturwissenschaften stammender Terminus und meint die Steuerung von Systemen durch Nachrichtenverarbeitung. Die politikwissenschaftliche Verwendung des Begriffs ging seinerzeit einher mit der Einsicht in die Ineffizienz bisheriger Ansätze gerade in der internationalen Politik. Ein relativ großer methodologischer Aufwand hatte meist nur partikulare und wenig substanzielle Ergebnisse hervor gebracht (Senghaas 1966). Deutsch entwickelte demgegenüber die Theorie einer multikausalen und universell anwendbaren Analyse sozialer Vorgänge. Ihr liegt die Erkenntnis eines dynamischen, auf Kommunikation basierenden Gesellschaftsmodells zu Grunde, dessen komplexe Phänomene der Autor mit einer klaren, oft aber recht metaphorischen Terminologie beschreibt. Deutsch bedient sich bekannter Begriffe aus Kommunikationswissenschaft, Soziologie und Moralphilosophie, die er zu einem in sich logischen Gedankengebäude zusammenfügt. Dem Anspruch nach ist der Ansatz methodenintegrativ und strikt problemorientiert. Er fußt auf Erfahrung und schließt „Historizismus" kategorisch aus.

Ausführlich setzt sich Deutsch im ersten Teil des Buches mit der Tauglichkeit bisheriger sozialwissenschaftlicher Denkmodelle auseinander, wobei er insbesondere die damals in Mode gekommene Spieltheorie und – damit einhergehend – die Doktrin vom „Gleichgewicht des Schreckens“ (S. 118) zwischen den Machtblöcken als statisch, unberechenbar und deshalb in letzter Konsequenz fatal ablehnt. Starrheit, Realitätsverlust, Autismus, mangelnde Kontrolle und Selbstüberschätzung eines Machtgefüges galten Deutsch als Menetekel eines nationalen und globalen Desasters. Die zentrale Überlegung des Werkes ist: Ein Gesellschaftssystem kann nur dann dauerhaft existieren, wenn es „offen“ ist und über die Fähigkeiten zu lernen und sich anzupassen verfügt. Konkreter Bezugspunkt des Ansatzes ist das politische Machtzentrum als der – in doppeltem Sinne – „entscheidenden“ Instanz. Deutsch beschreibt den „Regierungsprozess als Steuerungsvorgang“ (S. 255), der auf interner und externer Kommunikation beruht.

Die Grundzüge seines kybernetischen Modells entwickelt Deutsch im zweiten Teil des Werkes, um es im dritten Teil für politische Entscheidungssysteme fruchtbar zu machen. Die Überlegungen gehen von der prinzipiellen Zielorientiertheit eines jeden sozialen Systems aus. Dessen Dynamik – und damit auch die Überlebensfähigkeit – steht und fällt mit dem Prozess der Rückkoppelung. Jedes Ergebnis einer Entscheidung sei selbst „Teil einer neuen Information“, die „auf das weitere Verhalten des Systems“ (S. 142) zurückwirke. Gemeint ist die Fähigkeit, sich einem Ziel anzunähern und zugleich die Folgen des Handelns ständig zu überprüfen. Diese Rückkoppelung kann einem System ermöglichen zu „lernen“ und seine Fehlleistungen immer weiter zu verringern. Die Fähigkeit, überhaupt ein Ziel anzusteuern, bezieht ein System aus dem „Willen“. Deutsch versteht darunter die Bevorzugung bzw. Vernachlässigung bestimmter Informationen, um eine Entscheidung treffen zu können. „Im Bereich von Staat und Politik ist [...] Wille [...] ein Strukturmuster von relativ verfestigten Präferenzen und Hemmungen, die eine soziale Gruppe aus ihren früheren Erfahrungen bezieht.“ Dadurch würden „ihre Handlungsweise gelenkt und nachfolgende Erfahrungen begrenzt“ (S. 165). Mit dem Begriff des Willens verknüpft Deutsch den der Macht als „die Fähigkeit einer [...] Organisation, ihrer Umwelt die Extrapolation oder Projektion ihrer inneren Struktur aufzuzwingen“ (S. 171). Macht sieht der Autor nicht – wie etwa Hans J. Morgenthau (→ Morgenthau 1948) – als Kernelement der Politik, sondern als unentbehrliches Mittel, das immer dann zur Anwendung kommt, wenn andere Mechanismen der Schadensbegrenzung versagen. Zugleich steckt nach Deutsch in ihr aber der Keim der Blindheit und des Realitätsverlustes: Je größer die Macht, desto größer die Versuchung, nicht mehr zu „lernen“.

So haben die Komponenten des kybernetischen Prozesses bei Deutsch immer auch eine Schattenseite. Ob ein System seine Autonomie und Existenz dauerhaft sichern kann, hängt für ihn von fünf weiteren Faktoren ab: 1. der Zahl und Kapazität der Informationskanäle, 2. der Effizienz der Kontrollmechanismen zur Überprüfung des eigenen Verhaltens, 3. der „Tiefenwirkung des Gedächtnisses", also der Fähigkeit, Informationen zu speichern, aber auch auszuwählen und zu kombinieren, 4. dem Vermögen, das System teilweise oder 5. fundamental neu zu ordnen und das eigene Verhalten mehr oder weniger grundlegend zu ändern. Diese Eigenschaften bedingen einander. Ist eine der Funktionen gestört oder ausgefallen, läuft das System Gefahr, sich abzukapseln. Wenn das „Bewusstsein" (also die Fähigkeit zur Aufnahme neuer Informationen) blockiert ist, beschränkt sich die Informationsverarbeitung auf die im Gedächtnis gespeicherten Daten. Ist auch das Gedächtnis zerstört, so verselbständigen sich sämtliche Rückkoppelungsprozesse – der Wille wäre ausgeschaltet. In einem solchen Fall „lernt" das System „pathologisch", weil es sich in der Konsequenz nur noch auf sich selbst beziehen kann (Autorefentialität) und schließlich Entscheidungen hervorbringt, die weder kontrolliert noch revidiert werden können. „Jedes selbstständig handelnde System muss deshalb, während es handelt, seine eigenen Erinnerungen und seine innere Struktur laufend umgestalten" (S. 299 f.).

Wissenschaftstheoretisch gesehen steht das Werk in Einklang mit dem „Kritischen Rationalismus" eines Karl Popper (Waschkuhn 1987, S. 46). Auch der große Sozialphilosoph verfocht das Prinzip der ständigen Fehlerkorrektur und stellte fest, dass „offene Gesellschaften" sich als lernfähiger erweisen als abgeschottete. Deutschs Konzept ist das erste starke Glied einer langen Kette anderer systemtheoretischer Ansätze, von Easton (→ Easton 1965) über Parsons zu Luhmann und Münch. Seinerzeit wurde die „Politische Kybernetik" als wissenschaftlicher Meilenstein gerühmt. Sie befruchtete eine Reihe weiterer kybernetischer Modelle (Aderhold 1973), die in der Politikwissenschaft der 1970er Jahre einen wahren Boom erlebten – sogar in der DDR (Klaus 1973). Das Buch fand weltweit Beachtung, nicht zuletzt, weil es die Grundlage einer umfassenden Analyse gesellschaftlicher Prozesse und zugleich eine – wenn auch äußerst abstrakte – Orientierung für Regierungsentscheidungen anbot. Das ist die Stärke des Werkes. Das Modell schrie förmlich nach Anwendung, wenngleich bis heute offen bleiben muss, ob es sich tatsächlich stringent operationalisieren lässt. Dies ist der Schwachpunkt. Den Ansatz traf schnell der Vorwurf, dass Theorie und Empirie weit auseinander klaffen (Naschold 1971, S. 165).

Wenn auch unausgesprochen bezieht sich Deutsch auf den Prototyp einer westlichen Demokratie. Was seine Theorie allerdings völlig vernachlässigt, ist die normative Ebene. Konkurrierende Werte und Interessen – in einer demokratischen Gesellschaft geradezu eine conditio sine qua non – ersetzt Deutsch durch den mechanistischen und inhaltsleeren Begriff des Systemziels. Ultima ratio ist der Bestand und die Autonomie eines Systems selbst. Die politische Kybernetik wird deshalb zu Recht als „Systemidentitätstheorie" (Waschkuhn 1987, S. 38) bezeichnet. Ohnehin bleibt der Systembegriff abstrakt und vage. Der Autor unterscheidet nicht zwischen konzeptuellen und konkreten Systemen und vermengt den Terminus oft ununterscheidbar mit den Begriffen „Organisation" und „Gesellschaft". Deutsch unterstellt ein rationales Funktionieren der Politik und zieht die Irrationalität der Individuen und der Gesellschaft nicht ins Kalkül. Wertsetzende Instanzen und intersubjektive Kommunikation außerhalb vorgegebener Entscheidungsinstanzen haben in seinem Modell keinen Platz. Es fehlt die Verbindung zwischen technisch-rationaler Funktionslogik und menschlichen Bewusstseinsstrukturen. An keiner Stelle wird deutlich, dass auch die Verwertung von Information spezifischen Interessen unterliegt.

## Literatur:


Dieter Aderhold, Kybernetische Regierungstechnik in der Demokratie, München 1973.

Wolfgang Fach, Karl Wolfgang Deutsch, in: Sven Papcke/Georg W. Oesterdiekhoff (Hrsg.), Schlüsselwerke der Soziologie, Wiesbaden 2001, S. 102-104.

Georg Klaus, Kybernetik und Gesellschaft, Berlin 1973.

Frieder Naschold, Systemsteuerung, Stuttgart 1971.

Dieter Senghaas, Kybernetik und Politikwissenschaft. Ein Überblick, in: Politische Vierteljahresschrift 7 (1966), S. 252-276.

Arno Waschkuhn, Politische Systemtheorie. Entwicklung, Modelle, Kritik, Opladen 1987.


*Jürgen P. Lang*

## Anthony Downs, An Economic Theory of Democracy, Stanford 1957

*(DA, VA: Ökonomische Theorie der Demokratie, Tübingen 1968).*

Anthony Downs' „Ökonomische Theorie der Demokratie" zählt zu den Klassikern der Politischen Theorie. Dabei verdankt die Dissertationsarbeit von Downs an der Stanford Universität ihre Entstehung einer Reihe von Zufällen. Ursprünglich hatte er beabsichtigt, ein vollkommen anderes Thema zu untersuchen: den Einfluss des Baus einer Autobahn auf die anliegenden Grundstückspreise. Nachdem sich dieses Vorhaben als nicht realisierbar herausgestellt hatte, bat er in seiner Verlegenheit einen seiner Professoren, Julius Margolis, um einen Vorschlag für ein anderes Thema. Dieser riet ihm daraufhin, sich mit einer These Joseph Schumpeters, die dieser in „Kapitalismus, Sozialismus und Demokratie" (→ Schumpeter 1942) vertreten hatte, zu befassen. Schumpeters Idee bestand darin, dass die Politik analog zum Markt zu untersuchen sei, wobei Parteien und Politiker wie Anbieter und Wähler wie Konsumenten zu behandeln seien. Ähnlich wie die unsichtbare Hand von Adam Smith sollte dabei die soziale Funktion der Politik, die Sorge für das Gemeinwohl, als Nebenprodukt von Prozessen interpretiert werden, in denen alle handelnden Personen ausschließlich von privaten Motiven angetrieben werden. Mit einem Thema versehen begann für Downs nun eines der – nach eigenem Bekunden – schönsten Jahre seines Lebens, in dem er vormittags vier Stunden an seiner Arbeit verbrachte und den Nachmittag mit Tennisspielen und anderem Zeitvertreib (Grofman 1995, S. 198). Das Ergebnis überzeugte seinen Betreuer Kenneth Arrow dermaßen, dass er es seinem Gastkollegen Robert Dahl zum Lesen gab, der es wiederum an Charles E. Lindblom weiterreichte. Dieser war von dem Buch so beeindruckt, dass er drei Verlage dazu überredete, Downs einen Vertrag zu schicken. Daraufhin konnte dieser seine Dissertation unverändert in der heute bekannten Form veröffentlichen.

Im ersten Teil des Buches stellt Downs sein Grundmodell vor. Dabei unterstellt er, dass sich alle beteiligten Akteure, die sich in die zwei Gruppen Wähler und Parteien aufteilen, rational verhalten. Der von Downs so genannte „homo politicus" (S. 7) wird analog zum „homo oeconomicus" der Wirtschaftswissenschaften gebildet. Danach verhalten sich Menschen rational, wenn sie sich in einer Wahlsituation für diejenige Alternative entscheiden, die sie am ehesten in die Lage versetzt, ihre Ziele zu verwirklichen. Um rational genannt zu werden, ist für eine Handlung also die Wahl der Mittel zur Erreichung vorgegebener Ziele entscheidend. In diesem Sinne ist die Analyse von Downs inhaltlich wertneutral. Das vom System produzierte Policy-Ergebnis muss lediglich in einer gewissen Beziehung zu den Wünschen und Bedürfnissen der Bürger stehen. Dabei wird offen gelassen, wie diese Wünsche im Einzelfall aussehen. Auch wenn sie nicht ausdrücklich gemacht werden, so beschränkt Downs doch die Ziele der Bürger in seinem Modell auf wirtschaftliche und politische. Entsprechend ihren Wünschen und Bedürfnissen erzielen die Bürger aus der Regierungstätigkeit ein „Nutzeneinkommen". Bei Wahlen entscheiden sie sich für die Partei, von der sie eine Maximierung ihres Nutzens erwarten.

Die Parteien beziehen ihr „Nutzeneinkommen" ausschließlich aus den Vorteilen, die sie durch die Erlangung von öffentlichen Ämtern erhalten. Sie sind daher in keiner Weise an einem bestimmten inhaltlichen Programm interessiert. Der einzige von ihnen verfolgte Zweck besteht nach Downs darin, die Wahlen zu gewinnen. Politische Programme sind für die Parteien lediglich Mittel zum Zweck des Wahlgewinns.

Der zweite Teil des Buches beschäftigt sich mit den Auswirkungen von Unsicherheit auf die Entscheidungen der Akteure. Um ihre Wahlentscheidung treffen zu können, müssen die Bürger die Partei nach den Auswirkungen ihres Programms für ihr Nutzeneinkommen beurteilen. Hierbei greifen sie auf „Parteiideologien" zurück, die eine Art Zusammenfassung aller politischen Positionen auf einer einzigen Dimension, der so genannten Links-Rechts-Skala, darstellen. Mit Hilfe dieser „Abkürzung" (S. 95) gelingt es ihnen, Informationskosten zu sparen. Jede konkrete politische Sachfrage kann also mehr oder weniger danach beurteilt werden, ob sie einem eher linken oder einem eher rechten Standpunkt entspricht. Um das Programm von Parteien beurteilen zu können, muss der Wähler nur noch wissen, wo sich die Parteien auf dieser Links-Rechts-Skala einordnen. Ein Wähler wählt dann die Partei, deren Position der aus seiner Sicht „idealen" Regierungspolitik am nächsten steht. Die Parteien ihrerseits wählen ihre Position auf der Skala so, dass sie ihre Wählerschar maximieren. Dies führt, unter Vernachlässigung von Wahlenthaltungen, zur Konvergenz der Parteienpositionen in der politischen Mitte. Dieses Ergebnis wurde von Duncan Black 1958 in „The Theory of Committees and Elections", der unabhängig von Downs zum gleichen Schluss gekommen war, präzisiert und ist als so genanntes „Median-Voter-Theorem" in die Literatur eingegangen.

Im dritten Teil geht Downs auf besondere Auswirkungen der Informationskosten ein. Auch die Suche nach Information will er im Sinne des instrumentell rationalen Verhaltens erklären. Der Nutzen von Information liege unter diesem Aspekt darin zu verhindern, dass der Wähler unter Umständen die „falsche“ Partei wählt, d.h. diejenige, die nicht seinen Nutzen maximiert. Die Investition von Informationskosten ist demnach nur dann sinnvoll, wenn es für das „Nutzeneinkommen“ des Wählers eine Rolle spielt, ob er die „richtige“ oder die „falsche“ Partei wählt. Die Stimme des Bürgers muss also für den Wahlausgang eine Rolle spielen. Da die Wahrscheinlichkeit dafür jedoch vernachlässigbar gering scheint, ist es nicht sinnvoll in Information zu investieren. Wähler sind daher bei den politischen Sachfragen „rationale Ignoranten“. Als Nebenprodukt dieser Beschäftigung mit den Informationskosten fällt für Downs eine Erkenntnis ab, die später die möglicherweise berühmteste des Buches überhaupt geworden ist: Wenn der Wähler mit seiner Stimme keinen Einfluss auf den Ausgang der Wahl ausübt, dann können keine Kosten für die Wahlteilnahme gerechtfertigt werden – weder die Informationskosten noch die Kosten der Teilnahme an der Wahl selbst. Die Wahlbeteiligung von Individuen lässt sich daher nur dadurch erklären, dass Wähler der Stimmabgabe an sich einen Wert beimessen, indem sie z.B. ihre Wahlteilnahme als Beitrag betrachten, die Demokratie aufrechtzuerhalten.

Wie Downs selbst am Anfang des Buches bemerkt, sind wenige seiner Schlussfolgerungen neu. Die Tendenz der Parteien zur Mitte, die geringe Wahlbeteiligung, das geringe politische Interesse der Bevölkerung waren bekannt. Neu war hingegen die Möglichkeit, diese Tatsachen aus einem ökonomischen Modell mit sehr sparsam formulierten Annahmen abzuleiten. Damit wurden diese Sachverhalte, deren Kenntnis bisher Teil des politischen Allgemeinwissens war, theoretischen Erklärungen zugänglich gemacht. Das Werk von Downs ist daher geradezu paradigmatisch für alle Theorien, die sich auf Annahmen des Rational Choice-Ansatzes berufen, und zwar sowohl in Bezug auf Stärken wie Schwächen ökonomischer Ansätze. Das Buch ist beispielhaft dafür, wie theoretisch fruchtbar ein formales Modell sein kann. Es führte zur Formulierung einer Vielzahl von Hypothesen, die an der Realität überprüft werden können. Selbst dort, wo der Rational Choice-Ansatz scheitert, wie im Fall des Paradox des Wählens, fördert er die Bildung neuer Theorien des Wahlverhaltens, da er den Fokus der Aufmerksamkeit auf die Faktoren lenkt, die in der Lage sein könnten, die Lücken der Erklärung durch die Rational Choice-Theorie zu schließen.

Das Werk von Downs ist neben Kenneth Arrows „Social Choice and Individual Values“ (→ Arrow 1951) und Mancur Olsons „The Logic of Collective Action“ (→ Olson 1965) eines der drei Werke aus dem Umfeld der Rational Choice-Theorie, auf die sich der überwiegende Teil der ständig wachsenden Anzahl der Veröffentlichungen in diesem Bereich bezieht. Das Paradox des Wählens wurde von William H. Riker und Peter C. Ordeshook in ihrem Artikel „A Theory of the Calculus of Voting" formalisiert (siehe auch → Riker/Ordeshook 1973), der seinerseits ein Klassiker geworden ist. Weitere Lösungsvorschläge des Problems wurden z.B. auf entscheidungstheoretischer Basis von Morris P. Fiorina und John A. Ferejohn (1974) und auf spieltheoretischer Basis von Thomas R. Palfrey und Howard Rosenthal (1983) entwickelt. Das räumliche Modell des Wählens wurde von Otto A. Davis und Melvin J. Hinich für einen multidimensionalen Policy-Raum erweitert. Auch probabilistische Modelle wurden entwickelt, die vor allem dem Charakter der Unsicherheit Rechnung tragen sollen. Einen guten Überblick über die Fortschritte in beiden Gebieten, dem des Paradoxes des Wählens und dem der räumlichen Modelle, gibt die fundierte Kritik des Rational Choice-Ansatzes von Donald P. Green und Ian Shapiro in ihrem Buch „Pathologies of Rational Choice Theory" (Green/Shapiro 1994). Die weiterhin fruchtbare Anwendung der Ideen von Downs in der Theorienentwicklung wird durch den von Bernard Grofman (1995) herausgegebenen Band „Information, Participation, and Choice" besonders deutlich.

## Literatur:

Joachim Behnke, Die politische Theorie des Rational Choice: Anthony Downs, in: André Brodocz/Gary Schaal (Hrsg.), Politische Theorien der Gegenwart. Eine Einführung, Opladen 1999, S. 311-336.

Duncan Black, The Theory of Committees and Elections, Cambridge 1958.

Ulrich Eith, Anthony Downs, in: Gisela Riescher (Hrsg.), Politische Theorie der Gegenwart in Einzeldarstellungen. Von Adorno bis Young, Stuttgart 2004, S. 119-122.

John A. Ferejohn/Morris P. Fiorina, The Paradox of Not Voting. A Decision Theoretic Analysis, in: American Political Science Review 68 (1974), S. 525-536.

Donald P.Green/Ian Shapiro, Pathologies of Rational Choice Theory. A Critique of Applications in Political Science. New Haven 1994.

Bernard Grofman (Hrsg.), Information, Participation, and Choice. An Economic Theory of Democracy in Perspective, Ann Arbor 1995.

Thomas R. Palfrey/Howard Rosenthal, A Strategic Calculus of Voting, in: Public Choice 41 (1983), S. 7-53.

William H. Riker/Peter C. Ordeshook, A Theory of the Calculus of Voting, in: American Political Science Review 62 (1968), S. 25-42.

*Joachim Behnke*

## Maurice Duverger, Les partis politique, Paris 1951

*(9. Aufl. Paris 1977; DA, VA: Die politischen Parteien, Tübingen 1959).*

Das Buch „Politische Parteien“ ist das Hauptwerk des 1917 geborenen französischen Juristen und politischen Soziologen Maurice Duverger. Als systematisches Grundlagenwerk der Parteienforschung erfüllt es eine Brückenfunktion zwischen den Klassikern der Disziplin wie Moisei Ostrogorski, Robert Michels (→ Michels 1911) und Max Weber (→ Weber 1922), deren Einfluss er noch unterliegt, und den Vertretern der Moderne, die ab den späten 1950er Jahren der Nachkriegszeit mit ihren empirisch-analytischen und systemtheoretischen Ansätzen die Richtung der Parteienforschung bestimmten.

Das 469 Seiten starke Buch gliedert sich in zwei voneinander getrennte Teile, wovon sich der erste mit der Eigenart und Verschiedenartigkeit von Parteien als Organisationen und der zweite makroanalytisch mit der Struktur und Unterschiedlichkeit von Parteisystemen befasst. Duverger beansprucht, eine „allgemeine Theorie der politischen Parteien“ vorzulegen. Der Entwicklungsstand der Parteiensoziologie mache einen theoretischen Bezugsrahmen erforderlich, ohne den die Forschung sich nicht erkenntnisleitend vorantreiben ließe. Genau diesen vorgezeichneten Weg schlägt Duverger ein, indem er zunächst ein analytisches Kategorienschema zur Erfassung der Organisationsphänomenologie politischer Parteien entwickelt, das er dann auf die Merkmalsbestimmung und Klassifikation von Parteien anwendet. Leserfreundlich geschieht dies nicht gerade, zumal der Prozess der analytischen Kategorienbildung mit dem der Konstruktion von Typen vermengt wird.

Duverger ist organisationssoziologischer Strukturalist. Um Parteien verstehen zu können, kommt es für ihn auf deren „Struktur“ und „Anatomie“ an. Die erschließe sich allerdings nicht über die Formalstruktur, sondern hauptsächlich über die „ungeschriebenen Gewohnheiten“. Als institutionell verfasste Mitgliedervereinigungen setzten sie sich aus „kleineren, elementaren Einheiten zusammen, die untereinander durch ein koordinierendes Verfahren verbunden sind“ (S. 23). Eigentümlichkeit und Verschiedenartigkeit von Parteien lassen sich anhand ihrer Basiseinheiten, der allgemeinen Gliederung, dem Beitrittsverfahren sowie der Art der Zugehörigkeit und Bindung ihrer Mitglieder und schließlich der Auswahl und Rolle ihres Führungspersonals ermitteln. Den eigentlichen Aufschluss über den Parteicharakter geben allerdings die „Grundelemente", die Duverger nach Komitee, Ortsgruppe, Zelle und Miliz aufschlüsselt.

So wie die Beziehungen und Verbindungen zwischen den Basiseinheiten geregelt sind, beeinflusst dies die Mitgliederaktivität, die ideologische Homogenität, die politische Schlagkraft sowie die Methoden und Prinzipien. Die Gliederung einer Partei kann dabei schwach oder stark sein. Für die Analyse des Beziehungsgefüges sind die Kriterien der „Zentralisierung und Dezentralisierung" sowie der „vertikalen und horizontalen Bindung" (S. 65) wichtig. Vertikale Bindung bezieht sich auf die Kontakte zwischen über- und untergeordneten Organen, horizontale Bindung dagegen auf Beziehungen zwischen Organen auf der gleichen Ebene. Straffe Organisation und schwache horizontale Bindungen gehen Hand in Hand. Zentralisation und Dezentralisation bilden dagegen ein Maß für die „Verteilung der Entscheidungsgewalt" über die verschiedenen Leitungsebenen. Dezentralisation kann sich auf lokale, ideologische, soziale und föderative Aspekte der Entscheidungsfindung beziehen.

Für die Analyse der Mitgliederanbindung und Mitgliederzugehörigkeit führt Duverger – nach dem Modell konzentrischer Kreise – die Unterscheidung nach Sympathisanten, Wählern, Mitgliedern und Aktivisten ein. Diese Gruppen unterscheiden sich einmal nach dem Grad der Teilnahme am Organisationsleben. Die Aktivisten bilden einen inneren Kreis, der die Organisation aufrecht erhält. Genauso wichtig ist die Frage nach der Parteiverbundenheit als Zugehörigkeitskriterium, worin sich auch das soziale und ideelle Ausmaß an Anbindung und Vereinnahmung durch die Partei ausdrückt. Mitglieder können „partikular" oder „totalitär" erfasst werden. Was die Leitung von Parteien angeht, steht für Duverger als Vertreter der realistischen Demokratietheorie fest, dass Parteien jenseits des demokratischen Scheins grundsätzlich oligarchisch geführt werden. In jeder Partei bilde sich „eine mehr oder weniger geschlossene Kaste, ein „innerer Kreis" (S. 166) heraus. Dabei müssen „persönliche Oligarchien" vom „Typus einer institutionellen Oligarchie in der Parteibürokratie" (S. 168) unterschieden werden. Parteiführer würden autokratisch, d.h. durch „Kooptation, Ernennung durch die Zentrale, durch Vorschlag usw." (S. 151) ausgelesen, wobei man sich verschiedener Techniken der Wahlmanipulation bedienen würde.

Dieser strukturanalytische Bezugsrahmen dient Duverger dazu, drei Parteitypen abzuleiten, die er historischen Erscheinungsformen von Parteien zuordnet. Der älteste Typ wird durch die Rahmenpartei mit dem Grundelement des Komitees gebildet. Konservative und liberale Honoratiorenparteien parlamentarischen Ursprungs des 19. Jahrhunderts entsprechen diesem Typus. Die Rahmenpartei setzt sich aus kleinen, unabhängigen Komitees auf Wahlkreisebene zusammen, die sich um herausgehobene Persönlichkeiten gruppieren. Diese Persönlichkeiten üben Führung oligarchisch aus. Der alleinige Zweck besteht in der Wahlwerbung und der Wählerkontaktanbahnung. Komitees sind während des Wahlkampfs temporär aktiv, ohne ein dauerhaftes Parteileben zu entfalten. Die Wahlvereine stützen sich auf eine begrenzte Zahl exklusiver Mitwirkender, denen Zutritt zum geschlossenen Honoratiorenkreis gewährt wurde. Formelle Beitrittsverfahren und regelmäßige Mitgliedsbeiträge sind unbekannt. Den Kern bilden Aktivisten, die nur niedrigen Teilnahme- und Identifikationsansprüchen ausgesetzt sind. Insgesamt verfügen Rahmenparteien – heute wird in der Parteienforschung von Eliteparteien gesprochen – mit ihrer dezentralen Gliederung nur über eine schwache Struktur und müssen als „unterentwickelt" (S. 20) eingestuft werden.

Ganz anders dagegen die Struktur kontinentaleuropäischer sozialistischer Parteien des beginnenden 20. Jahrhunderts, die den Typ der Massenpartei auf Ortsgruppenbasis repräsentieren. Ortsgruppen sind äußeren Ursprungs und als „sozialistische Erfindung" (S. 43) auf Massenmobilisierung und Mitgliedergewinnung ausgerichtet. Sie stehen allen Neumitgliedern vor Ort offen. Der Beitritt vollzieht sich formell, und es sind regelmäßige Mitgliedsbeiträge zu entrichten. Das Parteileben ist dauerhaft und kreist um die politische Schulung und Erziehung der Mitglieder sowie der Elitenheranbildung. Die Organisationsstütze bilden die Aktivisten. Der Vereinnahmungsanspruch ist partikular und lässt den Mitgliedern Beteiligungs- und Identifikationsfreiheiten. „Ausgegliederte" Vorfeldorganisationen binden Sympathisanten an die Partei. In der Massenpartei sind die Aufgaben genau verteilt und werden von Funktionären ausgeübt, aus denen sich eine Parteibürokratie herausschält. Die Parteiführung verkörpert eine unpersönliche institutionelle Oligarchie. Insgesamt sind Massenparteien straff organisiert mit zentralisierter Entscheidungshierarchisierung.

Die kommunistischen und faschistischen Bewegungen des 20. Jahrhunderts haben totalitäre Parteien hervorgebracht, die von Duverger als eigenständige Typen behandelt werden. Gemeinsam ist totalitären Parteien nach Duverger, dass ihre Basiseinheiten in vertikaler Abhängigkeit gehalten werden und dass Führung autokratisch ausgeübt wird. Charakteristisch ist zudem ihre straffe, zentralisierte Gliederung. Homogenität, Geschlossenheit und absolute Disziplin zählen zu den höchsten Parteiwerten. Der Ergebenheits- und Unterordnungsanspruch gegenüber den Mitgliedern sei total. Sie würden ideologisch-dogmatisch gleichgeschaltet. Die kommunistische Partei fuße auf dem Grundelement der Zelle, die Mitglieder am Arbeitsplatz erfasse. An

Wahlteilnahme sei nicht gedacht. Horizontal abgeschottet seien sie vor allem für eine geheime Untergrundarbeit der Partei geeignet. Die Miliz als Basiselement der faschistischen Partei trage dagegen stärker paramilitärischen Charakter. Teilnahme an Wahlen werde angestrebt, um im Falle der Machteroberung die demokratischen Institutionen zu beseitigen.

Im zweiten Teil seines Buches will Duverger erklären, warum sich Parteiensysteme im Umfang und der Art unterschiedlich zusammensetzen. Bewusst ist ihm dabei das Zusammenspiel „zahlreicher und komplexer Faktoren", aus dem Parteiensysteme hervorgehen. Doch sozialökonomische und ideologische Faktoren vernachlässigend, begrenzt er seine Kausalanalyse ausschließlich auf den Faktor des Wahlrechts. Ihm misst er eine ausschlaggebende Bedeutung bei, was in den folgenden drei Formeln zum Ausdruck gebracht wird: „1. Die Verhältniswahl führt zu einem Vielparteiensystem mit starren, unabhängigen und stabilen Parteien (außer im Fall von plötzlich aufflammenden Bewegungen). 2. Die Mehrheitswahl mit Stichwahl führt zu einem Vielparteiensystem mit elastischen, abhängigen und verhältnismäßig stabilen Parteien (in allen Fällen). 3. Die einfache Mehrheitswahl führt zu einem Zweiparteiensystem mit sich abwechselnden großen und unabhängigen Parteien" (S. 219). Im weiteren Verlauf geht es Duverger darum, sein „soziologisches Gesetz", die einfache Mehrheitswahl befördere den Parteiendualismus, empirisch und logisch zu untermauern. So erklärt er die mehrheitswahlgestützten Parteiensysteme mechanisch mit der Diskriminierung dritter Parteien und psychologisch mit der Intention der Wähler, ihre Stimme nicht an erfolglose Mitbewerber zu verschenken. Die Vorliebe Duvergers für schon zu seiner Zeit wenig verbreitete Zweiparteiensysteme geht mit seiner Grundansicht einher, dass zwischen Parteien ein „natürlicher" Dualismus herrsche. Das schließe eine Parteienplatzierung in der Mitte der Links-Rechts-Achse aus. „Dies besagt nichts anderes, als dass es in der Politik keine Mitte gibt" (S. 229).

Das mehrfach wieder aufgelegte Buch fand rasch internationale Beachtung und wurde in alle relevanten Weltsprachen übersetzt. Nicht mehr gründlich gelesen, wirkt es gleichwohl in seinen methodisch bahnbrechenden Kategorien der Parteistrukturanalyse und Konstruktion von Parteitypen fort, die zum Gemeingut der Forschung wurden. Über seine Parteitypologie selbst ist dagegen die Zeit hinweggegangen, zumal totalitäre Parteien fast vollständig verschwanden und die Massenpartei inzwischen zu einem Vorläufertyp der Volkspartei und den ihr nachfolgenden Kartell- und Berufspolitikerparteien herabgesunken ist. Dies ist pikant, weil Duverger noch vom historischen Siegeszug des den bürgerlichen Rahmenparteien überlegenen Typs der sozialistischen Massenpartei ausging. Er spitzte dies auf die These zu, dass sich die überholten Komiteeparteien als „archaischer Strukturtyp“ im Entwicklungssog an den modernen Typ der Massenpartei anzupassen hätten. Gegen diese so genannte Ansteckungsthese bezogen vor allem amerikanische Parteienforscher Position, die an der von Duverger behaupteten Rückständigkeit und Altertümlichkeit der US-Parteien Anstoß nahmen. So verwarf etwa Epstein (1967) seinerseits die europäische Massenpartei als historisches Auslaufmodell, wohingegen die amerikanischen Parteien mit ihrer gezielten Medienorientierung einen Modernitätsvorsprung aufweisen würden. Auch in der Parteiensystemforschung hält sich das so genannte Duverger'sche Gesetz immer noch in der Diskussion, wenngleich Kritiker zu Recht die Monokausalität seines institutionellen wahlrechtlichen Erklärungsansatzes von Zweiparteiensystemen monierten. Auch Gegenbeispiele wie Schottland, Kanada und Australien stehen dem Gesetz offenkundig entgegen. Letztlich bleibt ein Widerspruch zwischen dem „provisorischen und hypothetischen Charakter“ (S. 427) von Duvergers Buch und seiner Neigung zu apodiktisch formulierten soziologischen Gesetzen.

**Literatur:**

Leon D. Epstein, Political Parties in Western Democracies, New Brunswick 1967.
Arend Lijphart, The Political Cosequences of Electoral Laws, 1945-1985, in: American Political Science Review 84 (1990), S. 481-496.
Dieter Nohlen, Wahlrecht und Parteiensystem, 4. Aufl., Opladen 2004.
William H. Riker, The Two-party System and Duverger's Law: An Essay on the History of Political Science, in: American Political Science Review 76 (1982), S. 753-766.
Aaron Wildavsky, Maurice Duverger: Les Partis Politique. Eine methodologische Kritik, in: Gilbert Ziebura (Hrsg.), Beiträge zur allgemeinen Parteienlehre, Darmstadt 1969, S. 527-547.

*Elmar Wiesendahl*

## David Easton, A Systems Analysis of Political Life, Chicago/London 1965.

In den 1940er Jahren entstand zunächst in den Natur-, dann auch in den Gesellschaftswissenschaften eine große Vielfalt systemtheoretischer Ansätze.

Sie wurden initiiert durch militärische und ökonomische Planungsbedürfnisse im Zweiten Weltkrieg. In den Sozialwissenschaften gelangten diese Ansätze aber erst später im Kontext der so genannten „behavioural revolution" zu großer Verbreitung. Gemeinsam ist systemtheoretischen Ansätzen die Vorstellung, dass nahezu jegliche Erscheinung als System modelliert werden kann. Ein System wird als eine aus vielen Elementen bestehende Einheit verstanden. Diese sind dadurch miteinander verbunden, dass sie bestimmte Funktionen füreinander erfüllen. Systeme gelten als nach außen zu ihrer Umwelt hin abgrenzbar. Im Gegensatz zu geschlossenen Systemen beeinflussen sich offene Systeme und ihre Umwelt gegenseitig. Nach dieser Vorstellung haben Veränderungen bei einem Element des Systems immer Folgen für alle anderen Elemente. Weitere Grundannahmen der Systemtheorie besagen, dass jedes System nach einem für sein Überleben förderlichen Gleichgewichtszustand strebt. Durch die Herausforderungen der Umwelt könne dieser Gleichgewichtszustand jedoch nie perfekt sein. Diese Herausforderungen versuche das System durch interne Differenzierung zu bewältigen, etwa durch die Entwicklung neuer Institutionen und Verknüpfungen zwischen den Institutionen.

Ähnlich wie Talcott Parsons im Bereich der Soziologie für die Gesellschaft das AGIL-Schema herausgearbeitet hat, entfaltet Easton im Bereich der Politikwissenschaft ein Modell des politischen Systems, das er als Subsystem der Gesellschaft, also des umfassenderen sozialen Systems, ansieht. Bei dem Werk „A Systems Analysis of Political Life" handelt es sich um die letzte Veröffentlichung David Eastons im Rahmen einer Trilogie zur strukturfunktionalistischen Systemtheorie. Vorausgegangen waren die Arbeiten „The Political System" (1953) und „A Framework for Political Analysis" (1965). Inhaltlich geht es dabei um die detaillierte Modellierung der Elemente des Politischen Systems sowie bei der Systemanalyse um die Spezifikation des Sets von Regeln, welche die Verknüpfungen und Prozesse zwischen den Systemelementen bestimmen.

Easton versteht das (nationale) politische System als funktionale Ausdifferenzierung des gesellschaftlichen Systems. Als primäre Funktion des politischen Systems gilt die autoritative Zuteilung von Werten in einer Gesellschaft, also die gesamtgesellschaftlich verbindliche Herstellung und Durchsetzung von Entscheidungen über Ziele, Verteilungen, Regeln etc. Die Werte können dabei materiell (z.B. Steuern) oder immateriell (z.B. Regelung von Verhaltensweisen) sein. Dem politischen System ist – wie jedem System – die Neigung zur Sicherung des eigenen Bestands eigen. Umwelten des politischen Systems sind zum einen die (nationale) Gesellschaft, zum anderen diverse (z.B. politische, ökologische, soziale) Systeme der internationalen Ebene.

Damit ein politisches Systems seine Funktion erfüllen und seine Existenz sichern kann, muss es offen gegenüber der Umwelt sein, mit der es in Austauschprozessen steht. Es erhält aus der Systemumwelt Inputs, d.h. Einflüsse in Form von 1. Forderungen, die dem System Stress bereiten, und 2. Unterstützungen, die dem System helfen, seine Funktionen zu erfüllen. Die Inputs werden in Entscheidungen verwandelt, die als Outputs per Rückkoppelung wieder an die Systemumwelt gehen (für diese also Inputs darstellen). Die Outputs tragen folglich gemeinsam mit anderen Faktoren dazu bei, dass sich neue Inputs herausbilden. Diese Schleife von Input und Output soll den politischen Prozess abbilden. Easton definiert jede der zentralen Variablen in diesem politischen Prozess näher. Einige in der Rezeption seines Werks kritisierte Unklarheiten versuchte er später zu präzisieren (Easton 1975). Dabei hat er seine Arbeit als einen analytischen Rahmen angelegt, der die Grundlage für künftige empirische Arbeiten und die Entwicklung einer empirischen Theorie der Politik bilden sollte.

Als einer der größten Vorzüge der systemtheoretischen Ansätze gilt, dass sie auf die Defizite isolierter Sichtweisen von sozialen Strukturen und Prozessen verwiesen haben und auf die Notwendigkeit, diese immer im Rahmen des Systems zu betrachten, in dem sie auftreten. Für die Politikwissenschaft bedeutet dies z.B., dass für die Abschätzung der Wirkungen einer politischen Entscheidung oder eines neuen Gesetzes immer deren Folgen für alle anderen politischen Strukturen sowie für die Umwelt des politischen Systems zu berücksichtigen sind. Ein weiterer Vorzug strukturfunktionaler Ansätze (u.a. → Almond/Powell 1978), die auf Eastons Konzept aufbauen, besteht in folgendem Punkt: Sie haben den Fokus von formalen Institutionengefügen, Regeln und Prozessen, die zwischen verschiedenen Staaten kaum vergleichbar erscheinen, auf die allen Staaten gemeinsamen Aufgaben, die durch unterschiedliche Institutionen bewältigt werden können, verschoben. Erst dies ermöglichte vergleichende Analysen, bei denen die Qualität der Aufgabenerfüllung im Mittelpunkt steht.

Eine bedeutsame Folge der strukturfunktionalen Systemtheorie war auch die systematische Ausdehnung des Gegenstandsbereichs der Politikwissenschaft auf die Ebene der gesellschaftlichen, intermediären Institutionen und Akteure (wie etwa Parteien, Interessengruppen und soziale Bewegungen, Massenmedien) und die Ebene der einzelnen Bürger als politischen Akteuren (z.B. als Wähler, Parteimitglieder, Demonstranten). In der systemtheoretischen Analyseperspektive bilden ihre Funktionen (Forderungen, Unterstützungsleistungen und Kritik) unerlässliche Elemente des politischen Prozesses.

Weiterhin hat das Modell Eastons ansatzweise in die empirische Politische Kultur-Forschung in der Nachfolge von Gabriel Almond und Sydney Verba (→ Almond/Verba 1963) bei der Reformulierung des Konzeptes der „Civic Culture" (Almond 1980) Eingang gefunden. In der empirischen Forschung Deutschlands und anderer europäischer Ländern ist sein Konzept, besonders der Bereich der politischen Unterstützung, erst in den 1980er Jahren intensiver rezipiert worden und hat zu einiger Kritik, aber auch zu Weiterentwicklungen geführt (z.B. Fuchs 1989; Westle 1989). Easton unterschied als Objekte der Unterstützung die politischen Herrschaftsträger und ihre Outputs, die politische Ordnung und die politische Gemeinschaft. Mit Blick auf die Unterstützungsarten differenzierte er in diffuse (hoch generalisierte, in Werten und/oder affektiv verankerte und dauerhaft stabile) und spezifische (auf instrumentellen Vor- und Nachteilserwägungen beruhende, kurzfristig potenziell schwankende) Leistungsbewertung. Eastons Modell bezieht sich auf alle politischen Systeme. Für Demokratien lässt sich aber eine besondere, für deren Stabilität bedeutsame Hierarchie der Unterstützung formulieren. Diese besagt, dass – infolge des für Demokratien zentralen Mechanismus der Herrschaftsbestellung durch regelmäßige Wahlen – die spezifische Unterstützung der amtierenden Herrschaftsträger ohne Gefährdung des politischen Systems zeitweise sehr gering sein kann, solange umfassende diffuse Unterstützung der politischen Ordnung und/oder der politischen Gemeinschaft gegeben sind. Bislang ist aber unklar, welches Ausmaß und welche Verteilung politischer Unterstützung der verschiedenen Objekte für die Aufrechterhaltung des politischen Systems bei welchem Systemstress notwendig und/oder optimal ist. Dennoch ist das Modell Eastons aus der empirischen Einstellungsforschung nicht mehr wegzudenken.

Gegen Ende der 1960er Jahre gerieten strukturfunktionalistische Ansätze in der Sozialwissenschaft in vielfältige Kritik. Diese betraf auch die Arbeit Eastons. Ein erster Typus der Kritik störte sich an der abstrakten Sprache mit vielen Entlehnungen aus den Naturwissenschaften, besonders der Biologie, Mathematik und Kybernetik. Zudem wurde befürchtet, dass die Eigenart des Sozialen vernachlässigt würde. Umgekehrt wurde aus ontologischer Perspektive auch bezweifelt, dass Gesellschaften ähnliche Eigenschaften wie Individuen (z.B. Bedürfnisse) zugeschrieben werden könnten. Es wurde darauf beharrt, dass Gesellschaften keine Existenz jenseits der individuellen Akteure hätten. In Deutschland wurden der Systemtheorie ferner infolge von Analogiebildungen zum biologischen Organismus Anklänge an sozialdarwinistische Vorstellungen vorgeworfen.

Eine weitere Gruppe von Vorwürfen besagte, diese Ansätze würden Macht, soziale Widersprüche und Konflikte in der Gesellschaft übersehen, sozialen Wandel nicht berücksichtigen. Sie seien wegen ihrer Beschäftigung mit der Stabilität ideologisch konservativ. Die thematisierten Probleme sind der strukturfunktionalistischen Systemtheorie jedoch nicht per se eigen. Die Systemtheorie geht gerade nicht von einem dauerhaften Gleichgewicht eines Systems aus, sondern von dem auf das Systemüberleben gerichteten Streben danach. Dies bedeutet, dass durch Wandel in der Systemumwelt (bzw. in anderen Subsystemen) zeitweise Ungleichgewichte (z.B. in Form von Konflikten und Fehlfunktionen) auftreten können. Erst dadurch wird plausibel, dass sich Systeme im Interesse ihrer Aufrechterhaltung verändern, um neue Funktionsanforderungen zu bewältigen.

Grundlegender ist die wissenschaftstheoretische Kritik, die den Ansätzen den Theoriestatus abspricht, weil sie nichts erklärten, sondern eher mechanistisch lediglich Zusammenhänge aufzeigen würden. Damit verknüpft ist der Vorwurf, der Funktionalismus versuche eine Ursache (die Funktionen) durch ihre Wirkungen (die Erfüllung von Systemanforderungen zum Zweck der Fortdauer des Systems zu erklären. Dem halten manche Autoren entgegen, dass Funktionalisten ihre Argumentationsweise auch umdrehen könnten: Wenn alle Strukturen funktional arbeiten, trägt jede zur Funktionsweise der anderen und folglich zum Bestand des Systems bei. Dieser Gedanke kann jedoch in einen Argumentationszirkel führen, bei dem sich erneut die Frage nach der Möglichkeit des Auftretens von Fehlfunktionen stellt.

## Literatur:

Gabriel A. Almond, The Intellectual History of the Civic Culture Concept, in: Ders./Sidney Verba (Hrsg.), The Civic Culture Revisited, Boston 1980, S. 1-36.

Thomas Biebricher, David Easton, in: Gisela Riescher (Hrsg.), Politische Theorie der Gegenwart in Einzeldarstellungen. Von Adorno bis Young, Stuttgart 2004, S. 126-129.

David Easton, The Political System. An Inquiry into the State of Political Science, New York 1953.

David Easton, A Framework for Political Analysis, Englewood Cliffs, 1965.

David Easton, A Re-Assessment of the Concept of Political Support, in: British Journal of Political Science 5 (1975), S. 435-457.

Klaus Faupel, Zu Almonds und Eastons Versionen des input-output-Schemas und zum dominanten Systemkonzept bei Almond: Eine logische Analyse, in: Dieter Oberdör-

fer (Hrsg.), Systemtheorie, Systemanalyse und Entwicklungsländerforschung. Einführung und Kritik, Berlin 1971, S. 361-405.
Dieter Fuchs, Die Unterstützung des politischen Systems der Bundesrepublik Deutschland, Opladen 1989.
Dieter Fuchs, Die politische Theorie der Systemanalyse: David Easton, in: André Brodocz/Gary Schaal (Hrsg.), Politische Theorien der Gegenwart I, 2. Aufl, Opladen 2002, S. 345-369.
Bettina Westle, Politische Legitimität – Theorien, Konzepte, empirische Befunde, Baden-Baden, 1989.

*Bettina Westle*

## Murray Edelman, The Symbolic Uses of Politics, Urbana 1964; Politics as symbolic action: Mass Arousal and Quiescence, Chicago 1971

*(aus beiden Bänden entstandene DA: Politik als Ritual. Zur symbolischen Funktion staatlicher Institutionen und politischen Handelns, Frankfurt a.M./New York 1976; VA: 2. Aufl. 1990).*

Nach seiner Promotion in Politikwissenschaft an der Universität von Illinois lehrte und forschte der amerikanische Politikwissenschaftler Murray Edelman (1919-2001) dort, bis er 1966 an die Universität von Wisconsin-Madison wechselte. Im Verlaufe seiner akademischen Karriere erhielt Edelman viele Auszeichnungen und nahm renommierte Gastprofessuren in den USA, in Österreich und Italien wahr. Bekannt, obgleich sehr zögerlich rezipiert, wurde Edelman in Deutschland mit der Veröffentlichung seines Buches „Politik als Ritual“ im Jahre 1976, das die Übersetzung großer Teile seiner Bücher „The Symbolic Uses of Politics“ (1964) und „Politics as Symbolic Action, Mass Arousal and Quiescence“ (1971) enthält. Für die im Zuge der 1968er-Bewegung sensibilisierte intellektuelle Öffentlichkeit lieferte Edelman mit diesem Buch einen neuen sozialtheoretisch fundierten Zugang zur kritischen Analyse politischer Herrschaft.

Edelmans „Politik als Ritual“ eröffnet einen handlungstheoretischen Zugang zum politischen und gesellschaftlichen System. Vergleichbar der Politischen Kulturforschung (→ Almond/Verba 1963) richtet sich Edelmans Ansatz gegen Politikkonzepte. Im Gegensatz zum Konzept der Politischen Kultur basiert Edelmans analytisches Programm wesentlich auf Grundannahmen der interaktionistischen und interpretativen Soziologie. In Anlehnung an den Symbolischen Interaktionismus von George Herbert Mead (1934) zielt es auf eine Verzahnung von individuellem Handeln und politischem System. Edelman lenkt dabei die Aufmerksamkeit auf jene sozialen und psychologischen Prozesse, durch die das Verhalten politischer Akteure und die politischen Anschauungen der Massen beeinflusst und geformt werden. Wertpräferenzen sind nach seinem Verständnis nicht die Ursache von Verhalten. Sie manifestieren sich vielmehr durch Rollenübernahme in der politischen Interaktion und prägen damit Herrschaftsverhältnisse. Edelman begreift politische Handlungen als die Handhabung bestimmter Rollen, die in dramatisierter, inszenierter oder symbolisierter Form ihren Ausdruck finden. Sein besonderes Interesse gilt subjektiven und intersubjektiven Deutungsmustern von politischer und sozialer Wirklichkeit, also Mikrophänomenen, die mit der Produktion kollektiv verbindlicher Entscheidungen, also Makrophänomen, in Verbindung gebracht werden.

Nach Edelman gibt es zwei Ebenen des politischen Handelns: Inszenierung und Wirklichkeit. Mit diesem Verweis wendet sich Edelman gegen eine naive Haltung, die Politik zum Nennwert nimmt. Für das Erkennen symbolischer Erscheinungen grundlegend sei die Unterscheidung zwischen Politik als „Zuschauersport" und politischer Tätigkeit organisierter Gruppen zur Durchsetzung spezifischer politischer Vorteile. In Anknüpfung an Walter Lippmann (1922) gilt Edelman Politik als zu komplex für die Mehrheit, um unmittelbar erfasst zu werden. Die Masse wolle Symbole, keine echten Nachrichten (Edelman 1976). Bilder schafften eine politische Ersatzwelt, die mit „Verweisungssymbolen" auf eine objektive Wirklichkeit verweisen könne. Im Gegensatz zu „Verweisungssymbolen" täuschten „Verdichtungssymbole" über die Wirklichkeit hinweg. Auf Dauer eingerichtete politische Rituale (z.B. Wahlen oder Parlamentsdiskussionen) bestärkten den Glauben an staatsbürgerliche Mitwirkung und an rationale Grundlagen staatlichen Handelns. Die Rituale beruhigten das Publikum und lenkten vom Bedürfnis ab, die Verhältnisse zu ändern.

Edelman lieferte damit einen neuen legitimationskritischen Ansatz. Öffentlich vermittelte Politik ist für ihn ein Ritual, um manipulative Interessen der Eliten durchzusetzen. Edelmans legitimationskritisches Anliegen ist es dabei, die Dramaturgie des Politischen aufzudecken. Die Symbole, Rituale und Spezialcodes (z.B. „appellative Sprache", „juristische Sprache") des politisch-administrativen Systems dienen demnach als Legitimationsinstanz und –verfahren für die herrschenden Interessen und als Katalysator für Interessenkonflikte. Das gilt nach Edelman auch für den „Mythos" als eine von vielen Menschen geteilte, nicht hinterfragte und Massenbewegungen mobilisierende Überzeugung. Er will der durch symbolische Politik ausgelösten politischen Passivität entgegen wirken. Ideologiekritisch ist auch der Grundtenor seiner späteren, stärker konstruktivistisch argumentierenden Arbeiten (Edelman 1988).

In Deutschland erfolgte die Rezeption von Edelmans Werken zunächst eher zögerlich. Eine intensive und umfangreichere politiktheoretisch fundierte Diskussion und systematische empirische Forschung zum Darstellerischen, Theatralischen und Ästhetischen des Politischen fand in Deutschland erst relativ spät statt. Dies muss nicht verwundern. Was für andere Nationen zum selbstverständlichen Bestandteil politisch-kultureller Folklore gehört, war und ist in Deutschland mit einer historischen Hypothek belastet. Die „Ästhetisierung der Politik" (Benjamin 1935/36, S. 168) war Walter Benjamins Definition von Faschismus. Leni Riefenstahls Film „Triumph des Willens" zeigt auf ebenso abschreckende wie faszinierende Weise, wie sich ein Staats- und Parteimythos planmäßig erzeugen lässt. Inzwischen erlebt die Beschäftigung mit politischen Mythen und Ritualen, nicht zuletzt angestoßen durch die politischen Umbrüche nach 1989, auch in Deutschland eine Renaissance.

Edelman hat das politikwissenschaftliche Interesse an semiotischen Aspekten des Politischen stark beeinflusst und den wissenschaftlichen Diskurs über die Bedeutung von Sprache, Symbolen, Bildern und Inszenierungen angeregt. Sein Ansatz stellte eine Ergänzung zu den symboltheoretischen, in der deutschen Tradition linguistisch-semantischer Begriffsanalyse (u.a. Greiffenhagen 1980) stehenden Arbeiten dar sowie später zu politolinguistischen Studien (u.a. Klein 1989). Schließlich hat Edelmans Konzept in den 1980er und 1990er Jahren in Deutschland empirisch-analytische Studien zur politischen Kommunikation (u.a. Sarcinelli 1987) angeregt. Auch in historisch-kulturalistisch angelegten Arbeiten über den politischen Mythos (Dörner 1995) findet eine kritische Edelman-Rezeption statt. Es dürfte auch Edelmans Anstößen zu verdanken sein, dass die sozialwissenschaftliche Auseinandersetzung mit Fragen der Politikvermittlung und der politischen Kommunikation inzwischen zu einem weiten interdisziplinären Forschungsfeld geworden ist. Die Unterscheidung zwischen „Entscheidungspolitik" und „Darstellungspolitik" gehört inzwischen ebenso wie die Metapher von „Politik als Theater" oder als „Schauspiel" zum Repertoire politischer Alltagsrhetorik.

So stark die internationale Beachtung Edelmans war, so blieb die Wirkung seines Ansatzes in der deutschsprachigen wissenschaftlichen Debatte im Vergleich zum Erfolg anderer Basistheorien (z.B. Systemtheorie oder Theorien der rationalen Wahl) begrenzt. Dies dürfte wesentlich damit zusammenhängen, dass es Edelman nicht hinreichend gelang, eine theoretisch überzeugende Brücke zu schlagen zwischen „eigentlicher Politik" und Legitimationsbeschaffung durch symbolische Politik. Edelmans Unterscheidung zwischen politischer Realität und politischen Symbolik hat aber den Blick dafür geschärft, dass Symbole und Rituale konstitutiver Bestandteil der politischen Kultur sind (Rohe 1994).

Für Edelman dient symbolische Politik dazu, um über die Realität hinwegzutäuschen. Sie kann aber auch für das politische System notwendige Steuerungsleistungen erbringen. Edelmans Konzept beleucht zudem nur die politische Vorderbühne. Doch auch auf der Hinterbühne der Politik wird „Theater" gespielt. Politische Akteure setzen auch dort Symbole und Rituale ein, um politische Interessen durchzusetzen. Dabei kann der in Anlehnung an Edelman gemachte Versuch einer politisch-romantischen Differenzierung zwischen einer positiv zu bewertenden symbolischen Politik „von unten" und auf die Verschleierung der politischen Wirklichkeit angelegten symbolischen Politik „von oben" (Meyer 1992) nicht überzeugen.

## Literatur:


Walter Benjamin, Das Kunstwerk im Zeitalter seiner technischen Reproduzierbarkeit, in: Ders., Illuminationen. Ausgewählte Schriften I (1935/36), Frankfurt a.M. 1977, S. 136-169.

Andreas Dörner, Politischer Mythos und symbolische Politik. Sinnstiftung durch symbolische Formen, Opladen 1995.

Murray J. Edelman, Constructing the Political Spectacle, Chicago 1988.

Martin Greiffenhagen (Hrsg.), Kampf um Wörter? Politische Begriffe im Meinungsstreit. Bonn 1980.

Josef Klein (Hrsg.), Politische Semantik. Bedeutungsanalytische und sprachkritische Beiträge zur politischen Sprachverwendung, Wiesbaden 1989.

Walter Lippmann, Public Opinion, New York 1922.

George Herbert Mead, Mind, Self and Society. From the Standpoint of a Social Behaviorist, Chicago 1934.

Karl Rohe, Politische Kultur: Zum Verständnis eines theoretischen Konzepts, in: Oskar Niedermayer/Klaus von Beyme (Hrsg.): Politische Kultur in Ost- und Westdeutschland, Berlin 1994, S. 1-21.

Ulrich Sarcinelli, Symbolische Politik. Zur Bedeutung symbolischen Handelns in der Wahlkampfkommunikation der Bundesrepublik Deutschland, Opladen 1987.

Karin Voltmer, Murray Edelmann, The Symbolic Uses of Politics, in: Christina Holtz-Bacha/Arnulf Kutsch (Hrsg.), Schlüsselwerke für die Kommunikationswissenschaft, Wiesbaden 2002, S. 127-129.


*Ulrich Sarcinelli*

## Jon Elster, The Cement of Society. A Study of Social Order, Cambridge 1989.

Jon Elster (geb. 1940 in Oslo) ist ein herausragender Vertreter der Theorie der rationalen Wahl, die grob gesagt Erkenntnisziele der Sozialwissenschaften mit wirtschaftswissenschaftlichen Mitteln verfolgt (Elster 1986). Elster gelang es immer wieder, einer phantasielosen Verengung des Rational Choice-Ansatzes entgegenzuwirken. Charakteristisch dafür ist seine Ergänzung des Ansatzes durch eine Theorie sozialer Normen, die die Nichtreduzierbarkeit normativer Handlungsmotivation auf zweckrationale Nutzenverfolgung behauptet. Der Ursprung von Elsters Buch „The Cement of Society" liegt in der Erfahrung der Unzulänglichkeit rationalistischer Modellbildungen beim Versuch, die Verhandlungsmuster in der schwedischen Lohnpolitik zu erklären. Das eigentliche Anliegen des Buches besteht jedoch darin, die Frage nach der Möglichkeit sozialer Ordnung zu beantworten. Aus derselben Schaffenszeit sind zwei weitere Bücher hervorgegangen (Elster 1989a, 1989b). Allen drei Werken gemeinsam ist, dass Elster auf argumentativ hohem Niveau und kreative Weise den Anspruch der Rational Choice-Vertreter verwirft, eine umfassende Theorie der Politik in Form von gesetzesartigen Aussagen zu entwickeln.

Im einleitenden Kapitel stellt Elster zunächst die zwei grundlegenden Problemen sozialer Ordnung dar, nämlich 1. wie sich stabile und verlässliche Verhaltensmuster ergeben, und 2. wie es zu kooperativem Verhalten kommt. Den Hauptgegenstand von „The Cement of Society" stellt das Problem der Kooperation dar. Elster ordnet ihm zwei theoretische Perspektiven zu, die in den ersten beiden Kapiteln ausführlicher behandelt werden: 1. die Theorie kollektiven Handelns und 2. die Verhandlungstheorie. Eine der Hauptthesen des Buches ist, dass beide Theorien komplementär sind, weil kollektives Handeln oft gerade nicht zustande komme, weil Verhandlungen über Beiträge und Anteile scheitern. Diese Annahme bewegt sich noch in einem orthodoxen Rational Choice-Rahmen. Allerdings ist der Hinweis auf das Problem pluralistischer Orientierungen bei Verhandlungen als entscheidendem Rationalitätshindernis eine besondere Akzentuierung von Elster. Deutlich über die üblichen Annahmen des Rational Choice-Paradigmas geht Elster hinaus, wenn er behauptet, dass sowohl das Gelingen als auch das Scheitern von Kooperation nur zufrieden stellend erklärt werden könne, wenn man sozialen Normen eine eigenständige Bedeutung zuschreibe.

Das Problem kollektiven Handelns kann als Absicherung individueller Beiträge zu einem öffentlichen Gut verstanden werden. In der Analyse eines möglichen Anreizmechanismus konzentriert Elster sich auf dezentrale Lösungen ohne Zwang, weil zentralistische Lösungen mit Zang etwa Thomas Hobbes' „Leviathan" (→ Hobbes 1651) das Problem aufwerfen, wie zentrale Regelungen gesichert werden können. Darin liegt eine Klarheit, die viele Rational Choice-Theorien vermissen lassen. Er beschäftigt sich zunächst mit rationalen Motivlagen, die aus der Perspektive rationalen, egozentrischen und ergebnisorientierten Handelns erschließbar sind (Kapitel 1), um zu zeigen, dass es grundsätzliche Probleme der Vermittlung von individueller und kollektiver Rationalität gibt. Selbst wenn man von einer altruistischen Orientierung ausgehe, ergebe sich das Problem, dass in bestimmten Fällen der Nutzen für andere wieder von der Zahl der Beteiligten abhänge. Elster will mit der Durchdeklinierung dieser Motivlagen zeigen, dass erfolgreiches kollektives Handeln niemals hauptsächlich durch den Verweis auf einen bestimmten Motivationstyp erklärt werden kann. Wesentlich für Kooperation seien vielmehr auf eine bestimmte Art gemischte Motivationslagen. Das ist eine erste schwerwiegende Komplikation für eine Theorie kollektiven Handelns. Das Problem von Verhandlungen ergibt sich nach Elster aus einer häufigen Uneinigkeit hinsichtlich verschiedener Möglichkeiten, kooperative Arrangements einzurichten. Dies könne dazu führen, dass keines der möglichen Arrangements verwirklicht werde (Kapitel 2). Im Durchgang durch verschiedene Verhandlungstheorien mit steigendem Realitäts- und damit auch Komplexitätsgrad zeigt Elster, dass keine dieser Theorien in der Lage ist, ein vollständiges Bild gelingender Verhandlungen zu zeichnen. Sie berücksichtigen nämlich nicht, dass Verhandlungen selbst oft Anreize innewohnen, die rationalen Möglichkeiten nicht auszuschöpfen.

Während diese Ausführungen eher für Liebhaber der Rational Choice-Theorie eine anregende Lektüre sein werden, sind die Überlegungen zu sozialen Normen (Kapitel 3) von allgemeinem Interesse. Hier setzt Elster den homo oeconomicus (nutzenorientiert) dem homo sociologicus (normorientiert) gegenüber. Handeln, das an sozialen Normen orientiert ist, bezeichnet Elster als „irrational". Dies will er nur so verstanden wissen, dass dieses Handeln eben nicht darauf gerichtet ist, Ergebnisse hervorzubringen. Soziale Normen stellen nach Elster eine unabhängige Motivationskraft dar. Er wisse aber nicht, warum Menschen die Neigung haben, Normen zu schaffen und zu befolgen. Ihre Bedeutung liege jedenfalls in der Koordination von Erwartungen, dem Wissen darum, dass es eine soziale Akzeptanz bestimmter Normen gibt. Dies bedeutet nicht, dass die entsprechende Norm gesamtgesellschaftlich geteilt wird. Gerade aus der Unterstützung unterschiedlicher Normen könnten Konflikte resultieren. Doch selbst wenn eine Norm geteilt wird, z.B. ein bestimmter Ehrenkodex, muss dies nicht unbedingt die Kooperation erleichtern, sondern kann sie auch erschweren. So kann die Norm der Bildung von Kompromissen entgegenstehen (Kapitel 6). Beispielsweise handeln Gewerkschaftsführer, die eher kämpfen und verlieren als nicht zu kämpfen, gemäß einer sozialen Norm, die äußerst konfliktträchtig ist. Freilich könnte man einwenden, dass es gerade die mit dem aussichtslosen Kampf verbundene Selbstachtung ist, die diesen Gewerkschaftsführer motiviert und damit ein mit dem Prozess verbundenes „Ergebnis". Dies zu thematisieren, würde aber möglicherweise den Rahmen von Elsters methodologischem Individualismus sprengen.

Da es soziale Normen der Kooperation und der Verteilung gebe, ist für Elster das Trittbrettfahrerproblem nicht so zentral. In der realen Welt sei das Problem des Normenpluralismus viel wichtiger (Kapitel 4). So gebe es nicht die eine, sondern unterschiedliche soziale Normen der Kooperation: altruistische, utilitaristische, fairnessgeleitete und pflichtorientierte. Elster macht im 5. Kapitel deutlich, dass dies auf eine Komplementaritätsthese hinausläuft: „Motivations that taken separately would not get collective action off the ground may interact, snowball and build upon each other so that the whole exceeds the sum of its parts" (S. 187). Selbst ein „Alltagskantianismus" (→ Kant 1797), wonach immer dann kooperiert werden soll, wenn universale Kooperation besser für alle ist als universale Nichtkooperation, stelle für sich keine Lösung dar. Elster arbeitet eine „rationale Abneigung" gegenüber „do-gooders" heraus, die darauf zurückzuführen sei, dass der „Alltagskantianer" durch seine unbeirrbare Willigkeit und Nichtwilligkeit unter Umständen beträchtlichen Schaden ausrichten könne. Allerdings muss sich Elster fragen lassen, ob er selbst nicht eine utilitaristische Metamoral vertritt, wenn er etwa den verfolgten Juden angebotenen Schutz unter dem Gesichtspunkt einer möglichen Vergeltung durch NS-Befehlshaber abwägt.

Die zentrale Aussage für das Selbstverständnis der Politikwissenschaft und der Sozialwissenschaften im Allgemeinen lautet: „[W]e will never have a general theory of collective action". Bei einer derartigen Vielfalt von interagierenden Motivationen könne man niemals Gleichgewichtstheoreme sinnvoll begründen, wie von ökonometrischen oder systemtheoretischen Ansätzen erhofft. Die Mischung macht es also. So mögen die „Alltagskantianer" in der Realität eher die Ausnahme sein. Womöglich haben sind sie aber ein wichtiger Katalysator, um komplexe kollektive Handlungsprozesse in Gang zu setzen. Das gilt auch für die Frage nach dem Kitt der Gesellschaft, die

Elster im Schlusskapitel aufwirft. Es geht darum, welche individuelle Motivationen und Bestrebungen die Gesellschaft zusammenhalten. Diese Frage gewann durch die Kommunitarismusdebatte mit Erscheinen des Buches an Brisanz. Für Elster ist eine eindeutige Antwort nicht möglich. Opportunismus, Neid und Streben nach Glaubwürdigkeit müssen sich nach seiner Ansicht die Waage halten. Freilich scheint die Fähigkeit, glaubwürdige Versprechen zu machen, nicht derartig ambivalent zu sein. Damit kann Elster in Bezug auf die neuere Diskussion um die Rolle „sozialen Kapitals“ (Putnam 2000) eine gewisse Hellsichtigkeit bescheinigt werden kann. Er ignoriert aber durchgehend, dass jede faktische Ordnung vor allem auch durch Machtverhältnisse reproduziert wird.

**Literatur:**

Jon Elster (Hrsg.), Rational Choice, Oxford 1986.
Jon Elster, Solomonic Judgements, Cambridge 1989a.
Jon Elster, Nuts and Bolts for the Social Sciences, Cambridge 1989b.
Donald P. Green/Ian Shapiro, Pathologies of Rational Choice Theory. A Critique of Applications in Political Science, New Haven/London 1996.
Robert D. Putnam, Bowling Alone: The Collapse and Revival of American Community, New York 2000.

*Michael Haus*

## Gösta Esping-Andersen, The Three Worlds of Welfare Capitalism, Cambridge 1990.

Gösta Esping-Andersen (geb. 1947) studierte Soziologie an der Universität Kopenhagen. Anschließend wechselte er an die Universität von Wisconsin, wo er seinen Ph.D. erhielt. Weitere Stationen seines beruflichen Weges sind die Universität Harvard (1978-85), das Wissenschaftszentrum Berlin, das Europäische Hochschulinstitut in Florenz (1986-1994), die Universität Trento (1994-2001) und die Universität Pompeu Fabra (ab 2001). Er ist Mitglied in verschiedenen renommierten wissenschaftlichen Einrichtungen und Herausgebergremien sowie Berater internationaler Organisationen (UNO, Weltbank, OECD) und nationaler Regierungen (Portugal und Belgien, beide im Zusammenhang mit ihrer EU-Ratspräsidentschaft). Aus der letzten Funktion ist auch die Studie „Why We Need a New Welfare State (2002) entstanden, die seine Überlegungen über Wohlfahrtsstaat, soziale Ungleichheit und Beschäftigung weiterführt und sich mit Fragen der radikalen Reform der sozialen Sicherungssysteme und der Erweiterung der Arbeitsmärkte um Niedriglohnsegmente sowie der Entwicklung eines „Europäischen Sozialmodells“ für das 21. Jahrhundert beschäftigt.

Der grundlegende Gedanke Esping-Andersens wird schon im Titel seiner Arbeit ausgedrückt: Es existiert nicht eine „Welt“ des Wohlfahrtsstaates – mehr oder weniger umfangreich mit Ressourcen ausgestattet – sondern es gibt „drei Welten“. Diese stellen jeweils unterschiedliche Formen der Institutionalisierung von sozialer Sicherung und Vollbeschäftigung dar. Sie basieren auf korrespondierenden politischen Ideologien und Machtverteilungen und korrelieren mit Mustern der sozialen Schichtung und Ungleichheit. Ein wesentliches operationales Kriterium zur Differenzierung der drei Welten bildet das Ausmaß an „Dekommodifizierung“. Darunter versteht Esping-Andersen die sozialpolitisch ermöglichte Lockerung des Zwangs zur Existenzsicherung durch Erwerbsarbeit mittels des Schutzes vor Marktkräften und Einkommensausfällen. Esping-Andersen unterscheidet zwischen drei idealtypischen Welten:

1. Die liberalen Wohlfahrtsstaaten (Großbritannien, USA, Australien, Neuseeland) akzentuieren die Rolle des freien Marktes und der Familie. Soziale Anspruchsrechte sind gering entwickelt und oft mit individuellen Bedürftigkeitsprüfungen verbunden. Dies führt häufig zur Stigmatisierung der Betroffenen. Die Finanzierung erfolgt vorwiegend aus dem Staatshaushalt. Interventionen in den Arbeitsmarkt erfolgen – falls überhaupt – vor allem zur Auflösung von Flexibilitätshemmnissen und zur Wahrung der Vertragsfreiheit. Im Großen und Ganzen bleibt das Ausmaß an „Dekommodifizierung“ gering und die soziale Ungleichheit groß.
2. Der konservative Typ des Wohlfahrtsstaats (Frankreich, Italien, Deutschland, Niederlande) interveniert zwar stärker, allerdings eher temporär und primär aus staatspolitischen Gründen. Er ist ferner lohnarbeits- und sozialversicherungszentriert mit der Folge, dass soziale Rechte stark an Klasse und Status gebunden sind und die Ansprüche auf Beiträgen (im Sinne von Eigentumsrechten) basieren. Grundlage dieses Modells sind das Normalarbeitsverhältnis und die Normalfamilie, die mit politischen Mitteln stabilisiert werden. Im Bezug auf die „Dekommodifizierung“ erreichen sie im Durchschnitt ein mittleres Niveau. Das Niveau kann jedoch abhängig vom Beschäftigungsstatus erheblich variieren.

3. Der sozialdemokratische Weg (Schweden, Norwegen, Dänemark) ist universalistisch ausgerichtet, d.h. Ansprüche basieren auf sozialen Bürgerrechten. Es wird Gleichheit auf hohem Niveau angestrebt. Die Finanzierung erfolgt weitgehend aus dem Staatshaushalt. Zugleich werden Leistungen überwiegend vom öffentlichen Dienst erbracht, der einen sehr großen Umfang annimmt und somit nicht nur sozialpolitisch, sondern auch arbeitsmarktpolitisch eine Schlüsselfunktion inne hat. Ferner sind die Bemühungen um eine aktive Politik der Vollbeschäftigung am intensivsten. Die Emanzipation von den Zwängen des Marktes ist am stärksten und die Verringerung sozialer Ungleichheit beachtlich.

Die Existenz der drei „Welten der Wohlfahrt" belegt Esping-Andersen durch umfangreiche statistische Analysen für die goldene Phase der 1960er und 1970er Jahre. Doch beansprucht sein Modell auch Gültigkeit für die 1980er und 1990er Jahre. In diesem Falle sind je nach Welt des Wohlfahrtsstaates unterschiedliche Reaktionen auf die Herausforderungen der postindustriellen Gesellschaft zu erwarten. Die drei „Welten" zeichnen sich in ihrer Geschichte nämlich durch eine hohe Stabilität bzw. pfadabhängige Entwicklung aus.

Trotz der überragenden Bedeutung von „Three Worlds of Welfare" lassen sich einige weitere kritische Anmerkungen theoretischer, methodischer und empirischer Art machen. So ist z.B. nicht immer klar, ob es sich um Ideal- oder Realtypen handelt und welche Kausalitäten unterstellt werden. Zugleich sind Zweifel geäußert worden, ob mit den durchgeführten Korrelations- und Regressionsanalysen der kausalen Komplexität der historischen Prozesse der Herausbildung unterschiedlicher Typen von Wohlfahrtsstaaten ausreichend Rechnung getragen werden kann (vgl. die Beiträge in Lessenich/Ostner 1998). Zudem können Clusteranalysen über die OECD-Länder die Einteilung Esping-Andersens nicht bestätigen.

Daneben werden die zeitliche Reichweite des Drei-Welten-Modells über die „goldene Phase" hinaus sowie einige problematische Zuordnungen kritisiert und/oder ergänzt. So sind die Niederlande und Deutschland als christdemokratische Fälle, die südeuropäischen Länder als rudimentäre Wohlfahrtsstaaten oder Neuseeland als radikaler Typus klassifiziert worden. Einwände kommen außerdem aus der Geschlechterforschung, die auf die Bedeutung der geschlechtlichen Rollenverteilung und der institutionellen Bevorzugung männlicher Erwerbstätigkeit als zentrales Kriterium für die Unterscheidung von Wohlfahrtsstaatstypen hingewiesen hat. Ein weiteres Problem liegt in dem Umstand, dass die Niederlande in den 1950er Jahren den Typus gewechselt haben, d.h. vom konservativen zum sozialdemokratischen Modell umgeschwenkt sind. Hierüber sagt Esping-Andersen nichts aus, im Grunde verfügt der Ansatz über keine analytische Komponente, die solche Entwicklungsbrüche reflektiert. Hinzu kommt, dass sich Bereiche jenseits der Sozialversicherungen, d.h. also hauptsächlich die sozialen Dienste, einer Einordnung in die Typologie entziehen.

Ferner wurde bemängelt, dass Esping-Andersen wohl von einer stark rationalistisch geprägten Theorie politischer und institutioneller Entwicklung ausgeht und dass so unbeabsichtigte Folgen und Widersprüche vernachlässigt werden. Zugleich treten zwei weitere zentrale Fragen auf, nämlich einerseits, ob das Konzept der „Dekommodifizierung" die gleiche Bedeutung für Akteure in allen drei von ihm untersuchten Regimes hat und andererseits das Problem, dass „Dekommodifizierung" nicht das Gegenteil der Behandlung von Arbeitskraft als Ware ist, sondern sogar eine Voraussetzung dafür, dass sich die Kategorie Arbeitnehmer sozial überhaupt ausbilden kann (Schmid 2002).

„Three Worlds of Welfare Capitalism" ist zum zentralen Dreh- und Angelpunkt der vergleichenden Wohlfahrtsstaatsforschung geworden. Es ist quasi ein Fazit aus den früheren Studien und versucht eine umfassende Integration. Dies machte die Studie auch zum Ausgangspunkt verschiedener Überprüfungen in einzelnen Sachbereichen oder Ländern, was zu gewissen Weiterentwicklungen und Kritiken führt – zugleich aber die immense Wirkung des Werks belegt. Esping-Andersen (1999) hat in einer weiteren großen Studie versucht, sein Modell der drei Welten des Wohlfahrtskapitalismus fortzuschreiben und sich dabei auf zwei Aspekte konzentriert: den Wandel zur globalisierten, postindustriellen Gesellschaft und die Bedeutung der privaten Haushalte und der Familie. Beide Punkte hängen eng zusammen und wirken auf die Dynamik des Wohlfahrtsstaats ein. Mit der verstärkten Globalisierung der Ökonomie und den Strukturwandlungen zum Post-Industrialismus treten massive Folgeprobleme am Arbeitsmarkt auf, die auf den Wohlfahrtsstaat durchschlagen. Wenn man sich auf die mittelfristige Entwicklung des Arbeitsmarktes konzentriert, so ergibt sich folgendes Bild: Im liberalen Wohlfahrtsstaat wirkt sich der Druck des Weltmarkts auf Löhne und Sozialleistungen aus, was durch Deregulierungsmaßnahmen forciert wird. In sozialdemokratischen Wohlfahrtsstaaten wird hingegen durch eine aktive Arbeitsmarktpolitik und einen massiven Ausbau des öffentlichen Dienstes versucht, das Wegbrechen alter Arbeitsplätze zu kompensieren. Schließlich tendiert der konservative Wohlfahrtsstaat dazu, durch die Förderung von Frühverrentung und den Ausschluss von Frauen das Angebot an Arbeitskräften zu reduzieren. Unter den Bedingungen des demografischen

Wandels und weniger als Folge der Globalisierung spielen die privaten Haushalte und die Dienstleistungsproduktion eine zentrale und wiederum jeweils unterschiedliche Rolle: 1. Im liberalen Modell werden umfangreiche häusliche Dienstleistungen durch Ober- und Mittelschichtenfamilien konsumiert, was vor allem auf die niedrigen Löhne im Sektor der privaten Dienstleistungen zurückgeht. 2. Im sozialdemokratischen Modell übernimmt der Staat (d.h. der öffentliche Dienst) die Aufgabe, ausreichend soziale Dienstleistungen auch für private Haushalte zur Verfügung zu stellen. 3. Im konservativen Modell findet keine Expansion des Dienstleistungssektors statt. Hier bleibt diese Funktion als privates Phänomen den Familien (und damit den Frauen) überlassen. Es kommt gerade nicht zu den selbstverstärkenden Effekten einer Berufstätigkeit beider Ehepartner einerseits und einer hohen Nachfrage nach Diensten (mit entsprechenden Beschäftigungseffekten) andererseits (Esping-Andersen 1999). Damit zeigt die Forschreibung, dass keine Annäherung hin zu einem Modell des Wohlfahrtsstaats stattfindet, sondern auch weiterhin eine strukturierte Vielfalt anzutreffen ist.

**Literatur:**

Gösta Esping-Andersen, Social Foundations of Postindustrial Economies, Oxford 1999.

Gösta Esping-Andersen (with Duncan Gallie, Anton Hemerijck, John Myles), Why We Need a New Welfare State, Oxford 2002.

Stephan Lessenich/Ilona Ostner (Hrsg.), Welten des Wohlfahrtskapitalismus, Frankfurt a.M. 1998.

Josef Schmid, Wohlfahrtsstaaten im Vergleich, 2. Aufl., Opladen 2002.

Manfred G. Schmidt, Sozialpolitik in Deutschland. Historische Entwicklung und internationaler Vergleich, 2. Aufl., Opladen 1998.

*Josef Schmid*

## Amitai Etzioni, The Active Society. A Theory of Societal and Political Processes, New York/London 1968

*(DA, VA: Die aktive Gesellschaft. Eine Theorie gesellschaftlicher und politischer Prozesse, Opladen 1975).*

Amitai Etzioni wurde 1929 unter dem Namen Werner Falk in Köln geboren. Nach einem Studium in Israel kam er 1956 in die USA. Von 1959-1980 war er Professor an der Columbia Universität in New York und ist seither Direktor des Instituts für Communitarian Policy Studies an der George-Washington-Universität. Von dort aus organisiert er ein weltweites kommunitarisches Netzwerk. Etzioni Hauptwerk „Die aktive Gesellschaft" trägt die Widmung: „Für die Aktiven. Insbesondere meinen Studenten an der Columbia-Universität in New York und der Universität in Kalifornien, Berkeley." Etzioni lehrte damals an diesen beiden Brennpunkten der Studentenproteste. Das Buch ist ein theoretisch fundiertes Plädoyer für die gesellschaftliche Selbstregelung von unten („societal guidance").

Aktivität bedeutete engagiertes und selbstbestimmtes Handeln. Ein wesentlicher Nebeneffekt der Aktivität besteht darin, dass die Gesellschaft dadurch stärker an den Bedürfnissen ihrer Mitglieder orientiert ist, während eine repressive Gesellschaft ihre Mitglieder eher zur Passivität oder zur Zwangsmobilisierung verurteilt. An dieser Stelle finden wir erstmals in Etzionis Werk den Begriff „responsive", damals noch übersetzt mit „bedürfnisorientiert". Seitdem hat sich der Fachbegriff „Responsivität" auch in der politikwissenschaftlichen Diskussion durchgesetzt. Responsiv ist eine Organisation oder Gesellschaft, wenn sie in der Lage ist, auf die Anforderungen ihrer Mitglieder sensibel zu reagieren.

Die aktive, sich aus ihrer von oben gesteuerten Passivität emanzipierende Gesellschaft ist keineswegs, wie häufig unterstellt wird, als Rückfall in eine Pseudogemeinschaft gedacht, aber auch nicht als Kampforganisation für wenige Auserwählte. Die Mitglieder der aktiven Gesellschaft sollen einander ganz, wie Immanuel Kant es gefordert hatte, als Ziele und nicht als Mittel behandeln (→ Kant 1797). Es kommt darauf an, Werte zu realisieren, ohne die Menschen zu diesem Zweck zu verdinglichen, wie dies in staatssozialistischen und theokratischen Gesellschaften der Fall ist. Jede blinde oder von zentralistischen Absichten geleitete Massenmobilisierung lehnt Etzioni strikt ab. Auch der aktiven Gesellschaft liegt ein Gesellschaftsvertrag zugrunde, der allerdings dynamisch gestaltet werden muss, so dass ein sich permanent wandelnder Konsens nötig ist. Die Sozialwissenschaften haben in diesem Prozess die Aufgabe, normative Bindungen zu kontrollieren, alternative Möglichkeiten zu erforschen, grundlegende Wertorientierungen zu klären und sie dadurch realistischer und beständiger zu machen.

Etzionis Perspektive ist eine doppelte: Als Soziologe beobachtet er die Gesellschaft als Objekt der Transformation, als Politikwissenschaftler orientiert er sich am Subjekt, das eine aktive Orientierung aufrechterhält. Die Aktivierung in einer Wissensgesellschaft eröffnet vollkommen neuartige Perspektiven. Die Verbreitung von Wissen unterliegt nicht wie die Verbreitung von Gütern den Gesetzen der Knappheit. Die weltweite Erhöhung von Wissenskapazitäten und Selbstorganisationspotentialen ist möglich. Wie alle postmodernen Theoretiker hat Etzioni schon in den 1960er Jahren die Grundbedingungen dieser wissensbasierten Gesellschaft analytisch erkannt.

Etzioni kritisiert drei Hauptansätze der Sozialwissenschaften, die er für problematisch hält: 1. Der „Atomismus", darunter fasst Etzioni die rationale Entscheidungstheorie, interpretiere Prozesse als ungewollte Konsequenzen mechanistischer Beziehungen zwischen einer großen Zahlen von Einzelnen. Der „Atomismus" habe keinen Raum für eine aktive Orientierung, weil er Aktivitäten allein den mikroskopischen Akteuren zubillige. 2. Der Kollektivismus oder Holismus stelle sich gesamtgesellschaftliche Zustände als quasiorganische Beziehungen zwischen Komponenten eines gesellschaftlichen Ganzen vor. Kollektivismus sehe die Beziehungen zwischen Kräften des gesellschaftlichen Ganzen als gegeben oder nur aufgrund von historischen, kulturellen oder äußeren Zwängen wandelbar an, über die das Kollektiv aber keine Kontrolle habe. Beide neigten zu konservativen politischen Implikationen. 3. Der „Voluntarismus", darunter versteht Etzioni Aufklärung und utopischen Sozialismus, stelle sich Gesamtzustände als Ausdruck eines einheitlichen großen Willens vor. Er treibe hyperaktiv das Erreichen dieser Ziele voran, so dass kaum Grenzen gesehen und anerkannt würden.

Etzioni hält diese Aufzählung für logisch vollständig. Es gibt demnach keine weitere Möglichkeit jenseits dieser Möglichkeiten. Jede einzelne ist aber gemäß Etzioni für sich genommen problematisch. Um dennoch eine befriedigende Theorie zu finden und die Probleme dieser Orientierungen zu vermeiden, muss man die drei Möglichkeiten daher kombinieren: Etzioni nähert Kollektivismus und Voluntarismus einander an und fügt den atomistischen Ansatz als Modell hinzu, der auf eine Untergruppe gesellschaftlicher Eigenschaften und Prozesse anwendbar ist. Diese Mixtur ergibt Etzionis Theorie der gesellschaftlichen Selbstregelung („societal guidance").

Für Etzioni gibt es drei grundlegende gesellschaftliche Bindungsformen und damit Kontrollmechanismen, die auf 1. Normen, 2. Nutzen und 3. Zwang beruhenden Bindungen. Konkrete Bindungen sind zwar meist ein Gemisch dieser Faktoren, aber ein Faktor dominiert meist. Etzioni hat dies besonders an Einigungsprozessen von Staaten und Staatengemeinschaften analysiert. Zwang und Eroberung sind schwer auf Dauer zu stellen, wenn nicht auch ein Nutzen für die Eroberten hinzukommt. Zwang ohne normative Grundlage neigt zur Wirkungslosigkeit oder dazu, massiven Schaden anzurichten, ohne die gewünschte Bindung zu erreichen. Sind aber normative Bindungen vorhanden, kann die dichteste und belastbarste Form der Kooperation entstehen, jedenfalls dann, wenn der Nutzen hinzukommt und im Ernstfall auch ein gewisser, aber aufgrund der Normenstruktur verinnerlichter und akzeptierter Zwang hinzukommt.

Das normative Gesamtziel von Etzionis Theorie der aktiven Gesellschaft ist es, Entfremdung und Inauthentizität zu überwinden, indem sie die Gesellschaft an den Bedürfnissen ihrer Mitglieder ausrichtet. Die entfremdende Struktur sei das Produkt der Modernität: Industrialisierung, Bürokratisierung, Rationalität als Vorherrschaft instrumentaler Logik. Etzioni führt in die Sozialwissenschaften den Begriff „postmoderne Gesellschaft“ systematisch ein. Die „postmoderne Gesellschaft“ hat seiner Ansicht nach eine gestiegene Fähigkeit, ein manipulatives falsches Bewusstsein zu erzeugen, weil sie in einem vorher nicht da gewesenen Ausmaß und einer eindrucksvollen Tiefe einen Schein von Responsivität erwecke, wo diese nicht vorhanden sei.

Der Kern von Entfremdung ist nach Etzioni „die Nichtresponsivität der Welt“, die den Menschen Zwängen unterwerfe, die er „weder verstehen noch steuern kann“ (S. 625). Der Begriff Entfremdung nehme nicht an, dass „die Entfremdeten sich ihrer Lage bewusst sind“ (S. 626). Entfremdung sei ein Konzept des kritischen Intellektuellen und des Sozialwissenschaftlers. Ihr Ausmaß aber könne empirisch gemessen werden, und es sei möglich, über sie aufzuklären.

Wie lässt sich nun dieser wachsenden Inauthentizität in der Postmoderne entgegenwirken? Etzioni stellt sich dazu die Mobilisierung in Form von persönlichen, kollektiven und gesamtgesellschaftlichen Projekten vor. Er versteht den Begriff „Projekt“ im Sinne von existentialistischen Theorien, die stark voluntaristisch und seit den 1940er Jahren Ausdruck von Widerstandspotentialen gegen die verwaltete Welt sind. In den Wahlhandlungen und Bindungen projiziere ein Mensch sich selbst in die Welt. Sie seien seine Existenz. „Für die existentialistische Philosophie ist ein entfremdeter Mensch jemand, der keine Entscheidungen trifft und aus seiner Verantwortung flieht; oder, wie wir formulieren würden, passiv ist und sich nicht in seinen ‚eigenen' Projekten engagiert“ (S. 657).

Persönliche Projekte sind solche der Selbstverwirklichung und Selbstdarstellung, z.B. im Abbauen und Durchbrechen entfremdender Fassaden. Die meisten Menschen seien aber derart tief in bestehende Strukturen verwickelt, dass die Einleitung transformierender kollektiver Projekte durchweg die Sache weniger sei. Soziale Bewegungen schließlich konzentrierten sich auf gesamtgesellschaftliche Projekte. Sie erwachsen nach Etzioni aus der Verschmelzung aktivierter Untergruppen, Intellektueller, unbalancierter und entfremdeter Gruppen. Aktivität allerdings unterliege periodischen Schwankungen, obwohl Authentizität nur durch fortgesetzte Aktivierung aufrechterhalten werden könne. Die Bewegungsform sei also ständigen Enttäuschungen ausgesetzt. Es bleibe jedoch immer die Hoffnung, dass eine bestimmte Phase abgeschlossener Projekte neue Möglichkeiten erschließe und Potentiale bereitstelle.

Die Projekte können nach Etzioni wie Katalysatoren wirken und so Kettenreaktionen auslösen, aber selbst diese seien oft genug erschöpft, bevor die Gesellschaft transformiert ist. Auf dem Höhepunkt der Bewegung von 1968 sah Etzioni bereits deutlich ihre Grenzen und folgerte, dass es gut sei, wenn das Wissen um die Grenzen schon die Mobilisierung in ihren Anfängen selbst beeinflusse. Methodisch handelt es sich hierbei um kritische Theorie in der Tradition der Entfremdungskritik, aber verbunden mit einer soziologisch ernüchterten Lehre von gesellschaftlichen Prozessen, die politisch wirksam werden können. Eine derartige politische Analyse des Gesellschaftlichen sprengt die Grenzen der Disziplinen ähnlich, wie es die Theorien von Max Horkheimer, Theodor Adorno, Herbert Marcuse und Erich Fromm getan hatten. Etzioni hat ihnen – obwohl er wie diese Autoren auch ein jüdischer Emigrant aus Deutschland ist – einen gewissen amerikanischen Organisationspragmatismus voraus.

Die gegenwärtige Politikwissenschaft kann ohne Etzionis Theorie der Responsivität nicht mehr auskommen. Einen besonders starken Einfluss hat die „Aktive Gesellschaft“ auf die Arbeiten des Kölner Max-Planck-Instituts für Gesellschaftsforschung ausgeübt, wo vor allem Wolfgang Streeck, der Etzioni-Übersetzer, und Fritz W. Scharpf eine Theorie kollektiver Akteure entwickelt haben und diese, über Etzioni hinausgehend, mit institutionentheoretischen Überlegungen verbinden (Mayntz/Scharpf 1995; → Scharpf 1997). Etzionis Theorie der gesellschaftlichen Selbstregulierung und die neuere differenzierte Steuerungstheorie der Verhandlungssysteme und der Selbstregelung von Kollektiven beziehen sich auf vergleichbare Probleme. Doch dieser Einfluss ist nie sehr herausgestellt worden, denn der aktivistische und existentialistische Zug von Etzionis Handlungstheorie ist dem Kölner Szientismus bis heute eher fremd geblieben. Noch wenig ausgearbeitet und eher implizit angelegt war in der „Aktiven Gesellschaft“ die normative Grundlegung, um die sich Etzioni in seinen späteren Werken bemüht: In der „fairen Gesellschaft“ (1996) versucht er in einer Kritik der rationalen Entscheidungstheorie die Bedeutung des Normativismus zu belegen. In der „Verantwortungsgesellschaft“ (1997) entwickelt er ein universelles normatives Programm. hat.

## Literatur:

Amitai Etzioni, The Moral Dimension. Towards a New Economics, New York 1988 (DA: Die faire Gesellschaft. Jenseits von Sozialismus und Kapitalismus, Frankfurt a.M. 1996).

Amitai Etzioni, The New Golden Rule. Community and Morality in a Democratic Society, New York 1996 (DA: Die Verantwortungsgesellschaft. Individualismus und Moral in der heutigen Demokratie, Frankfurt a.M./New York 1997).

Amitai Etzioni, Die Entdeckung des Gemeinwesens. Ansprüche, Verantwortlichkeiten und das Programm des Kommunitarismus, Frankfurt a.M. 1998.

Renate Mayntz/Fritz W. Scharpf, Gesellschaftliche Selbstregelung und politische Steuerung, Frankfurt und New York 1995.

Walter Reese-Schäfer, Amitai Etzioni zur Einführung, Hamburg 2001.

*Walter Reese-Schäfer*

# Ernst Fraenkel, Deutschland und die westlichen Demokratien, Stuttgart 1964

*(VA: Mit einem Nachwort über Leben und Werk Ernst Fraenkels, hrsg. von Alexander Brünneck, Frankfurt a.M. 1991).*

Ernst Fraenkel (1898-1975) wuchs nach dem Tod seiner jüdischen Eltern bei seinem Onkel in Frankfurt am Main auf. Nach seiner Teilnahme am Ersten Weltkrieg (1916-1918) studierte er dort Rechtswissenschaft und Geschichte. Er promovierte, arbeitete als Assistent sowie als Dozent und ließ sich schließlich von 1927 bis 1938 als Anwalt in Berlin nieder. Als SPD-Mitglied vertrat er dort u.a. auch den SPD-Parteivorstand in öffentlich-rechtlichen Streitigkeiten. Aufgrund der für ihn immer bedrohlicher werdenden politischen Situation in Deutschland musste Fraenkel 1938 nach Amerika fliehen. Dort studierte er amerikanisches Recht an der Universität von Chicago, entwickelte Konzepte für ein Nachkriegsdeutschland und war für die amerikanische Regierung (u.a. als Berater in Südkorea) tätig. Nach dem Zweiten Weltkrieg kehrte Fraenkel nach Deutschland zurück. Er arbeitete zunächst als Dozent und später als Professor an der Deutschen Hochschule für Politik (heute: Otto Suhr-Institut) der FU Berlin. (Brünneck 1991, S. 360-371). Nicht zuletzt mit „Deutschland und die westlichen Demokratien" hat Fraenkel die deutsche Politikwissenschaft nachhaltig geprägt.

Fraenkels Werk müsste eigentlich den Titel „Deutschland und die anderen westlichen Demokratien“ tragen. Er ordnet die Verfassungsentwicklung der Bundesrepublik in die Tradition der westlichen Demokratien ein. Bei dem Band handelt es sich nicht um ein zusammenhängendes Werk, sondern um eine Zusammenstellung von zuvor in Zeitschriften und Sammelbänden publizierten Beiträgen sowie auf Kongressen und Tagungen gehaltenen Vorträgen. Fraenkel veröffentlichte den Band erstmals 1964 und baute ihn im Laufe der Zeit immer weiter aus. Die hier besprochene erweiterte Ausgabe von 1991 enthält die letzte von Fraenkel selbst verantwortete Ausgabe von 1974 (6. Aufl.) in ungekürzter und unveränderter Form sowie drei zusätzliche – die bisherigen Ausführungen ergänzende bzw. konkretisierende – Beiträge. Obwohl die in Fraenkels Buch zusammengefassten Abhandlungen unterschiedliche Themen zum Hauptgegenstand haben, durchzieht sie ein roter Faden: der Pluralismus oder – besser gesagt – der von Fraenkel beschriebene Neopluralismus. Die verschiedenen Abhandlungen sind zu zwei großen Themenblöcken zusammengefasst. Während sich Fraenkel im ersten Themenblock mit den „Belastungen der parlamentarischen Demokratie in Deutschland“ auseinandersetzt, fokussiert er im zweiten Themenblock die „Faktoren der politischen Willensbildung“. In diesem Abschnitt behandelt er in einem Beitrag den „Pluralismus als Strukturelement der freiheitlich-rechtstaatlichen Demokratie“.

Fraenkels Ansatz beruht grundsätzlich auf der Anerkennung der in westlichen Demokratien zu beobachtenden empirischen Realität, „dass die Verfolgung von Eigeninteressen einen essenziellen Bestandteil der menschlichen Natur bildet“ (S. 314). Dieser Annahme zufolge kann es a priori kein Gemeininteresse, sondern nur eine Vielzahl von Sonderinteressen geben. Im Gegensatz zu anderen Pluralismusvertretern, wie z.B. dem englischen Politikwissenschaftler Harold Laski, betrachtet Fraenkel den Staat jedoch nicht als reines „Konglomerat konkurrierender Interessengruppen“ (Brünneck 1991, S. 367 f.). Indem Fraenkel davon ausgeht, dass eine stabile Demokratie nicht nur Konflikt, sondern auch Konsens voraussetzt, wurde er zum Kritiker der „klassischen“ Pluralismustheorie und zugleich zum „Klassiker des Neopluralismus“ (Schmidt 2000, S. 230). Neben dem Souveränitätsanspruch des Staats betont Fraenkel die Notwendigkeit der Anerkennung eines nichtkontroversen Sektors, „in dessen Bereich ein consensus omnium besteht“ (S. 354), wozu er rechtstaatliche Verfahrensregelungen sowie allgemeinverbindliche inhaltliche Wertvorstellungen zähl. Im kontroversen Bereich sollen nach Fraenkel die zu Interessengruppen zusammengeschlossenen Individuen mit ihren Sonderinteressen um den Einfluss auf die staatliche Willensbildung konkurrieren. Die Aufgabe, die Interessengruppen in den politischen Willensbildungsprozess einzugliedern, obliege den Parteien und letztlich natürlich auch den Parlamenten. Fraenkel geht also davon aus, dass sich die Parteien „in den Dienst der Aufgabe stellen, das Gemeinwohl im Wege eines dialektischen Prozesses zu verwirklichen“ (S. 67). Am Ende dieses Prozesses stehe das Gemeinwohl: als „Resultante [...], die sich jeweils aus dem Parallelogramm der ökonomischen, sozialen, politischen und ideologischen Kräfte einer Nation dann ergibt, wenn ein Ausgleich angestrebt und erreicht wird, der objektiv den Mindestanforderungen einer gerechten Sozialordnung entspricht und subjektiv von keiner maßgeblichen Gruppe als Vergewaltigung empfunden wird“ (S. 34). Die Antwort auf „[d]ie Gretchenfrage einer jeden pluralistischen Demokratie [...], wie trotz der Anerkennung von kollektiv geltend zu machenden Partikularinteressen ein Gemeinwille gebildet und das Gemeinwohl gefördert werden kann“ (S. 353 f.), sieht Fraenkel folglich in dem Bestreben, „das bonum commune durch den Ausgleich der Gruppeninteressen im Rahmen des Staates unter Beachtung der Minimalerfordernisse einer allgemein gültigen Wertordnung zu erreichen“ (S. 354). Fraenkels Modell des Neo-Pluralismus ist die Modifizierung des „klassischen“ Pluralismusmodells und zugleich die (normative) Antipode zu den monistischen Modellen totalitärer Systeme – und (somit) die Antipode zu der Lehre Carl Schmitts (→ Schmitt 1927) und der Lehre Jean-Jacques Rousseaus (→ Rousseau 1762), den Fraenkel als „Apostel des Anti-Pluralismus“ (S. 307) bezeichnet.

Die Theorie des Pluralismus – auch die von Fraenkel vorgelegte Version des Neopluralismus – ist von verschiedenen Seiten und daher aus unterschiedlichen Blickwinkeln zum Teil heftig kritisiert worden (Schmidt 2000, S. 235-239). Gegen Ende der 1960er Jahre wurde in Deutschland – im Zuge der Verbreitung der kritischen Theorie der Demokratie – eine Pluralismuskritik vorgetragen, die sich intensiv mit Fraenkels Pluralismusmodell auseinandergesetzt hat. Die Hauptkritik an dem Pluralismusmodell Fraenkels sowie am Pluralismuskonzept im Allgemeinen richtet sich gegen die dort vertretene Annahme, dass sich das Gemeinwohl tatsächlich a posteriori herausbilden lässt. Dagegen wurde u.a. eingewandt, „dass sich in der politischen Realität nur bestimmte, nämlich die besonders konfliktfähigen Gruppeninteressen durchsetzten und dass sich der Staat zu weit den mächtigsten Partikularinteressen ausgeliefert habe“ (Brünneck 1991, S. 369). Die theoretische Annahme, durch die Parteien bzw. in den Parlamenten komme es zu einem Ausgleich zwischen (allen) konkurrierenden Gruppeninteressen, hält einer empirischen Überprüfung nicht standhält. Nicht alle Interessen sind – wie u.a. Mancur Olson (→ Olson 1965) herausgearbeitet hat – gleich organisations-

und konfliktfähig und münden über die katalysierende Funktion der Parteien in der „Resultante“, die Fraenkel als Gemeinwohl betrachtet (Schmidt 2000, S. 237 f.). Auch wenn – wie viele Vertreter der Theorie des Neopluralismus behaupten – der „empirische Einwand“ das Modell des Neopluralismus „als normative Theorie“ (Schmidt 2000, S. 237 f.) nicht beschädigt, so relativiert er doch dessen empirische Relevanz erheblich. Streng genommen ermöglicht die neopluralistische Methode nicht die Verwirklichung eines realen Gemeinwohls, sondern nur die bestmögliche Annäherung an ein fiktives Gemeinwohl. Damit bleibt der Neopluralismus – trotz der Kritik – grundsätzlich ohne Alternative. Aus diesem Grunde ist er maßgeblicher Bestandteil „des Selbstverständnisses aller modernen Demokratien“ (Brünneck 1991, S. 369), die aus politikwissenschaftlichen Lexika und Lehrbüchern nicht mehr wegzudenken ist. Somit ist Ernst Fraenkels „Deutschland und die westlichen Demokratien“ ein Schlüsselwerk, dessen Lektüre für jeden Politikwissenschaftler unabdingbar ist.

**Literatur:**

Alexander von Brünneck, Nachwort: Leben und Werk von Ernst Fraenkel, in: Ernst Fraenkel, Deutschland und die westlichen Demokratien, Neuausgabe, Frankfurt a.M. 1991, S. 360-372.

Hubertus Buchstein, Ernst Fraenkel als Klassiker?, in: Leviathan 26 (1998), S. 458-481.

Heinrich Erdmann, Neopluralismus und institutionelle Gewaltenteilung: Ernst Fraenkels pluralistische Parteienstaatstheorie als Theorie parlamentarisch-pluralistischer. Demokratie, Opladen 1988.

Manfred G. Schmidt, Demokratietheorien, 3. Aufl., Opladen 2000.

Alfons Söllner, Ernst Fraenkel und die Verwestlichung der politischen Kultur in der Bundesrepublik Deutschland, in: Leviathan 30 (2002), S. 132-154

Winfried Steffani, Ernst Fraenkel als Persönlichkeit, in: Zeitschrift für Politikwissenschaft 7 (1997), S. 1261-1285.

*Gerd Strohmeier*

## Carl Joachim Friedrich/Zbigniew Brzezinski, Totalitarian Dictatorship and Autocracy, Cambridge 1956

*(DA, VA: Carl Joachim Friedrich unter Mitarbeit von Zbigniew K. Brzezinski, Totalitäre Diktatur, Stuttgart 1957).*

„Totalitarian Dictatorship and Autocracy“ beansprucht eine „beschreibende Theorie einer neuen Staatsform“ (S. 7), des Totalitarismus, zu entwickeln. Die Hauptteile der Arbeit widmen sich der „Ideologie“, der „Partei und ihre[r] Führung“, „Propaganda und Terror“, der „Planwirtschaft“ und den „Inseln der Absonderung“ wie Familie und Kirche. Am Ende des Bandes steht ein Ausblick auf die Entwicklung und Zukunft der totalitären Diktatur. Obgleich als Autoren der US-amerikanischen Ausgabe gleichermaßen Carl Joachim Friedrich (1901-1984) und sein Schüler Zbigniew Brzezinski (geb. 1928) firmierten, prägte Friedrich die Ausformung des Totalitarismuskonzepts weit stärker. Für die deutsche Ausgabe wie die zweite Auflage des Buches zeichnete Friedrich allein verantwortlich. Bereits 1953 auf der zweiten großen Konferenz zur Totalitarismusforschung behauptete er, dass „a) die totalitäre Gesellschaft des Faschismus und die des Kommunismus sich in den Grundzügen gleichen, also mehr Ähnlichkeit miteinander als mit anderen Regierungs- und Gesellschaftssystemen haben und dass b) die totalitäre Gesellschaft historisch einzigartig und *sui generis* ist“ (Friedrich 1954, S. 179; Hervorhebung im Original). Diese Thesen seien eng verbunden und müssten gemeinsam untersucht werden. Damit formulierte er die zwei Kernaussagen der Hauptströmung der Totalitarismusforschung. Zusammen mit Brzezinski fügte er 1956 noch eine dritte These hinzu: Die totalitären Diktaturen seien in ihrer realen Form nicht von ihren Schöpfern geplant gewesen, sie seien vielmehr „im Verlauf der Bewältigung einer Reihe von Krisenlagen entstanden“ (S. 16).

Bereits 1953 hatte Friedrich fünf grundlegende Merkmale totalitärer Herrschaft genannt: 1. eine offizielle Ideologie mit chiliastischem Anspruch, 2. eine einzige Massenpartei, 3. das Waffenmonopol, 4. das Monopol der Massenkommunikationsmittel und 5. ein System terroristischer Polizeikontrolle. Wirtschaft. 1956 ergänzte er mit Brzezinski als sechstes Kriterium die zentral gelenkte Wirtschaft. Für Friedrich/Brzezinski mussten alle sechs Merkmale erfüllt sein, um von einer totalitären Diktatur zu sprechen. Mit Blick auf zwei der sechs Merkmale, das Waffenmonopol und die zentral gelenkte Wirtschaft, räumten sie ein, dass sie auch in demokratischen Verfassungsstaaten auftreten können.

Als Pionierfälle totalitärer Diktaturen nannten Friedrich und Brzezinski das faschistische Italien, das nationalsozialistische Deutschland und die kommunistische Sowjetunion. In der Zeit nach dem Zweiten Weltkrieg erfüllten nach Ansicht der Autoren auch die kommunistischen Satellitenstaaten und das kommunistische China die Merkmale totalitärer Diktaturen (S. 256). Die totalitären Ideologien unterscheiden Friedrich/Brzezinski hinsichtlich der „Zweckvorstellungen“ (S. 29). Der universalen Ideologie des Sowjetkommunismus, die sich an alle Proletarier wende, stünden die partikularen faschistischen Ideologien gegenüber, die sich jeweils an ein Volk wenden. Die totalitären Ideologien seien „mit der ganzen geistigen Überlieferung des Abendlandes verknüpft“, hätten diese aber „entstellt“ (S. 39). Aus dieser Perspektive erscheint die kommunistische Ideologie als ein „Fremdkörper in der chinesischen Kulturüberlieferung“ (S. 40).

Totalitäre Führer und ihre Gefolgschaft bildeten für Friedrich/Brzezinski eine „Art mystischer Einheit“ (S. 63). Der der Führer war für sie „undenkbar“ (S. 74) ohne die Unterstützung der Partei. Das Monopol der Massenbeeinflussung und der Terror waren für die Autoren eng miteinander verknüpft. Erst der Terror ermögliche das Nachrichtenmonopol. Die stetige Propaganda raube den Menschen die Möglichkeit zur unabhängigen Urteilsbildung, wenn sie nicht auf eine der „Inseln der Absonderung“ (S. 112) – die Familie, die Kirchen, die Wissenschaft oder das Militär – flöhen. Können andere Diktaturen darauf gerichtet sein, einen bestimmten Zustand zu erhalten, so gilt: „Der Totalitarismus ist ein revolutionäres System“ (S. 122). Friedrich und Brezezinski behaupteten, der damit verbundene Anspruch auf „Unfehlbarkeit seines ideologischen Dogmas“ führe totalitäre Regime zu ideologischer Intoleranz und zwinge sie „zu immer größerem Terror“. Diese These wurde durch die spätere Entwicklung kommunistischer Systeme falsifiziert.

Für Friedrich und Brzezinski schien es undenkbar, eine totalitäre Diktatur durch eine Revolution zu überwinden. Dies bedeutet aber nicht, dass sie glaubten, totalitäre Diktaturen seien stabiler als andere Herrschaftsformen. Auf lange Sicht erschien es den Autoren vielmehr unwahrscheinlich, dass der Totalitarismus sich als eine „lebensfähige Form gesellschaftlicher und politischer Organisation“ (S. 266) erweise. Verwundbar erschienen totalitäre Diktaturen ihnen durch eine Niederlage im Krieg und einen allmählichen Wandel zu einer traditionellen Autokratie. Ebenso wie Hannah Arendt (→ Arendt 1951) vertrat Friedrich eine „werterfüllt[e] Politikwissenschaft“ (Friedrich 1961). Aus seiner Verachtung für die totalitären Diktaturen machte er keinen Hehl. Sein Anliegen war es, nicht nur die Struktur und Funktionsweise der totalitären Diktaturen zu beschreiben, sondern auch zu erläutern, warum diese Herrschaftsform „entsetzlich“ (S. 13) ist. Anhänger einer wertfreien Wissenschaft wie Uwe Dietrich Adam kritisierten den Ansatz daher, weil Friedrich empirische und normative Aussagen vermengte (Adam 1975).

Von Kritikern wurde Friedrich/Brzezinski zudem immer wieder vorgeworfen, sie setzten Nationalsozialismus und Kommunismus gleich (u.a. Greiffenhagen/Kühnl/Müller 1972, passim). Allerdings behaupteten Friedrich/Brzezinski nur eine strukturelle Ähnlichkeit links- und rechtstotalitärer Diktaturen, nicht deren Identität. Nationalsozialismus und Kommunismus waren für sie „in ihren Absichten und Zielsetzungen nicht gleich“ (S. 17). Allerdings ebneten sie die Unterschiede zwischen linken und rechten Diktaturen teilweise unvertretbar stark ein. So heißt es bei ihnen etwa, die SED in der DDR habe „im Wesentlichen die Verhaltensweisen und Praktiken der Nationalsozialisten fortgeführt“ (S. 171).

Friedrichs Ansatz krankt etwas daran, dass ihm der Begriff der autoritären Diktatur fehlt. Im Bereich der Diktatur gab es für ihn nur totalitäre Diktaturen und Militärdiktaturen. Er verschloss sich somit den Zugang zu der Frage, ob in den kommunistischen Staaten nach dem Tod Stalins ein Wandel von der totalitären zur autoritären Diktatur erfolgte. Auf die Veränderungen im Sowjetblock reagierte er lediglich damit, dass ihm als Kriterium des Totalitarismus nunmehr statt einer „terroristisch agierenden Geheimpolizei“ eine „voll entwickelte Geheimpolizei“ (Friedrich 1969) galt. Das Dritte Reich und die Sowjetunion unter Stalin, auf die das Konzept ursprünglich gemünzt wurde, galten Friedrich nun als „äußerste Abweichungen“ vom totalitären Idealtyp. Mit dieser Begriffswende öffnete er eine Kluft zu dem Ansatz von Arendt (→ Arendt 1951). Für sie blieb der Terror das Kernmerkmal des Totalitarismus. Damit waren für Arendt nur die NS-Diktatur ab 1938 und die Sowjetunion unter Stalin totalitär. Friedrichs Erweiterung des Begriffsinhalts sahen Kritiker wie Martin Jänicke (1971) als „theoretisch nicht begründete[n] Rückzug“ (S. 243) an. Achim Siegel interpretierte diese Veränderung dagegen als logische Weiterentwicklung des klassischen Ansatzes (Siegel 1998, S. 299).

Die Rezeption des Werks von Friedrich/Brzezinski verlief wellenartig. Erst war das Buch vom Erscheinen bis Ende der 1960er Jahre hoch geachtet. Die Wertschätzung zeigte sich nicht zuletzt darin, dass Friedrich, der „amerikanische Politikwissenschaftler aus Heidelberg“ (Lietzmann 1998), 1962 Vorsitzender des amerikanischen Verbands der Politikwissenschaftler (APSA) und ab 1967 Vorsitzender des Weltverbands (IPSA) wurde. Die Wahrnehmung von Friedrichs Totalitarismusansatz änderte sich allmählich in der zweiten Hälfte der 1960er Jahre. Ein bedeutender Teil der Sozialwissenschaftler sah den Ansatz nun als unwissenschaftlich und/oder antikommunistisch gefärbt an. Nachdem der Totalitarismusansatz über Jahrzehnte ein Schattendasein in der Politikwissenschaft führte, erlebte er eine Renaissance, nachdem die sowjetkommunistischen Diktaturen zusammenbrachen. Im Zuge dessen wurden die älteren Konzepte auf ihre wissenschaftliche Tragfähigkeit geprüft, so auch der Ansatz von Friedrich (u.a. Fritze 1995; Siegel 1998).

Ein Schlüsselwerk der Politikwissenschaft ist das Buch, weil es in systematischer Weise einen wesentlichen Bereich der Welt der Diktaturen für den Bereich der vergleichenden politikwissenschaftlichen Analyse öffnete. In den Jahrzehnten zuvor waren anspruchsvolle Arbeiten auf dem Gebiet der Vergleichenden Regierungslehre auf den Bereich der Demokratien beschränkt geblieben. Problematisch an der um sich greifenden Kritik am Totalitarismusansatz war, dass ein bedeutender Teil, nicht dessen Schwächen überwinden, sondern ihn aus der Forschung verbannen wollte. Bis heute ist die empirische Diktaturforschung daher unterentwickelt.

## Literatur:

Uwe Dietrich Adam, Anmerkungen zu methodologischen Fragen in den Sozialwissenschaften: Das Beispiel Faschismus und Totalitarismus (1975), in: Manfred Funke (Hrsg.), Totalitarismus. Ein Studien-Reader zur Herrschaftsanalyse moderner Diktaturen, Düsseldorf 1978, S. 13-48.

Carl Joachim Friedrich, Der einzigartige Charakter der totalitären Gesellschaft (1954), in: Bruno Seidel/Siegfried Jenkner (Hrsg.), Wege der Totalitarismus-Forschung, Darmstadt 1968, S. 179-196.

Carl Joachim Friedrich, The Evolving Theory and Practice of Totalitarian Regimes, in: Ders./Michael Curtis/Benjamin Barber, Totalitarianism in Perspective. Three Views, New York 1969, S. 123-164.

Carl Joachim Friedrich, Die politische Wissenschaft, Freiburg 1961.

Lothar Fritze, Unschärfen des Totalitarismusbegriffs. Methodologische Bemerkungen zu Carl Joachim Friedrichs Begriff der totalitären Diktatur (1995), in: Eckhard Jesse (Hrsg.), Totalitarismus im 20. Jahrhundert. Eine Bilanz der internationalen Forschung, 2. Aufl., Baden-Baden 1999, S. 305-319.

Martin Greiffenhagen/Reinhard Kühnl/Johann Baptist Müller: Totalitarismus. Zur Problematik eines politischen Begriffs, München 1972.

Hans J. Lietzmann, Die Entwicklung der Totalitarismustheorie Carl Joachim Friedrichs, unveröffentlichte Habilitationsschrift, Marburg 1997.

Martin Jänicke, Totalitäre Herrschaft. Anatomie eines politischen Begriffs, Berlin 1971.

Achim Siegel, Carl Joachim Friedrichs Konzeption der totalitären Diktatur – eine Neuinterpretation, in: Ders. (Hrsg.), Totalitarismustheorien nach dem Ende des Kommunismus, Köln/Weimar 1998, S. 273-307.
Angelika Stoll, Die Totalitarismuskonzeption von C. J. Friedrich, unveröffentlichte Dissertation, Bayreuth 1980.

*Steffen Kailitz*

## Johan Galtung, Strukturelle Gewalt. Beiträge zur Friedens- und Konfliktforschung, Reinbek bei Hamburg 1975.

Wohl kaum ein Wissenschafter hat die Friedens- und Konfliktforschung so stark beeinflusst wie der norwegische Mathematiker und Soziologe Johan Galtung. 1930 in Oslo als Sohn des damals kommandierenden Generals von Norwegen geboren, hegte Galtung immer schon Zweifel an der Möglichkeit, man könne Konflikte durch Gewalt lösen. Diese Haltung brachte ihn dazu, den Militärdienst zu verweigern und dafür eine sechsmonatige Gefängnisstrafe in Kauf zu nehmen. 1959 gründete Galtung das Internationale Institut für Friedensforschung in Oslo und 1964 das „Journal of Peace Research". Galtung lehrte als Gastprofessor an mehr als 40 Universitäten in aller Welt und wurde 1987 mit dem Alternativen Nobelpreis ausgezeichnet. Er gründete 1989 das Entwicklungs- und Friedensnetzwerk für Konfliktforschung und Globalisierung „Transcend", berät verschiedene UNO-Organisationen und vermittelt bei Konflikten (u.a. in Peru und Sri Lanka).

Galtung machte sich weltweit einen Namen mit seinem Konzept der strukturellen Gewalt. Dieses Konzept sollte den klassischen Gewaltbegriff erweitern, der aus seiner Sicht lediglich Formen des physischen oder psychischen Zwangs umfasst, die einem Täter oder einer Tätergruppe zuzurechnen sind. Galtung schlug nunmehr vor, immer dann von Gewalt zu sprechen, „wenn Menschen so beeinflusst werden, dass ihre aktuelle somatische und geistige Verwirklichung geringer ist" als ihre „potentielle Verwirklichung" (S. 9). Würden menschliche Grundbedürfnisse wie Überleben, allgemeines körperliches Wohlbefinden, die persönliche Identität oder die Freiheit, zwischen verschiedenen Möglichkeiten auswählen zu können, verletzt, herrsche Gewalt.

Mit dieser Ausweitung umfasst der Gewaltbegriff Galtungs alles, was Menschen daran hindert, sich voll zu entfalten. Darunter fallen nicht nur alle Formen direkter und personaler Gewalt, sondern auch Diskriminierung, die ungleiche Verteilung von Einkommen und Ressourcen sowie eingeschränkte Lebenschancen aufgrund von Armut, Naturkatastrophen und Umweltverschmutzung. Galtung unterscheidet sechs Dimensionen von Gewalt: 1. physische versus psychische; 2. negative versus positive Einflussnahme; 3. objektbezogene versus objektlose Gewalt; 4. personale versus nicht personale Gewalt; 5. intendierte versus nicht intendierte Gewalt und 6. manifeste versus latente Gewalt. Das Spezifische der strukturellen Gewalt sei das Fehlen genau bestimmbarer Täter und Opfer: Weder müssten personale Akteure erkennbar gewaltsam handeln, noch müssten die Opfer Gewalt empfinden. Vielmehr sei die Gewalt in die soziale Struktur eingebaut und die eingeschränkten Lebensnormen seien bereits verinnerlicht. Während die Opfer personaler Gewalt diese wahrnehmen und sich dagegen wehren könnten, werde strukturelle Gewalt von den Opfern als naturgegeben betrachtet. Mit folgendem Beispiel verdeutlicht Galtung seine Sichtweise: Eine Lebenserwartung von nur 30 Jahren sei in der Steinzeit kein Ausdruck von Gewalt gewesen, in der Gegenwart erfülle dieselbe Lebenserwartung aber seine Definition von Gewalt. Er nannte sechs Faktoren in der Sozialstruktur, die eine ungleiche Verteilung der Lebenschancen aufrechterhalten und so dem System der strukturellen Gewalt dienen würden: 1. eine Rangordnung, die keinen Zweifel daran lässt, welcher Akteur in der sozialen Ordnung höher steht; 2. azyklische Verhaltensmuster, die nur einen richtigen Weg der Interaktion der Individuen erlauben; 3. ein Zusammenhang zwischen Rang und Stellung innerhalb des Systems, der sicherstellt, dass die Stellung eines Akteurs im Interaktionsnetz abhängig ist von seinem Rang innerhalb des Systems; 4. eine Übereinstimmung der Systeme, die die strukturelle Gleichheit aller Beziehungsnetze bestimmt, 5. ein Akteur, der in einem System eine hohe Position einnimmt, hat in der Regel auch in den anderen Systemen, in denen er vertreten ist, eine hohe Position, 6. diese Bündelung hoher Ränge auf verschiedenen Ebenen bedeutet, dass die Akteure einer Ebene auf der nächst höheren Ebene durch den Akteur vertreten werden, der auf ihrer Ebene den höchsten Rang inne hat. Gesellschaftssysteme neigen nach Galtung dazu, alle sechs Mechanismen zu entwickeln und damit den Rahmen für eine Verschärfung der Ungleichheit zu bilden. In diesen Systemen sei Gewalt angelegt. Sie hätten für die Betroffenen sowohl physische als auch psychische Schäden zur Folge. Damit nahm Galtung eindeutig Bezug auf die marxistische Theorie Herbert Marcuses. Dieser hatte in den 1960er Jahren für die westlichen Nationen einen Zustand beständiger Repression diagnostiziert und den darin Unterdrückten ein „Naturrecht auf Widerstand" zugesprochen (Marcuse 1966).

Galtung räumte ein, wie ausgesprochen weit dieser Gewaltbegriff ist. Um den Begriff Gewalt nicht „zu sehr zu strapazieren", könne man bei struktureller Gewalt auch von „sozialer Ungerechtigkeit" sprechen. Sein Gewaltbegriff führte Galtung zugleich zu einer Erweiterung des Friedensbegriffs. Er bezeichnete das Fehlen direkter, personaler Gewalt als negativen Frieden. Positiver Frieden herrsche hingegen, wenn es keine strukturelle Gewalt gebe. Sowohl das Konzept der strukturellen Gewalt als auch die Unterscheidung in positiven und negativen Frieden wurden von einer starken Strömung der Friedensforschung, die sich in den 1970er Jahren in Europa entwickelt hatte, begeistert aufgenommen und Galtung stieg zu ihrem prominentesten Vertreter auf. Dieser Wissenschaftszweig, der sich selbst als „kritische Friedensforschung" bezeichnete, wollte Gegenbegriffe zur traditionellen Konfliktforschung schaffen und sich nicht darauf beschränken, auf die Stabilisierung der internationalen und interstaatlichen Beziehungen hinzuarbeiten, sondern die Ursachen der Konflikte aufdecken und soziale Gerechtigkeit verwirklichen. Während Wissenschaftler wie Dieter Senghaas (u.a. 1972) den Terminus der strukturellen Gewalt übernahmen und sich später auch Niklas Luhmann und Jürgen Habermas bei ihrer Gesellschaftskritik auf das Konzept stützten, kritisierten andere wie etwa Iring Fetscher (1977), Peter Graf Kielmansegg (1979) und Peter Imbusch (2002) den Begriff strukturelle Gewalt heftig. Er sei viel zu schwammig, um als trennscharfe und präzise Definition zu taugen und ermögliche, jede Radikalisierung von Protest als legitime Gegengewalt zu einer vermeintlich herrschenden strukturellen Gewalt zu rechtfertigen. Die Befürworter des Konzepts der strukturellen Gewalt entgegneten, das Gegenteil von Gewalt sei nicht Gegengewalt, sondern Gewaltfreiheit. Zudem erlaube das Konzept erstmals sich mit Gewaltformen auseinanderzusetzen, denen keine direkten Täter zugeordnet werden könnten.

Ungeachtet der Kritik an seinem Konzept der strukturellen Gewalt erweiterte Galtung seine Definition des Gewaltbegriffs in den 1990er Jahren nochmals, indem er den Terminus der „kulturellen Gewalt" einführte. Unter „kultureller Gewalt" versteht Galtung jene Aspekte der Kultur, die direkte oder strukturelle Gewalt rechtfertigen können – etwa Flaggen, Hymnen oder Plakate. Die kulturelle Gewalt legitimiert nach Galtungs Ansicht die personale und die strukturelle Gewalt, indem sie den Machthabern das Recht gibt, Gewalt gegen Gruppen anzuwenden, die als Feinde wahrgenommen werden. Galtung definiert Frieden nun als die Fähigkeit, Konflikte gewaltfrei, mitfühlend und kreativ zu lösen. Konflikte seien dagegen eine komplexe Mischung aus Einstellungen, Verhaltensweisen und Widersprüchen. Bewaffnete Auseinandersetzungen lägen in einer scheinbaren Unvereinbarkeit von Zielen und Interessen begründet, um die Freund-Feind-Schemata aufgebaut würden, die alles Negative auf den Gegner projizierten. Dabei wirken nach Galtung unter der Oberfläche einer Kultur tiefenkulturelle Prozesse, tiefenpsychologisch verwurzelte Verhaltensweisen und tiefe Widersprüche, die letztlich zum Ausbruch von Gewalt führten.

**Literatur:**


Johan Galtung, Frieden mit friedlichen Mitteln. Frieden und Konflikt, Entwicklung und Kultur, Opladen 1998.

Johan Galtung, Gewalt, Frieden und Friedensforschung, Reinbek bei Hamburg 1980.

Peter Imbusch, Der Gewaltbegriff, in: Wilhelm Heitmeyer/John Hagan (Hrsg.), Internationales Handbuch der Gewaltforschung, Wiesbaden 2002, S. 26-75.

Peter Graf Kielmansegg, Zum Begriff der strukturellen Gewalt. Eine Debatte zwischen Egbert Jahn und Peter Graf Kielmansegg, in: DGFK-Informationen Friedens- und Konfliktforschung, Heft 1, Bonn 1979, S. 22.

Peter Lawler, A Question of Values. Johan Galtung's Peace Research, Boulder 1995.

Iring Fetscher, Strukturelle Gewalt. Entstehung, Bedeutung und Funktion eines sozialwissenschaftlichen Modewortes, in: Wiener Beiträge zur Geschichte der Neuzeit, Bd. 4, München 1977, S. 85-93.

Michael Roth, Strukturelle und personale Gewalt. Probleme der Operationalisierung des Gewaltbegriffs von Johan Galtung, Frankfurt a.M. 1988.

Hajo Schmidt/Uwe Trittmann (Hrsg.), Kultur und Konflikt – Dialog mit Johan Galtung, Münster 2002.

Dieter Senghaas (Hrsg.), Imperialismus und strukturelle Gewalt. Analysen über abhängige Reproduktion, Frankfurt a.M. 1972.

Herbert Marcuse, Repressive Toleranz, in: Robert Paul Wolff/Barrington Moore/Herbert Marcuse, Kritik der reinen Toleranz, Frankfurt a.M. 1966, S. 91-128.


*Susanne Kailitz*

## Ted Robert Gurr, Why Men Rebel, Princeton 1970

*(= VA; DA: Rebellion. Eine Motivationsanalyse von Aufruhr, Konspiration und innerem Krieg, Düsseldorf 1977).*

In den Jahren 1968-69 war Ted Robert Gurr Kodirektor einer Expertengruppe, der „National Commission on the Causes and Prevention of Violence“. Diese hatte die Aufgabe, Formen und Ursachen der Unruhen der Schwarzen in den großen Städten der USA, vor allem in den Jahren 1967 und 1968, auch im internationalen Vergleich und in Abgrenzung zu anderen Formen der Gewalt und des Protests zu analysieren (Graham/Gurr 1969). Den theoretisch breitesten Rahmen hat dabei Gurr, damals Associate Professor für Politikwissenschaft an der Northwestern University, entwickelt. Ergebnis war eine Vielzahl an Veröffentlichungen, die in „Why Men Rebel“ gipfelte. Gurr erhielt dafür 1970 den Preis der „Woodrow Wilson Foundation“ für das beste in den USA veröffentlichte Buch über die Regierung, die Politik und internationale Beziehungen. Dabei finden sich die grundlegenden Argumente und Tests in sehr gedrängter Form bereits in Gurr (1968). Inzwischen ist das Buch in zahlreiche Sprachen übersetzt worden, auch ins Deutsche.

Der Hauptteil besteht aus zehn Kapiteln, deren Verzahnung leicht erkennbar wird. In Kapitel 1 wird politische Gewalt so definiert: „all collective attacks within a political community against the political regime, its actors – including competing political groups as well as incumbents – or its policies” (S. 3 f.). Drei Formen unterscheidet Gurr: Aufruhr, Verschwörung, innerer Krieg. Im Sinne einer integrierten Theorie wird anschließend der Aufbau der Untersuchung dargelegt: „The primary causal sequence in political violence is first the development of discontent, second the politicization of that discontent, and finally its actualization in violent action against political objects and actors. Discontent arising from the perception of relative deprivation is the basic, instigating condition for participants in collective violence” (S. 12 f.). Theoretischen Konzepten wie Frustration, Entfremdung, Antrieb und Zielkonflikte, Bedürftigkeit und Belastung schenkt Gurr ebenfalls Aufmerksamkeit.

In Kapitel 3 geht es um Reichweite und Intensität relativer Benachteiligung und ihre Determinanten. Gurr unterscheidet vier Formen der Diskrepanz von Werterwartungen und den Fähigkeiten der Menschen, diese zu erfüllen: 1. konstante Erwartungen, abnehmende Fähigkeiten (dekrementelle Benachteiligung); 2. zunehmende Erwartungen, konstante Fähigkeiten (aspirative Benachteiligung); 3. steigende Erwartungen, mit geringerer Rate steigende Fähigkeiten (fortschreitende Benachteiligung) und 4. konstante Erwartungen, Fähigkeiten konstant unter diesen (fortbestehende Benachteiligung). Dabei nimmt er die Vergleichsmodi eigener Positionen (und der eigener Gruppen) in Vergangenheit, Gegenwart und Zukunft aus der in Umfragen beliebten Cantril-Skala auf, kombiniert diese aber nicht unmittelbar mit der üblichen direkten Sicht auf Vergleichsgruppen im Sinne der Bezugsgruppentheorie. Kapitel 4 und 5 arbeiten soziale Ursachen von Benachteiligung heraus, Kapitel 4 solche für steigende Erwartungen (Demonstrationseffekte in Form neuer Lebensweisen und Ideologien sowie von Wertungleichgewichten), Kapitel 5 diejenigen für Kapazitäten zur Werterreichung (Wohlfahrtsfaktoren, interpersonale und machtbezogene Werte jeweils im Hinblick auf politische Gewalt).

Kapitel 6 beschäftigt sich mit den Auswirkungen von Sozialisation, Tradition und Legitimität auf politische Gewalt und stellt dabei zwei grundlegende Hypothesen gegenüber, nämlich die Rechtfertigung politischer Gewalt aus normativen und aus utilitaristischen Motiven. Besonders wichtig in diesem Abschnitt sind Gurrs Ausführungen über die Legitimität des politischen Systems und die Politisierung von Unzufriedenheit, in denen – auch jenseits seines eigenen theoretischen Rahmens, der erweiterten Deprivationstheorie – viele grundlegende Dinge gesagt werden, die voreilige Kritiker des Deprivationsansatzes oft übersehen haben. Kapitel 7 vertieft die Analyse der Erklärungsfaktoren Ideologie, Nützlichkeitserwägungen und Kommunikation aggressiver Symbole.

Kapitel 8 zur Balance der repressiven Kräfte und 9 zur institutionellen Unterstützung wenden sich den intervenierenden Variablen zu. Zunächst diskutiert Gurr die Auswirkungen repressiver Regime. Diese regen Proteste besonders auf einem mittleren Repressionsniveau an, weil das Regime wirtschaftliche und andere Frustrationen und Deprivationen noch durch Repression verstärkt. Das Regime kann nämlich die Proteste mangels eines extrem harten Einsatzes nicht unterbinden. In diesem Kapitel finden sich zahlreiche Hypothesen zur Bedeutung des Einsatzes von Repression in unterschiedlichen politischen Systemen, die andere Autoren aufgenommen haben. Zu den Faktoren institutioneller Unterstützung von Protest gehören das Zahlenverhältnis von Regimetreuen, aktiven Dissidenten und Neutralen, Zusammenhalt und Komplexität der Organisation der Rebellen und aus dem politischen Prozess erwachsende Gelegenheiten.

In Kapitel 10 fügt Gurr die die einzelnen Hypothesen blockweise zu zahlreichen theoretischen Modellen in einer Fülle von Schaubildern zusammen. Dabei gibt Gurr auch spezifische Erklärungen für die drei Formen der abhängigen Variable: Aufruhr, Verschwörung und innerer Krieg. Ein empirischer Test des theoretischen Modells fand sich bereits in einer früheren Publikation in der „American Political Science Review" (Gurr 1968). Im Buch von 1970 führt Gurr nur einzelne Befunde illustrierend angeführt.

Die Kritik richtet sich zum einen gegen erhebliche theoretische Defizite, zum anderen auf die empirischen Tests von Gurr. So ist moniert worden, dass zwar die Variable staatliche Repression einbezogen wird, nicht aber die Tatsache, dass dort, wo die Staatsgewalt massiv gegen eigene Bürger eingesetzt worden ist (Pogrome bis hin zu Völkermorden), die Opferzahl politischer Gewalt um ein Vielfaches höher liegt. Ferner erweist sich die Haupterklärungsvariable, relative Benachteiligung, in der Auseinandersetzung mit dem Ressourcen-Mobilsierungsansatz (Tilly 1978, Zimmermann 1998) eher als zweitrangig. Es handelt sich um keine zwingend notwendige Variable für gewaltsamen Protest. Relative Benachteiligung erklärt die Entstehung von Protesten weder präzise noch theoretisch zwingend. Protestler bedürfen, auch angesichts des Trittbrettfahrerproblems bei der Organisation kollektiver Proteste (→ Olson 1965) meistens erheblicher organisatorischer und anderer Ressourcen. Freilich sind diese Überlegungen Gurr nicht fremd, ebenso wie er dem Vorwurf entgeht, vermittelnde Variablen des Systems (bei Gurr 1968 zusammengefasst unter strukturelle und soziale Erleichterung) nicht hinreichend gesehen zu haben. Auch bleibt die Einwirkung vom Ausland kommender wirtschaftlicher und politischer Einflussgrößen weitgehend unberücksichtigt. Folgt man aber der synthetischen Leistung von Gurr, so sind wenige nachfolgende theoretische Argumente in der Literatur bei ihm nicht wenigstens gestreift. Geht man aber von seinem eigenen theoretischen Erklärungsmodell und dem damit erhobenen Anspruch aus, sind die theoretischen Einwände zwingend. Empirisch sieht es schlimmer aus (siehe die Detailkritik bei Zimmermann 1977, S. 40-81). Individuelle Zustände des Bewusstseins werden durch wirtschaftliche und politische Aggregatvariablen erfasst. Die Kontrolle von Drittvariablen ist oft unzureichend, die summarische Verwendung von Indizes verbindet zu viele disparate Komponenten.

Unmittelbar und über seine Schüler hat Gurr in dieser theoretisch-empirischen Forschungsrichtung vorwiegend bis 1980, der Veröffentlichung seines „Handbook of Political Conflict", und später in stärker verstreuter Weise gewirkt. Dazu trug auch Gurrs langjährige Herausgabe von „Comparative Political Studies", einer der führenden Fachzeitschriften, bei. Höhepunkt war dort die Publikation des Beitrags „Civil Conflict in the 1960s" (1973) zusammen mit Robert Duvall.

Gurr selbst ist dem berechtigten Vorwurf, vom Staat ausgehende Gewalt nicht hinreichend berücksichtigt zu haben, durch ein breit angelegtes Forschungsprogramm über gefährdete Minderheiten (2000) entgegengetreten, dessen Datenreihen inzwischen im Sinne einer gesellschaftlichen internationalen Dauerbeobachtung fortgeschrieben werden. Folgt man dem „Social Science Citation Index", einer der am wenigsten verfänglichen Quellen für internationale wissenschaftliche Reputation, so gehört Gurr regelmäßig zu den zehn am häufigsten zitierten Wissenschaftlern im Feld der Vergleichenden Politikwissenschaft. Dazu legte „Why Men Rebel" die Grundlage. Es ist ein Werk, das noch heute mit großen Gewinn zu lesen ist.

**Literatur:**

Ted Robert Gurr, A Causal Model of Civil Strife. A Comparative Analysis Using New Indices, in: American Political Science Review 62 (1968), S. 1104-1124.

Ted Robert Gurr/Robert Duvall, Civil Conflict in the 1960s, in: Comparative Political Studies 6 (1973), S. 135-170.

Hugh Davis Graham/Ted Robert Gurr (Hrsg.), Violence in America: Historical and Comparative Perspectives, New York 1969.

Charles Tilly, From Mobilization to Revolution, Reading 1978.

Ekkart Zimmermann, Soziologie der politischen Gewalt. Darstellung und Kritik vergleichender Aggregatdatenanalyen aus den USA, Stuttgart 1977.

Ekkart Zimmermann, Ressourcenmobilisierung und Gewalt, in: Forschungsjournal Neue Soziale Bewegungen 11 (1998), Nr. 4, S. 55-67.

*Ekkart Zimmermann*

## Ernst B. Haas, Beyond the Nation-State. Functionalism and International Organization, Stanford 1964.

Wie bei vielen Politikwissenschaftlern seiner Generation prägte bei Ernst B. Haas die Biographie sein Werk. Am 31. März 1924 in Frankfurt am Main geboren, emigrierte er mit seiner Familie 1938 in die USA. Die Wahl des Studienfaches und das Interesse an Fragen der internationalen Politik, vor allem an der friedlichen Kooperation von Staaten, führte Hass stets auf seinen Lebenslauf zurück. Bereits 1943 wurde er im Studium (Politikwissenschaft und International Relations) zum Kriegsdienst eingezogen. 1946 setzte er es an der Columbia University in New York fort (M.A. 1950) und promovierte in Public Law and Government (1952). Nach einem kurzen Lehraufenthalt an der Universität von Chicago ging er an die Universität von Kalifornien in Berkeley (1951). Er war Mitglied verschiedener Kommissionen, u.a. der „Task Force on International Institutions“ (Murphy Commission, 1977), und diente dem amerikanischen Außenministerium als Berater. Haas verstarb am 6. März 2003.

Im Mittelpunkt aller Forschung stand für Haas die Frage nach der Natur und Entwicklung von Nationalstaaten, insbesondere nach den Bedingungen, unter denen sie sich regional integrieren und friedlich kooperieren. Insofern ist die von ihm weiter entwickelte Theorie der funktionalen Integration den idealistischen Theorien der Internationalen Beziehungen zuzuordnen. Faszination übte auf ihn der Integrationsprozess der sechs europäischen Staaten seit 1950 aus, die noch wenige Jahre zuvor einen blutigen Krieg gegeneinander geführt hatten. Ihnen gilt seine Untersuchung „The Uniting of Europe“ (Haas 1958). Er bezieht sich dabei auf den Theorieansatz des Funktionalisten David Mitrany (→ Mitrany 1966), der von technokratischer, sachbezogener Zusammenarbeit jenseits der politischen Ebene als Ansatzpunkt von Integration ausgeht. Er verfeinert den Funktionalismus Mitranys durch einen sozialwissenschaftlich geprägten Forschungsansatz, der Hypothesen empirisch überprüft und soziale, ökonomische und politische Daten berücksichtigt. Mit seinen Arbeiten wurde Haas zum führenden Vertreter des Neofunktionalismus.

Sein Werk „Beyond the Nation-State“ ist nicht ohne seine Erkenntnisse aus der empirisch fundierten Untersuchung des erfolgreich verlaufenden Prozesses der europäischen Integration nach 1950 zu verstehen (Haas 1958). Er schloss daraus, dass wirtschaftliche Kooperation mit dem Ziel, Wohlfahrtsgewinne zu erreichen, Integration begünstigt. In seiner Studie über den europäischen Prozess fragte er danach, wie und warum Staaten Einschränkungen ihrer Souveränität hinnehmen, freiwillig verschmelzen und mit dem Verlust an Souveränität neue Problemlösungskompetenz hinzu gewinnen. Er erkennt eine gestufte Abfolge von wirtschaftlichen und politischen Schritten, die von technokratischer über ökonomische Kooperation zur politischen Integration führt und schließlich eine „politische Gemeinsamkeit“ mit neuer Qualität entstehen lässt. Zwei Voraussetzungen sind für seine Theorie zentral: der Übersprungeffekt (spill-over) und der Lernprozess von Eliten. Frühere Entscheidungen in integrierten Bereichen verlangen danach, in neuen funktional verbundenen Kontexten bearbeitet zu werden: „If actors, on the basis of their interest-inspired perceptions, desire to adapt integrative lessons learned in one context to a new situation, the lesson will be generalized" (S. 64). Dieser Übersprungeffekt (spill-over) führe so zu weiterer Integration. Haas bezeichnete dies als eine expansive Logik sektoraler Integration.

Integration versteht Haas folglich als einen Prozess, in dem Akteure ihre Loyalitäten, Erwartungen und politischen Aktivitäten vom Nationalstaat auf ein neues Zentrum verlagern, dessen supranationale Organe eigenständige Kompetenzen gegenüber Nationalstaaten inne haben. Langfristig könne der Prozess das internationale System grundlegend verändern, indem Nationalstaaten ihre Rolle zugunsten funktionaler Zusammenschlüsse einbüßen.

Eine zentrale Rolle im Vergemeinschaftungsprozess spielen internationale Organisationen, die das Erreichte (u.a. durch Überwachen der Regeln) stabilisieren und ihrerseits den weiteren Integrationsprozess vorantreiben. Dies überprüft Haas in „Beyond the Nation-State". Hierbei bezieht er neben funktionalistischen auch systemtheoretische Elemente in seine Untersuchung ein. Das in drei Teile gegliederte Werk setzt sich im ersten Teil ausführlich mit den Annahmen des Funktionalismus und der Systemtheorie auseinander. Haas korrigiert das Konzept des Funktionalismus, besonders Mitranys Ansatz. Kernaussagen sind: 1. Macht ist nicht zu trennen von Wohlfahrt, sondern wird eingesetzt, um sie zu erreichen. Dennoch ist funktionale Integration möglich. 2. Lernprozesse bewirken nicht die Abkehr politischer Akteure von Macht. Lernprozesse entstehen nicht automatisch und sie tragen nicht automatisch zur Integration bei, sondern entstehen, wenn sie dem Selbstinteresse der Akteure entsprechen. 3. Wohlfahrtorientierung ist nicht nur abhängig davon, dass Experten und zivilgesellschaftliche Gruppen den Prozess tragen. Zusätzlich sind die regionale Begrenzung des Projekts und der tragenden Gruppen sowie ihre Symmetrie (Stärke, Position im Nationalstaat) entscheidend, um die notwendige Homogenität von Werten und Erwartungen zu garantieren. 4. Die Annahme der Funktionalisten, erfolgreiche Zusammenarbeit von Experten in internationalen Organisationen führe zur Übertragung von politischer Loyalität vom Nationalstaat auf diese Institutionen, trifft nur in Abhängigkeit vom politischen System zu und wird nicht in totalitären oder oligarchisch geprägten Staaten zu finden sein.

Die Frage, welchen Einfluss eine internationale Organisation auf die Transformation des internationalen Systems hat, steht im Zentrum des zweiten Teils von Haas' empirischer Untersuchung. Als Modell gilt ihm die 1919 gegründete, nun zum UN-System gehörende „International Labor Organization" (ILO). Er prüft 1., welchen Einfluss das Umfeld, also Regierungspolitik, Verwaltung, Führung, Ideologie und das internationale Recht auf die ILO haben (input); 2., welche Faktoren ein Wachstum der Organisation annehmen lassen und 3., welche funktionale Wirkung die kollektiven Entscheidungen der ILO auf das internationale System haben.

Haas untersucht, ob es der ILO in den verschiedenen Perioden seit 1919 gelang, weitere Personen und Bürokratien einzubinden und Probleme zu bewältigen, die aus vorhergehender Kooperation von Bereichen erwachsen sind und ob der Prozess immer größere Personenkreise erfasste. Er fragt sich weiterhin, ob Eliten einen Lernprozess durchlaufen, in dem sie erfahren, dass funktionale Integration ihren Interessen und der Wohlfahrt ihres Landes dient und sie vom Integrationsprozess profitieren. Und er untersucht, ob der Lernprozess der Eliten zu weiterer funktionaler Kooperation führt, zum Überspringen (spill-over) auf andere Bereiche, und ob transnationale Interessensgruppen sich organisieren und gemeinsam auf die supranationalen Organisationen einwirken.

Das im dritten Teil diskutierte Ergebnis der Untersuchung fällt zwiespältig aus. Der Einfluss der Organisation auf das internationale System ist geringer, als es die funktionale Idee erwarten ließ. Haas kann nicht nachweisen, dass die zunehmende Bedeutung wissenschaftlicher Erkenntnisse für die Politik und die wachsende Zahl von Wissenschaftlern und Technokraten in multilateralen Organisationen und Foren zu einer Änderung der Politik führen oder dass diese ihre Mitglieder zu Verhaltensänderungen zwingen. So konstatiert Haas, dass das internationale System sich ohne entscheidende Wirkung auf die nationale Ebene verändert. Zwar wuchsen internationale Legitimität und Autorität der ILO, aber diese Entwicklung ging auf die veränderte Natur des Umfelds und des internationale Systems zurück und nicht auf Effekte aus der Sozialpolitik der Organisation. Nicht Experten der ILO, sondern nationale Akteure wirkten entweder stärkend oder schwächend auf Institutionen ein, die sich mit Wohlfahrt auf der internationalen Ebene befassen. Aus unbeabsichtigten Ergebnissen des Wechselspiels zwischen den Handelnden werden sich aber Ansätze zur Systemveränderung ergeben, ohne dass die Entwicklung von den Regierungen gewollt oder vorhergesehen war: „Outputs can and do result from what the actors have ‚learned' about previous interactions [...] Thus to a limited extent that there is system feedback, there is learning" (S. 487). Somit erwartet Haas, dass sich die Integration von Subsystemen des internationalen Systems fortsetzt – ungeplant und eher zufällig. Sie führe aufgrund funktionaler Sachzwänge und veränderter Interessen von Eliten zu einer graduellen Politisierung von Vorhaben, die zunächst als technisch oder unpolitisch betrachtet wurden. Vergleichsweise resistent gegen diese Entwicklung sind nach Haas Kernbereiche staatlicher Souveränität wie die Außen- und Sicherheitspolitik, aber auch den Bereich der Menschenrechte. Die Lektion sei klar: „Neither Functionalism nor functional analysis can bring international order out of the chaos of national confrontation" (S. 497).

Bereits in „Beyond the Nation-State“ ist Haas’ Skepsis über die „List der funktionalen Idee“ erkennbar. Sie verstärkte sich unter dem Eindruck der „Politik des leeren Stuhls“, der Blockade der europäischen Institutionen durch Charles de Gaulle 1965/66. Haas korrigierte in der 2. Auflage von „Uniting of Europe“ (1968) seine Erwartungen: Pragmatische Interessenpolitik sei anfällig und reversibel, wenn sie nicht in ideologischen oder philosophischen Überzeugungen wurzele. Die Strategie des schrittweisen Vorgehens (incrementalism) könne dennoch zu weiterer Integration führen, setze aber voraus, dass Technokraten die Führungsrolle übernehmen. Haas ging nicht länger von einem Automatismus des Überspringens (spill-over) aus, sondern band diesen an einen Prozess, der bestimmte Bedingungen aufweisen muss. Eine allgemeine Theorie regionaler Integration konnte er aus seiner Forschung nicht entwickeln.

Haas’ neofunktionalistisches Vorgehen setzte eine produktive Theoriedebatte in Gang, in der der Neofunktionalismus weit über ein Jahrzehnt dominierte. Philippe Schmitter (1970) modifizierte und verfeinerte das spill-over Konzept. Joseph Nye entwickelte sieben „Prozessmechanismen“, die das „integrative Potential“ stimulieren. Auch Leon Lindberg und Stuart A. Scheingold arbeiteten die Theorie weiter aus. Kritiker des Neofunktionalismus machten den Eurozentrismus von Haas’ Ansatz geltend und seine – ursprünglich – zu optimistischen Aussagen über den Verlauf des europäischen Einigungsprozesses. Da Haas seinen Ansatz entsprechend den empirischen Befunden modifizierte, trifft dieser Vorwurf nur zum Teil zu. Für ihn selbst war Mitte der 1970erJahre die neofunktionalistische Theorie verbraucht (Haas 1975).

In der neuen Debatte über Integrationstheorien Ende der 1980er Jahre griffen Theoretiker erneut auf Elemente des Neofunktionalismus zurück, um das Wiederaufleben der europäischen Integration zu erklären. Wayne Sandholtz und John Zysman (1989) nahmen das Erklärungsmuster des spill-over wieder auf, Ann Burley und Walter Mattli (1993) betonten die Bedeutung supranationaler Organisationen, Dorett Corbey (1995) und Alec Stone Sweet sahen in dem Verlust nationaler Handlungsfähigkeit durch Integration einen Impuls für weitere Integrationsschritte.

## Literatur:

Anne-Marie Burley/Walter Mattli, Europe Before the Court. A Political Theory of Legal Integration, in: International Organization 47 (1993), S. 41-76.

Dorette Corbey, Dialectical Functionalism: Stagnation as a Booster of European Integration, in: International Organization 49 (1995), S. 253-284.

Ernst B. Haas, The Uniting of Europe. Political, Social and Economic Forces, 1950-1957, Stanford 1958 (2. Aufl. 1968).

Ernst B. Haas, International Integration: The European and the Universal Process, in: International Organization 15 (1961), S. 366-392

Ernst B. Haas, The Obsolescence of Regional Integration Theory, Berkeley 1975.

Leon Lindberg/Stuart A. Scheingold (Hrsg.), Regional Integration: Theory and Research, Cambridge 1971.

Philippe C. Schmitter, A Revised Theory of Regional Integration, in: International Organization 24 (1970), S. 636-868.

Wayne Sandholtz/John Zysman, 1992: Recasting the European Bargain, in: World Politics 42 (1989), S. 95-128.

*Beate Neuss*

# Jürgen Habermas, Faktizität und Geltung. Beiträge zur Diskurstheorie des Rechts und des demokratischen Rechtsstaats, Frankfurt a.M. 1992.

Jürgen Habermas (geb. 1929) gehört zur zweiten Generation der maßgeblich von Theodor W. Adorno und Max Horkheimer geprägten Kritischen Theorie. Mit seiner 1962 publizierten Habilitationsschrift „Strukturwandel der Öffentlichkeit" bekundete Habermas sein grundlegendes Interesse an Problemen der politischen Organisation moderner Gesellschaften, zu denen er mit „Faktizität und Geltung" wieder zurückgekehrt ist. In dem zwischen diesen beiden Werken liegenden Zeitraum von 30 Jahren hat er eine enorme Zahl größerer und kleinerer Arbeiten verfasst, die großteils darauf zielten, der marxistisch-emanzipatorischen Gesellschaftstheorie eine normative Grundlage zu geben. Dieses gesellschaftstheoretische Projekt, das Habermas mit der „Theorie des kommunikativen Handelns" ausgeführt hatte, brachte zunächst vor allem zwei Ergebnisse mit sich: 1. die folgenreiche Rezeption der soziologischen Systemtheorie, 2. die Reformulierung des kategorischen Imperativs von Immanuel Kant in Form einer „Diskursethik". „Faktizität und Geltung" stellt den Versuch dar, diese und andere gesellschaftstheoretischen und philosophischen Theoreme in ein normatives Modell des Staates einzubinden.

Als Basis aller gesellschaftlichen Ordnung wird die Sprache betrachtet. Vernünftige Akteure verständigen sich nämlich nach Habermas mittels Sprache über die Normen. Moderne Gesellschaften können jedoch nicht allein durch die moralischen Überzeugungen ihrer Akteure zusammengehalten werden. Sie bedürfen auch bei Verstößen der externen Sanktionen und somit der Institution des Staates. Wenn dieser Staat und die von ihm gewährleistete „äußere" Ordnung legitim sein sollen, dann müssen die Grundrechte und die positiven Gesetze das Ergebnis öffentlicher Beratungs- und Begründungsverfahren sein.

Eine Besonderheit der Theorie von Habermas ist, dass sie sich nicht mit den häufiger anzutreffenden natur- oder vernunftrechtlichen Auskünften zufrieden gibt, wonach das liberale Grundrecht auf „negative Freiheit", also Freiheit von der Willkür anderer, entweder angeboren oder selbstverständlich sei. Die so genannte „Gleichursprünglichkeitsthese" (S. 135) von Menschenrechten und Demokratie besagt demgegenüber, dass die „negative Freiheit" nicht losgelöst von der „positiven Freiheit" im Sinne der Teilnahme an Verfahren der Selbstbestimmung betrachtet werden könne. Individuen verfügen nur dann über negative Rechte, wenn sie ihnen zuvor von anderen zuerkannt worden sind. Auch Habermas setzt die Freiheitsrechte voraus, damit die politische Autonomie überhaupt erst möglich wird. Dies darf aber nicht als eine Hierarchisierung missverstanden werden, denn „als ermöglichende Bedingungen können [die Freiheitsrechte] die Souveränität des Gesetzgebers, obwohl sie diesem nicht zur Disposition stehen, nicht einschränken" (S. 162).

Politik wird von Habermas als strategische Auseinandersetzung begriffen und zielt im Wesentlichen darauf, politische Programme zu verabschieden, durch die die Gesellschaft auf sich selbst einwirkt. Die Vorstellung der Diskurstheorie dabei ist, dass die verständigungsorientierte Kommunikation der Bürger untereinander jene „kommunikative Macht" hervorbringt, die in das legitime positive Recht einfließen soll. Wie bei der Begründung von Moralnormen steht auch bei der politischen Gesetzgebung das Verfahren im Vordergrund. Habermas favorisierte eine prozeduralistische Demokratietheorie. Innerhalb des Verfahrens ist dann im Wesentlichen mit drei Sorten von Argumenten zu rechnen, mit denen sich ein politisches Kollektiv der Frage „Was sollen wir tun?" unter unterschiedlichen Gesichtspunkten stellt: 1. „pragmatischen" Argumenten, die auf die Zweckmäßigkeit von politischen Programmen abstellen; 2. „ethischen" Argumenten, die darüber befinden sollen, was „gut" für die sich selbst bestimmende Gemeinschaft ist; 3. „moralischen" Argumenten, denen die Funktion zufällt, die als „zweckmäßig" oder „gut" befundenen Lösungen daraufhin zu überprüfen, ob sie als verallgemeinerbar zu betrachten sind, d.h. gegen niemandes Interessen verstoßen.

Die Eigenart der Gesellschaftstheorie von Habermas, Gesellschaften zugleich als Lebenswelt und als System zu betrachten, bedingt, dass die lebensweltliche Kommunikation sich nicht ohne weiteres auf die Gesetzgebung auswirken kann. Dies wird weniger durch die als unumgänglich betrachteten Repräsentativinstitutionen des demokratischen Rechtsstaats bedingt, als dadurch, dass „Politik" bei Habermas zu dem durch das Medium der administrativen Macht gesteuerten politischen System gehört. Deshalb kann die politische Selbstbestimmung nur so vonstatten gehen, dass die Zivilgesellschaft, „jene nicht-staatlichen und nicht-ökonomischen Zusammenschlüsse und Assoziationen auf freiwilliger Basis" (S. 443), versucht, die „bindenden Entscheidungen" des politischen Systems an den in der Lebenswelt verankerten Verständigungsmechanismus und die durch ihn erzeugte kommunikative Macht zurück zu binden. Im Regelfall wird diese Einwirkung in komplexen Gesellschaften aber so nicht (mehr) stattfinden können. Das ausdifferenzierte politische System beschafft sich über den „inoffiziellen" Machtkreislauf seine Legitimation vielmehr selbst. Dies geschieht durch das Erstellen von Regierungsvorlagen, die zunächst mit parlamentarischen Mehrheiten ausgestattet und dann wiederum der Wählerschaft plausibel gemacht werden müssen. Nur in krisenähnlichen Ausnahmesituationen kann es der Zivilgesellschaft gelingen, den „offiziellen" Machtkreislauf einzurichten, in dem der Souverän politische Selbstbestimmung ausüben kann. Die zivilgesellschaftliche kommunikative Macht muss die administrative Macht steuern, in dem sie sie mit den für „gut" befundenen Gründen konfrontiert.

Die prozeduralistische Theorie des demokratischen Rechtsstaats, die den Souverän in der Rolle des Verfassungsgebers und des normalen Gesetzgebers vorgestellt hat, muss darauf achten, dass dem Souverän mit der Verfassungsrechtsprechung kein mächtiger Konkurrent erwächst. Besonders die umfangreichen Kompetenzen des Bundesverfassungsgerichts, und dabei vor allem die abstrakte Normenkontrolle, sieht Habermas aus diskurstheoretischer Sicht als problematisch an. Um die politische Autonomie des Volkes zu schützen, schlägt er vor, das Normenkontrollverfahren beim Parlament anzusiedeln.

Die außergewöhnliche Vielschichtigkeit der politischen Theorie in „Faktizität und Geltung" bedingt, dass sie nicht als Ganze fortgeführt werden kann. Anschlussfähig sind immer nur einzelne zentrale Theoreme. Besagte Vielschichtigkeit setzt die Diskurstheorie der Politik überdies einer Vielzahl von Einwänden, vor allem seitens der orthodoxen Vertreter der rezipierten Ansätze aus. Hier können nur einige wenige kritikwürdige Punkte angeführt werden. Das ist zunächst einmal die zweidimensionale Ausrichtung der kritischen Gesellschaftstheorie, einerseits als eine auf Verständigung fixierte Handlungstheorie, andererseits als Systemtheorie. Probleme der Vermittlung beider Perspektiven machen sich besonders auf politischem Gebiet bemerkbar, weil nicht immer klar wird, wie die aus der Verständigung resultierende kommunikative Macht sich im politischen System gebührend Geltung verschaffen soll. Umstritten ist auch Habermas' Grundrechtsverständnis, das in einigen Punkten, etwa bei dem Begriff des negativen Rechts auf Freiheit, erheblich von der liberalen Sichtweise abweicht. Die „Gleichursprünglichkeitsthese" weist zudem eine Neigung zur uneingeschränkten Volkssouveränität Rousseauscher Herkunft (→ Rousseau 1762) auf. Schließlich lässt sich einwenden, dass Habermas' Theorie politischer Argumentation unvollständig ist. Sie stellt einseitig auf diskursive Begründung ab, sagt aber nur wenig über die juristischen Argumente. Gleichwohl stellt „Faktizität und Geltung" die einzige umfassende politische Theorie aus dem Umfeld der Kritischen Theorie der Frankfurter Schule dar. Als solche verkörpert sie eine anspruchsvolle Herausforderung für das liberale wie konservative Modell von Rechtsstaat und Demokratie.

## Literatur:

Michael Becker, Verständigungsorientierte Kommunikation und rechtliche Ordnung, Baden-Baden 2003.

James Bohman, Public Deliberation. Pluralism, Complexity, and Democracy, Cambridge/London 1996.

Werner Krawietz/Gerhard Preyer (Hrsg.), System der Rechte, demokratischer Rechtsstaat und Diskurstheorie des Rechts nach Jürgen Habermas, Berlin 1996.

Thomas McCarthy, Komplexität und Demokratie – die Versuchungen der Systemtheorie, in: Axel Honneth/Hans Joas (Hrsg.), Kommunikatives Handeln. Beiträge zu Jürgen Habermas' „Theorie des kommunikativen Handelns", Frankfurt a.M. 1986, S. 177-215.

Michel Rosenfeld/Andrew Arato (Hrsg.), Habermas on Law and Democracy: Critical Exchanges, Berkeley, Los Angeles/London 1998.

Symposium zu Jürgen Habermas: Faktizität und Geltung. Beiträge zur Diskurstheorie des Rechts und des demokratischen Rechtsstaats, in: Deutsche Zeitschrift für Philosophie 41 (1993), S. 321-364.

*Michael Becker*

## Alexander Hamilton/James Madison/John Jay, The Federalist: A Collection of Essays, Written in Favour of the New Constitution, As Agreed Upon By the Federal Convention, September 17, 1787, New York 1788

*(DA: Die Federalist Papers, übersetzt, eingeleitet und mit Anmerkungen versehen von Barbara Zehnpfennig, Darmstadt 1993).*

Im Jahr 1776 erklärten sich die 13 britischen Kolonien auf dem Gebiet der späteren USA für unabhängig. 1787 debattierten 55 Delegierte in Philadelphia über eine Änderung der „Konföderationsartikel", die die Kooperation der neuen Einzelstaaten seit 1781 regelten. Obwohl hierzu eigentlich nicht autorisiert, erarbeiteten sie eine neue Verfassung, die den bestehenden losen Staatenbund in einen Bundesstaat umwandeln sollte. Ihr Entwurf wurde schließlich in Ratifizierungskonventen der Staaten beraten. Um die Zustimmung New Yorks sicherzustellen, veröffentlichten Alexander Hamilton, James Madison und John Jay 1787/88 unter dem Pseudonym „Publius" (in Anspielung auf Publius Valerius Publicola, den „Retter der Römischen Republik") 85 Artikel in regionalen Zeitungen, die die Vorzüge der neuen Bundesverfassung erläuterten. Die Beiträge, von denen Hamilton 51, Madison 29 und Jay fünf verfassten, wurden zudem 1788 unter dem Titel „The Federalist" in Buchform herausgegeben. Der Verfassungsentwurf trat ein Jahr später – mit der Zustimmung des Staates New York – in Kraft. Die Autoren, allesamt Juristen und Mitglieder der politischen Klasse New Yorks und Virginias (Madison), bekleideten bald selbst hohe Regierungsämter im neuen Bundesstaat: Alexander Hamilton wurde Finanzminister, John Jay Oberster Bundesrichter und James Madison Außenminister (1801-1809) und vierter Präsident der USA (1809-1817).

Mit der Verfassung von 1789 wurde die politische Ordnung der Vereinigten Staaten von Amerika als präsidentielle und föderative Republik konstituiert. Die „Federalist Papers" kommentieren die einzelnen Elemente ihres Aufbaus: Die ersten Artikel begründen zunächst, warum die bisherige Verfassung unzureichend (Art. 15-22) und eine starke Union mit einer durchsetzungsfähigen Regierung notwendig ist (Art. 1-14, 23-36). Anschließend werden im Detail die Verfassungsbestimmungen zur horizontalen und vertikalen Gewaltenteilung (Art. 41-51), zu den Kompetenzen und Kompetenzgrenzen der Legislative (bikameraler Kongress, Art. 52-66), der Exekutive (Präsidentenamt, Art. 67-77) und der Judikative (Oberstes Bundesgericht,

Art. 78-83) erläutert. Artikel 84 und 85 diskutieren abschließend die Frage, ob die Verfassung einen Grundrechtskatalog, eine „Bill of Rights", aufweisen sollte (der der Verfassung erst 1791 als Zugeständnis an die Gegner des Entwurfs angefügt wurde) und erläutern das Verfahren der Verfassungsänderung bzw. -ergänzung.

Anhand von vier Elementen lässt sich das Neue der politischen Ordnung aufzeigen, für deren Errichtung die Federalists so vehement warben: 1. Von der Antike an und noch bei Charles de Montesquieu (→ Montesquieu 1748) galt es unter politischen Theoretikern als ausgemacht, dass eine stabile republikanische Ordnung nur in einem kleinräumigen Gemeinwesen möglich sei. Große Republiken, so die Überzeugung, mussten an einem Machtvakuum oder an der Vielzahl der Interessengegensätze einer zu heterogenen Bevölkerung zu Grunde gehen. Die „Federalist Papers" argumentieren dagegen, dass eine dauerhaft stabile großräumige Republik möglich sei, sofern sie föderalistisch organisiert und konsequent als indirekte, d.h. repräsentative Demokratie gestaltet werde. Eine solche Republik biete darüber hinaus sicherheitspolitische und wirtschaftliche Vorteile.

2. Während in der „klassischen Politik" Bürgertugend und Kommerz, Gemeinwohlorientierung und partikulare Interessenverfolgung stets unvereinbare Gegensätze bildeten (→ Aristoteles 335 v. Chr.), erkennen die handelsorientierten Föderalisten „Parteiungen" an und argumentieren im Sinne einer „Emanzipation des Interesses": Da die Ursachen für die Entstehung von Interessengruppen und Parteien in der Natur des Menschen lägen und man sie nicht bekämpfen könne, ohne die Freiheit zu beseitigen, bedürften die Wirkungen solcher „Faktionen" der Kontrolle. Die neue föderale und repräsentative Verfassungsordnung schaffe dazu die Voraussetzung, denn sie gewährleiste, dass die Macht einer Gruppe durch die Gegenmacht vieler anderer Gruppen ausbalanciert werde. Eine großräumige Republik sei folglich nicht nur möglich, sondern auch zweckmäßig: „In the extent and proper structure of the Union, therefore, we behold a republican remedy for the diseases most incident to republican government" (Nr. 10). Die Argumentation Madisons im 10. Federalist, dem „hohen Lied der Trias von Föderalismus, Pluralismus und Polykratie", wie Ernst Fraenkel diesen Artikel einmal nannte, hat die ideologische Akzeptanz des Interessengruppenpluralismus in den USA historisch begründet. Die Bildung von Vereinigungen, um partikulare Interessen durchzusetzen, wird seither als legitime Form der Einflussnahme auf staatliche Entscheidungen angesehen. Diese Auffassung stellte im 18. Jahrhundert eine revolutionäre Neuerung in der Theorie des Republika-

nismus dar: Der Triumph der Föderalisten markiert insofern, wie Gordon S. Wood (1969) formuliert hat, „das Ende der klassischen Politik".

3. Nicht die dualistisch-hierarchische Scheidung der staatlichen Gewalten mit einem dominierenden Parlament wie etwa bei John Locke (→ Locke 1690) und William Blackstone, sondern ihre dreigliedrig-koordinative Ordnung, Balancierung und Hemmung durch ein System der „checks and balances" sichere am wirkungsvollsten Leben, Freiheit und Eigentum der Bürger, weil sie Kompetenzanmaßungen effektiver verhindere: „Ambition must be made to counteract ambition. The interest of the man must be connected with the constitutional rights of the place" (Nr. 51). Anders als die Gegner des Verfassungsentwurfs, die Anti-Federalists, die in der Machtfülle der Bundesregierung eine Bedrohung sahen, fragmentiert nach Ansicht der Föderalisten die vertikale und vor allem die horizontale Gewaltenteilung das politische Entscheidungssystem so stark, dass ein hinreichender Ausgleich zwischen der Handlungsfähigkeit der Bundesregierung und dem Schutz der persönlichen Freiheit geschaffen werde.

4. Da die Verfassung über den staatlichen Gewalten und den von ihnen erlassenen Gesetzen stehe, bedürfe es eines Hüters, der ihre Einhaltung überwache. Diese Kontrollfunktion räumen die Föderalisten dem Obersten Bundesgericht ein. Es müsse das Recht haben, verfassungswidrige Gesetze außer Kraft zu setzen (Art. 78). Die Doktrin des richterlichen Prüfungsrechts, das in der Verfassung nicht ausdrücklich vorgesehen war, blieb zunächst umstritten, setzte sich aber schließlich mit der Entscheidung des Obersten Bundesgerichts im Fall Marbury gegen Madison 1803 durch.

Föderalismus, Repräsentation, Gewaltenaufteilung, verfassungsgerichtliche Zuständigkeit des Obersten Bundesgerichts und Interessengruppenpluralismus sind für die Föderalisten die wesentlichen Garanten der Freiheit. Zugleich erlaubt die besondere Institutionenordnung der USA ein effektives gemeinwohlorientiertes Handeln der Zentralregierung. So errichtet die Verfassung eine nahezu perfekte freiheitlich-republikanische Ordnung – im Rahmen der Möglichkeiten, die die fehlerhafte menschliche Natur setzt.

Die „Federalist Papers" zeichnen ein eindrucksvolles Tableau der Überzeugungen, die der amerikanischen Verfassung zugrunde liegen. Allerdings sind sie kein Werk aus einem Guss: Den Ausführungen der drei Autoren liegt keine geschlossene Theorie zugrunde. Pragmatische Erwägungen und auf politisch-kulturelle Erfahrungen gestützte Generalisierungen stehen neben Bezugnahmen auf die abendländische Theorietradition (Antike, Aufklärung, englischer Konstitutionalismus, Montesquieu). Verfassungspolitische Auffassungsunterschiede zwischen einzelnen Artikeln sind unübersehbar: So wollte Hamilton eine deutlich stärkere Zentralgewalt etabliert sehen als Madison.

Dennoch entfaltete der Text in den USA eine enorme Wirkung. Die „Federalist Papers“ sind bis heute der maßgebende Verfassungskommentar, der noch immer großen Einfluss auf das amerikanische Verfassungsrecht ausübt. In Europa wurde das Werk dagegen zunächst kaum rezipiert. Erst 1958 erschien eine vollständige deutsche Übersetzung. Seither findet das Werk als „Dokument für die Selbstverständigung der freiheitlichen westlichen Demokratien“ (Zehnpfennig 1993, S. 1) zunehmendes Interesse – nicht zuletzt im Zuge der Diskussion um die europäische Integration und eine europäische Verfassung.

**Literatur:**

David F. Epstein, The Political Theory of the Federalist, Chicago 1984.

Iain Hampsher-Monk, A History of Modern Political Thought. Major Political Thinkers from Hobbes to Marx, Oxford 1992 (S. 197-260).

Dietmar Herz, Die wohlerwogene Republik. Das konstitutionelle Denken des politisch-philosophischen Liberalismus, Paderborn 1999.

Manfred G. Schmidt, Demokratietheorien, 3. Aufl., Opladen 2000 (S. 110-127).

Gordon S. Wood, The Creation of the American Republic, 1776-1787, Chapel Hill, N. C. 1969.

Barbara Zehnpfennig, Einleitung, in: Die Federalist Papers, Darmstadt 1993, S. 1-44.

*Manfred Brocker*

## Friedrich August Hayek, The Road to Serfdom, Routledge 1944

*(DA, VA: Der Weg zur Knechtschaft, Zürich 1945; VA: München/Bonn 1991).*

Friedrich August von Hayek, Volkswirtschaftler und Sozialphilosoph, wurde 1899 in Wien geboren und verstarb 1992 in Freiburg. Er promovierte 1923 an der Universität Wien im Bereich Rechts- und Staatswissenschaften. Anschließend ging er für zwei Jahre als Assistent an die New York University und gründete 1927 das Österreichische Institut für Konjunkturforschung, dessen Direktor er bis 1931 war. Von 1931 bis 1950 war er Professor an der

London School of Economics (seit 1938 britischer Staatsbürger), von 1950 bis 1962 an der University Chicago. Er ging anschließend nach Freiburg und wurde dort 1968 emeritiert. Zahlreiche Gastprofessuren führten ihn danach u.a. nach Salzburg, bevor er 1977 endgültig nach Freiburg zurückkehrte. Von Hayek erhielt 1974 ausgerechnet gemeinsam mit Gunnar Myrdal den Nobelpreis für Wirtschaftswissenschaften. Myrdal verlangte zur gleichen Zeit im Gegensatz zu Hayek eine größere Einflussnahme des Staates, um die Planungsunsicherheiten der nationalen Ökonomien zu vermindern.

Hayek gilt als bekanntester Vertreter der Österreichischen Schule der Nationalökonomie und des Neoliberalismus. Er trat besonders durch wettbewerbs- und konjunkturtheoretische Arbeiten hervor. In seinem 1944 erschienen Werk „Der Weg zur Knechtschaft", das er „den Sozialisten aller Parteien" widmet, präsentiert er sich als radikaler Verfechter einer liberalen Wirtschafts- und Gesellschaftsordnung, der vor den Gefahren des Sozialismus und Keynesianismus warnt.

Nun war es in Zeiten der Kriegswirtschaft populär geworden, dass der Staat wirtschaftliche Kompetenzen an sich zog. Auf dem Höhepunkt des Ausbaus des Sozialstaates in den 1970er Jahren wirkte Hayeks unablässig wiederholte Kernthese daher provokant. Sie lautet, dass kollektivistische Systeme ihrer Struktur nach in Konflikt mit den Idealen des Individuums geraten, die ein Wesensmerkmal der westlichen Demokratien seien. Anders gewandt: Im demokratischen Wohlfahrtsstaat ist die Tendenz zum Sozialismus angelegt, wenn auch nicht notwendig beabsichtigt. Nach Hayek sind die in alle Formen des Kollektivismus eingearbeiteten totalitären Elemente strukturbedingt. Man könne keine sozialistische Ökonomie mit staatlicher Kontrolle der Produktionsmittel haben und zugleich das Konzept der individuellen Freiheiten bewahren. Dieser Spagat führe unweigerlich in die Diktatur, d.h. in die Knechtschaft. „Knechtschaft" heißt für Hayek dabei, dass die Mitglieder einer Gesellschaft keinen individuellen wirtschaftlichen Entscheidungsspielraum mehr haben.

Im „Weg zur Knechtschaft" wendet sich Hayek gegen jede Mischform von freier Marktwirtschaft und staatlicher Steuerung: „Sowohl das Wettbewerbsprinzip wie das der zentralen Steuerung werden zu schlechten und stumpfen Werkzeugen, wenn sie unvollständig sind. Sie sind einander ausschließende Prinzipien zur Lösung desselben Problems, und eine Mischung aus beiden bedeutet, dass keines von beiden wirklich funktionieren und das Ergebnis schlechter sein wird, als wenn man sich konsequent auf eines von beiden verlassen hätte" (S. 65 f.). Laut Hayek zieht jeder Eingriff des Staates in das Marktgeschehen zwangsläufig neue und stärkere Maßnahmen nach sich. Diese Spirale führe unweigerlich nicht nur in eine Planwirtschaft, sondern auch in die Diktatur.

Nach Hayek hat der Staat somit nur die Aufgabe, Rahmenbedingungen zu schaffen, Rechtsnormen als Minimalkonsens zwischen den Marktteilnehmern zu setzen, an die sie sich zu halten haben. Für Hayek ist Demokratie nur um den Preis zu haben, „dass allein solche Gebiete einer bewussten Lenkung unterworfen werden können, auf denen eine wirkliche Übereinstimmung über die Ziele besteht, während man andere Bereiche sich selber überlassen muss" (S. 98). Insofern kommt es für ihn einer dauerhaften Selbstüberschätzung der Vernunft gleich, wenn Sozialisten unterstellen, moderne Gesellschaften seien in der Lage, die eigene Entwicklung zielgerichtet zu planen und die Arbeit entsprechend zu organisieren. Sie unterschätzten damit nicht nur die dem individuellen Freiheitsdrang immanente persönliche Zweck- und Wettbewerbsorientierung, sondern sie setzten auch mehr Übereinstimmung voraus, als in Wirklichkeit bestehe. Ganz abgesehen davon lässt sich nach Hayek niemals jenes Wissen zentralisiert nutzen, über das viele Einzelne jeweils unabhängig voneinander verfügen und das sie der Gesellschaft zur Verfügung stellen können.

Hayeks Kritik an der Interventionsfreudigkeit von Staaten in die Wirtschaft gilt auch im globalen Maßstab, d.h für die internationale Politik von Staatengemeinschaften: Zwar könnten durch internationale Planung bestimmte Gefahren der nationalen Planwirtschaft vermieden werden, doch „noch mehr als die nationale würde die internationale Planwirtschaft nichts anderes als eine nackte Gewaltherrschaft sein, in der eine kleine Gruppe allen übrigen Lebensstandard und Arbeit so vorschreibt, wie sie es für richtig hält" (S. 275). Nationale Probleme nähmen auf internationaler Grundlage ein noch größeres Ausmaß an. Hayek behauptet provokant: Eine solche „Großraumwirtschaft" könne nur von „einer Herrenrasse, einem Herrenvolk durchgeführt werden" (S. 275 f.).

Nach Hayek führt die Anmaßung der sozialistischen Erkenntnislehre nicht nur zu kostspieligen Großexperimenten der Gesellschaftsgestaltung, sondern auch zu einer fundamentalen Veränderung des Rechtsverständnisses. Hayek unterscheidet in diesem Zusammenhang zwischen „formalen" und „materiellen" Rechtsnormen, also zwischen „Verfahrensgerechtigkeit" und „Ergebnisgerechtigkeit": Der Unterschied ist für ihn derselbe wie der zwischen „dem Erlass einer Verkehrsordnung und der polizeilichen Regulierung des Fußgängerverkehrs oder, noch besser, wie zwischen der Aufstellung von Wegweisern und der Anordnung, dass wir diesen oder jenen Weg nehmen müssen" (S. 104). Rechtssicherheit resultiert demnach aus der Gültigkeit allgemeiner Regeln, von denen wir annehmen, dass sie von allen eingehalten werden. Mehr zu wissen sei weder möglich noch nötig. Mit anderen Worten: Der Wettbewerbs- und Rechtsstaat müsse blind sein gegenüber bestimmten Ungleichheiten, er habe sich nicht dafür zu interessieren, in welche Richtung sich der eine oder andere im Rahmen dieser Rechtssicherheit bewege. Die „formale Gleichheit vor dem Gesetz“ befinde „sich im Widerstreit“, ja sie sei „unvereinbar mit einer Politik, die bewusst materielle oder substantielle Gleichheit verschiedener Individuen“ anstrebe. Eine auf materielle Gleichheit zielende Politik führe unweigerlich zur „Zerstörung des Rechtsstaates“ (S. 109).

An diesem Punkt zeigt sich Hayeks Absicht, den Einflussbereich der Politik zu begrenzen auch in anderer Hinsicht. Im Umkehrschluss zu seinen vorangegangenen Überlegungen ist das Prinzip des Rechtsstaats gleichbedeutend mit einer Einschränkung des Bereichs der Gesetzgebung: „[E]s beschränkt sie auf jene Art allgemeiner Normen, die wir als formales Recht bezeichnen, während es eine Gesetzgebung ausschließt, die direkt bestimmte Individuen treffen oder einer Behörde die Befugnis zum Gebrauch der Staatsgewalt für eine solche unterschiedliche Behandlung geben soll“ (S. 114). Zusammenfassend enthält Hayeks Werk also zwei grundlegende Aussagen. Einerseits die einer neuen sozialtheoretischen Perspektive mit all deren ordnungspolitischen Konsequenzen, andererseits die des Versuchs, den Liberalismus als ein Programm einer möglichst begrenzten Staatsrolle zu präsentieren.

Die Standardkritik an Hayeks Werk lautete, dass eine Rückkehr zum überwundenen Liberalismus des 19. Jahrhunderts angestrebt und die soziale Kälte vergangener Jahrzehnte erneut hoffähig gemacht werden solle. Diese Kritik ist vor allem vor dem Hintergrund der Weltwirtschaftskrise von 1929 und der Diskreditierung der marktwirtschaftlichen Ordnung der 1930er Jahre zu sehen. Mit Blick auf Hayeks Prinzip von der minimalistischen ordnungspolitischen Rolle des Staates wird gerne von einem „Nachtwächterstaat“ gesprochen. Hayeks „formales“ Rechtsverständnis gibt sich so betrachtet in der Tat mit bescheideneren Zielen zufrieden. Carl Schmitt stellte entsprechend dem liberalen Rechtsstaat das Ideal des gerechten Staates entgegen. Dass es gute Gründe gibt, wie Kritiker anmerken, die durch eine geringere Staatsrolle entstehenden Ungleichheiten durch entsprechende Wohlfahrtsmaßnahmen zu mildern, stellt allerdings auch Hayek nicht in Frage. Er warnt aber vor einer falsch verstandenen Sozialpolitik, die die Prinzipien des Rechtsstaates und des Marktes praktisch außer Kraft setzt.

Hayeks Schrift gilt als einer der bedeutendsten Beiträge in der Tradition des klassischen Liberalismus der angelsächsischen Philosophie der Aufklärung und deren Protagonisten David Hume und Adam Smith. Kaum ein anderer Denker des 20. Jahrhunderts hat mehr zur ideengeschichtlichen Erforschung und systematischen Weiterentwicklung dieser Tradition beigetragen. „Der Weg zur Knechtschaft" wird in erster Linie als Beitrag zu den Fragen einer freien Gesellschaft gesehen, in dem es um die Ordnungsprinzipien der Nachkriegsgesellschaft in Großbritannien, aber auch anderer westlicher Staaten geht, und um die Frage einer Renaissance liberalen Denkens und freiheitlicher Ordnungspolitik. Dies geschieht jedoch nicht in Form einer reaktionären Wende, sondern als Versuch, die Theorie des Liberalismus erneut zu durchdenken und zu reformulieren. Hayeks Anliegen ist somit die Möglichkeit einer Gesellschaft von Menschen, die im besten Sinne des Wortes frei sind.

**Literatur:**

Alan Ebenstein, Friedrich Hayek. A Biography, New York 2001.

John Gray, Hayek on Liberty, 3. Aufl., Oxford 1998.

Gerd Habermann (Hrsg.), Philosophie der Freiheit. Ein Friedrich August von Hayek-Brevier, Thun 2001.

Hans Jörg Hennecke, Friedrich August von Hayek. Die Tradition der Freiheit, Düsseldorf 2001.

Chiaki Nishiyama/Kurt Leube, The Essence of Hayek, Stanford 1984.

H. C. Timm, Friedrich August von Hayek, in: Gisela Riescher (Hrsg.), Politische Theorie der Gegenwart in Einzeldarstellungen. Von Adorno bis Young, Stuttgart 2004, S. 223-226.

*Stefan Fröhlich*

## Hugh Heclo, Modern Social Politics in Britain and Sweden. From Relief to Income Maintenance, New Haven/London 1974.

Auf den ersten Blick ist Hugh Heclos Buch eine von inzwischen vielen vergleichenden Studien der beginnenden Sozialpolitik in Großbritannien und Schweden. Als Heclo 1976 mit seiner Studie begann, war die vergleichende

Politikwissenschaft aber noch nicht in dem Maße im Zentrum der Disziplin wie heute. Daher war sie eine Pionierarbeit. Vor allem war ihr Ansatz weiterführend: Es ging Heclo um ein angemesseneres Verständnis des (sozial)politischen Entscheidungsprozesses und der sich daraus ergebenden (sozial)politischen Entscheidungen.

Von vier Erklärungsansätzen, die unterschiedliche Faktoren in den Mittelpunkt rücken, setzt sich der Verfasser ab: 1. von einem Ansatz des „demokratischen Einflusses", der unterstellt, dass die Erwartungen und Präferenzen der Wähler die Machthaber treiben, genau diese zu befriedigen; 2. von einem Interessengruppenansatz, für den die unterschiedliche Machtpositionen und Einflussmöglichkeiten von Gewerkschaften und Arbeitgeberverbänden zentral sind; 3. von einem Ansatz, für den die sozialpolitischen Neuerungen staatliche Akteure, vor allem die Verwaltung, vorantreibt; 4. von einem Ansatz, für den vor allem die sozioökonomische Entwicklung für die Dynamik der Sozialpolitik verantwortlich ist.

Ein zentraler Einwand von Heclo ist, dass Sozialpolitik zu komplex sei, um sie mit einem Faktor zu erklären. Es geht ihm um die Interaktion vieler verschiedener Faktoren und Variablen, die methodologisch nur dann rekonstruiert werden können, sofern man sich auf wenige Fälle konzentriert und deren Komplexität und Einzigartigkeit nachzeichnet. Zudem spielt im politischen Prozess nicht allein traditionelle Macht eine Rolle, sondern auch die Macht von Ideen. Heclos Studie war die erste, die Ideen und Wahrnehmungsmuster und – damit verbunden – politisches Lernen (bzw. „soziales Lernen") in den Mittelpunkt rückte. Heclo untersucht die Entstehung der Arbeitslosen- und Alterssicherungssysteme in Großbritannien und Schweden, die um die Jahrhundertwende von der Armenfürsorge mit weit reichenden Kontroll- und Unterdrückungsmechanismen auf die Gewährung sozialer Rechte bei Arbeitslosigkeit und im Alter umstellten. Zentral ist hierbei das Verständnis von sozialen Risiken. Während in der traditionellen Fürsorge jeder allein für sein Schicksal verantwortlich gemacht wird, tritt nun die Erkenntnis zu Tage, dass es soziale Prozesse gibt, die außerhalb der Verantwortung des Einzelnen liegen. Und auch die institutionelle Technik, die mit dieser neuen Sichtweise produktiv umging, musste erst entdeckt und für staatliche Politik modifiziert werden. Die Idee der Sozialversicherung, die in vielen europäischen Ländern relevant wurde, musste gegen Widerstände durchgesetzt werden. Minutiös beschreibt Heclo das komplexe und unvorhersehbare Zusammenspiel von Wahlen, politischen Parteien, Interessengruppen und staatlichen Akteuren vor allem aus dem Bereich der höheren Verwaltungsebene, die alle in einem spezifischen sozioökonomischen Kontext operieren und ihn interpretieren.

Der wichtigste Aspekt des Buches ist, dass Sozialpolitik nur als komplexer und interaktiver Prozess des politischen Lernens angemessen begriffen und analysiert werden kann, der mehrere Aspekte umfasst:

1. In der Politik geht es nach Heclo zwar auch um Macht, aber nicht nur. Eine zentrale Erkenntnis Heclos lautet: „Policy-making is a form of collective puzzlement on society's behalf; it entails both deciding and knowing. [...] Much political interaction has constituted a process of social learning expressed through policy" (S. 305 f.). Damit führt Heclo ein spielerisches Element ein. Das politische Ergebnis lässt sich demnach nicht kausal aus einem Faktor oder Faktorenbündel ableiten, sondern der Entscheidungsprozess erscheint als eine komplexe Interaktion mit nicht prognostizierbarem Ausgang.

2. Politik wird nach Heclo nicht nur durch das Spiel um Macht in Bewegung gehalten, sondern auch durch die Ratlosigkeit, wie auf diese oder jene Situation zu reagieren sei. In einer Art Selbstfindungsprozess haben die Akteure Konflikte und verständigen sich und führen neue Informationen in den politischen Prozess ein, um mit diesen Unsicherheiten umzugehen.

3. Damit untrennbar verbunden ist eine Reaktion der Politik auf sich selbst. Sozialpolitik reagierte demnach weniger auf die sozialen Bedingungen an sich, sondern vielmehr auf wahrgenommene Fehler der bisherigen Politik. Sowohl die Arbeitslosenversicherung als auch die verschiedenen Formen der Alterssicherung waren Reaktionen auf vorangegangene Versuche, auf die die Politik mit dem „Sammeln, Verschlüsseln, Speichern und Interpretieren politischer Erfahrungen" und einem „Netz von Verständnissen des gegenwärtigen Zustands kollektiven Handelns" (S. 303) reagierte. Oft sei es so gewesen, dass Ideen entwickelt und Entscheidung getroffen wurden, mit denen nicht gegen andere Alternativen gekämpft wurde, sondern die nach Problemen suchten, zu denen bestimmte Ideen oder Entscheidungen passten.

4. Bei dieser aktiven statt reaktiven Sicht auf Politik waren nach Heclo Bürokratien bzw. Verwaltungen zentral und nicht politische Parteien, Verbände und/oder die Dynamik von demokratischen Wahlen. Daneben hätten Experten verschiedenster Art eine große Rolle gespielt, die meist in den Verwaltungen positioniert waren. Ihren Einfluss hätten sie erst dadurch geltend machen können, dass sie ihnen nahe stehende Gruppen (Gewerkschaften, Parteien, Kommissionen etc.) überzeugten und ihre Sicht in politische Macht in Form einer Entscheidung übersetzten.

5. Dies legt die Erkenntnis nahe, dass der Staat als relativ autonomer Akteur innerhalb des Geflechts verschiedener Gruppen, Organisationen und Institutionen handelt und zudem eigene Interessen verfolgt, die er gegen widerstreitende Interessen durchsetzen kann. Der Staat ist also nicht nur die Bühne für Politik, sondern selbst ein Spieler mit eigener Position.

Alle diese Punkte waren für die vergleichende Policy-Forschung von enormer Bedeutung. Interessant für die Rezeptionsgeschichte ist unter anderem, dass nie das Konzept als Ganzes, sondern immer nur einzelne Aspekte aufgenommen und weiterentwickelt wurden. Den Aspekt des politischen Lernens führte beispielsweise Peter A. Hall (1989) weiter, die Betonung der autonomen Rolle des Staates nahmen Peter Evans, Dietrich Rueschenmeyer und Theda Skocpol (1985) auf. Der Entstehung der modernen Sozialpolitik widmeten sich aufbauend auf Heclo die Beiträge in Rueschemeyer/Skocpol (1996). Methodologisch ist die Studie ein Vorbild. Heclo war ein Meister der qualitativ vergleichenden Policyforschung, der sein Konzept und seine Erkenntnisse induktiv aus dem Material ableitete. Solche fallorientierten Studien haben den Vorteil, dass sie innovativ und Thesen generierend sind und nicht bestehende Thesen der empirische Kontrolle unterwerfen. In alldem liegt der bleibende Wert dieser Studie.

**Literatur:**

Peter B. Evans/Dietrich Rueschenmeyer/Theda Scocpol (Hrsg.), Bringing the State Back In, New York 1985.

Dietrich Rueschemeyer/Theda Skocpol (Hrsg.), States, Social Knowledge, and the Origins of Modern Social Policy, Princeton/New York 1996.

Peter A. Hall (Hrsg.), The Political Power of Economic Ideas. Keynesianism Across Nations, Princeton 1989.

Paul A. Sabatier/Hank Jenkins-Smith, Policy Change and Learning. An Advocacy Coalition Approach, Boulder 1993.

*Friedbert Rüb*

## Georg Wilhelm Friedrich Hegel, Grundlinien der Philosophie des Rechts. Naturrecht und Staatswissenschaft im Grundrisse, Berlin 1821

Georg Wilhelm Friedrich Hegel (1770-1831) veröffentlichte 1821 zum „Gebrauch für seine Vorlesungen“ die „Grundrisse der Philosophie des Rechts“. Dies erklärt den knappen, oft apodiktischen Ton. Die Struktur der Rechtsphilosophie ist dialektisch und komplex. Die beiden ersten „abstrakten“ Teile „Recht“ und „Moralität“ werden im entscheidenden dritten Teil zur „Sittlichkeit“ zu konkreten Erscheinungsformen von Recht und sozialen Zusammenleben vereint. Hegels „Staatswissenschaft“ kann als der bedeutendste Beitrag des deutschen Idealismus zur politischen Philosophie angesehen werden. Im Unterschied etwa zu Jean-Jacques Rousseau (→ Rousseau 1762) und Immanuel Kant (→ Kant 1797), von denen Hegel in bedeutendem Maße geprägt wurde, ist er kein Vertragstheoretiker. Für ihn ist man schon dadurch Staatsbürger, dass man in einem Staat lebt (Bd. 3, S. 267).

Zu den umstrittensten Aspekten von Hegels Moralphilosophie gehört seine Rechtfertigung der Strafe durch den Staat. Schon in der Vorrede findet sich der Satz: „Was vernünftig ist, das ist wirklich, was wirklich ist, das ist vernünftig.“ Diese Maxime führte zu dem Eindruck, Hegel habe die Verhältnisse im Preußen seiner Zeit für durchweg vernünftig gehalten und sei daher ein äußerst konservativer Denker gewesen. Es ist jedoch zwischen der Alltagswirklichkeit und der Wirklichkeit im Sinne von Hegels Philosophie zu unterscheiden. Karl Gustav Julius von Griesheim (1824) notierte in seiner Vorlesungsnachschrift: „In der positiven Rechtswissenschaft ist das [Recht], was ist. In der Philosophie ist nur das, was vernünftig ist, dem Begriff angemessen“ (S. 81). Hegels geschichtsphilosophische Auffassung der Wirklichkeit geht davon aus, dass sich der (vernünftige) „Weltgeist“ schrittweise im Laufe der Entwicklung der Menschheit verwirklicht. Die Vernunft wirkt demnach in der Geschichte und in der Gegenwart ist sie erkennbar. Deshalb ist aber nicht zugleich alles Existierende vernünftig.

Im Teil zum abstrakten Recht geht es Hegel darum, im staatlichen Strafrecht das Vernünftige zu zeigen. Der Mensch ist für ihn von seinem Wesen her vernünftig und frei. Der vernünftige Wille des Menschen entspricht demnach den auf Vernunft basierenden Gesetzen. Als vernünftiges Wesen sei jeder Mensch notwendig mit vernünftigen Gesetzen einverstanden. Er begreife sie als Ausdruck seines eigenen Willens. Ein Verbrecher gerät demnach durch sein Verbrechen mit sich selbst als Vernunftwesen in einen Gegensatz. Mit seinem Verbrechen verletzt er gemäß Hegel die Freiheit anderer Menschen, aber zugleich auch den eigenen vernünftigen Willen. Der strafende Zwang sei gerechtfertigt, weil die Strafe den Gegensatz aufhebe. Von dieser Begründung der Vernünftigkeit der Strafe grenzt Hegel weitere Gesichtspunkt ab. So erwähnt er, dass nach der „Abschreckungstheorie" die Strafe ein Mittel sei, um Verbrechen zu verhüten. Nach der „Besserungstheorie" sei die Strafe wiederum ein Mittel, damit ein Mensch sich bessert.

Die „vernünftige Wirklichkeit" fasst Hegel unter dem Begriff der „Sittlichkeit" zusammen. Die Familie und die bürgerliche Gesellschaft verbinden sich zu einer dialektischen Einheit im vernünftigen Staat. Der Familienverband sei ein unmittelbares sittliches Verhältnis, dem das Bewusstsein der Individualität noch fehle. Seine Gliedern seien fest miteinander verbunden. Durch die Erziehung der Kinder löse sich aber die Familie auf und entlasse die Kinder als Selbstständige in die bürgerliche Gesellschaft. Charakteristisch für die politische Philosophie Hegels ist die Unterscheidung des Staats von der bürgerlichen Gesellschaft. Hegel wirft den meisten damaligen Theorien vor, dass sie den Staat mit der bürgerlichen Gesellschaft verwechseln.

Der Teil zur bürgerlichen Gesellschaft ist gegliedert in „System der Bedürfnisse" (Wirtschaft), „Rechtspflege" und „Polizei und Korporation" (Verwaltungen, Sozialpolitik, gesellschaftliche Interessenverbände). Hegel hält an einer Gliederung der Gesellschaft in Stände fest, die sich aber bei ihm im Unterschied zur feudalen Ordnung durch das Prinzip der freien Berufswahl auszeichnet. Er unterscheidet zwischen einem „substanziellen Stand" (Bauern und Grundbesitzer), einem „Stand des Gewerbes" und einem „allgemeinen Stand", der sich den allgemeinen Aufgaben im Dienst des Staates widmet. Die als Stände der bürgerlichen Gesellschaft beschriebenen Gruppierungen haben nach Hegel im Staat eine politische Aufgabe. Alle drei Stände gehören den Ständeversammlungen an und der „allgemeine Stand" stellt zudem die Beamtenschaft.

Den Höhepunkt von Hegels Rechtsphilosophie stellt der Teil zum „Staat" dar. Dabei handelt es sich nicht um die Beschreibung eines existierenden Staats, sondern um einen idealtypischen „vernünftigen Staat", der in den existierenden Gemeinwesen nur unzulänglich realisiert sei. Nur vor diesem Hintergrund lässt sich die folgende Formulierung Hegels einigermaßen akzeptieren: „Der Staat ist die Wirklichkeit der sittlichen Idee – des sittlichen Geist als der offenbare, sich selbst deutliche, substanzielle Wille, der sich denkt und weiß" (§ 257). Die Idee des „vernünftigen Staats" erschien Hegel erst in seiner Zeit erkennbar. Die Details der Verfassung, die Hegel beschreibt, entsprechen in vieler Hinsicht dem idealisierten Preußen seiner Zeit. Dennoch war der Staat des Königs Friedrich Wilhelms III. kaum eine konstitutionelle Monarchie, wie sie Hegel zeichnet.

Die Notwendigkeit und Vernünftigkeit einer monarchischen Spitze des Staates begründet Hegel damit, dass der Staat einen einzelnen Ausdruck seiner Souveränität benötige. Die Prozesse der Geldgesetzgebung und der Regierung machen nach Hegel Entscheidungen notwendig, die nur durch einzelne Personen erfolgen können. Die Inhalte seiner Entscheidung sind dem Monarchen dabei durch die Ministerien und die Ständevertretung vorgegeben. Auf den Einwand, der Monarch könne unzulänglich, ja unvernünftig sein, erwidert Hegel, dass es auf die Besonderheit des Charakters des Monarchen nicht ankomme, sondern nur darauf, dass eine solche Spitze des Entscheidens vorhanden sei. Der König sei daher auch nicht „verantwortlich", sondern die Ministerien müssten für die Entscheidungen gerade stehen. Damit orientiert sich Hegel offenbar am britischen Vorbild, obgleich er ansonsten die ungeschriebene englische Verfassung nicht als vorbildlich ansieht. Vom König wird somit nur noch die Zustimmung (royal consent) zu anderswo getroffenen Entscheidungen verlangt.

## Literatur:

Shlomo Avineri, Hegel's Theory of the Modern State, Cambridge 1972.

Gerhard Göhler, Georg Wilhelm Friedrich Hegel, Grundlinien der Philosophie des Rechts, in: Theo Stammen/Gisela Riescher/Wilhelm Hofmann (Hrsg.), Hauptwerke der politischen Theorie, Stuttgart 1997, S. 190-197.

Dudley Knowles, Hegel and the Philosophy of Right, New York 2002.

Michael H. Mitias, Moral Foundation of the State in Hegel's Philosophy of Right: Anatomy of an Argument, Amsterdam 1984.

Henry Paolucci, The Political Thought of G. W. F. Hegel, Whitestone 1978.

Raymond Plant, Hegel, New York 2004.

Charles Taylor, Hegel, Cambridge 1975.

Mark Tunick, Hegel's Political Philosophy, Princeton 1992.

Robert Williams, Beyond Liberalism and Communitarianism: Studies in Hegel's Philosophy of Right, New York 2001.

*Iring Fetscher*

## David Held, Democracy and the Global Order. From the Modern State to Cosmopolitan Democracy, Stanford 1995.

David Held (geb. 1951) lehrt Politikwissenschaft an der renommierten London School of Economics and Political Science, die sich in Forschung und Lehre mehr und mehr an der nationalen und internationalen zivilgesellschaftlichen Entwicklung orientiert. Helds in politisch-praktischer und demokratietheoretischer Absicht verfasste Grundlagenstudie zum Globalisierungs- und Denationalisierungsprozess mit der Modellierung einer kosmopolitischen Demokratie hat in rasanter Folge mehrere Neuauflagen (1996, 1997 und 2002) erfahren und ist in den Sozialwissenschaften breit rezipiert worden. Für eine intensive Verbreitung seiner Konzeptualisierungsversuche hat der Autor auch durch zahlreiche Gastprofessuren (vor allem in den USA, Australien, Kanada und Spanien) und eine reiche Vortragstätigkeit gesorgt.

Die Arbeit ist in vier Teile gegliedert: Einleitung, Analyse der Formation und allmählichen Verdrängung des modernen Staates, Rekonstruktion von Demokratiebegründungen, Ausführung und Befürwortung des kosmopolitischen Modells. Sie hängen in der Argumentation sehr eng zusammen und befruchten sich wechselseitig. Moderne Staaten entwickelten sich für Held als Nationalstaaten mit den Varianten Verfassungsstaat, liberaler Staat, repräsentative Demokratie und Formen des demokratischen Zentralismus. Prinzipien des Nationalstaates seien Territorialität, Gewaltmonopol, formale Herrschaftsstrukturen, eine gewisse Legitimation durch das Volk sowie eine gewisse Unterstützungsbereitschaft der Bürger. Er eigne sich besonders zur Kriegführung, kapitalistischen Expansion und zur eigenen Legitimationssicherung und habe mit dem Westfälischen Frieden als Muster ein zwischenstaatliches System souveräner Staaten begründet. Für Held stellt sich die Frage, ob der Nationalstaat nach dem Ende des Kalten Krieges noch sehr viel länger im Zentrum des politischen Denkens und Handelns bleiben kann. Er müsse sich wie viele andere Phänomene verändern und womöglich verabschieden, so dass in dieser Hinsicht auch die politischen Theorien und Demokratiekonzeptionen kritisch überdacht, ja neu bestimmt werden müssten. Die Prinzipien Verfassungsstaatlichkeit und Demokratie haben sich ausgebreitet und lassen neue grenzüberschreitende Beziehungen zu. Die politischen Entscheidungsprozesse und die Rechtsentwicklung haben sich internationalisiert und vollziehen die Entgrenzung der wirtschaftlichen Handels-

und Finanzströme nach. Politische Gemeinschaften sind nicht mehr geographisch abgrenzbar. Die komplexen Austausch- und Konfliktbeziehungen finden nicht mehr nur im nationalen Bereich statt. Für Held ist die individuelle Autonomie für alle Menschen ein Ideal. Die wechselseitigen Selbstinteressen richten sich auf Frieden, Freiheit und Gerechtigkeit. Sie befördern einen demokratischen Republikanismus. Diese Motivlagen und ihre argumentativen Traditionslinien arbeitet der Autor zur Konzeption einer rechtlich befestigten kosmopolitischen Demokratie aus. Selbstregulation auf verschiedenen Ebenen in einem internationalen rechtlichen Rahmens bricht seiner Auffassung nach die alten Größen zugunsten neuer vielfältiger Gemeinschaftsformen auf. In den Augen Helds ist dies der Weg zur universellen Menschengemeinschaft.

Die Neucodierungen müssen entsprechend konsolidiert werden mit einem Höchstmaß an Freiraum für die Menschen. Held erscheint eine Art Rahmengesetzgebung auf der globalen Ebene, ausgerichtet nach kosmopolitischen Grundsätzen und Zielen, hilfreich. Er sieht auch zeitweilige oder dauerhafte Ausgrenzungen von Unternehmen und Ländern vor, die sich nicht an die Regeln halten. Ebenso möchte er bestimmte Entwicklungsgebiete zur intensiven Förderung festlegen, orientiert am dringlichsten Bedarf und an der Unterstützung einer eigenständigen Entwicklung. Dazu seien neue institutionelle Formen der Zusammenarbeit und Organisationen zu schaffen, die die bisherigen wirtschaftlichen und politischen Spaltungen überwinden sollen. Die Rahmenbedingungen und Fördermaßnahmen müssen nach Held in bedürfnisorientierter Weise bestimmt werden, sensibel und hellhörig für die Argumente und Interessen unterschiedlicher Gruppen.

Das Privateigentum will Held nicht uneingeschränkt gelten lassen. Durchgängig appelliert er an die Verantwortungsbereitschaft der Einzelnen, ihrer Vertreter und Staatengruppen. Sein Konzept sieht den Einsatz von Gewalt gegen tyrannische Regime vor. Er setzt auf eine neu gestaltete Weltebene zur trans- und internationalen Regulation mit dem Ziel eines demokratischen Weltgemeinwohls. In seinem normativen Entwurf spricht er sich auch für eine umfassende Nutzung von Volksabstimmungen und die Stärkung zivilgesellschaftlicher Komponenten aus. Dazu gehört langfristig auch ein garantiertes Grundeinkommen für alle. Ferner wird ergänzend zu den Vereinten Nationen (als eine Art Zweite Kammer) eine unabhängige Versammlung demokratischer Völker vorgeschlagen, die von den Bürgern direkt gewählt wird und ihnen gegenüber verantwortlich ist.

Held hat sich früher als andere mit den Folgen der Globalisierung für die Demokratietheorie beschäftigt. Das Werk zählt zum wiederbelebten Genre der normativen politischen Philosophie. Kühn blickt Held über den nationalstaatlichen Tellerrand hinaus. Helds inzwischen weiter differenzierte Konzeptionen sind anschlussfähig zu Entwürfen, wie sie unter anderem Otfried Höffe (1999) und Martin Albrow (1998) in anderen Feldern ausgebreitet haben.

**Literatur:**

Martin Albrow, Abschied vom Nationalstaat, Frankfurt a.M. 1998.
Daniele Archibugi/David Held, Cosmopolitan Democracy, Cambridge 1995.
Daniele Archibugi/David Held/Martin Köhler (Hrsg.), Re-Imagining Political Community. Studies in Cosmopolitan Democracy, Cambridge/Oxford 1998.
Otfried Höffe, Demokratie im Zeitalter der Globalisierung, München 1999.
Michael Zürn, Regieren jenseits des Nationalstaats, Frankfurt a.M. 1998.

*Arno Waschkuhn*

## Hermann Heller, Staatslehre, in der Bearbeitung von Gerhart Niemeyer, Leiden 1934

*(VA: 6. Aufl., Tübingen 1983).*

Der aus einer Rechtsanwaltsfamilie stammende Hermann Heller (1891-1933) studierte in Wien, Innsbruck und Graz Rechtswissenschaften. 1915 promovierte Heller in Graz und habilitierte sich 1919 von Gustav Radbruch gefördert an der Universität Kiel und trat in die SPD ein. In der Weimarer Republik profiliert er sich von Anfang an prinzipieller Verfechter der Demokratie. Heller, der bereits als Schüler mit dem „Austromarxismus“ Bekanntschaft gemacht hatte, wurde wissenschaftlich besonders durch Aristoteles (→ Aristoteles 335 v. Chr.), Jean Bodin (1576), Thomas Hobbes (→ Hobbes 1651), Georg Wilhelm Friedrich Hegel (→ Hegel 1821) und Ferdinand Lassalle beeinflusst. Er betätigte sich in der Arbeiterbildung und trat in der SPD für den Verzicht auf dogmatische Revolutionsentwürfe ein. Nachdem er von 1926 bis 1928 als Referent am Kaiser-Wilhelm-Institut für ausländisches öffentliches Recht und Völkerrecht in Berlin gewirkt hatte, wurde er zum außerplanmäßigen Professor an der Universität Berlin (1928) und schließlich zum Ordinarius für „Öffentliches Recht“ an der Universität Frankfurt am Main berufen (1932). Nach dem „Preußenschlag“ vom 20. Juli 1932, der

Absetzung der preußischen Staatsregierung (SPD) durch die konservative Reichsregierung unter Franz von Papen, vertrat er die sozialdemokratische Landtagsfraktion im Prozess Preußens gegen das Reich, wobei er sich mit Carl Schmitt als Anwalt der Gegenseite auseinanderzusetzen hatte. Nach der nationalsozialistischen Machtergreifung musste Heller als Jude die Universität verlassen. Er emigrierte nach Spanien, wo er eine Gastprofessur in Madrid erhielt. Wenige Monate später starb er mitten in der Arbeit an seiner „Staatslehre" an einem Herzinfarkt. Sein Hauptwerk blieb ein Fragment.

Heller versuchte, den Staat als umfassende, historisch bedingte soziale Realität zu begreifen, die aus der menschlichen Natur abzuleiten sei. Damit stellte er sich in die aristotelische Tradition, auf die er Bezug nahm. Heller wandte sich gegen die zu seinen Lebzeiten in Fachkreisen verbreitete Auffassung, man könne Staatslehre als theoretische und wertfreie Wissenschaft betreiben und von der Politik als praktischer und wertender Wissenschaft klar abgrenzen. Als „Linkshegelianer" vertrat er den Standpunkt, man müsse Staatslehre und Politik dialektisch aufeinander beziehen und dürfe Wissens- und Wirkungszusammenhang nicht voneinander trennen. Die allgemeine Staatslehre sei ein Zweig der im aristotelischen Begriffsgebrauch umfassend zu verstehenden politischen Wissenschaft. Sie habe das begriffliche Instrumentarium für Politik und Politologie zu entwickeln. Im ersten Hauptabschnitt formulierte Heller seine Ausgangsthese, dass die Klassenstruktur des ihm gegenwärtigen Staates unhaltbar sei und verwies auf die Gültigkeit der gegenläufigen Entwicklungstendenzen.

Als geschichtliche Einheit sei der Staat eine relative Größe. Ein „wahrer Staat", wie ihn etwa Othmar Spann sich vorgestellt habe, sei eine Fiktion: „Alle Geschichte ist ein einmaliges Geschehen in unumkehrbarer Stromrichtung, und eine Staatsstruktur, die innerhalb einer bestimmten gesellschaftlichen Grundstruktur wirklich ist, muss eben deshalb prinzipiell als unmöglich angenommen werden innerhalb einer anderen geschichtlichen Gesamtsituation" (S. 65 f.). Der Staat sei nicht nur ein Gefüge von Rechtsnormen, sondern eine in der gesellschaftlichen Wirklichkeit tätige Einheit. In seiner Perspektive stand daher nicht die Außenpolitik, sondern die Innenpolitik im Mittelpunkt der Betrachtung. Die Bedingungen des Staates als Handlungseinheit waren für Heller Geschichte, Geographie, Volk, ökonomische Klassenspaltung, öffentliche Meinung und Recht.

Im dritten Hauptabschnitt wandte sich Heller dem „Wesen und Aufbau des Staates" zu. Der Staat setze sich aus den Inhabern und Unterworfenen der Macht zusammen, die durch ihn zu einem „Leistungszusammenhang" geeint werden. In der Gesellschaft würden ständig widerstreitende Interessen und Willensbildungsprozesse produziert. Diese Gegensätze können Heller zufolge nicht in einer Volks-, Rassen- oder Klassengemeinschaft aufgelöst werden. So bezeichnete Heller den „Rassenwahn als politische Verhüllungsideologie“ (S. 175) mit der Funktion einer „Legitimierung der gegenwärtigen Klassenherrschaft“ (S. 176). Der Mechanismus dieser Ideologie funktioniere durch die Umwandlung des liberalen oder sozialistischen Klassengegners in die vermeintlich minderwertige „Ostrasse“ bzw. ins Judentum. Überdies hat Heller die europäischen Diktaturen seiner Zeit als politische Religionen qualifiziert, die entweder eine politische Doktrin wie die Sowjetunion zum Religionsersatz erklären oder wie in den faschistischen Diktaturen die Kirchen gleichschalten. Wiederum mit Bezug auf Aristoteles plädierte Heller dagegen für ein Bewusstsein der funktionalen Differenzierung von Staat und Kirche.

Die Staatsfunktion bestehe „in der selbständigen Organisation und Aktivierung des gebietsgesellschaftlichen Zusammenwirkens, begründet in der geschichtlichen Notwendigkeit eines gemeinsamen status vivendi für alle Interessengegensätze auf einem sie alle übergreifenden Erdgebiet, das, solange es keinen Weltstaat gibt, durch andere Gebietsherrschaftsverbände gleicher Art begrenzt wird“ (S. 230). Der Staat müsse die stets von neuem entstehenden unterschiedlichen gesellschaftlichen Willensrichtungen zu einer Willens- und Handlungseinheit integrieren. Dazu müsse das staatlich gesetzte Recht fest in sittlichen Rechtsgrundsätzen verankert sein. Aus diesem Zusammenhang heraus entwickelte Heller sein Rechtsstaatskonzept, durch das die eingangs vorgestellte Ausgangsthese getragen wird. Weitere Einheit stiftende Kräfte seien die von den Machtinhabern gezielt beeinflusste öffentliche Meinung und der Grad an gesellschaftlicher Homogenität.

Die Staatsorganisation sei das Subjekt der Souveränität, da sie „auf ihrem Gebiete oberste, ausschließliche, unwiderstehliche und eigenständige Macht“ (S. 278) sei. Davon unterscheidet Heller die Begriffe Volks- oder Fürstensouveränität, die sich auf die Träger der Souveränität beziehen. Heller war ein Verfechter der demokratischen Volkssouveränität. Sie könne nicht in reiner Form verwirklicht werden, begründe aber eine reale gesellschaftliche Macht, die „bei der Bestellung, Abberufung und Kontrolle der politischen Führer praktisch“ (S. 280) werde. Abgestützt werde diese gesellschaftliche Macht durch die Gewaltenteilung und die Grundrechtsgarantie. Diese sollen die Macht der politischen Entscheidungsträger beschränken und die Freiheit sichern. Heller begreift die Staatsgewalt als rechtlich organisierte und gebundene Macht.

Anhänger einer marxistischer Perspektive lehnten ab, dass Heller den Staat nicht auf seine ökonomische Funktion beschränkte. An der Ausgangsthese der Staatslehre wurde etwa von Franz L. Neumann kritisiert, dass sie an der Realität der faschistischen Staaten vorbeigehe (Neumann 1935). In der Rechtswissenschaft hatte sich Heller in der Weimarer Republik besonders in der Auseinandersetzung mit Hans Kelsen, dessen Gleichsetzung von Staat und Recht seinem dialektischen Verständnis widersprach, sowie mit Carl Schmitt (→ Schmitt 1927) profiliert.

Im hinterlassenen Manuskript seiner Staatslehre schrieb Heller häufig von „Political Science". Er kann daher als Vordenker der Politikwissenschaft betrachtet werden, die sich in Deutschland nach 1945 als „Demokratiewissenschaft" entwickelt hat (Henkel/Lembcke 2003). Heller gehörte zu den Verfechtern des Prinzips des sozialen Rechtsstaats, das Eingang in das Grundgesetz der Bundesrepublik Deutschland gefunden hat (Art. 20, Abs. 1 und Art. 28, Abs. 1). Wichtiger als seine „Staatslehre" waren dafür allerdings ältere Schriften Hellers, insbesondere „Politische Demokratie und soziale Homogenität" (Heller 1928). Erheblichen Einfluss übte er auf die Entwicklung der Staatsrechtswissenschaft in der Bundesrepublik aus, so z.B. auf Herbert Krügers „Allgemeine Staatslehre" (Krüger 1964). Ideengeschichtlich wurde Heller der Tradition des „Republikanismus" zugeordnet.

## Literatur:

Jean Bodin, Sechs Bücher über den Staat (1576), München 1981.

Hermann Heller, Politische Demokratie und soziale Homogenität, Berlin 1928.

Hermann Heller, Gesammelte Schriften, Bd. 3, Tübingen, 6. Aufl. 1983.

Michael Henkel/Oliver Lembcke, Politikwissenschaft als Theorie der Politik. Hermann Hellers theoretische Grundlegung der Politikwissenschaft, in: Politisches Denken. Jahrbuch 2003, Stuttgart 2003 S. 30-54.

Herbert Krüger, Allgemeine Staatslehre, Stuttgart 1964.

Gerhard Robbers, Hermann Heller: Staat und Kultur, Baden-Baden 1983.

Christoph Müller/Ilse Staff (Hrsg.), Der soziale Rechtsstaat. Gedächtnisschrift für Hermann Heller, Baden-Baden 1984.

Wolfgang Schluchter, Entscheidung für den sozialen Rechtsstaat, 2. Aufl., Baden-Baden 1983.

Ilse Staff, Hauptwerke der politischen Theorie, Hermann Heller, Staatslehre, in: Theo Stammen/Gisela Riescher/Wilhelm Hofmann (Hrsg.), Hauptwerke der politischen Theorie, Stuttgart 1997, S. 197-201.

Albrecht Dehnhardt, Dimensionen staatlichen Handelns. Staatstheorie in der Tradition Hermann Hellers, Tübingen 1996.

Arno Waschkuhn/Alexander Thumfart, „Vielheitlich bewirkt" und „einheitlich wirkend". Der Staat als Kulturprodukt und Metainstitution in den Konzeptionen von Hermann

Heller, in: Dies. (Hrsg.), Politisch-kulturelle Zugänge zur Weimarer Staatsdiskussion, Baden-Baden 2002, S. 43-77.

*Michael Thöndl*

## Wilhelm Hennis, Politik und praktische Philosophie. Eine Studie zur Rekonstruktion der politischen Wissenschaft, Neuwied 1963.

„Politik und praktische Philosophie" ist die 1959/60 vorgelegte Habilitationsschrift von Wilhelm Hennis (1923-1988). Nach Kriegsende studierte Hennis in Göttingen Jura und promovierte 1951 bei Rudolf Smend – neben Franz Wieacker der ihn prägende Lehrer – mit der Arbeit „Das Problem der Souveränität". 1953 wurde er Assistent von Carlo Schmid. 1960 nahm er die Lehre an der pädagogischen Hochschule Hannover auf. 1962 wurde er nach Hamburg und 1967 nach Freiburg berufen.

Im Vorwort von „Politik und praktische Philosophie" heißt es, dass dieser Arbeit an der gegenwärtigen Aufgabe der politischen Wissenschaften orientiert sei und an deren früheres Selbstverständnis als aristotelische Wissenschaft anknüpfen wolle. Dem Vorhaben einer Rekonstruktion der politischen Wissenschaft nähert sich Hennis mit der Frage nach dem Ort der Politik im älteren Wissenschaftssystem. Für Hennis ist es der für die politische Wissenschaft wichtigste wissenschaftstheoretische Traditionsbestand, dass die Politik als praktische Wissenschaft verstanden wurde. Es sei die Ursache des Unvermögens des Faches, Auskunft über seinen Gegenstand zu geben, dass diese Tradition als Folge des Siegeszuges der modernen Wissenschaften verworfen worden sei. Bereits Platon habe in seiner „Politeia" (→ Platon zwischen 387 und 367 v. Chr.) darauf verwiesen, dass die wahre Aufgabe der Politik nicht zuvorderst in der Schaffung von Gesetzen und Institutionen, sondern in der Sorge um die Seelen der Menschen liege. Seinen „Staat" habe Platon daher als Abbild der Seele verstanden. Bei Aristoteles (→ Aristoteles ca. 335 v. Chr.) hätten sich Ethik und Politik zu einer der praktischen Philosophie zugehörenden Wissenschaft vom Menschen verdichtet. Die aristotelische Ethik frage nach dem höchsten Gut des Menschen und erkenne diese in dem Streben nach Glück (Eudaimonia), die sich im Handeln des Menschen als Ausdruck des Strebens nach Selbstverwirklichung äußere. Die Politik trete so zwangsläufig in ein ergänzendes Verhältnis zur Ethik. Nur in der

Polis, im Staat, kann demnach der Mensch tätig sein und somit seiner Selbstverwirklichung näher kommen – nicht als sozial isoliertes Wesen. Demnach muss sich das Erkenntnisinteresse an der Angemessenheit der Handlungen orientieren. Bezugspunkt ist aus dieser Perspektive die konkrete, zuträgliche Handlung, um derentwillen der Mensch der praktischen Erkenntnis als Bedingung des richtigen Handelns bedarf. Folglich unterliegen die Gegenstände der praktischen Erkenntnis der Wahl des Handelnden. Theoretische Erkenntnisse würden um ihrer selbst willen angestrebt. Aristoteles – so erläutert Hennis – bestehe darauf, dass das Bemühen um Erkenntnisse über das Menschliche gelenkt werde von der Absicht, Verstehen zu erzeugen, um menschliches Verhalten zu beeinflussen. Da dies immer unter den Bedingungen der Zufälligkeit stehe, sei Gewissheit im Sinne positivistischer Wissenschaft nicht zu erreichen und vernünftigerweise Wahrscheinlichkeit nur anzustreben.

Das naturwissenschaftlich inspirierte neuzeitliche Wissenschaftsideals, dass eine wertneutrale Theoriebildung anstrebe, habe zur Eliminierung der Ethik in der wissenschaftlichen Arbeit führen müssen. Am Wissenschaftsprogramm von René Descartes und Francis Bacon macht Hennis die Folgen der Zurückdrängung der moralphilosophischen Fragestellung für das neuzeitliche Verständnis der Politikwissenschaft anschaulich: Aus der Sorge um die Praxis der guten Lebensführung wird das neuzeitliche Verständnis des Machens, Verfügens und Erzeugens forschungsleitende, wissenschaftspraktische Absicht. Giovanni Battista Vico und Edmund Burke (→ Burke 1790) sind hingegen Beispiele für das Bemühen, eben diesem Prozess seine Durchschlagskraft zu nehmen. Die Verwerfung des Verständnisses von der Politik als Disziplin der praktischen Philosophie sei die Ursache für die stoffliche Entleerung des Faches. Sie habe die alles verbindende Frage nach dem Staatszweck hinfällig gemacht. Die Auswahl erstrebenswerter Güter, die Aufstellung von Zielen zuträglichen Handelns können immer nur im Kontext eines Menschenbildes erfolgen, auf das der Zweck des politischen Zusammenlebens bezogen ist: Denn beides gehört gemäß Hennis untrennbar zusammen. Wo offen bleibe, wozu die menschliche Existenz bestimmt sei, bleibe auch offen, wozu der Staat bestimmt sei.

Andernfalls verkürze politische Wissenschaft ihr Interesse auf die Bestimmung der Mittel, wie Max Weber es auf den Begriff gebracht habe. Denn das Verständnis der praktischen Philosophie und mit ihr der Politikwissenschaft stehe und falle damit, anzuerkennen, dass das Erörtern und Setzen von Werturteilen dem Fach allein Zielorientierung und Gehalt gebe. Und Hennis verweist darauf, dass mit dem Verlust dieser Orientierung auch die Unterscheidung zwischen guter und tyrannischer Herrschaft aus dem Blick gerät. Diese Unterscheidung sei spätestens im 19. Jahrhundert zu einer Frage der bloßen Meinung geworden. Die Staatslehre beschränkte sich auf die Organisation der Staatsgewalt, auf Machterwerb und Machtzerfall. Für Hennis muss sich die politische Wissenschaft dagegen am Staatszweck orientieren.

Hennis' „praktische Philosophie" mit dem Grundsatz, dass ein gutes, geglücktes Leben einer darauf bezogenen Ordnung menschlichen Zusammenlebens bedürfe, hat das gesamte Werk des Autors bestimmt (Maier 1988). Er hat sein politikwissenschaftliches Verständnis in einer Reihe von Beiträgen zur Regierungslehre manifestiert, ohne dass er sie zu einer systematischen Regierungslehre geformt hätte (Hennis 1968; 1977; 1999). Seine Arbeiten zu Max Weber (Hennis 1987; 1996) wurden von dem Interesse geleitet, anschaulich zu machen, dass dessen Werk durchzogen sei von der Frage nach dem Zusammenhang von Lebensordnung und Persönlichkeitsentfaltung. Diese Frage, schrieb Hennis, greife Weber nicht als „bloß empirische auf", sondern als Frage nach dem Schicksal des Menschen, nach seiner Möglichkeit, unter den gegebenen Bedingungen sein Leben „ethisch" leben zu können (Hennis 1987, S. 112).

„Politik und praktische Philosophie" wird bis heute umfangreich rezipiert. 1973 erschien eine spanische Übersetzung, 1983 eine serbokroatische. Die Wirkung des Buches auf das Selbstverständnis der deutschen Politikwissenschaft blieb allerdings begrenzt. Im Vorwort zum Neuabdruck von „Politik und praktische Philosophie" bemerkte Hennis 1977 treffend, dass der Arbeit bereits 1963 der „Zeitgeist" nicht mehr wohl gesonnen war. Hennis' Rekonstruktion der Politikwissenschaft als praktische Wissenschaft zählt zum so genannten „normativ-ontologischen" Ansatz. Damit ist gemeint, dass dieses Denken wertende Aussagen und Aussagen über eine hinter der Empirie liegenden Wirklichkeit, also Seinsaussagen, zu verbinden sucht. Nach der herrschenden Lehre gilt ein solches Verständnis der Politikwissenschaft als wissenschaftstheoretisch überholt (Bleek 2001, S. 415). Allerdings ist die Diskussion über den Ertrag dieses Denkens noch nicht abgeschlossen (Göhler 1991; Beyme 2000).

## Literatur:

Klaus von Beyme, Die politischen Theorien der Gegenwart, 8. Aufl., Wiesbaden 2000.
Wilhelm Bleek, Geschichte der Politikwissenschaft in Deutschland, München 2001.

Gerhard Göhler u.a. (Hrsg.), Kontinuitäten und Brüche in der deutschen Politikwissenschaft, Baden-Baden 1991.
Wilhelm Hennis u.a. (Hrsg.), Regierbarkeit. Studien zu ihrer Problematisierung, 2 Bde., Stuttgart 1977/1979. Wilhelm Hennis, Regieren im modernen Staat, Tübingen 1999.
Wilhelm Hennis, Politik als praktische Wissenschaft, München 1968.
Wilhelm Hennis, Max Webers Fragestellung. Studien zur Biographie des Werkes, Tübingen 1987.
Wilhelm Hennis, Max Webers Wissenschaft vom Menschen. Neue Studien zur Biographie des Werkes, Tübingen 1996.
Peter Graf Kielmansegg, Notizen zu einer anderen Politikwissenschaft. Über Wilhelm Hennis' politikwissenschaftliche Abhandlungen, in: Merkur 55 (2001), S. 436-443.
Hans Maier u.a. (Hrsg.), Politik, Philosophie, Praxis. Festschrift für Wilhelm Hennis zum 65. Geburtstag, Stuttgart 1988.
Thomas Noetzel, Wilhelm Hennis – Politikwissenschaft als Tugendlehre, in: Hans Karl Rupp/ders., Macht, Freiheit, Demokratie, Bd. 2: Die zweite Generation der westdeutschen Politikwissenschaft, Marburg 1994, S. 65-79.

*Raban Graf von Westphalen*

## Ferdinand A. Hermens, Democracy or Anarchy?, Notre Dame 1941

*(DA: Demokratie oder Anarchie? Untersuchung über die Verhältniswahl, Köln/Opladen 1951; VA: 2. Aufl. 1968).*

Ferdinand A. Hermens' „Demokratie oder Anarchie?" ist stark geprägt vom Untergang der Weimarer Demokratie und dem Sieg des Nationalsozialismus. Bereits vor 1933 hatte der junge, dem Zentrum nahe stehende Wissenschaftler, Schüler von Götz Briefs und mit der katholischen Staatslehre sympathisierend, nachdrücklich vor den Folgen der Verhältniswahl gewarnt, u.a. 1931 in einem Memorandum an den Reichspräsidenten. Hermens war damit einer der ersten, der in dem Verhältniswahlsystem der Weimarer Republik einen Strukturdefekt sah, nicht in erster Linie im Listenwahlsystem, worauf sich seinerzeit die Kritik meistens gestützt hatte. Das 1933 publizierte Buch „Demokratie und Wahlrecht" bildete die Grundlage für das in der Emigration verfasste Werk „Democracy or Anarchy?". Die deutsche Ausgabe aktualisierte Hermens im Vergleich zur amerikanischen Erstfassung. Die zweite Auflage von 1968 überarbeitete er dagegen nicht mehr.

Der Band besteht aus drei Großabschnitten mit insgesamt 14 Kapiteln. Der erste Abschnitt präsentiert in fünf Kapiteln „Die theoretischen Grundlagen der beiden Wahlsysteme“. Dabei geht es dem Verfasser, einem Anhänger Walter Bagehots (→ Bagehot 1867) und einem Kritiker John Stuart Mills (→ Mill 1861), vor allem darum, die Dynamik der Verhältniswahl mit ihren schädlichen Folgen herauszuarbeiten. So begünstige diese eine Vervielfachung der Parteien, ihre Radikalisierung, ihre Erstarrung sowie die Veränderung der innerparteilichen Struktur. Bei der Mehrheitswahl, die die Parteien „vom Grenzwähler der Mitte“ (S. 26) abhängig mache, bringe ein kleiner Pendelschlag der Wählerschaft die Opposition in die Regierung. Die Chancen der Minderheit seien daher besser als unter den Bedingungen der Verhältniswahl.

Der zweite Abschnitt stellt in zwei Kapiteln „Das Mehrheitssystem als Schutz der Demokratie und der nationalen Einigkeit“ dar, und zwar am Beispiel Großbritanniens und am Beispiel Frankreichs der Dritten Republik. Dank der mäßigenden Wirkung des Wahlsystems sei eine Radikalisierung der Wählerschaft ausgeblieben. Dabei wird in diesen Kapiteln auch die aus der Sicht von Hermens verderbliche Wirkung erörtert, die bei der Einführung der Verhältniswahl in den beiden Ländern eingetreten wäre.

Der dritte Abschnitt, der zwei Drittel der Studie umfasst, analysiert in sieben Kapiteln „Die Verhältniswahl als einen Beitrag zur Unterhöhlung der Demokratie und Zerstörung der nationalen Einheit“. Dem Sieg des italienischen Faschismus sind ebenso zwei Kapitel gewidmet wie dem Triumph Hitlers. Es folgt ein Kapitel über Belgien und Irland, eines über die Schweiz, die Niederlande, Skandinavien und andere Länder sowie eines über die Verhältniswahl in amerikanischen Gemeinden, jeweils mit Kritik an den Folgen der Verhältniswahl. Nirgendwo hätten sich die negativen Konsequenzen so massiv gezeigt wie in Deutschland: zum einen wegen der Radikalität des praktizierten Proporzes, zum anderen wegen der Größe des Landes, die die zentrifugalen Kräfte des Wahlsystems besonders drastisch zur Geltung brachte. Die Gründe für den fehlenden Widerstand gegen den Nationalsozialismus sieht der Verfasser wesentlich in den Folgen der Verhältniswahl. Eine – relative oder absolute – Mehrheitswahl hätte nach seiner Auffassung die Zersplitterung des Parteiwesens verhindert und den Radikalismus von rechts und links im Zaum gehalten.

Die mit einer Einführung von Carl Joachim Friedrich versehene Arbeit gilt als ein Schlüsselwerk der Politikwissenschaft, als eine Pionierstudie zur fundamentalen Kritik an der Verhältniswahl und zur Verteidigung der Mehrheitswahl. Sie hat, verständlich angesichts der prononcierten These, Aufsehen verursacht, heftige Ablehnung ebenso hervorgerufen wie großen Zuspruch. Nach Hermens stellt die Mehrheitswahl das angemessene Verfahren für die repräsentative Demokratie dar. Für den Autor prägt das Wahlsystem das Wahlverhalten ebenso wie die innerparteiliche Demokratie. Der Sinn der Wahl liege nicht in der Meinungsmessung, sondern in der Meinungsbildung. Das Parlament habe nicht mehr die Vielfalt der Meinungen widerzuspiegeln, sondern müsse klare Mehrheiten hervorbringen. Dadurch zeichne sich ein parlamentarisches Regierungssystem aus. Das Parlament stehe nicht als Ganzes der Regierung gegenüber. Diese funktionalistische Interpretation erfasste frühzeitig die Strukturprinzipien des parlamentarischen Systems. Wie Hermens' Schwerpunktsetzung zeigt, liegt dem in klarer Sprache verfassten Werk weniger ein engagiertes Plädoyer für die Mehrheitswahl zugrunde als vielmehr eine heftige Kritik an der Verhältniswahl. Ihr schreibt Hermens eine desintegrierende Kraft für die repräsentative Demokratie zu.

Die normativ wie empirisch angelegte Studie hat neben Verdiensten Schwächen. Sie ist auf das Wahlverfahren als *dem* Verursacher der Probleme fixiert und ignoriert weitgehend die historisch bedingte Heterogenität des Weimarer Parteiensystems. Hermens vertrat die gewagte Spekulation, dass der Aufstieg Hitlers und der NSDAP durch eine Einführung der Mehrheitswahl in der Weimarer Republik hätte verhindert werden können: „Unter Umständen hätte sich die finanziell nie sehr starke Partei wieder aufgelöst, und Hitler hätte es vorgezogen, zur Anstreicherei zurückzukehren" (S. 173). Hermens' Studie überschätzt die Rolle des Wahlsystems. Er dämonisierte die Verhältniswahl durch eine unzureichende Berücksichtigung von Beispielen, die seiner Kernthese widersprachen. Gleichwohl: Sein früher Hinweis auf die Bedeutung institutioneller Faktoren verdient Lob. Das Wahlsystem entzieht sich nicht dem Zugriff der politisch Verantwortlichen. Insofern war eine solche Analyse weiterführend.

Hermens gilt als Begründer der „Kölner Schule". Er nahm in zahlreichen Publikationen immer wieder auf die Thesen seiner Studie Bezug und inspirierte Schüler zu einschlägigen Untersuchungen. Für Anhänger ist das ein Beleg wissenschaftlicher Kontinuität, für Kritiker ein Zeichen gewisser Monomanie. Unermüdlich kämpfte der Autor gegen die Verhältniswahl. „Selten ist eine politikwissenschaftliche Theorie in der Öffentlichkeit so sehr beachtet worden wie diese Hermenssche Wahlrechtstheorie" (Von der Vring 1967, S. 124). Mag diese Aussage auch stark zugespitzt sein, so hat doch die Position von Hermens zumal in den 1950er und 1960er Jahren eine einflussreiche Rolle gespielt, weit über den Kreis der Wissenschaft hinaus.

Er gehörte, bedingt nicht zuletzt durch sein Werk „Demokratie oder Anarchie?", den 1954 und 1967 vom Bundesinnenministerium eingesetzten Wahlrechtskommissionen an. Allerdings waren seinen vielfältigen Bemühungen, die Mehrheitswahl in der Bundesrepublik zu verankern, kein Erfolg beschieden. Um die Konzeption von Hermens ist es heute still geworden. Dies hängt mit der verbreiteten Akzeptanz der Verhältniswahl zusammen. Die in seinem Werk immer wieder hervorgehobenen Vorzüge des Mehrheitswahlsystems sind in der Bundesrepublik unter den Bedingungen der Verhältniswahl eingetreten: faktische Bestellung der Regierung durch das Volk, nicht durch „Koalitionskuhhandel"; Herausbildung regierungsfähiger Mehrheiten; Entradikalisierung des Parteienwesens; Erleichterung des Regierungswechsels.

**Literatur:**

Hans Fenske, Strukturprobleme der deutschen Parteiengeschichte. Wahlrecht und Parteiensystem vom Vormärz bis heute, Frankfurt a.M. 1974.
Ferdinand A. Hermens, Demokratie und Wahlrecht. Eine wahlrechtssoziologische Untersuchung zur Krise der parlamentarischen Regierungsbildung, Paderborn 1933.
Ferdinand A. Hermens, Zwischen Politik und Vernunft. Gesammelte Aufsätze aus drei Welten, Berlin 1969.
Thomas von der Vring, Reform oder Manipulation? Zur Diskussion eines neuen Wahlrechts, Frankfurt a.M. 1968.
Rudolf Wildenmann (Hrsg.), Form und Erfahrung. Ein Leben für die Demokratie. Zum 70. Geburtstag von Ferdinand A. Hermens, Berlin 1976.

*Eckhard Jesse*

## Albert O. Hirschman, Exit, Voice, and Loyality: Responses to Decline in Firms, Organizations, and States, Cambridge 1970

*(DA, VA: Abwanderung und Widerspruch, Reaktionen auf Leistungsabfall bei Unternehmungen, Organisationen und Staaten, Tübingen 1974).*

Albert O. Hirschman wurde 1915 in Berlin geboren. Er studierte in Berlin, Paris, London und Triest Wirtschaftswissenschaften. Nach seiner Flucht aus Deutschland 1933 und seinem antifaschistischen Engagement im Vichy-Frankreich war er nach dem Zweiten Weltkrieg zeitweise als Wirtschaftsberater beim Federal Reserve Board der USA und als Ökonom für die Weltbank in Kolumbien tätig. Auf der Grundlage dieser vielfältigen Erfahrungen wurde Hirschman zu einem Mitbegründer der Entwicklungsökonomie. Im Widerspruch zwischen entwicklungspolitischer Theorie und marktwidrigem Verhalten in der Dritten Welt sowie im wachsenden Widerstand gegen die amerikanische Wohlstandsgesellschaft sind die Antriebskräfte zur Arbeit an „Abwanderung und Widerspruch" zu sehen.

Im Kern geht es in Hirschmans Studie um Verhaltensweisen von Individuen gegenüber fehlgeleiteten Unternehmen und Organisationseinheiten, denen sie als Konsumenten bzw. Mitglieder gegenüberstehen. Dabei spürt er den Kräften nach, „durch die möglichst viele der von der Norm abweichenden Handlungsträger zu dem Verhalten zurückgeführt werden, das für das Funktionieren der Gesellschaft notwendig ist" (S. 1). Im Mittelpunkt dieses Korrekturprozesses bei sich verschlechternden Angeboten von Waren oder öffentlichen Dienstleistungen, den er primär anhand ökonomischer Abläufe verdeutlicht, steht das Zusammenwirken der Optionen „exit" („Abwanderung") und „voice" („Widerspruch") sowie der sich daraus ergebenden Bedeutung von Loyalität. Damit berührt Hirschmans Untersuchungsinteresse auch das Verhältnis von Staaten im Sinne von Organisationseinheiten und ihren Angehörigen. Der wissenschaftlich reizvolle Sprung über die Fächergrenzen ist für ihn notwendig, denn Abwanderung im Sinne eines marktrationalen Verhaltens „ist die Art Mechanismus, die so recht nach dem Geschmack der Ökonomen" sei. Dagegen stelle „Widerspruch [...] politisches Handeln par excellence" (S. 13) dar.

Anhand zahlreicher Beispiele aus ökonomischen und gesellschaftlichen Prozessen kommt Hirschman zu dem Schluss, dass es ein stark einseitiges Beeinflussungsverhältnis zwischen den Optionen Abwanderung und Widerspruch gebe: Die Möglichkeiten und Wirkungsweisen des Widerspruchs werden demnach entscheidend von der Möglichkeit des Ausweichens auf Alternativen wie des Abwanderns beeinflusst. Sofern Chancen zur Abwanderung ohne großen Aufwand zu nutzen seien, werde Widerspruch sehr unwahrscheinlich, da er mühevoller, zeitaufwendiger und in der Regel auf größere Kontinuität hin angelegt sei. Die im Widerspruch zum Ausdruck kommende Zielsetzung erfordere nämlich die Koordinierung zwischen mehreren Individuen, um eine ausreichende Wirkung zu erzielen. Da Widerspruch auf öffentliche Wahrnehmung ziele, unterscheide er sich grundlegend vom Abwanderungsverhalten, das meist private und stille Züge trage. Die Möglichkeit der Abwanderung unterminiere das Widerstandspotential. Sie fungiere als Ventil für Unzufriedenheit. Modellhaft betrachtet bedeutet dies: „Verfall erzeugt den Druck der Unzufriedenheit, der sich in Abwanderung oder Widerspruch äußert; je mehr Druck durch Abwanderung entweicht, desto weniger steht zur Verfügung, um Widerspruch zu schüren“ (Hirschman 1992, S. 334). Der Widerspruch sei als Korrektiv für Organisationseinheiten jedoch von erheblicher Relevanz, da die Sensibilisierung für Fehlentwicklungen durch dessen öffentlichen Charakter sehr viel leichter erfolgen könne als durch das stille Abwandern.

Anhand der unterschiedlichen Praxisbeispiele entwickelt Hirschman in „Abwanderung und Widerspruch“ verschiedene Mischtypen, in denen der Loyalitätsaspekt eine große Bedeutung für die Entscheidung zwischen Abwanderung und Widerspruch bekommt. Loyalität führe in Form von Solidarität oder nicht zweckrational erklärbarem Festhalten an einer Wirtschafts- oder Sozialbeziehung zu Varianten, in denen verbesserte Abwanderungsoptionen den Protest noch verstärken können. Außerdem könne Loyalität die psychologische Wirkung des Widerspruchs erhöhen, „weil sie zugleich die Möglichkeit des Untreuwerdens, also der Abwanderung, einschließt“ (S. 70). Hinsichtlich seiner „Theorie der Loyalität“ kommt er zu dem Schluss, dass Organisationen – egal ob wirtschaftliche, soziale oder politische Einheiten – grundsätzlich über das gleiche Maß an Loyalität ihrer Mitglieder verfügen. Diesen Punkt revidiert Hirschman jedoch vor dem Hintergrund des für ihn nicht erklärbaren Wechselspiels von Abwanderungs- und Widerspruchsverhalten in der DDR 1989: Als entscheidenden Faktor für das Tendieren zur einen oder anderen Option durch die DDR-Bürger macht er im Rückblick deren Grad an Loyalität aus. Aus Hirschmanns Perspektive war dieser „Einfallsreichtum der Geschichte“ nötig, um eine Verfeinerung der Theorie nahe zu legen und ihre Bedeutung aufzudecken“ (Hirschman 1992, S. 354).

Am Beispiel der DDR, deren Zusammenbruch ihm einen „großen historischen Testfall“ (Hirschman 1992, S. 332) für die Anwendbarkeit des Begriffspaares bescherte, machte Hirschman 20 Jahre nach Erscheinen seines Werkes auch die Nutzung des von ihm aufgezeigten „Wippen-Schemas“ durch Herrschaftseliten noch einmal deutlich. Hierbei handelt es sich um einen der seltenen Fälle, bei dem das Wechselspiel zwischen „Abwanderung“ und „Widerspruch“ in einem Staat qualitativ und quantitativ analysiert werden kann. Mit Hirschmans Schema lassen sich die wechselnden Reaktionsschemata der DDR-Führungseliten zur Bekämpfung der Wellen des Aufbegehrens von Intellektuellen oder breiteren Bevölkerungsschichten vom Abwanderungs-Stopp des Mauerbaus 1961 über die Zwangsabwanderung durch gezielte Ausweisung Einzelner seit den 1970ern bis hin zur dosierten Reaktivierung des Abwanderungsventils seit 1984 erklären.

Dieses Anwendungsbeispiel hat wesentlich dazu beigetragen, dass die kleine Schrift „Abwanderung und Widerspruch“ im breiten Oeuvre Hirschmans, insbesondere aus politikwissenschaftlicher Perspektive, eine wichtige Stellung einnimmt. Zum einen war der Terminus während der europäischen Umbruchprozesse 1989/90 in kürzester Zeit in aller Munde. Zum anderen gelang Hirschman mit seinen Überlegungen zum Wechselverhältnis von Abwanderung und Widerspruch einer der seltenen Erfolge bei der Erklärung sozialer Zusammenhänge, die zugleich Praxisrelevanz und Allgemeinverständlichkeit für sich in Anspruch nehmen dürfen. Während die Rezeption des Werkes in den Sozialwissenschaften ihre Hochphase zu Beginn der 1990er Jahre erlebte, spielen Hirschmans Überlegungen bei der ökonomischen Auseinandersetzung mit krisenhaften Unternehmensentwicklungen, deren strategischer Ausrichtung und dem Verhältnis zwischen Leitungsebenen und Aktionären seit den 1970er Jahren bis heute eine wichtige Rolle (Kostant 2002, S. 204). Auch dieser Aspekt der fächerübergreifenden Wahrnehmung und wissenschaftlich gewinnbringenden Nutzung in mehreren Disziplinen macht Hirschmans „Abwanderung und Widerspruch“ zu einem außergewöhnlichen Werk eines in jeder Hinsicht originellen Querdenkers.

## Literatur:

Albert O. Hirschman, Essays in Trespassing. Economics to Politics and Beyond, Cambridge 1981.

Albert O. Hirschman, Abwanderung, Widerspruch und das Schicksal der Deutschen Demokratischen Republik. Ein Essay zur konzeptuellen Geschichte, in: Zeitschrift für Sozialwissenschaften, 20 (1992), S. 330-358.

Peter C. Kostant, Exit, Voice and Loyality in the Course of Corporate Governance and Counsel’s Changing Role, in: Journal of Socio-Economics 28 (2002), S. 203-243.

Lloyd Rodwin u.a.. (Hrsg.), Rethinking the Development Experience. Essays Provoked by the Work of Albert O. Hirschman. Washington 1994.

*Wolfram Hilz*

## Thomas Hobbes, Leviathan, Or the Matter, Forme, and Power of A Common-Wealth Ecclessiasticall and Civill, London 1651

*(DA, VA: Leviathan oder Stoff, Form und Gewalt eines kirchlichen und bürgerlichen Staates, hrsg. und eingeleitet von Iring Fetscher, Neuwied/Berlin 1966).*

Das Hauptwerk von Thomas Hobbes (1588-1679) erschien 1651 und damit mitten im englischen Bürgerkrieg. Hobbes wollte einen Beitrag zu dessen Beendigung leisten. Der Staat soll unabhängig von den normativen Ansprüchen seiner Bürger entworfen sein und dennoch aus nichts anderen als diesen Menschen bestehen. Hobbes bedient sich eines biblischen Motivs, dem Seeungeheuer Leviathan, wie es im Buch Hiob der Bibel beschrieben wird. Zugleich verzichtet sein Begriff des Politischen auf jegliche Transzendenz. Aus den menschlichen Bedürfnissen erwachsen Sinn und Nutzen des Staates. Hobbes' wissenschaftstheoretische Leitbilder waren Galileo Galileis Mechanik und Euklids Geometrie. Hobbes plante zunächst eine streng systematisch-rational argumentierende politisch-philosophische Theorie unter dem Gesamttitel „Elementa Philosophiae". Die politischen Umstände zwangen ihn jedoch zu einer Zusammenfassung und Erweiterung in Gestalt des im Pariser Exil geschriebenen „Leviathan".

Der Leviathan ist in vier Teile gegliedert. Im ersten Teil „Vom Menschen" skizziert Hobbes das Modell eines Lust und Unlust gehorchenden, Furcht verspürenden, Sicherheit suchenden Wesens. Anders als die Tiere sei der Mensch aufgrund seines Verstandes imstande, künftige Gefahren gedanklich vorweg zu nehmen. Der Mensch sehe alle anderen Menschen als mögliche Bedrohung seiner Existenz und fühle sich daher ständig gezwungen, seine Machtmittel zu steigern. Diese Machtmittel habe er aber nur zum Besitz, nicht als Eigentum. Es fehle ihm nämlich die absolute Herrschaftsgewalt, die dem Menschen seine Güter dauerhaft zusichere und es ihm abnehme, ständig gegen andere um ihren Erhalt zu kämpfen. Ohne Staat und Vergesellschaftung ist der Mensch nach Hobbes in einem Naturzustand permanenter Bedrohung, in dem jeder gegen jeden in einer Art Bürgerkrieg um seine Existenz kämpft. Subjektiv wird die Situation laut Hobbes selbst dann als ein Kampf empfunden, wenn die Waffen schweigen. Im Naturzustand habe jeder einen natürlichen Anspruch auf alles, was aber faktisch heiße, dass niemand diesen Anspruch verwirklichen und genießen könne.

Die gleiche Vernunft ermögliche es dem Menschen aber auch, diesen unseligen Zustand der Natur zu verlassen. Im zweiten Teil „Vom Staat“ schildert Hobbes ein Modell, wie der Naturzustand mittels eines gegenseitigen Vertrages in den Gesellschaftszustand übergeleitet werden kann. Die Menschen verpflichten sich, auf ihr Naturrecht zu verzichten und bilden durch Verabredung einen neuen Körper, auf den sie alle gleichmäßig ihr Naturrecht unwiderruflich übertragen, den Souverän. Der Souverän sei nur begünstigt, nicht durch den Gesellschaftsvertrag gebunden. So entstehe der Staat als absolute Gewalt, gebildet aber von den Individuen als Körpern, die dem Staat Leben geben und ihn auch wieder sterben lassen können, wenn sie in den Bürgerkrieg des Naturzustandes zurückfallen.

Das Einbandbild der Erstausgabe des „Leviathan“ bildet die Aussage des Werks ab. Das Politische besteht nach Hobbes aus nichts als dem Menschen, denn es ist ausschließlich von Menschen geschaffen. Dies wird dadurch versinnbildlicht, dass bei genauer Beobachtung das Ungeheuer „Staat“ aus einer Vielzahl von Menschen besteht. Umgekehrt sind die Menschen dem Staat vollständig zugeordnet. Eine Doppelmitgliedschaft des Menschen in mehreren Staaten ist für Hobbes ausgeschlossen. Der internationale Verkehr erfolgt zwischen Staaten und zwischen diesen herrscht der Naturzustand, da es hier keine absolute Gewalt gibt, die über die Einzelstaaten herrscht. Der Leviathan ist das Ungeheuer, das über Land und Stadt herrscht, und zwar mittels seiner zwei Instrumente, die er in Händen hält: in der Rechten das Schwert und in der Linken den Bischofsstab. In zwei Säulen sind die Kennzeichen dieser Herrschaftsinstrumente ausgeführt, die parallel und – so darf man vermuten – auch analog zueinander angeordnet sind. So stehen sich Burg und Kirche, Krone und Mitra, Kanone und Exkommunikation, Waffen und logische Begriffe sowie die Schlacht und die Disputation gegenüber. Dies sind die zwei Stränge der Machtentfaltung des Staates, die nach Hobbes nötig sind, damit er seine Aufgabe erfüllen kann: die Sicherheit seiner Untertanen nach innen wie nach außen zu gewährleisten.

Die Machtmittel sind konzentriert in den Händen des Staates. Für seine innere Organisation lässt Hobbes entweder eine personale oder eine körperschaftliche Struktur gelten. Inhaber der absoluten Macht kann demnach eine Einzelperson oder ein Parlament sein. Machtteilung zwischen ihnen ist dagegen nach Hobbes bereits logisch ausgeschlossen. Er bevorzugt wegen der Probleme einer unvermeidlichen Kompetenzverteilung in Körperschaften um der Einheitlichkeit der Staatsgewalt willen die Herrschaft einer Person.

Eine absolute Machtfülle des Staates ist aus Hobbes’ Sicht nötig, um den Staat am Leben zu erhalten. Er muss über das Wort und das Schwert verfügen. Das heißt, er besitzt das absolute Gewaltmonopol und zusätzlich die ausschließliche Definitionskompetenz. Seine Befehle sind Gesetz. Das betrifft wesentlich die Regelung von Eigentumsverhältnissen. Die Menschen hatten im Naturzustand nur Besitz. Erst im Gesellschaftszustand staatlicher Organisation sind die Besitzverhältnisse als Eigentum geordnet. Die Ordnungsaufgabe macht die Regelungsfreiheit des Staates erforderlich, insbesondere die uneingeschränkte Steuerkompetenz. Zweifel an der Rechtmäßigkeit einer bestimmten Steuererhebung brachten den englischen Bürgerkrieg zum Ausbruch. Das will Hobbes durch eine klare Kompetenzverteilung durch Kompetenzkonzentration vermeiden. Er möchte alle sich unabhängig vom Staat und damit möglicherweise gegen den Staat gerichtete Organisationen vermeiden. So will er die in der mittelalterlichen Tradition entstandenen, sehr selbständigen Universitäten vollständig unter staatliche Aufsicht stellen. Der Staat soll selbst die Autorität der Lösung dogmatischer Konflikte erhalten. Auch die Kirche als traditionell unabhängige Körperschaft möchte Hobbes dem Staat unterstellen: Der König ist bei ihm zugleich Oberhaupt der Kirche mit allen Kompetenzen. In den Teilen drei und vier „Vom christlichen Staat" und „Vom Reich der Finsternis" und damit in etwas weniger als der Hälfte des gesamten Werks behandelt Hobbes die religiöse Gewalt und deren Stellung im Staat. Nur durch Wunder und andere Zeichen habe Gott unmittelbar zu den Menschen gesprochen. Solche Zeichen werden aber nicht mehr beobachtet. Daher sei der Mensch auf die Vermittlung des göttlichen Wortes durch Schrift und Auslegung angewiesen, damit aber auf andere Menschen. Deren Autorität sei äußerst fraglich. Vor allem verleihe ihnen aber die Zuteilung seelischer Güter und Versprechen eine Macht auch im Staat, die dieser um den Preis seines eigenen Bestandes nicht dulden könne. Der Staat sei bereits dann ein christlicher Staat, wenn er Jesus von Nazareth als den Christus postuliere. Dieses staatliche Bekenntnis sei das einzige, worauf der Christ bestehen dürfe, alle anderen Fragen habe der Staat um der Erhaltung der Ordnung willen zu regeln und der Untertan dürfe sich nicht auf die Offenbarungsschriften beziehen, wenn er jenseits des genannten Dogmas Widerstand leisten wolle. Im Ergebnis bestätigt Hobbes daher die monarchistische Lehre von der Autorität des Souveräns in religiösen Fragen kraft göttlichen Rechts. Er lenkt dieses Dogma aber in die Bahnen der Immanenzlehre, da nicht von einem göttlichen Auftrag, sondern von der Friedenssicherung als Sinn und Zweck dieses Umstandes die Rede ist. Friedenssicherung meint in diesem Sinne die Lenkung der „äußeren Handlungen" (S. 418) des Menschen, zu welchen Hobbes die gesprochenen Worte zählt. Als Konsequenz daraus richtet er sich im vierten Buch gegen den Anspruch auf Vorrang der römischen Kirche und des Papstes.

Der Bruch mit der politisch-theoretischen Tradition, den Hobbes „Leviathan“ markiert, liegt in der konsequent immanenten Ableitung politischer Herrschaftsgewalt aus allgemeinen Prinzipien, deren Gültigkeit nicht in der Autorität von Offenbarungsschriften oder dem Anschluss an antiken Texten gesucht wurde, sondern aus der Logik des Argumentes. Noch vor allen normativen oder historischen Beweggründen ist der Mensch – als selbst bewegter Körper verstanden – angetrieben von Lust und Unlust, von Furcht und dem Streben nach Sicherheit. Höhere Ziele wie etwa politische Freiheit, wie sie den Schriften von Aristoteles (→ Aristoteles 335 v. Chr.) und Cicero zu entnehmen sind, oder das Seelenheil hält Hobbes für politisch verfehlt oder unpolitisch.

In der modernen Rezeption des „Leviathan“ beschäftigt sich die Forschung in ihrer überwiegenden Mehrheit mit Naturzustand und Gesellschaftszustand sowie der Vertragstheorie (Hobbes als Ahnherr der Vertragstheorie), mit der absoluten Staatsgewalt (Hobbes als Theoretiker des modernen Staates) und mit dem Naturzustand auf der internationalen Ebene (Hobbes als Schulhaupt des Machtrealismus).

**Literatur:**

David P. Gauthier, The Logic of „Leviathan“: the Moral and Political Theory of Thomas Hobbes, Oxford 1969.

Wolfgang Kersting (Hrsg.), Hobbes, Leviathan, Berlin 1996

Hans-Dieter Metzger, Thomas Hobbes und die Englische Revolution, Stuttgart/Bad Cannstatt 1991.

Ferdinand Tönnies, Thomas Hobbes – Leben und Lehre, hrsg. von Karl-Heinz Ilting, Stuttgart/Bad Cannstatt 1971.

Quentin Skinner, Reason and Rhetoric in the Philosophy of Hobbes, Cambridge 1996.

C. B. MacPherson, Die politische Theorie des Besitzindividualismus – von Hobbes bis Locke, Frankfurt a.M. 1967.

Leo Strauss, The Political Philosophy of Hobbes: its Basis and Genesis, Oxford 1936.

*Marcus Llanque*

## Samuel P. Huntington, The Clash of Civilizations and the Remaking of World Order, New York 1996

*(DA, VA: Der Kampf der Kulturen. Die Neugestaltung der Weltpolitik im 21. Jahrhundert, München/Wien 1996).*

Samuel P. Huntington (geb. 1927 in New York) begann seine akademische Laufbahn 1950 als Universitätsdozent an der Harvard University, an der er heute einen Lehrstuhl für Politikwissenschaft inne hat. Huntington war Vorsitzender der „American Political Science Association", Mitbegründer der Zeitschrift „Foreign Policy" und Koordinator für Sicherheitsplanung des Nationalen Sicherheitsrates des Weißen Hauses. Seine Forschungsgebiete umfassen Internationale Sicherheitspolitik und Fragen zivil-militärischer Beziehungen, Demokratisierungsforschung und Arbeiten zur amerikanischen Identität. Die These vom Kampf der Kulturen ist zunächst 1993, noch mit Fragezeichen versehen, als Aufsatz in der Zeitschrift „Foreign Affairs" veröffentlicht worden, bevor 1996 die erweiterte Fassung als Buch erschienen und in 26 Sprachen übersetzt worden ist.

Zentrale These von Huntingtons „Kampfs der Kulturen" ist: Nach Ende des Kalten Krieges treten internationale Konflikte primär zwischen Gesellschaften unterschiedlicher Kulturkreise auf, deren zentrales Abgrenzungsmerkmal die Religion ist. Laut Huntington definieren sich Menschen zunehmend über ihre kulturelle Identität. Daher würden zukünftig die Kulturen eine multipolar und multikulturell gewordene Weltpolitik prägen.

Nationalstaaten blieben dabei zwar Hauptakteure internationaler Politik, sie gruppierten sich jedoch nicht mehr nach ideologischen Gesichtspunkten oder ökonomischen Interessen, sondern hinsichtlich ihrer kulturellen Gemeinsamkeit. Huntington unterscheidet sieben bzw. acht große zeitgenössische Kulturkreise: den westlich-christlichen, den orthodox-christlichen, den islamischen, den konfuzianisch-chinesischen, den japanischen, den hinduistischen und den afrikanischen. Unentschieden bleibt, ob der lateinamerikanische Kulturkreis als eigenständiger Kulturkreis zu zählen ist, oder ob er zum westlichen gerechnet werden kann. Zentrale Merkmale der „Kultur" sind für Huntington vor allem Religion, Sprache, Geschichte, Werte, Überzeugungen und gemeinsame Institutionen.

Die hinter dieser zentralen Argumentation stehenden Hypothesen postulieren mehrerlei: Zum einen glaubt Huntington, dass Kultur und kulturelle Identität für die meisten Menschen höchste Bedeutung haben. Zum anderen meint er, dass durch Globalisierung erzeugter Integrationsdruck einen Gegendruck kultureller Selbstbehauptung in jenen Staaten und Regionen erzeugt, die sich von westlicher Dominanz herausgefordert fühlen. Interaktionen zwischen verschiedenen Kulturen führen seiner Meinung nach keineswegs zur Entstehung einer globalen Kultur, sondern zu einer verstärkten Hinwendung zur eigenen Kultur und zur Abgrenzung gegenüber anderen. Dahinter steht die Annahme, dass Modernisierung nicht notwendigerweise auch „Verwestlichung" bedeuten muss, sondern dass die Welt zwar moderner, aber weniger „westlich" werden kann. Zugleich macht Huntington Merkmale des westlichen Niedergangs aus, der sich – neben Merkmalen kultureller Dekadenz – insbesondere im Rückgang des Anteils an wichtigen Machtressourcen (Territorium und Bevölkerung, Wirtschaftsproduktion und militärisches Potenzial) ausdrückt. In den Gesellschaften Asiens und des Islams erkennt Huntington die bedeutendsten Gegenspieler westlicher Gesellschaften. Während sich das Selbstbewusstsein asiatischer Gesellschaften vor allem aus wirtschaftlichen Erfolgen speise, entstehe es in islamischen Gesellschaften aus sozialer Mobilisierung und einem großen Bevölkerungswachstum. Das Charakteristikum des islamischen Wiedererstarkens ist für Huntington eine generelle Ablehnung der westlichen Kultur, gepaart mit einer neuen Bindung an den Islam als kulturelle, religiöse, soziale und politische Richtschnur.

Ausgehend von Einzelbeobachtungen postuliert Huntington drei Arten der Beziehungen zwischen den Kulturkreisen: Zwischen dem Westen auf der einen und dem Islam und China auf der anderen Seite sieht er gespannte und feindselige Beziehungen, zwischen dem Westen und Lateinamerika und Afrika ein geringes Konfliktniveau. Die Beziehungen des Westens zu Russland, Japan und Indien sieht er „irgendwo dazwischen" (S. 294). Konfliktgegenstände sind nach Huntington hauptsächlich politischer Einfluss, militärische und wirtschaftliche Macht, Wohlstand, Menschenrechte, Wertvorstellungen und Gebietsstreitigkeiten, die klassischen Konfliktgegenstände internationaler Politik also. Kleinere „Bruchlinienkonflikte" sieht er an den Grenzen der Kulturkreise heraufziehen, vor allem zwischen muslimischer und nicht-muslimischer Welt. China sieht er hingegen als mögliche Quelle für einen großen „Kernstaatenkonflikt".

Dass Huntingtons Stoßrichtung auch auf die angebliche Dekadenz und den Niedergang des Westens zielt, zeigt sich nicht nur an seiner neueren Publikation über die „Identität Amerikas" (Huntington 2004), sondern auch an den Empfehlungen im abschließenden Kapitel des Buches. Die entscheidende Frage für den Westen sei es, ob es gelinge, den moralischen Verfall zu beenden. Nur wenn der Westen sich auf seine Werte besinne und gemeinsam handle, seien globale Konflikte und Kriege zu gewinnen oder gar zu vermeiden. Und nur dann, wenn alle Weltkulturen gemeinsam handeln, könne verhindert werden, dass der „eigentliche Kampf" zwischen Zivilisation und Barbarei verloren gehe.

Huntingtons These vom drohenden Kulturkampf ist in der Politik zum Teil auf Unterstützung, in der Wissenschaft jedoch überwiegend auf massive Kritik gestoßen: Zunächst kann methodisch kritisiert werden, dass Huntington mitunter mit einer sehr ungenauen Begrifflichkeit arbeitet. So bleibt das für seine Argumentation zentrale Kulturkonzept unpräzise. Einerseits bestimmt Huntington Religion als zentrales Merkmal eines Kulturkreises, andererseits kennt der „sinische Kulturkreis" keine gemeinsame Religion. Ungenau ist auch Huntingtons Kulturkreiskonzeption als solche: Unklar bleibt etwa, weshalb im Falle Japans Land und Kulturkreis zusammen fallen, warum Griechenland nicht zum westlichen Kulturkreis gehören soll, wodurch der „afrikanische Kulturkreis" charakterisiert wird oder was das Spezifische am lateinamerikanischen Kulturkreis ist (vgl. zu den Problemen einer Operationalisierung dieses Modells Fox 2002).

Ein zentraler logischer Widerspruch tritt im Schlusskapitel des Buches zutage: Hier gelangt Huntington überraschend zu der Erkenntnis, dass eine globale Friedenssicherung die Zusammenarbeit der großen Weltkulturen verlangt. Wenn sich Menschen aber in fundamentaler Abgrenzung gegenüber anderen Kulturen definieren – und diese Abgrenzung notwendigerweise zu Konflikten führt –, müsste die Suche nach gemeinsamen Werten zum Scheitern verurteilt sein. Hinsichtlich seines Menschenbildes muss sich Huntington eine verkürzte Anthropologie vorwerfen lassen. Das Bild eines misstrauischen, in Freund-Feind-Dimensionen denkenden Menschen ist zwar als Modellannahme vertraut (etwa in der Theorie der rationalen Wahl). Von einer empirisch haltbaren Anthropologie, welche die Theorie vom Kulturkampf stützen könnte, ist es jedoch weit entfernt (Druwe 1998).

Empirisch hat Huntingtons These umfangreiche Kritik hervorgerufen. Er bemüht sich nicht um den Beleg seiner Behauptung, dass sich Menschen überall auf der Welt in tiefen Identitätskrisen befinden. Ebenso wenig vermag er zu begründen, weshalb sich die alten Loyalitäten der Bürger zu ihren Nationalstaaten nun den größeren Einheiten der Kulturkreise zuwenden sollten. Am schwächsten ist die Argumentation, wenn mit fragwürdigen empirischen Daten und Beispielen operiert wird (Müller 1998). So verweist Huntington selbst darauf, dass von 50 beobachteten ethnopolitischen Konflikten 30 intrakultureller Natur waren, also zwischen Gesellschaften des gleichen Kulturkreises auftraten und somit eher auf machtpolitische oder ökonomische Konflikte schließen lassen. Diverse Studien (u.a. Henderson/Tucker 2001, Fox 2002) haben darüber hinaus die These vom Kampf der Kulturen auch quantitativ widerlegen können. So konnte gezeigt werden, dass Konflikte zwischen Gesellschaften verschiedener Kulturkreise nur eine kleine Minderheit aller Konflikte darstellen. Innerhalb dieser Sorte von Konflikten sind wiederum solche zwischen dem Westen und asiatischen oder islamischen Gesellschaften verschwindend gering.

Weshalb hat Huntingtons Werk dennoch eine solche Aufmerksamkeit erlangen können? Ein Grund scheint darin zu liegen, dass das Buch mit der Frage kultureller Identität den Nerv der Zeit getroffen hat. Die mit dem Begriff der Globalisierung nur unzureichend umschriebenen Vorgänge sorgen ebenso für Verunsicherung wie Fundamentalisierungstendenzen in verschiedenen Teilen der Welt. Hinzu kommt, dass Huntingtons Beispiele auf den ersten Blick eine Plausibilität zu besitzen scheinen, die erst bei näherer Betrachtung fragwürdig wird.

## Literatur:

Ulrich Druwe, Huntingtons „Kampf der Kulturen“. Eine kritische Analyse aus politiktheoretischer Sicht, in: Rechtstheorie 29 (1998), S. 269-291.

Jonathan Fox, Ethnic Minorities and the Clash of Civilizations: A Quantitative Analysis of Huntington's Thesis, in: British Journal of Political Science 32 (2002), S. 415-434.

Errol A. Henderson/Richard Tucker, Clear and Present Strangers: The Clash of Civilizations and International Conflict, in: International Studies Quarterly 45 (2001), S. 317-338.

Samuel P. Huntington, The Clash of Civilizations?, in: Foreign Affairs 72 (1993), S. 22-49.

Samuel P. Huntington, Who are we? The Challenges to America´s National Identity, New York 2004.

Harald Müller, Das Zusammenleben der Kulturen. Ein Gegenentwurf zu Huntington, Frankfurt a.M. 1998.

*Sascha Kneip*

## Samuel P. Huntington, Political Order in Changing Societies, New Haven 1968.

„Political Order in Changing Societies“ brachten Samuel P. Huntington zahlreiche Auszeichnungen ein, allerdings vor dem Hintergrund des Vietnamkriegs auch teilweise schärfste, häufig unbegründete Polemik. Bis heute bleibt es für die deutsche Politikwissenschaft unverzeihlich, dass dieses Meisterwerk nicht übersetzt worden ist. Huntington wagte mit der Studie einen grandiosen Versuch der Zusammenfassung vieler Strömungen der politischen und ökonomischen Modernisierungsforschung, oft in konservativ zugespitzter Manier.

Das Buch besticht durch eine einzigartige Souveränität in der Verwendung strukturell-vergleichender wie ideengeschichtlicher Erklärungsmomente (wenngleich diese auf wenige Kapitel konzentriert sind). Eine Veröffentlichung in „World Politics“ (1965) enthielt bereits Kernelemente des Werkes. Das Werk gliedert sich in sieben Kapitel. Das erste Kapitel „Political Order and Decay“ enthält die grundlegenden theoretischen Erklärungselemente. Politische Ordnung ist für Huntington ein derart knappes Gut, dass er ihre Gefährdungen, zumal im Modernisierungsprozess, deutlich herausarbeitet. Daraus abzuleiten, wie dies manche seiner Kritiker normativ getan haben, Huntington sei eigentlich ein Anhänger autoritärer Führung, zumindest was die Bündnispartner der USA anlangt, ist schlichtweg naiv. Vielmehr geht es ihm um das Wechselverhältnis sozialer, sonst direkt in den politischen Prozess eingreifender Kräfte (vgl. den Zusammenbruch der DDR 1989 oder die schiitische Revolution 1978) zu den Formen und Möglichkeiten politischer Institutionalisierung. Im Wechselverhältnis von Ansprüchen an das System (soziale Mobilisierung und politische Teilnahme) und Kapazitäten desselben (wirtschaftliche Entwicklung, individuelle Mobilitätsmöglichkeiten und vor allem politische Institutionalisierung als Barriere gegen den direkten Durchgriff sozialer Kräfte auf das politische Gemeinwesen) sieht Huntington den Kern politischer Ordnung in sich wandelnden Gesellschaften.

In weiteren Abschnitten werden Formen der politischen Partizipation und ihre Wechselwirkungen mit Gewalt, Korruption und den Spannungen zwischen Stadt und Land analysiert. Huntington erschien dabei Partizipation als bedrohlich, wenn sie in nicht-institutionalisierten Formen außerhalb des Parteiensystems erfolgt. In Zivilgesellschaften bestehe eine Balance zwischen politischer Teilnahme und ihrer institutionellen Verarbeitung, anders in prätorianischen Gesellschaften, wo die sozialen Kräfte (Militär, Wirtschaftsgruppen, Demonstranten, korrupte Elemente u.a.) unmittelbar in die Politik eingriffen.

Das zweite Kapitel beschäftigt sich mit der unterschiedlichen Modernisierung der USA und Europas. Es betont dabei zugleich die Kontinuität britischer Rechtsvorstellungen aus der Tudorzeit und davor in den USA (common law). Das dritte Kapitel analysiert Formen und Bedingungen für politischen Wandel in traditionalen Gesellschaften und die Bedeutung der Einbindung neuer Bevölkerungsgruppen in den politischen Prozess sowie der Gruppenassimilation. Im vierten Kapitel geht es um prätorianische Gesellschaften und politischen Verfall, wobei Huntington oligarchische von radikalen und massenprätorianischen Gesellschaften unterscheidet. So könnten putschende Militärs in rückständigen Gesellschaften durchaus modernisierend wirken. In instabilen Gesellschaften auf mittlerem Modernisierungsniveau könnten sie als eine Art Schiedsrichter bei unentschiedenen Machtverhältnissen (als eine Art Wahlersatz) auftreten und in massenprätorianischen Gesellschaften könnten sie sich den Partizipationsforderungen der Unterschichten im Sinne eines reaktionären Coups entgegen stellen. Huntington kombiniert also das Ausmaß wirtschaftlicher, sozialer und politischer Modernität mit unterschiedlichen Rollen des Militärs. Zumindest die wirtschaftliche Entwicklung Südkoreas unter General Park Chung-hee sollte hier von vorschnellen ideologischen Verurteilungen Huntingtons abhalten.

Das fünfte Kapitel stellt das Wechselspiel von Revolutionen und politischer Ordnung in den Vordergrund und sieht Revolutionen als verzweifelten Versuch, sehr rückständige Gesellschaften voranzubringen. Hoffnungslos sei der Fall für Gesellschaften, die noch nicht einmal zur Revolution in der Lage seien. Huntington stellt mögliche revolutionäre Gruppen in den Städten und auf dem Land gegenüber. Er zeigt die Notwendigkeit einer revolutionären Koalition mit klarer Führerschaft zwischen beiden auf, am besten gepaart mit dem Moment des Nationalismus als antikolonialer Kraft, und äußert sich skeptisch zu den so genannten Erfolgen von Revolutionen. Schließlich wird Lenin wegen seiner Fähigkeit zu revolutionärer Organisation und Analyse gewürdigt. Karl Marx hält Huntington dagegen für einen politischen Primitivling. Huntington unterscheidet zwischen einem nicht geographisch zu verstehenden westlichen Revolutionsmodell (erst fällt das Zentrum, dann die Peripherie) und einem östlichen Revolutionsmodell (erst fällt die Peripherie, dann das Zentrum).

Das sechste Kapitel erörtert Fragen des Verhältnisses zwischen Reform, Revolution und politischem Wandel. Der Zweifronten-Charakter einer Reform von oben gegen Hardliner und Revolutionäre wird am Beispiel Kemal

Atatürks analysiert. Gelungene durchgreifende Reformen sehen sich also doppelter Gegnerschaft gegenüber und sind deshalb selten und noch seltener erfolgreich. Reformen können somit in den Städten als Katalysatoren für Revolutionen wirken oder in Gestalt einer Landreform als Ersatz einer Revolution auf dem Lande. Das siebte Kapitel beschäftigt sich mit Parteien und politischer Stabilität. Huntington schlägt eine Systematik von Parteiensystemen in ihrer Wirkung auf politische Stabilität vor. Auch betont er weniger die Rolle einzelner Parteien, die alle um den Rückhalt neuer Gruppen ringen müssen. Dies gelte vor allem für die breiten ländlichen Bevölkerungsschichten in vielen Ländern der Dritten Welt, die sonst in revolutionäre Koalitionen abdriften könnten. Im Mittelpunkt steht bei ihm vielmehr die innere Abgestimmtheit des Parteiensystems: autonom, differenziert, kohärent und flexibel.

Huntington liefert in souveräner Manier zahlreiche historische Einzelfallanalysen, gut begründete Paar- und Gruppenvergleiche. Er entwickelt und erläutert zahlreiche neue theoretische Konzeptionen, all dies in einer bewundernswert klaren Ausdrucksweise, eine Fähigkeit, die er sich bei aller Provokation (→ Huntington 1996) bis heute bewahrt hat. Selbst dort, wo er falsch liegt, sind seine Hypothesen – vielfach in der Form von Aphorismen – anregend. Ein Beispiel ist die Beschreibung des direkten Einwirkens sozialer Kräfte auf eine nicht institutionalisierte Politik in der prätorianischen Gesellschaft: „The wealthy bribe; students riot; workers strike; mobs demonstrate; and the military coup“ (S. 196).

Huntington hat grundlegende analytische Elemente in der vergleichenden Revolutionsanalyse mit großer Schärfe herausgearbeitet: Nationalismus als Klammer einer revolutionären Koalition, die in rückständigen Ländern zugleich eine internationale Stoßrichtung gewinnt (Walt 1996). Selbst zu einem (Rand-)Thema wie politischer Korruption hat er unter dem Gesichtspunkt der Modernisierungsforschung interessante Hypothesen beizusteuern. So mag Korruption in vielen Fällen institutioneller Sklerose oder mangelnder Institutionalität überhaupt erst Wandlungsprozesse ermöglichen, kann also eine positive Rolle als Modernisierungselement übernehmen. Die Fülle der Anregungen auch in den wenigen stärker ideengeschichtlich orientierten Kapiteln lässt über einige Schwächen hinwegsehen. So ist die empirisch-operationale Präzision der drei grundlegenden Ungleichheitsrelationen nicht Huntingtons Sache. Diese mangelnde Präzision hat ihn die Aufnahme in die amerikanische Akademie der Wissenschaften gekostet, da ein Physiker sein Veto gegen die Aufnahme einlegte, weil er mit fatalem Ergebnis für Huntington dessen drei „Gleichungen“ prüfte. Zahlreiche Detailkritikpunkte, aber auch Zurückweisungen vorschneller Kritiker finden sich in deutscher Sprache bei Zimmermann (1977; 1981).

Die vergleichende Revolutionsforschung (→ Skocpol 1979), die vergleichende Staatsstreichforschung, die Modernisierungs- und Partizipationsforschung (Huntington/ Nelson 1976), die Forschung über Integrationsleistungen verschiedener Parteiensysteme und zahlreiche andere oben angeschnittene Bereiche verdanken dem Gedanken- und Hypothesenfundus von Huntington und seiner souveränen konzeptionellen und theoretischen Aufarbeitung des Materials ungemein viel. Auch für die Systemtransformationen in Osteuropa und anderen Regionen stellt sie noch eine wichtige theoretische Hintergrundanalyse dar. Selbst wenn alles bei Huntington falsch sein sollte oder auch nur die Mehrheit seiner pointierten Analysen, so lernt man aus deren Scheitern erheblich mehr als aus schlecht geschriebenen, an politischer Korrektheit orientierten politikwissenschaflichen Eintagsfliegen.

**Literatur:**

Samuel P. Huntington, Political Development and Political Decay, in: World Politics 17 (1965), S. 386-430.

Samuel L. Huntington/J. M. Nelson, No Easy Choice: Political Participation in Developing Countries. Cambridge 1976.

Stephen M. Walt, Revolution and War, Ithaca 1996.

Ekkart Zimmermann, Soziologie der politischen Gewalt. Darstellung und Kritik vergleichender Aggregatdatenanalyen aus den USA, Stuttgart 1977.

Ekkart Zimmermann, Krisen, Staatstreiche und Revolutionen. Theorien, Daten und neuere Forschungsansätze, Opladen 1981.

*Ekkart Zimmermann*

## Ronald Inglehart, The Silent Revolution. Changing Values and Political Styles Among Western Publics, Princeton/New Jersey 1977.

Mit seinem Werk über die „stille Revolution" avancierte der am 5. September 1934 in der amerikanischen Hafenstadt Milwaukee/Wisconsin geborene Ronald Inglehart rasch zum Papst der Wertewandelforschung. Wie alle Päpste ist auch dieser keineswegs unumstritten. 1956 erlangte der Autor mit dem

Bachelor seinen ersten Universitätsabschluss an der Northwestern University, sechs Jahre später folgte der Master der Universität von Chicago. An der niederländischen Univsität Leiden hielt er sich in den Jahren 1963 und 1964 als Fulbright-Stipendiat auf, bevor er 1967 in Chicago mit einer Studie über die politische und wirtschaftliche Einigung Europas promoviert wurde. Bereits ein Jahr zuvor war er Mitglied der Fakultät für Sozialwissenschaften der Universität von Michigan geworden, an dessen Institute for Social Research Inglehart seit 1978 als Professor für Politikwissenschaft wirkt. Daneben nahm Inglehart verschiedene Gastprofessuren wahr, so etwa in Mannheim, Genf, Kyoto, Leiden, Rom und Berlin. Von 1994 bis 2000 gehörte er dem wissenschaftlichen Beirat des Berliner Wissenschaftszentrums an. Darüber hinaus ist er im Herausgebergremium mehrerer wichtiger Fachzeitschriften.

Nicht zuletzt seine Doktorarbeit qualifizierte ihn als Berater der Europäischen Gemeinschaft. Im Rahmen dieser Tätigkeit war er zwischen 1970 und 1990 federführend an der Entwicklung und Durchführung der Eurobarometer-Umfragen beteiligt. Die daraus gewonnenen Umfragedaten lieferten das empirische Fundament für seine erste größere, Aufsehen erregende Studie zum Wertewandel „The Silent Revolution in Europe", die 1971 in der „American Political Science Review" erschien. Diese frühe Arbeit ließ ebenso wie das wenige Jahre später veröffentlichte Buch „The Silent Revolution" den Einfluss von Karl W. Deutsch (→ Deutsch 1969), Gabriel A. Almond, Sidney Verba (→ Almond/Verba 1963) sowie Seymour M. Lipset (→ Lipset 1960) erkennen.

Das ländervergleichend angelegte Werk markiert bis heute einen Meilenstein der Wertewandelforschung. Es beinhaltet gleichermaßen theoretische Überlegungen und empirisch gestützte Analysen zu den Wandlungen der politischen Kultur und Wertprioritäten während der 1970er Jahre in westlichen Industriegesellschaften. Ingleharts Kernthese zufolge ist in den modernen Industrienationen eine Schwerpunktverlagerung von materialistischen hin zu postmaterialistischen Wertvorstellungen zu diagnostizieren. Gleich der erste Satz seiner Studie lautet prägnant: „The values of Western publics have been shifting from an overwhelming emphasis on material well-being and physical security toward greater emphasis on the quality of life" (S. 3). Werde materieller Wohlstand als selbstverständlich erachtet, nehme die Verwirklichung nicht-materieller Werte einen höheren Rang ein. Zur Untermauerung der „stillen Revolution" vom Materialismus zum Postmaterialismus macht sich Inglehart Erkenntnisse aus Psychologie und Soziologie zu nutze. So beruft er sich auf Abraham Maslows Persönlichkeits- und Bedürfnistheorie von 1954, wonach Menschen vor allem verhältnismäßig knappe

Güter begehren und diesen eine höhere Wertschätzung entgegenbringen („Mangelhypothese"). Ist erst einmal ein gewisses Niveau physischer, ökonomischer und psychischer Sicherheit erreicht (materielle Werte), dränge der Wunsch nach Befriedigung von als höher empfundenen sozialen, kulturellen und intellektuellen Bedürfnissen (postmaterielle Werte) in den Vordergrund.

Um seine These eines ebenso langfristigen wie stabilen Wertewandels abzusichern, stützt sich Inglehart zudem auf die so genannte Sozialisationshypothese. Danach bilden sich die Grundwerte einer Person ganz überwiegend während der „formativen Jahre" der Jugendzeit heraus. Damit eng verbunden ist die Annahme, dass Wertewandel allein über Generationswechsel stattfindet und sich langfristige Kohorteneffekte abzeichnen. Die im Laufe der jugendlichen Sozialisation geprägten Werte seien stabil und dauerhaft wirksam. Der Wertewandel von Generation zu Generation begünstige die allmählich wachsende Zahl von Postmaterialisten, die sich gegenüber den Materialisten aber noch in der Minderheit befänden. Der eindimensionale Wertwandel wurde nach Inglehart in der zweiten Hälfte des 20. Jahrhunderts durch zwei Faktoren begünstigt: 1. durch ein bis dahin nicht gekanntes Maß an Wohlstand in den westlichen Gesellschaften, 2. durch das Ausbleiben von Kriegen in der westlichen Staatenwelt.

Postmaterialistische Orientierungen, die Inglehart mit Hilfe eines Vier- bzw. Zwölf-Punkte-Index ermittelt, macht er vornehmlich bei jüngeren, höher gebildeten Personen aus, die fern ökonomischer Unsicherheit aufgewachsen sind. Im Hinblick auf politische Partizipation und gesellschaftliche Auseinandersetzungen weichen die wirtschaftlich privilegierten, aber mit dem System unzufriedenen Postmaterialisten von herkömmlichen Mitteln des politischen Protests ab. Im Widerstreit mit materialistisch geprägten Institutionen empfinden sie zum Teil eine geringere Lebensqualität. Die veränderten, im Wandel begriffenen Wertprioritäten und -hierarchien verursachen im politischen Bereich neue Konfliktlinien, beispielsweise zwischen einer Alten und Neuen Linken. Einst vorherrschende Klassenkonflikte sehen sich beispielsweise von Life-Style- und Umweltschutz-Themen überlagert oder sogar verdrängt. Lockere Organisationsformen wie die Neuen Sozialen Bewegungen stehen im Wettbewerb mit fest gefügten Parteistrukturen.

Nicht nur das theoretische Gerüst Ingleharts, sondern auch dessen empirische Umsetzung haben vielfältige Kritik erfahren. Zwei Hauptvorwürfe haben sich herauskristallisiert: Erstens existieren begründete Zweifel an dem von Inglehart postulierten unmittelbaren Zusammenhang zwischen Wertorientierungen und sozioökonomischen Bedingungen. Fragwürdig erscheint zudem die Gewichtung der wirtschaftlichen Situation während der formativen Jugendjahre. Es lassen sich zahlreiche empirische Belege dafür anführen, dass die ökonomische Lage in späteren Lebensabschnitten die Werthaltungen ebenfalls beeinflusst. Zweitens richtet sich die Kritik gegen die Linearität und Eindimensionalität des beschriebenen Wandels. Andersartige Werte-Konstellationen und -Typen fänden nur ungenügend Berücksichtigung und fielen einem Denken in Extrempositionen – Materialismus versus Postmaterialismus – zum Opfer. Inglehart blende andere wichtige Dichotomien aus, etwa zwischen autoritären und libertären Werten oder zwischen sicherheitsorientierten und harmonieorientierten. Darüber hinaus lasse sein Ansatz wenig Raum für materialistisch-postmaterialistische Mischformen.

„Die Leistungen Ingleharts sind unbestritten", schreibt mit Helmut Klages einer seiner heftigsten Kritiker, „aber seine Defizite entpuppen sich bei näherem Zusehen als kolossal. Er hat die Werteforschung sehr stark vorangebracht, aber er hält sie inzwischen auf einem unbefriedigenden Entwicklungsniveau fest, indem er die ihm zugeschobene Rolle als ihr ‚Guru' unter Auswertung aller mit ihr verbundenen Chancen ausspielt, ohne sich selbst aber über einen frühzeitig erreichten höchst vorläufigen und unvollkommenen Stand der Einsicht hinaus entwickeln zu können und zu wollen." Für Klages tritt die Wertewandelforschung teilweise auf der Stelle, weil sie sich seit dem Erscheinen von „The Silent Revolution" zu sehr auf die Auseinandersetzung mit einem „sich selbst fossilierenden Heroen" (Klages 1992, S. 27) konzentriere.

Selbst Ingleharts schärfste Kontrahenten bezweifeln nicht den überragenden Einfluss des Autors auf die vergleichende Wertewandelforschung. Eine große Anzahl von Studien zu diesem Bereich der Vergleichenden Politikwissenschaft knüpfen – in mehr oder minder kritischer Absicht – methodisch, theoretisch und empirisch an Ingleharts Pionierwerk an (Müller-Rommel/Poguntke 1995). Nicht zuletzt hat sich Inglehart selbst, der seit 1988 zu den Hauptorganisatoren des von einer international zusammengesetzten Wissenschaftlergruppe getragenen World Values Survey zur Erforschung der Grundwerte und Einstellungen der Bevölkerung in 65 Ländern aller Kontinente zählt, um die Weiterentwicklung und empirische Überprüfung seiner Thesen bemüht. Beruhten die ersten Studien auf ab den 1960er Jahren ermittelten Umfrageergebnissen für die westeuropäischen Länder, so berücksichtigen spätere Arbeiten östliche wie fernöstliche Regionen, ja, beanspruchen – gestützt auf das World-Survey-Projekt – eine globale Ausrichtung.

### Literatur:

Stefan Hradil, Vom Wandel des Wertewandels. Die Individualisierung und eine ihrer Gegenbewegungen, in: Wolfgang Glatzer/Roland Habich/Karl Ulrich Mayer (Hrsg.), Sozialer Wandel und gesellschaftliche Dauerbeobachtung, Opladen 2002, S. 31-47.

Ronald Inglehart, Kultureller Umbruch. Wertewandel in der westlichen Welt, Frankfurt a.M./New York 1989.

Ronald Inglehart, Modernisierung und Postmodernisierung. Kultureller, wirtschaftlicher und politischer Wandel in 43 Gesellschaften, Frankfurt a.M./New York 1998.

Helmut Klages, Die gegenwärtige Situation der Wert- und Wertewandelforschung – Probleme und Perspektiven, in: Ders. u.a. (Hrsg.), Werte und Wandel. Ergebnisse und Methoden einer Forschungstradition, Frankfurt a.M. 1992, S. 5-39.

Helmut Klages, Roland Inglehart, Die stille Revolution, in: Sven Papcke/Georg W. Oesterdiekhoff (Hrsg.), Schlüsselwerke der Soziologie, Wiesbaden 2001, S. 229-231.

Abraham Maslow, Motivation and Personality, New York 1954.

Ferdinand Müller-Rommel/Thomas Poguntke (Hrsg.), New Politics. Theoretical and Methodological Approaches On Value Change in Western Europe, Dartmouth 1995.

*Alexander Gallus*

## Immanuel Kant, Metaphysik der Sitten, Riga 1797

*(erw. 2. Aufl., Riga 1798; VA: Stuttgart 1990).*

Immanuel Kant (1724-1804) ist einer der bedeutendsten Vordenker der Aufklärung. Er hat das politische Denken der Moderne in aller Welt nachhaltig geprägt. Seine „Metaphysik der Sitten" besteht aus zwei Teilen: 1. der Rechtslehre und 2. der Tugendlehre. Die Tugendlehre knüpfte an die Schriften „Grundlegung zur Metaphysik der Sitten" (1785) und „Kritik der praktischen Vernunft" (1788) an. Die für die Politikwissenschaft besonders bedeutsame Rechtslehre war dagegen ohne Vorgänger. Kants „Rechtslehre" baute auf der Tradition der Vertragstheorien von Thomas Hobbes (→ Hobbes 1651), John Locke (→ Locke 1690) und Jean-Jacques Rousseau (→ Rousseau 1762) auf. Genau wie bei diesen drei Denkern finden sich als Bausteine der „Rechtslehre" ein fiktiver Naturzustand, ein Vertragsschluss und die aus dem Vertrag abgeleitete Notwendigkeit eines Staats. Der Mensch im Naturzustand war für Hobbes dem Menschen ein Wolf. Für Rousseau verkörperte er dagegen ein vollkommenes Wesen. Kants Menschenbild siedelt – wie auch das von Locke – zwischen diesen Extremen. Für Kant lebten Menschen auch im Naturzustand bereits in einer Gemeinschaft miteinander und standen sich nicht feindlich gegenüber. Die Mehrheit der Menschen erschien ihm gutartig und vor allem vernünftig. Das Zusammenleben im Naturzustand war für ihn bereits von Vernunftrechten geprägt. Dabei vertrat Kant kein idealistisches Menschenbild. Der Mensch schien ihm ein „krummes Holz" zu sein, aus dem nie etwas ganz Gerades würde. Wer das Menschenbild von Hobbes für übertrieben negativ hält, kann Kant daher durchaus als Realisten bezeichnen.

Für Kant sind der Vertrag wie die Unterscheidung in Natur- und Staatszustand bloße Ideen der Vernunft und keine realen Erscheinungen. Sein Verdienst liegt nicht zuletzt darin, ergründet zu haben, wie der Inhalt des fiktiven (Rechts-)Vertrags zwischen den Menschen aussehen könnte. Als obersten Grundsatz des menschlichen Handelns formulierte Kant folgende Regel: „Handle äußerlich so, dass der freie Gebrauch deiner Willkür mit der Freiheit von jedermann nach einem allgemeinen Gesetze zusammen bestehen könnte" (S. 67, § C). Das Grundproblem war für Kant, dass einerseits alle Menschen frei sein sollen, andererseits ein Mensch aber durch sein freies Handeln die Freiheit eines anderen Menschen einengen oder gar zerstören kann. Ein Gesellschaftsvertrag war für Kant – nicht sehr viel anders als für Hobbes – notwendig, weil bevor ein „gesetzlicher Zustand" entstehe, „Menschen, Völker und Staaten niemals vor Gewalttätigkeiten gegeneinander sicher sein" (S. 168, § 44) könnten. Mit dem Gesellschaftsvertrag geben nach Kant die Menschen ihre natürliche Freiheit auf, um sie als „Glieder eines gemeinen Wesens" (S. 173, § 47) wieder zu erhalten. Ein Staat ist für Kant somit „die Vereinigung einer Menge von Menschen unter Rechtsgesetzen" (S. 169, § 45). Staaten gelten Kant als erforderlich, um die Freiheit der Menschen vor Übergriffen durch andere Menschen zu schützen. Der fiktive Gesellschaftsvertrag und damit auch die wirklichen Rechtssysteme von Staaten waren für Kant nun so zu gestalten, dass alle Menschen einen möglichst großen Handlungsspielraum genießen. Gerade weil alle Menschen möglichst viel Freiheit genießen sollen, muss es aber nach Kant Grenzen der Freiheit geben. Wenn „ein gewisser Gebrauch der Freiheit selbst ein Hindernis der Freiheit" (S. 68, § C), also ein Unrecht, darstellt, so rechtfertigt es für Kant, in die Freiheit des Täters einzugreifen. Der Humanist Kant ist dabei mit Blick auf das Strafrecht ein kompromissloser Anhänger des alttestamentarischen „Auge um Auge, Zahn um Zahn". So fordert er: „Hat er gemordet, so muss er sterben" (S. 194). Auf Vergewaltigung steht nach seiner Ansicht die Kastration. Es gebe keinen Ersatz für eine derartige Befriedigung der Gerechtigkeit. Für den politischen Philosophen spielte es dagegen keine erkennbare Rolle, dass der Täter „resozialisiert", also wieder in die Gesellschaft mit ihren aus der Vernunft abgeleiteten Gesetzen eingegliedert werden sollte. Kants Rechtslogik – die ausschließlich auf Vergeltung durch den Staat setzt – wirkt somit aus heutiger Sicht alles andere als fortschrittlich. Sie hat aber zu kaum einer Trübung des überaus positiven Bilds geführt, das in der politischen Philosophie der Gegenwart von Kant gezeichnet wird.

Mit dem Gesellschaftsvertrag werden nach Kant die Einzelwillen zu einem „allgemein vereinigten Volkswillen" (S. 173, § 47) gebündelt, der die Gesetzgebung bestimmen soll. Mit der Übernahme des Gedankens der Volkssouveränität scheint Kant an Rousseau anzuknüpfen. Anders als dieser war Kant aber grundsätzlich gegen eine direkte Demokratie. Für ihn muss das Volk nur in dem Sinne durch die Herrschenden repräsentiert werden, dass die Bürger kraft ihrer Vernunft zu den Gesetzen ihre Zustimmung hätten geben können. Ob sie dies tatsächlich getan haben, ist für ihn unerheblich. Eine „Republik" à la Kant ist vereinbar mit einer Monarchie. Ausdrücklich wollte der Vordenker der Aufklärung den Monarchen als Staatsoberhaupt bewahren. Er kann – auch wenn dies paradox klingt – als Anhänger einer „republikanischen Monarchie" gelten. Unvereinbar ist Kants Gedanke der Herrschaft auf der Basis des Volkswillens nur mit dem Gedanken der Legitimation der Herrschaft des Monarchen durch Gottesgnadentum und eine willkürliche Herrschaftsweise des Monarchen. Die entscheidende Grenze der Staatsformen verläuft für Kant nicht zwischen Republiken und Monarchien, sondern zwischen Rechts- oder Verfassungsstaaten und Staaten, in denen die Herrschenden Willkür walten lassen. Diese normative Unterscheidung baut auf der Staatsformenlehre von Aristoteles auf, die zwischen Herrschaften unterscheidet, die sich am Gemeinwohl oder am Eigennutz der Herrschenden orientieren (→ Aristoteles 335 v. Chr.). Ein Staat wird dabei nicht bereits dadurch zum Rechtsstaat, dass sich die Herrschenden an Gesetze halten. Die Gesetze dürfen vielmehr dem Vernunftrecht nicht zuwiderlaufen.

Kant ist der vielleicht bedeutendste Vordenker des modernen Rechtsstaats (u.a. Dietze 1982). Sein Gedanke der bereits im Naturzustand geltenden Vernunftrechte begründet zusammen mit den Überlegungen John Lockes (1690) zum Naturrecht die moderne Vorstellung, dass der Mensch Rechte hat, die ihm der Staat weder gibt noch nehmen darf. Dabei geht Kant allerdings sehr viel weiter als Locke. Das staatliche Recht scheint für ihn im Grunde in weiten Bereichen nur eine Kodifizierung der vorstaatlichen Vernunftrechte zu sein. Der durch die Vernunft vorgegebene Gestaltungsspielraum des Gesetzgebers wäre demnach nicht beschränkt. Kant wollte dabei – ähnlich wie Charles de Montesquieu (→ Montesquieu 1748) – durch Gewaltenteilung sichern, dass die Herrschenden sich an den Vernunftgesetzen orientieren.

In Kants Konzeption des Rechtsstaats gibt es einen Bruch, der den Zeitumständen geschuldet sein mag. Zwar sind nach seiner Konzeption auch die Herrschenden moralisch an das Recht gebunden, aber im Unterschied zu den Beherrschten darf es nach Kant keine Zwangsgewalt geben, die sie trifft, wenn sie Gesetze überschreiten. Der Gedanke einer Verfassungsgerichtsbarkeit, die gesetzgebende und ausführende Gewalt kontrolliert, ist Kant fremd. Er wendet sich zugleich entschieden gegen ein Recht darauf, eine Willkürherrschaft revolutionär zu überwinden. Er begründete letztlich einen „moralischen Konstitutionalismus" (Kersting 1993, S. 165) ohne Rechtsverbindlichkeit. Kant hat somit zwar bedeutende Teile des Fundaments der Rechtsstaatskonzeption gelegt, aber kein vollständiges Gebäude errichtet. Die Fortführung der Gedanken Kants durch andere Denker mündete allerdings fast zwangsläufig in einer vollständigen Entfaltung des Rechtsstaatsgedankens. Kant mit seiner Ableitung der „Rechtslehre" aus der „Sittenlehre" auf Georg Wilhelm Friedrich Hegel gewirkt. Dieser bezeichnete in seinen „Grundlinien der Philosophie des Rechts" (→ Hegel 1821) den (Rechts-)Staat kurzerhand als die Wirklichkeit der sittlichen Idee. Unter heutigen Rechtsphilosophen ist umstritten, ob Kants alleinige Ableitung des Rechts aus dem Freiheitsgedanken tragfähig ist (u.a. Dworkin 1978). Kant erscheint nur als halber „Aufklärer", der in bedeutsamen Punkten eher rückwärts- als vorwärts gewandt war. Mit seiner „Metaphysik der Sitten" erweiterte er aber das Gebäude der Vertragstheorien wesentlich. Deutliche Spuren seines Denkens finden sich bis in die Gegenwart etwa in John Rawls „Theorie der Gerechtigkeit" (→ Rawls 1971) oder in den Werken von Ottfried Höffe (u.a. 1987). Im Unterschied zu anderen Denkern der Ideengeschichte wie Rousseau oder Machiavelli (→ Machiavelli 1532) ist Kant dabei eine ungewöhnlich unumstrittene Bezugsgröße. Zugleich gehen die Interpretationen seiner Aussagen über Rechtsstaat und Demokratie erstaunlich weit auseinander (siehe u.a. Brocker 2006 im Vergleich zu Maus 1994).

## Literatur:

Manfred Brocker, Kant über Rechtsstaat und Demokratie, Wiesbaden 2006.
Ronald Dworkin, Taking Rights Seriously, Cambridge 1978.

Gottfried Dietze, Kant und der Rechtsstaat, Tübingen 1982.
Farah Dustdar, Vom Mikropluralismus zu einem makropluralistischen Politikmodell. Kants wertgebundener Liberalismus, Berlin 2000.
Ottfried Höffe (Hrsg.), Immanuel Kant. Metaphysische Anfangsgründe der Rechtslehre, Berlin 1999.
Wolfgang Kersting, Kant über Recht, Paderborn 2004.
Ottfried Höffe, Vernunft und Recht. Bausteine zu einem interkulturellen Rechtsdiskurs, Frankfurt a.M. 1996.
Wolfgang Kersting, Wohlgeordnete Freiheit. Immanuel Kants Rechts- und Staatsphilosophie, Frankfurt a.M. 1993.
Walter Küsters, Kants Rechtsphilosophie, Darmstadt 1988.
Ingeborg Maus, Zur Aufklärung der Demokratietheorie. Rechts- und demokratietheoretische Überlegungen im Anschluss an Kant, Frankfurt a.M. 1994.
Jan R. Siekmann, Kants Reine Republik und der Rechtsstaat, in: Zum zweihundertsten Todestag von Immanuel Kant – Werkstattgespräche über Moral, Recht und Politik, Bamberg 2005, S. 23-43.

*Steffen Kailitz*

## Immanuel Kant, Zum ewigen Frieden. Ein philosophischer Entwurf, Königsberg 1795

*(erw. Aufl. 1796; VA: Königlich Preußische Akademie der Wissenschaften (Hrsg.), Kants gesammelte Schriften. Abt. 1: Werke, Bd. 8: Abhandlungen nach 1781, Berlin 1912, S. 341-386.).*

Es war das Anliegen des damals 71-jährigen Immanuel Kant den Frieden nicht mehr wie Thomas Hobbes (→ Hobbes 1651) als Abwesenheit des „natürlichen“ Kriegszustandes zu denken, sondern als endgültige Verneinung „aller Hostilitäten“ (S. 343). Seine 1795 veröffentlichte Abhandlung wurde in politisch bewegter Zeit sofort ein internationaler, rasch rezensierter (u.a. von Fichte, Schlegel, Hegel, Sieyes) und in viele Sprachen übersetzter Verkaufserfolg. Einem wahren Friedensbegriffe das Wörtchen „ewig“ beizufügen, das war für Kant, wie er ironisch schreibt, ein sehr „verdächtiger Pleonasm“ (S. 343.) Diesen Pleonasmus habe er von einer satirischen Aufschrift auf einem Gasthausschild abgeguckt, auf dem ein Friedhof gemalt war. Doch gewinnt die „unausführbare Idee“ des „ewigen Friedens“ (→ Kant 1797, § 61) durch die typisch kantische Wendung „Handeln, als ob“ eine „praktische Realität“. Demnach enthält die Friedensschrift keinen Traum, sondern eine geradezu verpflichtende Zuversicht. Die immerwährende Rechtsrhetorik der

Kriegstreiber zeige, dass Anlass zur Hoffnung bestehe, immer orientiert am Publizitätskriterium: „Alle Maximen, die der Publizität bedürfen (um ihren Zweck nicht zu verfehlen), stimmen mit Recht und Politik vereinigt zusammen" (S. 386.) Sogar im Kriegsfall entfalte das Kriterium vermittels der „Ehre" seine Wirkung.

Kant teilt die objektiven Bedingungen des „ewigen Friedens" in sechs Verbots- und drei Gebotsbedingungen auf. Ironisch umschreibt er sie wie in einem Friedensvertrag als „Präliminar- und Definitivartikel": Die „Präliminarartikel" verbieten geheime Kriegsvorbehalte beim Friedenschluss, privatrechtliche Erwerbungen von Staaten, stehende Heere (aber nicht „Staatsbürger in Waffen") sowie provozierende Schatzanhäufungen im Staat, die Aufnahme von Kriegskrediten, gewalttätige Einmischungen in die Belange anderer Staaten und vertrauenszerstörende Maßnahmen im Kriegsfalle. Die Generalprämisse ist die Selbständigkeit eines sich auf der Basis von Herkunfts- und Problemgemeinsamkeiten als „moralische Person" (S. 344) selbst bestimmenden Staates. Es folgen die „Definitivartikel": „Die [..] Verfassung in jedem Staate soll republikanisch sein"; „Das Völkerrecht soll auf einen Föderalismus freier Staaten gegründet sein"; „Das Weltbürgerrecht soll auf Bedingungen der allgemeinen Hospitalität [= Gastfreundschaft] eingeschränkt sein" (S. 349-360). Mit dem letzten Artikel werden dem Menschen erstmals unabhängig von seiner Staatsangehörigkeit vage positive Rechte zugestanden.

Als bedeutsamer haben sich indes die beiden ersten „Definitivartikel" erwiesen. Die friedensbefördernde republikanische Staatsform (civitas) zeichnet sich als „Regierungsart" (forma regiminis) im Gegensatz zur Despotie durch die Verbindung von Freiheit und Gesetzlichkeit aus und ist von der Staatsform als „Form der Beherrschung" (forma imperii) zu unterscheiden. Hauptmerkmal der republikanischen Staatsform ist somit Gesetzesherrschaft auf der Basis der Trennung zwischen Exekutive und Legislative, eines repräsentativen Charakters des Regierungssystems und rechtlicher Gleichheit zwischen den Staatsbürgern. Eine radikale „Demokratie" ist demnach notwendig despotisch. Friedenspolitische Relevanz entwickelt die Republik nun dadurch, dass in ihr die Kriegsentscheidung faktisch, und nicht nur als rechtlicher Anspruch, beim Staatsvolke liegt. Kant behauptet nicht, dass Republiken nie Kriege beginnen, sondern nur, dass die Staatsvölker der Republiken das „sehr bedenken" (S. 351) würden.

Im zwischenstaatlichen Bereich ist für Kant ein „Föderalismus" freier Staaten nötig, kein „seelenloser", „despotischer" Völkerstaat (S. 367). Gerade die europäische Pluralität und der damit verbundene „Wetteifer" müsste, obgleich er ursprünglich wechselseitigen Hass beförderte, ab einem bestimmten Zeitpunkt in Zivilisierung umschlagen. Kant meint, der Zeitpunkt sei mit der Französischen Revolution gekommen. Zugleich schreibt Kant dem Krieg eine kultivierende Funktion in der Vergangenheit zu. Dieses geschichtsphilosophische Urteil und bestimmte ästhetische Urteile (z.B. über die „Erhabenheit" des Krieges in Kant 1790, § 28) möchte Kant von moralischen Urteilen unterschieden wissen: Nur „im natürlichen Zustand" gebe es ein (formales) Nothilferecht, im Falle einer „tätigen Verletzung" durch einen äußeren Feind oder als präventives Recht gegen Bedrohungen, in beiden Fällen jedoch nur, wenn die Bürger zustimmten (→ Kant 1797, § 55 f.). Ein „moralisches" Recht zum „gerechten" Kriege sei dagegen undenkbar. Das Beste wäre somit, das althergebrachte Völkerrecht, ein von Staaten um Ihrer Interessen willen aktiv benutzbares „Koexistenzrecht", völlig hinter sich zu lassen. Kant bezeichnet daher Hugo Grotius und Samuel von Pufendorf als „leidige Tröster" (S. 355) und steht machtpolitischen Gleichgewichtstheorien skeptisch gegenüber. Schon Georg Friedrich Wilhelm Hegel zweifelte in seinen „Grundlinien der Philosophie des Rechts" jedoch, ob ein Ermöglichungsprinzip für die „Einstimmung" eines Staatenbundes à la Kant grundsätzlich erreichbar sei (→ Hegel 1821, § 333). Friedrich von Gentz (1800) betonte, dass allein auf der Basis eines sich machtpolitisch von selbst herstellenden Gleichgewichts der Kräfte Völkerrecht realistisch sei. Ein Friedensbund, der „alle Kriege auf immer zu endigen suchte" (S. 356), sei ohne übergeordnete Zwangsgewalt unmöglich. Doch nach Kant ist diese übergeordnete Gewalt im Falle eines Bundes republikanischer Staaten auch nicht nötig. Das Völkerrecht würde faktisch implementiert durch eine mächtige, aufgeklärte, friedensgeneigte, junge Vorreiterrepublik (damals Frankreich, heute vielleicht die USA). Die Intervention einer Freiheitsallianz gegen Aggressoren ohne „formale" Rechtsdurchsetzung zwecks Selbstverteidigung oder kollektiver Friedenssicherung wäre nach Kant rechtmäßig. Offen lässt die Friedensschrift indes, ob die Intervention auch präventiv erfolgen könnte. Beide Fragen – nach heutigem Völkerrecht „negativ" belegt – sind in Zeiten eines als „entsichert" empfundenen Nuklearzeitalters nach dem Kalten Krieg aktuell.

Im so genannten „ersten Zusatz" geht es um ein „objektives" Verhältnis des „ewigen Friedens" zur geschichtlichen Realität. Nicht etwa die „moralische Besserung" der Menschen, so Kant, sondern allein der „Mechanismus der Natur" garantiere den Frieden. Dieser Mechanismus könne zwar nicht bewiesen werden, sei aber als Vernunftvorstellung unverzichtbar. Demnach führe der Mechanismus zur Zunahme einer wechselseitigen institutionellen und wirtschaftlichen Abhängigkeit (Interdependenz), zunächst im Inneren, dann auch im Äußeren eines Staates. Nun aber müsse der Friede, verstandesmäßig als „qua Natur instruiert" vorgestellt, aus praktischer Vernunft heraus auch „gestiftet" (S. 349) werden. Der vorgestellte Naturmechanismus vermag nach Kant, richtig genutzt, das nicht aus der Welt zu schaffende „Böse" zumindest zu neutralisieren. Auf das Innere des Staates bezogen, schreibt er entsprechend, dass selbst „ein Volk von [verstandesmächtigen] Teufeln" (S. 366) regierbar wäre.

Die Misshelligkeit zwischen Moral und Politik, schließt Kant im „Anhang", resultiere nun immer wieder aus der Verfehlung der Maximen, insbesondere der Ehrlichkeit, durch die Machthaber. Mit Argumenten der Staatsräson und auf der Basis rationalisierter Zukunftseinschätzungen begründete (Einzelfall-)Pflichten des Staatsmannes zur Unehrlichkeit gehen Kant zu weit. Er stellt sich klar der „realistischen Schule" im Gefolge von Machiavelli (→ Machiavelli 1532) und Friedrich von Gentz (1800) entgegen. Es gibt allerdings Elemente in der Friedensschrift, die Kant als scharfsinnigen „Theoretiker der Macht" (Waltz 1962) erscheinen lassen. Er ist jedenfalls Realist genug, um zwischen „moralischen Politikern" und „politischen Moralisten" (S. 372) zu differenzieren. Für ihn sind es „despotisierende Moralisten" (S. 373), die aus moralischer Überzeugung erst zum Politiker werden und aus gutwilliger Ungeduld und Anmaßung „Erlaubnisgesetze der Vernunft" missachten. Die den Begriff des Realismus vereinnahmenden Machtmoralisten hingegen stützten sich aus Dumpfheit oder Böswilligkeit nur auf die Staatsklugheit und predigten „Schlangenwendungen" wie „fac et excusa", „si fecisti, nega" oder „divide et impera" (S. 374 f.). Der moralische Politiker versuche demgegenüber, der ganzen Realität gerecht zu werden – und dazu gehören für Kant die menschliche Vernunft und das Prinzip der Freiheit.

## Literatur:

Georg Cavallar, Pax Cantiana. Systematisch-historische Untersuchung des Entwurfs „Zum ewigen Frieden" (1795) von Immanuel Kant, Wien/Köln/Weimar 1992.

Manuel Fröhlich, Die Diskussion 200 Jahre nach Kants „Ewigem Frieden", in: Zeitschrift für Politikwissenschaft 2 (1997), S. 483-518.

Friedrich von Gentz, Über den ewigen Frieden (1800), in: Kurt von Raumer (Hrsg.), Ewiger Friede. Friedensrufe und Friedenspläne seit der Renaissance, Freiburg i. Brsg./München 1953, S. 461-498.

Volker Gerhardt, Immanuel Kants Entwurf „Zum ewigen Frieden". Eine Theorie der Politik, Darmstadt 1995.

Immanuel Kant, Kritik der Urteilskraft (1790), Frankfurt a.M. 2004.
Samuel von Pufendorf, Acht Bücher vom Natur- und Völkerrecht, Frankfurt a.M. 1684.
Kenneth N. Waltz, Kant, Liberalism, and War, in: American Political Science Review 56 (1962), S. 331-340.

*Lazaros Miliopoulos*

## Robert O. Keohane, After Hegemony. Cooperation and Discord in the World Political Economy, Princeton 1984.

Robert O. Keohane (geb. 1941), Professor für Regierungslehre an der Harvard-Universität (USA), hat sich mit einer Reihe von innovativen Arbeiten zur Internationalen Politik schon früh einen Namen in der Disziplin erworben. Sein 1977 mit Joseph Nye (geb. 1937) publiziertes Buch „Power and Interdependence. World Politics in Transition" (→ Keohane/Nye 1977) stellte die dominanten Thesen des Neorealismus in Frage und stärkte die institutionalistische Wende in der Internationalen Politik. In zahlreichen weiteren Arbeiten baute Keohane den institutionalistischen Ansatz aus und trieb die Regimedebatte entscheidend voran. Sein Buch „After Hegemony", in dem er eine funktionale Theorie der internationalen Regime entwickelt, ist als Beitrag zu, gleichzeitig aber auch als Kritik an dieser Debatte zu werten.

Keohanes vorrangiges Anliegen ist es, mit „After Hegemony" eine Theorie zu entwickeln, die Kooperation zwischen Staaten erklärt. Im Gegensatz zur „Hegemonic Stability Theory" der 1950er und 1960er Jahre, die einen hegemonialen Staat, die USA, als Initiator und Stabilisator von Kooperation voraussetzt, stellt sich Keohane die Frage, wie und warum Kooperation auch dann noch zu Stande kommt, wenn ein Hegemon fehlt. Ausgangspunkt dieser Überlegungen ist die These, dass die USA in den Jahren nach dem Zweiten Weltkrieg zwar als Hegemon fungiert und in dieser Rolle eine Reihe von internationalen Wirtschaftsregimen begründet haben. Seit den 1970er Jahren sei aber ein Niedergang in der Hegemonialposition der USA zu verzeichnen, während internationale Regime weiterhin Bestand hätten oder sogar ausgebaut würden.

Um dieses – scheinbare – Paradox zu erklären, entwirft Keohane eine funktionalistische Theorie der Kooperation, das heißt eine Theorie, die die Funktion von Kooperation im Rahmen internationaler Regime für die partizipierenden Staaten erklären kann. Dabei geht Keohane, obwohl bis dahin eher als Institutionalist denn als Realist zu verorten, von einer der realistischen Schule (→ Morgenthau 1948) entlehnten Grundannahme aus, nämlich, dass Staaten rationale, egoistisch handelnde Akteure sind, die ihre Eigeninteressen verfolgen. Allerdings sieht er für die erfolgreiche Nutzenmaximierung der Staaten nicht allein deren Machtposition als ausschlaggebend an. Vielmehr sind es auch die Bedingungen des internationalen Systems, die die Nutzenkalküle beeinflussen. Zudem führt er eine Unterscheidung zwischen kurz- und weitsichtigen Interessen der Staaten ein. Während erstere sich nur auf einen begrenzten Gegenstandsbereich beziehen, ziehen letztere einen ganzen Komplex möglicher Vorteile in Betracht. Schließlich basieren Keohanes Überlegungen auf Erkenntnissen der Theorie der rationalen Wahl. Er hält besonders Entscheidungsspiele nach dem Muster des Gefangenendilemmas für aussagekräftig, allerdings nur dann, wenn sie als eine Kette von wiederholten Entscheidungssituationen stattfinden (→ Axelrod 1984). In solchen Entscheidungssituationen spielen Erwartungen über den Nutzen der Kooperation, aber auch über das künftige Verhalten der jeweils anderen Akteure, eine wichtige Rolle.

Ausgehend von diesen Grundannahmen stellt Keohane nun eine Reihe von funktionalistischen Gründen zusammen, die eine rationale Entscheidung von Staaten für die Kooperation motivieren. Dies sei allgemein die Erwartung, über Politikkoordination mit anderen Partnern die eigenen Ziele besser erreichen zu können (S. 51 f). Speziellere Erwartungen seien die Vorteile legaler oder vertraglicher Bindungen, die das Verhalten anderer kalkulierbar machen und somit Unsicherheit reduzieren. Im Falle von Netzwerken von Regimen sind weitere Vorteile zu erwarten, etwa die verbesserte Befolgung der Regeln durch die einzelnen Staaten aus Angst, an Reputation zu verlieren.

Im Ergebnis kommt Keohane zu einem erweiterten Begriff der Rationalität der Akteure, indem er diese als eingegrenzte oder beschränkte Rationalität („bounded rationality“) fasst. Rational handelnde Akteure sind demnach keine reinen Nutzenmaximierer, sondern nur eingeschränkte. Ihnen fehlen nämlich vielfach Informationen über die Umgebung, aber auch über ihre eigene Position. Sie streben daher weniger nach einem optimalen als vielmehr nach einem befriedigenden Ergebnis. Mit dieser Annahme ergeben sich weitere funktionale Begründungen für die Regimebildung: Regime können der Selbstbindung von Staaten dienen (etwa für den Fall eines Regierungswechsels). Sie bieten Faustregeln für das Verhalten; sie bieten einen Rahmen für Reziprozität; ihre moralischen Normen erfüllen eine Zuordnungsfunktion; sie erleichtern ungleichzeitigen Austausch. Insgesamt entwickelt Keohane somit eine Vielzahl von Begründungen für die Kooperation von Staaten im Rahmen internationaler Regime. Zugleich erteilt er idealistischen Begründungen für die Regimebildung, etwa das Aufkommen für das gemeinsame Gute, eine klare Absage.

Auf der Grundlage der entwickelten Theorie analysiert Keohane im dritten Teil seines Buches die Praxis von Hegemonie und Kooperation. Anhand dreier Beispiele – dem Handels-, dem Finanz- sowie dem allerdings erst spät zu Stande gekommenen Ölregime – untersucht er den Zusammenhang zwischen Hegemonie, Regimebildung, leitenden Interessen der Staaten und institutionellen Voraussetzungen der Kooperation. Im Ergebnis kommt er zu dem Schluss, dass die US-Hegemonie für die Bildung internationaler Regime von eminenter Bedeutung war, dass allerdings die Nutzenkalküle der anderen Staaten ebenfalls eine Rolle spielten. Zudem belegt er, dass Regime auch ohne Hegemon weiter bestehen können. Schließlich weist er anhand des Ölregimes nach, dass bestehende Institutionen die Bewältigung plötzlich auftauchender Krisen durch Zusammenarbeit erleichtern. Damit sieht Keohane sein theoretisches Konzept bestätigt.

Keohanes große Leistung liegt darin, eine Regimetheorie entwickelt zu haben, die idealistischen Annahmen eine klare Absage erteilt, zugleich aber auch die allzu einfachen Annahmen des Realismus widerlegt. Durch die Unterscheidung zwischen kurz- und weitsichtiger Nutzenkalkulation, zwischen Nutzenmaximierung und dem Streben nach befriedigenden Ergebnissen, und die Einführung des Begriffes der „eingeschränkten Rationalität" gelingt es ihm, Regimebildung als Resultante der Optionen rational handelnder staatlicher Akteure – seien sie Hegemone oder schwächere Staaten – zu erklären. Zudem verbindet er eine staatszentrierte Perspektive mit der des internationalen Systems, indem er die Existenz internationaler Regime als intervenierende Variable ansieht, die das Verhalten der Staaten beeinflusst. Damit überwindet Keohane die Dichotomie zwischen Realismus und Institutionalismus zu Gunsten einer erweiterten Theorie, die eine Synthese beider Ansätze repräsentiert.

Gewisse Schwächen dieses Ansatzes liegen in der empirischen Beweisführung. So wird die Annahme des hegemonialen Niedergangs der USA von zahlreichen Autoren in Zweifel gezogen. Ebenso erscheint es fraglich, ob die Lösung der Energiekrise der Jahre 1979/80 dem Vorhandensein eines – rudimentären – Regimes oder anderen Umständen zu verdanken ist. Ein grundsätzlicher Kritikpunkt an Keohanes Analyse ist, dass sie sich ausschließlich auf die Kooperation zwischen den westlichen Industriestaaten bezieht, also Staaten, die gleichgerichtete Normen teilen. Dies stellt die Allgemeingültigkeit von Keohanes Aussagen in Frage. Ungeachtet solcher Kritikpunkte wurde Keohanes Theorie in den USA und international sehr weitgehend und überwiegend zustimmend rezipiert, auch wenn die Regimedebatte im Laufe der 1990er Jahre zu Gunsten anderer Themen abebbte. In der Bundesrepublik kam diese Debatte dabei mit gewisser Verspätung ab der zweiten Hälfte der 1980er Jahre auf (Kohler-Koch 1989; Rittberger/Mayer 1993; Gehring 1994).

**Literatur:**

Thomas Gehring, Dynamic International Regimes. Institutions for International Environmental Governance, Frankfurt a.M. 1994.

Beate Kohler-Koch (Hrsg.), Regime in den Internationalen Beziehungen, Baden-Baden 1989.

Volker Rittberger/Peter Mayer (Hrsg.), Regime Theory and International Relations, Oxford u.a. 1993.

Katharina von Knop, Die Quellen der Macht von Al-Qaida: aus der Perspektive der Theorie des Institutionalismus nach Robert Keohane, Frankfurt a.M. u.a. 2004.

*Ingeborg Tömmel*

## Robert O. Keohane/Joseph S. Nye, Power and Interdependence. World Politics in Transition, Boston 1977

*(VA: 3. Aufl., New York 2001).*

Die theoretische Auseinandersetzung mit Interdependenz, das heißt mit der Problematik wechselseitiger Abhängigkeiten in der internationalen Politik, hat eine lange Tradition. Für die Theoriebildung und -entwicklung in der politikwissenschaftlichen Teildisziplin Internationale Beziehungen wegweisend und nachhaltig prägend waren jedoch erst die Überlegungen zu Interdependenz, die in den 1970er Jahren vor dem Hintergrund weltwirtschaftlicher Krisenerscheinungen (Zusammenbruch des Währungssystems von Bretton Woods 1971, erste und zweite Ölkrise 1973 bzw. 1979) angestellt wurden. Das Schlagwort „Interdependenz" tauchte zunehmend an prominenter Stelle auf – vor allem in den Reden US-amerikanischer Politiker. Sie konstatierten einen allgemeinen Verlust politischen Steuerungsvermögens und daher die

Notwendigkeit multilateraler Kooperation, um trotz der in den „Schocks" sichtbar gewordenen wechselseitigen Abhängigkeiten politisch handlungsfähig zu bleiben. Die durch die Krisenerscheinungen hervorgerufenen Konflikte über die richtige Wirtschaftspolitik im Kampf gegen Rezession und Inflation wurden Mitte der 1970er Jahre in dem Bemühen der vier führenden westlichen Industriestaaten (USA, Japan, Bundesrepublik Deutschland und Frankreich) um einen weltwirtschaftlichen Koordinationsprozess (u.a. Gründung der „Weltwirtschaftsgipfel") einer kooperativen Lösung zugeführt. Zusätzlich unterstützt durch den Entspannungsprozess im Ost-West-Verhältnis (Konferenz über Sicherheit und Zusammenarbeit in Europa, Rüstungskontrolle) kam es damit in den 1970er Jahren zu einer Politisierung von Problemen jenseits militärischer Sicherheit: Fragen der Wohlstandssicherung und Ressourcenverfügbarkeit standen plötzlich im Mittelpunkt des politischen Interesses. Der Primat der Sicherheitspolitik und der zentrale Stellenwert militärischer Macht als Mittel der Politik, Grundpfeiler des vorherrschenden realistischen Paradigmas (→ Morgenthau 1948), wurden vor diesem Hintergrund zunehmend von einer Reihe von Ökonomen und Politikwissenschaftlern angezweifelt.

Zentral und wegweisend für eine erste politikwissenschaftliche Konzeptualisierung von Interdependenz ist dabei das 1977 erschienene Buch „Power and Interdependence" der US-amerikanischen Politikwissenschaftler Keohane und Nye. Sie konstatieren einen Wandel in den Strukturen des internationalen Systems konstatiert. Sein Merkmal sei ein Verlust an politischem Steuerungsvermögen mit Konsequenzen für das Erreichen nationaler wirtschaftlicher und politischer Ziele aufgrund wechselseitiger Abhängigkeiten. Keohane und Nye fragen nach Handlungsmöglichkeiten nationalstaatlicher Politik unter diesen Bedingungen – und zwar auf zwei Ebenen: der Ebene der Außenpolitik (Optimierung außenpolitischen Handelns) sowie der Ebene internationaler Politik (Gestaltungsmöglichkeiten durch zwischenstaatliche Kooperation).

Entscheidend für den politischen Interdependenzbegriff von Keohane/Nye ist zunächst das Kriterium der Kosten: Interdependenz verursacht Kosten, da sie die einzelstaatliche Autonomie beschränkt und Anpassungsleistungen erforderlich macht. Die Antwort auf die Frage nach den Handlungsmöglichkeiten des Staats unter den Bedingungen von Interdependenz versuchen Keohane/Nye in kritischer Abgrenzung zum realistischen Erklärungsmodell zu entwickeln. Dazu konstruieren die Autoren als analytische Behelfskonstruktion die „komplexe Interdependenz" als ein dem Realismus entgegengesetzter „Idealtypus" des internationalen Systems. Dies machen sie, indem sie die Grundannahmen des Realismus einfach umkehren: 1. Staaten sind keine in sich geschlossenen Einheiten und nicht alleinige Akteure in der Weltpolitik. Neben den klassischen zwischenstaatlichen Beziehungen spielen transnationale Beziehungen eine wichtige Rolle, d.h. neben den Staaten existieren weitere einflussreiche Akteure wie z.B. multinationale Konzerne. 2. Militärische Macht besitzt in durch „komplexe Interdependenz" gekennzeichneten Beziehungszusammenhängen nur eine untergeordnete Bedeutung als Mittel der Politik. 3. Es gibt keine vorgegebene Hierarchie in der Rangfolge von Zielen in der internationalen Politik: Militärische Sicherheit ist nicht mehr a priori höherrangig als Ziele im Bereich der Wohlfahrt.

Keohane/Nye machen „komplexe Interdependenz" annäherungsweise in den Beziehungen der westlichen Industriestaaten (der OECD) aus, speziell in den Problemfeldern Weltwirtschaft und Umwelt. Kern der Frage nach der Handlungsfähigkeit des Staates ist, wie unter den Bedingungen von Interdependenz Machtressourcen eines Staates in Macht als Kontrolle über Politikergebnisse übersetzt werden können. Während im realistischen Erklärungsmodell die allgemeine Machtüberlegenheit eines Staates direkt die Ergebnisse internationaler Politik bestimmt, stellen Keohane/Nye unter Bedingungen komplexer Interdependenz fest: Je mehr sich die Situation der komplexen Interdependenz annähert, desto weniger lässt sich die generelle Machtüberlegenheit eines Staates in die politischen Ergebnisse innerhalb einzelner Politikbereiche übersetzen. Zwischen Machtressourcen und Macht als Kontrolle über Politikergebnisse wirkt die wechselseitige Abhängigkeit der Akteure (Interdependenz) als intervenierende Variable. Unter diesen Bedingungen sei es für militärisch starke Staaten schwieriger, ihre allgemeine Dominanz zur Kontrolle in Politikbereichen zu nutzen, in denen sie nicht überlegen sind. Die Machtverteilung und der Grad der Verwundbarkeit in spezifischen Problemfeldern werde also bedeutsam bei der Analyse der politischen Prozesse. Für Staaten in Positionen relativer Unverwundbarkeit eröffne sich die Möglichkeit der Manipulation des internationalen Systems zur Verwirklichung ihres Eigeninteresses. Keohane/Nye kommen zu ihren Ergebnissen durch Fallstudien in den Problemfeldern der internationalen Meeres- und Währungspolitik sowie der bilateralen Beziehungen zwischen den USA und Kanada sowie den USA und Australien (Kap. 3 und 4-7). Die auf dieser Basis formulierten Handlungsempfehlungen machen das politisch motivierte Erkenntnisinteresse von „Power and Interdependence" deutlich. Es ist das erklärte Ziel von Keohane/Nye, mit ihrer Arbeit zu einer Optimierung amerikanischer Außenpolitik beizutragen (S. vii-viii, 242). Sie sprechen sich angesichts des Verlustes amerikanischer Hegemonie und der Unwirksamkeit von

Unilateralismus unter Interdependenzbedingungen für Multilateralismus aus. Empfohlen wird dabei eine aktive und führende Rolle der USA, dies basiert auf der Überzeugung, dass internationale Kooperation und deren Verstetigung eine geeignete Strategie sind, die sich aus der Interdependenz ergebenden Konflikte für alle Seiten gewinnbringend zu bearbeiten.

Genau darin liegt die Bedeutung von „Power and Interdependence". Keohane/Nye haben mit ihrer Arbeit für die 1970er und 1980er Jahre eine politikwissenschaftlich fundierte Basis für das politische Bemühen der westlichen Industriestaaten unter Führung der USA um eine Politikkoordination in multilateralen internationalen Institutionen (z.B. GATT oder IWF) gelegt. Dabei handelt es sich bei „Interdependenz" nicht um eine Theorie, sondern um ein analytisches Konzept, das in der nachfolgenden Theoriebildung der Internationalen Beziehungen eine Schlüsselposition einnimmt (ausführlich Spindler 2003). Die Problematik der Institutionalisierung internationaler Kooperation entwickelte vor allem Keohane in den 1980er Jahren in Form der Regimetheorie (→ Keohane 1984) und im liberalen Institutionalismus – den bis heute in den Internationalen Beziehungen dominierenden Theorieströmungen – sukzessive weiter. Die Autoren haben damit zu einer Renaissance des Studiums internationaler Institutionen beigetragen und den Neoinstitutionalismus in den Internationale Beziehungen mit begründet.

Die wichtigsten Kritikpunkte (ausführlich Spindler 2003) betreffen zunächst die Frage nach den Ursachen und Triebkräften von Interdependenz. In der von Keohane/Nye gewählten ahistorischen Perspektive ist Interdependenz das Ergebnis eines von Technologie, Ökonomie und Kommunikationsmitteln vorangetriebenen Prozesses. Konkret bedeutet dies eine Vernachlässigung der Frage nach der Rolle des Staates in diesem Prozess, besonders der politischen Rolle der USA als überlegene wirtschaftliche und militärische Macht bei der Konstruktion eines neuen politischen und wirtschaftlichen Rahmens für die Beziehungen der Staaten nach dem Zweiten Weltkrieg und dessen Transformation in den 1970er und 1980er Jahren. Der Verbleib von „Power and Interdependence" auf der systemischen Analyseebene führt ferner zu einer weitestgehenden Nichtbeachtung nicht-staatlicher Akteure, obwohl transnationale Beziehungen und damit das Handeln gesellschaftlicher Akteure von den Autoren eigentlich als wesensbestimmend für internationale Interdependenz gewertet werden. Der wachsenden Handlungs- und Gestaltungsmacht vor allem transnationaler wirtschaftlicher Akteure in den 1970er Jahren, wie z.B. multinationaler Konzerne, konnte „Power and Interdependence" konzeptionell so nicht Rechnung tragen.

Ungeachtet dieser – meist aus konkurrierenden theoretischen Strömungen heraus geäußerten – Kritik wurde „Power and Interdependence" breit rezipiert und fungierte als Impulsgeber für eine Reihe theoretischer Entwicklungen innerhalb der liberal institutionalistischen und liberalen Strömungen. Hauptaustragungsorte der intensiv geführten Debatte zur angemessenen politikwissenschaftlichen Konzeptualisierung von Interdependenz und Fragen ihrer Messbarkeit waren in den 1970er und 1980er Jahren die Zeitschriften „International Organization", „World Politics", „Foreign Policy" und „Foreign Affairs". Anknüpfungspunkte für weitere theoretische Entwicklungen ergaben sich vor allem für Theorien internationaler Verhandlungen und Kooperation bzw. für die Entwicklung der spieltheoretischen Variante der Regimetheorie – insbesondere auch für Studien über die zunehmende Bedeutung kollektiver Güter sowie für Studien zur Friedensleistung internationaler Institutionen. Nicht zuletzt verdeutlicht die Globalisierungsdebatte eindrucksvoll eine Vielzahl gemeinsamer Problemstellungen von Interdependenz-Analyse und Studien zur Globalisierung (Zürn 2002). Dies zeigt auch die 2001 erschienene aktualisierte und erweiterte dritte Auflage von „Power and Interdependence".

## Literatur:

Kenneth N. Waltz, The Myth of National Interdependence, in Charles P. Kindleberger (Hrsg.), The International Corporation, Cambridge 1970, S. 205-223.

David A. Baldwin, Interdependence and Power. A Conceptual Analysis, in: International Organization 34 (1980), S. 471-506.

Manuela Spindler, Interdependenz, in: Siegfried Schieder/Manuela Spindler (Hrsg.), Theorien der Internationalen Beziehungen, Opladen 2003, S. 89-116.

Michael Zürn, From Interdependence to Globalization, in: Walter Carlsnaes/Thomas Risse/Beth A. Simmons (Hrsg.), Handbook of International Relations, London 2002, S. 235-254.

*Manuela Spindler*

## Peter Graf Kielmansegg, Volkssouveränität. Eine Untersuchung der Bedingungen demokratischer Legitimität, Stuttgart 1977.

Mit Volkssouveränität ist gewöhnlich gemeint, dass das Volk als Quelle der Herrschaftslegitimation dient und zugleich Inhaber der Staatsgewalt ist. Der Politikwissenschaftler Peter Graf Kielmansegg (geb. 1937) wirft in dem – in Teilen auf seine Habilitationsschrift zurückgehenden – 1977 erschienenen Buch „Volkssouveränität" die Frage auf, ob die Doktrin der Volkssouveränität geeignet ist, allein die Demokratie zu begründen. Der Zweifel an einem unumwundenen Ja markiert den Ausgangspunkt der Untersuchung. Kielmansegg hat die Volkssouveränität als Norm selbst einer Prüfung unterzogen. Das ist ein nicht nur demokratietheoretisch, sondern auch ein politisch wichtiges Unterfangen, denn die Demokratie bedarf zur Sicherung ihres Geltungsanspruchs des Konsenses über ihre Prämissen. Dieser Konsens ist in der Demokratie prinzipiell nicht durch Gewalt erzwingbar, sondern hat zur Voraussetzung, „dass es gelingt, den Geltungsanspruch der Demokratie vernunftgemäß zu fassen" (S. 15).

In einem ersten historischen Teil untersucht Kielmansegg, worin in Abgrenzung zu älteren Legitimitätsvorstellungen, die bereits auf eine Teilhabe des Volks an Herrschaft orientiert waren, das Neue der Idee der Volkssouveränität liegt. Zudem beschreibt er die Funktion der Legitimitätsformel „Volksherrschaft" in den frühneuzeitlichen demokratischen Revolutionen. Kielmansegg arbeitet heraus: Die mittelalterlichen Vorstellungen einer gewissen Teilhabe des Volkes an Herrschaft und einer Bindung des Herrschers an das Volk sind noch davon geprägt, den Kaiser gegen geistliche Suprematieansprüche abzusichern. Ihnen fehlt es an der für die Neuzeit entscheidenden Idee des Individuums. Der Gedanke, der zu der von Kielmansegg so benannten „Inthronisation des autonomen Individuums" führt, ist die Antwort auf die Frage, warum rechtmäßige Herrschaft freiwillige Anerkennung voraussetzt. Diese Antwort findet er bei Nikolaus von Cusanus, einem der letzten der Konzilstheoretiker. Er formulierte in der ersten Hälfte des 15. Jahrhunderts die revolutionäre Einsicht, dass es die gleiche Geschöpflichkeit aller Menschen ist, die sie zu Trägern gleicher, da in der Schöpfungsordnung Gottes begründeter Rechte mache. Dies entziehe einer Herrschaft von Menschen über Menschen aufgrund einer vermeintlich natürlichen Ungleichheit an Rechten grundsätzlich und durchschlagend den Boden. Von seinem religiösen Ursprung gelöst, finde sich die Aussage, dass die Menschen frei und gleich sind, als die anthropologische Prämisse im rationalistischen Naturrecht wieder. Die weitere entscheidende Zutat zur Doktrin der Volkssouveränität entstamme dem Souveränitätsdenken, also der Annahme einer übergeordneten Macht als Wurzel und Summe aller Herrschaftsgewalt, wo an die „Stelle des Rechts als einer vorgegebenen Ordnung der Gerechtigkeit [...] das Recht als ein auf den Willen der suprema potestas gegründetes Normensystem" (S. 87) trete – eine zwingende Antwort auf die konfessionellen Bürgerkriege. Gegenüber dem neuzeitlichen Absolutismus nehme in der Vertragstheorie des Volkssouveränitätsdenkens die Gesamtheit der autonomen Individuen die Stelle des Königs als Inhaber der Souveränität ein. Bei John Locke (→ Locke 1690) habe das Autonomieprinzip nicht nur herrschaftsbegründend, sondern auch herrschaftsbegrenzend gewirkt, da sich bei ihm die individuelle Autonomie in den natürlichen Rechten auf Leben, Freiheit und Besitz zeige. Bei Jean-Jacques Rousseau (→ Rousseau 1762) hätten sich dann endgültig die revolutionären Folgen des Volkssouveränitätsdenken Bahn gebrochen in einer identitären Demokratievorstellung. Nach dieser kann der Einzelne nur frei bleiben, indem er als Teil eines Kollektivsubjekt gemeinsam mit allen über sich selbst herrscht. Herrscher und Beherrschte sind damit eins und die individuelle Selbstbestimmung wird in kollektive Verfügungsgewalt überführt. Eine der Schwierigkeiten des Entwurfs von Rousseau liegt für Kielmansegg darin, dass dem Volk als Kollektiv ein Wille unterlegt werde, der erst dann ein wahrer Volkswille sei, wenn er auf das Allgemeinwohl ziele. Wie dies aber zu erkennen und zu gewährleisten sei, warum gar die Mehrheit über die Kennzeichen der volonté générale verfügen soll, das erschließe sich bei Rousseau nicht.

Die Suche nach einer überzeugenden Begründung der Volkssouveränitätsdoktrin wird im zweiten systematischen Teil der Untersuchung anhand der Erörterung der modernen Demokratietheorie (vornehmlich der zweiten Hälfte des 20. Jahrhunderts) fortgesetzt. Hier entfaltet Kielmansegg seine Kritik an der empirischen wie normativen Demokratieforschung. Er zeigt zugleich das Aufeinanderbezogensein der demokratietheoretischen Entwicklung auf. Die empirische Demokratietheorie, beginnend mit der ökonomischen Theorie Joseph Schumpeters (→ Schumpeter 1942) über die Pluralismustheorie (→ Fraenkel 1964) bis zur Wahl- und Einstellungsforschung, erfasst demnach die Wirklichkeit demokratischer Funktionsbedingungen systematisch und gelangt zu realitätsnahen Modellen. Sie ignoriere aber die Begründungsproblematik entweder ganz oder rechtfertige nur das Bestehende. Darauf habe die Kritik so genannter normativer Demokratietheorien reagiert, in dem sie überlieferte Demokratienormen bekräftigte. Darin sieht Kielmansegg ein Problem. So fänden sich zwar in Theorien dieser Herkunft normative Prinzipien, die aber 1. nur dazu dienen, die Wirklichkeit, die die demokratischen Ideale nicht einholen kann, zu delegitimieren und die 2. hinsichtlich der Legitimitätsformeln im Kern die unzureichenden Begründungen aufweisen, die bereits Rousseau vertrat.

In einem Fazit fasst der Autor die Kritik an der Volkssouveränitätsdoktrin zusammen. Für ihn ist die Vorstellung der Volkssouveränität als einer Summe individueller Autonomien unzulänglich. Der Mensch lebe notwendig in sozialen Bezügen und menschliches Verhalten treffe nie nur den Handelnden selbst. Freiheit sei mithin immer nur durch verbindliche Regeln möglich. Eine Utopie der Herrschaftslosigkeit sei ohne anthropologische Basis. Wesentlich ist demnach die Erkenntnis, dass demokratische Partizipation eben keine Fortführung individueller Selbstbestimmung im Politischen sei. An kollektiven Entscheidungsprozessen teilzunehmen, heiße, über Dritte zu verfügen. In einem späteren Aufsatz über die repräsentative Demokratie als einer „Quadratur des Zirkels“ (Kielmansegg 1985) verdichtete Kielmansegg diesen Punkt mit weiteren Punkten, die in dem Schlusskapitel von „Volkssouveränität“ angesprochen wurden, zu einer normativen Theorie repräsentativer Demokratie. Wenn Entscheiden stets bedeutet, über die Belange Dritter zu verfügen, dann kommt alles darauf an, dass dieses verantwortet wird. Im Repräsentanten als demokratisch gewähltem Amtsinhaber findet Kielmansegg die Verantwortlichkeit institutionalisiert. Die Herrschaftsgewalt ist demnach eine übertragene, an Regeln und die Beachtung von Grenzen des gesellschaftlichen Verfügungsbereiches gebundene, sich durch einen Zweck legitimierende Vollmacht. Bei der Ausübung ist der Amtsinhaber rechenschaftspflichtig gegenüber denen, die ihn beauftragt haben. In der periodischen Abberufbarkeit durch den Wählerwillen institutionalisiert sich für Kielmansegg die politische Verantwortlichkeit des Repräsentanten gegenüber den Repräsentierten. Die Bedingungen demokratisch rechtmäßiger Herrschaft sind nach Kielmansegg also nicht in der Figur des kollektiven Souveräns zu finden und die Volkssouveränität als Prinzip bietet kein „tragfähiges normatives Fundament für ein freiheitliches Gemeinwesen“ (S. 255). Vielmehr gehe es um die Rechtmäßigkeit von Institutionen, die mit Entscheidungsmacht ausgestattet seien. Sie müssten nicht bloß dem Anspruch des Einzelnen genügen, am Politischen teil zu haben und der Wertprämisse der Gleichheit entsprechen, sondern zugleich eine politische Ordnung konstituieren, die jeden Einzelnen als Zweck behandelt, gemäß der in Anlehnung an Kant formulierten Prämisse: „Legitim ist der Staat, der die Menschheit in jeder einzelnen Person als Zweck und nicht bloß als Mittel behandelt" (S. 258; → Kant 1797). Dieser normativen Prämisse wird eine politische Ordnung, die verfassungsrechtlich an die Menschenrechte gebunden und in einer repräsentativen Demokratie organisiert ist, eher gerecht, als eine Ordnung, die sich mit der Formel der Souveränität des Volkes charakterisieren lässt.

Mit seiner Studie „Volkssouveränität" hat Kielmansegg das theoretische Fundament bereitet, dass in der deutschen Politikwissenschaft die Bezeichnung „demokratischer Verfassungsstaat" für den Ordnungstypus westlicher Regime die Bezeichnung „Demokratie" mehr und mehr abgelöst hat. Dieses Buch ist ein Schlüssel zum Verständnis, warum das vor allem in den späten 1960er und 1970er Jahren bestimmende Paradigma der Demokratie als Identitätsdemokratie und der damit verbundenen politischen Forderung nach Demokratisierung und Partizipation an Glanz verloren hat. Gewiss mag vor dem Hintergrund des Umbruchs in der DDR von 1989 und seines Schlachtrufs „Wir sind das Volk" angebracht werden, dass der Behauptung der unmittelbaren Legitimität des Volkes als Souverän immerhin so weit reicht, dass damit eine „Volksdemokratie" zum Einsturz gebracht werden konnte. Dieser Verweis auf den Ausnahmezustand wäre aber kein Einwand gegenüber den Überlegungen Kielmanseggs, der die Frage gestellt hat, ob das normative Fundament des freiheitlichen Verfassungsstaates hinreichend mit der Doktrin der Volkssouveränität bestimmt werden kann. Indem die Unzulänglichkeit dieser Antwort ideengeschichtlich und historisch fundiert, begrifflich in höchstem Maße präzise und mit einer in der Politikwissenschaft ihresgleichen suchenden analytischen Schärfe dargelegt wird, vermag es Kielmansegg, den Leser gewissermaßen von Rousseau zu befreien. Damit schafft er die Voraussetzung, um verstehen zu lernen, was es mit dem Legitimationsgefüge des demokratischen Verfassungsstaates als repräsentativer Demokratie auf sich hat. Mehr kann ein demokratietheoretisches Werk nicht leisten.

## Literatur:

André Kaiser/Thomas Zittel (Hrsg.), Demokratietheorie und Demokratieentwicklung. Festschrift für Peter Graf Kielmansegg, Wiesbaden 2004.

Peter Graf Kielmansegg, Das Experiment der Freiheit. Zur gegenwärtigen Lage des demokratischen Verfassungsstaates, Stuttgart 1988.

Peter Graf Kielmansegg, Nachdenken über die Demokratie. Aufsätze aus einem unruhigen Jahrzehnt, Stuttgart 1980.

Peter Graf Kielmansegg, Die Quadratur des Zirkels. Überlegungen zum Charakter der repräsentativen Demokratie, in: Ulrich Matz (Hrsg.), Aktuelle Herausforderungen der repräsentativen Demokratie, Köln u.a. 1985, S. 9-42.

*Tine Stein*

## Gary King/Robert O. Keohane/Sidney Verba, Designing Social Inquiry. Scientific Inference in Qualitative Research, Princeton 1994.

„Designing Social Inquiry" von Gary King, Robert O. Keohane und Sidney Verba ist eines der wichtigsten Bücher zu den politikwissenschaftlichen Methoden. Ausgehend von dem Eindruck der fest zementierten Trennung der Politikwissenschaft in qualitativ und quantitativ arbeitende Ansätze unternehmen die drei amerikanischen Politikwissenschaftler den Versuch, Grundsätze für eine, diese Trennung überschreitende, auf gemeinsamen Grundlagen basierende politikwissenschaftliche Methode herauszuarbeiten. Die so entstandene Publikation schlägt einheitliche Kriterien vor, die gleichermaßen für qualitative und quantitative Forschungsprozesse Gültigkeit besitzen sollen. Ihr besonderes Anliegen ist es, die qualitative politikwissenschaftliche Forschung an bestimmte, nicht hintergehbare Kriterien zu binden.

Für dieses Vorhaben schlossen sich drei Forscher mit recht unterschiedlichen Interessenbereichen zusammen. Gary Kings Forschungsarbeit ist stark an quantitativen Methoden der Politikwissenschaft orientiert. Robert O. Keohane arbeitet auf dem Feld der Internationalen Beziehungen (→ Keohane 1984; Keohane/Nye 1977) und Sidney Verba hat sich einen Namen in den Bereichen der politischen Kultur- und Partizipationsforschung gemacht (→ Almond/Verba 1963). Diese Zusammenarbeit dreier, inhaltlich unterschiedlich ausgerichteter Forscher sollte dazu dienen, die Analyse als eine objektive Bestandsaufnahme von Methoden abzusichern, die für alle Bereiche der Politikwissenschaft und auch darüber hinaus für andere, verwandte Disziplinen Nutzen bringt.

Die Autoren wollen zeigen, dass qualitative wie quantitative Methoden der Politikwissenschaft nach einer gleichen Logik der Inferenz, also des Ziehens von logischen Schlussfolgerungen, arbeiten können. Als besonders bedeutsam sehen Keohane, King und Verba das Untersuchungsdesign einer Studie an. Um ihr ambitioniertes Ziel zu erreichen, behandeln Keohane, King und Verba im ersten Kapitel die Grundlagen der sozialwissenschaftlichen Analyse. Sie beschäftigen sich mit der Frage nach der Wissenschaftlichkeit sozialwissenschaftlicher Forschung und den Grundkomponenten des Forschungsprozesses: Forschungsfrage, Theorie und Datenqualität. Sie stellen die bisherigen Überlegungen zu den politikwissenschaftlicher Methoden vor und entwickeln Basiskriterien für eine saubere sozialwissenschaftliche Analyse. Es folgen fünf Kapitel zur deskriptiven Inferenz, zur kausalen Inferenz, zur Festlegung der Forschungsfrage, zur Problemdiskussion und zum Umgang mit Fallzahlenproblematiken in der Länderanalyse. Aber auch die Beschränkungen von Zufallsauswahlen und die Konstruktion kausaler Theorien und das Problem eines „bias" bei der Auswahl von Untersuchungsfällen beschäftigt die Autoren.

Aus dieser Themenzusammenstellung wird deutlich, dass die Autoren sich stark auf die vergleichende Analyse in der Politikwissenschaft und die Aggregatdatenanalyse konzentrieren. Sie beschäftigen sich kaum mit der Individualdatenanalyse oder statistischen Probleme der quantitativen Forschungsrichtung. Zudem ist ihre Begrifflichkeit von qualitativ nicht klar definiert. Unter qualitativ verstehen Keohane, King und Verba politikwissenschaftliche Arbeiten, die entweder ohne klare Methode oder aber am Einzelfall orientiert arbeiten. Soziologisch orientierte Designs der narrativen Interviews und der Beobachtung scheinen weniger in ihrem Blickfeld zu liegen, ohne dass sie dies formulieren.

Am Ende kommen die Autoren zu dem Schluss, dass die Probleme der Inferenz für die quantitative und qualitative Forschung gleich sind. Entsprechend können für beide Forschungsrichtungen gleiche Grundkriterien zur Beurteilung der Qualität einer Forschungsarbeit herangezogen werden. Aus Sicht von Keohane, King und Verba ist der Dreh- und Angelpunkt jeglicher empirischer Untersuchung das Forschungsdesign, das der Arbeit zu Grunde gelegt wird. Diese Konzentration betonen sie auch in einem späteren Beitrag, als Reaktion auf die 1995 von unterschiedlicher Seite an ihrem Buch geäußerte Kritik: „Our book demonstrates how to design research in order to collect the most useful qualitative data and how to restructure it even after data collection is finished" (King u.a. 1995, S. 480). Ebenfalls wichtig sind ihnen die Bindung der Forschungsarbeit an eine umsetzbare Theorie, die durchdachte und gezielte Auswahl der Fälle, die Orientierung an kausalen Erklärungsmustern sowie die Berücksichtigung multipler Kausalitäten.

Im Verlauf des Buches bieten die Autoren Möglichkeiten an, um die Validität und Zuverlässigkeit der Fallauswahl und die Durchführung von Studien zu verbessern. Zudem werden insbesondere die vielfältigen Fehlermöglichkeiten empirischer Analyse diskutiert, wie z.B. die Messfehlerproblematik, die Berücksichtigung von Multikollinearität oder der Umgang mit Einflüssen, die Ergebnisse verfälschen (bias).

Es ist nicht notwendig, tiefere statistische Kenntnisse zu besitzen, um die Ausführungen zu verstehen. Aber der Ausgangspunkt für die angestrebte übergreifende Logik politikwissenschaftlicher Methode liegt eindeutig auf der Seite der quantitativen Methoden der vergleichenden Politikwissenschaft. Dies ist der zentrale Ansatzpunkt für Kritik an der Arbeit. Anders als ihr Kollege Charles Ragin (1987; 2000), der ebenfalls mit dem Ziel antrat, die qualitative Forschung in die methodische Analyse einzubinden, sehen Keohane, King und Verba die qualitativen Formen der Analyse implizit als einen defizitären Bereich an, der sich im Großen und Ganzen den Kriterien der quantitativen Sozialforschung anschließen sollte. Diese Vorstellung ist das entscheidende Manko der ansonsten anregenden Arbeit. Sie stellt im Grunde nur eine Fortführung der Dualität von quantitativer und qualitativer Methode dar, die kaum geeignet sein dürfte, qualitative Forscher dazu zu bringen, sich den Vorschlägen von Keohane, King und Verba anzuschließen. Ihrem Aufruf ist mit Blick auf Politikwissenschaftler zuzustimmen, die ohne Methode arbeiten. Für Politikwissenschaftler, die Fallstudien oder hermeneutischen Verfahren verwenden, scheint die Nützlichkeit der Vorschläge begrenzt zu sein, da die Autoren überwiegend auf Regeln der statistischen Methoden der Politikwissenschaft zurückgreifen.

Nicht von ungefähr versteht Ragin sein Buch zur Fuzzy-Set-Analyse als einen Gegenvorschlag zu den Ausführungen Keohanes, Kings und Verbas (Ragin 2000, S. 14). Auch in der 1995 in der „American Political Science Review" erschienenen breiteren Diskussion von „Designing Social Inquiry", wiesen verschiedene Autoren auf dieses Defizit hin (Laitin u.a. S. 457, 474). Zudem wurde die (zu) starke Orientierung auf kausale Methoden gegenüber deskriptiven und historischen Vorgehensweisen sowie die Nichtberücksichtigung von Konzeptionalisierungsproblemen kritisiert (Laitin u.a. S. 455, 463).

Fasst man die Überlegungen zusammen, so macht sich das 1994 erschienene Buch von Keohane, King und Verba nichts weniger zur Aufgabe, als den hohen Anspruch, nicht nur für die quantitative, sondern für die qualitative Forschungsmethode generelle, forschungsleitende Kriterien aufzustellen. Selbst wenn dieser Anspruch teilweise eine etwas einseitige Haltung – die der quantitativen Forschungsrichtung – annimmt, regte das Buch fruchtbare Diskussionen an und eröffnete einen längst überfälligen Dialog. Gerade die Herausstellung der Bedeutung begründeter Forschungsdesigns mit einer sorgfältigen, nachvollziehbaren Fallauswahl und der Hinweis auf eine stärkere Berücksichtigung einer theoretischen Ableitung von Untersuchungen sind zu befürworten. Gleichermaßen wichtig ist der Hinweis, dass auch qualitative Forschungsprozesse an eindeutigen Kriterienkatalogen bemessen werden müssen und nicht kriterien- und methodenfrei sein dürfen. Eingedenk des zentralen Ziels jeder Wissenschaft, dass Mitglieder einer Profession Nutzen aus anderen Methoden ihrer Profession ziehen können sollten, gibt das Buch von Keohane, King und Verba gute Möglichkeiten, anregende Analyse- und Diagnoseinstrumente für eigene Fragestellungen finden zu können.

**Literatur:**

Gary King/Robert O. Keohane/Sidney Verba, The Importance of Research Design in Political Science, in: American Political Science Review 89 (1995), S. 475-481.

Davin Laitin/James A. Caporaso/David Collier/Ronald Rogowski/Sidney Tarrow, The Qualitative-Quantitative Disputation: Gary King, Robert O. Keohane, and Sidney Verba´s Designing Social Inquiry: Scientific Inference in Qualitative Research, in: American Political Science Review 89 (1995), S. 454-474.

Charles Ragin, The Comparative Method. Moving Beyond Qualitative and Quantitative Strategies. Berkeley 1987.

Charles Ragin, Fuzzy-Set Social Science, Chicago 2000.

*Gert Pickel*

## David Knoke/Franz Urban Pappi/Jeffrey Broadbent/ Yutaka Tsujinaka, Comparing Policy Networks. Labor Politics in the U.S., Germany, and Japan, Cambridge/ New York/Melbourne 1996.

Dieses vergleichende Werk ist die Frucht der langjährigen Zusammenarbeit eines multinationalen Autorenteams. Im Zentrum steht die Analyse der Beziehungen zwischen Verbänden und staatlichen Organen im Rahmen des Politikfelds Arbeit. Die theoretischen Grundlagen für diese Forschung wurden bereits in den 1970er Jahren gelegt. Damals begannen Edward O. Laumann und David Knoke eine breit angelegte Untersuchung des Interessengruppeneinflusses in den USA, in der sie die Beziehungen zwischen privaten und staatlichen Akteuren in zunächst zwei Politikfeldern, Energie und Gesundheit, analysierten. Das Ergebnis dieser ersten Studie fand seinen Niederschlag in dem bahnbrechenden Werk „The Organizational State“ (Laumann/Knoke 1987). Anfang der 1980er-Jahre wurde die Studie dann auf zwei weitere Politikfelder, Landwirtschaft und Arbeit, ausgedehnt. Dabei beschränkte sich die Analyse aber hauptsächlich auf die Aktivitäten der in Washington ansässigen Lobbyisten. Die Ergebnisse dieser zweiten Untersuchung wurden in dem Band „The Hollow Core“ von John P. Heinz, Edward O. Laumann, Robert L. Nelson und Robert H. Salisbury (1993) veröffentlicht. Der leere Kern des Beziehungsnetzwerks war für die Autoren in erster Linie darauf zurückzuführen, dass keine Repräsentanten politisch-administrativer Institutionen berücksichtigt worden waren.

Teilergebnisse der dritten großen Studie, über die in „Comparing Policy Networks“ berichtet wird, waren bereits Gegenstand zweier früherer Publikationen. Diese beschränkten sich jedoch auf Deutschland und die USA (König 1992; Pappi/König/Knoke 1995). Da das Werk von Knoke u.a. später publiziert wurde und zusätzlich Japan in den Vergleich einbezieht, ist es die aktuellste und umfassendste Darstellung des theoretischen Ansatzes und des empirischen Ertrags dieses Forschungsansatzes. Die Studie ist allerdings auf das Politikfeld Arbeit beschränkt. Insofern lassen sich die Ergebnisse nicht umstandslos auf andere Politikfelder übertragen. Andererseits sind die mit diesem Politikfeld verbundenen Konflikte von so großer gesellschaftlicher Bedeutung, dass die Konfliktparteien dieses Politikfelds in allen entwickelten Gesellschaften eine zentrale Rolle sowohl im Verbandswesen (Gewerkschaften versus Arbeitgeberverbände) als auch im Parteiensystem (konservative und liberale Parteien versus sozialdemokratische und sozialistische Parteien) spielen. Auch sind die Entscheidungen in diesem Politikfeld unter verteilungspolitischen Aspekten besonders bedeutsam.

Konzeptuell verfolgt die Studie ein most-similar-cases design, bei dem es darum geht, Unterschiede zwischen in vieler Hinsicht ähnlichen Gesellschaften aufzudecken. Die Grundgemeinsamkeit der drei Untersuchungsfälle ist, dass die USA, Japan und Deutschland zu den sozioökonomisch am höchsten entwickelten Gesellschaften gehören. Zugleich weisen ihre politischen Systeme aber Unterschiede im Hinblick auf den formalen Gesetzgebungsprozess und die politisch-kulturelle Traditionen auf.

Die in Kapitel 1 skizzierte theoretische Perspektive des Organisationenstaates (organizational state) unterscheidet sich von den gängigen Pluralismus- (u.a. → Fraenkel 1964) und Korporatismusmodellen (u.a. → Schmitter/Lehmbruch 1979) vor allem dadurch, dass sie keine Vorannahmen über die Struktur des Verbandssystems, über die Art der Beziehungen zwischen

Interessengruppen und staatlichen Organen und über das Ausmaß macht, zu dem die Beziehungen zwischen Verbänden und politischen Organen den verfassungsmäßig festgeschriebenen formalen Regeln entsprechen. Anders als im Pluralismusmodell unterstellen die Autoren nicht, dass staatliche Institutionen eine weitgehend neutrale Arena für Aushandlungsprozesse zwischen der Vielzahl gesellschaftlicher Gruppen darstellen, die um politischen Einfluss konkurrieren. Und anders als im Korporatismusmodell gehen sie nicht von einer engen Kooperation zwischen Regierung und den Spitzenverbänden der Arbeitnehmer und Arbeitgeber aus.

Für die empirische Untersuchung wurden zunächst die für den Untersuchungszeitraum der 1980er Jahre relevanten Akteure des Politikfelds identifiziert. Die Studie bezieht sowohl private Organisationen (Verbände, soziale Bewegungen usw.) als auch staatliche Organe (Bundes- und Landesministerien, weitere im Politikfeld aktive Behörden wie die Arbeitsverwaltung), öffentlich-rechtliche Körperschaften (Sozialversicherungen) sowie politische Parteien und Parlamentsfraktionen ein. Insgesamt wurden in den USA 117, in Deutschland 85 und in Japan 128 Akteure identifiziert. Im Anschluss daran wurde anhand der Zeitungsberichterstattung festgestellt, welche wichtigen Themen im Politikfeld Arbeit während des Untersuchungszeitraums (1980er Jahre) eine Rolle spielten. Dies waren 53 in den USA, 45 in Deutschland und 51 in Japan. Auf der Basis von Parlamentsdokumenten wurde aus diesen dann eine engere Gruppe von so genannten policy events, d.h. konkreten Gesetzgebungsvorhaben, bestimmt (USA 25, Deutschland 32, Japan 22).

Im Zentrum der Untersuchung stand eine Befragung führender Repräsentanten aller als relevant identifizierten Organisationen. Die Fragen bezogen sich auf das Interesse ihrer Organisation an den einzelnen Issues sowie die Strategien, um konkrete Gesetzgebungsvorhaben zu beeinflussen. Die Ausschöpfungsrate erreichte in allen drei Ländern über 90 Prozent. Die fünf zentralen Kapitel des Buches stellen die Befragungsergebnisse dar. Neben den drei Hauptautoren haben Naomi J. Kaufman, Thomas König und Willi Schnorpfeil an Kapiteln mitgearbeitet. Die Studie hat die Vermutung bestätigt, dass neben staatlichen Organen in den drei Ländern die großen privaten Interessengruppen aktiv an politischen Willensbildungsprozessen im Politikfeld Arbeit teilnehmen. Welche weiteren Akteure daneben noch eine wichtige Rolle spielen, hängt von den nationalen Gegebenheiten ab, und zwar sowohl vom politischen Institutionensystem (z.B. Existenz und Struktur föderaler Institutionen) als auch von der Struktur des Interessengruppensystems.

In den USA und Deutschland gibt es verschiedene, sich nur teilweise überlappende Kreise von themenspezifischen Akteuren. Es existiert in beiden

Staaten kein Kern von Akteuren, der an allen Willensbildungsprozessen des Politikfelds beteiligt ist. Zwar erstrecken sich die Aktivitäten einiger zentraler Organisationen auf alle Themenbereiche des Politikfelds Arbeit, jedoch variiert deren Bedeutung je nach Thema. Die Aktivitäten der übrigen Akteure konzentrieren sich auf spezifische Bereiche. Demgegenüber ergab sich für Japan ein Kern von Akteuren, zu dem die zuständigen Ministerien, die „Liberaldemokratische Partei" sowie die Arbeitgeberbände und die beiden großen Gewerkschaftsverbände gehören. Auch die nationalen Muster des Informationsaustauschs zwischen den Organisationen von Kapital und Arbeit unterscheiden sich. In Japan laufen die Informationskanäle über die Regierungsorgane, in den USA über die Parteien, während es in Deutschland einen direkten Informationsaustausch zwischen Arbeitgeberverbänden und Gewerkschaften gibt. Machtstrukturen werden von den Autoren als stabile Beziehungsmuster zwischen Gruppen von Akteuren konzeptualisiert, die ähnliche Austauschbeziehungen mit anderen Akteuren aufweisen (so genannte Akteursblöcke). Die Netzwerkanalyse ergab unterschiedliche Machtstrukturen in den drei Nationen. Das japanische Netzwerk wies eine korporatistische Struktur mit einem einzigen Machtzentrum auf, in das alle wichtigen Akteure eingebunden waren, d.h. Ministerien, Arbeitgeberverbände wie auch Gewerkschaften. Für Deutschland ergab sich dagegen eine pluralistische Struktur mit verschiedenen, untereinander nur lose verbundenen Akteursgruppen: Die beiden Partner der Regierungskoalition, CDU/CSU und FDP, bildeten je einen eigenen Block. Zum Unionsblock gehörten die CDU/CSU-geführten Landesregierungen, die Arbeitgeberverbände und die zuständigen Bundesministerien. Ein dritter Block umfasste die wesentlichen Oppositionsakteure: die SPD, die SPD-regierten Bundesländer sowie den DGB. Schließlich fanden sich noch drei kleinere Blöcke mit den Grünen, den Sozialversicherungen sowie weiteren Wirtschaftsverbänden. Die in den USA gefundene Machtstruktur war hoch polarisiert. Hier standen sich zwei große politische Lager gegenüber. Auf der einen Seite sind dies die „republikanische" Administration, die Repräsentanten der „Republikaner" im Kongress und die Arbeitgeberverbände, auf der anderen Seite die „Demokraten" sowie einige Minderheitenverbände. Dem Oppositionsblock schrieb die Studie eine geringere Macht zu. Er habe jedoch auf Grund der damaligen Mehrheit der „Demokraten" im Kongress eine höhere Zentralität im Informationsnetzwerk aufgewiesen als der Regierungsblock. Der Gewerkschaftsdachverband bildete einen eigenen, jedoch eng mit den „Demokraten" verbundenen Block.

Die Autoren betonten in ihrem Fazit, dass zum Verständnis politischer Willensbildungsprozesse weder eine rein institutionelle noch eine rein informelle Betrachtungsweise ausreichend ist. Dementsprechend müssen für die Charakterisierung der Willensbildungsprozesse beide Aspekte berücksichtigt werden. Eine Kreuztabellierung dieser beiden Dimensionen, nämlich des Regierungssystems (präsidentiell versus parlamentarisch) und der informellen Machtstrukturen (ein Zentrum versus multiple Zentren), ergibt vier Typen von Willensbildungsprozessen:

| **Formale Institutionen (verfassungsmäßige Ordnung)** | **Informelle Institutionen (Machtstrukturen)** Multiple Zentren | Ein Zentrum |
|---|---|---|
| Präsidentielles System | Streitsüchtig Beispiel: USA | Autokratisch |
| Parlamentarisches System | Kooperativ Beispiel: Deutschland | Koordiniert Beispiel: Japan |

Die Studie von Knoke u.a. zeichnet sich durch ein außergewöhnlich komplexes Design aus. Die Vorarbeiten zur Identifikation der wichtigen Themen und Akteure, die Durchführung der Umfrage und die Datenanalyse waren ungewöhnlich aufwändig. Daher ist leicht nachvollziehbar, dass die Arbeit an diesem Werk viele Jahre in Anspruch genommen hat. Auch wenn das Buch lediglich die Strukturen des politischen Willensbildungsprozesses für ein einziges Politikfeld und einen begrenzten Zeitraum behandelt, trägt es viel zum Verständnis nationaler Machtstrukturen bei. Interessant sind insbesondere die gefundenen Unterschiede in den nationalen Akteurskonstellationen, die sich teils aus institutionellen Besonderheiten, teils aus den historisch gewachsenen Unterschieden der nationalen Interessengruppensysteme erklären lassen. Selbst wenn man davon ausgeht, dass die gefundenen Strukturen zeitgebunden sind und erheblich durch die parteipolitischen Mehrheitsverhältnisse im Erhebungszeitraum geprägt wurden, dürften die Grundkonstellationen recht beständig sein. Auch wenn sich aufgrund der Akteurskonstellationen des Politikfelds Arbeit nicht umstandslos auf andere Politikfelder schließen lässt, so ist dieses Politikfeld doch von so herausragender politischer Bedeutung, dass es die gesellschaftlichen Macht- und Konfliktstrukturen in besonderem Maße prägt. Das Werk ist angesichts der großen Fülle empirischer Ergebnisse keine leichte Kost. Der Abstraktionsgrad der Darstellung ist hoch. Besonders bei den Grafiken ist Geduld gefragt, um die Interpretation der Autoren nachvollziehen zu können. Wer sich jedoch auf eine gründliche Lektüre einlässt, wird durch eine Fülle differenzierter Einsichten in die Strukturen politischer Willensbildung belohnt.

**Literatur:**

John P. Heinz/Edward O. Laumann/Robert L. Nelson/Robert H. Salisbury, The Hollow Core. Private Interests in National Policy Making, Cambridge 1993.
Thomas König, Entscheidungen im Politiknetzwerk, Wiesbaden 1992.
Edward O. Laumann/David Knoke, The Organizational State, Madison 1987.
Franz Urban Pappi/Thomas König, Informationsaustausch in politischen Netzwerken, in: Dorothea Jansen/Klaus Schubert (Hrsg.), Netzwerke und Politikproduktion. Konzepte, Methoden, Perspektiven, Marburg 1995, S. 111-131.
Franz Urban Pappi/Thomas König/David Knoke, Entscheidungsprozesse in der Arbeits- und Sozialpolitik. Frankfurt a.M. 1995.

*Ursula Hoffmann-Lange*

## Harold D. Lasswell, Politics: Who Gets What, When, How, Cleveland/New York 1936

*(VA: 2. Aufl. 1958).*

Harold Dwight Lasswell (1902-1978) gilt als einer der Wegbereiter der modernen Politikwissenschaft. Bereits mit 16 Jahren ging er an die Universität von Chicago. Dort wurde er Schüler und Mitarbeiter von Charles Merriam. Sein Interesse galt der politischen Kommunikation und der politischen Psychologie, später der Politikfeldforschung. Er studierte in London, Paris, Genf und Berlin und wurde mit 24 bereits Assistant Professor an der politikwissenschaftlichen Fakultät in Chicago. Ein Jahr später veröffentlichte er seine Dissertation über Propaganda im Ersten Weltkrieg. 1930 erschien die Studie „Psychopathology and Politics" (1930), die als eine der ersten systematischen empirischen Studien psychologischer Aspekte politischen Verhaltens gilt. In den letzten beiden Kapiteln versuchte Lasswell, einen theoretischen Bezugsrahmen zu skizzieren, um seine individualpsychologische Forschung mit gesellschaftlichen Phänomenen zu verbinden. Diesen Versuch weitete Lasswell 1935 in „World Politics and Personal Insecurity" (1935) aus. In dieser Studie sah er politische Prozesse als Konflikte über die Definition und Verteilung sozialer Werte an und formulierte bereits hier den berühmten Satz

„Politics is the study of who gets what, when, and how". Das 1936 erschienene gleichnamige Buch fasste die wesentlichen Gedanken aus „World Politics and Personal Insecurity" zusammen.

Was ist Politik? Der Grundbegriff der Politikwissenschaft wird so unterschiedlich definiert und verstanden wie kaum ein anderer. Eine kurze, prägnante und immer wieder zitierte Definition liefert Harold Lasswell 1936 in seinem Buch „Politics": „The study of politics is the study of influence and the influential" (S. 13). Mit dieser Anfangssentenz steckt er das Thema klar ab. Es geht um Eliten und deren gesellschaftlichen Einfluss, also um Macht. Die Elite stellt den Teil der Gesellschaft, der das meiste von den vorhandenen Werten bekommt. Der Rest ist die Masse. Die wichtigsten Werte sind nach Lasswell Ehrerbietung, Einkommen und Sicherheit. Hierarchien verdeutlichen die Verteilung von Ehrerbietung. Je höher die Position, umso höher die Ehre. Um die elitäre Verteilung dieses Wertes zu verdeutlichen, führt Lasswell den Papst als alleiniges Oberhaupt der katholischen Kirche an, die kleine Nomeklatura kommunistischer Parteien, aber auch die überschaubare Zahl der Mandatsträger im politischen System der USA. Bei Einkommen und Wohlstand ist die ungleiche Verteilung offensichtlich. Sicherheit bezieht Lasswell unter anderem auf die Wahrscheinlichkeit, eines gewaltsamen Todes zu sterben. Dies kann für manchen Monarchen oder Präsidenten wahrscheinlicher sein als für seine Untertanen.

Die Methoden, durch die eine Elite sich an der Macht hält oder eine Gegenelite versucht, diese zu bekommen, sind Symbole, Gewalt, Güter und Praktiken. Symbole setzt Lasswell bei der herrschenden Elite mit Ideologie, bei der Gegenelite mit Utopie gleich. Von besonderer Bedeutung sei die politische Propaganda, mit der Ideologien oder Utopien verbreitet würden. Im Abschnitt über Gewalt behandelt Lasswell kriegerische Auseinandersetzungen. Mit Gütern meint er materielle Belohnungen und Sanktionen. Unter Praktiken versteht Lasswell alle politisch-strategischen Maßnahmen wie etwa Wohlfahrtsstaatlichkeit, Zentralisierung und Dezentralisierung bis hin zur Erhebung der Bevölkerungsmeinung.

Im Ergebnisteil untersucht Lasswell die Charakteristika von Eliten. Einflussfaktoren, die bestimmen, wer im Verteilungskampf erfolgreich ist und zur Elite gehört, sind nach Lasswell 1. Fähigkeiten, 2. die Klassenzugehörigkeit, 3. die Persönlichkeit sowie 4. Einstellungen. Einstellungen werden berücksichtigt, da Akteure unterschiedlich auf die Herausforderungen ihres Umfelds reagieren, einige durch Akte wie innere Emigration, andere durch Versuche, das gesellschaftliche Umfeld zu verändern. Im Vergleich zur Analyseform des Marxismus, die sich auf Fragen der Klassenzugehörigkeit konzentriert, enthüllt Lasswell mit einer politischen Analyse eine subtilere Dialektik von persönlichen Fertigkeiten, Persönlichkeitstypen und persönliche Einstellungen.

Stark beeinflusst von seinem Interesse an der Psychologie, skizziert „Politics“ einen theoretischen Bezugsrahmen für die empirische Erforschung politischer Phänomene mit einer Betonung auf Macht und Elite. In dieser Konzeption des Politischen, so kritisierte bereits David Easton, kommt allerdings die Masse kaum vor. Lasswell konzentriert sich allein auf die oligarchischen Aspekte von Politik (Easton 1953, S. 121). Während Lasswell in anderen Studien zum Teil sehr innovativ auf methodische Fragen eingeht und beispielsweise sehr früh die Verwendung quantitativer Verfahren aufgrund der höheren Exaktheit und Vergleichbarkeit favorisiert, spielen methodische Überlegungen in „Politics“ keine Rolle. Beeinflusst von Sigmund Freud, ziehen sich psychoanalytische Überlegungen durch „Politics“, ohne dass sie Lasswell systematisch reflektiert. So wird etwa in dem Kapitel über die Persönlichkeit von Angehörigen der Elite ausführlich von Abraham Lincoln berichtet, ohne dass dies einen ersichtlichen methodischen Grund hätte. „Politics“ hat daher unter methodischen Aspekten stark illustrativ-essayistischen Charakter. Ein weiteres Beispiel mag dies veranschaulichen: Im Kapitel über Gewalt springt Lasswell vom Amerikanischen Bürgerkrieg über die Schlacht bei Cannae zum Schlieffen-Plan und streift nebenbei noch etliche andere gewalttätige Konflikte der Weltgeschichte, all dies auf knapp 15 Seiten.

Lasswells „Politics“ ist eines der meistzitierten Bücher der Politikwissenschaft, gleichwohl nicht unbedingt eines der meistgelesenen. Oft beschränkt sich die Rezeption auf das Zitieren des griffigen Titels. Dabei ist Lasswells Einfluss auf die moderne Politikwissenschaft nicht zu unterschätzen. Mit der Diskussion quantitativer Verfahren und der Konzentration der Forschung auf das Individuum und seine Persönlichkeitsmerkmale in „Psychopathology and Politics“ (1930) sowie in „World Politics and Personal Insecurity“ (1935) gilt Lasswell, zusammen mit seinem Lehrer Charles Merriam, als einer der Wegbereiter des Behavioralismus (Falter 1982, S. 82 ff.). Mit seinen späteren, nach 1950 verfassten Schriften, vor allem dem 1951 gemeinsam mit Daniel Lerner publizierten Buch „The Policy Sciences“, gilt Lasswell auch als Begründer der modernen Policy-Analyse, die „eine Fortsetzung des Behavioralismus mit den gleichen Mitteln, aber teilweise anderen, nämlich stärker praxisorientierten Zielsetzungen“ (Falter 1982, S. 70) darstellte. Lasswell dürfte heute nicht mehr so häufig rezipiert werden wie vor einigen Jahrzehnten, aber zu Recht zählt Gabriel Almond (2002) ihn „zu dem halben Dutzend kreativer Neuerer in den Sozialwissenschaften im 20. Jahrhundert“ (S. 75).

## Literatur:


Gabriel Almond, Ventures in Political Science. Narratives and Reflections, Boulder 2002.

David Easton, The Political System. An Inquiry into the State of Political Science, New York 1953.

Heinz Eulau/Susan Zlomke, Harold D. Lasswell's Legacy to Mainstream Political Science: A Neglected Agenda, in: Annual Review of Political Science 2 (1999), S. 75-89.

Jürgen W. Falter, Der „Positivismusstreit“ in der amerikanischen Politikwissenschaft, Opladen 1982.

Erich Fromm, Harold D. Lasswell: Politics: Who Gets What, When, How, in: Zeitschrift für Sozialforschung 6 (1937), S. 220 f.

Claus Leggewie, Lasswell, Politics: Who Gets What, When, How, in: Sven Papcke/Georg W. Oesterdiekhoff (Hrsg.), Schlüsselwerke der Soziologie, Wiesbaden 2001, S. 254-257.

Harold D. Lasswell, Psychopathology and Politics, Chicago 1930.

Harold D. Lasswell, World Politics and Personal Insecurity, New York 1935.

Daniel Lerner/Harold D. Lasswell (Hrsg.), The Policy Sciences: Recent Developments in Scope and Method, Stanford 1951.

Rodney Muth/Mary M. Finley/Marcia F. Muth, Harold D. Lasswell: An Annotated Bibliography, New Haven 1990.

Arnold A. Rogow (Hrsg.), Politics, Personality, and Social Science in the Twentieth Century: Essays in Honor of Harold D. Lasswell, Chicago 1969.

William Ascher/Barbara Hirschfelder-Ascher, Revitalizing Political Psychology: the Legacy of Harold D. Lasswell, Mahwah 2005.


*Wolfgang Muno*

## Michael Laver/Kenneth A. Shepsle, Making and Breaking Governments, Cabinets and Legislatures in Parliamentary Democracies, Cambridge 1996.

Anhänger der formalisierten Koalitionstheorie oder des Rational Choice Ansatzes sehen in „Making and Breaking Governments“ ein „großes Werk“ (Müller 2004, S. 287), „einen großen Sprung vorwärts“ (Noll 1997, S. 326) oder sind von den Ergebnissen schlichtweg beeindruckt (Bates 1997, S. 702).

Was den Rezensenten ihre fast euphorische Beurteilung entlockt, liegt auf der Hand: Laver und Shepsle unternehmen den innovativen Versuch, innerhalb der Theorie der rationalen Wahl einen umfassenden institutionellen Ansatz der Erklärung von Koalitionsbildung und Stabilität von Koalitionen modellhaft zu entwickeln und diesen in vielfältigen Tests systematisch zu überprüfen. Mit dieser Studie steht das irisch-amerikanische Forschungsduo in Kontinuität zu zahlreichen ihrer vorhergehenden Arbeiten, die seit Beginn der 1990er Jahre die institutionelle Perspektive in der Rational Choice-Theorie ausführlich und theoretisch ergiebig behandelt haben.

Der von Laver und Shepsle so bezeichnete „Ämterverteilungsansatz" („Portfolio-Allocation"-Ansatz") hat seinen neuartigen Ausgangspunkt darin, dass die Autoren betonen, dass in parlamentarischen Demokratien nicht das Parlament, sondern das Kabinett im Zentrum des Regierungsprozesses steht. Die Bildung von Regierungskoalitionen wird demnach bestimmt durch Erwartungen an zukünftiges Regieren, was wiederum ausschließlich durch exklusive Entscheidungsgewalt der einzelnen Minister im Kabinett seinen Ausdruck findet. Mit diesen Annahmen stehen Laver und Shepsle innerhalb der Rational Choice-Theorie in der Tradition der „Madisonian"-Schule, die unterstellt, dass Nutzen maximierende Akteuren in demokratischen Institutionen versuchen, ihre eigenen Machtambitionen durch Ämtererwerb zu erfüllen.

Eine Regierungskoalition ist dem Ansatz von Laver und Shepsle zufolge eine Vereinbarung zwischen Parteien darüber, welche Partei welches Ministerium und welchen Politikbereich kontrolliert. Die Minister führen dann autonom ihr Ressort. Die für komplexe Materien wie Regierungstätigkeit notwendige Arbeitsteilung, die aufgrund eigener hoher Arbeitsbelastung bei der Leitung ihres eigenen Ressorts kaum vorhandene Möglichkeit der Einmischung in die Politik der anderen Ministerien und die exklusive Expertise im jeweiligen Politikbereich, welche die Implementation der Regierungspolitik nach einer Kabinettsentscheidung dem jeweils zuständigen Ministerium überlässt, erscheinen den Autoren ausreichend als Begründung für ihren Ressort-Ansatz. Sie folgen damit der nicht-kooperativen Spieltheorie, „denn der Durchsetzungsmechanismus für die Abkommen zwischen den Koalitionsparteien – die Ressortverteilung – ist Teil des Spiels selbst" (Müller 2004, S. 285). Die einzelnen Minister wiederum werden als Repräsentanten von Parteien betrachtet und setzen innerhalb ihres Verantwortungsbereichs ausschließlich die Parteiposition um. Eine politische Partei ist demzufolge bei Laver und Shepsle eine Aneinanderreihung von Personen und politischen Positionen für jeden einzelnen Politikbereich, der einem Ministerium zugeordnet werden kann. Im n-dimensionalen Raum (n = Zahl der Ministerien) nehmen die Parteien Policy-Positionen entsprechend ihrer Präferenz ein, bei gegebener Vielfalt: „Auf jeder Politikdimension wird ein Standort von höchstens einer Partei eingenommen" (S. 85). Parteien werden also als „Policy-Seeker" betrachtet, die innerhalb einer Koalition politische Positionen der Regierung anstreben, die inhaltlich ihrer Präferenz entsprechen oder dieser möglichst nahe kommen. Bei diesem Streben berücksichtigen die Parteien ihre Einschätzung der Distanzen zwischen den unterschiedlichen Parteien eines Gesamtparteiensystems in den zu betrachtenden Politikdimensionen. Für die Bildung von Regierungskoalitionen gelten die in der formalisierten Koalitionstheorie üblichen Bedingungen: Mehrheitskriterium im Parlament, Parteien werden als einheitliche Akteure betrachtet, die alle über perfekte und vollständige Informationen verfügen. Individuelle politische Akteure werden dem Ansatz von Laver und Shepsle zufolge als Repräsentanten von Parteien betrachtet, ohne von der Parteilinie abweichende programmatische Haltungen.

Im Mittelpunkt der Studie steht die Entwicklung eines ausgearbeiteten Modells von Gleichgewichtskabinetten im mehrdimensionalen Politikraum, um die Bildung und Stabilität von Regierungskoalitionen exakt bestimmen zu können. Laver und Shepsle nutzen für ihr Modell den für die Analyse der Politik in den Parlamenten der USA häufig verwendeten „winset"-Ansatz und verknüpfen diesen mit der Idee des „durchschnittlichen Gesetzgebers" („median legislators"). Die Akzeptanz der Ressortverteilung durch eine parlamentarische Mehrheit ist ebenso konstitutiv für das Modell wie die Festlegung auf ein Kabinett in Form von getrennten Abstimmungen in den voneinander unabhängigen Policy-Bereichen („issue by issue voting"). Die durch den Abstand der inhaltlichen Positionen der Parteien und den Gleichgültigkeitsbeziehungen ermittelten Medianlösungen sind im Modell die „dimension by dimension median cabinets". Sie schließen jene Parteien ein, die in den zentralen Politikbereichen – Finanzen, Außenpolitik, Innenpolitik – den „median legislator" darstellen und das entsprechende Ressort für sich in Anspruch nehmen.

Ein Kabinett bleibt so lange im Amt, bis sich die Parlamentsmehrheit auf eine neue Alternative einigen kann. Anzahl und Zuschnitt der Ministerien werden als gegeben, also innerhalb einer Regierungsperiode als nicht veränderbar betrachtet. In ihrem Modell messen Laver und Shepsle so genannten „starken Parteien" eine zentrale Bedeutung zu. Eine „starke Partei" wird bestimmt durch ihre Größe und ihre Position im Vergleich zu ihren Mitbewerbern im Parteiensystem. Sie ist in der Lage, den Prozess der Regierungsbildung zu dominieren, entweder als alleinige Regierungspartei oder in wichtiger Position innerhalb des Prozesses der Koalitionsbildung. Zu unterscheiden ist nach Laver/Shepsle zwischen sehr starken Parteien und lediglich starken Parteien. Während sehr starke Parteien auf jeden Fall im Kabinett vertreten sind und alle zentralen Ämter besetzten können, haben bloß starke Parteien Vetomöglichkeiten bei der Bildung von Koalitionen. Das heißt, sie können jede Koalition verhindern, in der sie nicht Mitglied sind. Aufgrund dieser Vetomöglichkeiten sei, um die Stabilität einer Regierung zu gewährleisten, die Mitgliedschaft einer „starken Partei" in einem Kabinett notwendig, zumal diese in zumindest einem Politikfeld den „median legislator" stellt. Jede starke Partei übernehme in dem für sie zentralen Politikfeld das Ministerium.

Laver und Shepsle kommen anhand ihrer empirischen Überprüfungen des Modells zu der Erkenntnis, dass die Medianposition die Machtposition von Parteien bei der Koalitionsbildungen bestimmt und letztlich gewichtiger ist als die reine Größe einer Partei. Um so zentraler eine Partei im Wettbewerb positioniert sei, umso größer werde die Wahrscheinlichkeit, dass sie Mitglied einer stabilen Koalition werde und ein zentrales Ministerium erhalte. Für Laver und Shepsle sind also die Größe und Zentralität der Parteien die entscheidenden Faktoren für die Koalitionsbildungsprozesse.

Das viel beachtete Modell von Laver und Shepsle hat die theoretische und empirische Koalitionsforschung befruchtet und Eingang in zahlreiche jüngere Studien zu Koalitionen und zur quantitativen Analyse von Wahlprogrammen gefunden. Jedoch ist es auch nicht ohne substanzielle Kritik geblieben (dazu ausführlich Dunleavy/Bastow 2001). Die personalistische Sichtweise von Laver und Shepsle rief Kritiker auf den Plan. Sie stellen zu Recht die angenommene Autonomie der Minister ebenso in Frage wie die Unabhängigkeit der Politikfelder voneinander. Beide Annahmen erweisen sich empirisch als kaum haltbar. Ein Ministerium hat letztlich keine uneingeschränkte Autonomie. Es ist eingeschränkt durch Einwirkungen des Regierungschefs wie des Finanzministeriums. Außerdem entfalten in Koalitionsvereinbarungen oder in Koalitionsausschüssen gefällte Beschlüsse aller Koalitionsparteien interministeriell eine politisch bindende Wirkung. Das theoretisch und empirisch gehaltvolle Buch von Laver und Shepsle zeigt somit einmal mehr die Begrenztheit von spieltheoretischen Ansätzen, um sehr komplexe Prozesse wie etwa die Regierungsbildung und die Umsetzung von politischen Programmen durch Regierungen zu erklären.

## Literatur:

Robert H. Bates, Comparative Politics and Rational Choice: A Review Essay, in: American Political Science Review 91 (1997), S. 699-704.
Patrick Dunleavy/Simon Bastow, Modelling Coalitions that Cannot Coalesce: A Critique of the Laver-Shepsle Approach, in: West European Politics 24 (2001), S. 1-26.
Wolfgang C. Müller, Koalitionstheorien, in: Ludger Helms/Uwe Jun (Hrsg.), Politische Theorie und Regierungslehre, Frankfurt a.M. 2004, S. 267-301.
Roger Noll, Book Review to Laver/Shepsle, Making and Breaking Governments, in: Journal of Economics 66 (1997), S. 324-326.

*Uwe Jun*

# Paul F. Lazarsfeld/Bernard Berelson/Hazel Gaudet, The People's Choice. How the Voter Makes Up his Mind in a Presidential Campaign, New York/London 1944

*(2. Aufl. 1948; 3. Aufl. 1968; DA, VA: Wahlen und Wähler. Soziologie des Wählerverhaltens, Neuwied/Berlin 1969).*

Die 1944 veröffentlichte, nach der Erhebungsregion oft als Erie County-Studie bezeichnete Untersuchung ist die erste der beiden bahnbrechenden Wahlanalysen der Columbia-Schule der Wahl-, Einstellungs- und Kommunikationsforschung. Zehn Jahre später folgte die so genannte Elmira-Studie (Berelson u.a. 1954). Beide Projekte wurden durchgeführt am Bureau of Applied Social Research (BASR) der New Yorker Columbia University unter der Leitung von Paul Felix Lazarsfeld (1901-1976), einem 1935 in die USA ausgewanderten gebürtigen Österreicher. Ausgebildet als Mathematiker und Psychologe, war Lazarsfeld eine der methodologisch, aber auch wissenschaftsorganisatorisch innovativsten Figuren der empirischen Sozialwissenschaften des 20. Jahrhunderts. Am BASR wurde vielfältigen Fragestellungen nachgegangen. Die Politikforschung machte nur einen kleineren Teil der Aktivitäten aus. Allen seinen Projekten gemeinsam war das Bestreben, mittels innovativer quantitativer und qualitativer Forschungsmethoden allgemeine Gesetzmäßigkeiten des sozialen Verhaltens zu entdecken (Barton 2001). Das gilt in besonderem Maße auch für die Erie County-Studie, deren Ziel es war, am Beispiel des Wahlkampfes zur amerikanischen Präsidentschaftswahl 1940 die Entstehung individueller Wahlentscheidungen nachzuzeichnen. Die Elmira-Studie vertiefte einige der dabei aufgeworfenen Fragestellungen anhand der Präsidentschaftswahl 1948. Bei beiden Untersuchungen handelte es sich um lokale Fallstudien. Das ermöglichte eine umfassende Analyse der Bedeutung örtlicher Kontextgegebenheiten, wie sie in national repräsentativen Studien nicht geleistet werden kann, allerdings um den Preis eingeschränkter Verallgemeinerbarkeit der Befunde. Durch ein damals revolutionäres Panel-Design mit sieben Befragungswellen in monatlichen Abständen und ein originelles Verfahren der multivariaten Tabellenanalyse gelang es der Erie County-Studie, die Meinungsbildung der Wähler im Zeitverlauf sehr detailliert zu analysieren. Die dabei gewonnenen Befunde verallgemeinerten die Autoren induktiv zu einem Bündel regelhafter Sätze. Das Wählerverhalten erschien in sehr starkem Maße durch sozialstrukturelle Merkmale der Bürger bestimmt. Mittels einer Kombination der Komponenten sozioökonomischer Status, Religion und Wohnort in einem Index (der politischen Neigung) ließ sich schon lange vor der Wahl vorhersagen, für welchen Kandidaten die befragten Personen stimmen würden. Als zentraler Befund hielten die Autoren fest: „Ein Mensch denkt politisch entsprechend seinem sozialen Sein. Soziale Merkmale bestimmen die politischen Präferenzen“ (S. 62). Ein Mikromodell der Wahlkampfkommunikation machte diesen Zusammenhang plausibel. Ihm zufolge verstärkt die im Wahlkampf zunehmende politische Kommunikation das Interesse der Wähler an politischer Information. Dies führe wiederum zu stärkerer Kommunikationsbeteiligung. Die Menschen nehmen gemäß dem Modell Informationen aber sehr selektiv auf. Die Kampagnenbotschaften der Kandidaten und der Medien würden durch politische Gespräche im unmittelbaren persönlichen Umfeld von Familie, Vereinen und Verbänden sowie Arbeitsplatz gefiltert. Diese persönliche Kommunikation sei typischerweise sehr homogen, weil die Auswahl der Gesprächspartner durch sozialstrukturelle Merkmale kanalisiert werde. Eine hervorgehobene Rolle spielten „Meinungsführer“, welche die Kampagnenkommunikation von Kandidaten und Medien besonders intensiv verfolgten und den anderen Bürgern als Orientierungsinstanzen dienten. Sie fungierten als eine Art Wächter politischer Gruppennormen und würden an die Mitglieder ihrer Gruppen nur die Kampagnenbotschaften weitergeben, die mit den Normen der Gruppe übereinstimmten. Diese Feststellung verdichteten die Autoren zu der These vom Zwei-Stufen-Fluss der politischen Kommunikation. Insgesamt sprachen sie der persönlichen Kommunikation eine sehr viel gewichtigere Bedeutung für das politische Verhalten zu als der Massenkommunikation.

Im Verlauf des Wahlkampfes führe das selektive Zusammenspiel der Kandidaten- und Medienkommunikation mit der gruppeninternen persönlichen Kommunikation dazu, dass sich bei den Wählern früher oder später Präferenzen herauskristallisierten, die es ihnen ermöglichten, ihre sozialstrukturellen Prädispositionen auf der Basis subjektiv guter Gründe in Wahlentscheidungen zu überführen („Aktivierungseffekt“). Wenn es erst eine Kandidatenpräferenz gebe, habe der Wahlkampf die Funktion, diese bis zum Wahltag argumentativ abzustützen („Verstärkereffekt“). Der Wahlkampf erscheint somit als ein Prozess der allmählichen Strukturierung situativer politischer Präferenzen entlang der Linien latenter politischer Neigungen. Änderungen von Präferenzen während des Wahlkampfes und Entscheidungen entgegen der Prädispositionen beobachteten die Autoren nur selten. Am ehesten konvertierten Wähler, die sich nur wenig für den Wahlkampf interessierten und daher den Wahlkampf kaum verfolgten. Dadurch kamen aber gerade die Wähler, die am ehesten beeinflussbar waren, am wenigsten mit der „Propaganda“ in Berührung, die eine Meinungsänderung hätte auslösen können. Dies sei ein „Flaschenhalseffekt“, der verhindere, dass wechselhaftes Wählerverhalten durch den Einfluss der Kampagnen zu einem häufigeren Phänomen würden. Alles in allem zeichnete die Studie somit ein sehr statisches Bild der Wahlentscheidung. Eine Wechselwahl sahen die Autoren als Ausnahme an, die vor allem erwartet werden konnte, wenn Wähler aufgrund spezifischer Kombinationen sozialstruktureller Merkmale widersprüchliche Impulse erhielten („cross pressure“-Situationen) und daher nicht klar in eine Richtung neigten.

Die Studie war von der Erwartung ausgegangen, Belege für die zur Entstehungszeit vorherrschende Vermutung starker Medieneinflüsse auf politische Einstellungen und Verhalten zu finden. Faktisch trug die Arbeit maßgeblich dazu bei, dieses Thema für Jahrzehnte fast vollständig von der Agenda der empirischen Politikforschung zu verdrängen und es durch das Paradigma der „begrenzten Effekte“ zu ersetzen, das den Medien lediglich das Vermögen zuerkannte, bestehende Orientierungen zu aktualisieren (Klapper 1960). In der empirischen Wahlsoziologie avancierte sie zu einem der kanonischen Texte des so genannten soziologischen Modells des Wählerverhaltens, das die Entscheidungen der Wähler als politische Begleiterscheinung der Sozialstruktur deutet. Allerdings verhinderte diese Kanonisierung nicht, dass eine der wichtigsten Erkenntnisse der Studie über Jahrzehnte weitgehend unbeachtet blieb, nämlich die besondere Bedeutung der Einbindung der Wähler in soziale Gruppen und der persönlichen politischen Kommunikation innerhalb dieser sozialen Mikrostrukturen. Die Erie County-Studie warf die theoretisch und methodisch sehr bedeutsame Frage auf, ob der einzelne Wähler überhaupt die angemessene Analyseeinheit der Wahlforschung sei, da faktisch „‘in Gruppen’ gewählt“ (S. 176) werde. Die wahlsoziologische Diskussion dominierten lange individualistisch verengte Modelle: dem Michigan-Ansatz mit seiner Variablen-Trias aus Parteiidentifikation und Einstellungen zu Sachfragen bzw. Kandidaten (→ Campbell u.a. 1960) sowie Modellen der Rationalwahl, die sich auf ideologische und Issue-Orientierungen (→ Downs 1957) konzentrieren. Diese Ansätze verorten die wesentlichen Erklärungsfaktoren für Wahlentscheidungen in der individuellen Psyche. Erst in jüngerer Zeit leiteten vor allem die Arbeiten von Robert Huckfeldt und John Sprague (1995) eine Renaissance der Columbia-Agenda ein. Die Wähler werden dabei nicht als isolierte Sozialatome, sondern als einander wechselseitig beeinflussend angesehen.

Es ist bemerkenswert, wie viele einflussreiche Hypothesen, die auch heute noch innovative Forschung inspirieren, in diesem schmalen Bändchen entwickelt wurden. Viele davon wurden zwar aus Befunden abgeleitet, die auf aus heutiger Sicht methodisch schwachen Fundamenten standen. Aber einige der Diagnosen dürfen heute noch Geltung beanspruchen, so etwa die Annahme eines überlegenen Einflusspotentials der persönlichen Kommunikation im Vergleich zur Massenkommunikation (Schmitt-Beck 2000). Allerdings haben neuere Arbeiten den analytischen Fokus über die enge Gruppenperspektive hinaus erweitert und erkannt, dass besonders die „schwachen Beziehungen“ zwischen bloßen Bekannten wichtige politische Auswirkungen haben. Prozesse gesellschaftlicher Differenzierung haben dazu geführt, dass die sozialen Netzwerke heutiger Wähler sehr viel heterogener sind. „Cross pressure“-Erfahrungen sind nun eher die Regel als die Ausnahme. Die These vom Zwei-Stufen-Fluss der Kommunikation war in der Studie ohnehin nur schwach belegt. Die Ausbreitung des Fernsehens überholte sie endgültig.

**Literatur:**

Allen H. Barton, Paul Lazarsfeld as Institutional Inventor, in: International Journal of Public Opinion Research 13 (2001), 245-269.

Bernard R. Berelson/Paul F. Lazarsfeld/William N. McPhee, Voting. A Study of Opinion Formation in a Presidential Campaign, Chicago 1954.

Robert Huckfeldt/John Sprague, Citizens, Politics, and Social Communication. Information and Influence in an Election Campaign, Cambridge/New York 1995.

Joseph T. Klapper, The Effects of Mass Communication, Glencoe 1960.

Elisabeth Noelle-Neumann, The People's Choice – Revisited, in: Wolfgang R. Langebucher (Hrsg.), Paul F. Lazarsfeld. Die Wiener Tradition der empirischen Sozial- und Kommunikationsforschung, München 1990, S. 147-155.
Rüdiger Schmitt-Beck, Politische Kommunikation und Wählerverhalten. Ein internationaler Vergleich, Wiesbaden 2000.
Gerhard Vowe, Paul F. Lazarsfeld/Bernard Berelson/Hazel Gaudet, The People's Choice, in: Christina Holtz-Bacha/Arnulf Kutsch (Hrsg.), Schlüsselwerke für die Kommunikationswissenschaft, Wiesbaden 2002, S. 255-259.

*Rüdiger Schmitt-Beck*

## Gerhard Lehmbruch, Parteienwettbewerb im Bundesstaat, Stuttgart u.a. 1976
*(= VA; 2. Aufl. Wiesbaden 1998 mit dem Untertitel: Regelsysteme und Spannungslagen im Institutionengefüge der Bundesrepublik Deutschland; 3. Aufl. Wiesbaden 2000).*

„Parteienwettbewerb im Bundesstaat" ist die zweite große Monographie aus der Feder des deutschen Politikwissenschaftlers Gerhard Lehmbruch. Sie entstand zwischen der bedeutenden Monographie des Autors über die Proporzdemokratie aus den 1960er Jahren (Lehmbruch 1967) und seinen späteren Arbeiten aus dem Bereich der Interessengruppenforschung (u.a. → Schmitter/Lehmbruch 1979). Es gilt zumindest in Deutschland als das Hauptwerk des 1928 geborenen Schülers von Theodor Eschenburg. 1998 erschien, mehr als zwanzig nach der Erstveröffentlichung des Buches, eine grundlegend überarbeitete zweite Auflage der Studie. Bei der zwei Jahre später veröffentlichten dritten Auflage änderte sich dagegen kaum etwas. Der Neuausgabe wurde der Untertitel „Regelsysteme und Spannungslagen im Institutionengefüge der Bundesrepublik Deutschland" hinzugefügt.

„Parteienwettbewerb im Bundesstaat" ist trotz der eleganten Einbeziehung unterschiedlicher Teiltheorien aus den Bereichen der Föderalismus- und der Parteienforschung eine Studie, die ihren Impuls unmittelbar aus der praktischen Politik in der Bundesrepublik bezieht. In theoretisch-methodischer Hinsicht beruht Lehmbruchs Arbeit auf einer „Verbindung von funktionaler und genetischer Strukturanalyse" (S. 177). Das zentrale Problem erblickt der Autor im Zusammenwirken der von tendenziell gegenläufigen Entscheidungsregeln bestimmten Subsysteme des politischen Systems, des Parteisystems und des föderativen Systems. Beide sind nach Einschätzung

Lehmbruchs zwar nicht prinzipiell, also überall und in jeder historischen Situation, durch jeweils unterschiedliche Regeln der Konfliktaustragung gekennzeichnet, wohl aber im Falle der Bundesrepublik. Auf den ersten Seiten der Originalausgabe der Studie konstatiert der Autor eine „zunehmende Inkongruenz" dieser beiden Subsysteme, ja einen „Strukturbruch" (S. 16). Verantwortlich für die „partielle Diskontinuität" der politischen Strukturen ist Lehmbruch zufolge die Entwicklung des Parteiensystems der Bundesrepublik. Habe das föderative System der Bundesrepublik im Wesentlichen die schon im Kaiserreich entwickelten Regeln der – durch Aushandeln geprägten – Konfliktaustragung übernommen, habe das Parteiensystem in Abkehr vom dominanten Modus der Parteipolitik im Bismarck-Reich und während der Weimarer Republik eine neue, durch Polarisierung und Wettbewerb gekennzeichnete Funktionslogik ausgebildet. Im Zentrum der folgenden Kapitel steht die detaillierte Analyse der aus dem föderativen System geborenen Schranken der Handlungsmacht regierender Parteien auf Bundesebene. Dies geschieht am Beispiel der Reformpolitik der sozial-liberalen Koalition. Hierzu stellt der Autor bilanzierend fest, „dass es vom Zufall der jeweiligen politischen Konstellationen auf Länderebene abhängig ist, ob eine Bundesregierung von ihrer parlamentarischen Mehrheit so Gebrauch machen kann, wie es den Erwartungen entspricht, die sich an das System alternierender parlamentarischer Parteiregierung knüpfen" (S. 159 f). Es könne immer wieder geschehen, dass bei wichtigen Vorhaben eine Mehrheit nur soviel Handlungsfreiheit genieße, wie die Opposition ihr zuzugestehen bereit sei. Als das eigentliche Problem dieser befürchteten Entwicklung sah Lehmbruch einen möglichen Verlust der Legitimationskraft des Parteienwettbewerbs, da der „Zurechnungsmechanismus zwischen dem Wahlausgang und den Leistungen der Regierung am Ende der Legislaturperiode" (S. 160) weitgehend außer Kraft gesetzt werde.

Die Neuauflage des Werkes diskutiert das Problem speziell mit Blick auf die Entwicklungen der 1990er Jahre. Dazu untersucht Lehmbruch sowohl Veränderungen auf der Ebene der Länder (speziell das gewachsene Gefälle zwischen „armen" und „reichen" Ländern) als auch auf der Ebene des Parteiensystems (insbesondere der Wandel der Konfliktkonstellation des Parteienwettbewerbs aufgrund der koalitionspolitisch veränderten Position der FDP). Die wichtigste Abkehr von seiner früheren Argumentationslinie vollzieht der Autor bezüglich des als zentral erachteten Problems, indem er feststellt: „Der Parteienwettbewerb im Bundesstaat ist nicht in erster Linie von einer *Legitimitäts*lücke bedroht, wie es in den 1970er Jahren scheinen mochte, sondern von einer *Effektivitäts*lücke" (Lehmbruch 1998, S. 179, Hervorhebungen im

Original). Auch seine Lösungsvorschläge hat Lehmbruch teilweise neu ausgerichtet. 1976 diskutiert er unter dem Titel „Perspektiven des Föderalismus" vor allem eine Reform des Bundesrates. In der Neuauflage von 1998 setzt der Autor hingegen stärker auf eine Reform der vergleichsweise schwächer institutionalisierten Strukturen des Parteiensystems.

Lehmbruchs Studie ist ein Meilenstein der deutschen Politikwissenschaft. Sollte man sich entscheiden, ob das Werk eher dem Bereich der Parteienforschung oder der Föderalismusforschung zuzurechnen wäre, fiele das Mehrheitsurteil gewiss zugunsten letzterer aus. Ihre Ausstrahlungswirkung ist aber auf keinen der beiden Forschungsbereiche beschränkt. „Parteienwettbewerb im Bundesstaat" gehört vielmehr zu den wenigen Arbeiten der vergangenen Jahrzehnte, die man in keiner ernsthaften Untersuchung über die institutionellen Bedingungen von Politik in der Bundesrepublik vermissen möchte. Schon die Originalausgabe des Jahres 1976 enthält an zahlreichen Stellen Gedankengut, das seitens der internationalen Politikwissenschaft erst seit den 1990er Jahren unter dem Stichwort der „Pfadabhängigkeit" intensiver diskutiert wird. Für die Neuausgabe hat der Autor die gebührende Mühe aufgewendet, um seine Studie in diesen internationalen Forschungsdiskurs einzubetten. Die oben erwähnte Neubewertung bezüglich der zentralen Problematik des deutschen Systems – Legitimität versus Effektivität – ist nicht als Inkonsistenz, sondern als legitime Weiterentwicklung der ursprünglichen Position vor dem Hintergrund stattgefundener Veränderungen zu bewerten. Auch der von Winfried Steffani (1999) formulierten harschen Kritik an dem vermeintlichen Plädoyer Lehmbruchs für eine „postparlamentarische Demokratie" lässt sich so nicht folgen. Die Diskussion darüber, ob man das Regierungssystem der Bundesrepublik in Auseinandersetzung mit der jüngeren Literatur als „post-parlamentarisch" (Lehmbruch 1998, S. 151) bezeichnen solle, ist kein Bekenntnis zur normativen Wünschbarkeit einer „post-parlamentarischen Demokratie". Kritik kann man – neben der nicht immer vollständigen Nachvollziehbarkeit der Argumentation des Autors, so etwa bezüglich der „Flexibilisierung des Parteienwettbewerbs" (Lehmbruch 1998, S. 191-196) – am ehesten an der zuweilen lückenhaften Würdigung der relevanten Literatur zum Thema üben, die das Literaturverzeichnis der Neuauflage von 1998 kennzeichnet. Dies gilt für Teile der ausländischen Literatur über die Bundesrepublik, aber auch für wichtige Arbeiten der deutschen Politikwissenschaft. Die vollständige Aussparung etwa der wichtigen einschlägigen Arbeiten Manfred G. Schmidts – des international vermutlich renommiertesten Lehmbruch-Schülers – bleibt unverständlich.

Wie viele anderen Schlüsselwerke der internationalen Politikwissenschaft, denen heute geradezu selbstverständlich das Prädikat des „Klassikers“ zuerkannt wird, stieß auch „Parteienwettbewerb im Bundesstaat“ keineswegs unmittelbar nach Erscheinen auf ungeteilten Zuspruch. Selbst die bloße Aufmerksamkeit der Fachwelt fiel zunächst durchaus mäßig aus. So enthielt die „Politische Vierteljahresschrift“ dem Werk bei seiner Erstveröffentlichung gar eine Besprechung vor und holte dies erst ein Vierteljahrhundert später, im Anschluss an die Veröffentlichung der dritten Auflage des Werks nach. In der Rezension für die „Zeitschrift für Parlamentsfragen“ befand Heinz Laufer, einer der führenden deutschen Föderalismusexperten der Zeit, dass manche These Lehmbruchs „nur verblüffend, aber nicht überzeugend“ (Laufer 1978, S. 422) wirke. Diese schwierige Phase seiner Rezeptionsgeschichte überwand das Werk aber schnell. Wie jeder echte „Klassiker“ nötigt die Studie seit vielen Jahren auch Autoren, die zu anderen Einschätzungen gelangen, eine mehr als beiläufige Bemerkung ab. Von einzelnen Bewertungen politischer Entwicklungen bis zur großen These des Buches bezüglich der Herausbildung informeller Großer Koalitionen hat die Studie in den vergangenen Jahre mehr Zustimmung als Kritik erfahren.

## Literatur:

Roland Czada/Manfred G. Schmidt, Verhandlungsdemokratie, Interessenvermittlung, Regierbarkeit: Festschrift für Gerhard Lehmbruch, Opladen 1993.

Heinz Laufer, Gegenseitige Lähmung von Parteiensystem und Föderalismus, in: Zeitschrift für Parlamentsfragen 9 (1978), S. 421-422.

Gerhard Lehmbruch, Proporzdemokratie. Politisches System und politische Kultur in der Schweiz und in. Österreich, Tübingen 1967.

Winfried Steffani, Der parlamentarische Bundesstaat als Demokratie, in: Zeitschrift für Parlamentsfragen 30 (1999), S. 980-998.

Roland Sturm, Party Competition and the Federal System: The Lehmbruch Hypothesis Revisited, in: Charlie Jeffery (Hrsg.), Recasting German Federalism. The Legacies of Unification, London 1999, S. 197-216.

*Ludger Helms*

## Arend Lijphart, Patterns of Democracy. Government Forms and Performance in Thirty-Six Countries, Yale 1999.

Arend Lijphart (geb. 1936) stammt aus den Niederlanden, verbrachte aber seine Studienzeit und überwiegend auch sein Berufsleben in den USA. Im Laufe seines akademischen Lebens erhielt er zahlreiche Ehrungen. In den Jahren 1995/96 war er Präsident der „American Political Science Association". „Patterns of Democracy" ist Lijpharts Hauptwerk. Es baut direkt auf die Vorgängerstudien „Democracies. Patterns of Majoritarian and Consensus Government in Twenty-One Countries" (1984) und „Democracy in Plural Societies" auf. Den Grundstein für das Werk legte Lijphart bereits 1968. In „Politics of Accommodation" kam er zu dem Ergebnis, in den Niederlanden würden politische Entscheidungen nicht nach dem Mehrheitsprinzip gefällt, sondern ausgehandelt. Für diese Demokratieform nutzte er den Begriff „consociational democracy". Die deutsche Politikwissenschaft bezeichnet sie als Konkordanz- oder Proporzdemokratie. Mit anderen Anhängern der Konkordanzdemokratie wie Gerhard Lehmbruch zog er gegen die in der vergleichenden politischen Systemforschung damals vorherrschende Ansicht zu Felde, das konkurrenzorientierte Modell der angelsächsischen Staaten stelle die beste Form der Demokratie dar (→ Almond/Verba 1963; → Lipset 1960).

Lijphart inspirierten seine Erkenntnisse zur Entwicklung einer neuen Demokratietypologie. Die Grundlage der Unterscheidung ist dabei die Frage, ob eine Demokratie die Macht streut oder konzentriert. Bereits 1984 entfaltete Lijphart erstmals die idealtypischen Demokratiemodelle von Konsensusdemokratie und Mehrheitsdemokratie und wandte seine neue Typologie auf 21 gefestigte Demokratien, im Kern die hoch entwickelten OECD-Staaten, an. In dem Nachfolgeband „Patterns of Democracy" kamen 15 weitere – wirtschaftlich weniger entwickelte – Demokratien dazu. Das Feld der untersuchten Demokratien wurde dadurch wesentlich heterogener.

In der modifizierten Fassung von 1999 nannte Lijphart als wesentliche Unterscheidungsmerkmale zwischen Konsensus- und Mehrheitsdemokratie: 1) Koalitionsregierung versus Einparteienregierung; 2) Kräftegleichgewicht von Exekutive und Legislative versus Dominanz der Exekutive); 3) Vielparteiensystem versus Zweiparteiensystem; 4) Verhältnis- versus Mehrheitswahlsystem; 5) korporatistisches versus pluralistisches Interessengruppensystem; 6) Bundes- versus Zentralstaat; 7) Zwei- versus Einkammersystem; 8) eine kaum veränderbare versus eine relativ leicht veränderbare Verfassung; 9) richterliche Prüfung der Gesetzgebung versus keine richterliche Prüfung; 10) eine autonome versus eine von der Exekutive abhängige Zentralbank. Neu hinzugekommen waren gegenüber 1984 der Interessengruppenpluralismus und die Zentralbankautonomie. Die ersten fünf Merkmale fasste Lijpart zur „Exekutive-Parteien-Dimension" zusammen, die weiteren fünf zur „Föderalismus-Unitarismus-Dimension".

Lijphart beschreibt den Unterschied zwischen der Exekutive-Parteien-Dimension und der Föderalismus-Unitarismus-Dimension so: „The crucial distinction is whether in consensus democracy power is dispersed to political actors operating together within the same political institutions or dispersed to seperate political institutions" (S. 185). Bei der Kriterienauswahl für die Exekutive-Parteien-Dimension und die Föderalismus-Unitarismus-Dimension hat er sich allerdings nicht konsequent an diese Vorgabe gehalten. So geht es beim Verhältnis von Exekutive und Legislative entgegen der Zuordnung um die Verteilung der Macht auf verschiedene Institutionen. Auch beim Interessengruppensystem geht es nicht um die Machtaufteilung der parteilichen Akteure, die in den gleichen Institutionen vertreten sind. Die Kriterien beider Dimensionen erscheinen auch sonst keineswegs homogen. So passt etwa das Interessengruppensystem als politisch-ökonomische Institution nicht so recht zu den anderen Kriterien der Exekutive-Parteien-Dimension.

Aufbau, Methodik und sprachliche Gestaltung des Buches von Lijpharts sind vorbildlich. Am Anfang erläutert Lijphart das Modell der Mehrheitsdemokratie am Beispiel Großbritanniens und Neuseelands, das Modell der Konsensusdemokratie am Beispiel der Schweiz und der EU. Anschließend widmet er sich Kapitel für Kapitel seinen zehn Kriterien. Die Kapitel geben einen ausgezeichneten und sehr gut lesbaren Überblick zum jeweiligen Forschungsstand – sei es zu den Koalitionsregierungen (Kriterium 1) oder den Zentralbanken (Kriterium 10).

Nicht zuletzt in methodischer Hinsicht ist die Studie innovativ. Lijphart operationalisiert seine zehn Kriterien mittels Indikatoren. So wird etwa der Grad der Konzentration der Exekutivmacht über den Mittelwert der Regierungsdauer (in Prozent des Untersuchungszeitraums) der kleinstmöglichen Gewinnkoalition und der Regierungsdauer von Einparteienregierungen bestimmt. Bei den Kriterien der Föderalismus-Unitarismus-Dimension misst Lijphart die Kriterien mit Ausnahme der Zentralbankautonomie ebenso einfach wie elegant mit Skalen, die von 1 bis 4 oder 5 reichen. So reicht etwa mit Blick auf das Kriterium der Ein- versus Zweikammersysteme die Skala von 1 (= Unikameralismus) bis 4 (= starker Bikameralismus). In der Regel hat Lijphart seine Indikatoren überzeugend ausgewählt, aber nicht in jedem Fall. So ist fraglich, ob sich das Kräfteverhältnis zwischen Exekutive und Legislative sinnvoll über die durchschnittliche Lebensdauer von Kabinetten in Monaten messen lässt.

Am Ende seines Werks nutzt Lijphart die Durchschnittswerte der 36 Länder auf beiden Dimensionen, um sie in einer Art „Landkarte der Demokratien" einzuordnen. Dabei zeigt sich, dass eine Demokratie keineswegs zugleich auf beiden Dimensionen in Richtung Machtteilung tendieren muss. So finden sich kaum weniger unitarische Konsensusdemokratien (z.B. Israel) als unitarische Mehrheitsdemokratien (z.B. Großbritannien). Neben föderalistischen Konsensusdemokratien (z.B. Schweiz) existieren auch föderalistische Mehrheitsdemokratien (z.B. USA). Es ist in dieser Hinsicht eine gewisse Schwäche der Studie, dass Lijphart immer wieder ein Kontinuum mit den Polen Mehrheits- und Konsensusdemokratie zu unterstellen scheint, obgleich sich aus seiner Analyse klar vier Demokratietypen ergeben: 1) zentralistische Mehrheitsdemokratien; 2) föderalistische Mehrheitsdemokratien; 3) zentralistische Konsensusdemokratien; 4) föderalistische Konsensusdemokratien.

Um die Veränderung der Positionierung von Staaten auf der „Landkarte" zu beurteilen, unterteilt Lijphart seinen Untersuchungszeitraum in zwei Abschnitte (1945-1970 und 1971-1996). Die Positionierungen erweisen sich dabei als sehr stabil. Lijphart widmet sich auch umfassend der Frage, welcher Demokratietyp leistungsfähiger ist. Damit macht er einen entscheidenden Schritt von der empirisch fundierten Demokratietheorie zur konkreten Politikberatung. Hinsichtlich der wirtschaftspolitischen Leistungskraft – gemessen an den Indikatoren Wirtschaftswachstum, Arbeitslosigkeit, Inflationsrate – kommt er zu dem Ergebnis, dass entgegen einem geläufigen Vorurteil Mehrheitsdemokratien nicht effizienter seien als Konsensusdemokratien. Demgegenüber haben laut Lijphart Konsensusdemokratien, gemessen mit 17 – allerdings etwas heterogen wirkenden – Indikatoren eine höhere Demokratiequalität. Zusätzlich zieht Lijphart noch zehn Indikatoren zu Wohlfahrtsstaatlichkeit, Umweltschutz und Umgang mit Kriminellen und Auslandshilfe heran. Auch auf diesem Feld seien die Konsensusdemokratien überlegen. Den Vorteilen der Konsensusdemokratie stünden somit keine Nachteile gegenüber.

Wer die Auswahl der Indikatoren der Leistungsfähigkeit und die häufig nicht signifikanten Beziehungen zwischen Demokratieform und Leistung betrachtet, mag den Eifer, mit dem Lijphart die Konsensusdemokratie anpreist, für übertrieben halten. Die kleineren Schwächen dürfen jedoch die enormen Stärken dieses Werkes nicht vergessen lassen. Lijphart hat mit überzeugenden Argumenten eine eigenständige Demokratietypologie entwickelt, die inzwischen in aller Welt Eingang in die politikwissenschaftlichen Lehrbücher gefunden hat und viele Folgestudien angestoßen hat. Die neueren Versuche von Georg Tsebelis (→ Tsebelis 2002) und anderen, Demokratien nach der Zahl der institutionellen Barrieren der Exekutive, der so genannten Vetospieler, zu unterscheiden, scheinen inspiriert durch die Schriften Lijpharts. Seine Föderalismus-Unitarismus-Dimension ist im Kern ein Vetospielerindex, der misst, wie viele potentielle Hürden es zur Begrenzung der Exekutive gibt (Kaiser 1998). Der Zusammenhang zwischen der Gegenüberstellung von Mehrheits- und Verhandlungsdemokratien und dem Vetospieleransatz lässt sich so auf den Punkt bringen: Je mehr Vetospieler eine Demokratie aufweist, desto stärker ist ihr verhandlungsdemokratischer Charakter. Lijpharts „Patterns of Democracy" ist zudem ein Pionierwerk der Erforschung der Leistungsfähigkeit von Demokratien (u.a. Powell 1982; Roller 2005).

**Literatur:**

Michael Crepaz/Thomas Koelble/David Wilsdorf (Hrsg.), Democracy and Institutions. The Life Work of Arend Lijphart, Ann Arbor 2000.

André Kaiser, Vetopunkte der Demokratie. Eine Kritik neuerer Ansätze der Demokratietypologien und ein Alternativvorschlag, in: Zeitschrift für Parlamentsfragen 29 (1998), S. 525-541.

Arend Lijphart, The Politics of Accommodation: Pluralism and Democracy in the Netherlands, Berkeley 1968.

Arend Lijphart, Democracy in Plural Societies: A Comparative Exploration, New Haven/London 1977.

Arend Lijphart, Democracies. Patterns of Majoritarian and Consensus Government in Twenty-One Countries, New Haven/London 1984.

Arend Lijphart, About Peripheries, Centres and Autobiographical Reflections, in: Hans Daalder (Hrsg.), Comparative European Politics: The Story of a Profession, London 1997, S. 241-252.

Edeltraud Roller, The Performance of Democracies. Political Institutions and Public Policy, Oxford 2005.

*Steffen Kailitz*

## Juan J. Linz, Totalitarian and Authoritarian Regimes, in: Fred I. Greenstein/Nelson W. Polsby (Hrsg.), Handbook of Political Science, Bd. 3: Macropolitical Theory, Reading u.a. 1975, S. 175-411

*(NA: Totalitarian and Authoritarian Regimes, 2000; DA, VA: Totalitäre und autoritäre Regime, Berlin 2000).*

Juan J. Linz (geb. 1926) wuchs in Deutschland und Spanien auf. Seinen Lebensweg prägten die Erfahrungen des Spanischen Bürgerkriegs (1936-1939) und der Herrschaft des Nationalsozialismus (1933-1945). Seine wissenschaftlichen Forschungen zur Diktatur begann Linz 1964 mit der Fallstudie „An Authoritarian Regime: The Case of Spain“. Er gelangte dabei zu der Ansicht, dass die Gegenüberstellung von totalitären Diktaturen und Demokratien unzureichend sei, um die politischen Systeme der Welt zu erfassen (Linz 1997). Die autoritären Regime seien vielmehr ein dritter Haupttyp der politischen Systeme. Der Text von Linz zur Unterscheidung totalitärer und autoritärer Diktaturen erschien ursprünglich 1974 im dritten Teil des ebenso umfangreichen wie ambitionierten „Handbook of Political Science“. Auf seinen Erkenntnissen aufbauend, die er aus den Forschungen zur Diktatur Spaniens gewonnen hatte, beschränkte sich Linz im Unterschied zu den Klassikern der Diktaturforschung von Carl Joachim Friedrich und Zbigniew Brzezinski (→ Friedrich/Brzezinski 1956) und Hannah Arendt (→ Arendt 1951) nicht auf totalitäre Diktaturen. Er widmete sich vielmehr vor allem dem großen Kreis der weder totalitären noch demokratischen politischen Systeme, die dahin ein nahezu blinder Fleck auf der Landkarte der vergleichenden politischen Systemforschung waren.

Das Neue an dem Konzept von Linz war, dass er Maßstäbe nannte, mittels derer die drei Grundformen politischer Systeme – Demokratie, autoritäre Diktatur und totalitäre Diktatur –unterschieden werden können. Als Kriterien für die Einordnung in ein dreidimensionales Schema nannte Linz: 1. den Grad der gelenkten politischen Mobilisierung, 2. den Grad des politischen Pluralismus und 3. den Grad der Ideologisierung. Mit diesem Konzept lassen sich die grundlegenden Unterschiede zwischen Autoritarismus und Totalitarismus gut verdeutlichen. Eine totalitäre Diktatur zeichnet sich demnach durch 1. Massenmobilisierung, 2. Monismus und 3. eine exklusive Ideologie aus, eine autoritäre dagegen durch die 1. Entpolitisierung der Gesellschaft, 2. einen begrenzten Pluralismus und 3. die Anknüpfung an eine traditionelle

Mentalität. Linz sah bewusst davon ab, die Ideologie bzw. die unterschiedliche Herrschaftslegitimation als Grundlage seiner Typologie der autoritären Diktaturen zu nehmen (S. 145 f.). Bei der Entwicklung der Typologie autoritärer Diktaturen wie bei der empirischen Analyse der Diktaturen der Welt konzentrierte sich Linz vielmehr auf den Grad des Pluralismus und der Mobilisierung. Den Faktor Ideologie behandelte er dagegen stiefmütterlich, da es schwierig sei, „die Unterschiede zwischen Mentalitäten und Ideologien konkret zu erfassen" (S. 147). Linz unterschied sieben Untertypen autoritärer Diktaturen: 1. Bürokratisch-militärische Regime, 2. korporatistisch-autoritäre Staaten, 3. mobilisierende Regime in postdemokratischen Staaten; 4. postkoloniale Mobilisierungsregime, 5. ethnische „Demokratien", 6. „unvollkommene" und prätotalitäre Diktaturen und 7. posttotalitäre Regime. Bei dieser Kategorisierung ist allerdings nicht so recht erkennbar, dass sie systematisch auf der Grundlage des Grads des Pluralismus und des Grads der Mobilisierung von Diktaturen gewonnen sein soll. So geht es etwa beim bürokratisch-militärischen Typ um die Trägergruppen der Diktatur. Autoritär-korporatistische Diktaturen wie in Portugal und Spanien bis in die 1970er Jahre sind durch eine zwangsweise institutionalisierten Einbindung sozialer und wirtschaftlicher Interessen charakterisiert. Als Klassifikationskriterium erscheint hier in erster Linie der Grad des Pluralismus. Die beiden Formen der Mobilisierungsregime in postdemokratischen und postkolonialen Systemen heben dagegen einseitig auf den Grad der Mobilisierung ab. Bei den „ethnischen Demokratien", konkret dem „Apartheids"-Regime in Südafrika, erfolgt die Typologisierung wiederum auf der Grundlage, dass einem bestimmten Teil der Bevölkerung aus rassistischen Gründen die politische Beteiligung verweigert wird. Beim Blick auf den „unvollkommenen" Totalitarismus und den „Posttotalitarismus" erfolgt die Klassifizierung wiederum auf der Grundlage des Verhältnisses zum Haupttyp der totalitären Diktatur. Es ist zu fragen, ob diese beiden Typen wirklich als Unterformen der autoritären Diktatur anzusehen sind. Mit Blick auf die post-totalitären Regime korrigierte sich Linz später selbst (→ Linz/Stepan 1996) und sah in ihnen nun einen eigenständigen Typ. Bei den „defekten Totalitarismen" ist wiederum zu fragen, ob diese nicht eher als Unterform des Totalitarismus anzusehen sind.

Häufig wird übersehen, dass Linz einen weiteren Typus von Diktaturen anführte, der für ihn weder dem Grundtyp der totalitären noch dem der autoritären Diktatur zuzuordnen war. Er verstand darunter traditionelle Diktaturen, in denen die Herrschaft vererbt wird, die einen feudalen Charakter haben und sich auf eine traditionelle Autorität berufen. In diese Schublade gehörten für Linz die sultanistischen Regime auf der arabischen Halbinsel und der

„Caudillismo“ (caudillo = politisch-militärischer Führer) in Süd- und Mittelamerika. Diese traditionellen Diktaturen dienen nach Linz in erster Linie dem privaten Nutzen des Diktators. Die Herrschenden in autoritären Diktaturen seien dagegen überzeugt, „für das Gemeinwohl zu wirken“ (S. 6).

Ein gewisser Mangel der Studie von Linz ist, dass er darauf verzichtet, Indikatoren zu entwickeln, um seine drei Dimensionen – also den Grad von Mobilisierung, Pluralismus und Ideologisierung – zu messen. Der Kategorisierung von Linz fehlt auch bei allen Verdiensten eine wesentliche Dimension: der Grad der Repression. Es macht schließlich einen Unterschied, ob eine Diktatur terroristisch regiert oder nicht. Der Unterschied der so genannten „posttotalitären“ zu den totalitären Regimen liegt wesentlich in der weitgehenden Abkehr vom uferlosen physischen Terror. Außerdem erscheinen die Dimensionen Ideologisierung und Mobilisierung nicht ganz trennscharf. Zur Ideologisierung der Bevölkerung ist eine gelenkte politische Mobilisierung unabdingbar. Trotz kleiner Schönheitsfehler ist der Ansatz von Linz jedoch ebenso beeindruckend wie die Fülle der präsentierten Kenntnisse zur Welt der Diktaturen.

In den 1970er und 1980er Jahren, einer Zeit, in der die Zahl der Anhänger der Totalitarismustheorie in den Sozialwissenschaften stark abnahm, blieb das Interesse an einer Auseinandersetzung mit dem Werk und an der Fortsetzung der Forschung von Linz zunächst eher gering. Dies änderte sich vor allem durch den Zusammenbruch des Kommunismus. Nachdem das Werk vor 1990 nur ins Türkische übersetzt worden war, folgten nun eine deutsche, japanische und polnische Übersetzung. Auch Linz widmete sich diesem Thema nun wieder stärker (Linz 1997; Linz 1999; Linz 2003). Durch die Weiterführung seiner Regimetypologie in dem zusammen mit Alfred Stepan verfassten Band „Problems of Democratic Transition and Consolidation“ (→ Linz/Stepan 1996) beeinflusste er die Transformationsforschung nachhaltig. Inzwischen legten eine Reihe von Autoren in den Fußstapfen von Linz weiterführende Vorschläge zur Unterscheidung der Typen autoritärer Herrschaft vor. Im Unterschied zu Linz gingen dabei etwa Wolfgang Merkel (1999) und Armin Pfahl-Traughber (2004) bei ihrer Unterscheidung autoritärer Diktaturen systematisch von einem Primärkriterium aus. Bei Pfahl-Traughber ist dies die Herrschaftslegitimation, bei Merkel sind es die Herrschaftsträger. Auf dieser Grundlage ergeben sich bei Merkel neun Untertypen: 1. kommunistisch-autoritäre Regime, 2. faschistisch-autoritäre Regime, 3. Militärregime, 4. korporatistisch-autoritäre Regime, 5. rassistisch-autoritäre Regime, 6. autoritäre Modernisierungsregime, 7. theokratisch-autoritäre Regime, 8. dynastisch-autoritäre Regime, 9. sultanistisch-autoritäre

Regime. Dieser Weg der Klassifizierung der autoritären Diktaturen über ein klares Kriterium ist letztlich einleuchtender als die etwas diffuse Klassifizierung von Linz. Bei der Sichtung des Forschungsstands räumte er anlässlich der Neuausgabe seines Werks im Jahr 2000 selbstkritisch ein, die Ideologie sei wohl in totalitären Diktaturen wichtiger, als es in seinem Buch erscheine. Trotz dieser Einschränkung stellt seine Studie für die bislang vernachlässigte empirische Diktaturforschung auch in Zukunft einen bedeutenden Teil des Fundaments dar. Obgleich für Linz – wie etwa auch für Karl Dietrich Bracher (→ Bracher 1955) – der „tatsächliche Konflikt dieses Jahrhunderts" zwischen den demokratischen Verfassungsstaaten und den „beiden Formen des revolutionären Totalitarismus" (S. XXVI) stattfand, liegt die bedeutendste Leistung seines Werks darin, den auf diese Dichotomie fixierten Blick der vergleichenden politischen Systemforschung geweitet zu haben, in dem er die zahlreichen Varianten nichtkommunistischer und nichtfaschistischer autoritärer Diktaturen als eigenständigen Systemtyp erfasste. Die Staaten im Graubereich zwischen autoritären und totalitären Diktaturen bezeichnete Linz dabei bereits 1975 – quasi nebenbei – als „defekt totalitär" (u.a. S. 151). Dieser Begriff stellt eine bedenkenswerte Ergänzung zu dem Begriff und dem Konzept der „defekten Demokratie" von Wolfgang Merkel dar.

## Literatur:

Juan Linz, Between Nations and Disciplines: Personal Experience and Intellectual Understanding of Societies and Political Regimes, in: Hans Daalder (Hrsg.), Comparative European Politics: The Story of a Profession, London 1997, S. 101-114.

Juan J. Linz, Faschismus und nicht-demokratische Regime, in: Hans Maier (Hrsg.), Totalitarismus und politische Religionen. Konzepte des Diktaturvergleichs, Bd. 3: Deutungsgeschichte und Theorie, Paderborn u.a. 2003, S. 247-321.

Juan J. Linz, Totalitarianism and Authoritarianism – My Recollections on the Development of Comparative Politics, in: Alfons Söllner/Ralf Walkenhaus/Karin Wieland (Hrsg.), Totalitarismus. Eine Ideengeschichte des 20. Jahrhunderts, Berlin 1997, S. 141-157.

Juan J. Linz, Typen politischer Regime und die Achtung der Menschenrechte: Historische und länderübergreifende Perspektiven, in: Eckhard Jesse (Hrsg.), Totalitarismus im 20. Jahrhundert. Eine Bilanz der internationalen Forschung, 2. Aufl., Baden-Baden 1999, S. 519-571.

Wolfgang Merkel, Systemtransformation. Eine Einführung in die Theorie und Empirie der Transformationsforschung, Opladen 1999.

Armin Pfahl-Traughber, Staatsformen im 20. Jahrhundert I: Diktatorische Systeme, in: Alexander Gallus/Eckhard Jesse (Hrsg.), Modelle politischer Ordnung. Eine Geschichte der Staatsformen von Altertum bis zur Gegenwart, Köln/Weimar 2004, S. 223-280.

*Steffen Kailitz*

## Juan J. Linz/Alfred Stepan, Problems of Democratic Transition and Consolidation. Southern Europe, South America, and Post-Communist Europe, Baltimore/ London 1996.

Juan Linz und Alfred Stepan haben das faszinierendste und konzeptionell ambitionierteste Buch über Demokratisierung und Konsolidierung geschrieben. Es behandelt insgesamt 15 Länder, wobei drei aus Südeuropa (Spanien, Portugal, Griechenland), vier aus Lateinamerika (Uruguay, Brasilien, Argentinien und Chile) und die restlichen acht aus ehemals kommunistischen Block stammen (Polen, Ungarn, ehemalige Tschechoslowakei, Bulgarien, UdSSR bzw. Russland, Estland und Lettland). Obwohl beide Autoren eher Lateinamerika- bzw. Südeuropaspezialisten sind, ist der Teil über die post-kommunistischen Staaten mit rund der Hälfte des Umfang der längste Dies ergibt sich aus den neuen Fragen, die durch die post-kommunistischen Transformationen aufgetaucht sind. Konzeptionell handelt sich um einen überregionalen und interregionalen Vergleich, der einen Methodenmix anwendet. Typologische Verfahren, Umfrageergebnisse, Inhaltsanalysen, Spieltheorie und neo-institutionalistische Konzepte spielen ebenso eine Rolle wie Hunderte von Interviews mit relevanten Akteuren in allen drei Regionen.

Das Buch ist die Summe einer fast 15-jährigen Zusammenarbeit beider Autoren, die an den bedeutendsten Projekten der Demokratisierungsforschung beteiligt waren. Ihr Band zeichnet sich durch eine theoretisch-konzeptionelle Stringenz aus, die ihresgleichen in der vergleichenden Politikwissenschaft sucht. Das theoretische Konzept und die systematischen Umsetzung in den einzelnen Länderbeiträgen sind das Innovative der Studie. Die zentrale Fragestellung ist, welche Aufgaben erfolgreiche demokratische Transformationen bis zu ihrer Konsolidierung erfüllen müssen und welche Faktoren wie und wann diesen Verlauf beeinflussen? Hierbei unterscheiden Linz und Stepan zwischen einem Satz von unabhängigen und abhängigen Variablen. Eine konsolidierte Demokratie als zu erklärender Sachverhalt umfasst nach Linz/Stepan fünf Arenen: 1. Eine lebhafte und freie Zivilgesellschaft, 2. eine autonome politische Gesellschaft, 3. den Rechtsstaat, 4. eine an Recht gebundene Bürokratie und 5. eine institutionalisierte ökonomische Gesellschaft (die nicht mit einer Marktgesellschaft identisch sein muss). Sofern diese sich gegenseitig bestärken, ist die Demokratie konsolidiert (Kapitel 1). Mit diesem Ansatz gehen Linz und Stepan weit über die sonst in der Konsolidierungsliteratur gehandelten Konzepte hinaus. Vor allen die Idee einer konsolidierten politischen und ökonomischen Gesellschaft ist neu.

Die unabhängigen Variablen unterteilen sie in zwei große Blöcke. Zunächst in zwei Makrovariablen, den vorangegangenen Regimetyp und die „Staatlichkeit" (Kapitel 2). Die erste Variable bestimmt die Ablösungspfade (z.B. Ablösung durch Pakte, durch revolutionäre Aufstände, durch Kollapse) und damit verbundene spezifische Aufgaben, die von den beteiligten Akteuren bewältigt werden müssen. Hierbei greifen sie auf eine etwas veränderte Regimetypologie zurück, die Linz in den 1970er Jahren in einem bahnbrechenden Beitrag entwickelt hatte (→ Linz 1975). Sie unterscheiden in totalitäre, post-totalitäre, autoritäre und sultanistische Regime. Sie gehen davon aus, dass autoritäre Regime für eine erfolgreiche Transformation am günstigsten sind. In allen fünf Arenen bieten sie im Vergleich zu totalitären und sultanistischen Regimen die besten Ausgangsbedingungen. Ein eingeschränkte politischer Pluralismus, eine rudimentär vorhandene Zivilgesellschaft und eine Marktwirtschaft sind Erbschaften, an die die Demokratie positiv anknüpfen kann. Die umstrittenste Kategorie von Linz/Steapn ist der „Post-Totalitarismus". Er ist für die Autoren ein eigenständiger Regimetypus, der sich aus den totalitären kommunistischen Systemen entwickelt hat, sich aber sowohl von autoritären wie totalitären Regimen unterscheidet.

Die zweite Makrovariable ist „Staatlichkeit", eine untertheoretisierte und für Demokratisierung kritische Variable. Linz und Stepan interessieren sich für die Konstellationen, in denen Nationalstaat und Demokratisierung entweder komplementär oder konflikthafte Logiken ausbilden und fragen, welche Praktiken und Institutionen unter diesen Bedingungen eine demokratische Konsolidierung wahrscheinlich machen. Erst durch die osteuropäischen Transformationen zur Demokratie ist dieser Sachverhalt in aller Schärfe auf die Tagesordnung getreten, weil in vielen multiethnischen Ländern (UdSSR, Tschechoslowakei und Jugoslawien) Konflikte ausbrachen, die oft gewaltsame Formen annahmen und zur Auflösung der Staaten führten und Demokratisierung verhinderten. In multiethnischen Staaten werde Demokratisierung durch inklusive und konsensorientierte Institutionen begünstigt. Den zweite Block der unabhängigen Variablen bilden fünf Mikrovariablen, von denen zwei akteurs- und drei kontextorientiert sind. Die akteursorientierten Variablen sind 1. die „leadership base of the prior regimetype" (S. 65) und 2. wer initiiert und wer kontrolliert die Transition. Zentral hierbei ist, ob die Demokratisierung vom Regime selbst eingeleitet wird, von unten erpresst oder durch ein Übergangsregime vollzogen wird. Die drei Kontextvariablen sind 1. der internationale Einfluss (wie etwa Zeitgeist, Außenpolitik bestimmter Staaten oder Diffusion), 2. der Zusammenhang zwischen ökonomischer Effizienz und Konsolidierung und 3. der Modus der Verfassungsgebung. Je nach Ausprägung sind diese Variablem günstig oder ungünstig für die Transformation und die anschließende Konsolidierung einer Demokratie.

Linz und Stepan buchstabieren die Ausprägung jeder dieser Variablen durch und ziehen daraus Schlussfolgerungen. In einer Reihe von Exkursen diskutieren sie spezifische Sachverhalte im Detail (wie etwa die Legalisierung der kommunistischen Partei in Spanien, den Kontext von Gewalt und Demokratisierung) und die Schwierigkeiten von „Nationenbildung, Staatenbildung und Demokratisierung" (S. 428 ff.). Auch wenn das theoretische Konzept auf den ersten Blick schematisch wirken mag, so macht seine Anwendung auf die Länder das analytische und interpretative Potential deutlich. Bei manchen Fällen konzentrieren sich die Autoren auf wenige der vielen Variablen (etwa Portugal oder Griechenland), während bei anderen Ländern bestimmte Aspekte (wie etwa der vorangegangene Regimetyp) sehr ausführlich analysiert wird (vor allem bei den post-kommunistischen Ländern). Zudem werden theoretisch-konzeptionelle Überlegungen des einleitenden Kapitels immer wieder aufgegriffen und an Beispielen sinnvoll vertieft und präzisiert (etwa das „Staatlichkeits"-Problem am russischen bzw. baltischen Fall). Beeindruckend ist auch die interpretative und analytische Kraft des Methodenmix, der viele Aspekte sichtbar macht, die ansonsten verborgen geblieben wären. Wer das Handwerkszeug für eine konzeptionell angeleitete, empirisch reichhaltige und methodologisch mehrschichtig vergleichende Studie an einem Musterbeispiel erlernen will, der muss dieses Buch von der ersten bis zur letzten Seite lesen.

Erstaunlich ist, dass Linz und Stepan zwar den internationalen Kontext erwähnen, aber nicht auf internationale oder supranationale Organisationen und Institutionen (wie etwa die EU, Weltbank, Internationalen Währungsfond) eingehen (vgl. Zielonka/Pravda 2001). Umstritten ist auch die Konstruktion von Regimetypen (vor allem des post-totalitären Regimetyps) und die Zuordnung mancher Länder zu den jeweiligen Typen. Das gilt etwa für die Einordnung Polens als autoritär statt post-totalitär. Das Buch hat tiefe Spuren in der Transistions- und Konsolidierungsforschung hinterlassen (vgl. u.a. Merkel 1999; Pridham/Agh 2002). Am einflussreichsten und theoretisch am provokativsten ist das Konzept von „Staatlichkeit“ und die Regimetypologie samt den daraus sich ergebenden Folgen für die Transformationspfade.

**Literatur:**

Wolfgang Merkel, Systemtransformation. Eine Einführung in die Theorie und Empirie der Transformationsforschung, Opladen 1999.

Geoffry Pridham/Attila Agh (Hrsg.), Prospects for Democratic Consolidation in East-Central Europe, Manchester 2002.

Jan Zielonka/Alex Pravda (Hrsg.), Democratic Consolidation in Eastern Europe: International and Transnational Factors, Oxford 2001.

*Friedbert Rüb*

## Seymour Martin Lipset, Political Man: The Social Basis of Politics, London 1960

*(Neuausgabe, Baltimore 1981; DA, VA: Soziologie der Demokratie, Neuwied 1962).*

Seymour Martin Lipset (geb. 1922) gehört zu den bedeutendsten Sozialwissenschaftlern. Er erhielt in den USA wie weltweit zahlreiche Preise und Ehrendoktorhüte. Zudem stand er den wichtigsten sozialwissenschaftlichen Vereinigungen vor: der „International Society of Political Psychology“ (1979/1980), der „American Political Science Association“ (1981/1982), der „World Association for Public Opinion Research“ (1985/86) und der „American Sociological Association“ (1992/93). „Political Man“ erschien zuerst 1960. Lipset nannte als Ziel des Buches, das politische System der Demokratie zu begreifen. Dazu untersuchte er die sozialen Anforderungen an Demokratien und verschiedene Typen des politischen Konflikts innerhalb der USA und der anderen demokratischen Gesellschaften, Gründe für das Aufkommen antidemokratischer Tendenzen, die Ursachen für Partizipation in der Politik, die soziale Basis der Parteiunterstützung in den USA und anderen Ländern sowie die Bedingungen, die das politische Leben in den Gewerkschaften dominierten.

Demokratietheoretisch nahm Lipset Bezug auf Karl Marx (u.a. → Marx 1869), Alexis de Tocqueville (→ Tocqueville 1835/40), Robert Michels (→ Michels 1911) und Max Weber (→ Weber 1922). Diese seien grundlegend für die moderne politische Soziologie. Der Autor betrachtete die Demokratie als Nebenprodukt der sozioökonomischen Entwicklung. Die Herausbildung von liberalen Demokratien korreliere mit dem Anstieg von Wohlstand und Modernität, gemessen am Industrie-, Bildungs- und Verstädterungsgrad. Lipsets Postulat von den sozialen Vorbedingungen der Demokratie wurde für die empirische Demokratieforschung prägend. Lipsets noch heute gültiger Grundtenor lautet: „Je wohlhabender ein Volk, desto größer die Aussicht, dass es eine Demokratie entfalten wird" (S. 42). Dabei berücksichtigte er die politische Entwicklung seit dem Ersten Weltkrieg. Zur Begründung zog er Faktoren wie ein egalitäres Wertesystem, ein gutes durchschnittliches Bildungssystem und eine hohe Beteiligung an freiwilligen Vereinigungen zu Rate. Es bestehe nachweislich ein Zusammenhang zwischen dem Bildungsstand und den Einstellungen zur Demokratie. Die empirische Forschung hat diese These bestätigt. Auch sein Ergebnis, die Arbeiterschaft sei autoritärer eingestellt als die bürgerliche Schicht, hielt der empirischen Prüfung stand. Lipset begründete den Zusammenhang zwischen Bildungsstand und den Einstellungen zur Demokratie so: „Die Regeln der Demokratie verlangen ein hohes geistiges Niveau und ein hohes Maß an Selbstsicherheit. Je weniger gebildet und je unsicherer ein Mensch ist, desto eher wird er dazu neigen, die Politik zu simplifizieren, desto weniger wird er die Toleranz gegenüber anders Denkenden verstehen und desto schwerer wird er sich zur Bejahung einer gemäßigten Politik durchringen können" (S. 112).

Der politische Extremismus ist für Lipset der Gegenbegriff zur liberalen Demokratie. Er unterscheidet dabei nicht nur zwischen links und rechts (Ziele) und autoritär und demokratisch (Mittel), sondern auch zwischen einem pluralistischen und monistischen Überzeugungssystem (S. 131-189). Es gebe neben einem Extremismus der Rechten und Linken einen stark vernachlässigten Extremismus der Mitte. Mit „Mitte" meint Lipset dabei nicht die politische „Mitte", sondern die Mittelschicht. Die Anziehungskraft extremer Bewegungen sah Lipset auch als eine Reaktion von verschiedenen Auswirkungen der Industrialisierung in verschiedenen Stadien an. Lipset behauptete einen Zusammenhang zwischen der Ausrichtung des Extremismus und der sozialen Trägerschicht. So finde der Extremismus des Mittelstandes dort Anklang, wo Großkapitalismus und starke Arbeiterbewegungen prägend seien. Die Einführung einer dritten Art des Extremismus, die er durch einen gedanklichen Schluss von der Massenbasis auf den politischen Charakter einer Bewegung herleitet, wirkt nicht ganz nachvollziehbar. Die zugrunde liegende Ansicht, der Mittelstand habe die NSDAP überproportional gewählt, die dem Forschungsstand der Entstehungszeit des Buches entsprach, ist inzwischen empirisch widerlegt (Falter 1991).

In seinen Ausführungen zum Wahlverhalten hob Lipset hervor, dass demokratische Gesellschaften mit einem ganz unterschiedlichen Maß an Partizipation existieren können. Eine hohe Wahlbeteiligung könne sogar ein Krisensymptom für Demokratien darstellen. Die meisten Wähler stünden in den stabilen Demokratien normalerweise der Politik ohnehin gleichgültig gegenüber. Lipset analysiert anschließend die amerikanische Gesellschaft – mit besonderem Blick auf die Rolle der Intellektuellen. In einem gedanklichen Sprung geht er US-amerikanischen Eigenheiten im Vergleich zu europäischen Industriegesellschaften sowie zu Kanada und Japan nach. Diese führt er wesentlich auf religiöse Ursprünge zurück. Die Lösung des Rätsels, wieso sich in den USA keine sozialistische Bewegung etablieren konnte, hat Lipset Zeit seines wissenschaftlichen Lebens beschäftigt (Lipset 1997).

„Political Man“ zeichnet sich weniger durch eine klare Struktur als durch Einfallsreichtum aus. Lipset rückt unterschiedliche Gesellschaften durch Vergleiche und kenntnisreiche Beschreibungen in ein neues Licht. Er nahm viele wichtige Erkenntnisse vorweg, beispielsweise die Tatsache, dass politische Orientierungen als intervenierende Variable zwischen ökonomischer Entwicklung und Modernisierung zu berücksichtigen seien. Was Lipset für die westlichen Demokratien festgestellt hat, gilt auch für die jungen Demokratien der Gegenwart. Die sozioökonomische und politische Entwicklung sind interdependent (Marks/Diamond 1992). Indikatoren des Wohlstands tragen entscheidend dazu bei, dass sich die demokratischen Grundsätze im Bewusstsein der Bevölkerung verankern können. Mit dieser Erkenntnis legte Lipset den Grundstein für die modernisierungstheoretischen Ansätze in der vergleichenden empirischen Demokratieforschung.

## Literatur:

Ulrich von Alemann, Lipset, Soziologie der Demokratie, in: Sven Papcke/Georg W. Oesterdiekhoff (Hrsg.), Schlüsselwerke der Soziologie, Wiesbaden 2001, S. 272-276.

Jürgen W. Falter, Hitlers Wähler, München 1991.

Eckhard Jesse, Seymour Martin Lipset, in: Gisela Riescher, (Hrsg.), Politische Theorie der Gegenwart in Einzeldarstellungen. Von Adorno bis Young, Stuttgart 2004, S. 289-292.

Seymour M. Lipset, American Exceptionalism. A Double-Edged Sword, New York/ London 1997.

Seymour M. Lipset, The Social Requisites of Democracy Revisited, in: American Sociological Review 59 (1994), S. 1-22.
Gary Marks/Larry Diamond (Hrsg.), Reexamining Democracy. Essays in Honor of Seymour Martin Lipset, Newbury Park u.a. 1992.

*Florian Hartleb*

## Seymour M. Lipset/Stein Rokkan (Hrsg.), Party Systems and Voter Alignments: Cross-National Perspectives, New York/London 1967.

Der Amerikaner Seymour Martin Lipset (geb. 1922) ist als einer der produktivsten und einflussreichsten politischen Soziologen des letzten Jahrhunderts. In seinem umfangreichen Oeuvre mit so grundlegenden Titeln wie „Political Man" (→ Lipset 1960) beschäftigte er sich mit Bedingungen und Funktionsvoraussetzungen der modernen repräsentativen Demokratie. Der Norweger Stein Rokkan (1921-1979) war eine der maßgeblichen Gründerpersönlichkeiten der europäischen Politikwissenschaft nach dem Zweiten Weltkrieg. Neben vielfältigen wissenschaftsorganisatorischen Aktivitäten entfaltete er eine reichhaltige Publikationstätigkeit, bei der es ihm um nichts weniger ging als das monumentale Projekt eines umfassenden, sozialhistorisch und systemvergleichend fundierten Modells der grundlegenden sozialen Spannungslinien der westeuropäischen Gesellschaften und ihrer Übersetzung in die demokratisch eingehegte Form des Konfliktaustrags durch kompetitive Parteiensysteme und Wahlen im Zuge der Entstehung der modernen Nationalstaaten (Flora 1999). „Party Systems and Voter Alignments" gehört in diesen thematischen Zusammenhang. Vor allem wegen des von den Herausgebern verfassten Einleitungskapitels „Cleavage Structures, Party Systems, and Voter Alignments: An Introduction" avancierte es zu einem der Schlüsselwerke der Politikwissenschaft. Die anderen Kapitel beinhalten empirische Auseinandersetzungen mit den in der Einleitung formulierten Überlegungen für ausgewählte Länder. Dies waren die anglo-amerikanischen Länder sowie zwei skandinavische und zwei kontinentaleuropäische Demokratien, darunter die Bundesrepublik Deutschland (analysiert von Juan Linz), Spanien als früher demokratisches, 1967 aber autoritäres politisches System sowie eine Reihe von neuen, teilweise demokratischen Nationen wie Japan, Brasilien und die westafrikanischen Staaten.

Welche Prinzipien und Wirkungszusammenhänge erklären die empirische Vielfalt der Parteiensysteme im zeitgenössischen Westeuropa? So lautet die Leitfrage des einflussreichen Kapitels von Lipset und Rokkan. Zentral für die Antwort ist das Konzept der cleavages, also der Konfliktlinie. Eine Konfliktlinie (cleavage) bezeichnet „einen dauerhaften Konflikt, der in der Sozialstruktur verankert ist und im Parteiensystem seinen Ausdruck gefunden hat" (Pappi 1977, S. 493). Parteiensysteme werden gedeutet als manifester Ausdruck latenter Interessengegensätze zwischen sozialen Gruppen. Bestimmten Parteiorganisationen vertreten demnach spezifische soziale Gruppen. Dem entspricht die Konzeptualisierung von Parteien als „Bündnissen in Konflikten über Politikinhalte und Wertverpflichtungen" (S. 5). Allerdings ist dabei weniger an zeitgenössische Konstellationen sozialer Konflikte zu denken als an die „cleavage"-Konfigurationen während der verschiedenen Phasen der Demokratisierungsprozesse in den letzten beiden Jahrhunderten. In Bezug auf Talcott Parsons' AGIL-Schema (Parsons 1977) identifizieren Lipset und Rokkan vier grundlegende Polarisierungen, die jede dieser Gesellschaften betroffen haben, wenngleich in wechselnder Intensität und unterschiedlichen Ausprägungen. Zwei tief greifende historische Umbrüche werden für die Herausbildung dieser Konfliktlinien verantwortlich gemacht. Die nationalen Revolutionen begründeten Gegensätze auf der territorialen Achse. Gekämpft wurde um kulturelle Vorherrschaft und die Geltung von Normen. Es handelt sich 1. um Zentrum-Peripherie-Konflikte zwischen nationalstaatlich orientierten Eliten, die nach kultureller Vereinheitlichung und Monopolisierung der rechtmäßigen Institutionen der Gewaltanwendung strebten, und partikularistischen Regionalkulturen und Ethnien sowie 2. um Konflikte auf der nationalen Ebene um die Definitions- und Sanktionsmacht für die Normen der Gemeinschaft, ausgetragen zwischen (säkularer) Staatsmacht und Kirchen als den hergebrachten Hütern dieser Normen. Die anderen beiden, historisch jüngeren Interessengegnerschaften sind auf der funktionalen Achse verortet und gehen auf die industrielle Revolution zurück. Sie beziehen sich auf die Verteilung von Ressourcen oder auf ideologisch-moralische Geltungsansprüche, die miteinander in Konflikt stehen. Dies sind 3. der Gegensatz zwischen ländlichen Agrarinteressen und den wirtschaftlichen Interessen der Städte sowie 4. der Kontrast zwischen Arbeit und Kapital.

In welchen Mustern sich diese Spannungslinien in Parteiensysteme übersetzten, hing nach Lipset/Rokkan von zwei Punkten ab: 1. den historisch-institutionellen Bedingungen der Gesellschaften; 2. von strategischen Entscheidungen in Form gruppenbezogener Vertretungsangebote, mit denen die

Parteieliten auf diese Bedingungen reagierten. Als zentral erwies sich in der Studie, wann und auf welche Weise vier aufeinander folgende Schwellen der Inklusion institutionell überwunden wurden: 1. die Durchsetzung politischer Artikulationsrechte, 2. die Einführung des gleichen Wahlrechts), 3. eine Senkung der Hürden der Wahlsysteme und 4. eine institutionelle Architektur des Entscheidungssystems, die es Mehrheiten ermöglicht, politische Ziele durchzusetzen. Parteien vertreten nach Lipset/Rokkan selten nur eine soziale Gruppe. Zumeist seien sie „Konglomerate von Gruppen, die sich in breiten Themenbereichen unterscheiden, aber vereint sind in ihrer größeren Feindseligkeit zu ihren Konkurrenten in den anderen Lagern“ (S. 6). Die historischen Umstände, unter denen die kritischen Schwellen überwunden worden seien, sind laut der Studie eng mit der Entwicklung der Basiskonflikte in den Gesellschaften verknüpft gewesen. Sie hätten in den verschiedenen Gesellschaften Westeuropas zur Herausbildung spezifischer Allianzen zwischen sozialen Gruppen untereinander und mit politischen Parteien geführt. Diese bildeten nach Lipset und Rokkan dann wesentliche Voraussetzungen für die nachfolgenden Schritte auf dem Wege zu den ausgebildeten Parteiensystemen der nach gelungener Demokratisierung schließlich voll mobilisierten Gesellschaften.

Parallel zur fortschreitenden Inklusion sozialer Gruppen im Zuge der Durchsetzung des allgemeinen Wahlrechts habe sich der Spielraum für neue Parteien verringert. Dies führte Lipset und Rokkan zur „Freezing“-These, der Annahme, dass mit Abschluss der Demokratisierung, die Parteiensysteme „eingefroren“ seien. Die Parteiensysteme der 1960er reflektieren demnach „mit wenigen, aber signifikanten Ausnahmen [darunter Deutschland] die Konfliktlinienstruktur der 1920er“ (S. 50). Für neue Parteien ließen die etablierten Parteiensysteme aufgrund ihres hohen organisatorischen Mobilisierungsgrades aus Sicht der Autoren keinen Platz mehr, selbst wenn Jahrzehnte struktureller Veränderungen und Wirtschaftswachstum die alten, feststehenden Parteialternativen zunehmend irrelevant gemacht hätten. Allerdings räumten Lipset und Rokkan immerhin die Möglichkeit ein, dass die Protestbewegungen der 1960er Jahre bei hinreichend niedriger Schwelle der Repräsentation in die erfolgreiche Gründung neuer Parteien münden könnten. Diese Vermutung bestätigte später die Entstehung der grünen Parteien in Westeuropa (Müller-Rommel 1993). Diese Phänomene veranlassten viele Forscher, über eine Erweiterung des Katalogs der in modernen Demokratien relevanten Konfliktlinien nachzudenken. Besonders die These einer neuen, quer zu den tradierten Polarisierungen stehenden „postindustriellen“ oder

„postmaterialistischen“ Konfliktlinie fand breite Beachtung (Dalton 2002; → Inglehart 1977).

Obwohl Lipset und Rokkan ihre Studie primär als Analyse von Parteiensystemen verstanden, gilt sie neben der Studie von Paul Lazarsfeld u.a. (→ Lazarsfeld u.a. 1969) als einer der grundlegenden Texte zum soziologischen Modell des Wählerverhaltens. Klare Zusammenhänge zwischen sozialstrukturellen Charakteristika und Wahlentscheidungen gehören zu den Konstanten der Wahlforschung. Allerdings nehmen die Korrelationen in den letzten Jahrzehnten vor allem durch das demographisch bedingte Schrumpfen der traditionellen „cleavage“-Kerngruppen, in geringerem Umfang aber auch durch eine Abschwächung der Prägewirkung sozialstruktureller Merkmale für das politische Verhalten ab. Allerdings setzten sich Lipset und Rokkan nicht mit der Frage auseinander, wie sich sozialstrukturelle Hintergründe in individuelle Wahlentscheidungen übersetzen. Andere Studien geben Hinweise auf die Wirksamkeit gruppeninterner Sozialisationsprozesse, belegen aber auch die Bedeutung der Identifikation mit Gruppen, in denen klare Wahlnormen existieren, und der Interaktion mit strukturell äquivalenten Partnern (→ Lazarsfeld u.a. 1969). Während diese Mechanismen mit dem von Lipset und Rokkan postulierten Modell einer „politisierten Sozialstruktur“ vereinbar sind, deuten jüngere Befunde auf eine wachsende Bedeutung der individuellen zweckrationalen Interessenwahl, die zwar ebenfalls in sozialen Merkmalen wurzelt, jedoch nicht im Sinne einer tradierten Allianz zwischen einer sozialen Gruppe und einer Partei (Pappi 2002).

## Literatur:

Russell J. Dalton, Citizen Politics. Public Opinion and Political Parties in Advanced Industrial Democracies, 3. Aufl., New York 2002.

Stefan Immerfall, Historisch-vergleichende Makrosoziologie: Stein Rokkan – der Beitrag eines Kosmopoliten aus der Peripherie, Köln 1995.

Peter Flora mit Stein Kuhnle und Derek Urwin (Hrsg.), State-Formation, Nation-Building, and Mass Politics in Europe. The Theory of Stein Rokkan, Oxford 1999 (DA: Staat, Nation und Demokratie in Europa: die Theorie Stein Rokkans aus seinen gesammelten Werken rekonstruiert und eingeleitet von Peter Flora, Frankfurt a.M. 2000).

Peter Flora, Stein Rokkans Mikro-Makro-Modell der politischen Entwicklung Europas, in: Kölner Zeitschrift für Soziologie und Sozialpsychologie 33 (1981), S. 397-436.

Ferdinand Müller-Rommel, Grüne Parteien in Westeuropa. Entwicklungsphasen und Erfolgsbedingungen, Opladen 1993.

Franz Urban Pappi, Sozialstruktur und politische Konflikte in der Bundesrepublik. Individual- und Kontextanalysen der Wahlentscheidung, unveröffentlichte Habilitationsschrift, Universität zu Köln 1977.
Franz Urban Pappi, Die politisierte Sozialstruktur heute: Historische Reminiszenz oder aktuelles Erklärungspotential? in: Frank Brettschneider/Jan W. van Deth/Edeltraud Roller (Hrsg.), Das Ende der politisierten Sozialstruktur? Opladen 2002, S. 25-46.
Talcott Parsons, Social Systems and the Evolution of Action Theory, New York 1977.

*Rüdiger Schmitt-Beck*

## Friedrich List, Das nationale System der politischen Ökonomie, Stuttgart/Tübingen 1841
*(VA: Düsseldorf 1989).*

Friedrich List (1789-1846) war vieles: Ökonom, Eisenbahnbaupionier, Beamtenkritiker, Verwaltungsreformer, Vordenker einer europäischen Wirtschaftsunion, aber auch Reutlinger, Württemberger, deutscher Patriot und Kosmopolit. Ein Nationalist war er nie, obwohl er die Volkswirtschaft, also die Nationalökonomie, in das Zentrum seiner Analyse rückte, so vor allem in der alle früheren Überlegungen bündelnden Hauptschrift von 1841. Die Volkswirtschaft sah List stets im Kontext einer hierarchisierten Weltwirtschaft und der in ihr angelegten modernen Entwicklungsproblematik. List ist als einer der frühen Vorfahren der erst jüngst prominent gewordenen Globalisierungsdiskussion anzusehen. Ausgangpunkt seiner Überlegungen war das Problem „nachholender Entwicklung". Es entsteht, wenn zwischen Ökonomien, die miteinander einen regen Austausch pflegen, ein Gefälle an Produktivität und Kompetenzen besteht. Aus der Konfrontation von weniger produktiven mit produktiveren Ökonomien resultiert ein Verdrängungswettbewerb. Die Vorreitergesellschaft mit ihrer Spitzenökonomie, zu Lists Zeiten war das Großbritannien, kann dann wegen der höheren Produktivität die Waren preisgünstig international absetzen. Ohne Schutzmaßnahmen haben die mit geringerer Produktivität erzeugten Waren keine Absatzchance. Bei den Nachzüglern droht daher die Leistungs- und Innovationsbereitschaft zu versiegen. Das ursprüngliche wirtschaftliche Leistungsgefälle bildet sich zu einer Struktur aus, die in der Entwicklungstheorie als Kluft zwischen Zentren und Peripherien bezeichnet wird.

In seinem Hauptwerk hat List diese Erscheinung des Peripherisierungsdrucks und des daher drohenden gesellschaftlichen Rückschritts eingehend geschildert. Er hatte damals nicht die Länder der südlichen Kontinente im Auge, sondern den europäischen und den nordamerikanischen Kontinent. Lists erster bleibender Beitrag zur Analyse der modernen Entwicklungsproblematik besteht also in der Diagnose der Struktur und Dynamik eines schon zu seiner Zeit deutlich hierarchisierten Weltmarkts. Lists zweiter Beitrag galt der Frage, unter welchen Voraussetzungen und auf welchem Wege eine nachholende Entwicklung trotz Peripherisierungsdruck möglich ist. Wie entgeht man der „Verkrüppelung" einer Ökonomie? Wie ist es möglich, trotz der genannten Problematik eine erfolgreiche Volkswirtschaft zu werden? Nach List kann nachholende Entwicklung zustande kommen, wenn entwicklungsförderliche gesellschaftliche und öffentliche Zustände herbeigeführt werden. An die Stelle feudaler Despotie musste eine weitsichtig und effizient arbeitende Verwaltung treten. Den Platz eines in Privilegien erschlaffenden Adels müsse eine an Gewinn und materiellem Wohlstand orientierte Geschäftswelt einnehmen. Die Leibeigenen müssten freies Bauern werden. Außerdem hielt er gut ernährte und gut bezahlte Arbeiter für eine der Grundlagen zunehmender Arbeitsproduktivität. Die segensreichen Auswirkungen freischaffender Wissenschaften und Künste kontrastierte er mit den Folgen des Fanatismus, wie er sich in Religionskriegen und in der Inquisition dokumentierte. Eine geistig und sozial mobile Gesellschaft sah er als Gegenstück zu den überkommenen versäulten Gesellschaften.

Freiheit und Freizügigkeit waren für List wichtige Voraussetzungen eines Entwicklungsprozesses. Ein stabiler staatlicher Rahmen schien ihm ebenso wichtig wie Rechtssicherheit und die Erweiterung von Selbstverwaltung. Wichtig war ihm auch ein freier Unternehmergeist in allen Schichten der Bevölkerung, ebenso wie eine umsichtige und weitsichtig planende öffentliche Verwaltung. Ohne weit verzweigtes Verkehrswesen (Straßen, Eisenbahn, Kanäle) konnte es für List keine moderne Entwicklung geben. Ein vielgliedriges Erziehungswesen, von der elementaren Volksbildung bis hin zu technischen Hochschulen, schien ihm für eine gedeihliche Entwicklung unerlässlich.

Schon angesichts der Auflistung dieser Punkte wird deutlich, dass List nie einzelne entwicklungsförderliche oder -hinderliche Faktoren isoliert thematisierte. Sein Augenmerk richtete sich immer auf eine Vielzahl von Faktoren und ihre Wechselwirkung. Sein Denken zeugte von einer empiriegesättigten, an Wahrscheinlichkeitsaussagen orientierten vieldimensionalen Argumentation. Wenn List einem Sachverhalt einen gewissen Vorrang einräumte, dann sind dies die geistigen Kräfte: Im „unsichtbaren Kapital", d.h. in der Stimulierung und Förderung von geistiger Arbeit und Erfindungsgeist, von Wissen und Können, also von Kompetenzen, erkannte er eine schwerlich durch natürliche Ressourcen ersetzbare Quelle von Leistungsfähigkeit.

Merkwürdigerweise blieb List nur als „Schutzzoll-List" in Erinnerung. Aber der Schutzzoll war für ihn nur ein flankierendes außenwirtschaftspolitisches Instrument, um die Überlebenschancen von jungen Industrien in sich entwickelnden Gesellschaften zu erhöhen. Doch selbst in dieser Hinsicht argumentierte List differenziert: Geschützt werden sollten junge Industrien, die Massenkonsumgüter produzieren, weil diese für die Erschließung des eigenen Binnenmarktes von zentraler Bedeutung sind. Nicht geschützt werden sollte die Produktion von kostbaren und hochwertigen Luxuskonsumgütern. Auch sollte der Import von ausländischen Maschinen und Sachverstand in einer frühen Phase des Entwicklungsprozesses freizügig gehandhabt werden. Denn solche Ausrüstungsgüter und Technologien der fortgeschrittenen Ökonomie seien zum eigenen Vorteil und zur Beschleunigung nachholender Entwicklung nutzbar.

List erkannte sehr wohl die Nachteile der von ihm empfohlenen Schutzmaßnahmen, so die höheren Preise für möglicherweise schlechtere Waren gegenüber den bisher importierten. Aber solche Nachteile waren für ihn nur von vorübergehender Bedeutung. Denn nach seiner Vorstellung führte die auf Massenkonsumgüter ausgerichtete Industrialisierung zur Herausbildung und Stärkung inländischer Konkurrenz und zu einer höheren inländischen Nachfrage nach Agrargütern aus der eigenen Landwirtschaft. Agrarier, Industrielle und Konsumenten würden deshalb langfristig gleichermaßen Nutznießer der in einer Übergangszeit unerlässlichen Schutzmaßnahmen. In dieser Argumentation sind kurzfristige Nachteile der Preis für den entscheidenden langfristigen Vorteil: die umfassende Förderung der eigenen produktiven Kräfte. Sind diese einmal entwickelt, so gilt es, die Schutzmaßnahmen radikal zu beenden. Denn dann sind Volkswirtschaft und Nation befähigt, sich ohne Peripherisierungsgefahr dem Freihandel auszusetzen und selbst eine freihändlerische Position mit Aussicht auf Erfolg zu verfechten.

Im „Nationalen System der politischen Ökonomie" wird also eine Strategie kohärenter Entwicklung in einer hierarchisierten Weltwirtschaft entfaltet. Lists Buch kann als ein Schlüsselwerk betrachtet werden, weil er damit ein Grundproblem der modernen Welt in das Zentrum seiner Analyse rückte. Seinen Widersachern, der so genannten „englischen Schule", fehlte der Sinn für diese Problematik, die eine weltweite und breitenwirksame Brisanz eigentlich erst in der zweiten Hälfte des 19. Jahrhunderts und insbesondere im 20. Jahrhundert angenommen hat. Was die Rezeption von List angeht, so ist tragisch, dass Entwicklungsplaner im 19. Jahrhundert, die auf ihn aufzubauen glaubten, aus seinem Werk eine einseitige Industrialisierungsstrategie unter protektionistischen Vorzeichen herauslasen. Seine gesellschaftspolitischen Empfehlungen, besonders die Forderung nach einer vorangegangen Agrarentwicklung, übersahen oder missachteten sie. Die Folge war, dass sich „strukturelle Heterogenität“ statt Kohärenz einstellte. Diese Heterogenität und die aus ihr resultierenden politischen, sozioökonomischen und kulturellen Zerklüftungen von Gesellschaften wurden zum Ausgangspunkt für viele sich zuspitzenden Sozialkatastrophen: für den Zusammenbruch der landwirtschaftlichen Selbstversorgungsfähigkeit, für Landflucht und Massenarmut auf dem Lande, für eine übermäßige Verstädterung, für Arbeitslosigkeit und Unterbeschäftigung und schließlich für ein unkontrollierbares Bevölkerungswachstum. Auch hat man erst relativ spät das so genannte „immaterielle Kapital“ wiederentdeckt. Die Entwicklungsstrategie Lists ist für eine nachholende Entwicklung noch immer von wegweisender Bedeutung.

**Literatur:**

Friedrich List, Schriften, Reden, Briefe, 10 Bde., Berlin 1927-1935.

Paul Bairoch, Economics and World History. Myths and Paradoxies, London 1993.

William Henderson, Friedrich List. Eine historische Biographie des Gründers des deutschen Zollvereins und des ersten Visionärs eines Vereinten Europa, Düsseldorf/Wien 1984.

Ulrich Menzel, Auswege aus der Abhängigkeit. Die entwicklungspolitische Aktualität Europas, Frankfurt a.M. 1988.

Dieter Senghaas, Von Europa lernen. Entwicklungsgeschichtliche Betrachtungen, Frankfurt a.M. 1982.

Eugen Wendler, Friedrich List. Politische Wirkungsgeschichte des Vordenkers der europäischen Integration, München 1989.

*Dieter Senghaas*

## John Locke, Two Treatises of Government, London 1690

*(DA der 2. Abhandlung): Le Gouvernement Civil. Frankfurt a.M. 1718; vollständige DA : Zwei Abhandlungen über die Regierung, Halle 1906; VA: hrsg. u. eingeleitet von Walter Euchner, Frankfurt a.M. 1977).*

Als 1689 – ein Jahr nach der „glorreichen Revolution" in England – der Essay „Concerning Human Understanding" und nahezu zeitgleich die „Two Treatises of Government" erschienen, war John Locke, der Verfasser dieser Werke, die ihm Weltruhm einbringen sollten, bereits im 57. Lebensjahr. 1632 in Wrington (Somerset) in einem puritanisch geprägten Elternhaus geboren, studierte Locke von 1652 bis 1658 am renommierten Christ Church College in Oxford klassische Philologie und Medizin, stark beeinflusst vom Empirismus, wie er von Naturwissenschaftlern wie z.B. Francis Bacon (1561-1626) oder William Harvey (1578-1657) gegen die Scholastik begründet und vertreten wurde. Erst später gewann der Rationalismus im Zuge des cartesianischen Denkens erheblichen Einfluss auf seine Gedankenwelt, vor allen Dingen im Werk des Philosophen und Naturforschers Pierre Gassendi (1592-1655). Erfolgreich praktizierte Locke als Arzt. Als lebenslanger Freund des englischen Staatsmanns Lord Shaftesbury (1622-1683), der zeitweise Führer der Whig-Partei war und 1672 Lordkanzler wurde, übte Locke als dessen Berater, Leibarzt und Privatsekretär erheblichen Einfluss aus. Nach dem Sturz Shaftesburys 1683 floh Locke ins niederländische Exil. 1689 kehrte er nach England zurück und widmete sich der publizistischen Tätigkeit. Bereits zu seinen Lebzeiten galt der 1704 verstorbene Locke als philosophischer Schriftsteller von europäischem Rang. Mit seinen „Zwei Abhandlungen über die Regierung" schuf er ein grundlegendes Werk für die neuzeitliche Staatslehre.

Lockes Arbeit setzt mit einer Darstellung des Naturzustandes ein, die im Kern eine Auseinandersetzung mit der Frage ist, wie sich das soziale Leben der Menschen ohne Herrschaft gestaltet. Mit Aristoteles (→ Aristoteles 335 v. Chr.) geht Locke davon aus, dass der Mensch seinem Wesen nach sozial und mit Vernunft ausgestattet ist. Jedenfalls erscheint er ihm ausreichend vernunftbegabt, um zu verstehen, dass Leben, Freiheit und Eigentum des Anderen zu achten sind. Im Unterschied zu Thomas Hobbes (→ Hobbes 1651) und auch Jean Bodin (1576) zielt Locke über einen institutionell garantierten öffentlichen Rechtsschutz hinaus. Die Garantie staatsbürgerlicher Freiheit, persönlicher Unversehrtheit und des privaten Eigentums beruhen bei ihm nicht nur auf der formal-institutionellen Rechtsautoriät, sondern auf einer materialen Bindung der staatlichen Gewalt, die zunächst an den aus dem Naturrecht hergeleiteten Zielen und Zwecken orientiert sein soll: „So steht das Gesetz der Natur als Symbol einer ewigen Regel für alle Menschen, für Gesetzgeber wie auch für alle anderen. Die Vorschriften, die sie für die Handlungen anderer Menschen geben, müssen ebenso wie ihre eigenen Handlungen und die der anderen mit dem Gesetz der Natur [...] vereinbar sein, und da das fundamentale Gesetz der Natur die Erhaltung der Menschheit ist, kann keine menschliche Zwangsmaßnahme gut oder gültig sein, die diesem Gesetz widerspricht“ (S. 284 f.).

Aus dieser Verpflichtung leitet Locke die normative Forderung her, dass die Regierten den Regierenden die Herrschaftsmacht nur zur treuhänderischen Wahrnehmung verleihen: „Denn da alle Gewalt, die im Vertrauen auf einen bestimmten Zweck übertragen wird, durch diesen Zweck begrenzt ist, so muss, wenn dieser Zweck vernachlässigt oder ihm entgegen gehandelt wird, dieses Vertrauen notwendigerweise verwirkt sein und die Gewalt in die Hände derjenigen zurückfallen, die sie erteilt haben und die sie nun von neuem vergeben können, wie sie es für ihre Sicherheit und ihren Schutz am besten halten.“ Die Mitglieder schulden nach Locke allein dem öffentlichen Willen der Gesellschaft Gehorsam. Untertanentreue sei nichts anderes als „Gehorsam nach dem Gesetz“ (S. 294 f.).

Bindung und Ausrichtung politischer Herrschaft wurzeln demnach zum einen in der materiell-normativen Zielbestimmung staatlichen Handelns und zum anderen in der Organisation treuhänderisch wahrzunehmender Handlungsmacht, die auf Zustimmung und Vertrauen beruhen und Verantwortung voraussetzen. Locke wendet den Amtsgedanken auf die politische Herrschaft an. Indem die höchste gesetzgebende Gewalt als von den Regierten anvertraute Kompetenz wahrgenommen wird, ist das erteilte Mandat innerhalb einer reglementierten Sanktionsordnung rechenschaftspflichtig und bei Verstößen gegen die auftragsgebundene Vollmacht erlischt diese. Zugleich folgert Locke, dass Herrschaft als Amtsführung die bindende Verpflichtung zur Anerkennung der Verfügungen des Beauftragten voraussetzt. Damit trägt er der Handlungs- und Entscheidungsfreiheit voraussetzenden Verantwortungsfähigkeit des Verantwortungs-Subjekts Rechnung. Hier tritt der Unterschied zu Rousseaus Delegationskonzept (→ Rousseau 1762) zu Tage. Die Legitimation der politischen Entscheidungen liegt für Locke im Prinzip des Mehrheitsbeschlusses. Der politische Verband gehe aus der freiwilligen Verpflichtung aller Bürger hervor, „sich dem Beschluss der Mehrheit zu unterwerfen und sich ihm zu fügen“ (S. 261). Daraus ergibt sich für Locke die Verpflichtung auf die per Mehrheitsbeschluss legitimierten Herrschaftsinstitutionen, soweit sie dem Zweck der Treuhänderschaft gemäß handeln.

Erst wenn sie gegen die Grundrechte verstoßen, ist es legitim die Herrschenden zu entmachten: „Wann immer die Gesetzgeber bestrebt sind, dem Volk sein Eigentum zu nehmen und zu vernichten oder das Volk in Sklaverei unter ihre willkürliche Gewalt zu bringen, versetzen sie sich dem Volk gegenüber in einen Kriegszustand. [...] Sooft daher die Legislative [...] versucht, [...] eine absolute Gewalt über Leben, Freiheit und Vermögen des Volkes an sich zu reißen [...], verwirkt sie durch einen solchen Vertrauensbruch die Macht, die das Volk ihr zu völlig entgegengesetzten Zielen übertragen hatte“ (S. 338). Der politische Verband ruht demnach auf der Verpflichtung der Bürger gegenüber den Mitbürgern wie der wechselseitigen Verpflichtung zwischen Bürger und Gemeinwesen. Die regulative Bindung von Freiheit und Verantwortung nimmt in der rechtlichen Fixierung von Grundrechten und Grundpflichten Gestalt an, z.B. in Artikel 6 der französischen Verfassung von 1793, in der Maxime der Französischen Revolution Freiheit, Gleichheit, Brüderlichkeit sowie in den Grundsätzen der Personalität, Subsidiarität und Solidarität in der katholischen Soziallehre.

In Lockes politischem Denken behalten die Vertragsschließenden – anders als bei Hobbes – nicht nur ihre politische Rechtsfähigkeit – bei, sondern aus dem Vertrag geht einerseits eine politisch verantwortliche Regierung hervor, anderseits ergeben sich zugleich rechtliche Verhaltenspflichten für die Autorisierenden. Dieses aus dem Vertrag resultierende Verhältnis von Rechten und Pflichten betont die liberaldemokratische Differenz zwischen Regierenden und Regierten und setzt als Scharnier zwischen beide das Prinzip der Verantwortung.

Wenn auch Locke den Staat zunächst als konstitutionelle Monarchie bzw. die bürgerlichen Besitzverhältnisse sichernde Oligarchie denkt, weniger als repräsentative oder direkte Demokratie, so ist zentraler und wirkungsmächtiger Ausgangspunkt seiner politischen Philosophie das mit natürlichen Freiheitsrechten ausgestattete Individuum. Angefangen von der amerikanischen Unabhängigkeitserklärung von 1776 über das deutsche Grundgesetz von 1949 bis zur europäischen Verfassung der Gegenwart fußen auf dieser Prämisse alle uns bekannten demokratischen Verfassungen.

## Literatur:

Jean Bodin, Sechs Bücher über den Staat (1576), München 1981.
Walter Euchner, John Locke zur Einführung, 2. Aufl., Hamburg 2004.

Rolf Meyer, Eigentum, Repräsentation und Gewaltenteilung in der politischen Theorie von John Locke, Frankfurt a.M. 1991.
Wolfgang Kersting, Die politische Philosophie des Gesellschaftsvertrages, Darmstadt 1994.
C. B. Macpherson, Die politische Theorie des Besitzindividualismus. Von Hobbes bis Locke, Frankfurt a.M. 1980.
Wolfgang Reich, Das Problem der Konstitution des bürgerlichen Staates bei John Locke, Hannover 1985.
Leo Strauss, Naturrecht und Geschichte, Frankfurt a.M. 1977.

*Raban Graf von Westphalen*

## Karl Loewenstein, Political Power and the Governmental Process, Chicago 1957

*(DA, VA: Verfassungslehre, Tübingen 1959).*

Das Buch ist die überarbeitete Version einer Vortragsreihe, die Karl Loewenstein (1891–1973) im Januar 1956 auf Einladung der Walgreen Foundation unter dem Titel „Political Power and the Governmental Process“ an der Universität von Chicago gehalten hat. Es enthält das Lebenswerk des Münchener Juristen, der 1933 Deutschland verlassen musste und in den USA zum Politikwissenschaftler wurde.

Loewensteins Forschungsfelder lassen sich grob in drei Kategorien einteilen: 1. Historisch-komparative Demokratieforschung: Als Schüler von Max Weber (→ Weber 1922) gilt für Loewenstein, dass Sozialwissenschaft zugleich historisch fundiert und vergleichend angelegt sein muss. Die streng wissenschaftliche Methode verbindet sich mit einem genuinen Interesse und Einsatz für Demokratie und Rechtsstaatlichkeit. Statt von abstrakten Begriffsbestimmungen – wie etwa Carl Schmitt (→ Schmitt 1927) – geht Loewenstein von konkret beobachtbaren Handlungen und Ereignissen aus. Er nimmt damit politikwissenschaftliche Methoden in einer Zeit vorweg, in der es Politikwissenschaft in Deutschland noch nicht (wieder) gab. 2. Nationalsozialismusanalysen: Nach der erzwungenen Emigration in die USA unternimmt Loewenstein vergleichende Analysen der europäischen Regierungssysteme, vor allem des Nationalsozialismus. Er charakterisiert das nationalsozialistische Regime als Negation des Rechtsstaats und als straff durchorganisierte Machtpyramide. Gegen diese Bedrohung sucht er wirkungsvolle Maßnahmen und entwickelt eine ethisch-politische Begründung sowie eine praktisch-politische Anleitung. Juristische Verbote gehören für ihn nicht zum legitimen Repertoire der streitbaren Demokratie, da sie zu sehr das gefährden, was sie zu schützen vorgeben. Legitim und wirkungsvoll erscheinen ihm dagegen politische Bildung und die Etablierung einer partizipativen politischen Kultur. 3. Politikwissenschaft als Aufklärung: Beide Ziele will Loewenstein nach dem Zweiten Weltkrieg befördern, indem er organisatorische und inhaltliche Eckpfeiler für die Etablierung der Politikwissenschaft an deutschen Universitäten setzt. Er versteht darunter eine kritische Aufklärung in demokratischer Absicht. Vor allem in der vergleichenden Analyse politischer Systeme sieht er die Möglichkeit, mittels interkultureller Lernprozesse zu einer besseren Theorie und Praxis des demokratischen Verfassungsstaats zu gelangen.

In der „Verfassungslehre" fließen diese drei Forschungsthematiken zusammen. Loewenstein entwickelt darin eine allgemeine, historisch-komparativ angelegte Theorie politischer Systeme, insbesondere aber des demokratischen Verfassungsstaats. Die „Verfassungslehre" besticht durch ein hohes wissenschaftliches Niveau. Zugleich ist sie ein theoretisches Lehrbuch für die junge Politikwissenschaft und ein praktisches Lehrbuch für den demokratischen Verfassungsstaat in Deutschland. Kernstück ist eine Typologie der Regierungsformen nach der Zahl der Machtträger. In autokratischen Systemen existiert ein einzelner Machtträger (Person, Gruppe, Partei), der die Macht unkontrolliert und monopolistisch ausübt. In konstitutionellen Systemen kontrollieren sich mehrere unabhängige Machtträger gegenseitig. Dieser idealtypischen Einteilung der politischen Systeme stellt Loewenstein eine neue Einteilung der Staatsfunktionen zur Seite: 1. politische Grundentscheidung, 2. Ausführung der Grundentscheidung und 3. politische Kontrolle. Diese soll die überkommene Lehre der Gewaltenteilung nach Charles de Montesquieu (→ Montesquieu 1748) ersetzen. Je nach der Verteilung dieser Funktionen auf Organe des Staates lassen sich sechs unterschiedliche Realtypen der konstitutionellen Demokratie unterscheiden: 1. unmittelbare Demokratie (hauptsächlich von historischer Bedeutung, griechische Stadtstaaten, kaum praktische Relevanz); 2. Versammlungsregierung (als pervertierte, autokratische Variante im Sowjetsystem verwirklicht); 3. klassischer, unechter, kontrollierter und gebändigter Parlamentarismus (Vierte Republik Frankreichs, Weimarer Republik, Bundesrepublik Deutschland, Fünfte Republik Frankreich); 4. Kabinettsregierung (Großbritannien); 5. Präsidentialismus (USA); 6. Direktorialregierung (Schweiz).

Der Hauptteil des Buches beschäftigt sich mit der dritten und für Loewenstein wichtigsten Funktion, der politischen Kontrolle. Er untersucht akribisch die unterschiedlichen Methoden, mit denen in konstitutionellen Systemen die Kontrolle politischer Macht angestrebt und mit denen in autokratischen Systemen diese Kontrolle unterlaufen wird. Der wichtigste Kontrollmechanismus ist für Loewenstein eine geschriebene Verfassung. Diese könne in Demokratien echte normative Kraft entfalten. Es folgt eine Analyse der Intra-Organkontrollen (Kollegialitätsprinzip, Trennung von Staats- und Regierungsoberhaupt in der Regierung; Minderheitenschutz durch qualifizierte Mehrheiten, Zweikammer-Systeme im Parlament) und der Interorgan-Kontrollen zwischen Regierung, Parlament, Gerichten und Wählerschaft. Daran schließt sich eine umfangreiche Problematisierung der vertikalen Kontrollmechanismen (Föderalismus, Bürgerrechte, Pluralismus,) an. Föderalismus und Bürgerrechte sieht Loewenstein angesichts fiskalischer Zwänge und des stetigen Wachstums des Verwaltungsstaats, insbesondere im Bereich der sozialen Fürsorge, einem Aushöhlungsprozess ausgesetzt. Im Pluralismus sieht er umgekehrt die Gefahr, dass der zunehmende unkontrollierte Einfluss organisierter Interessengruppen die Kontrollmechanismen des demokratischen Verfassungsstaats unterwandern kann.

Loewenstein orientiert sich mit seiner „Verfassungslehre" an Georg Jellinek (1900). Er versucht dieses Vorbild nachzuahmen, indem er die Vielfalt empirischer Erscheinungsformen in einen gemeinsamen Rahmen stellt und mit klar differenzierten Begriffen beschreibt. Diese empirische Bestandsaufnahme in typologisierender Absicht ist normativ aufgeladen. Die individuelle Freiheit des Bürgers als Subjekt staatlichen Handelns ist das Maß, an dem der demokratische Verfassungsstaat gemessen wird. Freiheit muss durch die Effektivität der Kontrollmechanismen und die Verantwortlichkeit der Regierenden gewährleistet werden, ohne dass übermäßige Kontrollen eine (Selbst-)Blockade der Staatstätigkeit verursachen. Die Bestandsaufnahme der Erscheinungsformen der Kontrollmechanismen und deren kritische Beurteilung dienen nicht zuletzt als Anregung zum interkulturellen Lernen und als Fundgrube für staatstechnische Verbesserungen des demokratischen Verfassungsstaats. Mit zunehmendem Alter nimmt Loewenstein jedoch eine immer kritischere Haltung hinsichtlich der Möglichkeit einer Balance zwischen effektivem politischen Handeln und wirksamer Kontrolle ein.

Stärken und Schwächen des Buches liegen nah beieinander. Es dürfte kaum einen zweiten Wissenschaftler in der zweiten Hälfte des 20. Jahrhunderts geben, der auf ein ähnlich breites und tiefes historisches Wissen zurückgreifen und dieses für eine moderne, wissenschaftliche Systematisierung der Regierungsformen fruchtbar aufbereiten konnte. Insofern entwickelt die „Verfassungslehre" nicht nur eine nach wie vor gebräuchliche Typologie der

Regierungsformen, sondern stellt einen schier unerschöpflichen Fundus an detaillierten Beschreibungen der Funktionsweisen historischer und zeitgenössischer Staaten zur Verfügung. Durch die Konzentration auf Verfassungsbestimmungen und Kompetenzen und eine relative Vernachlässigung der Spielräume, die sich für verschiedene Akteure innerhalb dieser Grenzen eröffnen, erhält das Buch einen statischen bias und bleibt methodisch-theoretisch hinter den zeitgenössischen Konkurrenten in der ganzheitlichen Darstellung politischer Systeme (→ Almond/Powell 1978; → Easton 1965; → Deutsch 1963) zurück.

Die „Verfassungslehre" wurde weltweit wahrgenommen, was unter anderem durch zwei englische und vier deutsche Auflagen (zuletzt 2000) sowie spanische und japanische Übersetzungen dokumentiert wird, ohne dass sich daran eine Diskussion angeschlossen hätte. In den USA wirkte Loewensteins historisch-juristische Herangehensweise zunehmend deplaziert in einer Wissenschaftslandschaft, die in der vergleichenden Regierungslehre quantitative Methoden als Zeichen wissenschaftlicher Qualität verlangte. Dennoch: Viele der in der „Verfassungslehre" verbreiteten Begriffe gehören heute zum Standardvokabular der Vergleichenden Regierungslehre. Loewensteins Konzeption der Politikwissenschaft hat lange Zeit das Selbstverständnis der Disziplin geprägt.

## Literatur:


A. Gallego Anabitarte, Constitución y Politica, in: Karl Loewenstein, Teoría de la constitución, Barcelona 1964, S. 473-532.

Klaus von Beyme, Karl Loewenstein, in: Archiv des öffentlichen Rechts 98 (1973), S. 617-619.

Georg Jellinek, Allgemeine Staatslehre, Berlin 1900.

Markus Lang, Juristen unerwünscht? Karl Loewenstein und die (Nicht-)Aufnahme deutscher Juristen in der amerikanischen Rechtswissenschaft nach 1933, in: Jahrbuch Politisches Denken 2003, S. 55-84.

Karl Loewenstein, Erscheinungsformen der Verfassungsänderung, Tübingen 1931.

Karl Loewenstein, Verfassungsrecht und Verfassungspraxis der Vereinigten Staaten, Berlin 1959.

Robert Chr. van Ooyen, Ein moderner Klassiker der Verfassungstheorie. Karl Loewenstein – eine Skizze, in: Zeitschrift für Politik 51 (2004), S. 68-86.


*Markus Lang*

## Niklas Luhmann, Politische Theorie im Wohlfahrtsstaat, München 1981.

Niklas Luhmann (1927-1998) ist kein Politikwissenschaftler, aber mit der politischen Praxis vertraut. Als Jurist war Luhmann von 1955 bis 1962 am Niedersächsischen Kultusministerium tätig. Nach einem Studium der Soziologie 1960/61 an der Harvard University bei Talcott Parsons – für das er sich beurlauben ließ – wird er 1962 Referent an der Hochschule für Verwaltungswissenschaften in Speyer. 1966 promovierte und habilitierte Luhmann in Münster. 1968 erhielt er einen Ruf an die Universität Bielefeld. Dort lehrte er bis zu seiner Emeritierung.

Luhmann strebt wie Parsons nach einer Theorie, die alles Soziale erklären kann. Und genauso wie Parsons lehnt Luhmann Erklärungen ab, die alles auf einen einzigen Grund – seien es die Produktionsverhältnisse oder die Nutzenmaximierung des homo oeconomicus – reduzieren. Vielmehr ist für ihn die Unmöglichkeit absoluter Gewissheit bereits das Grundproblem, weshalb sich soziale Normen und Strukturen herausbilden. Im Unterschied zu Parsons betont Luhmann, dass dieses Problem unterschiedlich gelöst werden kann. In der Vormoderne habe etwa die Zugehörigkeit zu einem bestimmten Stand einem Menschen angezeigt, was von ihm erwartet wird und was er von anderen erwarten kann. In der Moderne seien es dagegen nicht die Stände, sondern die verschiedenen funktionalen Teilsysteme der Gesellschaft – wie die Wirtschaft, das Recht, die Wissenschaft oder die Politik –, an denen sich Erwartungen und Handlungen orientierten. Der langfristige Umstellungsprozess von einem ständisch zu einem funktional differenzierten Gesellschaftssystem steht im Zentrum von Luhmanns Systemtheorie. Kurzfristige, auf die gegenwärtige Situation bezogene Analysen sind die Ausnahme.

Die Abhandlung über „Politische Theorie im Wohlfahrtsstaat“ ist eine solche Ausnahme. Jenseits der Debatten um Regierbarkeit (Peter Graf Kielmannsegg, Wilhelm Hennis) und Spätkapitalismus (Jürgen Habermas, Claus Offe) reagiert Luhmann mit dieser Schrift sowohl auf die gesellschaftliche Krise des Wohlfahrtsstaats in den 1970er Jahren als auch auf ihre politikwissenschaftliche Diskussion. Krisenhaft sind ihm zufolge weniger die politischen Institutionen als ihre theoretische Reflexion. Denn in der politischen Theorie der Gegenwart mangele es „nicht an politischer Radikalität, wohl aber an theoretischer Radikalität“ (S. 17). So dominierten noch immer Begriffe aus der frühen Neuzeit, die auf die spezifisch historische Situation der Umstellung von der ständisch zur funktional differenzierten Gesellschaft reagierten. Aber Ende des 20. Jahrhunderts ergäben sich die gesellschaftlichen Probleme nicht mehr aus dem Wandel der gesellschaftlichen Strukturen, sondern aus der Durchsetzung der funktionalen Differenzierung.

In einer funktional differenzierten Gesellschaft sei die Politik nur ein System neben anderen. Zum einen sei das Gesellschaftssystem darauf angewiesen, dass jedes Teilsystem funktioniere. Zum anderen könne kein Teilsystem die Funktion eines anderen übernehmen. Ebenso gebe es kein Teilsystem mehr, das die Gesellschaft als Ganzes in der Gesellschaft repräsentiere. Nach Luhmann ist es deshalb falsch, auf die Politik als steuerndes Zentrum zu setzen: „Man kann eine funktional differenzierte Gesellschaft nicht auf Politik zentrieren, ohne sie zu zerstören" (S. 23). Er betrachtet eine zentrumslose Gesellschaft sogar als entscheidende Bedingung für eine leistungsfähige Demokratie.

Nimmt man die funktionale Differenzierung ernst, dann muss nicht nur die Position der Politik, sondern auch die Einbeziehung der Menschen in die Gesellschaft entsprechend radikal gedacht werden. Gibt es keinen Ort, an dem die Gesellschaft als Ganzes repräsentiert wird, dann kann auch der Mensch nicht mehr als Ganzer in der Gesellschaft aufgehen. Statt dessen geht er jeweils in bestimmten Rollen auf: etwa als Arbeitnehmer und Verbraucher in der Wirtschaft oder als Angeklagter und Zeuge im Rechtssystem. Den Wohlfahrtsstaat begreift Luhmann von hier aus als eine bestimmte Regelung dafür, wie der Mensch als Bürger in der Politik einbezogen wird. In diesem Fall dehnt sich die politische Gewährleistung auf eine Vielzahl von Lebensbereichen aus. Immer mehr private Probleme – wie „sichere Bootsstege für Sonntagssegler" oder „Heißlufthändetrockner in öffentlichen Toiletten" (S. 27) – verwandeln sich so in öffentliche Aufgaben der Politik.

Problematisch sei diese Anziehungskraft von unpolitischen Lebenslagen, weil die Politik genauso wie alle anderen Teilsysteme in einer funktional differenzierten Gesellschaft „selbstreferentiell" sei. Ein solches System besteht nach Luhmann ausschließlich aus Elementen, die es selbst produziert und reproduziert. In der Wirtschaft werde etwa Zahlungsfähigkeit durch Zahlungen hergestellt, während in der Politik Entscheidungsfähigkeit aus Entscheidungen hervorgehe. Begünstigt wird für Luhmann die Selbstbezogenheit des politischen Systems dadurch, dass die Entscheidungsfähigkeit in einem Machtkreislauf zwischen dem parteipolitischen Personal, der Verwaltung und dem Publikum zirkuliere: Das Publikum bestimme durch Wahlen darüber, welches politische Personal über die Gesetzgebung entscheide. Die Abgeordneten legten in Form von Gesetzen fest, was von der Verwaltung als kollektiv verbindlich durchzusetzen sei. Die Verwaltung entscheide schließlich, wie diese Verbindlichkeiten des Publikums im Einzelfall durchgesetzt würden. Stabilisiert werde dieser offizielle Machtkreislauf durch einen Gegenkreislauf: Die Verwaltung besorge die Ausformulierung der Gesetzesvorlagen, das politische Personal wecke Wahlmotive beim Publikum und das Publikum beeinflusse die Verwaltung mit „Interessenorganisationen oder Tränen im Amtszimmer" (S. 46).

Nicht nur die Politik, sondern auch die anderen Teilsysteme sind laut Luhmann aufgrund ihrer spezifischen Selbstbezogenheit füreinander abgeschlossen. Zwar könne die Politik unpolitische Probleme thematisieren. Sie könne aber ein unpolitisches Problem nicht allein lösen. Ein Beispiel: Der wissenschaftliche Bedarf an exzellenten Forschungseinrichtungen lässt sich als öffentliches Problem thematisieren. Aber nur durch Gesetz ist die Exzellenz von Forschungseinrichtungen nicht zu erreichen. Luhmann bestreitet damit nicht, dass in der Wirtschaft oder Wissenschaft Probleme entstehen, die nicht mit Hilfe von Geld oder Wahrheit, sondern nur durch eine kollektiv verbindliche Entscheidung gelöst werden können. Im Gegenteil: Aufgrund der jeweils monopolisierten Funktionserfüllung erbringen alle Teilsysteme notwendigerweise füreinander Leistungen. Allerdings ist nach Luhmann eine direkte Steuerung einzelner Teilsysteme durch die Politik nur möglich, wenn die funktionale Differenzierung der Gesellschaft und damit die Autonomie von Wissenschaft, Wirtschaft oder Recht aufgegeben wird.

So wie die Selbstreferenz anderer Teilsysteme der direkten politischen Steuerung entgegen stehe, strukturiere die Selbstreferenz der Politik auch die Wahrnehmung gesellschaftlicher Problemlagen. Dem Wohlfahrtsstaat wohnen daher nach Luhmann zum einen die Gefahr inne, Probleme zu verantworten, die mit den Mitteln der Politik nicht gelöst werden könnten. Zum anderen bestehe die Gefahr, dass die Politik Problemlagen ignoriere, die nicht genügend Menschen, also im Sinn der Politik Wähler, betreffen. Als eine politische Theorie für den Wohlfahrtsstaat zeichnet sich nach Luhmann die Systemtheorie demnach dadurch aus, dass sie „zur Mitreflexion dessen [zwingt], was sich ein politisches System in der modernen Gesellschaft überhaupt zumuten kann, und erst wenn man sieht, dass diese Frage nicht einfach mit ‚alles' beantwortet werden kann, kann es ein Bewusstsein politischer Verantwortung geben" (S. 134).

Im Unterschied zur posthum veröffentlichten „Politik der Gesellschaft" (Luhmann 2000) liegt dieser Text auf einem niedrigen Abstraktionsniveau. Er beschränkt sich auf die wichtigsten Grundbegriffe. Zentrale Fragen für das weitere Werk wie die nach operativer Geschlossenheit und struktureller Kopplung bleiben außen vor. Das erhöht die Verständlichkeit, erscheint aber auch oft überspitzt und lädt zu Missverständnissen ein. Gerade in den 1980er Jahren, als die Politikwissenschaft ihre gesellschaftliche Relevanz mit Politikfeldanalysen und Steuerungsprogrammen fett zu unterstreichen beginnt, war Luhmanns Absage an die politische Steuerbarkeit der Gesellschaft eine ungeheuerliche Provokation. Die erste Phase der Auseinandersetzung mit Luhmann ist deshalb polemisch. Ihr Höhepunkt war die Debatte zwischen Fritz Scharpf und Niklas Luhmann auf dem DVPW-Kongress 1988. Ende der 1980er Jahre begann jedoch eine konstruktive Auseinandersetzung mit Luhmanns Steuerungspessimismus. Intersystemische Diskurse und Verhandlungssysteme werden seither als Möglichkeiten diskutiert, wie die Politik die Entwicklung anderer Teilsysteme trotz selbstreferentieller Geschlossenheit zwar nicht steuern, aber doch gezielt beeinflussen kann (überblicksartig Brodocz 2002, S. 485-489). Im Anschluss an Luhmann entwickelte Helmut Willke (u.a. 1992) eine Staatstheorie, die den Wohlfahrtsstaat nicht nur in seiner nationalen, sondern auch in seiner internationalen Dimension analysiert. Anders als die Wirtschaft oder die Wissenschaft bleibt die Politik in ihrer staatlichen Organisation unter den Bedingungen der Globalisierung an territoriale Grenzen gebunden. Dies begrenzt gegenüber diesen Systemen zwar ihre Leistungsfähigkeit, doch es erhöht die Notwendigkeit, territorial gebundene Solidaritäten politisch zu organisieren.

## Literatur:

André Brodocz, Die politische Theorie autopoietischer Systeme: Niklas Luhmann, in: André Brodocz/Gary Schaal (Hrsg.), Politische Theorien der Gegenwart II, Opladen 2002, S. 465-495.

Jan Fuhse, Theorien des politischen Systems: David Easton und Niklas Luhmann: eine Einführung, Wiesbaden 2005.

Kai-Uwe Hellmann/Karsten Fischer/Harald Bluhm (Hrsg.), Das System der Politik: Niklas Luhmanns politische Theorie, Wiesbaden 2003.

Niklas Luhmann, Die Politik der Gesellschaft, Frankfurt a.M. 2000.

Niklas Luhmann, Politische Steuerung: Ein Diskussionsbeitrag, in: Politische Vierteljahresschrift 30 (1989), S. 4-9.

Thomas Simon, Theorie der Politik zwischen System und Akteur: eine vergleichende Untersuchung der Theorien von Niklas Luhmann und Hans Buchheim, unveröffentlichte Dissertation, Kaiserslautern 2001.

Michael King/Chris Thornhill, Niklas Luhmann's Theory of Politics and Law, Basingstoke 2005.

Stefan Lange, Niklas Luhmanns Theorie der Politik. Eine Abklärung der Staatsgesellschaft, Wiesbaden 2003.

Helmut Willke, Ironie des Staates. Grundlinien einer Staatstheorie polyzentrischer Gesellschaft, Frankfurt a.M. 1992.

*André Brodocz*

## Niccolò Machiavelli, Discorsi sopra la prima di Tito Livio, Rom 1531

*(DA: Vom Staate oder Betrachtungen über die ersten zehn Bücher des Titus Livius, Karlsruhe 1832; VA: Discorsi. Gedanken über Politik und Staatsführung, 2. Aufl., Stuttgart 1977).*

Niccolò Machiavelli verdankt seine fortwährende Bedeutung vor allem der Schrift „Il Principe" (→ Machiavelli 1532) und erst in zweiter Linie den „Discorsi", die erst nach seinem Tod erschienen. Die Schriften Machiavellis stehen in einem überaus engen Zusammenhang mit seinem politischen Leben als zeitweiliger Vorsteher der zweiten florentinischen Staatskanzlei – zuständig für Außenpolitik und Kriegswesen – (1498-1512), als Diplomat, als Fürstenberater (nach 1519), Historiker und Schriftsteller. Als Machiavelli 1527 starb, konnte er nicht ahnen, dass seine vier bzw. fünf Jahre später erschienenen Bücher „Der Fürst" und die „Discorsi" in ihrem Verständnis von der Politik als Handlungslehre zum Zwecke des Machterwerbs und des Machterhalts ihm Weltruhm einbringen würden. Am 3. Mai 1469 als Sohn eines Juristen in Florenz geboren, wurde er im Verständnis des vor allem auf Francesco Petraca (1304-1374), Coluccio Salutati (1331-1406) und Leonardo Bruni (1370-1444) zurückgehenden Bürgerhumanismus erzogen. Bereits mit sieben Jahren erhielt Machiavelli Lateinunterricht und kam so in ersten geistigen Kontakt mit den griechischen und römischen historisch-politischen Denkern und Schriftstellern und ihren Werken, ohne deren Anregungen, Form und Inhalt die „Discorsi" nicht denkbar sind. Es ist die Epoche des Übergangs vom Mittelalter zur Neuzeit – bereits 1550 finden wir die begriffliche Eingrenzung dieser Epoche im Begriff der Renaissance durch den italienischen Maler und Kunsthistoriker Giorgio Vasari (1511-1574) – , in welcher der Mensch sich seiner unverwechselbaren und einmaligen Individualität bewusst wird und diese zu verwirklichen sucht. In der Lösung aus ständischen und kirchlichen Hierarchien greift der Humanismus als geistesgeschichtlicher Ausdruck der Renaissance auf die Lektüre antiker Texte in der Absicht zurück, die Stellung des Menschen in der Welt neu bestimmen zu wollen. Das Individuum stellt sich in den Mittelpunkt der geistigen Auseinandersetzung mit sich und der Welt.

Salutati war wohl der erste der Humanisten, der sein Wissen über die Antike in seine politische Praxis einfließen ließ, als er den Bürgern von Florenz – dort war er seit 1375 Kanzler der Signoria – ins Gedächtnis rief, dass sie Nachkommen der römischen Republik seien. Damit hätten sie dieser gegenüber eine historische Verantwortung. In der Folge lässt sich diese patriotisch-nationalstaatliche Komponente als wichtiger Bestandteil des bürgerlich-florentinischen Selbstverständnisses nachweisen. Mit Leonardo Bruni kam der florentinische Humanismus zur vollen Entfaltung. Er übersetzte u.a. Aristoteles und Platon ins Lateinische und war ab 1427 in Florenz Staatskanzler. Er fügte der Auffassung Salutatis ein zentrales Element hinzu: dass der Mensch seine höchste Daseinserfüllung im Dienste am Staat erfährt. Wie Aristoteles (→ Aristoteles ca. 335 v. Chr.) sah er den Menschen nur in der politischen Gemeinschaft seine Fähigkeiten entwickeln. Die politische Gemeinschaft ist somit die Bedingung eines tugendhaften, vollkommenen Menschseins. Und er schlussfolgerte daraus, auch hierin Aristoteles folgend, dass die Wissenschaft, die sich mit dem Staat, seiner Stabilität und Erhaltung wie mit den Ursachen staatlichen Zerfalls beschäftigt, die wichtigste Wissenschaft unter allen sei. Und er forderte – vor Machiavelli – die wissenschaftliche Erforschung des Politischen. Mit der Trennung von Ethik und Politik hat Machiavelli diese humanistische Forderung eingelöst und das neuzeitliche Verständnis vom Politischen bis in die Gegenwart hinein durch seine Auffassung von der Rationalität politischen Handelns auf empirisch-historischer Grundlage beeinflusst.

In den „Discorsi", dem umfangreichsten Werk Machiavellis, lassen sich die eben skizzierten geistesgeschichtlichen Komponenten verfolgen. Das Werk gliedert sich in drei Bücher – diese könnte man wie folgt überschreiben: Buch 1: Innenpolitik; Buch 2: Außenpolitik und Kriegsführung; Buch 3: Politische Führung/Staatsführung. Die 142 Kapitel der „Discorsi" stellen nur auf den ersten Blick eine Kommentierung, wie der Titel des Werkes unterstellt, der ersten zehn Büchern der Römischen Geschichte des Titus Livius (59 v. Chr.–17 n. Chr.) dar. Die republikanische Geschichtsschreibung des Livius war für Machiavelli nur ein Mittel, um seine eigenen politischen Analysen und Handlungsempfehlungen den Bürgern von Florenz in einer angemessenen Form zu vermitteln. Die „Republik und ihre Vorzüge" sind im Unterschied zum „Fürsten" das erkenntnisleitende Thema seiner Abhandlung. Er wolle, so schreibt der Autor im Vorwort, ein besseres Verständnis für die Wirkungsweise freiheitlicher Verfassungen gewinnen. Vor allem interessiere ihn, warum bestimmte Städte wie Rom, große Erfolge errangen und „ungeheure“ Macht (2. Buch, 6. Kap.) erlangten.

Ein nach Machiavellis Vorstellungen geordneter Staat beruht auf einer Mischverfassung. Diese hat für ihn den Vorteil, dass sich alle gesellschaftlichen Gruppen – Fürst, Adel und Volk – zur Regierung vereinen und gegenseitig kontrollieren. Dieses System der Überprüfungen und des Gleichgewichts der Kräfte (= checks and balances) verhindert seiner Auffassung nach, dass eine gesellschaftliche Gruppe die Macht ausschließlich für sich beansprucht und die Freiheit der anderen vernichtet. Aus dem Gegensatz der Einzelinteressen und ihrer Vereinigung in der Auseinandersetzung erwächst für Machiavelli das Gemeinwohl (1. Buch, 4. Kap.). Die Interessenabwägung und -durchsetzung erfolgt im Rahmen der Verfassung, die auf dem Grundsatz der Gewaltenteilung basiert und ihr Vorbild in der römischen Republik hat. Gesetze kommen auf dem Verordnungswege durch eine dazu bestimmte Körperschaft, das Parlament, zustande oder durch Plebiszit. Diese Teilung des Gesetzesinitiativrechtes hat nach Machiavelli den Vorteil, dass Gesetzesvorhaben, die dem allgemeinen Wohl des Staates dienen, in erster Linie vom Parlament erlassen werden. Auf der anderen Seite werden so Gesetzesvorhaben nicht ausgeschlossen, die wichtigen Interessen des Volkes dienen und über eine Volksabstimmung eine Mehrheit finden können. Der Grundgedanke des republikanischen Rechtssystem ist es, die Rechtsprechung aus dem Bereich der Willkür hinauszuführen. Nicht mehr das Interesse der Herrschenden, sondern Gerechtigkeit und Freiheit werden zum Maßstab erhoben. Grundsätze wie die Gleichheit aller vor dem Gesetz (1. Buch, 24. Kap.), die ordnungsgemäße Vollstreckung aller Urteile und schließlich die Verortung des Gewaltmonopols beim Staat (1. Buch, 7. Kap.) sollen Machiavelli zufolge entscheidend dazu beitragen, das Rechtssystem in seinen Grundzügen zu sichern.

Den Grund für den wirtschaftlichen und politischen Wohlstand und die Stabilität des Staatswesens nach innen sieht Machiavelli in dem Umstand mitbedingt, dass jeder seinen Interessen uneingeschränkt nachgehen und so zum Wohle des Staates auf je eigene Weise das Beste beitragen kann. Der Schutz dieser Freiheit ist nach Machiavelli dem Volk anzuvertrauen, da die Besitzenden aus Gier, Herrschsucht oder Angst vor Verlust immer zu Maßnahmen greifen, die der Erhaltung ihres Besitzes statt dem Allgemeinwohl dienen (1. Buch, 5. Kap.). Das heißt allerdings nicht, dass innenpolitische Auseinandersetzungen verhindert werden sollen. Diese müssen in einer pluralistischen Gesellschaft sein, dürfen aber nur gewaltlos geführt werden. Schließlich sollen auch sie der Vervollkommnung des republikanischen Systems dienen und nicht zu seiner Zerstörung führen. Diesem Zweck dient auch die Regelung, wonach alle Bürger ohne Ansehen von Alter und Herkunft die Möglichkeit haben müssen, Staatsämter zu bekleiden. Auswahlkriterien hierfür sind für Machiavelli allein Leistung und persönliches Verhalten (3. Buch, 34. Kap.).

Überaus wichtig für die innere Stabilität des Staates ist die Freiheit der Religionsausübung. Der Religion schreibt Machiavelli erzieherische Funktionen zu. Sie eigne sich zur Erziehung des Volkes, weil die Menschen – so seine Auffassung – im Allgemeinen mehr Respekt vor der göttlichen als vor der weltlichen Macht hätten (1. Buch, 11. Kap.). Und so gebe die Sicherung der Religionsausübung Auskunft über den inneren Zustand eines Gemeinwesens: Nur wenn die religiösen Bräuche streng gewährleistet würden, lasse sich ein Staat einträchtig und geordnet erhalten. Nur ein Staatswesen, das in sich ruht, weil es stabil ist, kann sich nach Machiavelli unbelastet der Außenpolitik widmen. Diese Außenpolitik sei auf die Ausdehnung gerichtet mit dem Ziel, die äußere Macht zu sichern. Allerdings könnten nur Staaten eine solche Politik betreiben, die über viel Geld und eine großen Bevölkerung verfügen. Beide Elemente seien wiederum Grundvoraussetzung erfolgreicher Kriege, die möglichst kurz und erbarmungslos geführt werden müssten, weil die Ressourcen nicht unerschöpflich seien (2. Buch, 6. Kap.). Der Krieg ist dabei für Machiavelli kein Selbstzweck, sondern rechtfertigt sich in der Absicht, große und stabile Reiche zu schaffen, deren institutionelles Gefüge nach innen auf personale Freiheit angelegt ist als Voraussetzung von Stabilität und politischer Machtentfaltung. Machiavelli schlussfolgert aus alledem: Da Freiheit nur in Republiken anzutreffen ist, macht sie den Vorzug und die Überlegenheit dieser Staatsform gegenüber allen anderen aus. Freiheit sichere das Vermögen des Gemeinwesens, sich herrschaftlich zu ordnen, sofern die Ausübung der Religion gewährleistet und die Wehrhaftigkeit des Staates gesichert sei.

## Literatur:

August Buck, Machiavelli, Darmstadt 1985.
Jacob Burckhardt, Die Kultur der Renaissance in Italien, 11. Aufl., Stuttgart 1988.
Wolfgang Kersting, Niccolo Machiavelli, Hamburg 1988.
Herfried Münkler, Die Begründung des politischen Denkens der Neuzeit aus der Krise der Republik Florenz, Frankfurt a.M. 2004.
Quentin Skinner, Machiavelli zur Einführung, 4. Aufl., Hamburg 2004.

*Raban Graf von Westphalen*

## Niccolò Machiavelli, Il Principe, Rom 1532
*(DA: Lebens- und Regierungsmaximen eines Fürsten, Köln 1714, VA: Der Fürst, Stuttgart 1986).*

Niccolò Machiavelli (1469-1527) beriet im Stadtstaat Florenz in der kurzen Zeit des republikanischen Zwischenspiels (1494-1512) die mächtigsten Männer und drückte der Außenpolitik seinen Stempel auf. Seine politischen Erfahrungen, nicht zuletzt als Botschafter von Florenz an zahlreichen europäischen Höfen, prägten seine politische Philosophie. Machivalli war beeindruckt von der Stärke Frankreichs und Spaniens, aber auch der fragilen Machtbalance zwischen dem Kaiser, den Fürsten und den freien Reichsstädten im Heiligen Römischen Reich Deutscher Nation (Schröder 2004). Seine Betonung der Bedeutung der Militärorganisation wurzelt in seinen Erfahrungen als republikanischer Militärreformer. Nach der Rückkehr der Bankiersfamilie Medici an die Macht wurde Machiavelli angeklagt und schließlich verbannt. „Der Fürst“ scheint geschrieben als Liebdienerei gegenüber Lorenzo de Medici, dem das Buch gewidmet ist, um politisch rehabilitiert zu werden. Nach dem erneuten Sturz der Medici galt Machiavelli vor allem wegen des „Fürsten“ als Parteigänger der Medici. Geprägt ist das gesamte Werk Machiavellis von dem Ziel, Italien einen Weg aus der Fremdherrschaft hin zur Einigung zu weisen (Münkler 1995; Schröder 2004).

Machiavellis Staatsformenlehre umfasste im Vergleich zur Typologie von Aristoteles (→ Aristoteles 335 v. Chr.) nur zwei Grundtypen: die Republik und das Fürstentum. Die Unterscheidung basiert auf dem Kriterium der Zahl der Herrschenden. Die Republik ist für ihn eine Herrschaft der Vielen, das Fürstentum dagegen die Herrschaft einer Person. Die Republik ist dabei eine gemischte Herrschaftsform mit monarchischen, aristokratischen und demokratischen Elementen. Vor Augen hatte Machiavelli dabei die römische Republik der Antike. In der Fürstenherrschaft kommt nur das monarchische Element zur Geltung. Die Republik behandelte Machiavelli in den „Discorsi“ (→ Machiavelli 1531), die Fürstenherrschaft im „Fürsten“. Das relativ schmale Buch hat drei Teile. Im ersten Teil (Kapitel 1-11) klassifizierte Machiavelli die fürstliche Herrschaft. Seine Darstellung führte von der ererbten Fürstenherrschaft hin zur neu errichteten, die 1. mit Tüchtigkeit und eigenen Waffen oder 2. durch Glück und fremde Waffen bewahrt werden könne. Der zweite Teil (Kapitel 12-14) beschäftigte sich mit dem Heerwesen. Machiavelli trat darin dafür ein, kein Söldnerheer, sondern – wie etwa die Schweiz – ein Heer aus den eigenen Bürgern aufzustellen. Auf Söldner sei nämlich kein

Verlass. Im dritten Teil des Buches (Kapitel 15-25) finden sich Vorschläge, wie Fürsten ihre Macht bewahren können und ihren Staat erfolgreich führen.

Die grundlegenden Faktoren bei der Erringung und Bewahrung von Macht sind für Machiavelli Glück (fortuna) und Tüchtigkeit (virtù). Beim Faktor Glück – der sich auch mit Zufall umschreiben lässt – kommt es nach Machiavelli darauf an, dass der Herrschende die sich ihm bietenden Gelegenheiten auch nutzt. Wesentlich ist Machiavellis Büchlein jedoch darauf gerichtet, Ratschläge dafür zu geben, wie ein Politiker die Macht durch eigene Tüchtigkeit erringen und bewahren kann, ohne auf Glück angewiesen zu sein. Vom vorsichtigen Abwägen und Taktieren hielt Machiavelli mit Blick auf Fürsten wenig. Er forderte von ihnen, tatkräftig und entschlossen zu sein.

Radikal bricht Machiavelli mit dem antiken Menschenbild. Anders als für Aristoteles – und ähnlich wie später für Thomas Hobbes (→ Hobbes 1651) – waren für Machiavelli die Menschen von Natur aus schlecht. Seine Grundposition lautet: Ein Mensch, der sich in jeder Hinsicht zum Guten bekennen wolle, müsse zugrunde gehen inmitten von so vielen anderen, die nicht gut seien (S. 119). Nach Machiavelli müssen sich Alleinherrscher unter bestimmten Umständen über geltende Gesetze und moralische Normen hinwegsetzen. So empfahl er ihnen etwa, ihr Wort zu brechen, wenn es dem Staat schade, das Wort zu halten. Die Grenze zum machtpolitischen Zynismus, der inzwischen gern mit der Wendung „Machiavellismus" umschrieben wird, überschritt Machiavelli dabei nicht. Als Richtschur des Handelns gab er dem Fürsten das Wohl des Staats in die Hand. Er redete also keineswegs einem eigennützigen und schon gar nicht einem sinnlos bösen Denken und Handeln eines Herrschers das Wort.

Die Hauptaussage von Machiavellis „Fürsten" wird nicht selten auf folgende Formel verkürzt: „Der (politische) Zweck heiligt die Mittel". Normative politische Zwecke sind dem Denken in Machiavellis „Fürsten" aber gänzlich fremd. Religiöse und weltliche Werte sind für Machiavelli kein Zweck an sich, sondern ein Instrument, um Gefolgschaft zu erreichen. Insofern taugt der Realist Machiavelli keineswegs als Ratgeber für idealistische politische Extremisten von rechts und links. Eine ethisch begründete Staatsmoral lehnte er ausdrücklich ab. Das Ziel der Politik war für ihn, erfolgreich zu regieren. Machiavellis „Fürst" erscheint als Sprung der politischen Philosophie vom Mittelalter in die Neuzeit, weil in ihm die fürstliche Herrschaft – in Gegensatz etwa zu Thomas von Aquins Ausführungen über die Fürstenherrschaft (Aquin ca. 1256) – nicht mehr als religiös gerechtfertigt und damit unhinterfragbar erscheint. Machiavelli entzog damit ebenso beiläufig wie revolutionär den Fürsten ihre bisherige Legitimationsbasis. Er holte die Fürsten vom Podest und maß sie wie die Herrschenden in Republiken einzig am Erfolg.

Machiavelli lässt sich als Begründer der neuzeitlichen Lehre von der Staatsräson ansehen, auch wenn Giovanni Botero erst 67 Jahre nach dem Erscheinen des „Fürsten" den Begriff prägte (Münkler 1995). Die Lehre von der Staatsräson in der Tradition Machiavellis dient seither Herrschenden in allen Teilen der Welt als Rechtfertigung, wenn Herrschende zum Schutz der – tatsächlichen oder vermeintlichen – Interessen des Staates die herrschenden Gesetze und/oder moralische Gebote brechen. Typisch hierfür wäre etwa ein Staat, der im Dienste der „Staatsräson" das Folterverbot ignoriert, um Terrorakte zu verhindern. Gegen die von Machiavelli begründete Argumentation mit der Staatsräson, um Rechtsbrüche und moralisch problematisches Verhalten zu rechtfertigen, wandte sich etwa Immanuel Kant in seiner Schrift „Zum ewigen Frieden" (→ Kant 1795). Max Weber (1919) verstand Machiavellis Denken dagegen als Verantwortungsethik, die er positiv von einer Gesinnungsethik abgrenzte.

Die Bedeutung des Werks des Florentiner Schriftstellers, Historikers und Komödiendichters für die Politikwissenschaft ist außerordentlich groß. Vor Machiavelli war Politik in der Tradition von Platon (→ Platon, zwischen 387 und 367 v. Chr.) und Aristoteles in der Regel als der Versuch verstanden worden, eine gute Ordnung zu verwirklichen. Für Machiavelli – so die herrschende Deutung – habe die Politik dagegen das Streben ausgemacht, Macht zu erlangen und zu bewahren. Obgleich Machiavelli eher Schriftsteller als Wissenschaftler war, erscheint er somit als Ahnherr einer nicht-normativen, sich selbst als realistisch ansehenden Politikwissenschaft (so u.a. → Carr 1939, S. 9). Seit Machiavelli dem als „idealistisch" bezeichneten Politikbegriff einen „realistischen" Politikbegriff gegenübergestellt hat, durchzieht die politische Theorie ein Konflikt. In dieser Auseinandersetzung wird allerdings der Politikbegriff Machiavellis verkürzt wiedergegeben. Für Machiavelli war das Ziel der Politik, eine möglichst erfolgreiche Politik. Die Macht zu erlangen und zu bewahren, war für ihn also keineswegs ein Selbstzweck.

Der „Fürst" ist das wohl umstrittenste Werk der politischen Ideengeschichte. Er kann etwa als realistische „Führungslehre von Niccolò Machiavelli" (Riklin 1996) interpretiert werden oder auch als eine scharfsinnige – und realistische – Entlarvung des Verhaltens erfolgreicher Autokraten seiner Zeit. Grundsätzlich stechen in der Rezeptionsgeschichte zwei entgegengesetzte Arten hervor, das Buch zu lesen: Die erste Deutungslinie sieht in Machiavelli einen aufrechten Republikaner (Pocock 1975). So behauptete Jean-Jacques Rousseau über Machiavelli: „Unter dem Vorwand, den Königen

Lehren zu geben, hat er in Wirklichkeit die Völker gelehrt" (→ Rousseau 1762). Für Hannah Arendt (1963) war Machiavelli ein Vordenker der bürgerschaftlichen Tugend (virtù) und Partizipation. Wer den „Fürsten" und die „Discorsi" als zwei Teile eines Gesamtwerks liest, kann fast nur zu dem Ergebnis kommen, dass Machiavelli die Republik klar bevorzugte. Im Vergleich machte Machiavelli nämlich deutlich, dass es eine Schwäche der Fürstentümer ist, von der Tüchtigkeit einer einzigen Person abzuhängen. Als Stärke der Republik erscheint es dagegen, auch mit mittelmäßigen Politikern einen erfolgreichen Staat betreiben zu können, wenn die Institutionen nur stabil und die Bürger engagiert sind. Die Republik erscheint ihm als einzige Herrschaftsform die zugleich Ordnung und die Freiheit der Bürger erreichen kann. Republiken sind zudem aus Machiavellis Perspektive weniger abhängig vom Glück als Fürstentümer.

Die zweite Deutungslinie, die ausschließlich auf den „Fürsten" abhebt, sieht in Machiavelli dagegen den Fürsprecher einer skrupellosen Machtpolitik ohne ethisches Fundament. Aus dieser Perspektive setzte Papst Paul IV. Machiavellis Werk 1559 auf den Index. In der Moderne wendeten sich vor allem Vertreter einer normativ-ontologischen Politikwissenschaft gegen Machiavelli. So verkörperte für Dolf Sternberger Machiavellis „Fürst" eine „Dämonologik" (→ Sternberger 1978). Leo Strauss sah in Machiavelli einen „Lehrer des Bösen" (Strauss 1958). Zu diesem Negativbild in Teilen der neueren Politikwissenschaft kam es auch, weil sich Benito Mussolini immer wieder auf Machiavelli berief.

## Literatur:

Thomas von Aquin, Über die Herrschaft der Fürsten (ca. 1256), Stuttgart 1986.
Hannah Arendt, On Revolution, New York 1963.
Wolfgang Kersting, Niccolò Machiavelli, München 1998.
Herfried Münkler, Machiavelli. Die Begründung des politischen Denkens der Neuzeit aus der Krise der Republik Florenz, Frankfurt a.M 1995.
John Pocock, The Machiavellian Moment: Florentine Political Thought and the Atlantic Republican Tradition, Princeton 1975.
Alois Riklin, Die Führungslehre von Niccolò Machiavelli, Wien 1996.
Peter Schröder, Niccolò Machiavelli, Frankfurt a.M. 2004.
Leo Strauss, Thoughts on Machiavelli, Glencoe 1958.
Max Weber, Politik als Beruf (1919), Ditzingen 1992.

*Steffen Kailitz*

## James G. March/Johan P. Olsen, Rediscovering Institutions. The Organizational Basis of Politics, New York/London 1989.

Der norwegische Politikwissenschaftler Johan P. Olsen (geb. 1939) promovierte 1971 an der Universität von Bergen und übernahm dort 1973 eine Professur für Verwaltungswissenschaft und Organisationstheorie. Während seiner vielen Gastprofessuren in den USA entwickelte sich in den 1970er Jahren eine rege Zusammenarbeit mit dem amerikanischen Organisationswissenschaftler James G. March (geb. 1928). March ist der wohl einflussreichste Organisationstheoretiker und Vertreter einer verhaltenswissenschaftlichen Entscheidungstheorie. Bekannt wurden March und Olsen mit ihrem „Mülleimer-Modell" der Organisation. Sie widersprachen mit diesem Modell der bis dahin vorherrschenden Ansicht, dass Entscheidungen in Organisationen in einem rationalen und zielgerichteten Prozess erarbeitet werden. Nach ihrem Modell erkennen Akteure ihre Präferenzen vielfach erst im Entscheidungsprozess und es können Lösungen vorliegen, für die erst ein Problem gesucht werden muss (Cohen/March/Olsen 1972).

Die gemeinsamen Werke von March und Olsen zeichnen sich seit den 1980er Jahren vor allem dadurch aus, dass sie nachdrücklich für eine Wiederentdeckung der Institutionen plädieren. Ihre Kernaussage lautet: „The organization of political life makes a difference, and institutions affect the flow of history" (S. 159). March und Olsen wenden sich mit ihrem Ansatz 1. gegen den Ansatz der behavorialistischen Politikwissenschaft und 2. gegen den Rational Choice-Ansatz. Die beiden Ansätze gegen die sie Stellung beziehen, charakterisieren March und Olsen durch fünf Merkmale. Sie erscheinen ihnen 1. kontextuell, da sie den politischen Institutionen keine eigenständige Bedeutung zusprächen, sondern sie lediglich als von sozialen und wirtschaftlichen Faktoren abhängige Variable betrachteten. 2. seien sie reduktionistisch, weil Politik nur als Summe individuellen Verhaltens erscheine und 3. utilitaristisch, da Handlungen als das Ergebnis der Nutzenmaximierung von Individuen gelten. Weiterhin sind diese Ansätze für March und Olsen 4. instrumentalistisch, da Politik lediglich als Mittel verstanden werde, um Entscheidungen zu finden und Güter zu verteilen, und 5. funktionalistisch, da Geschichte als ein zielgerichteter Prozess beschrieben werde.

Die Menschen können nach der von March und Olsen kritisierten Sichtweise frei politisch wählen. Um die Politik eines Landes zu verstehen, wären demnach die Einstellungen (soziologischer Ansatz) oder die Nutzenkalküle (ökonomischer Ansatz) der Bürger zu bestimmen. Dies stellen March und Olsen nachdrücklich in Frage. Die Institutionen kanalisieren nach March und Olsen im Unterschied zur Rational Choice-Variante des Neoinstitutionalismus (→ North 1990) nicht nur von außen das Verhalten von Individuen, die nach einem möglichst großen Nutzen streben. Die Institutionen geben mit ihren Entscheidungsregeln nach diesem Ansatz vielmehr bereits im Innern des Einzelnen einen Rahmen vor, der seine Wahlmöglichkeiten begrenzt und somit Entscheidungen in vielen Fällen vereinfacht. Institutionen bestimmen demnach mittels Regeln, welches Verhalten vom Inhaber einer Rolle erwartet wird. Diese „Logik der Angemessenheit" (March/Olsen 2004) des Handelns ist der Kern des neoinstitutionalistischen Ansatzes von March und Olsen. Die Autoren stellen sie idealtypisch einer „Logik der angenommenen Folgen" des Rational Choice-Ansatzes gegenüber. Nach der „Logik der angenommen Folgen" fragt der Akteur zunächst nach den Entscheidungsalternativen und sucht sich schließlich die für ihn persönlich vorteilhafteste Alternative heraus. Nach der „Logik der Angemessenheit" fragt der Akteur dagegen, in was für einer Situation er sich befindet und handelt dann so, wie es nach den Regeln für seine Rolle in der Situation am angemessensten ist. Die institutionellen Regeln würden dabei auch dann befolgt, wenn dies nicht im Interesse des Akteurs liege.

Politische Akteure richten nach March und Olsen ihr Handeln an Regeln aus, die von der Gesellschaft geschaffen, allgemein bekannt und akzeptiert sind. Diese Regeln geben nun Aufschluss darüber, welches Verhalten von Bürgern, Abgeordneten, Verwaltungsbeamten und Richtern als „normal" und angemessen angesehen wird. Dies hat Folgen für die Einschätzung von Entscheidungsprozessen. Für March und Olsen sind die Interessen, die Akteure in einem Entscheidungsprozess vertreten, nicht mit ihren eigenen wahren Interessen gleichzusetzen. Daher lässt sich für March und Olsen aus der Summe der Einzelinteressen der beteiligten Akteure nicht das Ergebnis eines Entscheidungsprozesses ableiten. Ihrer Ansicht nach können sich die Präferenzen der Akteure vielmehr im und durch den Entscheidungsprozess ändern. Die Institutionen bündeln nach diesem Modell nicht nur die Präferenzen der Akteure, sondern sie integrieren sie hin zu einer stärkeren Gemeinwohlorientierung. Von Bedeutung bei der Betrachtung von Entscheidungsprozessen ist nun für March und Olsen, welche Normen die Akteure bei bestimmten Entscheidungen beachten, welche Wechselbeziehungen es zwischen verschiedenen Normen gibt und wie sich die Normen im Zeitverlauf verändern.

March und Olsen (1984) haben den Begriff des Neoinstitutionalismus eingeführt. Sie haben damit eine Reihe von recht unterschiedlichen neuen Konzepten auf den Begriff gebracht, die sich deutlich vom klassischen Institutionalismus (vgl. u.a. → Loewenstein 1957) unterscheiden. Ihr konstruktivistischer Ansatz ist aber nur eine Variante des Neoinstitutionalismus und keineswegs repräsentativ für alle Ansätze, die unter diesen Begriff gefasst werden (u.a. Kaiser 2004). Es lässt sich darüber streiten, ob die Perspektive von March und Olsen rein institutionalistisch ist oder nicht eher kulturalistisch. So erklären sie etwa: „[A]ctors behave in accordance with legitimate procedures imagined in a culture" (March/Olsen 2006, S. 12 f.). Ihr Konzept erinnert damit an den 1979 von David Elkins und Richard Simeon vorgetragenen Ansatz der politischen Kulturforschung. Politische Kultur ist demnach die Gesamtheit der grundlegenden politischen Annahmen und Regeln, die das Verhalten im politischen System bestimmen (Elkins/Simeon 1979).

International hat das Werk von March und Olsen einen überaus starken Einfluss entfaltet. Besonders groß ist dieser im Bereich der Forschungen zur Öffentlichen Verwaltung und der Internationalen Politik. In Deutschland zählen etwa Thomas Risse und Tanja Börzel zu den Vertretern eines konstruktivistischen Institutionalismus. Wenn ein Werk viel Aufmerksamkeit findet, bleibt heftige Kritik meist nicht aus. Umfangreiche kritische Auseinandersetzungen widmeten beispielsweise Kjell Goldmann (2005) und Gunnar Sjöblom (1993) dem Ansatz von March und Olsen. Vom Standpunkt des akteurszentrierten Institutionalismus argumentierten Renate Mayntz und Fritz Scharpf (Mayntz/Scharpf 1995), dass Konzepte wie jenes von March und Olsen „krypto-deterministisch" (S. 45) seien, da soziale Normen als Institutionen interpretiert würden und es somit bei diesem Ansatz keine Handlungsspielräume der Akteure mehr. Auch viele Anhänger der Rational Choice-Variante des Neoinstitutionalismus hadern mit der anti-individualistischen und anti-utilitaristischen Grundposition von March und Olsen. Dabei gehen etwa Keith Dowding (1994) und Elinor Ostrom (1991) allerdings durchaus davon aus, dass die Überlegungen von March und Olsen mit dem Rational Choice-Ansatz kompatibel sind.

March und Olsen haben begründete Kritikpunkte an der in der internationalen Politikwissenschaft vorherrschenden Sichtweise der Anhänger des Rational Choice-Ansatzes vorgetragen und den bedeutenden Einfluss sozialer Normen und institutioneller Regeln auf Entscheidungsergebnisse betont. Damit haben sie einen wichtigen Punkt herausgearbeitet. So leuchtet es etwa ein, dass etwa ein Verfassungsrichter in einem Entscheidungsprozess keineswegs in erster Linie danach strebt, seinen persönlichen Nutzen zu maximieren. Er dürfte sich vielmehr daran orientieren, welche Form der Entscheidungsfindung von ihm aufgrund von Regeln und Normen in seiner Rolle als Verfassungsrichter erwartet wird. March und Olsen ließen in ihrem Buch von 1989 offen, ob sie mit ihrem Modell der „Logik der Angemessenheit" das Modell des Rational Choice-Ansatzes ergänzen oder ersetzen wollen (u.a. S. 171). Durch ihre starke Betonung der „Logik der Angemessenheit" erscheint es dabei häufig so, als würden sie rationale Erwägungen der Akteure im Entscheidungsprozess gänzlich in Abrede stellen. Als Ersatz wäre ihr Modell einer „Logik der Angemessenheit" letztlich nicht weniger einseitig und kritikwürdig als der reine Rational Choice-Ansatz. Tatsächlich betonen March und Olsen (2006) aber inzwischen, dass sowohl die „Logik der Angemessenheit der Folgen" als auch die „Logik der angenommen Folgen" das Handeln der politischen Akteure bestimmt. Dabei könne die eine „Logik" wie die andere dominieren (S. 11). In dieser Form erscheint der Ansatz von March und Olsen als ein deutlicher Fortschritt gegenüber einer reinen Lehre der rationalen Wahl.

## Literatur:

Michael D. Cohen/James G. March/Johan P. Olsen, A Garbage Can Model of Organizational Choice, in: Administrative Science Quarterly 17 (1972), S. 1-25.

Keith Dowding, The Compatibility of Behaviouralism, Rational Choice and „New Institutionalism", in: Journal of Theoretical Politics 6 (1994), S. 105-117.

David Elkins/Richard Simeon, A Cause in Search of Its Effect, or What Does Political Culture Explain, in: Comparative Politics 11 (1979), S. 127-145.

Kjell Goldman, Appropriateness and Consequences: The Logic of Neo-Institutionalism, in: Governance 18 (2005), S. 32-52.

Klaus P. Japp, James G. March/Johan P. Olsen, Rediscovering Institutions, in: Klaus Türk (Hrsg.), Hauptwerke der Organisationstheorie, Wiesbaden 2000, S. 187-190.

André Kaiser, Die politische Theorie des Neo-Institutionalismus: James March und Johan Olsen, in: André Brodocz/Gary Schaal (Hrsg.), Politische Theorien der Gegenwart. Eine Einführung, Opladen 1999, S. 189-212.

James G. March/Johan P. Olsen, The Logic of Appropriateness, Oslo 2004.

James G. March/Johan P. Olsen, The New Institutionalism: Organizational Factors in Political Life, in: American Political Science Review 78 (1984), S. 734-749.

Renate Mayntz/Fritz W. Scharpf, Der Ansatz des Akteurszentrierten Institutionalismus, in: Dies. (Hrsg.), Gesellschaftliche Selbstregelung und politische Steuerung, Frankfurt a.M./New York 1995, S. 39-72.

Gunnar Sjöblom, Some Critical Remarks on March and Olsen's Rediscovering Institutions, in: Journal of Theoretical Politics 5 (1993), S. 397-407.

*Steffen Kailitz*

## Karl Marx, Der achtzehnte Brumaire des Louis Bonaparte, Hamburg 1869

*(VA in: Karl Marx/Friedrich Engels, Werke (MEW), Bd. 8, Berlin (Ost) 1960, S. 111-207).*

Karl Marx (geb. 1818) war vom Linkshegelianer und Radikaldemokraten in den 1840er Jahren zum Sozialisten geworden. Gemeinsam mit Friedrich Engels hatte er neben auch sprachlich beeindruckenden Programmschriften wie dem „Manifest der Kommunistischen Partei", in der er die Klassenkämpfe als entscheidende Triebkraft der geschichtlichen Entwicklung beschrieb, begonnen, die ökonomischen Grundlagen der „bürgerlichen Gesellschaft" zu untersuchen. Wie viele seiner Zeitgenossen stand er im Bann des Fortschrittsglaubens seiner Epoche und suchte die Entwicklungsgesetze der menschlichen Gesellschaft zu entdecken. Den Kern seines Werkes bildet eine theoretisch und empirisch breite radikale Kritik der politischen Ökonomie des aufstrebenden Kapitalismus. Ein geschlossenes Bild einer klassenlosen Zukunftsgesellschaft hat er nicht hinterlassen. Sein Modell einer Revolution orientierte sich an der Pariser Kommune von 1871, die er als „Diktatur des Proletariats" interpretierte. Die Wirkungsgeschichte seiner Schriften, vor allem der theoretisch-ökonomischen Werke, ist umgekehrt proportional zu ihrer Verbreitung vor dem Ersten Weltkrieg.

Marxismus-Historiker schreiben dem kleinen Büchlein „Der achtzehnte Brumaire des Louis Bonaparte" überwiegend eine große Bedeutung zu. Für Marxisten aller Richtungen und Schattierungen war es ein theoretisch und politisch-strategisch bedeutsames Werk, für Lenin ebenso wie für die offiziösen „Marxisten-Leninisten" der DDR, aber auch für abtrünnige – „rechte" oder „linke" Kommunisten. Wie viele andere Werke von Marx entstand diese Schrift aus der tagespolitischen Auseinandersetzung heraus, in die jedoch eine Reihe von grundsätzlichen Erkenntnissen und Urteilen einfloss. Ihre Wirkungsgeschichte begann spät, erst Jahre nach ihrer Niederschrift. Marx hatte die ursprünglich als Artikelserie geplante Arbeit Ende 1851 begonnen und im März 1852 abgeschlossen. Sie sollte den Start einer Zeitschrift seines in die USA emigrierten Freundes Weydemeyer erleichtern und zugleich sozialistisches Gedankengut in den USA popularisieren. Marx analysiert historisch-detailliert die innere Entwicklung Frankreichs zwischen der Februar-Revolution von 1848 und dem Staatsstreich Napoleon Bonapartes im Dezember 1851, mit der die Phase seiner Diktatur, einer Diktatur neuer Art, begann. Diese Schrift leitet also allgemeine Lehren und Abstraktionen aus der konkreten historischen Untersuchung ab. Anders als etwa im „Kommunistischen Manifest“ oder im „Kapital“ leitet Marx allgemeine Gesetzmäßigkeiten nicht aus theoretischen Annahmen und Modellen her. Im einleitenden Abschnitt formulierte er den häufig zitierten Passus, der als Gegenpol zu der in anderen Marx-Schriften zu findenden Position eines ökonomischen Determinismus angesehen wird: „Die Menschen machen ihre eigene Geschichte, aber sie machen sie nicht aus freien Stücken, nicht unter selbst gewählten, sondern unter unmittelbar vorgefundenen, gegebenen und überlieferten Umständen“ (S. 115). Das bildete die notwendige Voraussetzung für die Analyse der Errichtung einer persönlichen Diktatur, der widerrechtlichen Aneignung der politischen Macht durch einen Einzelnen auf dem Wege des offenen Staatsstreiches – quer zu den noch wenige Jahre zuvor unterstellten Klassenbindungen und -zugehörigkeiten. Der Staat, so Marx, war durch die Aktion eines „falschen Spielers“ zu seiner „ältesten Form zurückgekehrt, zur unverschämt einfachen Herrschaft von Säbel und Kutte“ (S. 118).

Der Staat war also nicht mehr bloßes Werkzeug der ökonomisch herrschenden Klasse, sondern ein Feld, auf dem sich unterschiedliche Parteien gegenüberstanden, die verschiedene Interessen verkörperten. Die Vorstellung eines einheitlichen „Klassen“-Interesses gab Marx auf. Auch innerhalb des Bürgertums sowie im Proletariat sah er nun auseinander gehende Interessen. Ökonomische und soziale Bedürfnisse und Anschauungen können nach Marx durchaus in Konflikt miteinander stehen. Er unterscheidet jetzt zwischen gesellschaftlicher, wirtschaftlicher und politischer Macht. Die Interpretation der Herrschaft Napoleon Bonapartes als cäsaristische Militärdiktatur neuer Art stellte nicht nur Marx’ frühere idealtypische Klassenteilung in Frage, sie warf darüber hinaus zwei weitere Fragen auf: zum einen die nach den Herrschaftsmechanismen, zum anderen die nach ihrer sozialen Basis. Zunächst stellte Marx fest, dass die Bürokratie, die zuvor nur Mittel und dann Instrument der Herrschaft der „Bourgeoisie“ gewesen war, zu beachtlicher eigener Macht gelangt sei. Unter dem zweiten Bonaparte hatte sich nach seiner Ansicht der „Staat völlig verselbständigt“ (S. 197). Die Verselbständigung der Bürokratie und der Exekutive bei gegenseitiger Blockierung und Lähmung der politischen und sozialen Lager erscheint als Substanz dieser neuen Art der Diktatur. Später sollte Engels das um das Bild des „Gleichgewichts der Klassenkräfte“ ergänzen. Es sei nichts anderes als ein „Parasitenkörper“, diese „Exekutivgewalt mit ihrer ungeheur[e]n bürokratischen und militärischen Organisation, mit ihrer weitschichtigen und künstlichen Staatsmaschinerie, einem Beamtenheer von einer halben Million neben einer Armee von einer anderen halben Million“ (S. 196).

Ferner muss in dieser Konstellation nach der Rolle der übrigen sozialen Schichten gefragt werden. Das Proletariat hatte nach der Ansicht von Marx 1848/49 eine klare Niederlage erlitten. Eine Revolution stand für ihn aktuell nicht mehr auf der Tagesordnung. Die Unzulänglichkeit der parlamentarischen Repräsentanten des Proletariats, der „Sozial-Demokratie", bestand für Marx darin, sich auf die „Umänderung der Gesellschaft auf demokratischem Wege" (S. 141), auf eine Änderung in den Grenzen des Kleinbürgertums eingelassen zu haben. Marx wies hingegen kategorisch darauf hin: „Die Stärke der proletarischen Partei war auf der Straße, die der Kleinbürger in der Nationalversammlung selbst. Es galt also, sie aus der Nationalversammlung auf die Straßen zu locken und sie selbst ihre parlamentarischen Macht zerbrechen zu lassen" (S. 142).

Auch wenn die „Bourgeoisie" als politische Klasse abgedankt habe, die bürgerliche Republik, den Verfassungsstaat und das allgemeiner Wahlrecht aufzugeben bereit war, sei sie jedoch zu allen Zeiten willens gewesen, ihre soziale und ökonomische Macht zu erhalten. Marx unterschied zwischen der sozialen Basis der bonapartistischen Diktatur und den aktiven Anhängern: Für ihn war die soziale Basis Bonapartes die „zahlreichste Klasse der französischen Gesellschaft, die Parzellenbauern" (S. 198). Gestützt habe sich Bonaparte dagegen auf das „Lumpenproletariat", das es sich „auf Kosten der arbeitenden Nation" wohl ergehen lassen wollte. Diese Kategorie des „Lumpenproletariats" bleibt allerdings vage.

Marx skizziert vier Elemente: die cäsaristische Diktatur neuer Art, ihre Unterstützung durch ein „Lumpenproletariat" und eine soziale Basis quer zu theoretisch gedachten „Klassenlagen", die Verselbständigung der Exekutive in Form einer organisierten Bürokratie sowie der Hinweis, das Proletariat könne die Machtfrage nur auf der Straße lösen. Alle vier Faktoren sind in unterschiedlicher Weise von sozialistischen Theoretikern wie auch von Sozialwissenschaftlern aufgegriffen worden. Engels hatte diese Überlegungen um die Formulierung eines Gleichgewichts der Klassenkräfte ergänzt. Er selbst sowie später Exponenten der Sozialdemokratie so unterschiedlicher Richtung wie Franz Mehring oder Georg von Vollmar übertrugen das Modell der Verselbständigung der Exekutive vor dem Hintergrund der gegenseitigen Blockade der Klassenkräfte auf das Bismarck-Regime im deutschen Kaiserreich. Dieses wurde im späten 19. und im frühen 20. Jahrhundert als der eigentliche Kern der Bonapartismus-Theorie angesehen.

Lenins Schlussfolgerung aus der Studie von Marx, dass die bürgerliche Staatsmaschinerie zu zerschlagen sei, wurde zu einem Kernelement seiner Revolutionstheorie und zum unumstößlichen Glaubenssatz im offiziellen

Marxismus-Leninismus sowjetischer Prägung. Die größte Nachwirkung erzielten die Überlegungen von Marx unter marxistisch orientierten Linken der Zwischenkriegszeit. Julius Braunthal, Paul Kampffmeyer, später auch Otto Bauer und Rudolf Hilferding, italienische Sozialisten wie Guiseppe Emanuele Modigliani oder Pietro Nenni griffen in unterschiedlicher Weise auf die Bonapartismus-Überlegungen zurück, um das Aufkommen des italienischen Faschismus zu erklären. Die Diktatur als „illegales Gewaltinstrument" (Julius Braunthal) gegenüber einer vormodernen und zerklüfteten Gesellschaft provozierte Debatten um die Übertragbarkeit faschistischer Herrschaft auf andere Länder. Arcadius Gurland und der damalige Kommunist Franz Borkenau beurteilten das mit Rückgriff auf Marx kontrovers, da sie auf unterschiedliche soziale und gesellschaftliche Traditionen verwiesen. Seit den 1930er Jahren gab es auch Debatten um die Tragfähigkeit eines breiteren Faschismusbegriffs und Auseinandersetzungen um die Probleme der Vergleichbarkeit der kommunistischen und nationalsozialistischen wie faschistischen Diktaturen.

Der Rechtskommunist August Thalheimer wurde zum bekanntesten Vertreter der Marxisten, die den Faschismus als Ergebnis einer Entwicklung des Kapitalismus in der Phase des Imperialismus interpretierten. Damit näherte er sich der späteren offiziellen Faschismus-Definition der „Kommunistischen Internationale" an. Das verlagerte den Schwerpunkt der Perspektive wieder vom System der Diktatur hin zur „ökonomischen Basis". Die größte Wirkung in der Phase des „Eurokommunismus" in den 1960er und 1970er Jahren des 20. Jahrhundert erzielten die Überlegungen Antonio Gramscis, der unter Rückgriff auf die Bonapartismus-Theoreme sowohl den neuen „Caesarismus" des 20. Jahrhundert umfassend theoretisch zu erklären bemüht war als auch das Moment der Gleichgewichts mit weitergehenden Überlegungen anreicherte. Mit dem Niedergang marxistischen Denkens aller Richtungen seit Mitte der 1970er Jahre verlor die an Marx anknüpfende Bonapartismustherorie an Attraktivität. Wolfgang Wippermann legte 1983 eine breite und theoretisch ambitionierte Untersuchung vor, die wie eine abschließende Gesamtwürdigung wirkt.

## Literatur:

Harald Bluhm, Überlegungen zum Verständnis des „18ten Brumaire", in: Berliner Debatte Initial 6 (1993), S. 77-88.

Hans-Gerd Jaschke (Hrsg.), Soziale Basis und soziale Funktion des Nationalsozialismus: Studien zur Bonapartismustheorie, Opladen 1982.

Karl Marx, Das Kapital, Bd. 1: Der Produktionsprozess des Kapitals (1867), Berlin 1973.
Karl Marx/Friedrich Engels, Manifest der kommunistischen Partei (1848), in: Dies., Werke, Bd. 4, 6. Aufl., Berlin. 1972, S. 459-493.
Karl Hammer/Peter Claus Hartmann (Hrsg.), Der Bonapartismus. Historisches Phänomen und politischer Mythos, Zürich/München 1977.
Gisela Riescher, Karl Marx, Der achtzehnte Brumaire des Louis Bonaparte, in: Theo Stammen/Dies./Wilhelm Hofmann (Hrsg.), Hauptwerke der politischen Theorie, Stuttgart 1997, S. 320-322.
Wolfgang Wippermann, Die Bonapartismustheorie von Marx und Engels, Stuttgart 1983.

*Werner Müller*

## Robert Michels, Zur Soziologie des Parteiwesens in der modernen Demokratie: Untersuchungen über die oligarchischen Tendenzen des Gruppenlebens, Leipzig 1911

*(2. überarb. Aufl., Leipzig/Stuttgart 1925; VA: 4. Aufl., hrsg. und eingeleitet von Frank R. Pfetsch, Stuttgart 1989).*

Robert Michels klassisches Werk „Zur Soziologie des Parteiwesens" steht am Anfang moderner, systematischer Parteienforschung. Der Verfasser war ein kosmopolitischer, vielgereister Gelehrter großbürgerlicher Herkunft, der 1876 in Köln geboren wurde und 1936 in Rom verstarb. Aus politischen Gründen an einer akademischen Karriere in Deutschland gehindert, verließ er 1907 das Land und wurde 1913 italienischer Staatsbürger. Zunächst ab 1907 in Turin, dann auch in Basel lehrend, ließ er sich 1928 als glühender Anhänger Benito Mussolinis eine Professur an der faschistischen Hochschule in Perugia andienen. Diese vielfach problematisierte faschistische Wende Michels (siehe dazu u.a. Röhrich 1992) muss aber losgelöst von der Entstehung seiner Parteiensoziologie betrachtet werden, zumal er in den Jahren der Materialsammlung und Niederschrift des Werkes noch einer syndikalistisch-radikaldemokratischen Gesinnung anhing. Den italienischen Faschisten trat er 1923 bei. Dies deutete sich im Vorwort zur 2. Auflage seiner Parteiensoziologie von 1925 zwar an, hinterließ im nur partiell veränderten und ergänzten Buchtext aber keine nennenswerten Spuren.

Michels befasst sich in seinem Buch mit dem Spannungsverhältnis zwischen direkter Demokratie und Elitenherrschaft anhand des sich zu Beginn des 20. Jahrhunderts voll entfaltenden Parteiwesens. In seine Untersuchung bezieht er nur sozialdemokratische/sozialistische Parteien jener Zeit ein, weil diese – anders als die bürgerlichen Parteien mit ihrem offen aristokratischen Gehabe – die Demokratie auf ihre Fahnen geschrieben hätten. Den hochbrisanten Aussagekern seines Buches vorwegnehmend bedient er sich folgender Argumentationslogik: Die Arbeitermassen seien für sich genommen nicht fähig, sich aus dem Joch der ökonomischen und gesellschaftlichen Unterdrückung zu befreien. Die Bedingungen des politischen Kampfes verlangten deshalb notwendigerweise nach einer schlagkräftigen Organisation in Gestalt einer „revolutionären" Massenpartei der Arbeiterklasse. Mit deren Gründung setze aber ein unaufhaltbarer Prozess der Oligarchisierung ein. Michels brachte ihn als „soziologisches Gesetz" auf folgende einprägsame Formel: „Wer Organisation sagt, sagt *Tendenz zur Oligarchie*. Im Wesen der Organisation liegt ein tief aristokratischer Zug. Die Maschinerie der Organisation ruft, indem sie eine solide Struktur schafft, in der organisierten Masse schwerwiegende Veränderungen hervor. Sie kehrt das Verhältnis des Führers zur Masse in sein Gegenteil um" (S. 25, Hervorhebung im Original). Und weiter: „Die Organisation ist die Mutter der *Herrschaft der Gewählten* über die Wähler, der Beauftragten über die Auftraggeber, der Delegierten über die Delegierenden [...] Somit stellt jede Parteiorganisation eine mächtige, auf demokratischen Füßen ruhende Oligarchie dar" (S. 370 f., Hervorhebung im Original).

Infolgedessen, so schlussfolgert Michels, wandle sich die revolutionäre Partei unter der Herrschaft einer selbstbezogenen Oligarchie von einem Mittel als Dienerin der Massen zu einem Selbstzweck. Sie werde strukturkonservativ. Die verselbständigte Parteibürokratie erschöpfe ihre Energie im selbst erhaltenden Organisationsritualismus. Die persönlich zu Erfolg und Ansehen gelangten Parteiführer würden sich parlamentarisch mit den herrschenden Verhältnissen arrangieren. Die Hoffnung auf eine sozialistische Gesellschaftsordnung müsse deshalb begraben werden. Denn kämen unter diesen Umständen die sozialistischen Parteiführer an die Macht, hieße dies, dass „der Sozialismus im Augenblick des Sieges seiner Bekenner untergeht" (S. 367).

Die Ursache-Wirkungs-Kette der Deformation von Parteien versucht Michels über die 526 Seiten seines Werkes weitläufig mit empirischem Anschauungsmaterial zu untermauern. Dabei ragt der erste Teil des Buches heraus, in dem sich Michels mit den Ursachen für die Oligarchiebildung des Parteiwesens beschäftigt. Diesen Erklärungsansatz fasst er zum Schluss prägnant zusammen und veranschaulicht ihn durch ein Schema. Michels führt die Oligarchisierung auf drei Entstehungsursachen zurück, die er nach

„technisch-administrativen", „psychologischen" und „intellektuellen" Faktoren aufschlüsselt. Die technisch-administrativen Ursachen fußen einerseits darauf, dass eine rein direkte Demokratie als Selbstregierung der Massen schon wegen der großen Zahl der Menschen technisch unausführbar sei und deshalb auf das Delegationsprinzip zurückgegriffen werden müsse. Andererseits präge das moderne Parteienwesen der politische Kampf, bei dem die Partei als „Waffe der Schwachen im Kampf mit den Starken" (S. 24) nur als „Kampforganisation" bestehen könne. Hieraus resultiere ein Gegensatz von Demokratie und organisatorischer Effizienz (Schlagkraft, Beweglichkeit, Hierarchie und Zentralisation), der nicht überbrückbar sei. Die „technische Spezialisierung" bringe eine Führungsschicht hervor, die sich deshalb auf Dauer verselbständige, weil sich die Massen aus Autoritätsglauben, Dankbarkeit und persönlichem Verehrungsbedürfnis heraus von ihnen führen und vertreten ließen. Dieses psychologische Moment würde durch die intellektuelle Überlegenheit der Parteiführer verstärkt, was sie von der „Inkompetenz der Massen" abhebe. Hinzu käme ihre funktionale Unentbehrlichkeit, weil sie sich zur Aufrechterhaltung der Organisation als Spezialisten des Parteiapparates und des politischen Kampfes auf der Basis von Expertise, Dienstwissen und Routine berufsmäßig etablieren würden. Ihr Status als öffentliche Mandatsinhaber, der ihnen Ruhm verleihe, mache sie noch dazu persönlich unantastbar.

Parteiführern sei das Streben eigen, ihre Machtstellung innerparteilich auszubauen und ihren Volksvertreterstatus zu verewigen. Hierzu schotteten sich die Führungszirkel nach außen durch Kartellbildung ab und ergänzten sich durch Kooptation (= Hinzuwahl neuer Mitglieder in eine Körperschaft durch deren Mitglieder). Machtkämpfe zwischen alten und neuen Eliten beförderten nicht die Elitenzirkulation, sondern endeten in der Fusion und „Amalgierung" (S. 154) der etablierten mit den nachrückenden Kräften. Einmal an der Macht, wandelten sich die Revolutionäre zu „Reaktionären". Die Professionalisierung der Parteifunktionäre käme für diese nämlich einem beruflichen Aufstieg gleich, der sie von ihrer proletarischen Herkunft entfremde. Die Kopfarbeit mache aus ihnen mental Kleinbürger. Die bürokratisierte Sozialdemokratie fungiere für sie insofern als „Klassenerhöhungsmaschine" (S. 268). Innerparteilich verlöre dagegen die sozialistische/sozialdemokratische Partei ihren revolutionären Elan und erhebe Organisationswachstum und Parteitätigkeit zum Maß aller Dinge. Als Ausgeburt von „Autorität und Disziplin" bilde sie einen Staat im Staat, mit dem sie um „Pflichtbewusstsein, Pünktlichkeit und hierarchisch abgestuften Gehorsam [...] wetteifert" (S. 367).

Michels Parteiensoziologie mit dem ehernen Gesetz der Oligarchie ist zum festen Bestandteil der internationalen Parteienforschung und selbst der allgemeinen Organisationstheorie geworden. Letztere profitierte von seiner Bürokratiekritik, was mit dazu beitrug, sich weg von mechanischen hin auf organische Organisationsvorstellungen auszurichten. Es findet sich kein Lehrbuch ohne Michels Oligarchiegesetz, wenngleich dessen Mängel nicht zu übersehen sind. Zunächst einmal bleibt der Schlüsselbegriff der Oligarchie unbestimmt. Es ist unklar, wen Michels genau zur Führungsschicht, also zur Oligarchie, zählt. Zudem muss auch die früh vorgebrachte Kritik an seiner massenpsychologischen Sicht der „führungsbedürftigen" Parteimitglieder und Massen erwähnt werden. Außerdem bevorzugt Michels ein idealistisches, direktes Demokratieverständnis. Er konstruierte einen Gegensatz zwischen Demokratie und Elitenherrschaft, zwischen Demokratie und Organisation. Dies sollte Schule machen. Denn Michels begründete dadurch mit Moise Ostrogorski (1902) die Parteienforschung als Krisenwissenschaft. Nichtsdestotrotz trifft Michels mit seiner These der Oligarchiebildung einen wunden Punkt moderner Parteidemokratie, und den technisch-administrativen und strategischen Ursachen von organisationsinterner Elitenherrschaft konnte bis heute nichts Überzeugendes entgegengehalten werden. Auch Max Weber (→ Weber 1922), Maurice Duverger (→ Duverger 1951) oder Robert McKenzie betrachteten Parteien per se als elitendominiert, ohne sich Michels Demokratiebegriff zueigen zu machen.

In den 1950er Jahren setzte eine zweite kritische Rezeptionsphase von Michels speziell in Amerika ein, in deren Gefolge innerparteiliche Opposition und Elitenkonkurrenz als Gegenmittel betrachtet wurden, um der Oligarchisierung vorzubeugen. Diese pluralistische Sicht kompetitiver innerparteilicher Elitenherrschaft stieß ihrerseits wieder auf den an Michels angelehnten Einwand, dass sich Teileliten zu „herrschenden Koalitionen" (Panebianco 1988) zusammenschließen würden. Heute gewinnt die Oligarchiethese in dem Maße an erneuter Bedeutung, wie der Aufstieg von elitengesteuerten Kartell- und Berufspolitikerparteien zu beobachten ist und selbst einstmalig grüne „Antiparteiparteien" sich ihrer innerparteilichen Vorkehrungen gegen Oligarchiebildung wieder entledigten.

## Literatur:

Gordon Hands, Robert Michels and the Study of Political Parties, in: British Journal of Political Science 1 (1971), S. 157-172.

Robert Harmel, The Iron Law of Oligarchy Revisited, in: Bryan D. Jones (Hrsg.), Leadership and Politics: New Perspectives in Political Science, Kansas 1989, S. 168-188.
John D. May, Democracy, Organization, Michels, in: The American Political Science Review 59 (1965), S. 417-429.
Moise Ostrogorski, Democracy and the Organization of Political Parties (1902), 2 Bde., Chicago 1964.
Angelo Panebianco, Political Parties: Organization and Power, Cambridge 1988.
Frank Pfetsch, Die Entwicklung zum faschistischen Führerstaat in der politischen Philosophie von Robert Michels, Heidelberg 1964.
Wilfried Röhrich, Robert Michels: Vom sozialistisch-syndikalistischen zum faschistischen Credo, Berlin 1972.

*Elmar Wiesendahl*

## John Stuart Mill, Considerations on Representative Government, London 1861

*(DA: Betrachtungen über die repräsentative Demokratie, Leipzig 1873; VA: Paderborn 1971).*

Der britische Denker John Stuart Mill (1806-1873) ist einer der wichtigsten Theoretiker des Liberalismus und Vertreter des Utilitarismus. Der Utilitarismus (Bentham 1776) beurteilt individuelle und gesellschaftliche Handlungen nach ihrer Nützlichkeit. Handlungen gelten als nützlich, wenn sie das Glück der Menschen befördern. Eine solche Auffassung führte Mill zu starker Kritik am britischen Regierungssystem. Er trat nicht zuletzt in seiner Zeit als Parlamentsabgeordneter (1865-1868) für politische Reformen ein, besonders für eine umfassende Wahlrechtsreform. Seine „Betrachtungen über die repräsentative Demokratie" entstanden in einer Zeit der sich entfaltenden Industriegesellschaft und der politischen Mobilisierung der unteren und mittleren Schichten, die das bestehende Regierungssystem zunehmend in Frage stellte.

In den 18 Kapiteln des Werkes setzt sich Mill mit den Bedingungen sowie den Vorzügen und Schwächen der repräsentativen Demokratie auseinander. Dabei geht es ihm um die allgegenwärtige Gefahr einer „Tyrannei der Mehrheit" (→ Tocqueville 1835/40) und wie diese abzuwenden sei. Mill zufolge lässt sich eine gute Regierungsform daran bemessen, dass sie die im Volk bereits vorhandenen guten Eigenschaften nutzt und diese vermehren hilft. Die politischen Institutionen eines Landes sollen Fortschritte „in Bezug auf Urteilskraft, Sittlichkeit, Selbsttätigkeit und Leistungsfähigkeit" (S. 50) der Einzelnen fördern. Dazu scheint Mill bei der erreichten Zivilisationsstufe eine „Volksregierung“ am besten geeignet, in der die Souveränität bei der Gesamtheit des Volkes liegt: Jeder Bürger hat nicht nur eine Stimme bei der Ausübung dieser Souveränität, sondern ist auch aufgefordert, persönlich für begrenzte Zeit ein öffentliches Amt bekleiden (z.B. als Geschworener oder in Gemeindeämtern). Durch Partizipation am öffentlichen Leben könne der Einzelne seine Interessen vertreten und schützen. Zugleich würden auch seine politische Urteilskraft und sein Gemeinsinn gefördert und er lerne, seine kurzsichtigen, partikularen Interessen zugunsten von Allgemeinwohlinteressen zurückzustellen. Da die modernen Gemeinwesen zu groß geworden seien, um die Beteiligung aller an den öffentlichen Angelegenheiten zu ermöglichen, stellt nunmehr die repräsentative Demokratie die ideale Regierungsform dar. Die oberste Kontrollgewalt sollen laut Mill gewählte Vertreter des Volkes ausüben. Das Parlament habe die Aufgabe, die Regierung zu kontrollieren. Es soll aber keine Gesetzgebungsfunktion haben, da eine vielköpfige Versammlung hierfür nicht geeignet sei. Mill schlägt daher vor, zur Ausarbeitung sinnvoller, kohärenter Gesetzestexte eine kleine Gesetzgebungskommission einzurichten, deren Mitglieder von der Krone für fünf Jahre ernannt würden. Das Parlament könne diese Gesetze dann nur erlassen, zurückweisen oder zur Überarbeitung an die Kommission zurückgeben, aber nicht selbst die Gesetzestexte verändern. Das Parlament sollte sich auch keinesfalls direkt in die Regierungsgeschäfte einmischen, da den Abgeordneten die dafür notwendige Kompetenz und Erfahrung fehle. Neben der Überwachung der Regierung hat für Mill das Parlament eine zweite, ebenso wichtige Aufgabe: Es ist „Beschwerdeausschuss der Nation und Kongress der Volksmeinung“ (S. 101). Es soll ein Forum sein nicht nur für die herrschende Meinung, sondern für die Meinung aller Gruppen in der Gesellschaft – eine Stätte lebhafter Kontroversen und der öffentlichen Beratschlagung (Deliberation). Um die Qualität der Kontroversen zu heben, wünscht Mill, dass mehr gebildete Abgeordnete ins Parlament gewählt werden. Auch bei der Exekutive legt er höchsten Wert auf die Gewährleistung von Kompetenz: Minister sollen sich von Expertengremien beraten lassen, da Regieren umfassende Fachkenntnisse und Erfahrung verlangt. Das Berufsbeamtentum soll durch ein strenges öffentliches Prüfungssystem seine Befähigung erweisen.

In Kenntnis der Schilderungen Tocquevilles (→ Tocqueville 1835/40) über die Gefahren der Demokratie in den USA versucht Mill, institutionelle Mechanismen zu ersinnen, die den unvermeidlich drohenden Gefahren einer Tyrannei der Mehrheit, einer „Tendenz zur kollektiven Mittelmäßigkeit“ (S. 131), entgegenwirken. Jede dominierende Gruppe neige dazu, nur ihre partikularen Interessen zu verfolgen. Daher sei es wichtig, im Parlament zum einen möglichst alle Interessen der Gesellschaft zu repräsentieren und zum anderen die Präsenz einer Minderheit von Gebildeten sicherzustellen. Diese könnten mit ihrer Klugheit und ihrem Eintreten für Gemeinwohlinteressen die Parlamentsdiskussionen erheblich beeinflussen. Hier setzen Mills Überlegungen zum Wahlrecht und zum freien Mandat an: Er prangerte das seinerzeit in Britannien herrschende Wahlrecht an, das Minderheiten völlig entrechte. Stattdessen befürwortete er die proportionale Repräsentation aller Gruppen durch Einführung eines Verhältniswahlrechts, wie es 1859 Thomas Hare ausgearbeitet hatte. Er forderte das allgemeine Wahlrecht für Männer *und* Frauen. Allerdings wollte Mill das Wahlrecht allen verweigern, die nicht lesen, schreiben und die Grundrechenarten können, die keine Steuern zahlen oder von der Armenfürsorge leben. Mill schlug ein Pluralstimmrecht (zwei oder mehr Stimmen) für Gebildete vor, weil er befürchtete, dass durch die Ausdehnung des Wahlrechts eine große Masse an noch nicht ausreichend gebildeten Arbeitern wählen dürfte und sehr wahrscheinlich eine gemeinwohlschädliche Klassengesetzgebung verfolgen würde. Ausdrücklich sollte das Pluralstimmrecht aber auch den Ärmsten, die entsprechende Bildung nachweisen konnten, zuerkannt werden. Von der Kombination aus Verhältniswahlrecht und Pluralstimmrecht erhoffte sich Mill einen größeren Zufluss von gebildeten Abgeordneten ins Parlament. Mill plädierte zudem für die öffentliche Stimmabgabe, er betrachtete das Stimmrecht als „anvertrautes Gut" (S. 167). Da der Wähler mit seiner Stimme Macht über andere ausübe, müsse er sich für seine Entscheidung auch öffentlich rechtfertigen. Jeder Mensch habe zweierlei Interessen, das öffentliche und das private Wohlergehen. Die Öffentlichkeit der Wahl würde jeden dazu zwingen, die eigene Position zu begründen und zu verteidigen, wodurch wohl eher die öffentlichen Interessen unterstützt würden. Mill sprach sich auch für ein freies Mandat der Abgeordneten aus, da diese eine größere Urteilskraft und Intelligenz haben sollten als die Durchschnittswähler. Daher könne es gelegentlich zu abweichenden Auffassungen zwischen Repräsentanten und Wählern kommen. Außerdem müsse der Abgeordnete in der parlamentarischen Debatte seine Meinung im Licht besserer Argumente ändern dürfen. Die politische Partizipation der Bürger sollte sich nicht auf das Wählen beschränken, sondern auch in der repräsentativen Demokratie sollten so viele wie möglich zeitweise öffentliche Ämter übernehmen, um ihre politische Bildung und ihren Gemeinsinn zu fördern. So böten sich auf lokaler Ebene insbesondere für die unteren und mittleren Schichten gute Möglichkeiten, sich direkt zu beteiligen.

Mill war mit seinen Überlegungen den seinerzeit herrschenden Demokratievorstellungen in einigen Aspekten voraus. Er zeigte unverhüllt die Schwächen der modernen repräsentativen Demokratie auf und versuchte sie durch die Verbindung von liberalen mit demokratischen Elementen abzumildern. Im festen Glauben an die Möglichkeit moralischen Fortschritts hoffte Mill, zugleich Partizipation und Rationalität maximieren zu können. Dies gilt aber bis heute als einer der wichtigsten Zielkonflikte in der Massendemokratie. Mills Lehre enthält somit zahlreiche „Zielkonflikte, problematische Annahmen, Unschärfen und tote Winkel" (Schmidt 2000, S. 163): So löst er die Spannungen zwischen Partizipation und Kompetenz letztlich zugunsten der Kompetenz und der Effizienz auf. Zuviel Vertrauen setzt er in die Uneigennützigkeit und politische Vernunft der gebildeten Eliten. Die Gefahr ihrer Verselbständigung sieht er nicht. Das „Allgemeinwohl", ein Schlüsselkonzept bei Mill, bleibt unerläutert. Mills Ansichten zum Ausschluss vom Wahlrecht und zum Pluralstimmrecht sind elitär. Er verkennt die Folgen seiner Wahlrechtsreformen, die in der Schwächung der einzelnen Abgeordneten und der Stärkung der Parteiapparate münden. Schließlich bleiben Mills Betrachtungen stark dem britischen System verhaftet. Entgegen seiner eigenen erkenntnistheoretischen Schriften, die die vergleichende Methode behandeln, verzichtet er auf die vergleichende Untersuchung anderer Staaten (Thompson 1976, S. 188 ff.).

Mills Schrift wurde häufig verfälschend entweder nur in ihren elitentheoretischen Gehalten rezipiert oder als starkes Plädoyer für eine partizipatorische Demokratie gelesen. Einigen Demokratietheoretikern gelten seine Überlegungen als höchst illiberal (Smart 1990, S. 317), manche bezweifeln, ob er überhaupt als „Demokrat" einzustufen ist. Zum besseren Verständnis von Mills spannungsreichen „Betrachtungen" wird auf die überragende Bedeutung seines utilitaristischen Ansatzes hingewiesen, der sich auch in dieser Schrift zeigt: Demokratie ist demnach kein Wert an sich, sondern sie muss dem „größten Glück der größten Zahl" dienen. So mag Mill ein „qualified democrat" und ein „qualified libertarian" sein, aber ein „unqualified utilitarian" (Robson 1968, S. 271).

## Literatur:

Jeremy Bentham, A Fragment on Government, London 1776.

Wilhelm Hofmann, Mill, Considerations on Representative Government, in: Theo Stammen/Gisela Riescher/ders. (Hrsg.), Hauptwerke der politischen Theorie, Stuttgart 1997, S. 332-337.

John M. Robson, The Improvement of Mankind. The Social and Political Thought of John Stuart Mill, Toronto 1968.

Manfred G. Schmidt, Demokratietheorien. Eine Einführung, 3. Aufl., Opladen 2000 (S. 148-165).

Paul Smart, „Some Will Be More Equal Than Others". J.S. Mill on Democracy, Freedom and Meritocracy, in: Archiv für Rechts- und Sozialphilosophie 76 (1990), S. 308-323.

Dennis F. Thompson, John Stuart Mill and Representative Government, New Jersey 1976.

*Anna Geis*

## David Mitrany, A Working Peace System, Chicago 1966.

David Mitrany (1888-1975) wurde in Bukarest geboren, studierte kurze Zeit in Paris und Hamburg und erhielt seine akademischen Würden an der London School of Economics. Er wirkte in Princeton, Harvard, Yale und Smith. 1966 erschien von Mitrany der Band „A Working Peace System". Es handelt sich um eine Sammlung von Aufsätzen Mitranys. Der titelgebende Beitrag erschien bereits 1943. Er entwickelt die Grundlinien der funktionalistischen Argumentation. Der Band vereinigt neben dem Schlüsselaufsatz eine Reihe von Texten, die sich aus funktionalistischer Sicht besonders mit dem Konzept der Föderation sowie mit den Rechtsbegriffen der staatlichen Souveränität, der demokratischen Stimmengleichheit und der Repräsentativität kritisch auseinandersetzen.

Die Leitfrage, die Mitrany zu der von ihm begründeten funktionalistischen Friedensstrategie inspirierte, war die Frage, wie es auf der Welt zu einer „Einheit in Vielfalt" (S. 27) in einer sich allmählich herausbildenden Weltgesellschaft kommen könnte. Das Scheitern des Völkerbundes zusammen mit der Erfahrung, dass gleichwohl auch in Kriegszeiten bestimmte zweckgebundene Formen internationaler Zusammenarbeit aufrecht erhalten werden konnten, zeigen nach Mitrany, dass eine zeitgemäße Friedensstrategie nicht mehr darauf setzen darf, Staaten voreinander abzuschirmen, sondern dass umgekehrt Wege zu finden sind, Staaten zusammen zu bringen. Grenzen zwischen Staaten sollen durch Beiträge zu gemeinsamen Aufgaben bedeutungslos gemacht werden. Der „beschützte" Frieden (protected peace) soll durch den „funktionierenden" Frieden (working peace) abgelöst werden. Für Mitrany fördert alles den Frieden, was Staaten und Völker miteinander in Verbindung bringt. Schon im 19. Jahrhundert waren spezielle Vereinigungen, Kommissionen und Agenturen errichtet worden, um auf einzelnen praktischen Gebieten wie etwa dem des Telegrafiewesens, der Eisenbahn oder der Post zu internationalen Regelungen zu kommen.

Mitranys zugleich erfahrungsbezogener und normativer Ansatz richtet sich gegen einen für veraltet gehaltenen Friedensansatz, der sich an abstrakten Rechtsnormen und feierlichen Erklärungen orientiert, statt eine gesellschaftliche Sichtweise von Frieden einzunehmen. An die Stelle der Frage nach den „rechtmäßigen politischen Autoritäten" will der Autor die Frage nach den „rechtmäßigen Zielen und geeigneten Mitteln" (S. 84), um diese zu erreichen, setzen. Politische Autorität leitet Mitrany nicht aus einem Recht, sondern aus der Erfüllung einer politisch bedeutsamen Aufgabe ab. Er stützt seine Auffassung auf eine Reihe von ihm diagnostizierter soziologischer und politischer Trends seiner Zeit. Die wohlfahrtsstaatlichen Probleme der Nationalökonomien des 20. Jahrhunderts hält er allein im Rahmen einer geplanten internationalen Kooperation für lösbar. Während er die Staatstätigkeit früherer Jahrhunderte auf wenige Aufgaben der äußeren und inneren Sicherheit reduziert sieht, betrachtet Mitrany als wichtigste Staatsaufgabe im 20. Jahrhundert die Lösung der umfassenden Probleme gesellschaftlicher Sicherheit, die sich aus der unaufhaltsamen technischen Entwicklung ergeben.

Die räumliche Ausdehnung funktionalistischer Organisationen richtet sich nach den Aufgaben: Eisenbahnsysteme müssten beispielsweise regional geplant werden, Weltraumforschung könne dagegen nur global organisiert werden. Die sachgerechte Erfüllung von Aufgaben gebe den Weg für die möglichen weiterführenden Koordinationserfordernisse vor. Mitrany sieht darin die „Tugend der technischen Selbstbestimmung" (S. 72). Erweiterte Erfordernisse der Abstimmung des Handelns können sich beispielsweise im Falle der Eisenbahn mit denen der anderen Fortbewegungsmittel ergeben, beispielsweise der Straßen- und Flugtransporte. Stufenförmig ergeben sich weitere sachliche Koordinationserfordernisse für spezifische internationale Planungsagenturen ohne umfassendes allgemeines Mandat. Entscheidend ist in jedem Fall, dass die zahlreichen Aufgaben und Funktionen – z.B. des Transports oder der Gesundheitsvorsorge – sachlich kompetent bearbeitet und mit dem Einverständnis betroffener und interessierter nationaler Regierungen organisiert werden müssen. Die so entstehende Ordnungsstruktur ist elastisch und veränderungsfähig.

Demgegenüber sieht Mitrany in föderalistischen Verfassungen und legalistischen Prinzipien den überholten Versuch, über juristische Festsetzungen und Territorialität Einheit schaffen zu wollen. Entsprechend kritisch setzt er sich mit drei Rechtsbegriffen auseinander, nämlich 1. staatlicher Souveränität, 2. demokratischer Stimmengleichheit in internationalen Organisationen und 3. staatlicher Repräsentation. Mitrany plädiert für eine graduell fortschreitende Teilung nationaler Souveränität, bei der Stufe für Stufe bestimmte, fest umrissene Aufgaben im Rahmen internationaler handlungsfähiger Agenturen erfüllt werden. Die Souveränität wäre restlos abgebaut, wenn einmal auch die militärischen Sicherheitsprobleme entsprechend gelöst würden. Das Problem der Stimmkraft einzelner Nationen in funktionalistischen Agenturen will Mitrany gemäß ihres Beitrags für die Lösung bestimmter Aufgaben bemessen. Demgemäß würde der Status von Staaten in internationalen Organisationen je nach Aufgabe bestimmt werden. In bestimmten Aufgabenbereichen können Staaten unabhängig von ihrer sonstigen Macht und Größe hohen Einfluss haben. Mitrany führt als Beispiele die Rolle Norwegens in der Schifffahrt und die Stellung der Schweiz im Bankwesen an. Mit Blick auf das Prinzip demokratischer Repräsentation und Kontrolle verwirft Mitrany den alten, aus den Diskussionen um den Völkerbund entstandenen Gedanken, dass in die internationalen Organisationen direkt vom Volk zu wählende Vertreter einziehen sollen. Die Delegierten sollen vielmehr nach ihrer tatsächlichen Fähigkeit zur internationalen Zusammenarbeit ausgewählt werden, zum einen bezogen auf die Qualifikation für Sachthemen, zum anderen bezogen auf die Durchsetzungsfähigkeit von Beschlüssen im nationalen Bereich. Den Prototyp einer solchen Idee für ein „funktionales Parlament" (S. 125) sieht Mitrany in der Montanunion verankert. Entscheidend ist für ihn, dass es zu einer organischen Beziehung zwischen politischer Autorität und sachlicher Verantwortung kommt.

Dem Sammelband von Mitrany hat Hans Morgenthau (→ Morgenthau 1948) ein Vorwort vorangestellt. Angesichts der atomaren Bedrohung konnte Morgenthau nur eine „rationale Antwort" auf die Herausforderungen der Nationalismen des 20. Jahrhunderts erkennen, den funktionalistischen Ansatz. Demzufolge sollte eine freiwillige Zusammenarbeit der Staaten diese selbst überflüssig machen. In der weiteren Rezeption Mitranys ist sein normativer, friedensstiftender Impuls zugunsten analytischer Konzeptionen eher zurückgestellt worden. Drei Traditionslinien haben sich in Auseinandersetzung mit Mitranys Werk entwickelt, die bis heute bedeutsam sind: die Verbindung zwischenstaatlicher Aktivitäten mit den Tätigkeiten von Nichtregierungsorganisationen, die Hervorhebung der Wissenskomponente bei der Erarbeitung von politischen Strategien internationaler Zusammenarbeit und die allgemeine Betonung von freiwilliger Zusammenarbeit und Dialog in der Weltgemeinschaft. Für alle drei Traditionslinien steht in besonderem Maße das Werk von Ernst und Peter Haas. Ernst Haas hat sich mit Blick auf die

Entwicklung der europäischen Gemeinschaften mit der Frage auseinandergesetzt, welche Aufgabentypen geeignet sind, eine dynamische Weiterentwicklung der internationalen Zusammenarbeit hervorzubringen (Haas 1957; → Haas 1964). Damit entwickelte er den neofunktionalistischen Ansatz. Auch Mitranys These der besonderen Bedeutung von spezifischem Sachwissen für die Förderung internationaler Organisation(en) führten Ernst Haas (und sein Sohn Peter) fort (Haas 1990; anknüpfend siehe auch Senghaas-Knobloch u.a. 2003). Das Konzept der Wissensgemeinschaften führt den Gedanken politisch neutraler bzw. politisch neutralisierender Wissensbestände fort, die für Mitrany das Fundament grenzüberschreitender Zusammenarbeit sind. Das funktionalistische Programm fußt auf der These, dass eine erfolgreiche Friedensstrategie auf die neuen Herausforderungen eingehen muss, die sich aus der Bewältigung konkreter Problemlagen von Gesellschaften ergeben. Kritisch ist einzuwenden, dass es nicht den Einfluss analysiert, den politische Strukturen auf die Definition von Bedürfnissen und ihrer Befriedigung nehmen. Mitrany hat die Gestaltungskraft erkannt, die mit überzeugendem Wissen und gelingender Problembearbeitung verbunden ist, aber Dominanzstrukturen und die Prozesse politischer Bewusstseinsbildung unterschätzt.

## Literatur:

Dorothy Anderson, David Mitrany (1888-1975): An Appreciation of his Life and Work, in: Review of International Studies 24 (1998), S. 577-592.

Ernst B. Haas, When Knowledge is Power. Three Models of Change in International Organizations, Berkeley 1990.

David Mitrany, The Functional Theory of Politics, London 1975.

Eva Senghaas-Knobloch/Jan Dirks/Andrea Liese, Internationale Arbeitsregulierung in Zeiten der Globalisierung. Politisch-organisatorisches Lernen in der Internationalen Arbeitsorganisation (IAO), Münster 2003.

*Eva Senghaas-Knobloch*

## Charles-Louis de Secondat Baron de la Brède et de Montesquieu, De l'esprit des loix ou Du rapport que les loix doivent avoir avec la constitution de chaque gouvernement, les moeurs, le climat, la religion, le commerce, etc., 2. Bde., Genf 1748

*(DA: Der Geist der Gesetze, Frankfurt 1753; VA: Tübingen 1951).*

Der Schriftsteller und Staatstheoretiker Charles-Louis de Montesquieu lebte im vorrevolutionären Frankreich, philosophiegeschichtlich geprägt als Epoche des Rationalismus und der Aufklärung. 1689 geboren in La Brède bei Bordeaux in einer Familie des Amtsadels (noblesse de robe), verlor er mit sieben Jahren seine Mutter. Nach dem Jura-Studium und einem vierjährigen Aufenthalt in Paris kehrte er im Jahre 1713 nach dem Tod seines Vaters in seine Heimat zurück. Dort bekleidete er zwar das angesehene Amt eines Richters, doch galt sein lebhaftes Interesse naturwissenschaftlichen und historischen Studien. Zugleich arbeitete er an eigenen Publikationen. Die gesellschaftskritische Briefsatire „Persische Briefe“ des 32-Jährigen wurde 1721 zu einem großen Bucherfolg über die Grenzen Frankreichs hinaus. Vont 1728 an war Montesquieu Mitglied in der Académie française und gab sein Richteramt auf. In den folgenden drei Jahren unternahm er zahlreiche Reisen durch Europa und lebte zwei Jahre in England. Die Kenntnisse des angelsächsischen Staatswesens und Wirtschaftssystems, in dem individuelle und politische Freiheitsrechte zu dieser Zeit am weitesten entwickelt waren, finden direkten Niederschlag in seinem Werk „Vom Geist der Gesetze“, an dem er nach seiner Rückkehr in das heimatliche La Brède zu arbeiten begann. Montesquieu – Freimaurer und Wissenschaftler von hohem Ansehen, Mitglied der Royal Society und Direktor der Académie française – starb 1755 in Paris.

Montesquieus Hauptwerk „Vom Geist der Gesetze“, an dem er fast 15 Jahre gearbeitet hat, erschien 1748 anonym in Genf und erreichte binnen zwei Jahren mehr als 20 Auflagen und wurde innerhalb von fünf Jahren ins Italienische, Englische und Deutsche übersetzt. Das in 19 „Bücher“ untergliederte Werk versammelt nicht nur die enzyklopädischen Kenntnisse seines Autors in vielfältigen Wissensgebieten. Es behandelt zwei große Themenkomplexe, deren Rezeption Montesquieu breite Beachtung in den Geschichts-, Politik- und Gesellschaftswissenschaften bringen sollte: Zum einen stellt der Verfasser die Abhängigkeit der aus der antiken Staatsformenlehre

(→ Aristoteles 335 v. Chr.; → Platon zwischen 387 und 367 v. Chr.) übernommenen Grundformen Demokratie, Monarchie und Despotie von den natürlichen Gegebenheiten wie Geographie und vor allem Klima sowie von gesellschaftlichen Bedingungen wie Mentalitäten und Wirtschaft heraus (Buch 14-16). Damit kann Montesquieu – und so betonten es Auguste Comte und Émile Durkheim (Durkheim 1965) – als Wegbereiter der wissenschaftlichen Soziologie gelten. Zum anderen hat er die Lehre von der Gewaltenteilung, wesentlich angeregt von John Lockes „Two Treatises of Government" (→ Locke 1690), weiter entwickelt. Sie sollte in der Folgezeit ein Grundstein des modernen Verfassungsdenkens werden. Zugleich war Montesquieus Gewaltenteilungstheorie eine Kritik des französischen Absolutismus der Zeit inhärent, die konservative Kritiker – vornehmlich aus Kirchenkreisen – auf den Plan rief, so dass 1751 der „Geist der Gesetze" vom Vatikan auf den Index der verbotenen Schriften gesetzt wurde.

Montesquieus Lehre der Gewaltenteilung sah so aus: Montesquieu gewann aus der Anschauung der englischen Verfassungspraxis die Erkenntnis, dass sie darauf zielte, ein Höchstmaß politischer Freiheitsrechte der Bürger zu sichern. Er beschreibt mit Blick auf die englische Verfassungsordnung, wie politische Freiheit durch die Verteilung des staatlichen Herrschaftsmonopols auf verschiedene Gewalten gewahrt werden kann. Der Gewaltenteilungsgrundsatz bringe durch funktionale Übertragung staatlicher Kompetenzen und ihre Verteilung auf verschiedene Verfassungsorgane als Träger der Staatsgewalt eine Mäßigung der Macht und damit Rechtssicherheit für die Bürger hervor (11. Buch, 4. Kapitel). Grundlage, Rahmen und zugleich Maßstab dieser Delegationsordnung ist die Verfassung. Für Montesquieu setzt sich die Staatsgewalt aus einer handelnden Gewalt (Exekutive) und einer über eigenständige Kompetenzen verfügenden, kontrollierenden Gewalt (Legislative) zusammen. Montesquieu hat die Rechtssprechung aus dem „Gefüge der institutionalisierten Gewalten" gelöst. Sie sollte nach dem englischen Vorbild nicht in den Händen eines festen Trägers liegen, sondern von Geschworenengerichten mit rotierender Besetzung wahrgenommen werden: „Von den drei Gewalten, die wir erörtert haben, ist die richterliche in gewisser Weise gar nicht vorhanden" (S. 220).

Durch die Funktionsverteilung rechtssetzender und vollziehender Gewalt wird das staatliche Entscheidungsmonopol für Montesquieu eingeschränkt und in einer Ordnung von Zuständigkeiten und Kontrollinstanzen aufgehoben. Die Verteilung der Staatsgewalt auf unterschiedliche Funktionsträger bedeutet jedoch nicht strikte Gewaltentrennung und statische Balance, sondern sie erfordert im Gegenteil ständiges Zusammenwirken und gegenseitige Bindung: „Aus diesen drei Gewalten müsste ein Zustand der Ruhe oder Untätigkeit hervorgehen. Aber da sie durch die notwendige Bewegung der Dinge gezwungen sind, fortzuschreiten, werden sie genötigt sein, dies gemeinsam zu tun“ (S. 226). Montesquieu hat folglich nicht in erster Linie die Trennung der Gewalten, sondern ihr Zusammenwirken beschrieben. So erkennt er der repräsentierenden Körperschaft, also dem Parlament, neben dem Gesetzesbeschluss das Recht zur Überprüfung der richtigen Anwendung der Gesetze zu.

Bedeutet Gewaltenteilung zunächst Unterscheidung politischer Machtgewichtung in fest umrissenen Zuständigkeitsbereichen, so führt die Klassifikation von Staatsfunktionen zu einer funktional und institutionell, formell wie material aufgefächerten Staatsgewalt. Die Teilbarkeit des souveränen Entscheidungsmonopols in umgrenzte Zuständigkeitsbereiche bedingt die Schöpfung mehrerer, voneinander unabhängiger Subjekte institutionellen Handelns. Um handlungsfähig zu sein, bedürfen sie verbindlicher Regelsetzungen, in denen interne Organisation und Arbeitsweise, Kompetenzen und Verfahren im Zusammenwirken mit anderen Trägern staatlicher Gewalt festgelegt sind. Sie können als Rechtsinstitute im Verfassungs- und materiellen Staatsrecht, z.B. in Geschäftsordnungen oder Verwaltungsvorschriften, wie in Form organisatorischer Verfahrensregeln und Vorschriften präzisiert sein oder als Gewohnheitsrecht ausgeübt werden.

Gewaltenteilung ist daher bei Montesquieu zunächst als Kompetenzverhältnis zu deuten (Saladin 1984, S. 46 ff.). Sie gibt die Organisationstechnik an die Hand, mit der eine Verfassung als widerspruchfreies Verantwortungssystem, vor allem aus rechtsstaatlichen Elementen entwickelt werden kann. Kontrolle ist Ausdruck von Verantwortung im demokratischen Verfassungsstaat. Muss ein Machtträger einem anderen gegenüber Rechenschaft ablegen über die Erfüllung der ihm zugewiesenen Aufgaben, so wird durch Kontrolle Verantwortung geltend gemacht. Montesquieu hat als Maßstab die Rechtmäßigkeit angelegt. Herrschaft muss also dem „Geist der Gesetze“ entsprechen: „Um den Missbrauch der Macht zu verhindern, muss vermöge einer Ordnung der Dinge die Macht der Macht Schranken setzen. Eine Verfassung kann so gestaltet sein, dass niemand gezwungen ist, Dinge zu tun, zu denen das Gesetz ihn nicht verpflichtet, und Dinge nicht zu tun, die das Gesetz ihm erlaubt“ (S. 213). Die Bindung der Freiheit an das Gesetz sichert dem Einzelnen nicht nur seine Freiheit, sondern gibt ihm Sicherheit, nicht jederzeit Willkür oder Bedrohung für Leben und Eigentum ausgesetzt zu sein.

Der im Gewaltenteilungsgrundsatz fundierte Ausweis von Verantwortung wird in der Folge zu einem wesentlichen Strukturelement des Verfassungsstaates, in dem die Ausübung politischer Macht auf mehrere sich wechselseitig kontrollierende Träger aufgeteilt und das Kontrollinstrumentarium als Ganzes in der Verfassung bzw. im Staatsrecht verbürgt ist. Die konkrete verfassungsrechtliche Ausgestaltung des Gewaltenteilungsgrundsatzes bedingt aufgrund der Variationsbreite der Kontrollinstrumentarien verschiedene Formen der Wahrnehmung und Wirkung politisch-institutioneller Verantwortung. Damit sind grundsätzliche Fragen der Staatsformenlehre berührt, die Montesquieu eingehend ausfaltet. Montesquieus bevorzugtes Modell einer gemischten Verfassung steht in der Tradition konstitutioneller Monarchien und baut auf die Prämisse einer ständischen Ordnung. Es hat ihm die Kritik eingetragen, den englischen Parlamentarismus missverstanden zu haben, dass er sich dabei auf das englische Regierungssystem bezieht.

Dem Gewaltenteilungsprinzip kommt für Montesquieu deswegen eine tragende Rolle zu, weil es die Möglichkeit eröffnet, Verantwortung aus rechtsstaatlichen Elementen zu entwickeln und dadurch dauerhaft zu institutionalisieren. Montesquieu hat als erster Systematiker der Gewaltenteilung mit seinem „Geist der Gesetze“ vor allem das politische Denken der Federalists (→ Hamilton/Madison/Jay 1788) und die amerikanische Verfassungsentwicklung mit ihrer Trennung legislativer und exekutiver Gewalten maßgeblich beeinflusst.

## Literatur:

Claus-Peter Clostermeyer, Zwei Gesichter der Aufklärung. Spannungslagen in Montesquieus Esprit des Lois, Berlin 1983.

Émile Durkheim, Montesquieu and Rousseau: Forerunners of Sociology, Ann Arbor 1965.

Martin Drath, Die Gewaltenteilung im heutigen deutschen Staatsrecht, in: Heinz Rausch (Hrsg.), Zur heutigen Problematik der Gewaltenteilung, Darmstadt 1969, S. 21-77.

Edgar Mass (Hrsg.), Montesquieu-Traditionen in Deutschland: Beiträge zur Erforschung eines Klassikers, Berlin 2005.

Alois Riklin, Montesquieus freiheitliches Staatsmodell. Die Identität von Machtteilung und Mischverfassung, in: Politische Vierteljahresschrift 30 (1989), S. 420-442.

Peter Saladin, Verantwortung als Staatsprinzip, Bern 1984.

*Raban Graf von Westphalen*

## Barrington Moore Jr., Social Origins of Dictatorship and Democracy. Lord and Peasant in the Making of the Modern World, Cambridge 1966

*(DA, VA: Soziale Ursprünge von Demokratie und Diktatur. Die Rolle der Grundbesitzer und Bauern bei der Entstehung der modernen Welt, Frankfurt a.M. 1987.*

Die Arbeiten Barrington Moores (geb. 1913 in Washington) können zugleich in den Bereich der Politikwissenschaft, der Soziologie und der Sozialgeschichte eingeordnet werden. Diese Interdisziplinarität führte dazu, dass bis heute nicht vollständig geklärt ist, welche Disziplin Moore nun als ihren Klassiker führen darf. Nichtsdestoweniger stellen Moores Arbeiten in jeder der Disziplinen wichtige Schriften dar, die grundsätzliche Probleme der Fächer bearbeiten. Inspiriert durch sein Wirken am Russian Research Center in Harvard, konzentriert sich die Arbeit des amerikanischen Soziologen bereits früh auf die Rekonstruktion gesellschaftshistorischer Prozesse als Auslöser politischer Ereignisse. Besonders wichtig ist Moore das Zusammenspiel von Sozial- bzw. Klassenstrukturen und politischen Prozessen.

Zusammen mit „Injustice. The Social Bases of Disobedience and Revolt“ (Moore 1978) stellt „Social Origins of Dictatorship and Democracy” Moores bedeutendste Arbeit dar. Er leistet mit ihr einen frühen Beitrag zur Transformationsforschung, setzt sich das Werk doch mit der Genese von Demokratien und Diktaturen auseinander. Moore identifiziert die Verteilung von Machtressourcen in den Klassen einer Gesellschaft als das entscheidenden Moment für die Entwicklung eines Landes zu einer bestimmten Staatsform. Auch die Verbindung von individuellem Handeln, das sich in Gruppen vollziehe, und gesellschaftlichen Ereignissen erscheint ihm bedeutsam.

Damit ist bereits der Kern von Moores Arbeit umrissen: der Versuch die unterschiedlichen Pfade zu bestimmen, die Nationen in die Moderne beschritten. Die Frage ist, warum einige Ländern den Weg zur Demokratie genommen haben, während andere Gesellschaften faschistische oder kommunistische Systeme ausbildeten. Neben der Verteilung der Machtressourcen gelten Moore die strategische Orientierung der drei von ihm identifizierten Klassen – der Grundbesitzer, der Bauern und des Staates –als prägende Faktoren für den eingeschlagenen Weg. Moores Arbeit begnügt sich nicht mit einem statischen Blick auf die Gesellschaften. Sie setzt sich vielmehr mit der Entwicklung von Gesellschaften auseinander.

Moore verwendet für seine Überlegungen den Klassenbegriff, setzt aber deutlich andere Akzente als Karl Marx (u.a. → Marx 1869). Für Moore sind nicht die Arbeiter, sondern die Bauern oder besser das Verhältnis zwischen Grundbesitzern und Bauern der zentrale Motor des gesellschaftlichen Wandels, besonders im Übergang zwischen vormodernem und modernem Gesellschaftssystem. Ihm gelten die Veränderungen der Sozialstruktur und der daraus entstehenden Gruppeninteressen als Auslöser für Umbruchsprozesse. Dies steht im Gegensatz zu kulturellen Erklärungsmustern, wie sie z.B. in der politischen Kulturforschung zentral sind (→ Almond/Verba 1963).

Moore belässt es nicht bei einer theoretischen Diskussion der Frage des Übergangs zu modernen Gesellschaftsformen. Er analysiert vergleichend unterschiedliche Revolutionen und Übergänge und sie bedingende Unterschiede in den Ausgangsbedingungen. Sein Buch beginnt mit einer ausführlichen Diskussion der Revolutionen und Übergänge in England, Frankreich, USA, China, Japan und Indien. Dieser empirische Teil des Buches macht etwa 80 Prozent des Werks aus. Auf der Grundlage seiner detaillierten Fallanalysen bestimmt Moore drei Wege in die moderne Gesellschaft, die entweder zu einem „reaktionären Kapitalismus", zum Kommunismus oder zur Demokratie führen.

Da ist erstens der Weg der „bürgerlichen Revolution" (S. 476), den seiner Ansicht nach England, Frankreich und die Vereinigten Staaten beschritten. Er mündet in eine Demokratie. Der Weg zur Demokratie sei geprägt von einem starken bürgerlichen Impuls, der von der Entwicklung einer Marktwirtschaft als Antwort auf die Industrialisierung und die Kommerzialisierung in der Landwirtschaft begleitet werde. Bürger, Bauern und Adel stellten sich gleichermaßen gegen die herrschende Kaste und errichteten eine bürgerlich-kapitalistische Demokratie. Die Stellung der Landbevölkerung gegenüber den Eliten sei relativ stark. Sie könnten nach eigener Entscheidungskraft zwischen einem Verbleib in der Landwirtschaft oder einer Veränderung ihrer sozialen Position wählen, z.B. in dem sie in die Stadt umziehen und einen anderen Beruf ergreifen.

Dieser Entwicklung stehen zweitens die Prozesse hin zu einem „reaktionären Kapitalismus" in Deutschland und Japan gegenüber, die Moore als „kapitalistischen Weg" bezeichnet. Dieser zeichne sich durch eine Interessenkoalition von Bürgern und Adel gegen die Bauern aus, der auf die Ansprüche der Kommerzialisierung der Landwirtschaft mit repressiven Maßnahmen reagiere. Die überkommene Agrarstruktur werde bewahrt, Landreformen blieben aus. Der bürgerliche Impuls sei nur mäßig und die Revolution werde überwiegend von oben durchgeführt, ohne revolutionäre Umwälzung durch das Volk. Das Paradebeispiel für den „reaktionären Kapitalismus“ ist für Moore der Faschismus, in dem die Bauern durch Repressionen in einer kapitalintensiven Landwirtschaft festgehalten werden.

Einen dritten Weg beschritten Russland und China. Dort habe ein schwacher bürgerlicher Impuls zusammen mit einer gemeinsamen Interessenkonstellation von Bürgern und Bauern zu einer Bauernrevolution geführt, die den Adel sowie die herrschende Klasse beseitigte und zum Kommunismus führte. Auch dieser Pfad sei in eine arbeitsrepressive Reaktion auf die Kommerzialisierung der Landwirtschaft gemündet.

Moore sieht die unterschiedlichen Reaktionen der agrarischen sozialen Ordnung auf dem Übergang zur Industrialisierung als strukturellen Indikator für die Richtung der modernen Revolutionen an. Entscheidend für diese Richtung sind die vorherrschenden Konstellationen der Klassen und deren Machtverhältnisse während des Umbruchsprozesses, der durch den Wandel der Sozialstruktur im Übergang zwischen vormodernem Agrarstaat und modernem Industriestaat entsteht.

Bei Moores Arbeit handelt es sich um eine vergleichende Analyse im strengen Sinne, zu der er heute wahrscheinlich kombinatorische Verfahren der qualitativen politikwissenschaftlichen Analyse, wie z.B. die Qualitative Comparative Analysis verwenden würde, ein klassifikatorisches Vorgehen, das von Charles Ragin (1987) zur Analyse kategorialer Daten entwickelt wurde. Moores Analyse ist zugleich historisch und systematisch-analytisch angelegt, wobei der Gedanke der Dynamik gesellschaftlicher Prozesse eine große Rolle spielt. Neben dem Gedanken der sozialen Verankerung von Politik, der aus der starken Betonung der sozialstrukturellen Einbettung politischer Entscheidungen herauszulesen ist, greift Moore auf makroakteurstheoretische Aspekte zurück. Sie finden sich insbesondere in den Akteurskonstellationen zwischen den sozialen Klassen.

Die Auseinandersetzung mit Moores Werk konzentriert sich auf seine Schlussfolgerungen, die aus Sicht der Kritiker zu stark auf eine fast unweigerliche Entwicklung der Transitionsrichtungen aus den gesellschaftlichen Konstellationen ausgerichtet war. Moore wird auch eine zu starke Fixierung auf den Klassenbegriff und eine zu enge Verbindung zu marxistischen Ideen vorgeworfen. Diese Kritik ist bei näherer Ansicht der Arbeit allerdings nicht zu halten. In vielen Punkten lehnte sich Moore stärker an Überlegungen von Max Weber (→ Weber 1922) als von Karl Marx an. Daneben wird kritisch angemerkt, dass Moore bei der Auswahl wie bei der Auswertung seiner Untersuchungsfälle gelegentlich seine eigenen Kriterien nicht konsequent anwendete und sich gerade im Bezug auf die Daten zu Japan und China sachliche Fehler in die empirische Analyse eingeschlichen hätten. Ein weiterer Vorwurf ist, er würde die historischen Ergebnisse ex post erklären und habe andere mögliche Entwicklungspfade außer Acht gelassen.

Zusammen mit diesen Kritikpunkten hat die Veränderung der methodischen Ausrichtung der Politikwissenschaft, die sich in den USA weg von der von Moore verwendeten historisch-vergleichenden Methode hin zu mehrdimensionalen und statistischen Verfahren entwickelte, dazu geführt, dass die seinerzeit stark diskutierten Überlegungen Moores mittlerweile etwas in Vergessenheit geraten zu sein scheinen. Dies ist unberechtigt. Moores Werk hält besonders für vergleichende Politikwissenschaftler interessante Ideen und Hinweise bereithält. „Social Origins of Dictatorship and Democracy" ist als vorbildlich für eine fallorientierte Analyse im Sinne Charles Ragins (1987) anzusehen, die versucht, in einem klassisch angelegten Vergleichsdesign aus Unterschieden zwischen Rahmenbedingungen in Ländern (unabhängige Variable) auf Folgeprozesse (abhängige Variable) zu schließen. Zudem weisen Moores Schlussfolgerungen starke Züge eines pfadabhängigen Erklärungsmodells auf, wie es in der modernen Transformationsforschung Verwendung findet. Viele Gründe also sich diesem Klassiker zuzuwenden.

## Literatur:

Barrington Moore Jr., Injustice. The Social Bases of Disobedience and Revolt, New York 1978.

Barrington Moore Jr., Zur Geschichte der politischen Gewalt, Frankfurt a.M. 1966.

Charles Ragin, The Comparative Method: Moving beyond Qualitative Quantitative Strategies, Berkeley 1987.

Jonathan M. Wiener, Review of Reviews, in: History and Theory 15 (1976), S. 146-175.

Jonathan M. Wiener, The Barrington Moore Thesis and its Critics, in: Theory and Society (1975), S. 301-330.

*Gert Pickel*

## Andrew Moravcsik, The Choice for Europe. Social Purpose and State Power from Messina to Maastricht, Ithaca 1998.

Andrew Moravcsik, Professor für Regierungslehre an der Harvard-Universität (USA), trat 1991 mit einem Aufsatz über die Verhandlungen zur Einheitlichen Europäischen Akte in die theoretische Debatte zur europäischen Integration ein. Gegenüber neofunktionalistischen Lehrmeinungen, die er insbesondere in einem Aufsatz von Wayne Sandholtz und John Zysman (1989) zu erkennen glaubte, positionierte er sich mit einem intergouvernementalistischen Ansatz. Es folgten weitere Aufsätze und Tagungsbeiträge, in denen er seine Argumentation vertiefte und verfeinerte. Sein 1998 erschienenes Buch „The Choice for Europe" bietet eine umfassende Ausformulierung seines Theoriekonzepts des liberalen Intergouvernementalismus und zugleich eine umfangreiche empirische Untermauerung seiner Thesen. Das Werk wurde in Fachkreisen breit rezipiert und umfassend kritisiert.

Mit seinem bisherigen Hauptwerk hat Moravcsik den Versuch unternommen, ein konsistentes theoretisches Modell zur Erklärung der europäischen Integration zu entwickeln und dieses anhand von breit angelegten Fallstudien zu testen. Dabei stützt er sich auf intergouvernementalistische Argumentationsmuster, das heißt, er sieht in den Regierungen der Mitgliedstaaten die Akteure, die den Integrationsprozess entscheidend vorantreiben und steuern, während die supranationalen Akteure, insbesondere die Europäische Kommission, kaum eine Rolle spielen.

Moravcsik begründet diesen Ansatz mit einem dreistufigen Modell, über das die Regierungen zu integrationsfördernden Entscheidungen kommen: Zunächst kommt es demnach zur Ausformulierung eines bevorzugten Verhandlungsergebnisses entsprechend der nationalen Interessen. In der Folge fänden zwischenstaatliche Verhandlungen statt, die schließlich in der Wahl institutioneller Arrangements mündeten. Für jede Stufe führt Moravcsik zusätzliche Erklärungsvariablen ein, die er mit theoretischen Annahmen der internationalen Beziehungen untermauert.

So nimmt er für die Herausbildung nationaler Präferenzen zunächst eine Unterscheidung zwischen geopolitischen und wirtschaftlichen Interessen vor. Dabei schreibt er den wirtschaftlichen Interessen den höheren Erklärungswert zu. Innerhalb dieser beiden Kategorien untersucht er die Bedeutung zusätzlicher Erklärungsvariablen wie die Varianz zwischen Staaten und Politikthemen, der Zeitpunkt von Verschiebungen in den Präferenzen, die Widerspruchsfreiheit der Politik und die Forderungen für Verhandlungen, die Bedeutung von innerstaatlichen Interessengegensätzen und die Inhalte von internen Beratungen. In Bezug auf die zwischenstaatlichen Verhandlungen zielt Moravcsik auf die Erklärung der Effizienz der Verhandlungen sowie ihrer Verteilungsergebnisse. Er unterscheidet zwischen den Annahmen der supranationalen und denen der von ihm vertretenen intergouvernementalen Verhandlungstheorie. Für seine Theorie zieht er zusätzliche Annahmen heran, nämlich, dass die Staaten in einem Verhältnis asymmetrischer Interdependenz zueinander stehen, und dass die Stärke ihrer Präferenzen den relativen Wert „diktieren". Die am stärksten interessierten Regierungen betätigten sich als politische Unternehmer. Regierungen, die von einer Entscheidung am meisten profitieren, seien am ehesten zu Zugeständnissen oder Ausgleichszahlungen (side payments) bereit. Glaubhafte Drohungen mit dem Ausscheiden aus den Verhandlungen oder dem Ausschluss anderer Verhandlungspartner verschöben das Verhandlungsergebnis zu Gunsten des drohenden Staates.

In Bezug auf die Wahl institutioneller Arrangements geht es nach Moravcsik um die Alternative zwischen der Delegation von Aufgaben an die supranationale Ebene oder der gemeinsamen Ausübung (pooling) von Souveränität. Der Autor sieht drei Erklärungsmöglichkeiten: 1. der Glaube an eine föderalistische Ideologie; 2. die Notwendigkeit eines technokratischen Managements oder 3. der Wunsch nach glaubhafter Verpflichtung. Die dritte Möglichkeit hält Moravcsik für die richtige Erklärung. Dabei bestimmt wiederum eine Reihe von Variablen die Wahl, nämlich das Politikthema, die Stärke von Interessengruppen, die eine europäische Regelung befürworten und die Notwendigkeit, eventuelle Oppositionsgruppen zu unterdrücken.

Auf der Grundlage dieses sehr ausdifferenzierten theoretischen Modells, das eine Reihe von denkbaren Gegenpositionen einbezieht, untersucht Moravcsik in seinem Buch fünf Phasen der europäischen Integration, wie sie in so genannten „grand bargains" zum Ausdruck kommen: 1. die Gründung von Europäischer Wirtschaftsgemeinschaft und Euratom (1955-1958); 2. die Konsolidierung des Gemeinsamen Marktes (1958-1969); 3. die Verhandlungen um eine monetäre Integration (1969-1983); 4. der erneute Integrationsaufschwung im Zeichen der Europäischen Akte (1984-1988); 5. die Wirtschafts- und Währungsunion mit dem Vertrag von Maastricht (1988-1991). Für jede dieser Phasen wird, entsprechend dem theoretischen Modell, der dreistufige Prozess der Präferenzbildung, der zwischenstaatlichen Verhandlungen und schließlich der institutionellen Entscheidungen nachgezeichnet.

Dabei untersucht Moravcsik allerdings lediglich die drei großen Mitgliedstaaten Frankreich, Deutschland und Großbritannien. Zudem beleuchtet er die entsprechenden Phasen unter der Perspektive der einzelnen theoretischen Annahmen. Dabei gibt Moravcsik auch den potentiellen Gegenargumenten breiten Raum.

Im Ergebnis sieht er sein theoretisches Konzept in nahezu allen Punkten bestätigt: So seien es nicht geopolitische Ideen oder wirtschaftliche, insbesondere handelspolitische Interessen gewesen, die die Präferenzen der Staaten bestimmten. Im Zuge der Verhandlungen seien es immer die nationalen Regierungen gewesen, die, bestens informiert und mit Ideen ausgestattet, als Politik-Unternehmer auftraten. Die Verhandlungsergebnisse spiegelten die relative Machtposition der Staaten, das Ausmaß ihres Interesses an einer europäischen Regelung sowie ihren Verhandlungsspielraum, der von nationalen Interessensgruppen, aber auch von Ausschlussdrohungen anderer Staaten eingeschränkt werden könne. Zumeist verträten die Regierungen die Interessen der wettbewerbsfähigsten Sektoren ihrer Staaten. In Bezug auf institutionelle Entscheidungen sei es fast ausschließlich der Wunsch nach glaubhafter Verpflichtung gewesen, der die institutionelle Wahl bestimmt habe. Durchgängig wird von Moravcsik die Rolle supranationaler Akteure, besonders der Kommission, als überflüssig, sinnlos oder sogar als kontraproduktiv angesehen. Ein begrenzter Einfluss gesteht der Autor der Kommission lediglich bei der Einheitlichen Europäischen Akte zu. In keinem Falle misst er ihr eine entscheidende Rolle bei.

Moravcsiks Verdienst ist es, mit seinem Buch erstmals eine intergouvernementalistische Theorie entwickelt zu haben, die Integration auch dann noch erklären kann, wenn die Haltungen der einzelnen Staaten sich nicht einander annähern. Zudem hat er ein sehr differenziertes und konsistentes Erklärungsmodell vorgelegt. Schließlich hat er seine Theorie einem umfangreichen und detailgenauen empirischen Test unterzogen, der auf sorgfältigem Quellenstudium und einer ausführlichen Darstellung der „grand bargains“ beruht.

Diese Stärken von Moravcsiks Ansatz markieren zugleich seine Schwächen, von denen hier nur die wichtigsten genannt werden sollen (Sandholtz/Stone Sweet 1998; Wallace u.a. 1999). Zum ersten stützt sich Moravcsik auf eine theoretische Argumentation, die zum Zeitpunkt ihrer Formulierung bereits überholt war. Fast alle neueren Studien zur europäischen Integration richten sich auf das Zusammenspiel zwischen Intergouvernementalismus und Supranationalismus und nicht auf ein Entweder-Oder. Zum zweiten baut Moravcsik als Gegenpart zu seiner Theorie einen Popanz auf, indem er den Neofunktionalismus bzw. Supranationalismus zu einer Theorie der Kommission (oder anderer supranationaler Akteure) als Politik-Unternehmer reduziert, die er dann leicht zurückweisen kann. Zum dritten ist seine empirische Analyse extrem auf die Bedürfnisse des Theorietests zugeschnitten, indem er nur das überprüft, was er zuvor als theoretisch relevant ermittelt hat: die Präferenzbildung der ausgewählten Staaten, ihre Verhandlungen und ihre institutionellen Entscheidungen. Zudem untersucht er nur die Verhandlungen über wirtschaftliche Fragen. Auch die Kommission wird einseitig als Partei in Verhandlungen konzeptioniert. Ihre Rolle als Gestalter institutioneller Arrangements, die wiederum die Entscheidungen der Mitgliedstaaten beeinflussen, bleibt außerhalb des Blickfeldes. Insgesamt besteht der Wert von Moravcsiks Werk darin, dass er mit der Einnahme einer Extremposition – der Formulierung einer Theorie, mit der der gesamte Integrationsprozess nicht nur erklärt, sondern sogar vorausgesagt werden kann – die integrationstheoretischen Debatte angeheizt und die theoretischen Anstrengungen zur Erklärung der europäischen Integration neu belebt hat.

**Literatur:**

Andrew Moravcsik, Negotiating the Single European Act: National Interest and Conventional Statecraft in the European Community, in: International Organization 45 (1991), S. 19-56.

Wayne Sandholtz/John Zysman, 1992: Recasting the European Bargain, in: World Politics 41 (1989), S. 95-128.

Wayne Sandholtz/Alec Stone Sweet, European Ingegration and Supranational Governance, Oxford 1998.

Helen Wallace/James A Caporaso/Fritz W. Scharpf/Andrew Moravcsik, Review Section Symposium: The Choice for Europe: Social Purpose and State Power from Messina to Maastricht, in: Journal of European Public Policy 6 (1999), S. 155-179.

*Ingeborg Tömmel*

## Hans J. Morgenthau, Politics Among Nations: The Struggle for Power and Peace, New York 1948

*(DA, VA: Macht und Frieden, Grundlegung einer Theorie der internationalen Politik, Einleitung zur deutschen Ausgabe von Gottfried-Karl Kindermann, Gütersloh 1963).*

Hans J. Morgenthau (1904-1980) war nach dem Studium der Rechts- und Staatswissenschaften in Berlin, Frankfurt am Main und München zunächst als Richter tätig, bevor er über Stationen in Genf und Madrid 1937 in die USA emigrierte. Dort wirkte er u.a. in Columbia, Harvard und Yale sowie ab 1943 an der Universität in Chicago. Sein Werk „Politics Among Nations" erschien erstmals 1948 in New York. Die Dominanz eines skeptischen Menschenbildes und interessengeleiteten Staatenbildes bei Morgenthau kann angesichts der weltpolitischen Rahmenbedingungen seines Wirkens und seines Lebenswegs nicht verwundern. Er ist geprägt von den weltpolitischen Ereignissen der Zwischenkriegs- und Kriegszeit sowie den persönlichen Erfahrungen als Jude in Deutschland. Andererseits spiegelt sich in Morgenthaus Werk eine weit verbreitete Denkströmung der Entstehungszeit, die – als „philosophischer Realismus" bezeichnet – die Abgründe des menschlichen Wesens zwischen ungeahnter Schöpfungskraft und unbegreiflichem Zerstörungstrieb thematisiert. Ihr prominentester Vertreter ist Reinhold Niebuhr.

Nach Hans J. Morgenthau darf internationale Politik nicht von idealistischen Wunschvorstellungen geleitet sein, sondern muss von der Einsicht in die machtorientierte Natur des anarchischen Staatensystems bestimmt werden. Andernfalls drohten Katastrophen wie der Zweite Weltkrieg sich zu wiederholen. Weil das Streben nach Macht im ureigenen Interesse von Staaten – wie auch von Menschen – liege, sei die internationale Politik jedes Staates per se auf die Bewahrung und den Ausbau von Macht ausgerichtet. Auf deutsch wurde das Hauptwerk Morgenthaus 1963 erstmals unter dem Titel „Macht und Frieden. Grundlegung einer Theorie der internationalen Politik" veröffentlicht. Dieser Titel ist keine bloße Übersetzung des Originals und spiegelt bereits einen Teil der enormen Wirkung von „Politics Among Nations" in den 15 Jahren nach dem Erscheinen. Die ausführliche Einführung des Morgenthau-Schülers Gottfried-Karl Kindermann ist selbst ein eindrucksvoller Beleg dafür. Das Werk war gedacht als Sammelschrift zu den politischen Grundüberzeugungen des Autors zum „Wesen der internationalen Politik sowie über die Art und Weise, wie eine falsche Außenpolitik der westlichen Demokratien unweigerlich die Schrecken des Totalitarismus und des Krieges heraufbeschwor“ (S. 8). Dabei ging Morgenthau vom theoretischen Grundsatz aus, dass es eine „objektive und universal gültige Wahrheit in politischen Dingen gibt, dass der menschliche Verstand diese Wahrheit erfassen kann und dass diese in den wechselnden Gestalten aufeinander folgender historischer Perioden verkörpert wird“ (S. 9). Dies nachzuweisen und in den Grundzügen zu belegen, ist das Ziel des ersten von insgesamt zehn Teilen mit dem Titel „Theorie und Praxis der internationalen Politik“. Das erste Kapitel mit dem Titel „Eine realistische Theorie der internationalen Politik“ enthält mit den „[s]echs Grundsätzen des politischen Realismus“ das Credo des Autors. Sie sind das Kernstück von „Macht und Frieden“ sowie des politischen Realismus nach Morgenthau. Der Begriff „Realismus“ ist hierfür von zentraler Bedeutung, da der Ansatz am „menschlichen Wesen, wie es wirklich ist“ sowie an den „geschichtlichen Abläufen, wie sie den Tatsachen entsprechen“ (S. 49) und nicht an abstrakten Grundsätzen ausgerichtet ist.

Morgenthau verdeutlicht zunächst seine wissenschaftliche Grundüberzeugung, wonach „die Politik, so wie die Gesellschaft im allgemeinen, von objektiven Gesetzen beherrscht“ werde, deren Ursprung in der menschlichen Natur“ (ebd.) liege. Diese objektiven Gesetze mit überzeitlicher Gültigkeit gelte es zu erkennen und in eine vernunftgemäße Theorie zu fassen. Hierfür sei es entscheidend, Politik als eigenständigen, von der Wirtschaft, der Ethik oder von der Religion abgegrenzten Bereich zu verstehen, in dem auch spezifische Begriffe im Mittelpunkt stehen, ohne die weder eine Trennung von anderen Gebieten noch eine Maßstabsbildung möglich wäre. Entscheidend für Politik im Allgemeinen und internationale Politik im Speziellen ist laut Morgenthau „der im Sinne von Macht verstandene Begriff des Interesses“ als „Bindeglied zwischen der Vernunft, die sich bemüht, internationale Politik zu verstehen, und den zu bewältigenden Tatsachen“ (S. 50). Die Schlüsselrolle des Machtbegriffs für das Verständnis und die Bewertung der internationalen Politik sowie für das Handeln der Staatsmänner begründet Morgenthau mit historischen Belegen. Sein wissenschaftsgeschichtliches Selbstverständnis steht in der Tradition von Thukydides, Niccolò Machiavelli (→Machiavelli 1532) und Thomas Hobbes (→ Hobbes 1651). Weder „gute Absichten“ noch moralische Ansprüche von Staatsmännern können demgemäß als Maßstäbe für eine rationale Theorie dienen. Sie als Orientierungspunkt für nationale Außenpolitik zu nehmen, birgt nach Morgenthau die Gefahr des Scheiterns (Beispiel: „Appeasement-Politik“).

Diese klare Positionierung Morgenthaus ist sowohl eine Schlüsselstelle seines theoretischen Ansatzes als auch Quelle vielfacher, fehlgeleiteter Kritik: Indem er moralische Erwägungen als Maßstab für gute Außenpolitik wegen ihrer sachlichen Unangemessenheit und mangelnden Interessenorientierung ablehnt, verneint er keineswegs die Notwendigkeit, rationale Außenpolitik moralisch zu bewerten. Eine Vermischung beider Bereiche würde jedoch erfolgreichem politischem Handeln, „das auf dem Gebot nationaler Selbsterhaltung beruht" (S. 56) entgegenstehen. Dies gilt nicht zuletzt deswegen, weil weder die Interessen, die Morgenthau in Anlehnung an Max Weber betont, unveränderlich sind, noch die konkrete Art der Anwendung von Macht von vorneherein festgelegt ist. Der Interessenbegriff in Verbindung mit der Kategorie „Macht" dient bei der Ausweitung der Perspektive auf die internationale Staatengemeinschaft zudem als stabilisierender Faktor: Die Orientierung an Interessen ermögliche es den Staaten untereinander, ihre Politik zu beurteilen und durch wechselseitige Anerkennung nationaler Interessen für Stabilität zu sorgen. Die anerkannte Machtorientierung aller Staaten fördere ein Gleichgewichtsstreben unter allen Akteuren. Eine Überhöhung der eigenen Ansprüche in Form besonderer sittlicher Ansprüche einer Nation, die zum Nationalismus führen, würden dadurch ebenfalls ausgeschlossen. Entscheidend ist aus der Sicht des politischen Realismus, dass die „Eigengesetzlichkeit" (S. 57) der Politik respektiert wird. Diese ist, wie Morgenthau in den folgenden Teilen mit den Titeln „Internationale Politik – Der Kampf um die Macht" (II.), „Nationale Macht" (III), „Schranken der nationalen Macht: Das Gleichgewicht der Mächte" (IV.), „Schranken der nationalen Macht: Internationale Moral und öffentliche Weltmeinung" (V.), „Schranken der nationalen Macht: Das Völkerrecht" (VI.) varianten- und beispielsreich ausführt, vom „Kampf um die Macht" geprägt, da „internationale Politik zwangsläufig Machtpolitik" (S. 74) ist. An diesem Grundtatbestand ändern aus seiner Sicht weder ökonomische Verflechtungen noch die Intensivierung der internationalen Kooperation, insbesondere durch die Schaffung Internationaler Organisationen, etwas. Da es sich aus realistischer Sicht beim Machtstreben um eine anthropologisch fundierte Tatsache handelt, kann „das Verlangen nach Macht nicht auf der ganzen Welt beseitigt werden". Die Vorstellung, dass Staaten freiwillig ihre Machtposition beschränken lassen, erscheint Morgenthau „selbstmörderisch", denn die Staaten, die durch höhere Einsicht vom Machtstreben „geheilt" seien, würden „der Macht der anderen zum Opfer fallen" (S. 75). Im Gegensatz zur Denkrichtung des „historischen Optimismus" propagieren die Realisten deshalb als Mittel zur Machtbegrenzung das „Gleichgewicht der Mächte". Dieses

Gleichgewicht ist für Morgenthau zugleich der Kernmechanismus realistischer Politik zur Stabilitäts- und Friedenswahrung, als auch Denkfigur zur Analyse bestehender machtpolitischer Konstellationen. Auch bei diesem zentralen Element des Realismus geht es Morgenthau keineswegs um rein utilitaristische Argumentationen, sondern ebenfalls um den Nachweis von Wirkungszusammenhängen, deren anthropologische und gesellschaftliche Ursprünge nachweisbar sind.

Was Morgenthau nach einhelliger Bewertung durch seine Zeitgenossen und nachfolgende Wissenschaftlergenerationen von anderen herausragenden Verfechtern des Realismus, wie Edward H. Carr (→ Carr 1939) und John H. Herz, unterscheidet, ist die Bestimmtheit in seinen Aussagen sowie das nimmermüde Engagement für die Berücksichtigung seiner wissenschaftlichen Erkenntnisse in der Gestaltung nationaler Außenpolitik. Insofern ist es kein Zufall, dass lange Zeit die im Lauf der 1950er und 1960er Jahre intensivierte Debatte über die Angemessenheit und Aussagekraft des Realismus in den Internationalen Beziehungen unter dem Schlagwort „Morgenthau und seine Kritiker" geführt wurde. Neben der inhaltlichen Kritik an Morgenthaus Theoriegebäude mit der prägenden Kraft von Macht- und Interessenstreben wurde auch sein weitgehend unverändertes Festhalten an seinen Grundaussagen trotz sich ändernder weltpolitischer Konstellationen bemängelt. Hieraus entstanden Weiterentwicklungen unter Beibehaltung realistischer Prämissen wie der Anarchie im internationalen System und der zentralen Stellung der nationalstaatlichen Akteure. Ein wichtiger Vertreter dieser üblicherweise als Neorealismus bezeichneten theoretischen Forschungsrichtung ist Kenneth N. Waltz. Er hat mit seiner Orientierung an systemtheoretischen Argumentationen und dem daraus resultierenden „strukturellen Realismus" das zweite große, in sich geschlossene, theoretische Werk in der realistischen Tradition vorgelegt (→ Waltz 1979).

Die Kritiker des Ansatzes von Morgenthau, die bereits seine Prämissen des Machtstrebens von Individuen und damit auch von Staaten bezweifeln, stellen zwangsläufig auch seine Schlussfolgerungen in Bezug auf die prägenden Faktoren der internationalen Politik in Frage. Die Bedeutungszunahme von Normen, Regeln und dauerhaften Kooperationsbeziehungen auf der internationalen Ebene spricht aus Sicht der Institutionalisten gegen eine absolute Dominanz der Machtorientierung aller Staaten. Gegen die Behauptung der Objektivierbarkeit des nationalen Interesses und der daraus resultierenden „guten" Außenpolitik sprechen sich die Liberalisten aus. Ihr Fokus richtet sich auf innere und äußere Einflüsse, die nationale Außenpolitik und damit die Gestaltung des internationalen Systems prägen. Die Art des Herrschaftssystems ist nach ihrer Meinung mitentscheidend für die Außenpolitik eines Staates. Ein Aspekt, der für Morgenthau aufgrund der überzeitlich wirkungsmächtigen Grundsätze und des zur Existenzsicherung erforderlichen, von innenpolitischen Faktoren unabhängigen Primats der Außenpolitik nicht ausschlaggebend sein kann.

Angesichts einer Entwicklung hin zu globalen Interdependenzen und vielschichtigen Kooperationsbeziehungen zwischen den Staaten zu Beginn des 21. Jahrhunderts wirkt der primär auf machtpolitische Interessenorientierung von Nationalstaaten konzentrierte Erklärungsansatz Morgenthaus – eine in sich geschlossene Theorie ist das hermeneutisch-interpretative Vorgehen nicht – vielfach überholt. Der bleibende Wert seines realistischen Denkens wird jedoch immer dann deutlich erkennbar, wenn sich der Fokus auf das Handeln der „großen weltpolitischen Mächte" oder auf die Neuorientierung von Staaten in Umbruchsituationen, sei es 1989/90 oder nach dem 11. September 2001, richtet.

## Literatur:

Christoph Frei, Hans J. Morgenthau. Eine intellektuelle Biographie, Bern/Stuttgart/Wien 1993.

John H. Herz, Politischer Realismus und Politischer Idealismus, Hamburg 1959.

Hans J. Morgenthau, Scientific Man versus Power Politics, Chicago 1946.

Reinhold Niebuhr, Faith and History – A Comparison of Christian and Modern Views of History, New York 1949.

Reinhold Niebuhr, The Nature and Destiny of Man, New York 1949.

Christoph Rohde, Hans J. Morgenthau und der weltpolitische Realismus, Wiesbaden 2004.

Kenneth W. Thompson, Political Realism and the Crisis of World Politics, Princeton 1960.

*Wolfram Hilz*

## Gaetano Mosca, Elementi die Scienza Politica, Bari 1895

*(2. Aufl., Turin 1922; DA, VA: Die herrschende Klasse. Grundlagen der politischen Wissenschaft. Mit einem Geleitwort von Benedetto Croce, München/Bern 1950).*

Gaetano Mosca (1858-1941) war von Hause aus Verfassungsjurist, wandte sich jedoch schon früh Fragen der Verwaltungs- und Politikwissenschaft zu, die damals im Schoße der juristischen Disziplin entstanden. Er hatte verschiedene Lehrstühle inne, zunächst für Verfassungsrecht in Palermo (1888-1896) und Turin (1897-1908), später für Politikwissenschaft in Mailand (1918-1923) und Rom (1924-1933). Mosca war auch lange Zeit aktiver Politiker, u.a. als Vertreter der Provinz Palermo im italienischen Abgeordnetenhaus, als Unterstaatssekretär im Kolonialministerium und zuletzt als Senator. Obwohl er der modernen Parteiendemokratie immer skeptisch gegenübergestanden hatte, wurde er nach Mussolinis Machtergreifung zum Gegner des Faschismus. In einer 1925 gehaltenen Ansprache an den Senat kritisierte er die Abschaffung der Gewaltenteilung durch das faschistische Regime und verteidigte die freiheitliche parlamentarische Verfassungsordnung. Danach zog er sich aus dem politischen Leben zurück.

Die erste Auflage des hier vorgestellten Werks wurde 1896 unter dem Titel „Elementi di Scienza Politica“ (dt.: Elemente der Politischen Wissenschaft) veröffentlicht. Der italienische Titel deutet darauf hin, dass das Buch als Einführung in die Politikwissenschaft gedacht war. Die erste Auflage umfasste lediglich die ersten elf Kapitel der späteren Auflagen. Sie folgte einer relativ konventionellen Gliederung und enthielt Kapitel über Rechtsstaatlichkeit, Repräsentativsystem, Wahlen, intermediäre Organisationen, Revolutionen, Militär, Parlamentarismus und Kollektivismus. Im zweiten von insgesamt elf Kapiteln finden sich aber bereits in dieser ersten Ausgabe Moscas Grundüberlegungen zur Universalität von Elitenherrschaft und zu den Beziehungen zwischen Gesellschaftsstruktur, Elitenstruktur und politischem System. Für die zweite, 1923 erschienene Auflage wurde das Werk um sechs Kapitel erweitert, die sich vorrangig mit dem Konzept der herrschenden Klasse befassen. Die deutsche Ausgabe von 1950 basiert auf der vierten, 1947 postum erschienenen Auflage. Sie enthält nicht nur sämtliche Kapitel der zweiten Auflage, sondern darüber hinaus auch spätere Aktualisierungen und Anmerkungen, in denen neuere politische Entwicklungen berücksichtigt sind.

Insbesondere die in Kapitel I und XVI entwickelten Gedanken zur Rolle der Politikwissenschaft weisen Mosca als einen frühen Vertreter einer eigenständigen politikwissenschaftlichen Disziplin aus. Der Autor gibt hier seiner Hoffnung Ausdruck, eine systematische politikwissenschaftliche Analyse könne zur Verbreitung einer vorurteilsfreien und realistischen Sicht politischer Phänomene beitragen. Moscas Orientierung ist dabei dezidiert empirisch. Er verspricht sich vor allem von einem systematischen Studium der Geschichte wichtige Einblicke in die Gesetzmäßigkeiten von Politik. Der von ihm gewählte Ansatz ist insofern modern, als er betont, die Politikwissenschaft dürfe sich nicht auf eine Analyse der Regierungsinstitutionen beschränken, sondern müsse sich auch mit der Struktur der öffentlichen Verwaltung, politischen Bewegungen und politischer Kultur befassen.

Der deutsche Buchtitel deutet bereits darauf hin, dass Mosca den Eliten, die er als herrschende bzw. politische Klasse bezeichnet, eine zentrale Rolle für politische Prozesse zuschreibt. Beide Begriffe werden von Mosca weitgehend austauschbar verwendet. Der Begriff der herrschenden Klasse ist aber eher als Oberbegriff anzusehen, während der Begriff der politischen Klasse zur Kennzeichnung der Eliten moderner Gesellschaften mit einem ausdifferenzierten politischen System angemessener ist.

Mosca zufolge werden politische Entscheidungen stets von Minderheiten getroffen. Selbst für autokratische Systeme sei aber eine Beschränkung der Analyse auf einzelne Herrscherpersönlichkeiten unzureichend. Neben dieser habe nämlich immer eine breitere Gruppe an den zentralen politischen Entscheidungen teil. Die Struktur dieser herrschenden Klasse sei konstitutives Merkmal jedes Herrschaftssystems. Diese Klasse könne je nach dem Komplexitätsgrad einer Gesellschaft mehr oder weniger Personen umfassen. Den Massen billigt Mosca demgegenüber lediglich die Fähigkeit zu, durch Widerstand politischen Druck auf die herrschende Klasse auszuüben.

Auf Grund dieser Überlegungen gilt Mosca als einer der Begründer der modernen Elitentheorie, auch wenn er selbst den Elitebegriff nicht verwendet hat. Die Wahl des Begriffs der herrschenden Klasse impliziert zum einen, dass Mosca sein Augenmerk nicht auf Personen, sondern auf Strukturmerkmale der Gesellschaft richtet. Zum anderen drückt sich in der Verwendung des Klassenbegriffs eine Frontstellung gegen den Marxismus aus, den Mosca leidenschaftlich bekämpfte. Nach Mosca ist die ungleiche Verteilung politischer Macht das ausschlaggebende Merkmal von Herrschaftssystemen, nicht die Kontrolle über die Produktionsmittel. Ökonomische Macht verleihe zwar politischen Einfluss, sei aber nicht deckungsgleich mit politischer Macht, die in arbeitsteiligen bürokratischen Herrschaftssystemen von Politikern und

Verwaltungsspezialisten ausgeübt werde. Große Teile des Buches sind dem systematisch begründeten und mit zahlreichen historischen Beispielen untermauerten Nachweis der Universalität von Herrschaft gewidmet. Sie sollen zeigen, dass die Abschaffung von Herrschaft eine Utopie ist und selbst in Repräsentativsystemen der politische Prozess durch eine herrschende Minderheit dominiert wird.

Anders als Vilfredo Pareto, der zweite Begründer der Elitentheorie, leitet Mosca die Existenz von Eliten aber nicht anthropologisch aus der Ungleichheit angeborener Fähigkeiten ab, sondern begründet diese – ähnlich wie Robert Michels (→ Michels 1911) – organisationssoziologisch. Er verweist darauf, dass die herrschende Minderheit auf Grund ihrer kleinen Zahl besser organisiert und daher in der Lage ist, ihre Interessen durchzusetzen. Die für den Zugang zu Herrschaftspositionen erforderlichen Fähigkeiten basieren nach Mosca nicht auf einer angeborenen intellektuellen Überlegenheit oder auf herausragenden moralischen Qualitäten. Sie sind auch nicht unveränderlich, sondern hängen von der Gesellschaftsstruktur ab. Zwar gebe es eine Neigung zur Reproduktion der herrschenden Klasse, d.h. zur Erblichkeit des Elitenstatus, diese beruhe jedoch primär auf dem privilegierten Zugang des Nachwuchses der herrschenden Klasse zu den Bildungsinstitutionen und zu Sozialkapital im Sinne einschlägiger Sozialisationserfahrungen, guter Beziehungen usw. Mit dem Wandel der Qualifikationen, die zur Führung der Staatsgeschäfte erforderlich seien, rückten jedoch neue Personen in die herrschende Klasse auf und deren Charakter ändere sich.

Mosca unterscheidet im Wesentlichen zwei Herrschaftsformen: die feudale und die bürokratische. Die feudale Herrschaft sei typisch für Gesellschaften geringer Komplexität. Sie zeichne sich durch eine Konzentration aller Machtfunktionen in den Händen einer kleinen Gruppe von Herrschaftsträgern und durch eine dezentrale Struktur aus. Zunehmende gesellschaftliche Komplexität führe dann zwangsläufig zur Entstehung einer bürokratischen Herrschaftsform mit ausdifferenzierten Regierungsfunktionen. Diese sei nicht mehr so stark von Einzelpersonen abhängig und daher dauerhafter, was wiederum eine Anhäufung gesellschaftlichen Reichtums erlaube, die weniger entwickelte Gesellschaften nicht erreichen könnten. Ihre Kehrseite ist jedoch nach Mosca, dass die Staatsbürokratie vom gesellschaftlich erwirtschafteten Reichtum lebe. Mit zunehmendem Umfang der Staatsbürokratie sinke daher die wirtschaftliche Produktivität, was wiederum den Niedergang bürokratischer Herrschaftssysteme zur Folge habe.

Ein weiteres wesentliches Element von Moscas Denken ist die außerordentliche Bedeutung, die er der politischen Kultur für die Legitimation von

Herrschaft zuschreibt. Nach Mosca hängt die Stabilität eines Herrschaftssystems davon ab, dass jenseits der kulturellen Unterschiede in einer Gesellschaft, gleichgültig ob diese ethnisch, religiös oder durch Klassenzugehörigkeit bedingt sein mögen, ein Fundus gemeinsamer kultureller Werte existiert. Der von Mosca hierfür geprägte Begriff der politischen Formel kann als theoretische Grundlegung der politischen Kulturforschung (→ Almond/Verba 1963) gelten. Mosca ging es in diesem Kapitel nicht zuletzt darum, die marxistische Vorstellung zu widerlegen, politische Interessen hätten immer eine materielle Basis. Stattdessen verweist er auf eine Vielzahl historischer Beispiele für klassenübergreifende politische und religiöse Bewegungen, z.B. nationale Widerstandsbewegungen gegen fremde Invasoren.

Gegenstück zu Moscas Begründung der Universalität von Herrschaft ist seine Analyse des Kollektivismus. Hierunter versteht Mosca alle sozialistischen, anarchistischen und kommunistischen Utopien, die die Möglichkeit einer Abschaffung von Herrschaft postulieren. In Kapitel XI deckt Mosca deren theoretischen Schwächen auf und argumentiert, dass die Umsetzung der von diesen Theoretikern propagierten Vorstellungen in die politische Praxis einen Rückfall in eine autoritäre Regierungsform nach sich ziehen müsste.

Der zweite, später geschriebene Teil des Buches umfasst eine weit ausholende historische Analyse herrschender Klassen seit der Antike. Mosca wollte damit die Überlegenheit seines Konzepts der herrschenden Klasse gegenüber den klassischen Regierungsformenlehren, vor allem von Aristoteles (→ Aristoteles 335 v. Chr.) und Charles de Montesquieu (→ Montesquieu 1758) demonstrieren. Die Analyse beschränkt sich aber auf eine Illustration der historischen Vielfalt und des Wandels von Herrschaftssystemen und herrschenden Klassen. Sie zeugt zwar von einem immensen historischen Wissen des Autors, es mangelt ihr aber an systematischer Stringenz. Insofern ist dieser Teil des Werks für die heutige Politikwissenschaft von geringer Relevanz. Dasselbe gilt für Moscas Analyse der Probleme des Parlamentarismus seiner Zeit, die lediglich für die politische Theoriengeschichte von Interesse ist.

Elitentheoretisch geht dieser zweite Teil des Bandes kaum über die bereits in Kapitel II entwickelten Ideen hinaus. Er enthält allerdings einzelne interessante Überlegungen, so z.B. die Unterscheidung zwischen der Form der Elitenrekrutierung und der Herrschaftsform. Mosca verweist hier zu Recht darauf, dass eine offene Elitenrekrutierung im Sinne der kontinuierlichen Erneuerung aus Angehörigen der unteren Schichten nicht notwendigerweise mit einer demokratischen, die Interessen der Herrschaftsunterworfenen berücksichtigenden Herrschaftsordnung einhergehe, ebenso wenig wie eine sozial geschlossene Aristokratie einen autoritären Regierungsstil an den Tag legen müsse. Schließlich schreibt bereits Mosca – wie später Seymour Martin Lipset (→ Lipset 1962) und viele andere Theoretiker – der Mittelklasse eine wichtige Rolle für die Stabilisierung eines funktionierenden Repräsentativsystems zu.

Trotz der genannten Schwächen darf Moscas Werk mit Fug und Recht zu den Klassikern der Politikwissenschaft gezählt werden. Moscas Verdienst liegt einmal darin, dass er die Eigenständigkeit der politikwissenschaftlichen Disziplin betont hat, zum anderen in seinem Beharren auf einer empirisch und historisch fundierten Analyse politischer Gesetzmäßigkeiten. Moscas bleibende Leistung besteht vor allem in der theoretischen Begründung der Universalität von Herrschaft und Eliten, die er mit einer ätzenden Kritik an der marxistischen Klassentheorie verbunden hat. Seine Schriften sind daher ein rotes Tuch für die politische Linke gewesen, die ihn in erster Linie als Protagonisten eines zynischen Machiavellismus (→ Machiavelli 1532) und Repräsentanten eines antidemokratischen Denkens wahrgenommen hat. Kritiker deuteten seine Betonung der Notwendigkeit einer von der gesamten Bevölkerung geteilten Legitimationsidee politischer Herrschaft um in eine ideologische Rechtfertigung der Elitenherrschaft. Zur Ablehnung Moscas dürften sein nüchterner Realismus, seine oftmals zugespitzte Argumentationsweise und vor allem seine Polemik gegen die Apologeten fundamentaldemokratischer und sozialistischer Utopien beigetragen haben. Nach der Machtergreifung Mussolinis musste Mosca allerdings schmerzlich erkennen, dass er über seiner Kritik an den Defiziten des (italienischen) Parlamentarismus und an den politischen Irrtümern der Arbeiterbewegung die weit größere politische Gefahr für das – von ihm grundsätzlich unterstützte – Repräsentativsystem und den Rechtsstaat übersehen hatte, die von den faschistischen Bewegungen ausging. Daher wurde er in seinen späteren Jahren zum Verfechter eines parlamentarischen Repräsentativsystems, dessen Schwächen er vor der Machtergreifung Mussolinis immer scharf gegeißelt hatte.

## Literatur:

Ettore A. Albertoni, Mosca and the Theory of Elitism, Oxford 1987.

Thomas B. Bottomore, Elite und Gesellschaft, München 1969.

Eberle, Friedrich Michael, Gaetano Mosca, Elementi die Scienza Politica, in: Theo Stammen/Gisela Riescher/Wilhelm Hofmann (Hrsg.), Hauptwerke der politischen Theorie, Stuttgart 1997, S. 357-361.

Joseph Femia, Mosca Revisited, in: European Journal of Political Research 23 (1993), S. 145-161.
Giovanni Sartori, The Theory of Democracy Revisited. Part I: The Contemporary Debate, Chatham 1987.

*Ursula Hoffmann-Lange*

## Franz L. Neumann, Behemoth: The Structure and Practice of National Socialism, New York/London 1942

*(2. Aufl. mit neuem Anhang, New York/Toronto/London 1944; DA, VA: Behemoth. Struktur und Praxis des Nationalsozialismus 1933-1944. hrsg. und mit einem Nachwort von Gert Schäfer, Köln 1976.*

Franz Neumann (1900-1954) war promovierter Jurist. Der SPD verbunden, arbeitete er in der Berliner Kanzlei Ernst Fraenkels als Anwalt mit Schwerpunkt Arbeitsrecht. 1933 rassisch verfolgt, floh Neumann nach der Haftentlassung. In England absolvierte er die zweite Promotion an der London School of Economics and Political Science. Ab 1936 arbeitete Neumann am aus Frankfurt am Main nach New York vertriebenen „Institut für Sozialforschung". 1942 wechselte er zum US-Geheimdienst, für den er deutschlandpolitische Expertisen für die Nachkriegsordnung erstellte. 1948 wurde Neumann zunächst Visiting, 1950 Full Professor of Public Law and Government an der Columbia University in New York. Er nahm an den Nürnberger Prozessen teil und war 1948 als Berater bei der Errichtung der Freien Universität Berlin tätig. Der Aufbau des Instituts für Politische Wissenschaft ging wesentlich auf Neumann zurück. Er wirkte dort als Gastprofessor.

Gemeinsam mit Ernst Fraenkel (→ Fraenkel 1964) und Karl Loewenstein (→ Loewenstein 1957) gehört Neumann zu den Gründern der Politikwissenschaft in der Bundesrepublik Deutschland. Neben Hannah Arendt (→ Arendt 1951), Ernst Fraenkel und Carl Joachim Friedrich (→ Friedrich/Brzezinski 1957) trug Neumann wesentlich zur Entstehung der Totalitarismustheorie bei (Bleek 2001, S. 253). Diese Theorie erhielt ihre systematische Analyse und Ableitung in Neumanns Werk. „Behemoth" ist der Name eines Ungeheuers aus der jüdischen Eschatologie, das die zerstörerische Rebellionswut gegen alle Ordnung symbolisiert. Neumann entlehnte den Titel von Thomas Hobbes (1682) gleichnamigen Werk aus dem 17. Jahrhundert.

Neumann will mit „Behemoth“ eine letzte Radikalisierungsstufe der Herrschaftswillkür jenseits aller gewachsener und vertrauter Staatlichkeit im NS-Regime aufdecken. Er setzt sein Modell des „Behemoth“ von Ernst Fraenkels Deutung der deutschen Diktatur als interaktive Parallelexistenz von „Norm“- und „Maßnahme“-Staat (Fraenkel 1941) ab. Im Staat des „Leviathan“, so Neumann, habe souveräne Gewalt das Individuum nicht gänzlich zum Opfer bestimmt. Im Staat des „Behemoth“ gebe es nicht einmal Reste von Gesetzlichkeit. Entgegen Fraenkels Auffassung bilden für Neumann Recht und Gesetz im Nationalsozialismus nur technische Regeln ohne Verbindlichkeit, weil sie stets durch den Willen des „Führers“ veränderbar seien. Die Unterbindung von gemeinsamer Loyalität durch Terror, Vergünstigungen und Propaganda erzwingt nach Neumann einen permanenten Ausnahmezustand, der sich im ständigen Zwang zur Expansion abbilde, angetrieben vom offenbarten oder vermuteten Führerwillen. Von Hitler abgesehen, lasse sich von keiner Institution sagen, dass sie Sitz der politischen Macht sei. Jede Formation sei nur in dem Maße mächtig sei, wie sie sich im Gleichklang mit vielen anderen konkurrierenden Organisationen befinde.

Die alten Eliten (Monopolwirtschaft, Wehrmacht und Bürokratie) haben sich nach Neumann unter Hitler noch stärker den Staat angeeignet: Im Nationalsozialismus seien die kurzfristigen Interessen identisch: die Industrie mache Gewinne, die bankrotten Landgüter würden gerettet, das Offizierskorps gewinne soziale Stellung und politische Macht, die Söhne der Agrarier und Industriellen fänden wieder einen Beruf, der ihrem sozialen Rang angemessen sei. Zudem weist Neumann eine starke Verzahnung des alten Führungspersonals von Banken und Konzernen mit den neu geschaffenen Staatsunternehmen aus. Mit einem Patchwork-Nationalsozialismus halte die Diktatur jeden Einzelnen durch die vermeintliche Bedienung seiner Interessen in Schach und spalte, isoliere und liquidiere letztlich den organisierten Widerstand. „Die Ideologie des Nationalsozialismus enthalte Elemente jeder denkbaren philosophischen Richtung. Aber diese Elemente fungierten lediglich als ein Mittel, die Macht zu etablieren, zu vermehren und Propaganda zu treiben.

Von diesem Ansatz Neumanns bestimmt sich der Aufbau des „Behemoth“. Das Werk beginnt mit einer historisch-politischen Herleitung der demokratischen Legitimationsschwäche von Kaiserreich und Weimarer Republik. Dann analysiert Neumann die totalitäre Qualität der NS-Ideologie und die Herrschaftstechnik. Gemäß seiner marxistischen Kapitalismuskritik untersucht Neumann anschließend die totalitäre Monopolwirtschaft. Im dritten Teil behandelt er die Beziehungen zwischen der herrschenden und den beherrschten Klassen, die Industrieführung und die Einkommensreglementierung. Im „Anhang“ der zweiten Auflage von 1944 analysiert Neumann die politische Struktur des Nationalsozialismus unter den Bedingungen des Zweiten Weltkriegs: Wehrwirtschaftsbürokratie, NS-Parteihierarchien, Verwaltung der besetzten Gebiete, Ausbeutung, Kriegsproduktion und Arbeitskontrollen. „Die neue Gesellschaft“ in ihrer alten Schichtung unter dem Mobilisierungsdruck der NSDAP beendet den Band thematisch. Dabei sind Auffassungsveränderungen zu beobachten. Noch 1941/42 vertrat Neumann die Ansicht, dass deutsche Volk sei, so paradox das auch erscheinen möge, noch das am wenigsten antisemitische. Doch 1944 ist er der Ansicht die Verfolgung der Juden habe alle Schichten in eine kollektive Schuld verwickelt. Nunmehr sah Neumann auch das Volk tief verstrickt, das er zuvor noch in Schutz genommen hatte. So heißt es im Text: „Manche Beobachter der Vorgänge im nationalsozialistischen Deutschland sind der Meinung, dass bereits ein Stadium erreicht ist, wo Führer- und Gemeinschaftskult allgemein als das betrachtet werden, was sie in Wirklichkeit sind: Quatsch“ (S. 545).

Für Neumann bedarf das ganze System der unaufhörlichen aggressiven Expansion und der „Zement“, der alles – ohne wechselseitige Loyalität – zusammenhalte, heiße Profit, Macht und vor allem Angst vor den unterdrückten Massen. Deren Verführung zur Gewalt durch ein vom „Hitlerismus“ durchdrungenes Elitekartell deutete Neumann nicht wie viele seiner Zeitgenossen als deutsche Dämonie. Für ihn gab es keinen spezifisch deutschen Charakterzug, der für Aggression und Imperialismus verantwortlich zu machen wäre. Die geistige Erneuerung der Deutschen wollte Neumann durch eine besondere Vorbildfunktion des Westens. Deutschland habe aber keinen Grund, an die westliche Ideologie zu glauben. Die Deutschen wüßten, dass sich hinter politischer Demokratie wirtschaftliche Ungerechtigkeit verbergen könne. Politische Demokratie allein werde das deutsche Volk nicht akzeptieren. Dies habe die marxistische wie die nationalsozialistische Kritik am Liberalismus und an der Demokratie erreicht. Daher müssten praktische Bekenntnisnachweise der westlichen Theorie von Demokratie und Gerechtigkeit zum Wohl der breiten Massen eingesetzt werden.

Im Kalten Krieg war diese Programmatik Neumanns kaum populär. Seine Theorie des „totalitären Monopolkapitalismus“ wurde als kruder Marxismus abgetan (Kelly 2002). Übersehen wurden dabei der Verzicht Neumanns auf monokausale Deutungsmuster und seine Hauptfrage nach der Dialektik von totalitärer Ideologie, pluralistischer Gesellschaft, Modernisierung und Zivilitätsrückschritt. Er versuchte, Institutionengefüge und Prozessdynamik der Diktatur multiperspektivisch zu analysieren, um die Veränderungen der Herrschafts- und Abhängigkeitsverhältnisse in all ihrer Komplexität sichtbar zu machen. Der erkenntnisfördernde Streit zwischen den Vertretern des Funktionalismus- und des Intentionalismus-Ansatzes ist ohne Neumanns „Behemoth" ebenso schwer vorstellbar wie die Konzeptualisierung der NS-Polykratie als fluider Durchherrschung traditioneller Staatlichkeit.

Raul Hilberg (2003) spricht Neumann das Verdienst zu, vier grundlegende Einsichten geprägt zu haben: 1. die Vorstellung vom Nicht-Staat, 2. der Unbestimmtheit der nationalsozialistischen Ideologie, 3. dem Zusammenbruch des Gesetzes und 4. dem Verschwinden der Rationalität im Dritten Reich (Hilberg 2003). Ferner habe Neumann deutlich als Signum des Dritten Reiches den „Mangel an Artikulation, den Mangel an Definitionen, den Mangel an Klarheit" herausgearbeitet. Wirkungsgeschichtlich bestätigt sich Karl Dietrich Brachers Urteil über den „Behemoth" bis heute. Demnach ist seit Neumanns Analyse der den Nationalsozialismus „konstituierende Zusammenhang von innerem und äußerem Herrschaftsanspruch samt seiner soziologisch-ökonomischen Fundierung wissenschaftlich kaum mehr bestreitbar, ja, von Untersuchung zu Untersuchung eindeutiger hervorgetreten" (Bracher/Schulz/Sauer 1960, S. 322).

## Literatur:

Jürgen Bast, Totalitärer Pluralismus. Zu Franz L. Neumanns Analyse der politischen und rechtlichen Struktur der NS-Herrschaft, Tübingen 1999.

Karl Dietrich Bracher/Wolfgang Sauer/Gerhard Schulz, Die nationalsozialistische Machtergreifung. Studien zur Errichtung des totalitären Herrschaftssystems in Deutschland 1933/34, Köln/Opladen 1960.

Ernst Fraenkel,The Dual State. A Contribution to the Theory of Dictatorship, New York 1941.

Raul Hilberg, The Relevance of Behemoth Today, in: Constellations 10 (2003), S. 256-263.

Thomas Hobbes, Behemoth oder das Lange Parlament (1682), Frankfurt a.M. 1991.

Matthias Iser/Davis Strecker (Hrsg.), Kritische Theorie der Politik. Franz L. Neumann – eine Bilanz, Baden-Baden 2002.

Duncan Kelly, Rethinking Franz Neumann's Route to Behemoth, in: History of Political Thought 23 (2002), S. 458-496.

Armin Nolzen, Franz Leopold Neumanns „Behemoth". Ein vergessener Klassiker der NS-Forschung, in: Zeithistorische Forschungen (2004), Heft 1, http://www.zeit historische-forschungen.de/portal/alias__zeithistorische-forschungen/lang__de/ tabID__40208165/ Default.aspx#zitieren (Stand: 10. Oktober 2005).

Alfons Söllner, Franz L. Neumann. Skizzen zu einer intellektuellen und politischen Biographie, in: Franz L. Neumann, Wirtschaft, Staat, Demokratie. Aufsätze 1930-1954, hrsg. von Alfons Söllner, Frankfurt a.M. 1978, S. 7-56.

*Manfred Funke*

## Richard E. Neustadt, Presidential Power: The Politics of Leadership, New York 1960

*(VA: Presidential Power: The Politics of Leadership from Roosevelt to Reagan, New York 1990).*

„Presidential Power" (1960) ist die erste große Studie und das Hauptwerk des amerikanischen Politikwissenschaftlers Richard E. Neustadt (1919-2003). Er wurde an den Universitäten in Berkeley und Harvard ausgebildet. Nach kürzeren Zwischenstationen lehrte er von 1964 als Professor of Government bis zu seinem Tod in Harvard. In die Studie „Presidential Power" flossen Erfahrungen ein, die der Autor ab Mitte der 1940er Jahre als Mitarbeiter des Washingtoner Bureau of the Budget und zwischen 1950 und 1953 im White House Office Präsident Harry Trumans gesammelt hatte. Unterschiedliche Verlage legten die Untersuchung 1976, 1980 und 1990 in jeweils um einige Kapitel erweiterten Fassungen neu auf. Im Unterschied zu der üblichen Praxis, den Text bei einer Neuauflage vollständig zu aktualisieren, beließ Neustadt die bereits veröffentlichten Kapitel in ihrer Originalfassung und setzte sich in hinzugefügten Kapiteln mit eigenen früheren Bewertungen auseinander. Dies verstärkte den „weichen" Charakter der Arbeit, der schon das Ursprungswerk gekennzeichnet hatte.

Die erste Auflage des Buches bestand 1960 aus acht Kapiteln. Die letzte Auflage aus dem Jahre 1990 enthielt insgesamt fünf weitere später verfasste Kapitel, die dem ursprünglichen Werk angehängt wurden. Das Buch in seinen unterschiedlichen Fassungen ist ein langer Essay, dessen zentrale These anhand von Fallstudien zu unterschiedlichen Präsidenten erläutert wird – in der Originalausgabe ausschließlich zu Harry Truman und Dwight Eisenhower, später auch zu deren Nachfolgern von John F. Kennedy bis Ronald Reagan. Die zentrale These, die das Buch berühmt gemacht hat, lautet: „Die Macht des Präsidenten ist die Macht zu überzeugen" und „die Macht zu überzeugen ist die Macht zu verhandeln" (S. 11, 32). Dieser Grundgedanke wird an späterer Stelle noch einmal präziser und detaillierter formuliert. Effektiver Einfluss komme für den Mann im Weißen Haus aus drei verwandten Quellen: „First are the bargaining advantages inherent in his job with which to persuade other men that what he wants is what their own responsibilities require them to do. Second are the expectations of those other men regarding his ability and will to use the various advantages they think he has. Third are those men's estimates of how his public views him and of how their publics may view them if they do what he wants. In short, his power is the product of his vantage point in government, together with his reputation in the Washington community and his prestige outside" (S. 150). Angesichts der Entscheidung des Autors, den Text der Erstauflage nicht zu überarbeiten und lediglich zu ergänzen, kann es nicht verwundern, dass Neustadt über die Jahrzehnte auch an seiner grundlegenden Konzentration auf die Führungs- und Verhandlungsqualitäten eines Amtsinhabers festhielt. Diese Hervorhebung der Bedeutung der persönlichen Fähigkeiten eines Amtsinhabers ist eingebettet in eine spezifische Perspektive auf das amerikanische Regierungssystem, die im Gegensatz zu der klassischen Sichtweise steht, nach der das präsidentielle Regierungssystem der USA auf einer strikten Trennung der Gewalten beruht. Der vielleicht berühmteste Satz der Studie bezieht sich auf den grundsätzlichen Charakter des amerikanischen Regierungssystems, das Neustadt so beschreibt: „a government of separated institutions *sharing* powers" (S. 29, Hervorhebung im Original). Daraus leitet sich für ihn die besondere Bedeutung von Überzeugungsfähigkeit und Verhandlungsgeschick des Präsidenten ab.

Wie bei vielen Klassikern fällt es aus heutiger Perspektive schwer, den zentralen Punkt des Werkes auf den ersten Blick zu erfassen. In gewisser Weise ist dies umso schwerer, weil der Einfluss des Buches auf die nachfolgende Forschungsdiskussion so groß war, dass die einst bahnbrechende These zu einem akzeptierten Gemeingut geworden ist. Die eigentliche Leistung Neustadts und der Erfolg von „Presidential Power" wird nur vor dem Hintergrund der grundlegenden Ausrichtung der amerikanischen Politikwissenschaft und des spezielleren Forschungsbereichs der Präsidentschaftsstudien der Zeit verständlich. Der bis in die 1960er Jahre vorherrschende Ansatz der Beschäftigung mit dem amerikanischen Präsidentenamt und seinen Inhabern konzentrierte sich auf die verfassungsrechtlichen Aspekte. Repräsentativ hierfür ist die große Studie Edward Corwins von 1940. In Auseinandersetzung mit diesem Denken stellte Neustadt fest, dass der Blick auf den Wortlaut der Verfassung ungenügend sei.

Kritik an Neustadts Studie kann man besonders an der Darbietungsform üben: Was manchem als vollendete Form politisch und politikwissenschaftlich gelehrter Prosa gelten mag, dürfte anderen als Überstrapazierung der Erzählform unter weitgehender Aufgabe eines im engeren Sinne wissenschaftlichen Systematisierungsanspruchs erscheinen. Bereits ein Rezensent der Erstauflage des Buches hatte neben Anerkennung und Lob kritisch angemerkt, dass Werk sei „nicht völlig systematisch und nicht sehr wissenschaftlich“ (Price 1960, S. 736).

Die Rezeption von „Presidential Power“ ist die eines genuinen Schlüsselwerkes der Politikwissenschaft. Die „American Political Science Association” erkannte die herausragende Bedeutung des Werkes und seines Autors bereits vor dem Tod Neustadts durch die jährliche Vergabe des „Richard Neustadt Award“ für das beste Buch über das Amt des US-Präsidenten an. Neustadts Studie hat zahllose Arbeiten über die amerikanische Präsidentschaft – und darüber hinaus über das Problem politischer Führung in den liberalen Demokratien überhaupt – stark beeinflusst. Die These von den „separated institutions sharing powers” wurde zum Leitsatz von Werken der modernen amerikanischen Gewaltenteilungslehre, die ihrerseits dabei sind, in den Stand von Klassikern aufzusteigen (Fisher 1998). Viele spätere Arbeiten wären ohne Neustadts Emanzipation von stärker formalen Ansätzen zum Studium und Verständnis von politischer Macht und Führung seitens des Spitzenrepräsentanten der politischen Exekutive nicht möglich gewesen. Vertreter anderer Ansätze wurden durch „Presidential Power“ gleichsam gezwungen, ihr Abweichen vom neuen Hauptstrom zu rechtfertigen. Erst in den vergangenen Jahren deutet sich in der amerikanischen Politikwissenschaft ein leises Abrücken von der primär auf die Persönlichkeit eines Amtsinhabers konzentrierten Perspektive an. An deren Stelle tritt nun – erneut – die stärkere Berücksichtigung formaler Machtbefugnisse des Präsidenten, die auch ohne spezielle Qualitäten im Bereich der politischen Überzeugungsarbeit von Amtsinhabern mit großem Effekt eingesetzt werden können.

In Europa blieb die Rezeption des Werkes bescheidener. Dies gilt weniger für die Beschäftigung mit dem amerikanischen Präsidentenamt, wohl aber für die Auseinandersetzung mit den übergeordneten Themen der politischen Führung, des Regierens und den Grundlagen von politischer Macht. Verantwortlich für die weniger intensive Rezeption der Studie insbesondere in der kontinentaleuropäischen Politikwissenschaft war zum einen die noch ausgeprägte Dominanz von Ansätzen aus dem Bereich der klassischen Staatslehre, die Verfassungsregeln weit über den potentiellen Einfluss des informellen Verhandlungsgeschicks individueller Akteure stellte. Hinzu kamen grundlegende Unterschiede in der institutionellen Ausgestaltung der politischen Systeme dies- und jenseits des Atlantiks. Es gibt in keinem kontinentaleuropäischem politischen System eine Exekutivstruktur, die der Persönlichkeit des Regierungschefs einen vergleichbar hohen potentiellen Stellenwert zuweist wie das Präsidentenamt der USA. Ebenso untypisch für die Mehrzahl westeuropäischer Systeme ist die ausgesprochen gewaltenteilig angelegte Staatsstruktur der USA, auf die sich Neustadts Überzeugung gründet, dass es vor allem auf das Überzeugungs- und Verhandlungsgeschick politischer Führungspersönlichkeiten ankomme.

### Literatur:

Edward Corwin, The President: Office and Powers, New York 1940.

Louis A. Fisher, The Politics of Shared Power: Congress and the Executive, 4. Aufl., Washington 1998.

Don K. Price, Book Review, Presidential Power, in: American Political Science Review 54 (1960), S. 735-736.

*Ludger Helms*

## Dieter Nohlen, Wahlrecht und Parteiensystem. Zur Theorie der Wahlsysteme, Opladen 1986

*(VA: 4. Aufl., Opladen 2004).*

Das in mehrere Sprachen übersetzte Buch „Wahlrecht und Parteinsystem“, erstmals 1986 erschienen und seither mehrfach aktualisiert, basiert auf jahrzehntelanger Auseinandersetzung Dieter Nohlens mit der Thematik und präsentiert komprimiert dessen Erkenntnisse. Bereits 1969 war Nohlen als verantwortlicher Redakteur und Hauptautor an dem von Dolf Sternberger und Bernhard Vogel herausgegebenen Band „Die Wahl der Parlamente und anderer Staatsorgane“ beteiligt. Er verfasste 1978 ein Buch über „Wahlsysteme der Welt“ und 1996 eines über „Wahlsysteme und Systemwechsel in Osteuropa“ (mit Mirjana Kasapović). Zudem gab er voluminöse Wahldatenhandbücher zu den Staaten Afrikas (1999), Asiens und Ozeaniens (2001), Nord- und Südamerikas (2005). Ein einschlägiges Werk zu Europa ist in Vorbereitung. Seine Arbeiten zur Wahlsystemforschung sind international stark rezipiert worden.

Das Buch, dessen Inhalt über den Titel hinausgeht, präsentiert in neun Kapiteln alle wesentlichen Aspekte zu Wahlsystemen. Das erste analysiert die Bedeutung, den Begriff und die Funktionen von Wahlen, das zweite die Voraussetzungen, den Verlauf und die Folgen der Ausbreitung des demokratischen Wahlrechts, das dritte Forschungsansätze zu Wahl- und Parteiensystemen. Besitzen diese kurzen Kapitel eher hinführenden Charakter, so stellen die nächsten drei unter der Überschrift „Wahlsystematik" den Ansatz des Autors dar. Zunächst geht es um die Herausarbeitung der technischen Elemente von Wahlsystemen (Wahlkreiseinteilung, Wahlbewerbung, Stimmgebung, Stimmenverrechnung), dann um die Klassifikation von Mehrheits- und Verhältniswahl, schließlich um eine vergleichende Wahlsystemtypologie. Es schließen sich zwei Kapitel zu den Wahlsystemen der Welt an, zunächst überblicksartig im intraregionalen Vergleich, danach in Form von Fallstudien anhand unterschiedlicher Wahlsysteme: Großbritannien mit der relativen Mehrheitswahl, Frankreich mit der absoluten Mehrheitswahl, die Weimarer Republik mit der reinen Verhältniswahl, die Bundesrepublik Deutschland mit der personalisierten Verhältniswahl, Spanien mit der Verhältniswahl in Wahlkreisen unterschiedlicher Größe, Irland mit dem System der übertragbaren Einzelstimme (Single Transferable Vote), Russland mit einem segmentierten und Ungarn mit einem kompensatorischen Wahlsystem. Das letzte Kapitel untersucht systematisch den Zusammenhang von Wahlsystemen und Parteiensystemen. Dieser Aufbau ist abgesehen von Überschneidungen zwischen dem dritten und neunten Kapitel stringent.

Das Buch, das in Verbindung mit anderen Studien des Verfassers zu sehen ist, hat einen zusammenfassenden wie weiterführenden Charakter. Nohlen begreift seinen Ansatz als „historisch-empirisch". Er zeichnet sich durch die Orientierung am Einzelfall aus, durch Vergleiche und durch den Versuch einer systematischen Klassifikation. Dem Ansatz liegt nicht das Plädoyer für ein spezifisches Wahlsystem zugrunde, sondern die Ausrichtung an den Kontextfaktoren. Nohlen setzt sich damit von einem normativen Ansatz ebenso ab wie von einem empirisch-statistischen. Dem normativen Vorgehen wirft Nohlen vor, ein bestimmtes Wahlsystem ohne hinreichende Beachtung der Empirie zu bevorzugen, etwa bei Ferdinand A. Hermens' Plädoyer für die Mehrheitswahl (→ Hermens 1941). Das empirisch-statistische Vorgehen, wie es u.a. Arend Lijphart (1994) praktiziert, verengt aus Sicht Nohlens dagegen insofern, als es sich auf den statistisch messbaren Teil der Wahlsysteme konzentriert. Beide Ansätze würden Kontextfaktoren vernachlässigen.

Herkömmlich wurde die Verhältniswahl dadurch definiert, dass sie eine möglichst exakte Repräsentation der unterschiedlichen Richtungen anstrebt;

die Mehrheitswahl dadurch, dass in einem Wahlkreis jener den Sitz erhält, der die meisten Stimmen im Wahlkreis erhält. Diese Zuordnungen waren schief und Nohlen überwand sie mit seiner Typologie. Sein Verdienst für die Weiterentwicklung der Lehre von den Wahlsystemen liegt wesentlich darin, klar zwischen zwei Prinzipen unterschieden zu haben. Das Repräsentationsprinzip bezieht sich auf das gesamte Wahlgebiet, das Verteilungsprinzip auf den Wahlkreis. Das Repräsentationsprinzip der Mehrheitswahl will die Mehrheitsbildung fördern, das der Verhältniswahl strebt die Übereinstimmung von Stimmen- und Mandatsanteil an. Das Verteilungsprinzip Proporz besagt, dass in einem Wahlkreis die Stimmen proportional in Sitze umgesetzt werden. Beim Majorzprinzip erhält dagegen der Kandidat mit den meisten Stimmen im Wahlkreis das Mandat.

Für den Autor gibt es auf der Ebene der Repräsentationsprinzipien keine Mischsysteme. Das ist jedoch umstritten. Segmentierte Wahlsysteme, bei denen ein Teil der Abgeordneten durch Mehrheitswahl, der andere durch Verhältniswahl bestimmt wird, liegen zwischen dem Repräsentationsprinzip der Mehrheitswahl und dem der Verhältniswahl. Gleiches gilt für die Wahl in Mehrmannwahlkreisen (natürliche Hürde) oder für ein Wahlsystem, das eine hohe Hürde von etwa zehn Prozent vorsieht (künstliche Hürde). Der Übergang zwischen Verhältnis- und Mehrheitswahl ist gleitend. Nohlen schreibt selbst davon, das segmentierte System könne als Wahlsystem durchaus Eigenständigkeit beanspruchen. Die Konsequenz aus seinem Ansatz, die Wahlsysteme zuerst danach zu bewerten, ob sie ihren Repräsentationsprinzipien Rechnung tragen, wirft ein Problem auf. Es ist dann nämlich ausschlaggebend, ob einem Wahlsystem das Repräsentationsprinzip Mehrheits- oder Verhältniswahl zugeschrieben wird.

Nohlens exakte Aufbereitung der weltweiten Wahlsysteme (einschließlich der Reformdiskussionen) ermöglicht ihm ein fundiertes Urteil über die Auswirkungen der Wahlsysteme auf die Art des Parteiensystems. Er wendet sich entschieden gegen die These, es gäbe ein bestes Wahlsystem. Nohlen widerlegte mit seinem Buch gängige Annahmen. So zeigte er, dass die Zahl der Regierungswechsel nicht vom Wahlsystem abhängt, sondern mehr von den Strukturen des Parteiensystems. Die Behauptung, Wahlsysteme hätten gleichsam gesetzmäßige Auswirkungen, entbehre der empirischen Grundlage. Die Erklärungszusammenhänge seien komplexer. Für Nohlen beeinflussen Kontextfaktoren die Auswirkungen des Wahlsystems ganz entscheidend: die gesellschaftliche Struktur, die gesellschaftlichen Konfliktlinien, der Grad der Fragmentierung des Parteiensystems, dessen Institutionalisierungsgrad, das Interaktionsmuster der Parteien, die regionale Streuung der Wählerschaft und das Wählerverhalten. Die verstärkte Erforschung dieser Kontextfaktoren sei notwendig. Für Nohlen kann das Wahlsystem die Konsequenz eines spezifischen Parteinsystems sein, also eine abhängige Variable. Die Entwicklung in Mittel- und Osteuropa nach dem Zusammenbruch des Kommunismus gibt ihm Recht.

Wahlsysteme sollen laut Nohlen drei Funktionserwartungen Rechnung tragen: „Repräsentation im Sinne einer gewissen prozentualen Übereinstimmung von Stimmen und Mandaten, Konzentration im Sinne einer gewissen Begünstigung der Mehrheitsbildung durch eine Partei oder Parteienallianz und Förderung der Herausbildung eines strukturierten Parteiensystems, sowie schließlich Partizipation im Sinne der Auswahlchance des Wählers nicht nur unter Parteien, sonder auch unter Kandidaten“ (S. 425). Für den Autor entsprechen damit am besten jene Wahlsysteme den Funktionskriterien, die wie „Grabensysteme“ faktisch zwischen einem Mehr- und einem Verhältniswahlsystem angesiedelt sind. Dies mutet paradox an, weil solche Mischsysteme nach seiner Terminologie gar nicht vorkommen dürften. Nohlens Werk ist in theoretischer, systematischer und empirischer Hinsicht wegweisend für die vergleichende Wahlsystemforschung. Zu diesem Urteil kann auch kommen, wer nicht Nohlens strenge Scheidung zweier Repräsentationsprinzipien mitsamt den daraus abgeleiteten Konsequenzen teilt.

**Literatur:**

Eckhard Jesse, Wahlrecht zwischen Kontinuität und Reform. Ein Analyse der Wahlsystemdiskussion und der Wahlrechtsänderungen in der Bundesrepublik Deutschland 1949-1983, Düsseldorf 1985.

Arend Lijphart, Electoral Systems and Party Systems, Oxford 1994.

Dieter Nohlen/Michael Krennerich/Bernhard Thibaut (Hrsg.) Elections in Africa. A Data Handbook, Oxford 1999.

Dieter Nohlen/Florian Grotz/Christof Hartmann (Hrsg.), Elections in Asia and the Pacific. A Data Handbook, 2. Bde., Oxford 2001.

Dieter Nohlen, Elections in the Americas: A Data Handbook, 2. Bde., Oxford u. a. 2005.

Dieter Nohlen, Wahlsysteme der Welt. Daten und Analysen. Ein Handbuch, München/Zürich 1978.

Dieter Nohlen/Mirjana Kasapović, Wahlsysteme und Systemwechsel in Osteuropa, Opladen 1996.

*Eckhard Jesse*

## Douglass C. North, Institutions, Institutional Change and Economic Performance, Cambridge 1990

*(DA: Institutionen, institutioneller Wandel und Wirtschaftsleistung, Tübingen 1992)*

Douglass C. North, geb. 1920, ist Wirtschaftshistoriker und Professor an der Washington University St. Louis. Er hat 1993 für seine wissenschaftlichen Leistungen zusammen mit Robert William Fogel den Wirtschaftsnobelpreis bekommen. North begründete die institutionentheoretische Sicht auf die Wirtschaftsgeschichte. Um wirtschaftlichen Wandel erklären zu können, reichen nach North die klassischen Methoden der Nationalökonomie nicht aus. Politische, soziale und kulturelle Faktoren sowie Institutionen müssten in die Erklärung einbezogen werden.

Ausgangspunkt für die Überlegungen von North ist das neoklassische Modell der Wirtschaftswissenschaften, das menschliches Verhalten mit einem Marktmodell erklärt. Der umfassende Anspruch dieses Modells kommt auch in den Rational Choice-Theorien zum Ausdruck, die versuchen, gesellschaftliche Kooperation durch rationale Wahlhandlungen der Individuen auf der Mikroebene zu erklären (u.a. → Axelrod 1987). Dieses neoklassische Modell geht von folgenden Grundannahmen aus: Es treten sich Akteure gegenüber, die um knappe Güter konkurrieren. Dadurch entsteht Wettbewerb. Es kommt zu einem Gleichgewicht. Die Tauschvorgänge vollziehen sich reibungslos, weil die Eigentumsrechte vollkommen transparent sind und alle Marktteilnehmer vollständige Informationen über die Situation besitzen, die ihnen kostenlos zur Verfügung stehen. Die Theorie nimmt an, dass die Märkte vollkommen effizient sind, dass also keine Kosten für die Überwachung des Marktes und den Tauschprozess selbst entstehen. Dahinter steht das Modell eines vollkommen rationalen Akteurs. Dieses Modell hat sich in den letzten Jahrzehnten als nicht haltbar erwiesen. Die Annahmen dieses Modells, Transaktionskosten seien zu vernachlässigen und Eigentumsrechte immer schon genau bestimmt, haben sich als falsch erwiesen. Das Modell ist statisch und kann daher weder wirtschaftliche Entwicklung noch unterschiedliche Entwicklungsrichtungen und -niveaus erklären. Ineffiziente Märkte dürfte es nach diesem Modell nicht geben.

North möchte die Lücke schließen und erklären, wie unterschiedliche Leistungen von Wirtschaftsordnungen und deren Wandel zustande kommen. Er tut dies, indem er den Institutionen eine erhebliche Bedeutung für die Leistungen von Wirtschaftsordnungen zuspricht. Als Vorläufer von „Institutions, Institutional Change and Economic Performance" gilt Norths Buch „Structure and Chance in Economic History" (1981). Entscheidende Vorarbeiten für die theoretische Entwicklung von North sind die Theorie der Transaktionskosten, die von Ronald Coase (1960) und Oliver Williamson (1975) entwickelt wurde sowie die Theorie der sich entwickelnden Eigentums- und Verfügungsrechte.

North geht in seiner Studie dreistufig vor. Er erklärt zunächst, was er unter Institutionen versteht und wie sich Institutionen auf die wirtschaftlichen Leistungen auswirken. Danach entwirft er eine Theorie des institutionellen Wandels. Institutionen haben darin ein besonders Gewicht. Sie sind für die Entwicklung, aber auch für Entwicklungsblockaden verantwortlich. Diese Sichtweise führt unmittelbar zum dritten Teil des Buch, in dem North erklären will, wie sich unterschiedliche Leistungsniveaus von Volkswirtschaften erklären lassen.

Institutionen sind für North der Rahmen, den Menschen erfunden haben, um die Interaktion der Menschen auf der politischen, gesellschaftlichen und wirtschaftlichen Ebene zu steuern. Institutionen sind vor allem Spielregeln für Organisationen (öffentliche Körperschaften, Parteien, Verbände, Unternehmen, Gewerkschaften, Genossenschaften). Organisationen sind für North die Spieler und Institutionen die Spielregeln. Er muss aber nun theoretisch begründen, warum Institutionen überhaupt entstehen. Seine Erklärung ist, dass sich Institutionen bilden, weil Märkte unvollkommen sind, d.h. Informationen etwas kosten. Die Transaktionskosten seien also nicht gleich Null. Institutionen liefern laut North Verfahrensregeln, um menschliche Beziehungen zu vereinfachen. Sie verminderten die Unsicherheit und reduzierten die Transaktionskosten. Institutionen schafften somit für den Tausch einen Rahmen. Das Entstehen von Institutionen begründe sich auch aus den Eigentums- und Verfügungsrechten, die durchgesetzt werden müssen. North unterscheidet die Institutionen in formlose (Konventionen, Sitten, ungeschriebene Regeln) und formgebundene Beschränkungen (Verfassung, Gerichte, Justizsystem etc).

Wie kommt nun Institutionenwandel zustande? North erklärt nicht wie Marxisten den Wandel durch das Aufkommen neuer Produktionsmethoden und auch nicht durch Erfindungen, sondern durch die Durchsetzung von geistigen Eigentumsrechten auf diese Erfindungen. Die Institutionen als Rahmen für die Interaktion böten nicht nur Beschränkungen, sondern auch Anreize. Auf diese Anreize reagierten die Organisationen, die ihren Nutzen maximieren wollten. Solche Anreize seien beispielsweise Veränderungen der relativen Preise (Kapital-Boden, Arbeit-Kapital), die von Unternehmen genützt würden. Damit veränderten sich Institutionen in kleinen Schritten durch minimale Anpassungsprozesse. Außerdem behauptet North, dass es Institutionen erleichtern, Überzeugungen zum Ausdruck zu bringen.

Die unterschiedlichen Entwicklungsmuster von Wirtschaftsordnungen erklärt der Wirtschaftshistoriker am Beispiel von Nord- und Südamerika. Die Veränderung der relativen Preise (Kapital-Arbeit, Boden-Kapital) wirke sich sehr verschieden aus, weil in den unterschiedlichen Gesellschaften die Gruppen höchst ungleiche Verhandlungsmacht hätten, die auf die Institutionen einwirken. Diese Gruppen veränderten durch ihre Beeinflussung den institutionellen Rahmen. Es entstünden allmählich besondere Entwicklungspfade, die nicht mehr einfach verlassen werden könnten. North will damit das komplizierte Zusammenspiel von Staat und Wirtschaft ergründen.

North will zudem die Frage klären, warum es ineffiziente Wirtschafts- und Staatsordnungen gibt. Warum verschwinden diese nicht und machen effizienteren Ordnungen Platz? Er erklärt dies an den Beispielen Spaniens und England im 16. und 17. Jahrhundert. Institutionen setzen nach North einen Rahmen, der „falsche“ und „richtige“ Anreize für eine leistungsfähige Wirtschaftsordnung enthalten könne. Im englischen Fall hat laut North die Institutionenordnung, die einen komplexen ökonomischen Tausch erlaubte, dem beginnenden Kapitalismus ideale Bedingungen geboten und geholfen, die ökonomischen Vorteile der modernen Technik zu nutzen. In Spanien hätten dagegen ineffiziente Institutionen durch falsche Anreize die Leistungen der Wirtschaft eher gehemmt. In England hätten effiziente Institutionen die Transaktionskosten durch erweiterte private Eigentumsrechte gesenkt und intensiveren Wettbewerb ermöglicht. Damit hätten sie Wirtschaftswachstum ermöglicht und eine Krise der Landwirtschaft (wachsende Bevölkerung, sinkende Erträge) vermieden.

Die besondere Bedeutung des Buches liegt darin, dass es Institutionen in den neoklassischen Ansatz der Wirtschaftswissenschaften und in die mikroökonomische Perspektive der Rational Choice-Theorie integriert. Damit stellt es ein wichtiges Bindeglied zwischen den mikroökonomischen Ansätzen und Theorien dar, die Makrophänomene erklären. Zudem liefert das Buch eine plausible sozialwissenschaftliche Erklärung für den historischen Wandel und für unterschiedliche Entwicklungsrichtungen und Leistungsniveaus von Wirtschaftsordnungen. Eine solche historische Tiefendimension fehlt vielen sozialwissenschaftlichen Ansätzen. North liefert mit seiner Theorie der Pfadabhängigkeit von Entwicklungen einen wichtigen Baustein für die Erklärung sozialen Wandels.

Das Buch kann als ein Schlüsselwerk der Politikwissenschaft verstanden werden, weil es den zentralen Gegenstand der Politikwissenschaft – Institutionen – aus der Perspektive einer mikroökonomischen Theorie erklärt. Innovativ ist die Erklärung des sozialen Wandelns durch institutionelle Veränderungen. Es kommt demnach auf die Klugheit der institutionellen Spielregeln an. Das Buch von North ist besonders im Rational Choice-Institutionalismus rezipiert worden. Denn mit der institutionellen Dimension kann die Überwindung des Kooperationsproblems erklärt werden. Die von North angewandten Theorien der Verfügungs- und Eigentumsrechte und der Transaktionskosten und des pfadabhängigen sozialen Wandels verfolgt beispielsweise Fritz Scharpf mit seiner Konzeption des „akteurszentrierten Institutionalismus" (→ Scharpf 1997) weiter. Parallel zu North hat Elinor Ostrom eine Theorie entwickelt, die die Bedeutung von Institutionen für das Zustandekommen einer erfolgreichen Selbstorganisation beschreibt (→ Ostrom 1990).

**Literatur:**


Ronald Coase, The Problem of Social Cost, in: Journal of Law and Economics 3 (1960), S. 1-44.

Horst Löchel, Institutionen, Transaktionskosten und wirtschaftliche Entwicklung: ein Beitrag zur neuen Institutionenökonomik und zur Theorie von Douglass C. North, Berlin 1995.

Douglass C. North, Autobiography, http://nobelprize.org/economics/ laureates/1993/north-autobio.html (Stand: 20. September 2005).

Douglass C. North, Economic Performance Through Time, in: American Economic Review 84 (1994), S. 359-368.

Douglass C. North, Theorie des institutionellen Wandels: eine neue Sicht der Wirtschaftsgeschichte, Tübingen 1988.

Oliver E. Williamson, Markets and Hierarchies: Analysis and Antitrust Implications, New York 1975.


*Rudolf Speth*

## Robert Nozick, Anarchy, State, and Utopia. New York: Basic Books 1974

*(DA, VA: Anarchie, Staat, Utopia, München 1976).*

Robert Nozick (1938-2002) hat 1963 in Princeton promoviert und wurde im Jahre 1969 Professor in Harvard. Anfangs Mitglied der radikalen Linken, wandelte er sich durch die Lektüre von Arbeiten von Friedrich August von Hayek (→ Hayek 1944) und Milton Friedman als fortgeschrittener Student zu einem libertären Theoretiker des Minimalstaates und des Marktradikalismus. Mit seinem ersten Buch „Anarchy, State, and Utopia" wurde er mit einem Schlag zu einem der einflussreichsten Politiktheoretiker des 20. Jahrhunderts. Die Kernthese seiner vertragstheoretischen Konzeption ist: Individuen haben weitreichende Rechte, die von keiner anderen Person oder Gruppe, und damit auch nicht vom Staat, verletzt werden dürfen. Diese individuellen Rechte lassen nur wenig Raum für staatliche Eingriffe. Nur ein Minimalstaat, der sich auf den Schutz vor Gewalt, Diebstahl, Betrug und die Durchsetzung von Verträgen beschränke, könne gerechtfertigt werden. Jedes ausgedehntere Verständnis von den Staatsaufgaben verletze das Recht von Personen, nicht dazu gezwungen werden zu dürfen, bestimmte Dinge zu tun. Insbesondere dürfe der Zwangsapparat des Staates nicht benutzt werden, um Bürger dazu zu bringen, anderen zu helfen, oder um Menschen ausschließlich zu ihrem eigenen Schutz an bestimmten Aktivitäten zu hindern. Nozick bekennt sich ausdrücklich zu diesen libertären Ideen, auch wenn er beklagt, dadurch gelegentlich in schlechte Gesellschaft zu geraten und sich vor allen Dingen mit den meisten Menschen, die er kenne und respektiere, in einen Meinungsstreit zu verstricken.

Die Grundfrage der politischen Philosophie lautet: Warum soll es einen Staat und nicht eine herrschaftsfreie, anarchische Gesellschaft geben? Nozick versucht diese Frage mit moralphilosophischen Argumenten zu beantworten. Ausgangspunkt sind die berühmten Unzulänglichkeiten des Naturzustandes: Jeder ist selbst dafür zuständig, seine Rechte durchzusetzen. Er wird dies gegen einen stärkeren Gegner aber nicht können. Deshalb können Gruppen von Individuen Schutzvereinigungen bilden. Theoretisch würde so aus ursprünglicher Nachbarschaftshilfe auf dem Wege der Arbeitsteilung ein Markt konkurrierender Schutzorganisationen entstehen. Nicht jeder kann sich nämlich ständig zum Schutz der übrigen in Bereitschaft halten, deshalb werden einige besonders dafür Geeignete vorrangig die Schutzaufgaben übernehmen. Es gibt aber einen wesentlichen Punkt, der diesen Markt von allen anderen Märkten unterscheidet: Diese Vereinigungen können in gewaltsame Konflikte miteinander geraten. Ein Gewaltmonopol, wie es in der Tradition von Max Weber (→ Weber 1922) dem Staat zugebilligt wird, wäre eine Lösung derartiger Konflikte. Nozick zeigt, dass sich auf einem gegebenen Gebiet voraussichtlich eine vorherrschende Schutzorganisation durchsetzen wird und ein Monopol erringt. Diese Schutzorganisation entspreche einem Ultraminimalstaat. Allen Außenstehenden werde sie wegen der damit für die Allgemeinheit und die eigenen Schutzbefohlenen verbundenen Risiken die Befugnis zur Privat- und Selbstjustiz verwehren. Wenn man wie Nozick von individuellen Rechtsansprüchen ausgeht, wird man diesen dafür aber eine Entschädigung zahlen oder leisten müssen. Damit hätten die Nichtmitglieder einer Schutzorganisation, die nichts einzahlen, dennoch einen Anspruch auf gewisse Ausgleichsleistungen oder Zahlungen. Zumindest auf dem Schutzsektor muss somit eine gewisse Umverteilung vorgenommen werden. Daraus folgt für Nozick, dass man nicht beim Ultraminimalstaat stehen bleiben kann und zur Rechtfertigung eines Minimalstaats mit gewissen grundlegenden Umverteilungsfunktionen kommen muss. Mittels dieser Argumentationsschritte trägt Nozick also eine Theorie vor, wie ein Staat ohne Absicht auf dem Pfad einer rekonstruierbaren Entwicklung als Produkt einer Art unsichtbarer Hand entstehen würde. Ähnlich wie bei John Locke (→ Locke 1690) wird der Vertrag nicht als künstliches rationales Konstrukt verstanden, das in einem feierlichen Moment unterzeichnet werden müsste, sondern er kommt eher durch einen Prozess der Gewöhnung und des stillschweigenden Einverständnisses zustande.

Im zweiten Teil seines Buches trägt Nozick sein Argument dafür vor, dass diese Umverteilung auf keinen Fall weitergehen darf und dass insbesondere keine wohlfahrtsstaatliche Umverteilung zu rechtfertigen ist. Gerecht wäre nach Nozick allein folgendes Prinzip: Jeder tut, was er tun möchte. Jeder soll aber bezahlt werden nach dem, was er entweder für sich selbst herzustellen in der Lage ist oder danach, was die übrigen ihm von ihrem Produkt zu zahlen oder zu geben bereit sind. In Kürze: „Jeder, wie er will, und jedem, wie die anderen wollen" (S. 152). Ob eine Verteilung gerecht ist, hängt nach Nozick nicht davon ab, ob sie soziale Ungleichheit beseitigt, also Gleichheit herstellt, sondern allein davon, ob sie historisch gerecht zustande gekommen ist. Nicht die aktuelle Situation, sondern das Zustandekommen erscheint aus dieser Perspektive maßgeblich, also ob jemand etwas getan hat, aufgrund dessen er seinen Anteil verdient hat.

Nozick weist darauf hin, dass alle anderen Verteilungsgrundsätze nicht ohne permanenten Eingriff in das Leben der Menschen verwirklicht werden können. Geht man von Prinzipien sozialer Gerechtigkeit statt von Nozicks individuellen Anspruchsrechten aus, dann wird jede als zulässig erachtete Verteilung schon nach kurzer Zeit in eine als ungerecht anzusehende übergehen, weil die Menschen auf verschiedene Weise freiwillig handeln, Güter und Dienstleistungen untereinander tauschen oder anderen Menschen Gegenstände übertragen. Solche Tauschakte sind freiwillig und damit moralisch unbedenklich, führen aber schon nach kurzer Zeit zu Ungleichheiten. „Wenn man eine Verteilung aufrechterhalten will, muss man entweder die Menschen ständig davon abhalten, Güter nach ihrem Willen zu übertragen, oder man muss ständig (oder in Abständen) Menschen Güter wegnehmen, die ihnen andere aus irgendwelchen Gründen übertragen haben“ (S. 154). Gegen Rawls' Gerechtigkeitsmodell (→ Rawls 1971), das nur hinter einem Schleier der Unwissenheit Verteilungen vornehmen kann, spricht grundsätzlich, dass vor diesem kein historisch zustande gekommenes Verteilungsmodell gerechtfertigt werden kann.

Nozicks Staatsmodell als erweiterte Schutzagentur ist ökonomisch. In seiner Theorie gibt es keinen Raum für die politische Betätigung aktiv diskutierender und beratschlagender Bürger, die nach ihren Stimmungen, Gerechtigkeitsvorstellungen und dem vorherrschenden Meinungsklima engere oder weitere Umverteilungsbeschlüsse fassen. Er begründet das damit, dass man es auf der Staatsebene immer mit Nonkonformisten, mit Fremden und einander fremd sein wollenden Individuen zu tun habe. Die Utopie einer radikalen Gleichverteilung, die er im Schlussteil seines Buches diskutiert, begrenzt er deshalb auf relativ kleine und freiwillige Gemeinschaften, für die der Minimalstaat gerade aufgrund seines liberalen Minimalismus großen Raum lassen kann.

Nozicks Buch wurde in der politischen Philosophie als radikale Antwort auf die in den 1960er und 1970er Jahren vorherrschenden Sozialstaatskonzeptionen von Rawls und anderen verstanden. Der linke Politikwissenschaftler Brian Barry hat Nozick als eine Art „Rawls für Reiche“ (Barry 1975) bezeichnet. Im Kern handelt es sich um eine auf individuellen Anspruchsrechten basierende Eigentumskonzeption mit einer prinzipiellen Frontstellung gegen alle Formen des umverteilenden Sozialstaates. Anders als den einschlägigen Arbeiten der Ökonomen Friedrich von Hayek (→ Hayek 1944), Milton Friedman und Ludwig von Mises haftet diesem Buch etwas intellektuell Spielerisches an. Häufig weicht Nozick auf Seitenwege der Argumentation ab. Einer breiten Rezeption hat dies nicht im Wege gestanden.

## Literatur:

Robert Nozick, The Examined Life. Philosophical Meditations, New York 1989 (DA: Vom richtigen, guten und glücklichen Leben, München 1991).

Brian Barry, Review of Anarchy, State, and Utopia, in: Political Theory 3 (1975), S. 331-336.

Wolfgang Kersting, Die politische Philosophie des Gesellschaftsvertrags, Darmstadt 1994 (S. 292-320).

Peter Koller, Neue Theorien des Sozialkontrakts, Berlin 1987 (S. 135-186).

H. C. Timm, Robert Nozick, in: Gisela Riescher (Hrsg.), Politische Theorie der Gegenwart in Einzeldarstellungen. Von Adorno bis Young, Stuttgart 2004, S. 348-351.

*Walter Reese-Schäfer*

## Guillermo O'Donnell/Philippe C. Schmitter, Transitions from Authoritarian Rule, Bd. 4: Tentative Conclusions about Uncertain Democracies, Baltimore/London 1986.

Selten hat ein so schmales Bändchen einen so großen Einfluss auf die politikwissenschaftliche Diskussion ausgeübt. Auf knapp 70 Seiten haben Guillermo O'Donnell und Philippe C. Schmitter die Ergebnisse des Projekts „Transitions from Authoritarian Rule: Prospects for Democracy in Latin America and Southern Europe" zusammengefasst. Auf Initiative der beiden Autoren begannen 1979 die bedeutendsten Transitionsforscher aus Lateinamerika und Europa und die wichtigsten Köpfe der vergleichenden Politikwissenschaft der USA, über Erfolg und Misserfolg von Demokratisierungen nachzudenken. Zum einen wollte das Projekt die wissenschaftlichen Erkenntnisse über die dritte Welle der Demokratisierung vertiefen, zum anderen aus den Erkenntnissen Ratschläge für erfolgreiche Demokratisierungen ableiten. Fast 20 Jahre nach der Veröffentlichung ist der Forschungsstand erheblich weiter als damals, aber die Hauptannahmen sind nach wie vor bedeutsam.

Der wichtigste, oft übersehene Ausgangspunkt ist das Konzept der Unsicherheit, das den Band durchzieht. Es macht sich an zwei zentralen Sachverhalten fest: Alle Transitionen seien zunächst Übergänge von einem bestimmten autoritären Regime zu einem unbestimmten anderen Regime. Dieses „unbestimmte andere" könne eine erfolgreiche Demokratie wie eine andere Form des autoritären Regime sein. Die Transition selbst, also die Phase zwischen einem Regime und einem anderen, sei durch außergewöhnliche Unsicherheit gekennzeichnet. Alle Strukturen, die Handlungen ermöglichen und begrenzen, befänden sich im Fluss und die Folgen von Entscheidungen seien daher unsicher. Unerwartete Ereignisse und das Geschick von Einzelnen – also fortuna und virtù im Sinne von Machiavelli (→ Machiavelli 1532) – spielten mindesten eine so große Rolle wie strukturelle Faktoren. Daher ist für O'Donnell/Schmitter die Transitionsforschung eine Wissenschaft der „Unbestimmtheit", des „Abnormalen" und der „Unordnung" (S. 3 f.). Die traditionellen Konzepte und Methoden der Politikwissenschaft, die eine Wissenschaft der Stabilität, der Ordnung und der Erwartbarkeit ist, halten die Autoren für untauglich und wollen sie durch neue Konzepte ergänzt sehen, die Unsicherheit und Kontingenz thematisieren. O'Donnell und Schmitter haben dies in ihren Metaphern, Begriffen und Konzepten zum Ausdruck gebracht. Transitionen seien wie Schachspiele, bei denen sich nicht nur die Anzahl der Spieler ändert, sondern das zugleich auf mehreren Ebenen gespielt wird und in dem die Beteiligten während des Spiels laufend die Regeln ändern.

Zunächst bestimmen die Autoren Transition als Übergangsphase zwischen zwei politischen Regimen. Die eigentliche Transition ende, sobald ein neues politisches Regime, sei es eine Demokratie oder ein anderes autoritäres Regime, installiert sei. Das Charakteristikum sei die Abwesenheit eindeutiger und allgemein akzeptierter Regeln und Institutionen. Transitionen sind demnach ein riskantes und unsicheres Spiel mit hohem Einsatz. Immer bestehe die Gefahr, dass einer die Notbremse ziehe und den Prozess unvermittelt unterbreche. Die Transition beginne mit der Liberalisierung, einer kontrollierten Öffnung des politischen Raumes durch die alten Machthaber, durch die bestimmte Rechte von Individuen und sozialen Gruppen der unmittelbaren Willkür der Machthaber entzogen und stabilisiert würden. Dadurch würden die Kosten der politischen Betätigung gesenkt, man riskiere nicht mehr sein Leben oder seine Inhaftierung. Dies inspiriere andere, den Mutigen zu folgen. Es entstehe eine Dynamik, die von den Machthabern nur noch schwer zu kontrollieren sei.

Ein mögliches, aber nicht notwendiges Ergebnis der Liberalisierung sei die Demokratie. Diese ist für O'Donnell und Schmitter in Anlehnung an Robert Dahls Definition von Polyarchie (→ Dahl 1971) dann gegeben, wenn geheime, freie und faire Wahlen, allgemeines passives und aktives Wahlrecht, die Konkurrenz politischer Parteien, die freie Betätigung von Organisationen und Vereinen, freier Zugang zu Informationen und die politische Verantwortlichkeit der Exekutive gegenüber dem Parlament bzw. den Wählern garantiert sind. Demokratisierung ist dann der Prozess, in dem die Prinzipien und Regeln der Staatsbürgerschaft institutionalisiert werden. Das demokratische Minimum eröffne die Möglichkeit einer weiteren Transformation. Die politische Gleichheit der Demokratie könne auf eine „soziale" und/oder eine „ökonomische Demokratie" ausgeweitet werden, die bis zu einem „dritten Weg" oder zu einem sozialistischen Gesellschaftsmodell weitergetrieben werden könne (wie in Portugal 1974 und Nicaragua 1976).

Die Frage, wodurch die Krise autoritärer Regime hervorgerufen wird, bleibt etwas untertheoretisiert. Die Autoren führen nur die ideologische Schizophrenie autoritärer Regime an. Unfähig, sich nach der Niederschlagung der europäischen Faschismen auf eine umfassende Ideologie zu stützen, könnten sich die autoritären Kräfte allein als „transitional powers" (S. 15) legitimieren, die Diktatur und Unterdrückung praktizierten, um künftig Demokratie, Freiheit und soziale Sicherheit zu garantieren. Diese Schizophrenie führe zu Spaltungen im autoritären Block, wenn diese selbst gesetzten Ziele nicht erreicht würden. Dann komme es zur Spaltung in „hard-liner" und „soft-liner". Die Anhänger einer weichen Linie begännen mit der Liberalisierung., weil sie den Glauben an diese Versprechungen verlören. Sie suchten nach neuen Wegen, die Legitimationsbasis des Regimes zu verbreitern, indem neue Gruppen in den herrschenden Block aufgenommen, (selektive) Wahlen angestrebt und neue Formen der politischen Beteiligung ausprobiert würden. Erfolgreiche Transitionen nähmen ihren Ausgangspunkt von den Herrschenden und nicht von unten. Sie würden zwischen den „soft-liners" von Regime und Opposition verhandelt, die jeweils ihre „hard-liner" kontrollieren könnten. Zudem seien in den untersuchten Fällen immer innere und nicht äußere Faktoren dominant.

Zentral für erfolgreiche Übergänge sind nach O'Donnell und Schmitter Pakte. Ein Pakt ist für sie eine Vereinbarung zwischen einer Auswahl von Akteuren, um die Regeln der Machtausübung auf der Basis der Interessen der beteiligten Akteure zu bestimmen. Pakte seien der Mechanismus, mittels dem die Institutionen der Demokratie oder die neue Verfassung ausgehandelt würden. Solche Pakte seien immer brüchig und durch das Militär bedroht. Während zu Beginn einer Transformation und bei Pakten die Eliten die zentrale Rolle spielen würden, komme es anschließend zu einem Zyklus der Mobilisierung der Zivilgesellschaft. Sie realisiere, dass die Kosten des Widerstandes abnähmen. Auf allen Ebenen der Gesellschaft entstünden nun zivilgesellschaftliche Gruppen, die ihre Interessen formulierten und zum Ausdruck brächten. Je kürzer die Transition von autoritären Regimen verlaufe, desto wahrscheinlicher komme es zu Unruhen im Volk und desto nachhaltiger sei der Einfluss des Volkes auf die Transition.

Während politische Parteien bis dahin kaum eine Rolle spielten, werde ihre Bedeutung bei den ersten freien Wahlen unübersehbar. Statt Parolen würden nun Institutionen relevant. Die extreme Unsicherheit der Übergangsphase werde durch sichere Institutionen und Verfahren abgelöst. Das Wahlrecht beruhe auf der Übereinstimmung über Regeln. Es herrsche ein Demokratiekonzept vor, das sich jeglicher substantieller Inhalte enthalte. Dann sei das komplexe und unsichere „Schachspiel“ der Transtition vorüber. Das neue Spiel sei dann die Demokratie.

Das kleine Büchlein formuliert 1. einen analytischen Anspruch, indem es zentrale Begriffe, Kategorien und ein analytisches Konzept zur Verfügung stellt, die in der weiteren Transitionsforschung – zum Teil modifiziert – aufgenommen wurden (Przeworski 1991; → Linz/Stepan 1996; Merkel 1999; Rüb 2001). 2. eine Handlungsanleitung, wie Transitionen von autoritären Regimen erfolgreich gestaltet werden können. 3. ist es ein stilistisches Meisterwerk, das seine Faszination für die außergewöhnlichen Phasen der Transition auch in der Sprache zum Ausdruck bringt und aus der Sympathie für die Demokratie keinen Hehl macht.

**Literatur:**

Adam Przeworski, Democracy and the Market. Political and Economic Reforms in Eastern Europe and Latin Amerika, Cambridge 1991.

Wolfgang Merkel, Systemtransformation. Eine Einführung in die Theorie und Empirie der Transformationsforschung, Opladen 1999.

Friedbert W. Rüb, Schach dem Parlament. Regierungssysteme und Staatspräsidenten Osteuropas in den Demokratisierungsprozessen Osteuropas, Wiesbaden 2001.

Philippe C. Schmitter, Clarifying Consolidation, in: Journal of Democracy 8 (1997), S. 168-174.

*Friedbert Rüb*

## Claus Offe, Contradictions of the Welfare State, hrsg. von John Keane, London u.a. 1984.

Claus Offes Perspektive wurde zunächst unter anderem durch die marxistische Studentenbewegung während seiner Studienzeit an der Freien Universität Berlin geprägt. Nachhaltigen Einfluss hatte auch die anschließende Arbeit als Assistent von Jürgen Habermas in Frankfurt am Main (1965-1969) und am Starnberger Max-Planck-Institut (1971-1975) sowie die dazwischen liegenden Aufenthalte in Berkeley und Harvard (1969-1971). Nach seiner Habilitation in Konstanz 1973 lehrte Offe von 1975 bis 1989 in Bielefeld. Bevor er 1995 an die Berliner Humboldt-Universität kam, war er Lehrstuhlinhaber in Bremen. Offe war zudem als Gastforscher an einer Vielzahl weiterer Universitäten und Forschungseinrichtungen in den USA, den Niederlanden, Österreich und Deutschland tätig. Dieser wechselhafte Werdegang spiegelt sich in Offes Erklärungen der Krise kapitalistischer Wohlfahrtsstaaten, in dem verschiedene theoretische Schulen zusammengebracht werden. Offe verbindet Elemente des Marxismus, der Kritischen Theorie, der Luhmannschen Systemtheorie (→ Luhmann 1981) und der empirischen Sozialforschung. Dabei bleibt er gleichermaßen kritisch gegenüber allen orthodoxen Großtheorien.

„Contradictions of the Welfare State" ist eine Sammlung von Aufsätzen. Die elf – teilweise ursprünglich auf deutsch veröffentlichten – Texte sind am Ende des Wachstums der westlichen Wohlfahrtsstaaten zwischen 1973 und 1982 entstanden. In Deutschland waren die Planungseuphorie und der Wohlfahrtsoptimismus abgeklungen. In dieser zweiten Phase der sozialliberalen Koalition lieferte Offe grundlegende Erklärungen für die wirtschafts- und sozialpolitische Krise des „Spätkapitalismus" und für die Krise der wohlfahrtsstaatlichen Krisenpolitik. Die Beiträge werden ergänzt durch eine umfassende Einleitung des Herausgebers John Keane und ein Interview, das Keane und David Held Ende 1982 mit Offe führten. Lesern, die mit Offes abstrakten Formulierungen und den theoretischen Hintergründen wenig vertraut sind, ist zu empfehlen, die Lektüre mit dem Interview zu beginnen. Offe erläutert darin in ungewohnt einfachen Formulierungen die Hintergründe, zentralen Begriffe und Ziele seiner Arbeiten. Darauf aufbauend liefert die Einleitung des australisch-britischen Demokratietheoretikers Keane die Verbindung der in unterschiedlichen Zusammenhängen entstandenen Einzeltexte.

Offe versteht unter Widersprüchen politischer Systeme die gleichzeitige Existenz unverzichtbarer Elemente, die miteinander unvereinbar sind. Dies gilt, so die durchgängige These des Buches, für die gleichzeitige Unverzichtbarkeit und Unvereinbarkeit von Kapitalismus und Sozialpolitik. Kapitalistische Produktion, die auf Lohnarbeit basiere, könne nicht ohne gesellschaftlichen Ausgleich existieren. Dabei führe die steigende Komplexität und Unverbundenheit moderner Gesellschaften dazu, dass der Staat zunehmend an die Stelle von Familien, Gemeinschaften, Kirchen etc. treten müsse, um den gesellschaftlichen Zusammenhalt durch wohlfahrtsstaatliche Maßnahmen zu garantieren. Die so entstehenden wohlfahrtsstaatlichen Institutionen gerieten aber in wachsenden Widerspruch zu den kapitalistischen Prozessen, die sie eigentlich absichern sollten. Sie entwickelten sich zu eigenen Systemen mit eigener Verteilungslogik, die in einem prinzipiellen Widerspruch zur kapitalistischen Verteilungslogik auf Basis von Kapital und Lohnarbeit stünden.

Diese Entwicklung von staatlichen Wohlfahrtsstaaten werde durch die Demokratisierung kapitalistischer Staaten nicht hervorgerufen, aber beschleunigt. Der von Offe beschriebene Widerspruch ist daher kein umkehrbares Ergebnis falscher politischer Entscheidungen, sondern folgt einer nicht aufzuhebenden Gesetzmäßigkeit.

Diese Kernthese wird aus unterschiedlichen Perspektiven diskutiert. Das erste Essay zu den Krisen des Krisenmanagements fasst die theoretischen Grundlagen eines Starnberger Forschungsprojektes zusammen. Offe beschreibt darin das Verhältnis der administrativen Steuerung zur Kapitalanhäfung als Kernwiderspruch spätkapitalistischer Gesellschaften. Noch bekannter in der deutschen Diskussion ist der zweite Text zur „Unregierbarkeit". Der 1979 entstandene Aufsatz richtet sich gegen die konservative Antwort auf die Krise des Wohlfahrtsstaats. Während die Konservativen in einer Rückbesinnung auf traditionelle Ordnungsformen und Werte wie Familie und Leistung eine Lösung der Krise sahen, erkannte Offe die Unregierbarkeit als unvermeidlichen Zustand im „Spätkapitalismus" und forderte eine politische Modernisierung.

Besonders hervorzuheben ist auch der dritte Aufsatz zu „Staatstheorie und Sozialpolitik", den Offe 1977 gemeinsam mit Gero Lenhardt veröffentlichte. Der Beitrag leitete einen Perspektivwechsel der Sozialpolitikforschung ein: Aus herkömmlicher Sicht erschien Sozialpolitik nur als Reaktion auf privatwirtschaftliche Produktion, um entstandene Verwerfungen auszugleichen. Offe und Lenhardt sehen dagegen Sozialpolitik in einem breiteren staatstheoretischen Kontext. Für sie bezeichnet „Sozialpolitik" alle staatlichen Maßnahmen, die darauf ausgerichtet sind, die kapitalistische Lohnarbeit zu ermöglichen und aufrecht zu erhalten. Sozialpolitik ist aus dieser Sicht ein unverzichtbares Element der kapitalistischen Produktion. Sie diene dazu, die Arbeitskraft zur Ware zu machen, also der Kommodifizierung. Gleichzeitig beschreiben Offe und Lenhardt die Funktion der Sozialpolitik in dem Bereich, der von der heutigen Sozialstaatsforschung als „Dekommodifizierung" bezeichnet wird. Vereinfacht beschrieben ist Sozialpolitik demnach einerseits notwendige Grundlage der Lohnarbeit, sie reduziert aber andererseits die Bedeutung der Lohnarbeit.

Eine der Stärken des Bandes liegt in der gesamtgesellschaftlich orientierten theoretischen Analyse. Offe bringt ökonomische, soziologische und politikwissenschaftliche Theorien zusammen, ohne sich dabei auf die heute modernen theoretischen Reduktionen zu beschränken. Während sich heute die Gemeinsamkeit der sozialwissenschaftlichen Disziplinen oft auf technisch-methodische Fragen beschränkt, wurden in den 1970er Jahren noch die komplexen gesamtgesellschaftlichen Erklärungen der konkurrierenden Perspektiven übergreifend diskutiert. Offes instrumenteller Umgang mit Theorieelementen, besonders aus dem Marxismus, ermöglichte zugleich die Anbindung an die internationale Diskussion, von der sich die deutsche Debatte phasenweise abgekoppelt hatte.

Trotz der umfangreichen Rezeption wird die zentrale These des Aufsatzes von Offe und Lenhardt zur Kommodifizierungsfunktion der Sozialpolitik in der späteren Sozialstaatsforschung zunehmend vernachlässigt. So betont etwa Esping-Andersen (→ Esping-Andersen 1990), dessen Wohlfahrtstypologie die aktuelle Diskussion prägt, lediglich die Dekommodifizierungsfunktion – die er auch begrifflich im Standardwortschatz der Wohlfahrtsstaatsforschung verankerte. Diese Vernachlässigung überrascht, da sich die Kernthese des Bandes eindrucksvoll bestätigt zu haben scheint: Die Krisen des Wohlfahrtsstaates und der wohlfahrtsstaatlichen Krisenpolitik wurden zum Dauerzustand aller kapitalistischer Gesellschaften – die heute aber nur noch selten als „spätkapitalistisch" tituliert werden. Die neuere Wohlfahrtsstaatsforschung betont dabei verstärkt die nationalen Besonderheiten bei der Suche nach einer optimalen Umsetzung der von Offe geforderten Modernisierung (Scharpf/Schmidt 2000, Schmid 2002).

Auch politisch ist Offes Sozialstaatstheorie gleichermaßen einflussreich und umstritten. So lehnen Wirtschaftsliberale Offes theoretische Begründung für die grundsätzliche Abhängigkeit der kapitalistischen Produktion vom Staat ab. Gewerkschafter sehen seine Thesen dagegen als theoretisches Fundament für die heutige Sachzwangsrhetorik zur Legitimation des „Rückbaus" (Siegel 2002) des Wohlfahrtsstaats. Unstrittig ist aber, dass Politiker fast aller Parteien sich heute zumindest implizit auf Offes Thesen beziehen. Besonders die Sozialdemokratie versucht an die sozialstaatliche und staatstheoretische Fundierung der Forderung nach einer Modernisierung des Wohlfahrtsstaats anzuknüpfen.

**Literatur:**

Hubertus Buchstein, Claus Offe, in: Gisela Riescher (Hrsg.), Politische Theorie der Gegenwart in Einzeldarstellungen. Von Adorno bis Young, Stuttgart 2004, S. 361-365.

Anna Geis/David Strecker (Hrsg.), Blockaden staatlicher Politik: sozialwissenschaftliche Analysen im Anschluss an Claus Offe, Frankfurt a.M./New York 2005.

Klaus Hinrichs/Herbert Kitschelt/Helmut Wiesenthal (Hrsg.), Kontingenz und Krise: Institutionenpolitik in kapitalistischen und postsozialistischen Gesellschaften. Claus Offe zu seinem 60. Geburstag, Frankfurt a.M./New York 2000.

Fritz W. Scharpf/Vivian Schmidt, Welfare and Work in the Open Economy, 2. Bde., Oxford 2000.
Josef Schmid, Wohlfahrtsstaaten im Vergleich, Opladen 2002.
Claus Offe, Strukturprobleme des kapitalistischen Staates: Aufsätze zur Politischen Soziologie, Frankfurt a.M. 1972.
Claus Offe, Arbeitsgesellschaft: Strukturprobleme und Zukunftsperspektiven, Frankfurt a.M./New York 1984.
Nico A. Siegel, Baustelle Sozialpolitik. Konsolidierung und Rückbau im internationalen Vergleich, Frankfurt a.M. 2002.

*Nils Bandelow*

## Mancur Olson, The Logic of Collective Action. Public Goods and the Theory of Groups, Cambridge 1965

*(DA: Die Logik des kollektiven Handelns. Kollektivgüter und die Theorie der Gruppen, Tübingen 1968; VA: 2. Aufl., Tübingen 1985).*

Mancur Olson (1932-1998) erwarb 1963 den Doktorgrad in Wirtschaftswissenschaften an der Harvard Universität 1963, später wirkte er an der Universität von Maryland. Er war u.a. Präsident der „Public Choice Society", der „Eastern Economic Association", der „Southern Economic Association" und Vizepräsident der „American Economic Association". In enger Zusammenarbeit mit entwicklungspolitischen Organisationen und Partnerländern zielte seine Forschungsarbeit darauf, die Voraussetzungen nachhaltiger Entwicklung und demokratischer Reformpolitik in Entwicklungsländern und Transitionsstaaten zu schaffen. Olsons Hauptwerke sind „The Logic of Collective Action" und „The Rise and Decline of Nations" (1985).

Das Buch „Die Logik des kollektiven Handelns" erklärt, warum Menschen als Mitglieder großer Gruppen nicht in der Lage sind, gemäß ihrer gemeinsamen Interessen zu handeln. Dieses Merkmal gilt vor allem für die Beschaffung und das Angebot von Kollektivgütern. Diese sind unteilbar. Niemand kann sie auch nur teilweise für sich allein beanspruchen und ebenso wenig kann jemand von ihrer Nutzung ausgeschlossen werden. Kollektivgüter nutzten daher auch Trittbrettfahrer. Dies sind Personen, die keinen eigenen Beitrag zu einem Kollektivgut erbringen, aber Nutzen aus ihm ziehen. Um Kollektivgüter beschaffen und gemeinsame Gruppeninteressen durchsetzen zu können, bieten sich nach Olson zwei Strategien an: 1. Die Gruppe muss Anreize bieten, die nur Beitragszahlern zugute kommen. 2. Sie muss

Zwangsmaßnahmen verhängen, von denen nur die Beitragszahler verschont bleiben. Solche Maßnahmen sind etwa Steuerzahlungen, die in das Angebot von Kollektivgütern wie Ordnung, Sicherheit, Recht, Wohlfahrt, Bildung und Umweltschutz fließen.

Die Organisationskosten für Kollektivgüter sind laut Olson um so höher, je größer die Gruppe ist und je höher dadurch die Hürde wird, um das Kollektivgut anbieten zu können. Dagegen falle es um so leichter, gemeinsame Interessen zu verwirklichen und Kollektivgüter bereitzustellen, je kleiner die Gruppe sei. Für den Einzelnen fallen die Kosten, um Kollektivgütern zu beschaffen, in kleinen Gruppen stärker als in großen Gruppen ins Gewicht. Daher würden die Mitglieder eher zur Übernahme eines Anteils der Beschaffungskosten bereit sein, weil sich dadurch die Chancen, das Kollektivgut zu beschaffen, deutlich erhöhe oder auch die zu erwartende Menge deutlich vergrößere. Zudem sei das Verhalten der einzelnen Mitglieder in Kleingruppen für andere Mitglieder sichtbarer als in Großgruppen. Um Mitglieder zu freiwilligen Beiträgen zu ermutigen, seien daher Anreize wie Mehrung des Prestiges in Kleingruppen wirksamer als in Großgruppen. Doch auch kleinen Gruppen gelinge es nicht immer, ein Kollektivgut in optimaler Menge bereitzustellen. Dies sei darauf zurückzuführen, dass andere Personen nicht daran gehindert werden könnten, das Kollektivgut zu nutzen. Bei sehr heterogenen Gruppen falle diese Tendenz weniger stark ins Gewicht, weil sich einzelne Mitglieder aufgrund eines stark ausgeprägten Interesses an dem Kollektivgut trotzdem bereit erklärten, einen großen Teil der Bereitstellungskosten zu übernehmen. Dagegen werde die optimale Menge des Kollektivgutes um so unwahrscheinlicher angeboten, je homogener die Interessenstruktur und je größer die Gruppe sei.

Die politischen Konsequenzen der Theorie Olsons sind besonders in verteilungspolitischer Hinsicht bemerkenswert: Sind die Identifikation der Gruppenmitglieder mit den Organisationszielen und die Bereitschaft zur Beteiligung an den Kosten nur schwach ausgeprägt, herrscht also „Egoismus“ vor, beuten die Großen die Kleinen aus. Dies sei stets zu erwarten, wenn einzelne, größere Mitglieder in erheblichem Umfang über Ressourcen verfügen und zur Übernahme eines entsprechenden Beschaffungsbeitrages bereit seien. In diesem Fall verringere sich der Anreiz für kleinere Mitglieder, sich an den Kosten zu beteiligen, um das Kollektivgutes zu beschaffen, weil sie darauf spekulieren könnten, das Kollektivgut „kostenlos“ nutzen zu können.

In der Diskussion um die Theorie des kollektiven Handelns von Olson ist darauf hingewiesen worden, dass sich die Mitglieder von Kleingruppen keineswegs so verhalten, wie von der Theorie unterstellt. Ihnen ist der Nutzen ihres Handelns für andere Mitglieder keineswegs gleichgültig: In nahezu jeder Familie stimmen die Eltern ihr Verhalten auch mit den Interessen ihrer Kinder ab. Ähnliches lässt sich für andere Kleingruppen feststellen. Daher gilt folgender von Olsons Theorie nicht ausreichend berücksichtigter Zusammenhang: Je stärker das Interesse der Gruppenmitglieder am Wohlergehen der anderen Mitglieder, um so größer sind die Chancen der Bereitstellung von Kollektivgütern. Aber auch auf Großgruppen lässt sich die Theorie kollektiven Handelns nur eingeschränkt anwenden. Deren Mitglieder verhalten sich verhalten sich ebenfalls nicht durchweg als rationale Nutzenmaximierer. Grundlegende Wertorientierungen, die über mehrere Generationen tradiert werden, begründen vielfach eine dauerhafte Identifikation mit den Zielen der Organisation, die von konkreten Nutzenerwägungen weitgehend unabhängig bleibt. Vielmehr scheint die Bindung des Einzelnen an Großorganisationen von der Prägungskraft politischer und gesellschaftlicher Ideologien und dem Interpretationsvermögen der diese tragenden gesellschaftlichen Netzwerke abzuhängen (Parteien, Kirchen, Gewerkschaften).

Die Antwort, die Olson auf die Frage gegeben hat, welche Möglichkeiten es für freiwillige und zweckgerichtete Kooperationen gibt, wenn rationales Eigeninteresse vorherrscht, fand zunächst eine zögernde und zwiespältige Bewertung. Einige Jahrzehnte sind ins Land gegangen, bis das Rationalmodell kollektiven Handelns eine Diskussion darüber ausgelöst hat, ob Gruppenmitglieder durchweg als gut informierte und rational abwägende Akteure auftreten. Wenn rationale Kosten-Nutzen-Kalkulationen das Trittbrettfahren nahe legen, wie kann dann kollektives Handeln zustande kommen? Laut Wirtschaftswissenschaft und politischer Soziologie tragen heterogene Gruppenstrukturen, variable Produktionsfunktionen des Kollektivgutes, hierarchische Koordination, die Rolle des „politischen Unternehmers" sowie starke gemeinschaftliche Überzeugungen und Formen spontaner Organisation dazu bei.

Olsons „Theorie des kollektiven Handelns" hat den Wahrnehmungshorizont und das Erklärungspotential der Wirtschafts- und Sozialwissenschaft im 20. Jahrhundert erheblich erweitert. Sein Werk hat wesentlich dazu beigetragen, dass die politischen Bedingungen der Politikformulierung Gegenstand ökonomischen Denkens geworden sind. Dadurch wird die Einsicht vermittelt, dass die politischen Programme eines Landes und die Qualität der politischen und rechtlichen Institutionen seine wirtschaftliche Leistungsfähigkeit maßgeblich bestimmen. Der politikwissenschaftlichen Theorieentwicklung ist Olsons Theorie des kollektiven Handelns in zweifacher Hinsicht zugute gekommen. Einmal hat sie auf Repräsentations- und Funktionsdefizite des ungesteuerten und nicht korrigierten Gruppenwettbewerbs hingewiesen und das Ausbleiben eines stabilen Gruppengleichgewichts systematisch erklärt. Aus dem umfassenden theoretischen wie empirischen Befund einer „Asymmetrie des Pluralismus“ (Kevenhörster 2003, S. 314-326; 383-392) ergeben sich weitreichende Folgen für eine notwendige politische Gegensteuerung durch die staatliche Ordnungs- und Prozesspolitik sowie für den Aufbau einer komplexen Demokratietheorie (Scharpf 1975), die die Repräsentationsprobleme des asymmetrischen Pluralismus verarbeitet und institutionelle und strukturelle Lösungsansätze aufzeigt. In der Debatte um basisdemokratische Politikentwürfe hat die Theorie Olsons ferner deutlich gemacht, dass die Organisations- und Repräsentationsprobleme in großen und kleinen Gruppen durch Formen der Basisdemokratie nicht gelöst, sondern verstärkt werden. Die Ungleichgewichte vergrößern und das Angebot öffentlicher Güter verschlechtern sich (Kevenhörster 1974, S. 20 ff.). Eine Alternative stellen integrationsfähige politische Parteien, die Kritikfunktion der Medien und eine artikulationsstarke „aktive Gesellschaft“ (→ Etzioni 1968) dar.

## Literatur:


Paul Kevenhörster, Das Rätesystem als Instrument zur Kontrolle politischer und wirtschaftlicher Macht, Opladen 1974.

Paul Kevenhörster, Politikwissenschaft Band 1: Entscheidungen und Strukturen der Politik, 2. Aufl., Opladen 2003.

Mancur Olson, Aufstieg und Niedergang von Nationen. Ökonomisches Wachstum, Stagflation und soziale Starrheit. Tübingen 1985.

Ingo Pies/Martin Leschke (Hrsg.), Mancur Olsons Logik kollektiven Handelns, Tübingen 1997.

Fritz Scharpf, Demokratietheorie zwischen Utopie und Anpassung. Kronberg i.Ts. 1975.

Klaus Schubert (Hrsg.), Leistungen und Grenzen politisch-ökonomischer Theorie: eine kritische Bestandsaufnahme zu Mancur Olson, Darmstadt 1992.


*Paul Kevenhörster*

## Elinor Ostrom, Governing the Commons. The Evolution of Institutions for Collective Action, Cambridge 1990

*(DA, VA: Die Verfassung der Allmende. Jenseits von Staat und Markt, Tübingen 1999).*

Elinor Ostrom studierte Politikwissenschaft an der Universität von Kalifornien in Los Angeles und promovierte dort 1965. Von 1965 an wirkte sie zunächst als Assistant Professor, von 1969 an als Associate Professor und von 1974 an als Professorin für Politikwissenschaft an der Universität von Indiana in Bloomington. Unter den zahlreichen Ehrungen Ostroms ragen drei besonders hervor: 1996/97 war sie Präsidentin der „American Political Science Association", 1982-84 Präsidentin der „Public Choice Society". Im Mai 2001 wurde sie in die „National Academy of Sciences" berufen.

Der Begriff „öffentliches Gut" bringt aus der Sicht der ökonomischen Theorie in vielen Fällen Marktversagen zum Ausdruck, das staatliche Interventionen nahe legt. Öffentliche Güter gehen nämlich nicht nur die direkt betroffenen Akteure etwas an, sondern dienen auch dazu, dass Gemeinwohl zu verwirklichen. Bei Fällen wie dem Schutz der Umwelt, der Volksgesundheit, der politischen Informationsversorgung und demokratischen Willensbildung können Märkte vielfach eine optimale Güterversorgung nicht gewährleisten, da sie vorrangig Instrumente individueller Nutzenmaximierung sind. Öffentliche Güter und ihre Nutzung regelt dann der Staat durch Intervention. Diese Konsequenz legen die Logik kollektiven Handelns, das Gefangenendilemma und die „Tragik der Allmende" (Hardin 1968) nahe. Die „Tragik der Allmende" besagt dabei, dass die Leistung von Menschen unter bestimmten Umständen abnimmt, wenn sie kollektiv tätig sind, der individuelle Ertrag jedoch nicht zurechenbar ist.

Führt die Notwendigkeit staatlicher Intervention zum Ausufern der staatlichen Verwaltung? Die Einsicht, dass diese Konsequenz nicht unausweichlich ist, verdanken wir Ostrom. Sie hat öffentliche Kollektivgüter (Allmende) weltweit anhand der Auswertung von mehreren tausend Einzelfällen untersucht: Wassernutzung in Los Angeles, in Spanien und auf den Philippinen, die Nutzung von Fischereigründe in der Türkei und von Almen in der Schweiz. Aus diesen weit gespannten Fallstudien hat sie eine Theorie der Allmende-Ressourcen entwickelt. Der Kern lautet: Überall funktionieren, teilweise schon seit Jahrhunderten, Allmenden, weil die Akteure soziale Normen einhalten, weniger nur deswegen, weil sie rechtliche Regeln beachten. Die Verwaltung knapper Ressourcen, so hat Ostrom herausgefunden, kann effizienter außerhalb der klassischen Eigentumsordnung gestaltet werden. Im Mittelpunkt ihres Theoriegerüstes steht der Grundsatz der quasifreiwilligen Befolgung der Regeln: Die Gesellschaftsmitglieder verpflichten sich, gemeinsam entwickelte Regeln einzuhalten, wenn auch die anderen nach ihnen handeln. Der Durchsetzung dieses Prinzips kommt zugute, dass Menschen die Fähigkeit besitzen zu lernen und das Prinzip der Wechselseitigkeit und soziale Regeln so nutzen, dass sie damit soziale Dilemmata überwinden können.

Voraussetzung dieses Zusammenhangs sind drei Bausteine: 1. das wechselseitige Vertrauen der Individuen, 2. der Aufwand, den die anderen in ihre Glaubwürdigkeit investieren und 3. ein reziprokes Verhalten nach dem Motto: „Wie du mir, so ich dir“ durch die beteiligten Akteure. Koordination bei der Nutzung öffentlicher Güter gelingt dabei vor allem, weil soziale Normen beachtet und eingehalten werden. Rechtsregeln sind dafür weniger bedeutsam als das durch Evolution erworbene Prinzip der Gegenseitigkeit (Reziprozität). Dieses Prinzip umfasst den Versuch herauszufinden, wer zur Gruppe gehört, die Kooperationsbereitschaft der anderen abzuschätzen, sich für eine Kooperation zu entscheiden und jenen die Kooperation zu verweigern, die nicht wechselseitig (reziprok) handeln und schließlich jene zu bestrafen, die das Vertrauen missbrauchen. Statt anzunehmen, die Individuen, die sich ein Gemeingut teilten, steckten zwangsläufig in einer Falle, aus der sie nicht entkommen könnten, behauptet Ostrom, dass sie sich von Fall zu Fall unterschiedlich gut aus diesem Dilemma befreien können. Hilfreich seien dabei nicht das Vertrauen auf Markt oder Staat, sondern vielfältige Mischformen aus markt- und staatsähnlichen Institutionen.

Als Resümee ihrer Forschung nennt Ostrom auf der Grundlage ihrer theoretischen Analyse und Fallstudien die folgenden Bauprinzipien langlebiger Institutionen von Allmende- Ressourcen: 1. muss es klar definierte Grenzen des Gemeinguts geben und nicht Nutzungsberechtigte müssen wirksam ausgeschlossen werden. 2. sind die Regeln des Zugriffs auf das Gemeingut den lokalen Bedingungen anzupassen. 3. müssen die meisten Nutzer auf die Gestaltung der Verhaltensregeln einwirken können, so dass sich diese an ändernde Bedingungen anpassen; 4. muss die Einhaltung der Regeln überwacht werden. 5. sind abgestufte Sanktionen erforderlich, wenn die Regeln verletzt werden. 6. braucht es Mechanismen, um Konflikte zwischen Nutzern zu lösen. 7. müssen übergeordnete Stellen das Recht auf Selbstbestimmung der Nutzer des Gemeinguts anerkennen. Diese Bauprinzipien sollen einen Anreiz für die Aneigner bilden, sich selbst zur Einhaltung der Regeln zu verpflichten, ihre Regelkonformität gegenseitig zu überwachen und die Allmende-Institutionen über Generationen hinweg aufrecht zu erhalten.

Die von Ostrom entwickelte Konzeption ist weithin als stimmige Innovation anerkannt worden. Sie wird durch eine Vielzahl von Fallstudien gestützt, die das Funktionieren der Allmende belegen. Michael Heller (1998) hat allerdings auf zwei Fehlentwicklungen hingewiesen: In der Tragödie der öffentlichen Kollektivgüter werden Ressourcen zu stark genutzt, wenn zu viele Eigner, die Ressource nutzen, und andere nicht von der Nutzung ausschließen können. Es gebe aber auch den Fall, dass Ressourcen zu wenig genutzt würden. Dies sei immer zu erwarten, wenn Eigentümer das Recht in Anspruch nähmen, andere von der Nutzung knapper Ressourcen auszuschließen und niemand über einen privilegierten Zugang zur Nutzung verfüge. Dieses Problem hat Heller die Tragödie der Anti-Allmende genannt. Eine solche „Tragödie“ sei etwa im medizinischen Bereich dann zu erwarten, wenn Patente als Innovationsbremse wirken und so die Entwicklung lebensnotwendiger Medikamente behindern.

Seit dem Erscheinen des Buches hat sich die Untersuchung von Institutionen des Gemeineigentums rasch weiterentwickelt. Zu erwähnen sind hier die Studien von Arun Agrawal, William Blomquist, Shui Yan Tang, Daniel W. Bromley u.a., Clark C. Gibson, Margaret A. McKean, Wai Fung Lam und anderen sowie die Konferenzen der „International Association for the Study of Common Property“. Im Zuge dieser Debatte konnte Ostrom ihre Theorie durch eine Reihe von Laborexperimenten und ihre Kritik der These der „Tragik der Allmende“ untermauern. Ostrom hat ihre Disziplin dazu aufgefordert, ein Modell des vertraglich gebundenen rationalen und moralischen Handelns im Einklang mit neuen Erkenntnissen der Biologie und Evolutionspsychologie zu entwickeln.

Die Theorie der Allmende-Ressourcen bietet ein wichtiges Instrument zur Analyse von politischen Gestaltungsdefiziten überall dort, wo Märkte und staatliche Bürokratie versagen. Dies gilt innerhalb der Grenzen politischer Systeme wie im Rahmen des internationalen Systems. Um die Folgen der Globalisierung zu gestalten, ist das Konzept der globalen öffentlichen Güter entwickelt worden. Diese Güter eröffnen den Gesellschaften der einzelnen Nationalstaaten die Chance erfolgreicher Integration in globale Strukturen: Frieden, Sicherheit, faire internationale Handelsregime, stabile Weltfinanzmärkte, Schutz vor grenzüberschreitenden Krankheiten.

Die Diskussion um Gehalt und Prioritäten globaler öffentlicher Güter muss den Bezug zur internationalen Agenda der Entwicklungspolitik (Millenniums-Deklaration, Millenniums-Ziele) herstellen. Hier wie im Rahmen nationaler politischer Systeme geht es zwar um Güter im öffentlichen Raum, aber diese müssen keineswegs vom Staat bereitgestellt werden. Ganz im Sinne der Konzeption des aktivierenden Staates muss dieser vielmehr Anreize dafür bieten, dass die privaten Akteure kooperieren, um ihre individuellen Interessen mit einem kollektiven Anliegen zu verbinden.

**Literatur:**

Peter J. Boettke (Hrsg.), Polycentric Political Economy: A Festschrift for Elinor and Vincent Ostrom, Amsterdam 2005.

Garrett Hardin, The Tragedy of the Commons, in: Science 162 (1968), S. 1243-1248.

Michael A. Heller, The Tragedy of the Anticommons: Property in the Transition from Marx to Markets, in: Harvard Law Review 111 (1998), S. 622-688.

Elinor Ostrom, Institutionelle Arrangements und das Dilemma der Allmende, in: Manfred Glagow/Helmut Willke/Helmut Wiesenthal (Hrsg.), Gesellschaftliche Steuerungsrationalität und partikulare Handlungsstrategien, Pfaffenweiler 1989, S. 199-234.

Elinor Ostrom, Coping with Tragedies of the Commons, in: Annual Review of Political Science 2 (1999), S. 493-535.

Elinor Ostrom/Roy Gardner/James Walker, Rules, Games, and Common-Pool Resources, Ann Arbor 1994.

*Paul Kevenhörster*

## Carole Pateman, The Sexual Contract, Cambridge u.a. 1988.

„The Sexual Contract“ (dt.: „Der Geschlechtervertrag“) stellt Carole Patemans wichtigsten Beitrag zur feministischen politischen Theorie dar. Sie setzte mit diesem Werk ihre in dem Buch „The Problem of Political Obligation“ begonnene Auseinandersetzung mit der kontraktualistischen Tradition (→ Hobbes 1651; → Locke 1690; → Rousseau 1762 u.a.) aus feministischer Sicht fort. Pates Grundthese lautet: Ein kontraktualistisches Verständnis gesellschaftlicher Ordnung und persönlicher Freiheit ist dem Ziel der Freiheit der Frau nicht dienlich, sondern läuft ihm zuwider.

Im ersten Kapitel umreißt Pateman ihr Programm einer feministischen Kritik der Vertragstheorien. Die kontraktualistische Auffassung besagt, dass soziale Ordnung nur dann als legitim gelten könne, wenn sie als Ergebnis von Vertragsschüssen vorstellbar sei. Dieser „ursprüngliche Vertrag" aller Gesellschaftsmitglieder begründet das politische Gemeinwesen und bietet den Ordnungsrahmen für alle weiteren individuellen Vertragsschlüsse (Eigentumstausch, Arbeitsverhältnis, Ehe). Für Pateman enthält der Gesellschaftsvertrag einen verborgenen Geschlechtervertrag, der zur Unterwerfung der Frau führe. Mit ihren Darlegungen will Pateman die patriarchalische Grundstruktur der Vertragstheorien erhellen.

Das zweite Kapitel setzt sich mit den Begriffen „Patriarchat" und „Paternalismus" auseinander, also zwei Begriffen, die sich vom „Vater" herleiten. Der erste Begriff spielt eine zentrale Rolle in feministischen Diskursen, der zweite in liberalen Diskursen. Die damit bezeichneten Phänomene werden häufig als Überbleibsel aus vormodernen Zeiten verstanden: Das Patriarchat gilt als Fortdauer der feudalen Herrschaft des Familienvaters und der Paternalismus als Übernahme einer väterlichen, d.h. das Individuum bevormunden und seine Freiheit einschränkenden, Rolle durch den modernen Staat. Die Perspektive des Vertrags scheint beiden Phänomenen entgegengesetzt, denn der Vertrag löst die statusgebundenen Formen von Herrschaft durch Akte individueller Zustimmung ab und weist dem Individuum die volle Verfügung über sich selbst zu. Pateman drängt hingegen darauf, dass Patriarchat als Herrschaft von Männern über Frauen zu verstehen. In dieser Form sei es nicht nur ein vormodernes, sondern auch ein modernes Phänomen, denn der Gesellschaftsvertrag sei nicht vom Geschlechtervertrag zu trennen. Patemans These lautet: „Modern patriarchy is fraternal, contractual and structures capitalist society" (S. 25).

In den Kapiteln drei und vier zeigt Pateman, dass die Klassiker der Theorie des Gesellschaftsvertrages zwei Formen von Knechtschaft nicht ablehnten: die Sklaverei und die Unterordnung der Frau unter den Mann mittels der Ehe. Als Kern des Übels macht Pateman den besitzindividualistischen Kern der Vertragstheorien aus, nämlich die Vorstellung, dass das Individuum in einer Weise ein Eigentumsrecht über sich selbst hat wie jeder sonstige Eigentümer an einem Gegenstand, den er nach Belieben benutzen oder auch veräußern darf. Diese Annahme ermögliche es, den Gegensatz zwischen Freiheit und Sklaverei aufzuheben, indem nämlich Sklaverei als freiwillig eingegangener Vertrag von Gehorsamspflicht gegen Schutz ausgegeben werde. Als Sklavenvertrag interpretiert Pateman auch den Ehevertrag, weil er ein Verhältnis der Herrschaft des Mannes über die Frau für unbestimmte Zeit festschreibe.

Freilich bleibt bei „Sklavenverträgen" der Grundwiderspruch, dass Sklaven und Frauen zwar einerseits für vertragsfähig, aber andererseits doch für unmündig gehalten werden. Lehnte deshalb z.B. Rousseau (→ Rousseau 1762) die freiwillige Sklaverei als Widerspruch in sich selbst ab, so hat doch keiner der klassischen Vertragstheoretiker das selbe Argument auf die Unterwerfung der Frau übertragen. Das ist für Pateman kein Zufall, denn bei der Gründung der Gesellschaft durch Vertrag gelte: „Women must be subject to men because they are naturally subversive of men's political order“ (S. 96). Das Denkmuster der Vertragstheorien gründe sich auf das „Individuum“ als Eigentümer seiner selbst. Der weibliche Körper aber versperre sich einer derartigen Auffassung. Dies wird für Pateman nirgends sichtbarer als im Phänomen der Mutterschaft. In einer interessanten Anknüpfung an Sigmund Freuds Zivilisationstheorie deutet sie den Gesellschaftsvertrag als Vatermord, in dessen Gefolge die Söhne eine „brüderliche“ Gesellschaft von (männlichen) Gleichen errichten, die sich wechselseitig den vertraglichen Zugang zu Frauen sichern. Die Gründung der bürgerlichen Gesellschaft sei ein Akt männlicher Kreativität: Statt der alt-patriarchalen Ableitung des männlichen Herrscherrechts von seiner biologischen Zeugungsfähigkeit rechtfertige nun die männliche Fähigkeit zur „künstlichen“ Erschaffung eines Gemeinwesens die Vorherrschaft des Mannes.

Das fünfte Kapitel befasst sich mit dem Unterschied von Vertragsverhältnissen im Bereich der Lohnarbeit (von Pateman als „Lohnsklaverei“ bezeichnet) und der Eheschließung (nach Pateman „sexuelle Sklaverei“). Diese Ausführungen sind vor allem deshalb wichtig, weil hier eine Verortung des feministischen zum marxistischen Diskurs vorgenommen wird: Arbeitsverträge wie Eheverträge seien zwar beides Herrschafts- bzw. Versklavungsverträge, aber in der Ehe vollziehe sich eine andere, nämlich sexuelle Art von Herrschaft. Im Anschluss daran fragt Pateman im sechsten Kapitel, ob feministisches Denken sich auf die Forderung nach der Ehe als flexiblem Vertragsverhältnis zwischen freien und gleichen Individuen konzentrieren sollte. Nach ihrer Auffassung wäre die Folge keine individuelle vertragliche Ausgestaltung von Eheverhältnissen, sondern „universelle Prostitution“, weil diese den Bedürfnissen des Individuums viel eher entspreche. Das siebte Kapitel widmet sich daher der Prostitution und der Frage, ob freiwillige Akte von Prostitution mit der Freiheit von Frauen vereinbar sei. Für Pateman ist Prostitution wie auch das zweite von ihr diskutierte Beispiel, die Leihmutterschaft, keine Erbringung einer „Dienstleistung“, sondern ein Ausdruck von sexueller Herrschaft, der die „sexuelle Identität“ (S. 206 f.) verletze.

Die im achten Kapitel nochmals dargelegte Schlussfolgerung lautet: Patriarchale Herrschaft solle nicht mit alternativen Ursprungserzählungen etwa vom „Matriarchat“ gekontert werden. Vielmehr sei die Gewaltsamkeit und Widersprüchlichkeit der männlichen Fiktion vom Gesellschaftsvertrag herauszuarbeiten. Die feministische Argumentation sollte sich nicht auf die Verbesserung der Bedingungen konzentrieren, unter denen Verträge geschlossen werden, sondern das Schließen von Verträgen selbst als universelle Form der Vergesellschaftung in Frage stellen.

Mit ihrem Buch hat Pateman einen Beitrag nicht nur zur feministischen Erschließung der politischen Ideengeschichte, sondern auch zur Verortung feministischer Ansätze im zeitgenössischen Diskurs der politischen Theorie geliefert. Es bleiben einige Fragen, von denen zumindest zwei angesprochen werden sollen. Im Hinblick auf die Einschätzung der politischen Theorie des Gesellschaftsvertrages ist es bedenklich, das Denkmuster des Besitzindividualismus als allgemein leitend auszugeben. Denker wie Rousseau und Kant (→ Kant 1797) lehnten den Besitzindividualismus ab. Ihr Frauenbild ist gewiss patriarchalisch, nicht aber ihr Gesellschaftsbild. Pateman schießt zudem weit übers Ziel hinaus, wenn sie einem Theoretiker wie John Rawls (→ Rawls 1971) vorwirft, den Vertragsschluss auf die Unterwerfung der Frau hin zu entwerfen (S. 42, 101). Der zweite Einwand betrifft die Entgegensetzung einer Politik der Rechte und der Identitätspolitik. So gibt Patemann zu, dass die Erlangung von Rechtsfreiheit ein bedeutender Schritt gewesen sei, um patriarchale Strukturen abzuschütteln. Daraus könne jedoch nur dann eine „autonome Fraulichkeit" (S. 231) hervorgehen, wenn die Gleichberechtigung von Frauen als Ausdruck ihrer Freiheit als Frauen anerkannt werde. Pateman unterstützt jedoch deutlich die Wandlungsfähigkeit der Ausgestaltung von Vertragsbeziehungen wie etwa der Ehe. Zudem bleibt ihre Argumentation blass mit Blick darauf, was es bedeutet, sexuelle Differenz politisch auszudrücken, statt auf eine geschlechtsneutrale Garantie individueller Rechte zu drängen. Pateman spricht bloß vage von anderen Formen der freien Übereinkunft als Verträgen (S. 232). Das lässt sich freilich auch als Ansporn nehmen, um die von ihr angeprangerten Kreativitätsdefizite der politischen Theorie aufzufüllen.

## Literatur:

Wolfgang Kersting, Die politische Philosophie des Gesellschaftsvertrages, Darmstadt 1994.

Carole Pateman, The Problem of Political Obligation: A Critique of Liberal Theory, Cambridge 1985.

Carole Pateman, Der Geschlechtervertrag, in: Erna Appelt/Gerda Neyer (Hrsg.), Feministische Politikwissenschaft, Wien 1994, S. 73-95.

Gabriele Wilde, Staatsbürgerstatus und die Privatheit der Frauen. Zum partizipatorischen Demokratiemodell von Carole Pateman, in: Brigitte Kerchner/Gabriele Wilde (Hrsg.), Staat und Privatheit. Aktuelle Studien zu einem schwierigen Verhältnis, Opladen 1997, S. 69-106.

*Michael Haus*

## Hanna F. Pitkin, The Concept of Representation, Berkeley/Los Angeles 1967.

Hanna Fenichel Pitkin wurde 1931 als Tochter des Psychoanalytikers Otto Fenichel in Berlin geboren. Mit ihren Eltern emigrierte sie 1933 über Prag und Norwegen in die USA, wo sie 1961 in Berkeley promovierte. Aus der Dissertation ging 1967 ihr Buch über Repräsentation hervor, das gleich nach seinem Erscheinen zu einem außerordentlichen akademischen Erfolg wurde. Pitkins Interessen liegen breit gestreut, in der europäischen politischen Theorie von der Antike bis zur Gegenwart, der Psychoanalyse und der Sprachphilosophie sowie Textanalyse. Pionierarbeit leistete sie bei der Untersuchung der Rolle des Geschlechts in der politischen Ideengeschichte. Ihre wichtigsten späteren Bücher sind „Wittgenstein and Justice" (1972), „Fortune is a Women: Gender and Politics in the Thought of Machiavelli (1984) und „The Attack of the Blob. Hannah Arendt's Concept of the Social" (2002).

Pitkins Grundfrage in „Concept of Representation" lautet: Was ist Repräsentation? Und im Anschluss daran: Wann liegt gelungene Repräsentation vor? Die Antworten auf diese Fragen gibt Pitkin nach einem systematischen Durchgang durch die politische Ideengeschichte. In einer argumentativen Auseinandersetzung mit den verschiedenen semantischen Schattierungen von „Repräsentation" versucht sie zu einer theoretischen Synthese der unterschiedlichen Traditionsstränge zu gelangen, die auch für moderne Demokratien überzeugt. Pitkin unterscheidet zwischen drei Hauptlinien des Repräsentationsbegriffs. Es ist schwierig, die Termini Pitkins ohne Bedeutungsverlust in die deutsche Sprache zu übertragen. Am ehesten lassen sich die drei Hauptlinien des Repräsentationsbegriffs noch folgendermaßen übersetzen: 1. formal vertreten; 2. darstellen und 3. substantiell vertreten.

Repräsentation aus formalistischer Sicht bedeutet nach Pitkin die Autorisation zum Handeln, unabhängig davon, wie diese Kompetenz erlangt wurde. Sie ziele damit primär auf den Zurechnungs- und Verpflichtungscharakter der Handlungen des Repräsentanten für die Repräsentierten. Zu jenen die den Repräsentationsbegriff so interpretieren, rechnet Pitkin u.a. Thomas Hobbes (→ Hobbes 1651), die deutsche Organschaftstheorie und Eric Voegelin (→ Voegelin 1952). Pitkin zufolge ist dieser Ansatz insofern berechtigt, als Repräsentation ohne eine Verantwortlichkeit der Repräsentierten nicht funktionieren kann. Er erfasst jedoch nach Pitikin nicht den gesamten Inhalt des Repräsentationsbegriffs.

Als zweites diskutiert Pitkin die Konzeption der Repräsentation als Darstellung. Diese Sichtweise ist die Basis der proportionalen Repräsentationstheorie. Nach ihr kann eine Körperschaft ihren repräsentativen Charakter nur dann beanspruchen, wenn sie eine möglichst maßstabsgetreue Verkleinerung eines Originals darstellt. Pitkin bezieht sich dabei erneut auf den Gebrauch des Wortes „representation" in der Alltagssprache. So bemesse sich der Grad des repräsentativen Charakters eines Kunstwerkes nicht primär darin, wie genau es die Wirklichkeit abbilde. Spiegel, Landkarten und selbst Fotografien seien „Wiedergaben eines 'Originals' in einem anderen Medium" (S. 72 f.). Entscheidend dafür, ob eine Darstellung als repräsentativ gelten könne, sei, inwieweit die Darstellung die als wesentlich angesehenen Elemente berücksichtige. Entsprechend müsse politische Repräsentation Kriterien benennen, welche Charakteristika, z.B. Verteilung der regionalen oder sozialen Herkunft, der Geschlechter, der politischen Überzeugungen, der sexuelle Präferenzen der zu repräsentierenden Gesamtheit, eine Versammlung der Repräsentanten abbilden müsse.

Eine Untervariante der Interpretation von Repräsentation als Darstellung nennt Pitkin „symbolisch". Sie sieht darin eine unkontrollierbare Einflugschneise von Irrationalität in Repräsentationsbeziehungen. Dies nicht, weil Leidenschaften per se irrational wären, sondern weil der Bezug des Symbols zu dem Symbolisierten kein Fundament in der Sache habe, sondern sich einseitig auf die Seite der Rezeption von Symbolen verlagern muss. Wie willkürlich der Zusammenhang zwischen Symbol und Symbolisiertem ist, erweist sich für Pitkin allein daran, dass es im Englischen kein „missymbolizing" (S. 98) korrespondierend zu „misrepresenting" (= falsch darstellen) gibt.

Die dritte Hauptlinie ist die Interpretation von Repräsentation als substantielle Vertretung. Worauf es im Unterschied zu den beiden anderen Begriffsvarianten ankomme, sei die „Natur der Aktivität selbst, was vorgeht während des Repräsentierens" (S. 114). Pitkin plädiert dafür, diese Handlungsaspekte des Repräsentierens stärker herauszuarbeiten. Denn in der Handlungsdimension von Repräsentation und ihrem Prozesscharakter vermutet sie die Quelle für einen Maßstab, anhand dessen sich die Handlungen von Repräsentanten und Repräsentierten bewerten lassen.

Pitkin legt am Ende ihres Buches eine Gesamtkonzeption von Repräsentation vor, die bis auf die symbolische Dimension sowohl den Autorisations-, Darstellungs- und Handlungsaspekt integriert. Danach muss politische Repräsentation heute breiter aufgefasst werden. Besonderen Wert legt Pitkin dabei auf Responsivität. Bei einem gelungenen Repräsentationsverhältnis soll zwischen Repräsentierten und Repräsentanten eine kommunikative Beziehung bestehen, die an beide Seiten responsive Anforderungen stellt: „The representative must act in such a way that there is no conflict, or if it occurs an explanation is called for" (S. 209). In der modernen Gesellschaft ist demnach die politische Öffentlichkeit das Medium, in dem die Repräsentationsbeziehung immer wieder neu geknüpft wird.

Der ungebrochene Reiz des sehr dicht geschriebenen Buch besteht darin, dass die Autorin darauf verzichtet, den Definitionen von „representation" einfach ihre eigene hinzuzufügen. Ihr gelingt vielmehr eine integrierende Darstellung vorheriger Theorien, die zugleich eigene Akzente setzt. Zu einem Schlüsselwerk der modernen politischen Theorie ist das Buch auch deshalb geworden, weil es im Unterschied zur bis dahin erschienenen Literatur kontinentale Autoren wie Martin Drath, Gerhard Leibholz, Carl Schmitt (u.a. → Schmitt 1927), Rudolf Smend und Eric Voegelin (u.a. → Voegelin 1952) gleichberechtigt neben der englischen und amerikanischen Theorietradition rezipiert. Mit ihrem responsiv geprägten Repräsentationsverständnis gewinnt Pitkins Konzeption eine normative Pointe, die auch heute als kritischer Maßstab bei der Beurteilung repräsentativer Demokratien fungieren kann. Die längere oder intensive Unterbrechung von Responsivität deutet Pitkin als Pathologie, denn dann sind die Repräsentanten zwar autorisiert, sie bilden aber die Repräsentierten nicht ab und handeln für diese. Eine „repräsentative Regierung" soll die Bereitschaft der Bürger zur Partizipation ermutigen.

Die Rezeption des Buches von Pitkin beschränkte sich zunächst auf die amerikanische Politikwissenschaft (Eulau/Wahlke 1978; Mansbridge 2003). Insgesamt lassen sich heute unterschiedliche Rezeptionsstränge unterscheiden: 1. Studien, die ihre Konzeption modifizieren und zum Ausgangspunkt empirischer Repräsentationsforschung nehmen (im deutschen Sprachraum Patzelt 2003). 2. Arbeiten, die das ideengeschichtliche Konstrukt von Pitkin umgruppieren und dadurch zu anderen normativen Akzentuierungen gelangen (u.a. Manin 1997). 3. Überlegungen im Bereich der normativen politischen Theorie, die ausgehend von Pitkins Diktum, Repräsentation mache etwas präsent, „das dennoch weder buchstäblich noch faktisch gegenwärtig" sei, dafür plädieren, politische Repräsentationsbeziehungen auf Tiere und Pflanzen auszuweiten (u.a. Drysek 2003). Einen weiteren Strang bilden Arbeiten, die auf eine Revision der Synthese Pitkins zwischen angloamerikanischen und kontinentaleuropäischen Traditionen zielen und die Absicht verfolgen, das symbolische Moment der Repräsentation zu rehabilitieren (u.a. Göhler 1997). Die Autorin selbst sieht inzwischen die moderne repräsentative Demokratie in Folge des Rückzugs der Reichen aus der gesellschaftspolitischen Verantwortung und durch die in den neuen Kommunikationsmedien simulierte Präsentation von Politik im Kern bedroht (Pitkin 2004).

**Literatur:**

Lisa Disch, Representation "Do's and Don'ts": Hanna Pitkin's The Concept of Representation, http://www.univ-paris8.fr/scpo/lisadisch.pdf#search =%22hanna %20pitkin%22 (Stand: 20. Juli 2006).
John Drysek, Deliberative Democracy and Beyond, Oxford 2003.
Heinz Eulau/John C. Wahlke (Hrsg.), The Politics of Representation, Beverly Hills 1978.
Gerhard Göhler u.a., Institution, Macht, Repräsentation, Baden-Baden 1997.
Bernard Manin, The Principles of Representative Government, Cambridge 1997.
Jane Mansbridge, Rethinking Representation, in: American Political Science Review 97 (2003), S. 515-528.
Werner Patzelt, Parlamente und ihre Funktionen, Wiesbaden 2003.
Hanna Pitkin, Representation and Democracy, in: Scandinavian Political Studies 27 (2004), S. 335-342.

*Hubertus Buchstein*

## Platon, Politeia, zwischen 387 und 367 v. Chr.

*(EA: Florenz ca. 1482; DA: Die Republik, Lemgo 1780; VA in: Platon Werke, Bd. 4, griechisch-deutsch, hrsg. von Gunther Eigler, 2. Aufl., Darmstadt 1990.*

Vermutlich entstand die „Politeia" (dt.: der Staat) in zwei verschiedenen Werkphasen Platons. Buch I trägt den Charakter des vom sokratischen Dialog geprägten Frühwerks, die Bücher II–X weisen die Merkmale des mittleren Werks auf, in dem der Dialog hinter längeren darstellenden Passagen etwas zurücktritt. Dennoch ergibt sich ein harmonisches Ganzes. Sokrates, der Lehrer Platons, bleibt der Gesprächsführer. Sein philosophischer Ansatz bestimmt das gesamte Buch – die kritische Auseinandersetzung mit der Sophistik und ihrer Reduktion des Staates auf eine bloße Überlebensgemeinschaft.

Die „Politeia" handelt vom idealen Staat. Sie ist jedoch nicht als politisches Programm, sondern als philosophisches Paradigma zu verstehen. Es geht um die gerechte Ordnung, die zunächst im Menschen selbst verwirklicht werden müsse, bevor sie eine Chance hätte, politische Wirklichkeit zu werden. Seelenordnung und politische Ordnung werden parallelisiert. Die Konzentration auf letztere geschieht im Grunde um der ersteren willen, weil am größeren Abbild, dem Staat, leichter zu erkennen ist, was auch das Kleinere, die Seele, kennzeichnen sollte. In Buch I wird die Gerechtigkeit als die zentrale politische Tugend erkennbar. Es werden drei repräsentative Meinungen überprüft und widerlegt, die in der Sophistik vertreten wurden und in der Geschichte der politischen Ideen immer wieder auftauchen. Danach beruht Gerechtigkeit auf einem (Gesellschafts-)Vertrag, auf der Freund-Feind-Unterscheidung oder auf dem Recht des Stärkeren. Übersetzt in politische Ordnungsmodelle, erscheint in diesen Definitionen das Gesamtpanorama der gängigen Staatsformen vom bürgerlichen Staat über die Oligarchie bis hin zur Tyrannis. Gemeinsame Grundlage aller ist die Selbstsucht der Herrschenden, die Recht setzen nach Maßgabe des eigenen Vorteils. Diese Abfolge ist eine Verfallsreihe. Die Zahl der Nutznießer des Systems nimmt ab, die Brutalität der Selbstdurchsetzung nimmt zu.

Im zweiten Buch geht es um die Gründung des Staates, der nicht Eigennutz, sondern Gemeinwohl auf seine Fahnen geschrieben hat. Diesem Teil ist nicht das sophistische Motto „Der Mensch ist das Maß aller Dinge", sondern das sokratische Motto „Gott ist das Maß" vorangestellt. Recht, so die damit verbundene Prämisse, entspringt nicht, wie die Dialogpartner im ersten Buch unterstellten, bloßer Setzung. Gerechtigkeit ist aus dieser Perspektive ein Strukturprinzip, das sich in der menschlichen Natur findet, sofern der Mensch dem Göttlichen in ihm, der Vernunft, zur Herrschaft verhilft. Alles hängt also an der Verwirklichung der Vernunft, die nicht vorgegeben, sondern aufgegeben sei. Deshalb bestehen große Teile der „Politeia" aus der Schilderung eines Bildungsprozesses, mittels dessen zur Vernunft hingeleitet werden soll – zunächst durch praktische Einübung von Tugenden wie Tapferkeit und Besonnenheit, schließlich aber für diejenigen, deren philosophische Anlage sie dafür empfänglich macht, durch eine theoretische Ausbildung, die zur Erkenntnis der Letztbegründung führt: zur Erkenntnis des Guten als Vernunft stiftendes Prinzip.

Diese Erkenntnis des Guten begründet die Herrschaft im idealen Staat: Politik sei geistige Führung, orientiert an dem für alle Besten. So sollen es Philosophen sein, die regieren. Ein Wächterstand soll unter Führung der Regenten für den Schutz nach außen und den Frieden im Inneren sorgen. Der wirtschaftende Stand soll sich um das physische Überleben des Ganzen kümmern. Letzteres sei aber nicht Selbstzweck, sondern werde um des guten Lebens, des Lebens der Tugend willen, gesichert. Macht und Besitz bedingen für Platon einander nicht. Philosophen und Wächter lebten in besitzloser Gemeinschaft und blieben so auf den dritten Stand angewiesen, der sie nicht üppig, aber ausreichend ernähre.

Die dieser Ordnung zugrunde liegende Gerechtigkeit definiert Platon als „das Tun des Seinen" (433a). Jeder Stand erfüllt die ihm gemäße Aufgabe und trägt so zum Wohl aller bei. Zugleich habe jeder Stand seine eigene Tugend: die Philosophen-Regenten die Weisheit, die Wächter die Tapferkeit, der Wirtschaftsstand zusammen mit den beiden anderen Ständen die Besonnenheit. Rückübertragen auf den „inneren Staat" des Menschen bedeutet dies: Nur der Mensch ist gerecht, dessen Seelenkräfte analog geordnet sind. Die Vernunft soll die Führung übernehmen. Der Wille soll, angeleitet von der Vernunft, das Binnen- und das Außenverhältnis des Menschen regeln. Die Bedürfnisse sollen für die Selbsterhaltung des Menschen sorgen, sich aber vom Willen in den Bahnen der Mäßigung halten lassen. So ergibt sich ein Zusammenstimmen der Teile, eine Selbstbefreundung, durch die jede Kraft nicht nur das ihre tut, sondern auch das ihre erhält.

Wird die Ordnung gestört, entwickelt sich ein Teil übermäßig, und die anderen verkümmern. Zurück übertragen auf die Politik, erläutert Platon dieses Prinzip ab Buch VIII anhand einer Verfallsreihe der Staaten, die mit dem extremen Gegenmodell zum gerechten Staat, der Tyrannis, endet. Nur die Philosophen können laut Platon das für alle Gute erkennen. Alle anderen Stände sorgten, an die Macht gekommen, bloß für ihren eigenen Vorteil. So komme es zur Rechtsetzung anstelle der Erkenntnis des Rechten, zur Unterdrückung der Beherrschten anstelle der universellen Freundschaft. Was im gerechten Staat Werkzeug der Politik sei, werde in den abweichenden Staatsformen zum Selbstzweck: in der Timokratie, der Herrschaft der Angesehenen, die Ehre, in der Oligarchie der Besitz, in der Demokratie die Freiheit, in der Tyrannis die Macht. Ohne Bezug zur Gerechtigkeit untergraben diese zum Staatsziel verkehrten politischen Werkzeuge nach Platon die Grundlagen des Staates. Dies sei ein Weg in den Abgrund, an dessen Beginn das

Verkennen dessen stehe, was für alle das Beste wäre, auch für den, der glaube, durch eine selbstsüchtige Herrschaft das Optimum für sich selbst zu erreichen.

Die „Politeia" ist nicht nur das erste vollständig erhaltene staatsphilosophische Werk der abendländischen Geschichte. Sie stellt auch insofern einen Meilenstein dar, als sie gegen die vor und nach Platon vertretene These, Politik sei eine bloße Technik des Machtzugewinns und Machterhalts (u.a. → Machiavelli 1532), die Einheit von Politik, Erkenntnistheorie und Ethik behauptet. Der Rang des Politischen wird damit entscheidend erhöht. Die Frage nach der Legitimität von Herrschaft rückt ins Blickfeld, da nun vom Regenten eine besondere Kompetenz gefordert wird, die jenseits der Technik der Selbstdurchsetzung angesiedelt ist. Es mag dabei dem modernen Bewusstsein zu individualistisch gedacht erscheinen, dass Platon in der Selbstbeherrschung die Grundvoraussetzung für eine gerechte politische Herrschaft sieht. Andererseits ist aber unübersehbar, dass alle institutionellen Vorkehrungen für eine gemeinwohlorientierte Politik nichts nützen, solange die Mentalität der Amtsinhaber dem Ziel der Institutionen zuwiderläuft. Anachronistisch erscheinen heute eher die Passagen der „Politeia", in denen Platon sich über konkrete Fragen, etwa die Gemeinschaft der Philosophen und Wächter, äußert. Allerdings werden diese konkreten Regelungen vom Autor selbst in ihrer Bedeutung relativiert. In der „Politeia" geht es, anders z.B. als in den „Nomoi" von Platon, um allgemeine Prinzipien, nicht um unmittelbare Handlungsanweisungen.

Die Wirkungsgeschichte der „Politeia" ist in doppelter Hinsicht zwiespältig: 1. ist sie von heftiger Zustimmung oder Ablehnung gekennzeichnet. 2. ist es häufig problematisch, welchem Platonbild Zustimmung oder Ablehnung zugrunde liegen. Die positive Aufnahme zieht sich vom Neuplatonismus (Plotin) über Augustinus und das italienische rinascimento (Ficino) bis hin zu den politischen Utopien der früheren Neuzeit (Thomas Morus). In dieser Linie herrscht die Tendenz vor, Platon als Vertreter einer Lehre, speziell der Ideenlehre, zu verstehen, ohne zu berücksichtigen, dass es bei Platon nicht um Wissen, sondern um Erkenntnis geht. Platons Vorbild für die Erkenntnissuche war das Verfahren des sokratischen Dialogs. In der Reihe der Gegner Platons stechen zwei Positionen besonders hervor: 1. die des Platonschülers Aristoteles (→ Aristoteles ca. 335 v. Chr.), der im platonischen Staat einen nivellierenden Kommunismus ins Werk gesetzt sieht und 2. die des Totalitarismuskritikers Karl Popper, für den die „Politeia" prä-totalitäre Züge aufweist (→ Popper, Bd. 1, 1944). Popper ignorierte dabei den philosophischen Charakter des Entwurfs und deutete das Werk als politische Programmschrift. Um die Wiedergewinnung einer authentischen Perspektive auf die „Politeia“ bemühten sich im 20. Jahrhundert zwei deutsche Exilanten in den USA: Eric Voegelin (2003) und Leo Strauss (1983).

**Literatur:**

Reinhart Maurer, Platons „Staat“ und die Demokratie. Historisch-systematische Überlegungen zur Politischen Ethik, Berlin 1970.

Rudolf Schrastetter, Die Erkenntnis des Guten, in: Rupert Hofmann/Jörg Jantzen/Henning Ottmann (Hrsg.), Anodos, Weinheim 1989, S. 237-58.

Leo Strauss, The City and Man, Chicago/London 1983.

Eric Voegelin, Ordnung und Geschichte, Bd. 6: Platon (1957), München 2003.

Barbara Zehnpfennig, Platon zur Einführung, 2. Aufl., Hamburg 2001.

*Barbara Zehnpfennig*

## Karl R. Popper, The Open Society and Its Enemies, London 1945

*(DA: Die offene Gesellschaft und ihre Feinde, Bd. I: Der Zauber Platons, Bd. II: Falsche Propheten – Hegel, Marx und die Folgen, Bern 1957; VA: 7. Aufl. mit weitgehenden Verbesserungen und neuen Anhängen, Tübingen 1992).*

Karl R. Popper wurde am 28. Juli 1902 in Wien als Sohn eines wohlhabenden, vom Judentum zum Protestantismus konvertierten Rechtsanwalts geboren. In den Armutsjahren nach dem Krieg (Poppers Familie verlor wie viele andere ihre Ersparnisse in der Inflation) näherte Popper sich marxistischen Positionen, engagierte sich kurze Zeit sogar als Kommunist. Er erlernte das Tischlerhandwerk, machte zugleich eine Lehrerausbildung und wirkte anschließend am Pädagogischen Institut. Während der Arbeit an seiner Dissertation, in der er sich mit erkenntnistheoretischen Fragen auseinandersetzte („Psychologie des Denkens und der Forschung“, 1930), stand er in gedanklichem Austausch mit Vertretern des „Wiener Kreises“, deren wissenschaftstheoretische Studien später als „logischer Empirismus“ weltweite Anerkennung fanden. Popper selbst wurde einem größeren Publikum durch eine Veröffentlichung zur „Logik der Forschung“ (1934) bekannt, in der er vorschlug, die Wissenschaftlichkeit von Aussagen von ihrer empirischen Prüfbarkeit abhängig zu machen. Durch seine scharfe Kritik am logischen Positivismus löste er Debatten aus, erhielt Einladungen zu Referaten und Vorlesungen nach England. In einem Vortrag, den er 1935 in Brüssel und – auf Einladung Friedrich August Hayeks – an der London School of Economics hielt, schlug er erstmals einen Bogen von der Erkenntniskritik zur Sozialphilosophie, indem er die Annahme eines gesetzmäßigen, unabänderlichen, zielbestimmten Geschichtsverlaufs als das „Elend des Historizismus" charakterisierte und damit auch den Verlust des eigenen Glaubens an den „wissenschaftlichen Marxismus" dokumentierte.

„Die offene Gesellschaft und ihre Feinde" entstand in Christchurch/ Neuseeland. Dort hatte Popper 1937 eine Dozentenstelle angetreten – wohl auch, um sich von der gefährlich gewordenen Bühne Europas in Sicherheit zu bringen. Den Entschluss, das Buch zu schreiben, datierte er später auf den 13. März 1938, den Tag, an dem er von Hitlers Einmarsch in Österreich erfuhr. Es wurde 1944 in London „unter dem Angriff von Hitlers ‚Vergeltungswaffen'" gedruckt und erschien 1945, „als der Krieg in Europa zu Ende ging". Popper hatte es geschrieben als seinen „Beitrag zu den Kriegsanstrengungen". Das Buch richtete sich gegen Nationalsozialismus und Kommunismus, gegen Hitler und Stalin: „Ich verabscheute die Namen beider so sehr, dass ich sie in meinem Buch nicht erwähnen wollte. So ging ich auf Spurensuche in der Geschichte; von Hitler zurück zu Platon: dem ersten großen politischen Ideologen, der in Klassen und Rassen dachte und Konzentrationslager vorschlug. Und ich ging von Stalin zurück zu Karl Marx". Mit seiner Kritik an Marx wollte er auch sich selbst kritisieren, da er in seiner „frühen Jugend selbst Marxist gewesen war und für einige Wochen sogar Kommunist" (Bd. I, S. IX).

„Die offene Gesellschaft und ihre Feinde" besteht aus zwei Bänden. Den Schwerpunkt des ersten Bandes bildet die Auseinandersetzung mit Platon (→ Platon zwischen 387 und 367 v. Chr.), den des zweiten die mit Karl Marx (u.a. → Marx 1869). Während die ideologiegeschichtliche Verbindungslinie von Georg Wilhelm Friedrich Hegel (→ Hegel 1822/23) und Marx dem Leser unmittelbar einleuchtet, bedarf der gedankliche Weg von Hitler zurück zu Platon einer Erklärung. Sie findet sich in dem Leitthema, das beide Bände verbindet. Unter „Historizismus" versteht Popper die Vorstellung, dass den Geschichtsverlauf zu erklären und zu prognostizieren vermag, wer dessen Gesetze erkannt und durchschaut hat. Der „Historizismus" gilt Popper als eine gedankliche Grundvoraussetzung des Totalitarismus. Eine frühe mythische Form des „Historizismus" sieht er in der „Lehre vom auserwählten Volk". In ihren „Hauptzügen" stimme sie mit den „beiden wichtigsten modernen Formen des „Historizismus" (Bd. I, S. 14) überein: die Geschichtsphilosophie des Faschismus mit der Lehre von der auserwählten Rasse und die Geschichtsphilosophie des Marxismus mit der Lehre von der auserwählten Klasse.

Im Zentrum der Platon-Kritik steht dessen Entwurf eines idealen Staates. Popper sieht diesen eng verknüpft mit Platons Deutung der Geschichte, an deren Ausgangspunkt ein vollendeter Staat stehe, von dem sich die Menschen in einem politischen und sittlichen, wesentlich durch „rassische Degeneration" (Bd. I, S. 27) verursachten Verfallsprozess immer weiter entfernt haben. Der „Historizismus" finde allerdings insofern eine Grenze, als der Philosoph der Überzeugung sei, der Mensch könne kraft seiner Vernunft und seines moralischen Willens („utopische Sozialtechnik"; Bd. I, S. 187) eine Wende einleiten, die „Wiederkehr des Goldenen Zeitalters, eines neuen tausendjährigen Reiches" (Bd. I, S. 27) bewirken, die verlorene Vollkommenheit rekonstruieren. Platons Idealstaat mit dem Gemeinbesitz an Frauen, Kindern, Hab und Gut, der kastenähnlichen Separierung von Herrschern/Wächtern und Dienern, der Idee einer aristokratisch-kriegerischen, von Philosophenkönigen geführten „Herrenrasse", die ihre Erbsubstanz durch eugenische Zuchtwahl erhalte, von der Sorge um den Broterwerb enthoben sei und einen Alleinanspruch auf Waffentragen und Erziehung genieße, versteht Popper als reales politisches Projekt. Es nehme Strukturmerkmale der „frühgriechischen kollektivistischen Stammesgesellschaft" auf und entspreche dem Modell einer „geschlossenen Gesellschaft" (Bd. I, S. 99) mit totalitären Zügen. Das Denken Platons sei „holistisch", weil es die Geschlossenheit, Einheit und Ganzheit des Staates betone.

Während Popper die Lehre Platons als inhuman charakterisiert und die Hegels als Zeugnis intellektueller Unredlichkeit entlarvt, ist er vom humanitären Impuls des Werks von Marx überzeugt. Dennoch gilt ihm der Marxismus als die „reinste, am weitesten entwickelte und gefährlichste Form des Historizismus" (Bd. II, S. 96). Der „historische Materialismus" unterscheide sich vom Entwurf Platons nicht zuletzt durch den universalistisch-egalitären Endzweck (Telos), greife aber dessen „Historizismus" auf und reduziere den Geschichtsverlauf auf eine Abfolge ökonomisch determinierter Klassenkämpfe, die notwendigerweise zur Aufhebung aller Klassen und damit zur Befreiung des Menschen im Sozialismus/Kommunismus führe. Der „Historizismus" von Marx sei konsequenter als der Platons, da er keinen Raum für groß angelegte „Sozialtechnologie" (Bd. II, S. 169) lasse, sondern die soziale Revolution als notwendiges Resultat der streng gesetzmäßigen Entwicklung der Produktivkräfte und der Klassenstruktur des Kapitalismus begreife.

Poppers antithetischer Dualismus von „geschlossener" und „offener Gesellschaft" wandelt eine Unterscheidung des französischen Philosophen Henri Bergson ab. Der „geschlossenen", stammesgebundenen, organischen, kollektivistischen, magischen Gesellschaft, in der alle gesellschaftlichen Normen als Naturgesetze gelten, stellt Popper die „offene Gesellschaft" gegenüber. In ihr treffen nach Popper Individuen persönliche Entscheidungen. Die Regierten können sich der Regierenden „ohne Blutvergießen" (Bd. I, S. 149) entledigen und politische Macht wird institutionell kontrolliert. Die Menschen sind sich der Begrenztheit ihres Strebens bewusst und wiegen sich nicht in falschen Gewissheiten. Eine nach dem Prinzip von Versuch und Irrtum vorgehende „Sozialtechnik der kleinen Schritte" (Bd. I, S. 188) trete an die Stelle revolutionärer Veränderung mit unkalkulierbaren Risiken.

Popper betont an vielen Stellen den fragmentarischen Charakter seines Werkes. Es enthalte erste Anregungen und Bemerkungen zur Ausleuchtung des geistigen Hintergrundes der „totalitären Staatstheorie", nicht aber eine Vollständigkeit beanspruchende Ideengeschichte. Die wenigen Autoren, die Popper ausführlich behandelt, werden fast ausschließlich unter dem Aspekt ihres totalitären Ideengehalts gewürdigt. So erscheint Aristoteles (→ Aristoteles ca. 335 v. Chr.) als antiegalitärer Antidemokrat in den Fußstapfen Platons, nicht aber als origineller Vordenker des Verfassungsstaates, als den ihn viele andere Autoren feiern. Wie nicht zuletzt zahllose Exkurse und Einschübe zeigen, bestimmen Erkenntniskritik und Wissenschaftstheorie die Perspektive des – verschachtelt aufgebauten, auf ein Resümee der Ergebnisse verzichtenden – Werkes. Mehr als die ideenhistorischen Deutungen selbst haben Poppers analytischen Kategorien wie „Historizismus", „Holismus" und „Essentialismus" die wissenschaftliche Diskussion befruchtet.

Die komplizierte Anlage des Buches hat seine wissenschaftliche Rezeption kaum behindert. Man hat es als das bekannteste und einflussreichste Werk bezeichnet, das während des Zweiten Weltkriegs als Beitrag zur Auseinandersetzung mit den aufeinander prallenden Systemen und Weltanschauungen geschrieben worden ist. Es hat seine Leser in verschiedene Lager gespalten. Die erklärten oder verdeckten Anhänger einer „geschlossenen Gesellschaft" konnten dem Buch wegen seiner Parteinahme und seines aufklärerischen Anliegens wenig abgewinnen. Mit diesen nur teilweise identisch sind jene, die gegen Poppers ideengeschichtliche Einordnungen der von ihm behandelten Denker mehr oder weniger triftige Einwände erheben. Die radikalste Kritik an Poppers Platon-Interpretation übte Hans Georg Gadamer, der von der „satirisch-utopischen Konstruktion" des Idealstaats bei Platon ausging. Poppers Erkenntnislehre mit ihren sozialphilosophischen Konsequenzen wirkte aber auch Schule bildend und regte eine große Zahl von Studien an, die aus der Perspektive des „kritischen Rationalismus“ der Architektur „ideologischen“, „mythischen“ oder gar „totalitären“ Denkens nachspüren.

**Literatur:**


Stefan Brunnhuber, Die Ordnung der Freiheit: das Modell der Offenen Gesellschaft bei Karl Popper in der Soziologie der Gegenwart, Opladen 1999.

Eberhard Döring, Karl R. Popper „Die offene Gesellschaft und ihre Feinde“, Paderborn 1996.

Herbert Keuth, Die Philosophie Karl Poppers, Tübingen 2000.

Otto Peter Obermeier, Poppers „Kritischer Rationalismus“. Eine Auseinandersetzung über die Reichweite seiner Philosophie, München 1980.

Karl R. Popper, Ausgangspunkte. Meine intellektuelle Entwicklung, Hamburg 1979.

Gerard Radnitzky, Karl R. Popper. Denker der Freiheit, Sankt Augustin 1995.

Helmut F. Spinner, Popper und die Politik, Berlin/Bonn 1978.

Ian C. Jarvie/Sandra Pralong (Hrsg.), Popper's Open Society After Fifty Years: the Continuing Relevance of Karl Popper, Routledge 1999.


*Uwe Backes*

## G. Bingham Powell Jr., Contemporary Democracies. Participation, Stability, and Violence, Cambridge, Massachusetts und London, England 1982.

G. Bingham Powell Jr. ist Professor für Politikwissenschaft an der Universität von Rochester. Er ist Mitautor von „Comparative Politics“ ( › Almond/Powell 1978), dem ersten systemtheoretisch orientierten Lehrbuch der vergleichenden Politikwissenschaft, auf dem wiederum „Comparative Politics Today“ (Almond u.a. 2004) basiert, das zu einem der Standard-Lehrbücher politischer Systeme avanciert ist. In der zweiten Auflage von „Comparative Politics“ haben Gabriel Almond und Powell die system-funktionalistische Betrachtungsweise des politischen Systems ausgeweitet und um die Dimension der Evaluation der Performanz oder Leistungsfähigkeit politischer Systeme ergänzt. Die politische Analyse dürfe sich nicht nur auf Strukturen und Prozesse beschränken, sondern müsse ebenfalls die Frage einschließen, ob die politischen Prozesse am Ende auch zur Einlösung der intendierten politischen Ziele führen. Die Autoren haben eine Liste von acht politischen Zielen vorgeschlagen (1978, S. 398) – darunter politische Stabilität, Partizipation, Sicherheit, Freiheit und Wohlfahrt – von denen sie unterstellen, dass deren Realisierung von allen politischen Systemen, demokratischen und nicht-demokratischen, erwartet wird. Diese Kriterien können deshalb zu einer externen und system-neutralen Evaluation der Resultate politischer Prozesse eingesetzt werden. In „Contemporary Democracies" werden mit Partizipation, Stabilität und Gewalt drei dieser Performanzkriterien aufgegriffen. Es wird untersucht, wie gut demokratische Systeme diese Kriterien erfüllen und wie das Zustandekommen des nationalen Performanzniveaus erklärt werden kann.

Die allgemeine Fragestellung von „Contemporary Democracies" lautet: „Why does the political process work more successfully in some democracies than in others?" (S. 201). Powell hat mit der politischen Beteiligung der Bürger, der politischen Stabilität und der politischen Ordnung drei so genannte generelle Performanzkriterien ausgewählt. Deren Bedeutung liegt darin, dass es nicht um die Realisierung spezifischer Ziele (Policies) wie Wirtschaftswachstum, Gleichheit, Vollbeschäftigung und Preisstabilität geht, sondern dass sie die Erreichung derartiger Ziele befördern. Konkret wird die Wahlbeteiligung untersucht, die politische Stabilität wird als Regierungsstabilität operationalisiert und die Aufrechterhaltung der politischen Ordnung wird über das Vorliegen politischer Gewalt (Aufstände, politische Tote) gemessen. Analysiert werden insgesamt 29 Demokratien im Zeitraum von 1958 bis 1976.

Powells Modell, um politische Performanz zu erklären, umfasst drei Bündel von Erklärungsfaktoren: 1. das Parteiensystem, 2. die Verfassungsregeln sowie 3. die sozialen und ökonomischen Bedingungen. Ausschlaggebend für die Performanz eines politischen Systems sei das Parteiensystem. Von diesem gehen nach Powell nicht nur direkte, sondern auch indirekte Effekte aus. Das Parteiensystem fungiere als Verbindung zwischen den sozialen, ökonomischen und konstitutionellen Bedingungen auf der einen Seite und der politischen Performanz auf der anderen Seite. Insgesamt vier Merkmale des Parteiensystems seien für die Performanz relevant: 1. der Grad der Fraktionalisierung, 2. die Stärke der Beziehung zwischen politischen Parteien und sozialen Gruppen, 3. die Existenz und Unterstützung von extremistischen Parteien sowie 4. die Volatilität. Bei den konstitutionellen Regeln, die sowohl die Auswahl der Entscheidungsträger als auch den Prozess der Verabschiedung von kollektiv verbindlichen Entscheidungen festlegen, werden sowohl die Beziehung zwischen Exekutive und Legislative (Parlamentarismus/Präsidentialismus) als auch das Wahlsystem als relevant erachtet. Dementsprechend werden drei Demokratietypen unterschieden: präsidentielle Systeme, parlamentarische Systeme mit Mehrheitswahlrecht und solche mit Verhältniswahlrecht. Bei den sozialen und ökonomischen Bedingungen sind es die Bevölkerungsgröße, das nationale ökonomische Entwicklungsniveau und die ethnische Homogenität der Bevölkerung, die einen Einfluss auf die Performanz haben können. Powells Sichtung der Literatur erbringt, dass pro Erklärungsfaktor nicht alle Merkmale gleichermaßen als relevant für alle drei untersuchten Performanzdimensionen erachtet werden und es häufig konkurrierende Hypothesen zum Effekt einzelner Merkmale gibt.

Die empirische Überprüfung dieses Erklärungsmodells erfolgt in zwei Schritten. Zunächst werden die Messinstrumente für die unabhängigen und abhängigen Variablen erläutert und die bi- und multivariaten Zusammenhänge zwischen den drei Erklärungsfaktoren und den drei Performanzdimensionen mithilfe von Korrelations- und Regressionsanalysen untersucht (Kapitel 2-5). Anschließend wird für jede Performanzdimension mittels Pfadanalysen das komplexe Erklärungsmodell mit dem Parteiensystem als intervenierende Variable zwischen den sozialen, ökonomischen, konstitutionellen Bedingungen und der Performanz analysiert. Ziel dieser Analysen ist es, den Prozess zu modellieren, in dem die Performanzen zustande kommen (Kapitel 6-8).

Die wichtigsten Ergebnisse der empirischen Analyse sind: 1. Die Performanzdimensionen können jeweils mit unterschiedlichen Merkmalen der drei Erklärungsfaktoren erklärt werden. 2. Die Stärke der Effekte der sozialen, ökonomischen und konstitutionellen Bedingungen auf die politische Performanz sinkt, wenn das Parteiensystem als intervenierende Variable in das Modell eingeführt wird. Die meisten Effekte der Umgebung werden also durch das Parteiensystem gefiltert oder gesteuert. Das Parteiensystem hat einen eigenständigen Effekt auf die Performanz (ausgenommen bei der Anzahl politischer Tote). Die unterschiedliche Merkmale des Parteiensystems sind aber für unterschiedliche Performanzdimensionen bedeutsam. 3. Neben den beschriebenen Erklärungsfaktoren sind zusätzlich die Entscheidungen politischer Führer und besonders konkordanzdemokratische Praktiken für die Performanz wichtig. Bei der Konkordanzdemokratie treten an die Stelle des Entscheidungsmechanismus der Mehrheitsregel Verhandlungen mit dem Ziel eines gütlichen Einvernehmens. 4. Es gibt kein konstitutionelles Arrangement, das allen anderen überlegen wäre, jedes hat Vor- und Nachteile. In präsidentiellen Systemen sind die Regierungen zwar stabil, doch diese können keine kohärenten politischen Programme schaffen. Majoritäre parlamentarische Systeme haben ebenfalls relativ stabile Regierungen, jedoch gibt es dort mehr politische Gewalt als in parlamentarischen Systemen mit Verhältniswahl. Ein weiterer Vorzug des letztgenannten Demokratietyps ist die relativ hohe Wahlbeteiligung, allerdings ist die Regierungsstabilität geringer.

Powell hat mit „Contemporary Democracies" die erste umfassende empirische Studie zur Performanz von Demokratien vorgelegt – und das zu einer Zeit, als dieses Thema noch nicht auf der Agenda der vergleichenden Politikwissenschaft stand. Erst seit den 1990er Jahren ist im Zuge des Neoinstitutionalismus das Interesse an der Untersuchung der Qualität von Demokratien und der Rolle politischer Institutionen gestiegen, und es zeichnen sich erste Ansätze der Etablierung eines eigenständigen Forschungsfeldes ab (→ Lijphart 1999; Roller 2005). Das frühe Entwicklungsstadium spiegelt sich insbesondere in dem theoretischen Ansatz der Studie. Powell geht davon aus, dass die von ihm ausgewählten Dimensionen der Leistungsfähigkeit gleichermaßen für demokratische und nicht-demokratische politische Systeme gelten. Dies ist bei der Wahlbeteiligung fragwürdig. Es handelt sich um ein originär demokratisches Kriterium (Roller 2005), wie Powell selbst an anderer Stelle feststellt (S. 8). Relativ unbefriedigend ist auch das theoretische Erklärungsmodell mit den verschiedenen Bündeln von Erklärungsfaktoren und der Vielzahl heterogener und teilweise konkurrierender Hypothesen zu den Effekten einzelner Variablen. Da sich Powell bei der empirischen Analyse nicht, wie er anfänglich ausführt, auf die zentrale Rolle des Parteiensystems bei der Erklärung politischer Performanz konzentriert, sondern alle Beziehungen zwischen den unabhängigen und abhängigen Variablen im Detail untersucht, zerfällt die empirische Analyse in die Prüfung einer großen Menge sehr unterschiedlicher, teilweise unzusammenhängender Hypothesen. Außerdem führt er im Verlaufe der Analyse neue Fragestellungen (welches konstitutionelle Arrangement ist besser?), neue Erklärungsfaktoren (konkordanzdemokratische Elemente) und neue Performanzdimensionen ein.

Diese mangelnde thematische Konzentration ist möglicherweise dafür verantwortlich, dass „Contemporary Democracies" in den meisten nachfolgenden Performanzstudien entweder gar keine Erwähnung findet oder ihr nur formal der Charakter einer Vorläuferstudie zuerkannt wird. Lediglich ein Ergebnis wird zitiert: dass die parlamentarischen Systeme mit Verhältniswahlrecht, die große Ähnlichkeiten mit Konsensusdemokratien haben, politische Gewalt besser eindämmen können als majoritäre Systeme (→ Lijphart 1999, S. 260 f.). Systematischen Eingang in die Forschung hat damit nicht Powells ursprüngliche Frage nach der zentralen Rolle des Parteiensystems gefunden, sondern die sich erst im Laufe der empirischen Analyse abzeichnende Frage nach der Überlegenheit bestimmter Typen von Demokratie.

Powell hat dieses Thema dann in seinen eigenen Arbeiten weiterverfolgt (Powell 2000).

**Literatur:**

Gabriel A. Almond/G. Bingham Powell, Jr./Kaare Strøm/Russell J. Dalton (Hrsg.), Comparative Politics Today: A World View, 8. Aufl., New York 2004.
G. Bingham Powell, Jr., Elections as Instruments of Democracy: Majoritarian and Proportional Visions, New Haven 2000.
Edeltraud Roller, The Performance of Democracies. Political Institutions and Public Policy, Oxford 2005.

*Edeltraud Roller*

## Adam Przeworski/Michael Alvarez/José Antonio Cheibub/Fernando Limongi, Democracy and Development: Political Institutions and Well-Being in the World, 1950-1990, Cambridge 2000.

Die Frage nach Zusammenhängen zwischen politischer und ökonomischer Entwicklung ist eine Kernfrage der Entwicklungsforschung. Klassische Ansätze wie Modernisierungs- und Dependenztheorien und neuere Ansätze der Institutionenökonomik und Good Governance (dt. gute Regierungsführung) untersuchten diese Zusammenhänge. Als Begründer dieses Forschungsprogramms gilt Seymour Martin Lipset. Sein Essay „Some Social Requisites of Democracy: Economic Development and Political Legitimacy", 1959 in der „American Political Science Review" erschienen und 1960 als zweites Kapitel in seinem Buch „Political Man – The Social Bases of Politics" (→ Lipset 1960) abgedruckt, gilt als Anfangspunkt der modernisierungstheoretischen Diskussion über den Zusammenhang zwischen Demokratie und wirtschaftlicher Entwicklung. Lipset untersuchte den Zusammenhang zwischen Demokratie und Entwicklung empirisch. Er verglich Daten der Zeit kurz nach dem Zweiten Weltkrieg über wirtschaftlichen Wohlstand, Industrialisierung, Bildungsniveau und Urbanisierung europäischer, angelsächsischer und lateinamerikanischer Staaten mit der Art ihres politischen Systems. Dabei berücksichtigte er die politische Entwicklung seit dem Ersten Weltkrieg und entwickelte die zentrale These: „Je wohlhabender ein Volk, desto größer die Aussicht, dass es eine Demokratie entfalten wird". An Lipset anknüpfend entstand in den letzten Jahrzehnten eine Vielzahl von Studien, die den Zusammenhang zwischen Demokratie und Entwicklung empirisch-quantitativ untersuchten (vgl. als Überblick Muno 2001). Eine der neuesten und umfangreichsten Studien legten Adam Przeworski, Michael Alvarez, José Antonio Cheibub und Fernando Limongi vor, alle vier Professoren der Politikwissenschaft. Am bekanntesten ist Adam Przeworski, der durch etliche Studien und Publikationen zur akteursorientierten Transitionsforschung ausgewiesen ist und federführend an der Projektstudie „Sustainable Democracy" mit 20 anderen Sozialwissenschaftlern aus zehn Ländern beteiligt war (Przeworski u.a. 1995).

Przeworski u.a. untersuchen in ihrer Studie die gängigen Annahmen der Modernisierungstheorie. Dabei gehen sie von der Feststellung aus, dass weder die Theorie noch die Fakten klar sind. Die Sozialwissenschaftler untersuchen in einer Zeitreihenanalyse der Jahre 1950 bis 1990 141 Staaten weltweit. Die politischen Regime der Länder werden dichotomisch in Demokratien und Diktaturen aufgrund einer qualitativen Einschätzung unterschieden. Basis der Klassifikation ist die Frage, ob die Herrschenden in Wahlen mit Wettbewerbscharakter ausgewählt wurden. Operationalisiert wird diese Definition durch eine Kontrollliste, die 1. nach der Wahl der Exekutive, 2. der Wahl der Legislative, 3. der Existenz von Parteien (bzw. mehr als einer Partei) und 4. der Alternation der Amtsinhaber fragt. Treffen diese vier Bedingungen zu, gilt ein Regime als Demokratie, wird nur eine Bedingung verletzt, so gilt ein Regime als Diktatur. Die ersten beiden Kapitel des Buches beschäftigen sich ausschließlich mit der Frage der typologischen Einordnung. Auf der Basis dieser Klassifikation werden danach verschiedene potenzielle Zusammenhänge mit wirtschaftlicher Entwicklung untersucht, wobei eine Vielzahl von politischen, ökonomischen, sozioökonomischen und demographischen Variablen berücksichtigt wird. Quellen sind allgemeine Publikationen, etwa der Weltbank, das „Political Handbook of the World", „Keesing's" und spezielle Publikationen zu Einzelfragen.

Die Autoren untersuchen den Einfluss politischer Regime auf das Wachstum der Bevölkerung (mit Indikatoren wie Geburtenrate, Kindersterblichkeit, Lebenserwartung etc.), den Einfluss politischer Instabilität auf ökonomisches Wachstum (mit Indikatoren wie Regimealter, Regierungswechsel, Streiks, Demonstrationen, Aufruhr und Kriege für Instabilität und klassischen ökonomischen Wachstumsindikatoren wie dem Wachstum des Pro-Kopf-Einkommens). Außerdem klären sie den Einfluss politischer Regime auf ökonomisches Wachstum (gemessen mit rein ökonomischen Indikatoren wie Wachstum des Pro-Kopf-Einkommens, Pro-Kopf-Konsum, Produktivität, Investitionen, Beschäftigung, etc.) und umgekehrt in Anlehnung an Lipset den Einfluss von ökonomischer Entwicklung, gemessen unter anderem durch eine Umrechnung des Pro-Kopf-Einkommens nach der realen Kaufkraft, auf die Regimeform. Die Ergebnisse der statistischen Analysen bestätigen, dass es keine einfachen Zusammenhänge gibt. Wirtschaftliche Entwicklung führt nicht zu Demokratie. Wohlhabende Demokratien haben aber statistisch bessere Überlebenschancen. Demzufolge spielt ökonomische Entwicklung durchaus eine Rolle, nur eben nicht für Demokratisierung, wie viele Modernisierungstheoretiker annehmen, sondern erst auf lange Sicht für die Stabilität einer Demokratie. Für diese Hypothese nehmen die Autoren Lipset wörtlich und stimmen seiner folgenden Aussage „The more well to-do a nation, the greater the chances it will sustain democracy". „Sustain" verstehen die Autoren dabei im Sinne von „aufrechterhalten". Als wichtigste Lektion ihrer Analyse gilt den Autoren daher, dass reiche Länder nicht dazu tendieren, demokratisch zu sein, weil sich Diktaturen aufgrund der wirtschaftlichen Entwicklung zu Demokratien wandeln, sondern weil in wohlhabenden Staaten die Demokratie sehr viel wahrscheinlicher erhalten bleibt als in nicht wohlhabenden.

Politische Regime haben keinen statistisch nachweisbaren Einfluss auf Wirtschaftswachstum, politische Instabilität beeinträchtigt nur in Diktaturen die ökonomische Entwicklung. Lediglich für einige demographische Indikatoren konstatieren die Autoren Zusammenhänge mit Demokratie. So haben Demokratien ein geringeres Bevölkerungswachstum, eine geringere Sterblichkeit und eine höhere Lebenserwartung als Diktaturen. Insgesamt stellen auch Przeworski u.a. fest, dass sie keinerlei Belege dafür fanden, dass Demokratie auf dem Altar der Entwicklung geopfert werden muss. Aus ihrer Sicht hat daher die Modernisierungstheorie insgesamt wenig, wenn überhaupt, erläuternde Kraft.

Die Studie ist kein originärer Beitrag zur politikwissenschaftlichen Theoriebildung. Es handelt sich aber um die bis dato umfassendste und profundeste Behandlung der von Lipset aufgeworfenen Fragestellung. Im Gegensatz zu vielen kürzeren Studien greifen Przeworski u.a. in ihrer Untersuchung nicht auf existierende Indizes zurück, sondern entwickeln eigene Ansätze. Problematisch erscheint die Konzeptionalisierung von Demokratie. Die Autoren erstellen keinen Demokratieindex, sondern eine dichotome, nominale Klassifizierung. Mit dichotomen Konzepten werden gewichtige Unterschiede verwischt und Differenzierungen sind kaum noch möglich. So landen Fälle wie Nordkorea, Malaysia, Mexiko und Kuba in einer Kategorie, obwohl es enorme Unterschiede hinsichtlich politischer Rechte und Freiheiten in den betreffenden Ländern gibt. Przeworski u.a. kontern solche Kritik mit zwei Argumenten. Zunächst verweisen sie auf eine hohe Übereinstimmung mit anderen Demokratiemessungen bei der Bestimmung demokratischer und nichtdemokratischer Regime, da auch Demokratieskalen häufig eine Schwelle (threshold) zwischen Demokratie und Diktatur bestimmen. Gewichtiger ist ihr Argument, es gäbe einen natürlichen Nullpunkt. Der Wettbewerbscharakter bildet für die Autoren die Grundlage einer kategorialen Unterscheidung, die nicht nur möglich, sondern auch notwendig sei. Ebenso, wie eine Frau nicht halbschwanger sein kann, so kann demnach ein Regime nicht halbdemokratisch sein. Die Diskussion über Grenzfälle halten Przeworski u.a. für lächerlich: „If we cannot classify some cases given our rules, all this means is that we either have unclear rules or have insufficient information to apply them" (S. 57). Auch wenn man die Strategie einer nominal-dichotomen Klassifizierung akzeptiert, so kann die Basis der Klassifikation hinterfragt werden. Die Klassifikationsregeln sind formal interpretiert (etwa die Frage, ob ein Regierungschef gewählt ist) und beruhen damit auf neutralen Beobachtungen, nicht auf subjektiv-qualitativen Einschätzungen. Zum einen ist aber die Bestimmung der Regeln eine qualitative, zum anderen führt das Vorgehen zu einer sehr formalistischen Demokratieauffassung. Die Frage etwa, ob Wahlen frei und fair sind, klammern die Autoren aus methodischen Gründen, konkret der Nicht-Standardisierbarkeit der Beobachtung, aus. Die Verfasser verteidigen ihr Vorgehen mit dem Argument, eine klar minimalistische Demokratiekonzeption zu verfolgen. Die ausführlichere Diskussion von Problemfällen wie Botswana oder Mexiko zeigt aber, dass ihre Methode mit Problemen behaftet ist. Trotz dieser Einschränkungen ist den Autoren ein Referenzwerk gelungen. Bei der Studie handelt es sich um eine der ausführlichsten, differenziertesten und fundiertesten Auseinandersetzungen mit dem modernisierungstheoretischen Basisparadigma, das in der entwicklungstheoretischen wie in der entwicklungspolitischen Literatur, beispielsweise dem Human Development Report, entsprechende Resonanz fand und findet (UNDP 2002). Auch in der vergleichenden empirischen Demokratieforschung wird die Studie, wenn auch aufgrund der oben angeführten Probleme mitunter sehr kritisch, rezipiert (Muno 2001; Lauth 2004).

### Literatur:

Hans-Joachim Lauth, Demokratie und Demokratiemessung. Eine konzeptionelle Grundlegung für den interkulturellen Vergleich, Wiesbaden 2004.
Seymour Martin Lipset, Some Social Requisites of Democracy: Economic Development and Political Legitimacy, in: American Political Science Review 53 (1959) 1, S. 69-105.
Wolfgang Muno, Demokratie und Entwicklung, Mainz 2001.
Adam Przeworski u.a., Sustainable Democracy, Cambridge 1995.
United Nations Development Programme (UNDP), Human Development Report 2002. Deepening Democracy in a Fragmented World, New York 2002.

*Wolfgang Muno*

## Adam Przeworski/Henry Teune, The Logic of Comparative Social Inquiry, Mallabar 1970.

Adam Przeworski dürfte zu den wichtigsten Wissenschaftlern der letzten Jahrzehnte im Bereich der vergleichenden Politikwissenschaft zählen. Immer wieder legte er Arbeiten zu Problemen der Entwicklung von Demokratie und dem Wandel von politischen Systemen im internationalen Vergleich vor. Angeregt von Erfahrungen in verschiedenen komparativ angelegten Forschungszusammenhängen, fasste Przeworski zusammen mit seinem Chicagoer Kollegen Henry Teune den Entschluss, sich mit Defiziten der praktischen vergleichenden Forschung zu beschäftigen. Aus der Auseinandersetzung mit den wiederkehrenden Problemen des empirischen Vergleichs von Ländern, Regionen und Bevölkerungsgruppen resultierte der Gedanke, dass eine Systematisierung der vergleichenden Forschung für andere Forscher von Nutzen sein könnte. Sie nahmen Gespräche mit Kollegen, die in die gleiche Richtung wiesen, zum Anlass, eine Anleitung für valides (inhaltlich gültiges) und reliables (formal zuverlässiges) methodisches Arbeiten in der vergleichenden Politikwissenschaft zu erstellen. Die 1970 erschienene Schrift „The Logic of Comparative Social Inquiry" stellt das Ergebnis dieser Bemühungen dar.

Kerngedanke der Formulierung einer stringenteren Systematik vergleichender Methode war die Integration reiner Messung in einen Rahmen, der sozialwissenschaftliche Theorie und praktische vergleichende Forschung miteinander verbindet. Nach Przeworski/Teune ist ohne eine gute sozialwissenschaftliche Theorie, die eine Verallgemeinerung sozialen Handelns und Denkens zur Verfügung stellt, weitere sozialwissenschaftliche Forschung nicht möglich. Umgekehrt müsse sich sozialwissenschaftliche Theorie immer an ihrer Aussagekraft messen lassen, da es das Ziel der Sozialwissenschaft sei, soziale Phänomene zu erklären. Man soll also davon ausgehen, dass generalisierbare sozialwissenschaftliche Theorien existieren, die unter Verwendung geeigneter Hypothesen getestet werden können und des Tests bedürfen, um ihre Gültigkeit zu belegen.

Ziel der Arbeit vergleichender Forschung ist es, die Bedeutung sozialer Systeme in sozialwissenschaftlichen Theorien auf einem nachvollziehbaren methodischen Weg bestimmen zu können. Für Przeworski und Teune soll dabei ein – bisher unterbewerteter – Aspekt eine bedeutendere Stellung in der vergleichender Forschung erhalten: der Vergleich von Beziehungsmustern innerhalb unterschiedlicher sozialer Systeme. Eine der wichtigsten Fragen der Autoren ist die vergleichende Betrachtung von Korrelationen der Individualebene in verschiedenen Ländern.

Das Buch besteht aus sechs aufeinander aufbauende Kapitel, die zwei Grundbereichen zugeordnet sind. Die ersten vier Kapitel fassen Przeworski und Teune unter dem Oberbegriff „Theorie“ zusammen. Kapitel 5 und 6 setzen sich mit der Messung und ihren Problemen auseinander. Im ersten Teil des Buches verweisen die Autoren darauf, dass ein methodischer Vergleich ohne stabile theoretische Fundierung unmöglich ist. Sie greifen auf Überlegungen zur Kausalität sozialer Ereignisse zurück und stellen den erklärenden Charakter von Sozialwissenschaften heraus. Daraus leiten sie für die vergleichende Forschung auf dem Sektor der Entwicklung und Prüfung von Theorien ein Vorgehen ab, in dem der Forscher dafür zuständig ist, passende Namen für soziale Systeme durch die Nutzung adäquater Variablen und Äquivalenz zwischen Operationalisierung und untersuchten Systembedingungen zu setzen. Przeworski/Teune heben die funktionale Äquivalenz von Fragen und Fragestellungen als zentrales Kriterium der vergleichenden Analyse hervor. Mit funktionaler Gleichwertigkeit ist gemeint, dass in den untersuchten Ländern mit den gewählten Indikatoren das annähernd gleiche gemessen wird. Przeworski und Teune diskutieren dazu bestimmte Rahmenbedingungen, die erfüllt sein müssen, um Vergleichbarkeit zwischen Ländern oder Fällen zu gewährleisten.

Große Bedeutung kommt in diesem Prozess dem Forschungsdesign zu (vgl. auch → King/Keohane/Verba 1994). Przeworski/Teune verweisen auf das „Most Similar Sytems Design“ und das „Most Different Systems Design.

Dabei zeigt die Auswahl ihrer Beispiele, dass sie das „Most Similar Sytems Design" bevorzugen (Tiemann 2003, 267-270). Die empirische Untersuchung soll über das Forschungsdesign mit einer starken Theorie verbunden werden.

Eine weitere aus ihrer Sicht bedeutende Beschränkung für die vergleichende Forschung ist die Vermeidung von Fehlschlüssen, also dem unberechtigten Schluss von Ergebnissen auf einer Untersuchungsebene (z.B. Aggregatebene) auf die andere (z.B. Individualebene). Damit möchten sie keiner Konzentration auf die eine oder andere Ebene das Wort reden. Sie plädieren vielmehr für eine saubere Trennung zwischen Analysen auf Individual- oder Aggregatebene. Sie versuchen Hinweise zu geben, wie und auf welche Weise aufbereitetes Wissen, das aufgrund von logischen Schlussfolgerungen gewonnen wurde, also Inferenzen, zu interpretieren sind und wie das Wechselspiel von Beziehungen auf unterschiedlichen Ebenen präziser beschrieben werden kann. Dazu führen sie in Kapitel drei der Arbeit verschiedene Beispiele für die Wechselwirkungen von systeminternen Regressionen und Systemeffekten an, die besonders für neuere Überlegungen zu Mehrebenenanalysemodellen, also Modellen, deren Analysen auf mehr als einer analytischen Ebene stattfinden, also z.B. Individual- und Aggregatebene, von Interesse sind. In ihrem Abschnitt zur Messung behandeln Przeworski/Teune die Tragfähigkeit der Messungen für konkrete, valide und zuverlässige empirische Aussagen im Verhältnis zur theoretischen Annahme, die getestet wird. Insbesondere das Problem der Äquivalenz von Messinstrumenten für die aufgestellten sozialen Phänomene erscheint ihnen bedeutsam, stellt doch diese Äquivalenz das Bindeglied zwischen sozialer Theorie und empirischer Forschung dar.

Przeworski/Teune ziehen aus ihren Überlegungen verschiedene Schlüsse. Sie plädieren dafür, sich stärker auf die der Forschung zugrunde liegende Theorie zu konzentrieren. Sei sie nicht der Sache angemessen formuliert oder valide in Instrumente umgesetzt, dann seien die Ergebnisse verfälscht. Daneben fordern sie eine stärkere Kommunikation zwischen den Forschern. Sie sollen ihre Daten austauschen und sich auf vergleichbare Instrumente einigen. Aussagen über soziale Systeme könnten nicht alleine durch Analysen auf der Individualebene erreicht werden, erforderlich seien auch Anstrengungen bei der Analyse der Makroebene. Erst wenn die Rahmenbedingungen des Systems einbezogen würden, mache dies aus einer Untersuchung eine vergleichende Analyse. „Systems differ" ist eine ihrer entscheidenden Aussagen. Und: „If systems differ, we must search for the system-level variables that create these differences" (S. 134).

Kritisch anzumerken sind einige kleinere Unstimmigkeiten. So werden zwar das „Most Similar System Design“ und das „Most Different System Design“ im Bezug auf John Stuart Mill beschrieben, angewandt wird aber meist nur das „Most Similar System Design“. Arend Ljiphart (1975, S. 164 f.) verweist sogar darauf, das Przeworski/Teune eigentlich durch ihre Fixierung auf Vergleiche von Zusammenhängen innerhalb der Systeme nicht mehr zu der von ihm formulierten vergleichenden Methode, sondern zur statistischen Methode zu rechnen sind. Probleme bereitet auch Przeworskis und Teunes Definition von vergleichender Methode, in der „nur ebenenübergreifende Analysen, die auf unterschiedlichen, hierarchisch geordneten Niveaus, etwa auf der Mikro-, Meso- und Makroebene eines politischen Systems analysiert werden, als genuin vergleichend gelten“ (Tiemann 2003, S. 268).

Das Buch ist eine gute Einführung in die Kerngedanken vergleichender Sozialwissenschaften. In dem Werk ist eine intensive Auseinandersetzung mit Mehrebenenüberlegungen angelegt, die erst in den letzten Jahren aufgegriffen wurden. Die systematische Zusammenstellung und Behandlung der Kerngedanken vergleichender politikwissenschaftlicher Methode ist in einigen Punkten bis heute nicht besser ausgearbeitet worden.

## Literatur:

Arend Lijphart, The Comparable-Cases Strategy in Comparative Research, in: Comparative Political Studies 8 (1975), S. 158-177.

Guido Tiemann, Das „most different system design” als Instrument zum Umgang mit multipler Kausalität, in: Susanne Pickel/Gert Pickel/Hans-Joachim Lauth/Detlef Jahn (Hrsg.), Vergleichende Politikwissenschaftliche Methoden. Neuentwicklungen und Diskussionen 2003, S. 265-287.

*Gert Pickel*

## Robert D. Putnam in Zusammenarbeit mit Robert Leonardi und Raffaella Y. Nanetti, Making Democracy Work. Civic Traditions in Modern Italy, Princeton 1993.

Robert D. Putnam (geb. 1941) ist Professor für Public Policy an der Harvard University. Im Jahr 1970 hat die italienische Regierung im Zuge einer Verfassungsänderung Regionalregierungen eingerichtet und diese mit Gesetzgebungskompetenzen für eine Vielzahl von Politikbereichen (Landwirtschaft, Wohnungsbau, Gesundheitswesen, berufliche Bildung, Stadtentwicklung, ökonomische Entwicklung) ausgestattet. Diese Reform bot die einmalige Gelegenheit, in der Form eines Quasi-Experiments systematisch die Entwicklung und Anpassungsfähigkeit dieser neuen Institutionen an ihre soziale Umgebung zu studieren. Putnam und seine Kollegen Robert Leonardi und Raffaela Nanetti haben diese Gelegenheit ergriffen und diesen Prozess im Rahmen einer fast 20 Jahre andauernden Feldstudie zwischen 1970 bis 1989 untersucht. Zum Einsatz kam ein breites Spektrum quantitativer (Umfragen mit Regionalräten, lokalen Eliten und Bürgern; Statistiken; Inhaltsanalysen von Gesetzen; Experimente) und qualitativer Methoden (historische Analyse). In „Making Democracy Work" wird die Leistungsfähigkeit dieser Regionalregierungen analysiert und dabei vor allem die Rolle der „civic traditions" als Quelle der Performanz untersucht. Putnam hat diese Publikation alleine verfasst, führt jedoch aus Anerkennung und Dankbarkeit für die langjährige Zusammenarbeit Leonardi und Nanetti als Autoren mit auf.

Die Fallstudie wird von der allgemeinen Frage angeleitet: „Warum sind manche demokratische Regierungen erfolgreich und andere scheitern?" (S. 3). Der Erfolg oder die Performanz repräsentativer demokratischer Institutionen wird an den beiden Kriterien Responsivität und Effektivität festgemacht. Responsivität steht für die Aufnahmebereitschaft der Politiker für die Ansprüche und Präferenzen der Bürger. Diese reicht nach Putnam alleine jedoch nicht aus. Die Regierung müsse die Ansprüche der Bürger auch effektiv umsetzen. Gemessen werden beide Kriterien mit einem Index der institutionellen Performanz. Er basiert auf zwölf Indikatoren, die Putnam drei Performanzdimensionen zuordnet: Der Policyprozess wird zum Beispiel über die Kabinettsdauer und die Geschwindigkeit der Verabschiedung des Haushalts gemessen. Den Inhalt von Politikentscheidungen sollen die Anzahl reformistischer und innovativer Gesetzesvorhaben aufzeigen. Die Implementation der Politikentscheidungen misst Putnam mit Indikatoren wie der Anzahl von

Kinderbetreuungseinrichtungen und Familienkliniken, Ausgaben für Gesundheit sowie dem Grad bürokratischer Responsivität gemessen.

Putnams Modell zur Erklärung politischer Performanz umfasst drei Faktoren: die sozioökonomische Modernität oder das Wohlstandsniveau, die Bürgergesellschaft (civic community) und die politischen Institutionen selbst. Da der letztgenannte Erklärungsfaktor in der Studie konstant gehalten wird (in allen Regionen wurden dieselben Institutionen eingeführt), kann empirisch lediglich der Effekt der ersten beiden Faktoren untersucht werden. Das Konzept der Bürgergesellschaft entstammt der politisch-philosophischen Diskussion des Kommunitarismus (u.a. → Etzioni 1968; → Walzer 1983). Es ist über vier Merkmale definiert: 1. das Bürgerengagement, das für eine aktive und gemeinwohlorientierte Partizipation der Bürger steht; 2. die politische Gleichheit, die sich in gleichen Rechten und Pflichten sowie in horizontalen Beziehungen dokumentiert, die durch die Reziprozitätsnorm, also die Norm der Wechselseitigkeit, und Kooperation charakterisiert sind; 3. die Beziehungen zwischen den Bürgern, die durch Solidarität, zwischenmenschliches Vertrauen und Toleranz geprägt sind, sowie 4. freiwillige Vereinigungen, die die sozialen Strukturen der Kooperation bilden. Das Messinstrument des „civic community index“, das sich auf die beiden Dimensionen soziale Solidarität und politische Partizipation beschränkt, umfasst die Anzahl der Freizeit- und Kulturvereine, die Leserschaft lokaler Zeitungen, die Wahlbeteiligung an nationalen Referenden und das so genannte „preference voting“ bei nationalen Wahlen, das die Wahl eines speziellen Kandidaten von der gewählten Parteienliste vorsieht.

Die empirische Analyse erbringt beträchtliche und stabile Unterschiede in der institutionellen Performanz zwischen den Regionen, die entlang einer Nord-Süd-Achse verlaufen: Die Regionalregierungen im Norden des Landes sind erfolgreicher als die im Süden. Die Performanz nimmt zwar mit der sozioökonomischen Modernität einer Region zu, dieser Zusammenhang verschwindet jedoch, wenn man um den Grad des bürgerschaftlichen Engagements (civicness) einer Region kontrolliert. Das zentrale Ergebnis der Studie besteht also darin, dass die Unterschiede in der Performanz zwischen den Regionen mit dem unterschiedlichen Ausmaß des bürgerschaftlichen Engagements in den Regionen erklärt werden können. In einer historischen Analyse versucht Putnam zu zeigen, dass diese Unterschiede in der „civicness“ der Regionen tiefe historische Wurzeln haben. Sie reichen in das späte Mittelalter (11. Jahrhundert) zurück, als sich im Süden die hierarchisch strukturierte Monarchie der Normannen und im Norden kommunale Republiken etabliert haben.

Der Zusammenhang zwischen bürgerschaftlichem Engagement und institutioneller Performanz wird damit erklärt, dass die Bestandteile der „civic community“ als soziales Kapital interpretiert werden. „Soziales Kapital“ ist so definiert: „Eigenschaften von sozialen Organisationen wie Vertrauen, Normen und Netzwerke, die die Leistungsfähigkeit der Gesellschaft verbessern können, in dem sie koordinierte Handlungen erleichtern“ (S. 167). Bei der Leistungsfähigkeit politischer Institutionen, kollektive Güter zu erbringen, gehe es darum, wie kollektive Dilemmata (z.B. Trittbrettfahrerproblem) gelöst würden (vgl. zur Kollektivgüterproblematik → Olson 1965). Deren Lösung setze Kooperation voraus. Diese werde wiederum durch zwischenmenschliches Vertrauen, die Norm der Gegenseitigkeit (Reziprozität) und ein Netzwerk bürgerlichen Engagements erleichtert. Weiter postuliert Puntnam eine Kausalbeziehung zwischen den drei Formen des sozialen Kapitals: Zwischenmenschliches Vertrauen werde durch die Norm der Gegenseitigkeit und durch Netzwerke zivilen Engagements geschaffen.

„Making Democracy Work“ steht im Schnittpunkt der politischen Performanz- und der politischen Kulturforschung (→ Almond/Verba 1963). Aus beiden Perspektiven werden sowohl die Messung zentraler Konzepte als auch die theoretischen Erklärungsmodelle kritisiert (Laitin 1995; Levi 1996; Tarrow 1996; Roller 2005). Aus der Sicht der Performanzforschung konzentriert sich der Index der institutionellen Performanz einseitig auf die Dimension der Effektivität. Es fehlen Indikatoren für das originär demokratische Performanzkriterium der Responsivität. Die Effektivität wird zudem unzureichend erfasst, weil lediglich Aktivitäten, also outputs, wie Gesundheitsausgaben und nicht Ergebnisse dieser Aktivitäten, also outcomes, wie Säuglingssterblichkeit gemessen werden. Da die abgefragten Effektivitätsdimensionen auch von nicht-demokratischen Systemen erbracht werden können, stellt sich die Frage, inwieweit die Ergebnisse überhaupt für die Performanz von Demokratien relevant sind. Das theoretische Erklärungsmodell muss nach dieser Kritikrichtung um die kollektiven Akteure ergänzt werden, weil die politische Performanz nicht direkt aus den strukturellen Variablen erklärt werden kann.

Aus der Sicht der Kulturforschung besteht ein gravierendes Problem des „civic community index“ darin, dass er nur Indikatoren für die Struktur-Komponente des sozialen Kapitals (Netzwerke) enthält und dass Indikatoren für die beiden Kultur-Komponenten (politisches Vertrauen, Norm der Reziprozität) fehlen. Was die Theorie des sozialen Kapitals anbelangt, so wird bei der Entstehung und Entwicklung des sozialen Kapitals die Rolle von politischen Institutionen und politischen Akteuren vernachlässigt. Die gesamte Rekonstruktion der italienischen Geschichte im Sinne des sozialen Kapitals kann damit in Frage gestellt werden. Außerdem spezifiziert Putnam wesentliche Elemente der Kausalkette vom sozialen Kapital zur politischen Performanz nicht ausreichend. Das gilt zum einen für die Frage, wie aus der Mitgliedschaft in freiwilligen Organisationen allgemeines persönliches Vertrauen entsteht, und zum anderen für den Zusammenhang zwischen dem politischen Vertrauen auf der Mikroebene und der politischen Performanz auf der Makroebene.

Bei „Making Democracy Work" handelt es sich um eine Fallstudie zur Politik Italiens. Da Putnam aber mit der Frage nach der Bedeutung der „civic community" die kommunitaristische Kritik an der liberalen Demokratie aufgegriffen und mit dem Sozialkapital ein empirisch-analytisches Konzept zur Untersuchung dieser Dimension entwickelt hat, ist ihre Bedeutung allgemeiner und weitreichender. Der Grundgedanke zum Zusammenhang zwischen politischer Gemeinschaft und Demokratie ist bedeutsam für die zeitgenössischen Krisendiagnosen zum Zustand liberaler Demokratien (für die USA siehe Putnam 2000), für die Entwicklung neuer Demokratien in den postkommunistischen Ländern Mittel- und Osteuropas und in Entwicklungsländern. Nach allgemeiner Einschätzung handelt es sich bei dieser Studie um einen zentralen, inzwischen schon klassischen Beitrag zur vergleichenden Demokratieforschung. Er hat ein neues Forschungsprogramm zur politischen Kultur begründet.

## Literatur:

David D. Laitin, The Civic Culture at 30, in: American Political Science Review 89 (1995), S. 168-173.

Margaret Levi, Social and Unsocial Capital: A Review Essay of Robert Putnam's Making Democracy Work, in: Politics and Society 24 (1996), S. 45-55.

Robert D. Putnam, Bowling Alone. The Collapse and Revival of American Community, New York 2000.

Sidney Tarrow, Making Social Science Work Across Space and Time: A Critical Reflection on Robert Putnam's Making Democracy Work, in: American Political Science Review 90 (1996), S. 389-397.

Edeltraud Roller, The Performance of Democracies. Political Institutions and Public Policy, Oxford 2005.

*Edeltraud Roller*

## Douglas W. Rae, The Political Consequences of Electoral Laws, New Haven 1971.

Die Schrift von Douglas W. Rae ist aus einer Dissertation an der Universität von Wisconsin hervorgegangen, die von Austin Ranney betreut wurde. Sie ist die erste empirisch-analytische Untersuchung zu den allgemeinen Auswirkungen von Wahlsystemen. Die Studie greift über den damaligen Forschungsstand hinaus, da ihre Ergebnisse auf der Untersuchung der wesentlichen Variablen, auf systematischem Datenmaterial und einheitlichen Auswertungskriterien beruhen.

Zentraler Ausgangspunkt der Untersuchung ist die Feststellung, dass die traditionelle Klassifizierung der Wahlsysteme in die Idealtypen Mehrheitswahl und Verhältniswahl infolge der vielen Ausnahmen keine nützlichen Ergebnisse hervorbringe und dass statt des Vergleichs einzelner Wahlsysteme und ihrer Auswirkungen innerhalb ihrer Kontexte die Komponenten der Wahlsysteme empirisch vergleichend zu untersuchen seien. Rae bedient sich einer quantitativen Methode und folgt der Konkordanzstrategie des empirisch-statistischen Vergleichs, ohne allerdings auf kausale Erklärungen abzuheben, die er aufgrund des Gewichts der Kontextfaktoren der Einzelfallanalyse vorbehält. Es geht ihm vielmehr darum, überprüfbare Korrelationen ausfindig zu machen.

Kennzeichnend für sein Vorgehen sind die präzise Definition der Variablen, die ein Wahlsystem konstituieren, die Integration einer geographisch wie historisch möglichst großen Datenmenge und die Prüfung einer großen Zahl falsifizierbarer Hypothesen sowohl über die Beziehungen zwischen den Variablen als auch zwischen Wahlsystemen und Parteiensystemen. Die Auswirkungen eines Wahlsystems hängen nach Rae vorrangig von drei Variablen ab, deren konkrete Ausprägungen sehr variieren können: 1. das System der Stimmabgabe (ballot); 2. die Wahlkreisgröße; 3. das Verfahren der Übertragung von Stimmen in Mandate. Er unterteilt mit Blick auf die Stimmabgabe zwischen eindeutiger Stimmabgabe für einen Kandidaten oder eine Partei (categorical ballot) und dem Ausdruck einer Präferenz unter den Kandidaten (ordinal ballot). Bei der Wahlkreisgröße unterscheidet er zwischen Einerwahlkreisen und Mehrpersonenwahlkreisen. Hinsichtlich der Verfahren der Übertragung von Stimmen in Mandate unterscheidet Rae zwischen absoluter Mehrheit, relativer Mehrheit und Proporz. Bei der Verhältniswahl grenzt er vier Verrechnungsverfahren (d'Hondt, St. Lague, Hare und Droop-STV) ab. Hinsichtlich der Auswirkungen der Wahlsysteme auf das Parteiensystem führt Rae zwei Variablen (und vier Messgrößen) an: 1. der Prozentanteil der stärksten Partei an den Stimmen und Mandaten und 2. der Fraktionalisierungsgrad des Parteiensystems auf der Wählerebene und auf der Parlamentsebene. Seine Untersuchung umfasst die Wahlen in 20 westlichen Demokratien von Januar 1945 bis Januar 1965. Rae prüft insgesamt 20 Hypothesen. Sieben enthalten Aussagen, die allen Wahlsystemen gemeinsam sind, und die restlichen unterscheiden sich nach den Wahlsystemgrundtypen Mehrheitswahl und Verhältniswahl. Die tragfähigen Hypothesen verbindet Rae zu einem Bündel allgemeiner Aussagen über die Auswirkungen von Mehrheitswahl und Verhältniswahl, wobei er zwischen kurzfristigen und langfristigen Auswirkungen unterscheidet und für die letzteren keine gesicherten Aussagen für möglich hält.

Raes empirische Ergebnisse besagen, dass Wahlsysteme die kurzfristige Auswirkung haben, dass die Zahl der Parlamentsparteien unter der Zahl der Parteien liegt, die Wählerstimmen erhalten (= defraktionalisierender Effekt). Rae zufolge gilt: Jedes Wahlsystem begünstigt die stärksten Parteien und benachteiligt die schwächsten. Der Grad der Verzerrung mache den Unterschied zwischen den Wahlsystemen aus. Im Rahmen dieser Überlegung greift Rae die Vorstellung auf, dass die Wahlsysteme auf einem Proportionalitätskontinuum abgetragen werden können, dessen einer Pol die exakte Proportionalität markiert und der andere die extreme Disproportionalität. Absolute und relative Mehrheitswahl üben einen im Vergleich zur Verhältniswahl stärkeren Defraktionalisierungseffekt aus. Für hat die Wahlkreisgröße die stärkste Wirkung. Bei den Einerwahlkreisen überlagere sie alle anderen Variableneffekte. Je mehr Mandate in einem Wahlkreis vergeben würden, desto stärker fallen nach Rae die anderen Variablen ins Gewicht. Diese Veränderung sei jedoch nicht linear. Der Sprung von einem Mandat pro Wahlkreis auf zehn Mandate habe eine stärker fraktionalisierende Wirkung als der von fünf auf 20. Diese wie auch andere Befunde sind mathematischer Natur. Das gilt auch für das Ergebnis, dass innerhalb der Verhältniswahl, die Methode d'Hondt im Vergleich zur Methode Hare einen höheren Defraktionalisierungseffekt hat.

Hinsichtlich der langfristigen Auswirkungen platziert Rae die Parteiensysteme auf einem Kontinuum: Den einen Pol nimmt das Einparteisystem, ein, den anderen das Vielparteiensystem. Rae fragt nun, wie Wahlsysteme die Platzierung der Parteiensysteme auf diesem Kontinuum beeinflussen. Er gelangt zu dem Ergebnis, dass der tatsächliche Einfluss der Wahlsysteme nicht determinierbar sei, da Parteiensysteme von vielen Variablen – sozialen, ökonomischen, rechtlichen und politischen – abhingen. Er erkennt auch Begrenzungen der empirisch-statistischen Methode. Es sei unmöglich, alle Faktoren zu bestimmen oder ihr ungefähres Gewicht festzulegen. Wahlsysteme würden außerdem selbst von Parteiensystemen beeinflusst. Rae sieht die Interdependenz der Faktoren und betont die Notwendigkeit kontextbezogener Langzeituntersuchungen für die Analyse des Wirkungszusammenhangs von Wahlsystemen und Parteiensystemen.

Raes Schrift ist ein Meilenstein in der Wahlsystemforschung. Sie begründete den empirisch-statistischen Ansatz und brach die Vorherrschaft des normativen Ansatzes. Erstmals wurde zwischen den Komponenten von Wahlsystemen als Variablen in einem statistisch geprägten Forschungsdesign über multikausale Beziehungen unterschieden. Mit der Überprüfung der vorherrschenden Forschungsmeinung wurde die Reichweite wissenschaftlich begründeter Aussagen zum Wirkungszusammenhang von Wahlsystemen und Parteiensystemen abgesteckt.

Gleichwohl ist die Untersuchung heftig kritisiert worden. Zum einen führt der Versuch, komplexe kontextbedingte Wirkungszusammenhänge in einem variablenorientiertem Forschungsdesign zu erfassen, nicht immer zu befriedigenden, gelegentlich sogar zu fehlerhaften Ergebnissen. Das beginnt bei der Übertragung von Daten in statistisch verarbeitbare Größen wie im Fall der personalisierten Verhältniswahl der Bundesrepublik, deren mittlere Wahlkreisgröße Rae mit zwei angibt. Dies ist falsch, weil die Einerwahlkreise nicht in die Berechnung hätten einfließen dürfen, da auf der Grundlage der Zweitstimme eine Verrechung der Mandate im nationalen Wahlkreis erfolgt. Gelegentlich handhabt Rae die Analyse der Wahlsysteme reduktionistisch (er betrachtet also einzelne Elemente isoliert, ohne ihre Verflechtung mit anderen Elementen zu beachten), um eine statistische Bearbeitung zu erleichtern. Durch die Konzentration auf den messbaren Teil von Wahlsystemen überzeichnet Rae die politische Bedeutsamkeit solcher Formeln (z.B. die Bedeutung des Proportionalitätsgrades von Wahlsystemen für die Struktur von Parteiensystemen) und vernachlässigt Kontextfaktoren, die für die empirische politikwissenschaftliche Analyse notwendig sind. Schließlich bleiben auch Wirkungszusammenhänge unberücksichtigt, etwa jener, dass Wahlsysteme die Parteiensysteme auf der Wählerebene fraktionalisieren können. Daher greift es zu kurz, die Beziehung zwischen Parteiensystemen der Wählerebene und Parteienebene zu betrachten, um Defraktionalisierung zu messen.

Zum anderen hat sich die Kritik an Rae daran festgemacht, dass er im Grunde nur statistische Korrelationen angestellt und nicht eigentlich die Frage kausaler Beziehungen zwischen Wahlsystem und Parteiensystem zu prüfen versucht hat. Dies wäre aber die notwendige Voraussetzung für eine Validierung etwa des Duvergerschen Theorems gewesen, jenes „soziologischen Gesetzes“, das die relative Mehrheitswahl in Einerwahlkreisen zum Zweiparteiensystem führe (→ Duverger 1959). Rae war zu dem Ergebnis gekommen, dass von allen Hypothesen, die er überprüft habe, diese am ehesten einem „soziologischen Gesetz“ (S. 92) gleichkomme. Freilich hatte er angesichts des abweichenden Falls Kanada und der Existenz von Zweiparteiensystemen auch ohne das britische Wahlsystem (z.B. Österreich) eine Differenzierung der These vorgenommen: „Plurality formulae are always associated with two-party competition except where strong local minority parties exist, and other formulae are associated with two-party competition only where minority elective parties are very weak” (S. 95). Gerhard Lehmbruch (1971, S. 179) hat diese These als tautologisch bezeichnet. In der Tat besagt sie nichts anderes, als dass dort, wo die Bedingungen für die Herausbildung eines Zweiparteiensystems existieren (Fehlen von entweder lokalen oder nationalen Minderheitsparteien), sowohl Mehrheitswahl als auch Verhältniswahl mit Zweiparteiensystemen einhergehen können. Die These ist also weit davon entfernt, eine Kausalrelation anzubieten. Die Korrelation ist folglich nicht geeignet, Duvergers Theorem zu untermauern.

Arend Lijphart, dessen Beiträge zur Wahlsystemforschung stark von Rae inspiriert sind, hat ihm fehlerhafte Klassifizierungen, schwache Hypothesen und geringes Datenmaterial vorgehalten (Lijphart 1990). In seiner statistisch-empirischen Untersuchung von 1994 hat Lijphart die Untersuchungseinheit gewechselt und statt der Zahl der Wahlen die Zahl der Wahlsysteme gesteigert. Bei der Überprüfung von Kausalbeziehungen zwischen den technischen Elementen von Wahlsystemen einerseits und der Struktur der Parteiensysteme andererseits ist er zu dem Ergebnis gelangt, dass diese Beziehungen deutlich schwächer seien, als Rae nahe lege.

Nichtsdestotrotz gilt Raes Studie als Schlüsselwerk der Politikwissenschaft, aus heutiger Sicht nicht nur durch die methodische Innovation, sondern besonders durch die Relativierung der mit ihrer Hilfe erzielten Ergebnisse. Rae verstand es, den durch seine Untersuchung erzielten Fortschritt auch im Blick auf die durch den komplexen Gegenstand auferlegten Erkenntnisbegrenzungen kenntlich zu machen. Kürzer und prägnanter lassen sich die unveränderten Erklärungsprobleme im Wirkungszusammenhang von Wahlsystemen und Parteiensystemen kaum formulieren als in Sätzen wie: „Dualistische Länder verwenden das relative Mehrheitswahlrecht und Länder mit relativem Mehrheitswahlrecht sind dualistisch” (S. 92).

## Literatur:

Gerhard Lehmbruch, Die Wahlreform als sozialtechnologisches Problem, in: Ders./Klaus von Beyme/Iring Fetscher (Hrsg.), Demokratisches System und politische Praxis in der Bundesrepublik Deutschland, München 1971, S. 174-201.
Arend Lijphart, The Political Consequences of Electoral Laws, 1945-85, in: American Political Science Review 84 (1990) , S. 481-496.
Arend Lijpart, Electoral Systems and Party Systems, Oxford 1994.
Dieter Nohlen, Wahlrecht und Parteiensystem, 4. Aufl., Opladen 2004.

*Dieter Nohlen*

# John Rawls, A Theory of Justice, Cambridge 1971
*(DA, VA: Eine Theorie der Gerechtigkeit, Frankfurt a.M. 1975).*

Mit der Veröffentlichung von „A Theory of Justice“ (1971) begann eine neue Ära des politikphilosophischen Gerechtigkeitsdiskurses. John Rawls (1921-2002) begründet in seiner „Theorie der Gerechtigkeit“ in einer ebenso umfassenden wie detaillierten Argumentation auf rund 600 Seiten die Idee einer „Gerechtigkeit als Fairness“ (S. 19). Diese Idee ist Kulminationspunkt und Focus seines Gesamtwerks. Seit den 1950er Jahren kreisen die wissenschaftlichen Arbeiten des zu Lebzeiten in Harvard lehrenden Philosophen um diese Grundidee. Alle seine der „Theory of Justice“ folgenden Veröffentlichungen dienen letztlich der Verteidigung, Präzisierung und Erweiterung der mit ihr verbundenen Ordnungsvorstellung. Mit „Eine Theorie der Gerechtigkeit“ stellt sich Rawls in die Tradition der Vertragstheorien von John Locke (→ Locke 1690) über Thomas Hobbes (→ Hobbes 1651) und Jean-Jacques Rousseau (→ Rousseau 1762) bis Immanuel Kant (→ Kant 1797), erneuert diese aber mit Hilfe spieltheoretischer, wirtschaftswissenschaftlicher und psychologischer Erkenntnisse.

Das Werk gliedert sich in drei Teile: I. Theorie, II. Institutionen und III. Ziele. Gegenstand der Gerechtigkeitstheorie Rawls ist „die Grundstruktur der Gesellschaft, genauer: die Art, wie die wichtigsten gesellschaftlichen Institutionen Grundrechte und -pflichten und die Früchte der gesellschaftlichen Zusammenarbeit verteilen“ (S. 23). „Gerechtigkeit als Fairness“ ist die Leitidee der gesamten Theorie: Eine Gesellschaft ist nach Rawls gerecht, wenn sie sich an Verteilungsprinzipien orientiert, auf „die sich freie und vernünftige Menschen in ihrem eigenen Interesse“ (S. 28) in einer fairen Entscheidungssituation einigen würden.

In Teil I des Werks entfaltet Rawls die Gerechtigkeitsprinzipien und begründet sie im Rahmen einer Vertragstheorie. Es gilt eine Entscheidungssituation zu konstruieren, die allseits faire Bedingungen für die Wahl der Gerechtigkeitsgrundsätze bereithält, um dann im nächsten Schritt untersuchen zu können, welche Gerechtigkeitsprinzipien vor dem Hintergrund dieser einschränkenden Idealbedingungen gewählt würden. Sein vertragstheoretisches Argument begreift Rawls als ein von jedem jederzeit nachvollziehbares Gedankenexperiment. Er lädt dazu ein, sich eine fiktive faire Entscheidungssituation vorzustellen. Diese als „Urzustand“ (S. 140) bezeichnete Ausgangssituation müsse 1. in Form der Anwendungsbedingungen der Gerechtigkeit und der Grundgütertheorie hinreichend konkret sein, um das Verteilungsproblem zu repräsentieren, aber zugleich 2. abstrahierende Beschränkungen ausweisen, die Unparteilichkeit und Allgemeinheit der Entscheidung garantieren.

Zu 1: Gesellschaft gilt den Menschen des „Urzustands“ als ein Unternehmen der Zusammenarbeit zum gegenseitigen Vorteil, geprägt durch Interessenharmonie wie Interessenkonflikt. Mäßige Knappheit und unterschiedliche Lebenspläne führen zu konkurrierenden Ansprüchen. Bestimmte gesellschaftliche Grundgüter, dies sind u.a. Selbstachtung, Freiheit, Chancen, Einkommen, Vermögen, gelten als unverzichtbar, um einen vernünftigen Lebensplan durchzuführen. Jeder Beteiligte will deshalb lieber mehr als weniger davon haben.

Zu 2: Die Beteiligten kennen weder ihre konkreten Lebenspläne noch ihre mögliche spätere Position in der Gesellschaft. Im Gedankenexperiment von Rawls verbirgt ein „Schleier des Nichtwissens“ (S. 159) alle Kenntnisse bezüglich der eigenen Talente, dem sozialen Status und der Vorstellungen vom guten Leben. Mit diesem Kunstgriff gibt Rawls allen Menschen einen unparteiischen und gleichen Standpunkt. Keiner kann in diesem hypothetischen „Urzustand“ das Ergebnis der Verhandlungen auf seine besonderen Interessen und Fähigkeiten abstimmen. Jeder könnte sich in jeder Position wieder finden.

Nicht wissend, in welcher Situation sie sich in der Gesellschaft wieder finden, wenn sich der „Schleier des Nichtwissens“ lüftet, würden nach Rawls die Beteiligten Regelungen auszuhandeln versuchen, die ihnen einen möglichst großen Anteil an Grundgütern sichern und zugleich ihr Risiko minimieren. Die Unsicherheit erzwinge eine Orientierung an der Maximin-Regel der Spieltheorie. Bei dieser Regel betrachtet der Einzelne nur die ungünstigste Position, die er einnehmen kann.

Vor diesem Hintergrund erweisen sich nach Rawls zwei Gerechtigkeitsgrundsätze, die durch eine Vorrangregel verknüpft sind, alternativen Gerechtigkeitskonzeptionen als überlegen und allgemein zustimmungsfähig: 1. „Jedermann soll gleiches Recht auf das umfangreichste System gleicher Grundfreiheiten haben, das mit dem gleichen System für alle anderen verträglich ist" (S. 81). 2. „Soziale und wirtschaftliche Ungleichheiten sind so zu regeln, dass sie sowohl (a) den am wenigsten Begünstigten die bestmöglichen Aussichten bringen als auch (b) mit Ämtern und Positionen verbunden sind, die allen gemäß der fairen Chancengleichheit offen stehen" (S. 104). Im Gegensatz zum Utilitarismus, der philosophischen Lehre, die im Nützlichen die Grundlage des sittlichen Verhaltens sieht, kann für Rawls eine Einschränkung bürgerlicher und politischer Grundfreiheiten keinesfalls durch einen größeren sozioökonomischen Gesamtnutzen ausgeglichen werden (Vorrangregel).

In den beiden Grundsätzen spiegeln sich die demokratischen Ideale der Freiheit, Gleichheit und Brüderlichkeit. Der erste Grundsatz garantiert individuelle Grundfreiheiten und politische Rechte. Er verkörpert das Prinzip gleicher Freiheit. Das „Unterschiedsprinzip" (S. 96) lässt zwar Ungleichheit von Einkommen und Vermögen zu. Es muss allerdings mit Chancengleichheit einhergehen und steht unter dem Vorbehalt der Solidarität. Ungleichheiten im sozioökonomischen Verteilungsprozess – für Fortschritt und Wohlstandsmehrung in einer konkurrenz- und anreizabhängigen Marktwirtschaft unverzichtbar – sind für Rawls nur dann gerechtfertigt, wenn alle, insbesondere auch die Schlechtgestellten der Gesellschaft, davon profitieren.

Die Geltung der Gerechtigkeitsprinzipien folgt daraus, dass die Menschen die Entscheidungssituation im „Urzustand" als fair anerkennen. Die sie gestaltenden Bedingungen müssen deshalb ebenso einfach wie einleuchtend und unumstritten sein. Sie bedürfen der Rückbindung an unsere alltäglichen „wohlüberlegten Gerechtigkeitsvorstellungen" (S. 38). Die auf festen Überzeugungen beruhenden Alltagsurteile und mögliche, zugrunde liegende Prinzipien werden in einem nach beiden Seiten hin offenen Reflexionsprozess solange aufeinander bezogen und wechselseitig korrigiert, bis eine Gerechtigkeitskonzeption erkennbar ist, die die Vielzahl der Einzelurteile in einen widerspruchsfreien, systematischen Zusammenhang bringt. Gegen die Modellierung des „Urzustands" dürfen – zumindest vorläufig – keine weiteren vernünftigen Einwände bestehen. Sie muss sich nach Rawls im „Überlegungs-Gleichgewicht" (S. 38) befinden.

In Teil II wendet Rawls die Gerechtigkeitsprinzipien auf relevante gesellschaftliche Institutionen an. Er untersucht, wie rechtliche, politische und wirtschaftliche Institutionen zu gestalten sind, damit sie den Gerechtigkeitsprinzipien genügen. Zu diesem Zweck muss der „Schleier des Nichtwissens" Schritt für Schritt gelüftet werden. Es gelte umfangreichere Kenntnisse hinsichtlich der Realität moderner Gesellschaften und individueller Lebenslagen einzubeziehen. Rawls beschreibt einen „Vier-Stufen-Gang" (S. 223). Die erste Stufe ist die ursprünglichen Vertragssituation, die zweite die verfassungsgebende Versammlung, die dritte die Gesetzgebungskörperschaft und die vierte die Bürgergesellschaft. Verfassungsrechtlich verankerte Bürgerrechte, ein demokratisches Regierungssystem sowie ein sozialstaatlich eingehegter Markt erweisen sich in diesem Reflexionsprozess als angemessene institutionelle Umsetzung der Gerechtigkeitsprinzipien. Rawls´ Gerechtigkeitsprinzipien rechtfertigen den liberal-demokratischen Wohlfahrtsstaat. Bei Kenntnis aller Tatsachen beginnt die Diskussion um die Anwendung und Befolgung der Regeln (ziviler Ungehorsam; Weigerung aus Gewissensgründen).

Teil III erörtert die Stabilität einer „wohlgeordneten Gesellschaft" (S. 626). Im Mittelpunkt steht nun die Frage, ob die Gesellschaftsmitglieder in Kenntnis ihrer tatsächlichen Anlagen und sozialen Positionen bereit sind, eine nach den Gerechtigkeitsprinzipien „wohlgeordnete Gesellschaft" anzuerkennen und zu verteidigen. Abstrakte Gerechtigkeitsprinzipien reichen hierfür nicht. Es braucht gemäß Rawls die Motivation durch Vorstellungen des Guten. Er unterscheidet eine „schwache" von einer „vollständigen Theorie des Guten" (S. 434). Erstere sei unverzichtbar für die Gestaltung des „Urzustands". Sie liefere in Form der Grundgüter entscheidungsrelevante Motive. Gut für den Menschen ist in diesem Sinne, was dazu dient, einen vernünftigen Lebensplan zu verwirklichen. Aus der Vorstellung „vom Guten als dem Vernünftigen" (S. 472) folgt bei Berücksichtigung bestimmter entwicklungs- wie moralpsychologischer und anthropologischer Annahmen die Liste der Grundgüter. Erst nach der Wahl der Gerechtigkeitsgrundsätze erlaubt es der „Vorrang des Rechten vor dem Guten", diese schwache zu einer vollständigen Theorie auszubauen. Rawls geht davon aus, dass es in einer wohlgeordneten Gesellschaft dem Wohl, der Selbstachtung und der Identität des Einzelnen dient, einen Gerechtigkeitssinn auszubilden, ihn als maßgebend für seine Lebenspläne zu betrachten und entsprechend zu handeln. Die Stabilität der wohlgeordneten Gesellschaft ruhe in der Annäherung an das Rechte und Gute.

Rawls „Theorie der Gerechtigkeit" avancierte schon bald nach ihrem Erscheinen zum Klassiker. Wie keine andere Theorie prägt sie den Gerechtigkeitsdiskurs der Moderne. Das in 27 Sprachen übersetzte Werk ist Dreh- und Angelpunkt einer seit mehr als drei Jahrzehnten andauernden, äußerst produktiven Gerechtigkeitskontroverse. Ihm wird die Wiederbelebung der bereits tot geglaubten politischen Philosophie zugesprochen. Es wird mit den von Rawls in Auseinandersetzung mit seinen radikalliberalen (→ Nozick 1974) und kommunitaristischen Kritikern (→ Sandel 1982) vorgenommenen Revisionen auch weiterhin Orientierungspunkt und Fundstelle für das Gerechtigkeitsdenken der Gegenwart bleiben.

**Literatur:**

Otfried Höffe, John Rawls. Eine Theorie der Gerechtigkeit, Berlin 1998.

Werner Keck, Zwischen evolutionärer und gesellschaftsvertraglicher Fundierung des Staates: eine vergleichende Analyse der Staatsauffassungen von Rawls, Buchanan, Hayek und Nozick, Berlin 1998.

Wolfgang Kersting, John Rawls zur Einführung, 3. Aufl., Hamburg 2004.

Thomas W. Pogge, John Rawls, München 1994.

John Rawls, Das Recht der Völker, Berlin 2002.

John Rawls, Gerechtigkeit als Fairness. Ein Neuentwurf, Frankfurt a.M. 2003.

*Günter Rieger*

## John Rawls, Political Liberalism, New York 1993

*(= VA; DA: Politischer Liberalismus, Frankfurt a.M. 1998).*

„Politischer Liberalismus" stellt John Rawls' (1921-2002) zweite große Monographie zur Gerechtigkeitstheorie dar, die (im Original) 22 Jahre nach seinem bahnbrechenden Werk „Eine Theorie der Gerechtigkeit" (→ Rawls 1975) erschienen ist. In seiner „Theorie der Gerechtigkeit" hatte Rawls eine Aktualisierung der Tradition des Gesellschaftsvertragsdenkens vorgenommen, die dessen individualistisch-freiheitlichen Kern mit einer Begründung sozialstaatlicher Umverteilungsimperative verband. Zwischen den beiden Werken liegen mehrere Wellen der Kritik an Rawls' Gerechtigkeitstheorie, die freilich zugleich dessen außerordentlichen Stellenwert in der politischen Philosophie der Gegenwart deutlich machen. Zu nennen ist vor allem die

Kritik der Libertarianer wie Robert Nozick (→ Nozick 1976) und James Buchanan, die John Lockes Strang der Konzeption des Gesellschaftsvertrages (→ Locke 1690) als freiwillige Übereinkunft unter Eigentümern zu rehabilitieren versuchten und Rawls als Vertreter einer Umverteilungstyrannei zu diskreditieren trachteten. Weiterhin ist die kommunitaristische Kritik von Denkern wie Alasdair MacIntyre, Michael Sandel (→ Sandel 1982), Michael Walzer (→ Walzer 1983) und Charles Taylor zu nennen, die umgekehrt die individualistischen Prämissen der Begründungsweise als unverträglich mit authentischen Formen des gemeinschaftlichen Zusammenlebens erachteten (Haus 2003). Nach Rawls verfehlen beide Auffassungen den angemessen Fokus einer politischen Gerechtigkeitstheorie: Die Libertarianer erkannten nach Rawls nicht, dass es für die Grundstruktur einer Gesellschaft einer besonderen Form der Begründung bedürfe. Private Übereinkünfte könnten nämlich keine Begründung liefern, die auf allgemeine Zustimmungsfähigkeit hoffen könne und damit erst Legitimität verbürge.

Die Beziehung der Individuen zum Staat als autoritativer Regulierungsinstanz des gesellschaftlichen Zusammenlebens, so die grundlegende These von „Politischer Liberalismus“, erfordere eine ganz eigene, eine „politische“ Begründung. Eine politische Gerechtigkeitskonzeption dürfe die grundlegenden Institutionen nicht aus der Kooperation von Individuen ableiten, deren Rahmen sie erst konstituiere. Sie dürfe sie aber auch nicht nach Art einer sozialen Gemeinschaft verstehen, bei der immer die Identifikation des Einzelnen mit der ethischen Sinnwelt der Gemeinschaft vorausgesetzt und in Anspruch genommen werde. Rawls neue Kennzeichnung seiner Position als „politischer Liberalismus“ steht für diese Begründungsaufgabe. Sie setzt sich von der früheren Fassung seiner Theorie von „Gerechtigkeit als Fairness“ ab. Denn diese wurde Rawls’ selbstkritischem Urteil zufolge der notwendigen Begründungsleistung nicht gerecht. Die ursprüngliche Fassung habe nämlich den konzeptionellen Fehler gemacht, dass sie Moralphilosophie mit politischer Philosophie gleichgesetzt, eine allgemeine moralische Gerechtigkeitslehre mit „einer im strengen Sinne politischen Gerechtigkeitskonzeption“ (S. 11) verwechselt habe. Sie habe eine „umfassende oder teilweise umfassende moralische Lehre“ (S. 12) zur Grundlage der Zustimmung zu gemeinsamen Gerechtigkeitsgrundsätzen gemacht. Anders gesagt: Die Zustimmung zu den von Rawls vorgebrachten Gerechtigkeitsgrundsätzen schien die Zustimmung zu einer bestimmten Auffassung, was das menschliche Leben gut mache, vorauszusetzen. Zu denken ist hier vor allem an die Auffassung, dass ein gelingendes menschliches Leben darin bestehe, Lebensentscheidungen nach dem Prinzip der moralischen Autonomie zu treffen.

Das Grundproblem, das die gesamte Architektonik der Gerechtigkeitstheorie zu erschüttern drohe, liege darin, dass derartige Annahmen eine zu hohe Konsenserwartung formulierten, weil „eine moderne demokratische Gesellschaft [...] nicht einfach durch einen Pluralismus umfassender religiöser, philosophischer und moralischer Lehren gekennzeichnet“ sei, „sondern durch einen Pluralismus zwar einander ausschließender, aber gleichwohl vernünftiger umfassender Lehren“ (S. 12). Dafür steht die nun von Rawls ins Zentrum gerückte Formel vom „Faktum eines vernünftigen Pluralismus“.

Die ursprüngliche Fassung von Rawls’ Gerechtigkeitstheorie hatte gegenüber ihrem Hauptkonkurrenten, dem Utilitarismus, der philosophischen Lehre, die Werte nur anerkennt, insofern sie dem Einzelnen oder der Gemeinschaft nützen, einen Vorzug, Sie leitete unparteiliche Grundsätze aus einer hypothetischen Entscheidungsfindung im genau konditionierten „Urzustand“ her, indem bei der Entscheidung über diese Grundsätze jede Benachteiligung konkreter Gruppen ausgeschlossen wurde. Aber die Begründung dieser Vorgehensweise war noch nicht unparteilich, weil sie moralische Motive in Anspruch nahm, die man ablehnen kann, ohne als unvernünftig gelten zu müssen. So setzte sich die ursprüngliche Auffassung einer Reihe von Einwänden aus, u.a. dem von den Kommunitaristen vorgebrachten, dass eine möglichst weitgehende Steigerung der Selbstwahl nur die Bedeutungslosigkeit des Gewählten zur Folge habe. Solche Fragen der persönlichen Lebensführung will Rawls nunmehr ausklammern, weil sie zwar interessant, aber für die Frage politischer Gerechtigkeit unfruchtbar seien. Sie führten nur zu Dissens. Gemäß des liberalen Urcredos müsse die Legitimität einer rechtlichen Zwangsordnung aber auf die Zustimmungsfähigkeit seitens der Zwangsunterworfenen gründen. Die von Rawls ausgegebene Maxime lautet: Das für den Liberalismus charakteristische Prinzip der Toleranz ist „auf die Philosophie selbst“ (S. 74) anzuwenden.

Ohne eine solche Umstellung der Begründungsstrategie könne seine Gerechtigkeitstheorie dem Kriterium der Stabilität nicht gerecht werden, d.h. es bestehe dann keine Aussicht auf eine wechselseitige Verstärkung von Gerechtigkeitsgrundsätzen, Basisinstitutionen und Verhaltensweisen der Bürger im Lichte guter Gründe und moralischer Intuitionen. „Gerechtigkeit als Fairness“ soll nun konsequent als eine „politische Konzeption“ vorgestellt werden, d.h. sie beschäftigt sich nur mit den grundlegenden politischen, sozialen und ökonomischen Institutionen (der „Grundstruktur“). Sie greift nur auf Begründungselemente zurück, die unter den Bürgern eines demokratischen Gemeinwesens teilbar sind und sie drückt sich „in Begriffen aus [...], die als Bestandteil der öffentlichen politischen Kultur einer demokratischen Gesellschaft angesehen werden“ (S. 79). Alle in „Politischer Liberalismus“ zum Tragen kommenden Konzepte lassen sich von diesem Grundanliegen der Reformulierung von „Gerechtigkeit als Fairness“ als eine politische Konzeption her verstehen. Sie wurden von Rawls seit Erscheinen der „Theorie der Gerechtigkeit“ in zahlreichen Aufsätzen entwickelt (Rawls 1982) und werden in „Politischer Liberalismus“ in Form von acht „Vorlesungen“ dargestellt. Zu nennen sind besonders die Ideen von Bürgern als freien und gleichen Personen mit einem moralischen Urteilsvermögen sowie Rechten, Pflichten und Werten, die ausschließlich vom politischen Bereich her bestimmt werden (zweite Vorlesung). Weiterhin sind der „politischen Konstruktivismus“ anzuführen, der eine spezifische Ausprägung praktischer Vernunft zum Ausgangspunkt eines konstruktiven Begründungsverfahrens nimmt (dritte Vorlesung) und die Idee eines „übergreifenden Konsenses“ als Ausdruck der Vereinbarkeit einer gemeinsamen politischen Gerechtigkeitskonzeption mit auseinander gehenden, aber gleichermaßen vernünftigen, umfassenden Lehren im nicht-öffentlichen Bereich (vierte Vorlesung). Rawls beschäftigt sich zudem mit der „politischen Konzeption des Guten“, die auf bestimmte „Grundgüter“ beschränkt, im Gegensatz zu umfassenderen Vorstellungen des Guten (fünfte Vorlesung) und schließlich mit dem „öffentlichen Vernunftgebrauch“ als Leitvorstellung einer auf dem Prinzip der Gegenseitigkeit (Reziprozitätsprinzip) beruhenden öffentlichen Erörterung von Gerechtigkeitsfragen im Lichte einer politischen Gerechtigkeitskonzeption (sechste Vorlesung).

Was die Inhalte seiner Gerechtigkeitskonzeption betrifft (siebte und achte Vorlesung), so halten sich die von Rawls vorgenommen Änderungen in einem überraschend engen Rahmen. So hält er an den bereits in seiner „Theorie der Gerechtigkeit“ (→ Rawls 1975) vorgestellten zwei Gerechtigkeitsgrundsätzen fest, wenn er sie auch leicht umformuliert. Allerdings stellt Rawls nun auch den Gültigkeitsanspruch seiner eigenen Theorie unter den Pluralismusvorbehalt. Wie er hervorhebt, kann es in einer wohlgeordneten Gesellschaft mehrere politische Gerechtigkeitskonzeptionen geben, die dem Kriterium reziproker Rechtfertigung gerecht werden, auch wenn er seine eigene für die überzeugendste Fassung hält. Ob Rawls’ Reformulierung in die richtige Richtung weist, bleibt umstritten (Niessen 1999, S. 29-38). Während kommunitaristische Kritiker die Abgrenzung des öffentlichen Bereichs des Politischen mit den in ihm geltenden Begründungskriterien von weitergehenden „Konzeptionen des guten Lebens“ für gekünstelt erachten und eine umfassendere Sicht der gemeinsamen Lebensweise von Bürgern in demokratischen Gemeinwesen anstreben, kritisieren z.B. Diskurstheoretiker die angebliche Aufgabe deontologischer Moralgehalte (Forst 1994; Deontik = Lehre von der logischen Struktur normativ-ethischer Denkmuster).

## Literatur:

Thomas M. Besch, Über John Rawls' politischen Liberalismus: zur Rolle des Vernünftigen in Rawls' Begründung einer politischen Gerechtigkeitstheorie, Frankfurt a.M. 1998.

Rainer Forst, Kontexte der Gerechtigkeit. Politische Philosophie jenseits von Liberalismus und Kommunitarismus, Frankfurt a.M. 1994.

Michael Haus, Kommunitarismus. Einführung und Analyse, Wiesbaden 2003.

Wilfried Hinsch (Hrsg.), Zur Idee des politischen Liberalismus. John Rawls in der Diskussion, Frankfurt a.M. 1997.

Wolfgang Kersting, John Rawls zur Einführung, Hamburg 1993.

Peter Niessen, Die politische Philosophie des politischen Liberalismus: John Rawls, in: André Brodocz/Gary S. Schaal (Hrsg.), Politische Theorien der Gegenwart. Eine Einführung, Opladen 1999, S. 17-41.

John Rawls, Die Idee des politischen Liberalismus. Aufsätze 1978-1989, hrsg. von W. Hinsch, Frankfurt a.M. 1992.

*Michael Haus*

## William H. Riker, The Theory of Political Coalitions, New Haven 1962.

William Riker gilt neben William Gamson (1961) als einer der Begründer der politikwissenschaftlichen Koalitionsforschung auf der Basis von formalen Modellen. Zurückgehend auf die von John von Neumann und Oskar Morgenstern bereits im Jahre 1944 entwickelte ökonomische Spieltheorie versuchte die formalisierte Koalitionstheorie in den 1960er und 1970er Jahren, Gesetzmäßigkeiten im Koalitionsbildungsprozess von Demokratien zu entdecken und zu einem System von Hypothesen über das Koalitionsverhalten von politischen Parteien zu gelangen, die den Anspruch auf universelle Gültigkeit erfüllen sollten. In spieltheoretisch modellhaft simulierten Situationen sollten konstante Verhaltensweisen der beteiligten Akteure ermittelt werden, welche die Entscheidungen zur Bildung von Koalitionen wesentlich bestimmen. Das Verhalten potenzieller Akteure in Koalitionsbildungsprozessen soll somit in unterschiedlichen Situationen erklärt und vorausgesagt werden können.

Riker gründet seine theoretischen Annahmen, die Koalitionen in der nationalen und internationalen Politik erklären sollen, auf sozialpsychologische Ansätze. Er hebt hervor, dass in einer sozialen Situation, in der zwei Handlungsalternativen bestehen, die zu unterschiedlichen Ergebnissen führen, jeder Akteur subjektiv die Alternative auswählt, die seinen Präferenzen näher kommt. Da das ökonomische Rationalitätskalkül eines jeden Akteurs vorausgesetzt wird, gilt die Maxime, dass es Ziel der handelnden Akteure ist, aus den eingesetzten Ressourcen den höchstmöglichen Gewinn (payoff) zu erzielen. Weitere Voraussetzungen der Überlegungen Rikers sind die n-Personen-Spieltheorie und die Annahme eines Nullsummenspiels. Das bedeutet, die Gewinner teilen den konstant bleibenden Gewinn vollständig unter sich auf, die unterlegenen Mitspieler gehen leer aus. Ein gemeinsames Vorgehen zum Vorteil aller Beteiligten wird ausgeschlossen. Eine Koalition entsteht, wenn mindestens zwei der beteiligten Akteure ($n \geq 3$) ihre Handlungen koordinieren und zu einer Kooperation kommen. Alle rechnerisch möglichen Koalitionsbildungen kommen in Betracht.

Koalitionen müssen nach Rikers Vorstellungen stets über eine Mehrheit verfügen, nur dann können sie als siegreich gelten. Um Gewinn und Ressourceneinsatz in ein effizientes Verhältnis zu bringen, sind nach Riker zwei Dinge erforderlich: 1. das Größenprinzip der „minimal winning coalition", 2. das Größenprinzip der „minimum winning coalition". Bei der „minimal winning coalition" ist jedes Mitglied notwendig, um zu gewinnen. Schon durch den Wegfall eines Partners würde die Koalitionsmehrheit verloren gehen. Bei der „minimal winning coalition" handelt es sich um die kleinstmögliche Koalition, die mehr als 50 Prozent der Parlamentssitze auf sich vereint.

Beide Größenprinzipien beinhalten die Annahme, dass es rational für den einzelnen Akteur ist, seinen Gewinnanteil möglichst zu maximieren. Insofern erscheint die Vergabe von Gewinnanteilen an nicht erforderliche Partner nicht rational. Riker geht in seinem Modell davon aus, dass das Vorhandensein perfekter Information auf Seiten aller Akteure die Bildung von kleinstmöglichen Koalitionen (im Hinblick auf die Anzahl der Partner wie unter Mehrheitsanteilsgesichtspunkten) begünstigt. Je unvollkommener die Informationen, desto größer wird die Koalition ausfallen und über der Mindestgröße liegen. Rationales Verhalten und perfekte Information aller Akteure werden somit zu Kernvoraussetzungen von kleinstmöglichen Koalitionen, ohne dass jedoch Riker diese Variablen genauer bestimmt oder angibt, in welchen Situationen beide Voraussetzungen exakt vorliegen. Ebenso geht

Riker davon aus, dass sich die Akteure strategisch verhalten, um ihren Gewinn möglichst groß ausfallen zu lassen. Er definiert allerdings den Strategiebegriff nicht genauer. Ausführlicher geht er dagegen auf einzelne strategische Möglichkeiten und Instrumente der Akteure ein, um die Koalitionsbildung erfolgreich für sich gestalten zu können, die er neben dem Machtgewinn den Nebenauszahlungen (side payments) zuordnet. Wesentlich zu nennen sind Androhungen von Vergeltungsmaßnahmen, geldwerte Auszahlungen, Versprechungen im Hinblick auf einzelne Politikinhalte, Versprechungen im Hinblick auf zukünftige Entscheidungen sowie Auszahlungen, die zur emotionalen Zufriedenheit beitragen. Bezogen auf parlamentarische Demokratien sieht Riker politische Parteien entsprechend als Postenjäger (officeseeker), die einen möglichst hohen Anteil an der Regierungsmacht erwerben wollen. Sie handeln als unitarische Akteure, ihr primäres Handlungsfeld ist das Parlament. Insofern sind Koalitionen nach Riker in parlamentarischen Demokratien parlamentarische Koalitionen.

In seinem dynamischen Modell der Koalitionsbildung stellt Riker einzelne Ansätze bzw. Elemente eines theoretischen Modells dar, die in seiner Rezeption noch eingehender und später umfassender wieder aufgenommen worden sind, etwa die zentrale Position (pivotal position) einer Partei in einer Koalition. Diese zentrale Position hat nach Riker die Partei, die zuletzt der Koalition beitritt, da ohne sie die notwendige Mehrheit nicht gewährleistet ist. Diese Idee der Zentralität einzelner Parteien ist später in der formalisierten Koalitionstheorie ebenso weiter verfeinert worden wie die der so genannten „proto coalition“, die durch inhaltliche Nähe bei politischen Positionen in einem mehrdimensionalen Raum die endgültige Koalitionsbildung vorstrukturiert (Grofman 1996).

Über Koalitionsbildungsprozesse hinaus hat Riker sein Modell noch erweitert mit Blick auf Stabilität von Koalitionen und macht zwei wesentliche Bedingungen für ein mögliches Ungleichgewicht von Koalitionen aus: eine Veränderung des Gewichts von zwei oder mehr Mitgliedern des Koalitionsspiels oder die Bereitschaft auf Seiten der Gewinner, die Siegprämien zu erhöhen. Beide Bedingungen betrachtet er jeweils als hinreichend für ein Ungleichgewicht. Beide können nicht nur durch interne Veränderungen, sondern mehr noch durch externe, wie eine Änderung der Spielregeln oder fehlende Glaubwürdigkeit der politischen Führung insgesamt, hervorgerufen werden. Überhaupt misst Riker der politischen Führung erhebliche Bedeutung im Entscheidungsprozess zur Bildung von Koalitionen und im Koalitionsprozess insgesamt zu, weshalb aus seiner Sicht ein Ungleichgewicht in

Koalitionen letztlich unvermeidlich ist, da politischen Führungen stets ein Streben nach Macht, Prestige und Ausdehnung ihrer Ansprüche eigen sei.

Riker hat mit seinem theoretischen Modell, das er mit zahlreichen historischen Fallbeispielen aus der nationalen und internationalen Politik untermauert hat, den Grundstein für die formalisierte Koalitionstheorie gelegt. Er hat damit der Koalitionsforschung vielfältige Anstöße gegeben, die diese nicht nur aufgenommen, sondern trotz zahlreicher Kritikpunkte am Design und der empirischen Haltbarkeit (siehe Nolte 1988; Jun 1994) systematisch und kumulativ weiterentwickelt hat. Mit der Aufstellung seiner Mehrheitskriterien hat Riker die weitere Diskussion geprägt. Seine Studie ist ein grundlegender Ausgangspunkt der Koalitionsforschung in der vergleichenden Regierungslehre.

**Literatur:**

William Gamson, A Theory of Coalition Formation, in: American Sociological Review 26 (1961), S. 373-382.

Bernhard Grofman, Extending a Dynamic Model of Protocoalition Formation, in: Norman Schofield (Hrsg.), Collective Decision Making: Social Choice and Political Economy, Boston 1996, S. 265-280.

Uwe Jun, Koalitionsbildung in den deutschen Bundesländern. Dokumentation und Analyse der Koalitionsbildungen auf Länderebene seit 1949, Opladen 1994.

John von Neumann/Oskar Morgenstern: Theory of Games and Economic Behavior, Princeton 1944.

Detlef Nolte, Koalitionsforschung, in: Politische Vierteljahresschrift 29 (1988), S. 230-251.

*Uwe Jun*

## William H. Riker/Peter C. Ordeshook, An Introduction to Positive Political Theory, Englewood Cliffs 1973.

William H. Riker (1920-1993) untersuchte in seiner Dissertation den amerikanischen Gewerkschaftsbund „Congress of Industrial Organisations". Nach der Promotion in Harvard wirkte er an der Lawrence University in Appleton, Wisconsin. 1983 wurde Riker zum Präsidenten der „American Political Science Association" gewählt. Peter C. Ordeshook (geb. 1943) studierte

Wirtschaftswissenschaft, Politikwissenschaft und Ingenieurswissenschaft in Cambridge. Von 1986 bis 1988 war er Präsident der „Public Choice Society". Die von Riker und Ordeshook 1973 vorgelegte „Introduction to Positive Political Theory" entfaltete weltweit bleibende Wirkung. Mit ihrem Lehrbuch haben die Autoren den Versuch unternommen, eine tragfähige Grundlage für die politikwissenschaftliche Analyse zur prognostischen und experimentellen Nutzung politikwissenschaftlicher Theorien zu schaffen. Dies geschah durch den Einbau mathematischer Modelle und durch die Integration von Konzepten der Spieltheorie und der Social Choice-Theorie in das Lehrgebäude der Politikwissenschaft. Die Autoren bezeichnen das derart umgebaute Gebäude als „Positive Politische Theorie". Bausteine dieses Theoriegebäudes sind die Annahme rationaler Wahlhandlungen und formal eindeutiger Präferenzordnungen. Mit diesem Instrumentarium schufen die Verfasser Voraussetzungen für ein besseres politikwissenschaftliches Verständnis von politischer Partizipation, von Wahlverhalten und Wahlkampf sowie von Prozessen und Wirkungen der Mehrheitsherrschaft, von öffentlichen Gütern und demokratischer Politik in unterschiedlichen Politikfeldern. Das Lehrbuch führt auch in formale mathematische Theorien der Politik auf der Grundlage der Spieltheorie ein.

So entwickeln die Verfasser auf der Grundlage der Studien von Lloyd P. Shapley und Martin Shubik (1954) einen „Machtindex" in der Form eines mathematischen Kalküls. Der Index misst die Macht eines Abgeordneten als seine Fähigkeit, Entscheidungen zu verändern, indem er eine Koalition auf der Verliererstraße in eine Koalition mit Gewinnaussichten umformt. Damit bauten Riker und Ordeshook zugleich auf den theoretischen Vorarbeiten von John von Neumann, Oskar Morgenstern, Duncan Black, Kenneth Arrow (→ Arrow 1951) und Anthony Downs (→ Downs 1957) auf. Die Autoren analysieren drei Typen politischer Prozesse: 1. die Auswahl gesellschaftlicher Präferenzen, 2. die Durchsetzung des Ergebnisses der Auswahl und 3. die verbindliche Formulierung von Entscheidungsergebnissen, die diese Präferenzen widerspiegeln. Sie sehen die „Kunst der Politik" in der Auswahl der Präferenzen, der Durchsetzung von Handlungsalternativen und dem hiermit übereinstimmenden Angebot neuer Ergebnisse. Dabei bedienen sie sich des Konzepts der kardinalen Nutzenmessung, wie es von Ökonomen entwickelt worden ist. Aus der Sicht dieser Theorien verstehen die Verfasser politische Führung als Fähigkeit, andere zu Wahlhandlungen zu veranlassen, die sie ansonsten nicht treffen würden. Aufgabe politischer Führung ist es weiterhin, den Nutzen zu mehren, den die Bürger aus kollektiven Handlungen ziehen. Handeln diese rational, bewegen sie die Gesellschaft zu einem sozialen

Gleichgewicht und zu einem für alle vertretbaren Politikergebnis. Systematische Sozialwissenschaften, so ihr Ergebnis, kommen wirksamer Politikformulierung und -durchsetzung zugute. Denn es gehe darum, den Nutzen politischer Handlungsalternativen für die Bürger zu bestimmen, die externen Effekte der Optionen zu ermitteln und die Kosten ihrer Durchsetzung zu studieren.

Das große Verdienst des Lehrbuches von Riker und Ordeshook liegt in der analytischen Präzisierung politiktheoretischer Probleme der Konsensfindung und Mehrheitsbildung sowie formaler theoretische Instrumente, die den hohen methodologischen Standards quantitativer Analyse gerecht werden. Es hat der politikwissenschaftlichen Theoriebildung und Theorieanwendung neue Wege erschlossen, indem der Nutzen analytischer Werkzeuge der Nachbardisziplinen aufgezeigt wird. Damit sind Anregungen für eine Formalisierung und Quantifizierung von Aussagen verbunden, die von den klassischen Forschungstraditionen der amerikanischen und europäischen Politikwissenschaft in der Parteien-, Verbände-, Wahl- und Wahlsystemforschung und in der Diskussion um Formen direkter Demokratie nur ansatzweise aufgegriffen wurden. Immerhin kann am Beispiel des Arrow-Theorems illustriert werden, welche Bedeutung einige der dargestellten Theorien für die Diskussion um alternative Formen des Parteienwettbewerbs haben. Die Stärke wie die Schwäche des Lehrbuches liegt darin, dass es ein formal stringentes Bild der Politik zeichnet, das auf der Annahme des rationalen Verhaltens von Individuen beruht. Diese Annahme erweckt den Anschein soziales und politisches Verhalten sei berechenbar. Aus Studien der Wahl- und Parteienforschung, der Forschung zur politischen Kultur und zu den Rekrutierungsmustern wissen wir jedoch, dass die Realität komplexer und widersprüchlicher ist.

Das von Riker und Ordeshook Anfang der 1970er entworfene Gebäude formaler politische Theorie wurde in den folgenden Jahrzehnten eine Kathedrale des politikwissenschaftlichen Denkens, die zahlreiche Jünger anzog. Das Verdienst der Autoren liegt darin, dass sie frühzeitig die Verbreitung der Theorie der rationalen Wahl als eines die Universitätsdisziplinen übergreifenden Theorieansatzes gefördert haben. Dies kommt bereits in der Gründung der „Public Choice Society“ zum Ausdruck. Daran waren neben Riker und Ordeshook so unterschiedliche Denker wie Herbert Simon (Wirtschafts- und Verwaltungswissenschaft), John Haranyi (Spieltheorie), James Buchanan und Gordon Tullock (Finanzwissenschaft), Mancur Olson (Wirtschaftswissenschaft), John Rawls (Philosophie) sowie James Coleman (Soziologie) beteiligt.

Dadurch wurde der Rational Choice-Ansatz ein multidisziplinärer Interpretationsansatz. Der Informationswert des Lehrbuches liegt nicht zuletzt darin, dass es den Studierenden der Wirtschaftswissenschaft, der Politikwissenschaft, der Soziologie, der Finanz- und Verwaltungswissenschaft ermöglicht, ihre Erkenntnisprobleme in der gleichen Sprache und mit den gleichen theoretischen Kategorien zu behandeln und so eine Einheit der Staatswissenschaften im Gewande neuer, formaler Theorien wieder herstellt. Wir wissen durch Riker und Ordeshook mehr darüber, welche Prozesse Politikergebnisse wie formen und bestimmen.

**Literatur:**

David Austen-Smith/Jeffrey Banks, Positive Political Theory I, Ann Arbor 1999.

Peter C. Ordeshook, A Political Theory Primer, New York 1992.

William H. Riker, Liberalism Against Populism: A Confrontation Between the Theory of Democracy and the Theory of Social Choice, San Francisco 1982.

Lloys S. Shapley/Martin Shubik, A Method for Evaluating the Distribution of Power in a Committee System, in: American Political Science Review 48 (1954), S. 787-792.

Martin Shubik (Hrsg.), Spieltheorie und Sozialwissenschaften, Frankfurt a.M. 1965.

*Paul Kevenhörster*

## James N. Rosenau, Turbulence in World Politics. A Theory of Change and Continuity, Princeton 1990.

James N. Rosenau (geb. 1924) ist emeritierter Professor für Internationale Beziehungen der Universität von Washington. Er hat mit einer Vielzahl von Büchern und Zeitschriftenartikeln zu Themen der Internationalen Beziehungen, der Weltpolitik, der neuen Weltordnung und des „Regierens ohne Regierung" (1992) ein umfangreiches und kreatives wissenschaftliches Werk vorgelegt. Er stellte die jeweils dominanten Paradigmen in Frage, entwickelte neue theoretische Konzepte und bewies dabei ein außerordentliches Gespür für historische Entwicklungstrends und Umbrüche. In seinem Hauptwerk „Turbulence in World Politics. A Theory of Change and Continuity" (dt.: Turbulenzen in der Weltpolitik. Eine Theorie von Kontinuität und Wandel) unternimmt Rosenau den Versuch, 1. neuartige Phänomene der Weltpolitik zu erfassen, 2. deren Verhältnis zur Struktur der Weltordnung zu klären, und 3. beide Dimensionen in einem komplexen theoretischen Konzept zu verbinden. Damit will er die Beschränkungen des Neorealismus (→ Waltz 1979) durchbrechen, der die Welt als von Nutzen maximierenden Staaten beherrscht sieht. Dennoch erteilt er diesen Konzepten keine komplette Absage. Vielmehr weist er ihnen einen begrenzten Platz in einem erweiterten und stärker ausdifferenzierten Theoriegebäude zu.

Im Kern sieht Rosenau einen „epochalen Wandel" in der Weltordnung gekommen, der das alte, seit dem Westfälischen Frieden (1648) bestehende System einer staatszentrierten Welt um eine multizentrierte Welt ergänzt. Nach Rosenau gibt es nicht mehr wie zuvor eine einheitlichen Weltordnung, sondern zwei unterschiedlich strukturierte Systeme. Die multizentrierte Welt habe die staatszentrierte nicht abgelöst, sondern beide Welten bestünden nebeneinander, ja interagierten in vieler Hinsicht.

Diese Entwicklung, die nach Rosenau etwa in den 1950er Jahren einsetzte und ihren vorläufigen Höhepunkt mit dem sich abzeichnenden Ende des Ost-West-Konflikts und der Auflösung der bipolaren Weltordnung erreicht hat, sei gegenüber der vorangegangenen Phase durch Turbulenz gekennzeichnet. Turbulenz in der Weltpolitik ist nach Rosenau dabei nicht in Personen oder Gruppen, sondern in deren Interaktionen zu finden.

Erhöhte Turbulenz in der Weltpolitik in diesem Sinne ist einer wachsenden Anzahl von relevanten Akteuren sowie einer zunehmenden wechselseitige Abhängigkeit zwischen ihnen (Interdependenz) zuzuschreiben. Neben den staatlichen Akteuren, die vor dem epochalen Umbruch die Weltbühne dominierten, tritt jetzt eine Vielzahl von neuen, nicht-staatlichen Akteuren auf. Konkret handelt es sich bei den nicht-staatlichen Akteuren um Vertreter internationaler Organisationen, wirtschaftliche Akteure sowie Individuen oder Gruppen, die die Zivilgesellschaft repräsentieren. Während die Staaten als souveränitätsgebunden gelten, was ihnen Machtressourcen verschafft, aber auch Handlungsbeschränkungen auferlegt, sind die nicht-staatlichen Akteure souveränitätsungebunden und somit wesentlich freier in ihren Handlungen und Entscheidungen. Die verstärkte Interaktion zwischen all diesen Akteuren erhöht nach Rosenau die Komplexität der Systeme und damit die Turbulenz. Turbulenz ist dabei für ihn Ursache und Konsequenz einer erhöhten Dynamik. Turbulenz sei zugleich eine Form der Ordnung.

Neben dem Begriff „Turbulenz" versucht Rosenau den Begriff „Wandel" theoretisch schärfer zu fassen. Für Rosenau bestimmen drei Parameter die Weltordnung: 1. der strukturelle Parameter, 2. der Beziehungsparameter sowie 3. der Orientierungs- oder Fähigkeitsparameter. Mit dem strukturellen Parameter, den Rosenau auch als Makroparameter bezeichnet, fasst er all die

Regelungen, Verfahrensweisen und Arrangements zusammen, mit denen die auf der globalen Bühne umstrittenen Fragen und Themen von Großkollektiven bearbeitet und bewältigt werden. Der Orientierungsparameter, auch als Mikroparameter bezeichnet, bezieht sich auf die Haltungen, Neigungen und Praktiken, mit denen Menschen zu höheren Autoritäten in Beziehung treten. Beim Beziehungsparameter, der die Mikro-Makro-Beziehungen umschreibt, geht es um die Frage, wie Autorität und Hierarchie in und zwischen Kollektiven aufrecht erhalten oder gestärkt werden. Im Rahmen aller drei Parameter können nach Rosenau stets Veränderungen stattfinden. Zudem löst der Wandel bei einem Parameter zumeist auch Wandel bei den beiden anderen Parametern aus. Zu einem grundlegenden, epochalen Wandel komme es aber erst, wenn sich in allen drei Parametern gleichzeitig tief greifende Veränderungen vollzögen. Ein solcher hat sich nach Rosenau in der zweiten Hälfte des 20. Jahrhunderts ereignet.

Auf der Basis seiner Grundüberlegungen analysiert er in seinem Buch die einzelnen Dimensionen seines theoretischen Konstrukts: die Strukturen der neuen Weltordnung, die Rolle der Akteure, die Beziehungen zwischen Mikro- und Makro-Ebene, die parallelen Prozesse von Zentralisierung und Dezentralisierung. Darüber hinaus versucht er, konkrete Transformationsprozesse zu erfassen: das veränderte Verhalten von Eliten, das selbstbewusstere Auftreten einzelner oder auch kollektiver Akteure in der internationalen Politik, die veränderten Beziehungen zwischen politischen Autoritäten und dem Volk, die Herausbildung neuer globaler Normen. Als einen mächtigen, im Hintergrund wirksamen Faktor der Veränderung wertet er technologische Innovationen, insbesondere die mikroelektronische Revolution. Schließlich führt er eine Fülle von Beobachtungen an, um seine Grundthesen zu bestätigen: Er behauptet eine schwindende Bedeutung von Zwang als politischem Machtmittel und eine zunehmende Bedeutung von Beweisen oder Belegen, um politische Möglichkeiten zu beurteilen. Weiterhin habe sich das Handeln von Individuen und kollektiven Akteuren verändert, das sich nun weniger nach festen Gewohnheiten als vielmehr in Anpassung an die Situation vollziehe. Zudem führt er das Abwenden der Individuen vom Staat und ihre stärkere Hinwendung zu kleineren Gruppen sowie eine zunehmende Tendenz zu spontanen kollektiven Aktionen an. Insgesamt sind nach Rosenau die Autoritätsbeziehungen immer weniger fest definiert. Den Abschluss von Rosenaus Buch bildet ein Kapitel, in dem er vier mögliche Zukunftsszenarien entwirft: 1. den Übergang zu einer ausschließlich multizentrierten Welt; 2. den Rückfall in die staatszentrierte Welt; 3. die Dominanz der multizentrierten Welt gegenüber der staatszentrierten Welt sowie 4. die dauerhafte Koexistenz beider Weltordnungen. Rosenau hält das vierte Szenario für das wahrscheinlichste. Sein ganzes Buch ist der Aufgabe gewidmet, ein Nebeneinander von staatszentrierter und multizentrierter Welt und die vielfältigen Interaktionsbeziehungen zwischen ihnen als das Spezifische der neuen Weltordnung herauszuarbeiten und theoretisch zu fundieren.

Die große Bedeutung von Rosenaus Buch liegt in der klaren Kritik am neorealistischen, staatszentrierten Weltbild. Er erfasste und deutete eine Vielzahl von Phänomenen der neuen Weltordnung. Er zeigte, dass die Welt komplexer geworden ist und begnügte sich nicht mit einer simplen Gegenüberstellung von Altem und Neuem. Zudem ist sein sicheres Gespür für institutionellen und habituellen Wandel hervorzuheben, mit dem es ihm gelingt, einen Großteil der neuen Entwicklungen in ein theoretisches Gesamtkonzept einzuordnen. Außerdem ist sein interdisziplinäres Vorgehen beeindruckend, indem er neuere sozialwissenschaftliche und naturwissenschaftliche Erkenntnisse in sein Denken einbezieht. Allerdings stehen diesen Stärken Schwächen gegenüber. So ist Rosenaus Theoriekonzept zu komplex, um als Ganzes empirische Studien anleiten zu können. Zudem hat es weniger strengen Erklärungswert als vielmehr Deutungswert. Es beruht auf einer unzureichenden empirischen Basis. Viele seiner Aussagen stützen sich auf Zeitungsmeldungen, also auf Momentaufnahmen. Dies führt leicht zu einer Fehleinschätzung einzelner Phänomene. Rosenaus Buch hat die wissenschaftlichen Debatten der Disziplin der Internationalen Beziehungen nachhaltig beeinflusst. Seine Theorie wurde kaum als Ganzes rezipiert oder weiter entwickelt – eine Ausnahme ist das Werk von Heidi Hobbs (1999). Rosenaus Kerngedanken haben jedoch zahlreiche Autoren inspiriert. In Deutschland war es besonders Ernst-Otto Czempiel (→ Czempiel 1986; ders. 1993), der mit der Unterscheidung zwischen Staatenwelt und Gesellschaftswelt Rosenaus Konzept einer zweigleisigen Entwicklung aufgegriffen hat, wenngleich in abgewandelter Form. Zahlreiche Autoren der Gegenwart wenden sich der vertieften Analyse der multi-zentrierten Welt zu, womit Rosenaus „Entdeckung“ zu einer Ausgangsbasis für weiterführende Analysen wurde (z.B. Zürn 1998).

## Literatur:

Ernst-Otto Czempiel, Weltpolitik im Umbruch: Das internationale System nach dem Ende des Ost-West-Konflikts, München 1993.

Heidi H. Hobbs, Pondering Postinternationalism, New York 1999.

Gerhard Kümmel, James Nathan Rosenau, in: Gisela Riescher (Hrsg.), Politische Theorie der Gegenwart in Einzeldarstellungen. Von Adorno bis Young, Stuttgart 2004, S. 408-411.

James N. Rosenau/Ernst-Otto Czempiel (Hrsg.), Governance without Government: Order and Change in World Politics,Cambridge 1992.

Michael Zürn, Regieren jenseits des Nationalstaates: Globalisierung und Denationalisierung als Chance, Frankfurt a.M. 1998.

*Ingeborg Tömmel*

## Jean-Jacques Rousseau, Du Contrat Social ou Principes du Droit Politique, Amsterdam 1762

*(DA: Vom Gesellschaftsvertrag oder Grundsätze des Staatsrechts, Frankfurt a.M. 1762; VA : hrsg. von Hans Brockard, Stuttgart 1977).*

Das Buch ist keine systematische Abhandlung im Stile der neuzeitlichen Staatstheorie, sondern der politische Traktat eines genialen Autodidakten, der sich als Komponist versucht hatte und mit zwei Preisschriften quasi über Nacht in der „guten Gesellschaft" des Ancien Regime berühmt geworden war. Die Thesen von Jean-Jacques Rousseau (1712-1778) über die Sitten zerstörende Wirkung von Kunst und Wissenschaft sowie über den Ursprung der Ungleichheit aus dem Eigentum (Rousseau 1756) hatten ihn zum „enfant terrible" auch in der aufgeklärten Intelligenz gemacht, als er gleichzeitig mit dem Erziehungsroman „Emil" 1762 unter dem Titel „Du Contract Social" seine fragmentarischen „Grundsätze des Staatsrechts" veröffentlichte.

„Der Mensch ist frei geboren, und überall liegt er in Ketten" (S. 5). Diese Anfangsfanfare war ein Fanal. Rousseaus Gesamtargumentation war jedoch eher harmonistisch angelegt und von einem geschichtspessimistischen Ton durchzogen. Er wollte die traditionelle Frage klären, was eine legitime politische Ordnung sei, setzte bei ihrer Beantwortung allerdings rhetorische Akzente, die so entschieden wie widersprüchlich waren. Mehr kulturkritischer Literat als logischer Staatsdenker, erlaubte Rousseau sich die Naivität, aus suggestiven Skizzen verblüffend einfache Schlüsse zu ziehen. Das zeigt sich schon im knapp gehaltenen „Ersten Buch": Rousseau lässt – hier ganz Aufklärer – die anmaßenden und lächerlichen Behauptungen vom „Recht des Stärkeren" und von der angeblichen „Natürlichkeit" der Sklaverei an sich abgleiten und geht schnurstracks auf die These zu, dass der Gesellschaftsvertrag selber, macht man aus der hypothetischen Konstruktion nur eine geschichtsmächtige Tatsache, die Auflösung des Geheimnisses ist, an dem sämtliche Staatsphilosophen vorher nur herumgerätselt haben. Und so kann gleich zu Anfang mit dem Problem auch schon seine Lösung präsentiert werden: „Finde eine Form des Zusammenschlusses, die mit ihrer ganzen gemeinsamen Kraft die Person und das Vermögen jedes einzelnen Menschen verteidigt und schützt und durch die doch jeder, indem er sich mit allen vereinigt, nur sich selbst gehorcht und genauso frei bleibt wie zuvor. Das ist das grundlegende Problem, dessen Lösung der Gesellschaftsvertrag darstellt" (S. 17).

Der Vertrag ist ein ursprünglicher Akt zur Begründung einer menschlichen Gemeinschaft überhaupt und er umfasst alle Menschen gleichermaßen, sobald sie in den Gesellschaftszustand eintreten. Aber Rousseau geht einen entschiedenen Schritt weiter: Er konstruiert einen Zustand des Gleichgewichts (Äquilibrum) zwischen der Freiheit des Menschen und den Erfordernissen der staatlichen Souveränität. Rousseau erklärt die Freiheit zum Ausgangspunkt und die Staatssouveränität zum Ergebnis und nimmt zwischen beiden Prinzipien einen Prozess der Legitimierung an. Dadurch entsteht aus einer logischen Zuordnung eine moralische Tatsache, die aus der Summe der Einzelwillen (volonté des tous) einen unbedingt bindenden Gesamtwillen (volonté générale) macht. Das Faktum politischer Herrschaft wird jedoch nur in dem Maße ein legitimes Verhältnis, wie bestimmte Prämissen strikt eingehalten sind. In der Beschränkung auf drei solcher Prämissen liegt die Leistung von Rousseau, der sie im ausführlicheren „Zweiten Buch" in scharf geschnittenen Formulierungen erläutert: Erstens gebe es nur einen einzigen und einheitlichen Souverän, von dem alle politische Gewalt ausgehe, und dies sei das versammelte Staatsvolk (Volkssouveränität). Zweitens müsse, ganz analog zur Transformation der naturrechtlich vorausgesetzten Freiheit des Einzelmenschen, zwischen den Menschen eine grundsätzliche Gleichheit hergestellt werden – oder wie die Schlusspointe des ersten Buches lautet: „dass der Grundvertrag, anstatt die natürliche Gleichheit zu zerstören, im Gegenteil eine sittliche und rechtliche Gleichheit an die Stelle dessen setzt, was die Natur an physischer Ungleichheit unter den Menschen hervorbringen kann, und dass die Menschen, die möglicherweise nach Stärke und Begabung ungleich sind, durch Vertrag und Recht alle gleich werden" (S. 26). Drittens zieht Rousseau daraus die Schlussfolgerung, dass der Souverän nur mittels allgemeiner und abstrakter Gesetze regieren dürfe, an die er sich selber binde. Nur unter dieser Voraussetzung seien sowohl Freiheit (einschließlich des Privateigentums) als auch rechtliche Gleichheit der Bürger gesichert. Sind diese Bedingungen erfüllt, dann liegt eine Regierungsform vor, die Rousseau

Republik nennt und die er zur einzig legitimen Form der politischen Herrschaft erklärt.

Verglichen mit diesen so grundsätzlichen wie grundstürzenden Überlegungen gleitet das Dritte Buch in konventionellere Gewässer: Rousseau versucht sich an der traditionellen Staatsformenlehre. Er unterscheidet zwischen dem Souverän und der Regierung, der er die Rolle des Vermittlers zwischen den Bürgern und dem Souverän zuspricht. Die anschließende Typologie der Regierungen folgt der Aristotelischen Unterscheidung zwischen Demokratie, Aristokratie und Monarchie (→ Aristoteles ca. 335 v. Chr.) und versucht diese durch seltsame Proportionalrechnungen – Zahl der Regierenden im Verhältnis zur Zahl der Regierten, interne Differenzierung der Macht versus externe Kraftentfaltung – zu verfeinern. In diesem Zusammenhang listet Rousseau die speziellen Bedingungen auf, unter denen er sich die Verwirklichung seines Demokratieideals vorstellen kann: Kleinheit des Staates (Stadtstaat), einfache und strenge öffentliche Sitten, strikte soziale Gleichheit der Bürger und kein (moderner) Luxus. Dies ist in der Summe eine an der Antike abgelesene „spartanische" Lebensform, die einerseits der Realtypus der idealtypischen Konstruktion des Gesellschaftsvertrags ist, also seine „eigentliche Verfasstheit" (S. 60) ausmacht. Andererseits muss Rousseau resigniert zugeben, dass diese „Demokratie" vielleicht nie wirklich war, jedenfalls in der Gegenwart nicht herzustellen sein wird: „Eine so vollkommene Regierung passt für Menschen nicht" (S. 74). Dies hinderte ihn nicht an bissigen gegenwartskritischen Bemerkungen, etwa dass die Wahlaristokratie vielleicht die nächstbeste, aber die Erbaristokratie in jedem Fall die schlechteste aller Regierungsformen sei. Machiavellis „Fürst" (→ Machiavelli 1532) sei eigentlich das Buch eines Republikaners. Dem verbreitetsten Topos der staatstheoretischen Tradition, den Charles de Montesquieu (→ Montesquieu 1748) kurz zuvor noch einmal erneuert hatte, dass die gemischte Regierungsform die beste sei, kann er nicht zustimmen.

Der hervorstechendste Zug an Rousseaus Vorstellung von Demokratie ist eine kaum zu bändigende Sehnsucht nach Einheit und Geschlossenheit der staatlichen Souveränität, deren Effizienz allerdings nicht technischer als vielmehr sozio-moralischer Art sein soll. Im Umkehrschluss bedeutet dies die konsequente Ablehnung jeder Tendenz, die zur inneren Differenzierung, zur Aufsplitterung oder gar zur Auflösung der staatlichen Einheit führen könnte. Rousseaus antiliberalistisches Programm lautet, „dass der Gemeinwille unzerstörbar ist" (S. 112). Dies unterstreichen fast sämtliche Argumente des dritten und vierten Buches, in denen sich so etwas findet wie Rousseaus – unsystematische – Institutionenlehre. Dazu gehört u.a. ein auffälliges

Zurückweichen vor dem Widerstandsrecht – gegenüber Herrschern, die widerrechtlich die Staatsgewalt an sich reißen. Bei Rousseau gibt es nur den Rückzug auf die ursprüngliche Volkssouveränität. Weiter wird betont, dass nur die Volksversammlung souveräner Gesetzgeber sein könne. Rousseau schließt also jede Delegation oder Repräsentation der Volkssouveränität wie im englischen Parlamentarismus aus. Denn „sobald der Dienst am Staat aufhört, die hauptsächlichste Angelegenheit der Bürger zu sein und diese vorziehen, mit der Geldbörse statt mit ihrer Person zu dienen, ist der Staat seinem Zerfall schon nahe“ (S. 102). Dem entspricht auf theoretischer Ebene die Ablehnung eines zweiten Herrschaftsvertrags, der wie bei Thomas Hobbes (→ Hobbes 1651) den Gesellschaftsvertrag ergänzen und ein spezielles Loyalitätsverhältnis begründen würde. Daraus folgt die jederzeitige Widerrufbarkeit von allen Gesetzen und sogar der Regierungseinsetzung selber – weil „es nämlich im Staat kein grundlegendes Gesetz gibt, nicht einmal den Gesellschaftsvertrag, das nicht widerrufen werden kann“ (S. 110). Schließlich sollen die Abstimmungen in der Volksversammlung möglichst einstimmig sein.

So offensichtlich Rousseaus Fixierung auf Volkssouveränität und Gesetzgebung ist (siehe kritisch dazu → Kielmansegg 1977), so wenig erschöpft sie sich in ihrer Stoßrichtung gegen den zeitgenössischen Liberalismus. Eher offenbart sich darin eine tiefgründige Ambivalenz zwischen moderner und vormoderner Orientierung, die ihn zum Erfinder des kulturkritischen Genres werden ließ. Seine Fragmente über das Staatsrecht enden – mit erkennbar rhetorischem Gestus – in zwei „archaischen“ Kapiteln. Das eine ist eine lange und reichlich idealisierende Reminiszenz an die Willensbildungsmodalitäten im antiken Rom, wo das „freieste und mächtigste Volk der Erde“ (S. 121) lebte und noch so „unrepublikanische“ Einrichtungen wie die kommissarische Diktatur oder das Zensorenamt nach Meinung Rousseaus nur dazu dienten, den Patriotismus zu stärken und die Volksmeinung (vox populi) zur Geltung zu bringen.

Welche staatstheoretischen Zweideutigkeiten steckten in der so zentralen wie mysteriösen Unterscheidung zwischen der volonté des tous und der volonté générale? War der „Gesellschaftsvertrag“ eine rückwärtsgewandte Staatsutopie oder das erste Fanal der Französischen Revolution? War Rousseau eher ein „Staatsabsolutist“ wider Willen oder ein romantisierender Vorläufer der liberalen Demokratie? Gab er das Stichwort für den modernen Nationalismus oder taugt sein Gesellschaftsvertrag als Modell für den heute schon wieder bedrohten Sozialstaat? Wenn sich Alternativen dieser Art nicht direkt an den Widersprüchen und Unklarheiten in Rousseaus Text selber festmachen lassen, so verweisen sie wenigstens auf die vielfältigen Wege seiner Wirkung. Sie führen tief und breit durch die europäische Geschichte.

Noch im Erscheinungsjahr des „Gesellschaftsvertrags" wird Rousseau von der staatlichen und kirchlichen Nomenklatura in Frankreich geächtet. Als er Hals über Kopf in seine Geburtsstadt Genf flieht, geschieht ihm dort dasselbe. Auf die Protagonisten der Französischen Revolution wirkt Rousseau weniger durch seine politischen Ideen als durch einen revolutionär gewendeten „Rousseauismus", der sich auf das abenteuerliche Leben als intellektueller Flüchtling bezieht. 1794 ins Pariser Pantheon aufgenommen, rückt Rousseau seit dem frühen 19. Jahrhundert in die gesamteuropäische Galerie der großen Staatsphilosophen ein. Der „Gesellschaftsvertrag" wird von den deutschen Idealisten, vom jungen Fichte, aber auch vom preußischen Staatsphilosophen Hegel (→ Hegel 1821), ins System eingebaut, und im Vormärz erblicken die Linkshegelianer, vor allem Marx und Engels, in Rousseau den Vorboten zuerst der bürgerlichen Revolution und dann der kommunistischen Bewegung. Auch im 20. Jahrhundert ist Rousseaus politisches Denken, jetzt besonders unter dem Aspekt der Demokratietheorie, intensiv diskutiert, aber auch diametral verschieden interpretiert worden: Carl Schmitt (1923) berief sich auf den „Contrat Social", um vom Postulat der Homogenität her die Weimarer Republik aus den Angeln zu hebeln. Schmitts linker Kritiker Franz L. Neumann (1936) erklärte Rousseau zum „Staatsabsolutisten", obschon er das theoretische Geheimnis der Demokratietheorie entschlüsselt habe. Ernst Fraenkel (→ Fraenkel 1991) warnte eine Generation später seine studentenbewegten Schüler mittels desselben Rousseau vor der Schimäre der Rätedemokratie. Der israelische Gelehrte Jacob Talmon (→ Talmon 1952) sah Anfang der 1950er Jahre in Rousseau den Vordenker des modernen Totalitarismus. Der Politikwissenschaftler Iring Fetscher (1975) suchte dagegen die Grundgedanken des „Gesellschaftsvertrags" mit der Nachkriegsdemokratie zu versöhnen, ohne die konservative Tendenz von Rousseaus Geschichtsphilosophie zu verkennen. Angesichts dieser außergewöhnlichen Wirkungsgeschichte scheint es müßig, Rousseaus politisches Denken auf einen einzigen Leisten festlegen zu wollen. Es sind gerade die Widersprüche, die immer neue Interpretationen provozieren. Aber Rousseaus Faszination stammt auch heute weniger von seiner politischen Lehre im engeren Sinn als vielmehr davon, dass er den Prototyp des modernen Intellektuellen verkörperte, dessen ganze Widersprüche erst im 20. Jahrhundert zum Tragen kamen.

## Literatur:

Iring Fetscher, Rousseaus politische Philosophie, 2. Auf., Frankfurt a.M. 1975.
Wolfgang Kersting, Jean-Jacques Rousseaus ‚Gesellschaftsvertrag', Darmstadt 2002.
Franz L. Neumann, Die Herrschaft des Gesetzes (1936), Frankfurt a.M. 1980.
Jean-Jacques Rousseau, Diskurs über den Ursprung und die Grundlagen der Ungleichheit unter den Menschen, Berlin 1756.
Carl Schmitt, Die geistesgeschichtliche Lage des heutigen Parlamentarismus (1923), 7. Aufl., Berlin 1991.

*Alfons Söllner*

# Michael Sandel, Liberalism and the Limits of Justice, Cambridge 1982.

Michael Sandel (geb. 1953) studierte an der Brandeis University, promovierte 1981 in Oxford und ist inzwischen Professor of Government an der Harvard University. Dort lehrt er politische Philosophie. In Sandels Buch „Liberalism and the Limits of Justice" spielte der Begriff „kommunitarisch" erstmals eine tragende Rolle. Mit diesem Buch hat die systematische kommunitarische Kritik an der liberalen Vorstellung begonnen, dass Gerechtigkeit Fairness gegenüber den Anspruchsrechten von Individuen sei. Vielmehr müssten Gerechtigkeitsvorstellungen immer Produkt der Zugehörigkeit zu Gemeinschaften sein. Andere Kritiken wie die von Charles Taylor sind zwar älteren Datums, haben den Kommunitarismusbegriff aber nicht in dieser Schule bildenden Weise verwendet.

Sandel argumentiert gegen John Rawls' „Theorie der Gerechtigkeit" (→ Rawls 1971) als Hauptwerk der liberalen politischen Philosophie im 20. Jahrhundert. Seine Hauptkritik an Rawls lautet: Dessen scheinbar neutrales und dadurch gerechtes Bild des abstrakten Selbst enthalte in Wirklichkeit ein bestimmtes Konzept der Person, nämlich das eines „ungebundenen Selbst" („unencumbered self"). In Rawls' „Urzustand" sind im Prinzip alle gleich und treffen sämtliche Entscheidungen hinter einem „Schleier des Nichtwissens" über mögliche individuelle Besonderheiten, aus denen ihnen Vor- oder Nachteile entstehen könnten. Die Entscheidungen sind also unbeeinflusst von bestimmten Individual- oder Gruppeninteressen. Niemand weiß nämlich, ob er oder sie selbst zu den Armen oder Reichen, den Frauen oder Männern, zu den Privilegierten oder Benachteiligten gehören wird. In einer solchen Situation würden wir nach Rawls vernünftigerweise gerechte Prinzipien wählen.

Wenn unserem heutigen Selbstverständnis ein solch luftiges Konzept des Selbst zugrunde liegt, dann können wir, wie Sandel kritisiert, im Grunde nur freiwillig entstandenen liberalen Gesellschaften beitreten, aber keine weitergehende Verpflichtung für Gemeinschaften entwickeln, in die wir hineingeboren sind, wie z.B. die Familie oder die Nation. Die liberale Vorstellung sei in westlichen Gesellschaften ziemlich populär. Aus ihrer Perspektive könne die Idee des ungebundenen Selbst als Befreiung von den Diktaten der Natur und den Zwängen sozialer Rollen gewertet werden. Durch die freie Entscheidung, sich von seiner Familie, seiner Heimat, seinem Land zu lösen, werde das Subjekt erst souverän. Im Lichte solchen Denkens erschienen alle traditionellen Bindungen als voraufklärerisch. Sandel hält diese Vorstellungen für philosophisch falsch, für politisch gefährlich und für moralisch unattraktiv, weil sie ihre eigenen Grundlagen verkenne und daher gefährde.

Das Problem wird deutlich, wenn wir die Gerechtigkeitskonzeption von Rawls näher betrachten. Nach seiner Lehre erscheinen im „Urzustand“ zwei Prinzipien als gerecht, die allen weiteren Überlegungen zugrunde liegen. Das erste fordert gleiche Grundrechte für alle, das zweite erlaubt soziale und ökonomische Ungleichheiten dann, wenn diese auch den am wenigsten begünstigten Mitgliedern der Gesellschaft zugute kommen. Das zweite Prinzip, das so genannte Differenzprinzip, ist eine sehr interessante Konstruktion. Es geht zwar von einer grundsätzlichen Gleichheit aller aus, lässt Ungleichheiten aber zu, wenn damit das Wohl aller, auch das der unteren sozialen Schichten, gefördert wird. Aber genau an dieser Gleichheitsvoraussetzung, der gegenüber alle entstehenden sozialen Ungleichheiten erst gerechtfertigt werden müssen, macht Sandel seine Kritik fest. Er stellt folgende Fragen: Was kann ein ungebundenes Selbst dazu verpflichten, einem Ärmeren von seinem Reichtum abzugeben? Warum sollte man mit anderen ungebundenen Individuen einen Vorteil teilen? Nach Sandel muss die Bereitschaft zu teilen und den Vorteil der anderen in die eigenen Überlegungen mit einzubeziehen, auf mehr beruhen als auf diesem ungebundenen Selbst. Voraussetzung des Teilens sei die Existenz und die Zugehörigkeit zu einer Gemeinschaft, in der geteilt werden soll. Rawls’ Differenzprinzip geht von der Überlegung aus, dass die Einkommensvorteile eines einzelnen, die er z.B. aus Talent, Schönheit oder Intelligenz zieht, nicht sein Verdienst, sondern zufällig sind und insofern Allgemeinbesitz: Einen besonderen Nutzen soll der Einzelne nach Rawls nur dann daraus ziehen, wenn die Allgemeinheit – und zwar in Gestalt der am wenigsten Bevorzugten – davon ebenfalls einen Nutzen hat, wenn sie z.B. einen besonders begnadeten Fußball- oder Violinspieler bewundern kann.

Aber dieser Gedanke von der Zufälligkeit der persönlichen Vorzüge, die dadurch zur Disposition einer moralischen Allgemeinheit stehen, ist philosophisch nicht haltbar. Denn so sehr Talent und Intelligenz durch Zufälle der Geburt bedingt sein mögen, die Zugehörigkeit zu einer bestimmten Gemeinschaft, zu einem bestimmten Sozialstaat, innerhalb dessen die Teilungsprinzipien gelten, ist es nicht weniger. Es gibt nach Sandel keinen schlüssigen Grund dafür, einen zufälligen Vorteil mit anderen zu teilen oder überhaupt nur Abstriche an einem solchen Vorteil in Kauf zu nehmen, wenn diese anderen nur in einer zufälligen Gemeinschaft mit uns stehen. Auch zufällige Lotteriegewinne gelten ja als rechtmäßig erworben. Sandel behauptet sogar, dass in diesem Sinne die Zugehörigkeit zur Menschheit in moralischer Sicht zufällig ist. Die Folgerung von Sandel lautet, dass aus der Sicht eines wirklich unabhängigen Selbst das Differenzprinzip von Rawls nicht als gerecht angesehen werden kann. Die Bereitschaft zum Teilen, die Sandel als Kommunitarier befürwortet, bedürfe eines stärkeren moralischen Fundaments, als es die liberale Vorstellung von unserer Person liefern könne.

Wir stehen damit nach Sandel vor einem Dilemma: Entweder betrachten wir uns im liberalen Sinn als ungebundenes Selbst, dann sind solche Verpflichtungen nicht zu begründen und wir müssen Rawls' zweites Gerechtigkeitsprinzip aufgeben, oder wir betrachten uns als „Mitglieder dieser Familie, Gemeinschaft, Nation oder dieses Volkes, als Träger dieser Geschichte, als Bürger dieser Republik" (S. 179). Diese mehr oder weniger dauerhaften Einbindungen und Verpflichtungen definieren zusammengenommen zu einem erheblichen Teil erst die moralische Person. Wenn wir also das zweite Gerechtigkeitsprinzip aufrechterhalten wollen, dann müssen wir demnach den liberalen Begriff der Person fallen lassen. Sandel wählt diesen Weg, bei dem die linksliberalen Zielvorstellungen erhalten bleiben, die ihnen zugrunde liegende Konzeption aber aufgegeben werden müsse. Nach Sandel bleibt die liberale Konzeption der Person letztlich abhängig von einem Begriff der Gemeinschaft, den sie verwirft. Damit steht sie vor dem Problem, sich auf einen Gemeinschaftssinn stützen zu müssen, den sie nicht unterstützt und vielleicht gar unterminiert. Der Wohlfahrtsstaat verlange jedoch ein erhebliches gegenseitiges finanzielles Engagement der Bürger. Ein Selbstverständnis, das sich lediglich auf Rechtsansprüche des Einzelnen stütze, könne dies nicht ausreichend legitimieren. Daraus ergibt sich nach Sandels Meinung das Gefühl der Machtlosigkeit, des Ausgeliefertseins gegenüber den Großbürokratien, dem „big government“. Zwar sei – in den USA – das Wahlrecht ausgeweitet worden, z.B. durch die Vorwahlen, die den Wählern ein Mitentscheidungsrecht bei der Kandidatenauswahl ermöglichten. Weiterhin sei eine Reihe individueller Rechte durch Gesetze oder Urteile des Obersten Gerichtshofs der USA gestärkt worden. Das alles habe aber dem Gefühl der Ohnmacht der Bürger nicht wirklich etwas entgegensetzen können. Der Staat erscheine immer mächtiger, bleibe aber unfähig, „die heimische Wirtschaft wirkungsvoll zu kontrollieren, den fortdauernden sozialen Missständen zu begegnen oder Amerikas Willen in der Welt durchzusetzen“ (Sandel 1993, S. 31).

Sandels Diagnose: Das ungebundene Selbst der liberalen Theorie scheint Wirklichkeit geworden zu sein – aber es sei „weniger befreit als entmachtet und verfangen in einem Netzwerk von Verpflichtungen und Verwicklungen ohne direkte Willensentscheidung, die dazu noch unvermittelt sind durch gemeinschaftliche Identifikationen oder überindividuelle Selbstdefinitionen, die sie erträglich machen würden“ (Ebd., S. 34). Indem er dieses Problem benennt, hofft Sandel zur Auflösung des Dilemmas von individueller Befreiung und daraus resultierender Entmachtung des einzelnen Bürgers beitragen zu können. Sandels Werk hatte für das kommunitarische Denken eine bahnbrechende Funktion. Seine beiden Hauptsorgen sind: Die Bürger verlieren die Kontrolle über die wichtigsten Faktoren, die ihr Leben bestimmen. Das moralische Gewebe der Gemeinschaften, die die Bürger von der Familie über die Nachbarschaft bis hin zur politischen Selbstorganisation umgeben haben, ist in Auflösung begriffen. Seine Diagnose lautet also Demokratieverlust und Gemeinschaftsverlust. Daraus resultieren nach Sandel die Unzufriedenheiten und Ängste der Gegenwart. Dem möchte er eine republikanisch-aktivistische Philosophie des öffentlichen Lebens entgegensetzen (Sandel 1996).

## Literatur:

Michael J. Sandel, Democracy’ Discontent. America in Search of a Public Philosophy, Cambridge/London 1996.

Michael J. Sandel, Die Gerechtigkeit und das Gute, in: Bert van den Brink/Willem van Reijen (Hrsg.), Bürgergesellschaft, Recht und Demokratie, Frankfurt a.M. 1995, S. 187-212.

Michael J. Sandel, Die verfahrensrechtliche Republik und das ungebundene Selbst, in Axel Honneth (Hrsg.), Kommunitarismus. Eine Debatte über die moralischen Grundlagen moderner Gesellschaften, Frankfurt a.M./New York 1993, S. 18-36.

Walter Resse-Schäfer, Kommunitarismus, 3. Aufl., Frankfurt a.M./New York 2001 (S. 15-24).

*Walter Reese-Schäfer*

## Giovanni Sartori, Parties und Party Systems. A Framework for Analysis, Cambridge u.a. 1976.

„Parties und Party Systems" ist ein Grundlagenwerk der Parteiensystemanalyse. Der Verfasser, Giovanni Sartori (geb. 1924 in Italien), ist ein vielseitiger und einflussreicher Politikwissenschaftler, dessen akademischer Wirkungsbereich sich sowohl auf italienische als auch ab Mitte der 1960er Jahre amerikanische Eliteuniversitäten erstreckte. Er kann als Nestor der italienischen Politikwissenschaft bezeichnet werden. „Parties und Party Systems" blickt auf eine zehnjährige Entstehungsgeschichte zurück. Sartori beanspruchte mit der Arbeit, eine Theorie politischer Parteien vorzulegen, die sich an der 1951 erschienenen Pionierstudie „Les Partis Politiques" von Maurice Duverger messen lassen will (→ Duverger 1951). Sartoris Sicht der Parteien und Bewertungsmaßstäbe lassen sich dabei kaum von den italienischen Parteiverhältnissen als Erfahrungshintergrund abtrennen.

Das 370 Seiten starke Buch gliedert sich in zwei Teile. Der erste Teil beschäftigt sich mit der Entstehung und der systemfunktionalen Eigenschaftsbestimmung von Parteien und der zweite Teil mit der Strukturanalyse von Parteisystemen. Der erste Teil macht einen stückwerkartigen und unausgereiften Eindruck. Sartori wollte diese vorläufigen Gedanken in ein weiteres Buch einfließen lassen, das jedoch nie erschien. Sartori beginnt den ersten Teil mit der Genese politischer Parteien, die er auf das Spannungsverhältnis zu den älteren „factions" als ihren Vorläuferorganisationen zurückführt. Geistesgeschichtlich spricht er dem Liberalismus und Pluralismus wichtige Geburtshelferrollen zu. Heute zu Trägern und Schlüsselinstanzen der Demokratie geworden, dürfen sie, – und hier setzt Sartori aus demokratietheoretischer Sicht drei normative Standards – 1. nicht auf das Niveau selbstbezogener „factions" zurückfallen; haben sie sich 2. als Teile eines pluralistischen Ganzen mit Gemeinwohlorientierung zu verstehen und 3. sollten sie funktional als Interessenrepräsentationsinstanzen des Volkes dessen Wünsche zum Ausdruck bringen. Vor diesem Hintergrund lassen sich Parteien nur im Plural vorstellen. Einparteienregime fallen wegen der fehlenden Legitimität aus der Betrachtung heraus. Sartoris Bezugsrahmen beginnt mit der Funktionsbestimmung von Parteien. Als Vermittlungsinstanzen zwischen Staat und Gesellschaft haben sie sich mit Artikulation, Kanalisation und Kommunikation zu befassen. Sein Analyseschema verengt sich nach einer Begriffsklärung von Parteien auf die Untersuchung von Parteiuntereinheiten, nämlich von Fraktion, Faktion und „tendency", deren Anatomie durch vier Dimensionen (organisatorisch, motivational, ideologisch, links und rechts) erschlossen werden soll. Sartori interessiert vor allem der parteiinterne Faktionalismus den er am Beispiel Japans und Italiens auf einige Erklärungsvariablen hin ausleuchtet. Gemessen am systemtheoretischen Anspruch, fehlt es diesem auf Parteien gemünzten Teil des Buches an logischer Stringenz und normativ unverstelltem Erfahrungszugang.

Im zweiten, weitaus bedeutenderen Teil kommt Sartori zu seinem eigentlichen Metier, der Analyse von Parteiensystemen. Nach der Sichtung von bisherigen unbefriedigenden numerischen und qualitativen Klassifikationsansätzen entwickelt Sartori ein eigenes Analyseschema, das quantitative und qualitative Kriterien miteinander verbindet. Die Anzahl der Parteien bleibt für ihn dabei eine entscheidende Größe, da sie anzeige, in welchem Ausmaß die politische Macht fragmentiert oder konzentriert ist. In diesem Zusammenhang schlägt er eine neue qualitative Zählregel vor, die er mit dem Kriterium der Relevanz von Parteien für den politischen Prozess verbindet. Aus einem systemischen Betrachtungswinkel kämen solche Parteien für die Zählung in Frage, die entweder wegen ihres Koalitionspotentials für die Regierungsbildung wichtig seien oder die wegen ihrer politischen Position und Stärke bei Wahlen die Regierungsbildung und Richtungsbestimmung der Politik mit beeinflussen würden.

Die Zahl der Parteien gibt für Sartori über das „Format" eines Parteiensystems Auskunft. Anhand der Zahlenverhältnisse (relevanter) Parteien lasse sich die „Fragmentierung" eines Parteiensystems feststellen. Allerdings gäbe die Zählung noch keinen Aufschluss über die Form der Interaktion zwischen den Parteien. So könne die niedrige (bis zu fünf Parteien) oder die hohe (über fünf Parteien) Fragmentierung eines Parteiensystems für einen segmentierten oder für einen polarisierten Zustand im Sinne ideologischer Distanz sprechen. Typologisch heißt dies für ihn, dass ein fragmentiertes, aber nicht polarisiertes Parteiensystem unter den Typ des „moderaten Pluralismus" fällt. Umgekehrt würden fragmentierte und polarisierte Parteien für „polarisierten Pluralismus" (S. 126 f) sprechen. Wie sich aus dem weiteren Verlauf des Buches erschließt, sind neben der Fragmentierung die Kategorien des polarisierten und moderaten Pluralismus für Sartori von grundlegender Bedeutung für die Klassifikation von kompetitiven Parteiensystemen.

Mit Hilfe seiner Kriterien entwickelt er ein zweigeteiltes Ordnungsschema von Parteisystemen mit sieben Spielarten. Zur Gruppe der Einparteiensysteme zählen Systeme mit 1. einer Partei, 2. einer Hegemonialpartei und 3. einer Prädominanzpartei. Zu den Vielparteiensystemen gehören 4. Zweiparteiensysteme, 5. Systeme mit mäßigem oder 6. extremem Pluralismus. Die Restekategorie bilden 7. die atomisierten Parteiensysteme. Beispiele für Parteiensysteme mit polarisiertem Pluralismus sind die Weimarer Republik, die Vierte Republik in Frankreich, Chile (bis 1973) und Italien. Sartori nennt hierfür acht Erkennungsmerkmale: 1. bedeutende Antisystemparteien (kommunistische oder faschistische Parteien) mit delegitimierender Wirkung für das politische System; 2. unverträgliche Oppositionsparteien auf beiden Flügeln; 3. Besetzung der Achsenmitte des Systems durch eine Partei oder Parteiengruppierung, die von links und rechts herausgefordert wird; 4. stark polarisiertes System mit maximalen ideologischen Distanzen und Grabenbildungen zwischen den Parteien; 5. zentrifugal ausgerichteter Parteienwettbewerb; 6. der Parteienwettbewerb ist ideologisch geprägt und dreht sich um fundamentale Fragen und Prinzipien; 7. die extremen Flügelparteien bilden eine Opposition ohne Verantwortung; 8. der Umgangsstil wird von übertriebenen Versprechungen bestimmt. Alle Kennzeichen zusammen belegen für Sartori die Überlebensunfähigkeit solcher Systeme.

Eine weitere Klasse von kompetitiven Parteisystemen wird durch den moderateren Pluralismus mit segmentierter Gesellschaft gebildet. Dieser entfaltet sich im Rahmen von drei bis fünf relevanten Parteien und lässt sich zwischen dem Zweiparteiensystem und dem extremen Pluralismus einordnen. Beispiele sind die Niederlande, Belgien, Luxemburg, Schweiz, Österreich und der Libanon. Gekennzeichnet wird er durch folgende fünf Merkmale: 1. Koalitionsregierungen; 2. die Tendenz zu bipolaren Koalitionskonstellationen; 3. das Fehlen von rechts- oder linksextremen Antisystemparteien; 4. keine starke ideologische Distanz und Polarisierung zwischen den Parteien; 5. als Folge dessen eine zentripetale Ausrichtung des Parteienwettbewerbs. Zweiparteiensysteme betrachtet Sartori als empirische Grenzfälle. Er charakterisiert sie durch eine befristete Alleinregierung der siegreichen Partei, eine Opposition als Regierung im Wartestand und durch zentripetalen Parteienwettbewerb. Die Existenz einer dritten Partei sei nicht ausgeschlossen. Zuletzt wendet sich Sartori noch Prädominanzparteisystemen zu. Da die Existenz einer dominierenden Partei noch nicht zwangsläufig für ein dominantes Parteiensystem spräche, benutzt er den Begriff der Prädominanz.

Norwegen, Schweden und Dänemark sowie Indien führt er als Beispiele an. Bestimmungskriterien sind: 1. Es gibt eine Hauptpartei, die in Parlamentswahlen regelmäßig die Mehrheit der Sitze gewinnt, was eine Machtrotation praktisch ausschließt. 2. belegen drei aufeinander folgende Gewinne einer absoluten Mehrheit der Parlamentssitze durch die Hauptpartei deren Vorherrschaft. 3. hat die prädominante Partei keinen diktatorischen Status. Ausschlaggebend ist 4. nicht die Anzahl der Parteien, sondern die Machtverteilung zwischen ihnen.

Nachdem noch Einparteien- und „fluide" afrikanische Parteiensysteme gestreift wurden, entwickelt Sartori eine Klassifikationsmatrix (vgl. S. 288 f.), in der seine analytischen Kategorien und Befunde in Übersichtsform zusammenfließen. Das Buch endet mit einer kritischen Auseinandersetzung mit der Theorie des räumlichen Parteienwettbewerbs von Anthony Downs (→ Downs 1957).

Dem zweiten Teil verdankt das Buch, dass es zum internationalen Standardwerk für die vergleichende Strukturenanalyse und Klassifikation von Parteisystemen aufstieg. Seine operable Numerik für das Format von Systemen und seine qualitativen Kategorien der Fragmentierung – wenn auch später präziser operationalisiert –, ideologischen Polarisierung und Wettbewerbsausrichtung (zentrifugal, zentripetal) setzten einen Maßstab. Die Wählervolatilität ist als weiteres Kriterium hinzugekommen. Auch Sartoris duales Ordnungsschema von Parteiensystemen wurde, etwa durch Beyme (→ Beyme 1982), modifiziert und erweitert. Nach der Epoche des ideologischen Parteienwettbewerbs drängt sich die Frage nach dem weiteren Nutzen der Kategorie der ideologischen Polarisierung auf, die Sartori noch aus zeitbedingter Sorge um die Stabilität von Parteisystemen entwickelte. Zukünftig wird es weitaus wichtiger sein, Kriterien der gesellschaftlichen Loslösung und des Legitimitätsverfalls von Parteiensystemen mit in die klassifikatorische Systematik einzubeziehen. Hierdurch ließe sich auch ein Bogen zu der von Sartori für so wichtig gehaltenen Expressionsfunktion von Parteien schlagen.

## Literatur:

Markku Laakso/Rein Taagepera, „Effective" Numbers of Parties. A Measure with Application to West Europe, in: Comparative Political Studies, 12 (1979), S. 3-27.

Peter Mair, Party System Change. Approaches and Interpretations, Oxford 1997.

Oskar Niedermayer, Entwicklungstendenzen der westeuropäischen Parteiensysteme. Eine quantitative Analyse, in: Michael Kreile (Hrsg.), Die Integration Europas, Opladen 1992, S. 144-159.
Alan Ware, Political Parties and Party Systems, New York 1996.

*Elmar Wiesendahl*

## Giovanni Sartori, The Theory of Democracy Revisited, Chatham 1987

*(DA, VA: Demokratietheorie, Darmstadt 1997).*

Giovanni Sartori (geb. 1924) war Professor für Politikwissenschaft in Florenz, Stanford und an der Columbia University in New York. Seine erneuerte „Demokratietheorie“ (im Anschluss an seine „Democratic Theory“ aus dem Jahre 1962) greift neben ideengeschichtlichen Bezügen vor allem die Theoriediskussionen seit den 1960er Jahren auf und gelangt durchgängig zu originellen Urteilen. Allerdings sind sie häufig auch zu kritisieren, weil Sartori keine andere Meinung gelten lässt. Die in zehn Jahren erstellte Arbeit umfasst zwei Teile mit jeweils acht Kapiteln. Im ersten Teil wird eine zeitgenössische Diskussion geführt (u.a. in Bezug auf die Grenzen des politischen Realismus, zum Perfektionismus und zur Utopie, zur Elitenproblematik sowie im Hinblick auf entscheidungstheoretische Grundsatzfragen), im zweiten Teil werden einige der klassischen Probleme erörtert (z.B. griechische und moderne Demokratie, kritische Ordnungsreflexion anhand von Begriffen wie Macht, Zwang, Freiheit, Gesetze, Gerechtigkeit, Gleichheit, Rechte und Repräsentation).

Demokratie ist für Sartori nicht Volksherrschaft, sondern die Macht eines Teils des Volkes über das Volk. Auch die beschränkte Mehrheitsherrschaft, die Minderheitsrechte anerkenne, bleibe stets asymmetrisch. Sartori ist normativ an einer „Regierung durch Diskussion“ interessiert und will Machtpolitik nach Möglichkeit als eine legalistische Sachpolitik verstehen. Als Indikator für eine stabile Demokratie sieht Sartori einen Grundkonsens als notwendige Vorbedingung für die unbestrittene Anerkennung des Mehrheitsprinzips als Konfliktlösungsregel an. Auf Seiten der Akteure wird vor allem Sachkunde gefordert. Da die Sachkunde unterschiedlich verteilt ist, verwirft Sartori eine Referendumsdemokratie als Alternative zur repräsentativen Demokratie. Die Frage, ob direktdemokratische Elemente die repräsentative Demokratie sinnvoll ergänzen können, erörtert Sartori nicht einmal. Demokratie ist für Sartori ein „System, in dem niemand sich selbst auswählen kann, niemand sich die Macht zum Regieren selbst verleihen kann und deshalb niemand sich unbedingte und unbeschränkte Macht anmaßen kann" (S. 210).

Entscheidungstheoretisch legt Sartori innere Entscheidungskosten der Entscheidungsträger und äußere Risiken im Hinblick auf die Betroffenen zugrunde. Er befürwortet repräsentative Ausschüsse, die Präferenzordnungen ermöglichen und zu einem Plussummenspiel führen können. In fragmentierten Gesellschaften sollten dabei aus integrativen Gründen stärker konkordanz- denn konkurrenzdemokratische Gesichtspunkte zum Tragen kommen. Im Unterschied zur Antike soll die moderne Demokratie die Freiheit des Einzelnen als Person schützen. Gerade in der Tradition eines liberalen Republikanismus seien politische Freiheit und Individualität sowie konstitutionelle Garantien und Ermöglichungsformen zentral.

Für Sartori ist Jean-Jacques Rousseau (→ Rousseau 1762) der Exponent einer immobilen Demokratie. Sie gründet aus dieser Sicht auf einem unfehlbaren Instinkt, der im Allgemeinwillen (volonté générale) zum Ausdruck kommen soll und seinen Autonomieanspruch gründlich verfehlt. Rousseau vertritt demnach einen legislatorischen Freiheitsbegriff. Demgegenüber hat Sartori einen negativen Freiheitsbegriff. Freiheit ist für ihn die Abwehr von Willkür. Das Ideal der Gleichheit führt für ihn in ein Labyrinth sowie unweigerlich zur Behinderung von Fähigkeiten und Talenten. In einer pluralistischen Demokratie komme es jedoch auf ein besseres Ausbalancieren der Ungleichheiten an: „Damit es Ungleichheit gibt, muss man nur den Dingen ihren Lauf lassen. Doch wenn man Gleichheit haben will, dann darf man nie ruhen" (S. 326). Jedoch zeige sich immer wieder eine grundsätzliche Schwierigkeit: „Gleichbehandlung führt nicht zu gleichen Ergebnissen und gleiche Ergebnisse erfordern ungleiche Behandlung." Daraus folgert Sartori: „Damit wir [im Ergebnis] gleich werden, müssen wir ungleich behandelt werden" (S. 342). Ungerechtfertige Gleichheiten müssten demnach ebenso wie ungerechtfertigte Ungleichheiten bekämpft werden. Zum Spannungsverhältnis von Freiheit und Gleichheit gibt Sartori zu bedenken, dass „mit den Instrumenten der Freiheit weder die Wenigen noch die Vielen einander völlig unterdrücken können, während im Namen und mit den Instrumenten der Gleichheit die Vielen wie die Wenigen in Ketten geraten können" (S. 354).

Sartoris politischer Liberalismus erstrebt daher eine qualifizierte Demokratie gemäß der Maxime „Gleichheit durch Freiheit". Er gibt also der Freiheit den Vorzug gegenüber der Gleichheit: „Von der Freiheit können wir zur

Gleichheit weiterschreiten; von der Gleichheit aus sind wir nicht frei, zur Freiheit zurückzukommen" (S. 380). Demokratie ist für Sartori in der Praxis eine „Einrichtung zur Verlangsamung, Filterung und Dosierung der Machtprozesse" (S. 422). Sie bedürfe des glaubwürdigen und reflektierten Expertentums in allen Bereichen. Insgesamt ist für Sartori die Theorie der liberalen Demokratie die einzige politische Theorie, „die auch eine Theorie ihrer Praxis, die Ziele und Mittel enthält" und sie balanciere dabei unentwegt „auf einem schwierigen Hochseil der Ideen, Ideale und Rückkopplungen aus der wirklichen Welt, die einander irgendwie ergänzen und stützen" (S. 488). Die liberale Demokratie sei wie keine andere Herrschaftsform vom Ausprobieren geprägt. Es gehe immer wieder um die richtige Abstimmung von Zwecken und Mitteln, um Suchprozesse und historisches Lernen. Die Menschen müssten sich im Sinne des kritischen Rationalismus vor allem darauf konzentrieren, Fehler zu minimieren und die Anwendbarkeit ihrer Programme zu überprüfen.

Sartori hat ein anregendes Buch geschrieben. An der Analyse und den Geltungsansprüchen seiner Einlassungen scheiden sich die Geister. Die Darlegungen und Wertungen haben daher keinen durchschlagenden Erfolg erzielt, aber immerhin etliche Seminardiskussionen mitbestimmt und andere Autoren dazu ermutigt, ein größeres Spektrum politikwissenschaftlicher Deutungsmuster in Bezug auf demokratische Problemzusammenhänge in den Blick zu nehmen und andere Sichtweisen zu erproben. Dieses Unterfangen und damit verbundene Neubeschreibungen stimuliert zu haben, ist als das Hauptverdienst der Untersuchung Sartoris zu betrachten.

## Literatur:

Peter Massing, Giovanni Sartori, Interpretation, in: Ders./Gotthard Breit (Hrsg.), Demokratietheorien, Schwalbach i.Ts. 2001, S. 203-213.

Dieter Nohlen, Giovanni Sartori, in: Gisela Riescher (Hrsg.), Politische Theorie der Gegenwart in Einzeldarstellungen. Von Adorno bis Young, Stuttgart 2004, S. 425-429.

Gianfranco Pasquino, The Political Science of Giovanni Sartori, in: European Political Science 4 (2005), S. 33-41.

Gisela Riescher, Sartori, Demokratietheorie, in: Theo Stammen/Dies./Wilhelm Hofmann (Hrsg.), Hauptwerke der politischen Theorie, Stuttgart 1997, S. 431-434.

Giovanni Sartori, Democratic Theory, Detroit/New York 1962.

Manfred G. Schmidt, Demokratietheorien, 3. Aufl., Opladen 2000.

Arno Waschkuhn, Demokratietheorien. Politiktheoretische und ideengeschichtliche Grundzüge, München/Wien 1998.

*Arno Waschkuhn*

## Fritz W. Scharpf, Games Real Actors Play. Actor-centered Institutionalism in Policy Research, Boulder 1997

*(DA, VA: Interaktionsformen. Akteurszentrierter Institutionalismus in der Politikforschung, Opladen 2000).*

Fritz Scharpf (geb. 1935) hat den Ansatz des akteurszentrierten Institutionalismus zusammen mit Renate Mayntz am Max-Planck-Institut für Gesellschaftsforschung in Köln entwickelt. Nach seiner Promotion 1964 war er lehrend und forschend an den Universitäten in Yale, Konstanz, Florenz, Paris, Uppsala, Stanford und Chicago sowie am Wissenschaftszentrum in Berlin tätig. Erste Elemente der „Interaktionsformen" finden sich bereits in Aufsätzen aus den 1970er Jahren. Die Kerngedanken sind in einem mit Renate Mayntz verfassten Artikel (1995) zusammengefasst. Der Ansatz steht in der Linie des Neo-Institutionalismus mit Vertretern wie James March und Johan Olsen (→ March/Olsen 1989), Keith Dowding (1994) oder Elinor Ostrom (→ Ostrom 1990).

Der Forschungsansatz des akteurszentrierten Institutionalismus dient zur theoriegestützten Erklärung von Policy-Prozessen. Auch wenn die Sozialwissenschaften keine Gesetze im Sinne der Naturwissenschaften aufstellen können, sieht Scharpf ihre Aufgabe im Erkennen von Regelmäßigkeiten und verallgemeinerbaren Mechanismen, die zur Problemlösung oder zur Veränderung von Institutionen genutzt werden können. Die „Interaktionsformen" sollen den Graben zwischen materiell-inhaltlicher und prozessorientiert-beschreibender Policy-Forschung überbrücken.

Die Grundannahme des Ansatzes lässt sich folgendermaßen skizzieren: Politische Entscheidungen werden nicht von Individuen im luftleeren Raum getroffen, sondern sie sind in der Regel Entscheidungsprozesse zwischen mehreren beteiligten (Verhandlungs-)Parteien mit unterschiedlichen institutionellen Rahmenbedingungen. Der Analyse und Erklärung politischer Entscheidungen dienen also 1. die Art der Akteure, 2. die Stellung der Akteure zueinander und 3. die sie umgebenden Institutionen. Im Mittelpunkt des Ansatzes stehen die Akteure. Scharpf nennt vier Dimensionen, anhand derer kollektive Akteure unterschieden werden können: 1. Handlungen, 2. Ziele, 3. Ressourcen und 4. Entscheidungen. Diese Dimensionen entfalten ein Kontinuum von aggregierten Akteuren bis zu korporativen Akteuren.

Die Akteure können in unterschiedlichen Beziehungen zueinander stehen. Je nach Anzahl, Präferenzen und Strategieoptionen der beteiligten Akteure ergeben sich verschiedene Akteurskonstellationen. Diese Konstellationen reichen in der klassischen Spieltheorie aus, um das zu erwartende Ergebnis zu modellieren. Hier hat Scharpf eine wichtige Erweiterung vorgenommen, die einen entscheidenden Beitrag zur Erklärungskraft des theoretischen Ansatzes leistet: Akteure können nach Scharpf identische Spiele in unterschiedlichen Konstellationen spielen, die mit veränderten Strategien, Handlungs- und Auszahlungsoptionen verbunden sind. Es wird zwischen vier Interaktionsformen zur Erklärung von politischen Entscheidungen unterschieden: 1. einseitiges Handeln, 2. Verhandlungen, 3. Mehrheitsentscheidungen und 4. hierarchische Steuerung.

Diese Interaktionen finden in einem Umfeld statt, das Akteure, Konstellationen und Interaktionsformen beeinflusst. Scharpf nennt dies den institutionellen Kontext. Dieser ist in doppelter Hinsicht bedeutsam. Zum einen gibt es institutionelle Umgebungen, die nicht alle Interaktionsformen zulassen. Zum anderen variiert die Problemslösungsfähigkeit der Interaktionsformen in unterschiedlichen institutionellen Umgebungen. Idealtypisch und nicht erschöpfend unterscheidet der Ansatz zwischen vier Umgebungen: 1. „Anarchischen Feldern und minimalen Institutionen", 2. „Netzwerken, Regimen und Zwangsverhandlungssystemen", 3. „Verbänden und repräsentativen Versammlungen" sowie 4. „hierarchischen Organisationen und dem Staat". Als Bewertungsmaßstab für die Problemlösungskraft der vier Interaktionsformen in diesen unterschiedlichen institutionellen Umgebungen dienen die Maximierung des Gemeinwohls und die Verteilungsgerechtigkeit.

In einem nahezu institutionenfreien Umfeld sei ausschließlich einseitiges Handeln möglich. Wohlfahrtsverluste gelten Scharpf als recht wahrscheinlich, weil Kooperation und Koordination unmöglich sind. Situationen, in denen keine Partei sich durch ihr Handeln besser stellen könne – so genannte Nash-Gleichgewichte –, seien nur selten wohlfahrtsmaximierende Lösungen. Verhandlungen könnten hingegen in allen institutionellen Umgebungen stattfinden. Daher sei in institutionellen Umgebungen die Wahrscheinlichkeit von wohlfahrtsmaximierenden Entscheidungen wesentlich größer. Scharpf zeigt jedoch, dass institutionelle Schutzrechte bei Verhandlungen zu einem Staus-quo-bias bei Verteilungsfragen führen. Zudem existiert in dieser Interaktionsform das Problem der Transaktionskosten, die mit jedem weiteren Verhandlungsteilnehmer exponentiell ansteigen. Das könne dazu führen, dass potentielle Wohlfahrtsgewinne nicht erzielt würden. Das Problem der Transaktionskosten hängt nach Scharpf maßgeblich von der

Entscheidungsregel der Verhandlung ab. Wenn statt Einstimmigkeit Konsens gefordert ist, sind demnach die Transaktionskosten geringer. Wenn es einen Agenda-setter gebe, lasse dies die Kosten weiter sinken. Konsensregeln und Agenda-setter können somit institutionelle Verbesserungen für ineffiziente Verhandlungssysteme darstellen. Bei sehr umstrittenen Entscheidungen sind jedoch Lösungen auf dem kleinsten gemeinsamen Nenner wahrscheinlich, die nicht zu einer Wohlfahrtsoptimierung führen und hohe Transaktionskosten verursachen.

Bei Mehrheitsentscheidungen sind die Transaktionskosten niedriger, allerdings treten hier Kosten durch den Legitimationsbedarf auf. Die Mehrheit könne nämlich Entscheidungen treffen kann, die eine Minderheit benachteiligten. Gemeinwohlorientierte Entscheidungen seien bei dieser Interaktionsform relativ unwahrscheinlich, weil der Abstimmung selten eine konsensorientierte Beratung vorangehe. In Mehrheitsdemokratien verhindere dies der Parteienwettbewerb. Bewährt haben sich nach Scharpf dagegen die mit der Mehrheitsregel verbundenen Mechanismen, z.B. die Fehler der anderen Seite hervorzuheben, vor allem bei der Kontrolle hierarchischer Steuerungsgewalt. Die hierarchische Steuerung sei die vorherrschende Interaktionsform zwischen dem Staat und seinen Bürgern. Die hierarchische Steuerung hat nach Scharpf gegenüber den übrigen Interaktionsformen eine Reihe von Vorteilen: Widerstreitende Interessen und Wahrnehmungen können überwunden, negative externe Effekte (z.B. Marktversagen) ausgeglichen werden. Die Transaktionskosten seien gering. Allerdings habe die erfolgreiche hierarchische Steuerung anspruchsvolle Voraussetzungen: Zunächst sei sie auf Sanktionspotential angewiesen, um die Entscheidungen tatsächlich durchsetzen zu können. Selbst wenn das gewährleistet sei, verbleibe das Informationsproblem, um die positiven Wohlfahrtseffekte tatsächlich zu realisieren. Und schließlich bleibe das Motivationsproblem, denn die Gemeinwohlorientierung des hierarchisch steuernden Akteurs sei nicht vorauszusetzen. Es zeigt sich jedoch in der Empirie, dass konstitutionelle Demokratien hinreichend gute institutionelle Arrangements aufweisen, um diesen Problemen zu begegnen: Die Sanktionen in konstitutionellen Demokratien bei absichtsvollem Fehlverhalten sind relativ stark. Dem Informationsproblem wird durch eine Ausdifferenzierung der Zuständigkeitsstrukturen begegnet.

Worin liegt die besondere Relevanz der „Interaktionsformen" begründet? Auch wenn gute Policy-Analysen schon immer Akteure wie institutionelle Strukturen untersucht haben, liegt mit diesem Werk erstmals eine systematische Begründung eines solchen Forschungsdesigns vor. Im Kontinuum von Forschungsansätzen zwischen sehr schlanken, aber zu stark vereinfachenden Modellen und überkomplexen Modellen mit geringer Verallgemeinerungsfähigkeit liegt Scharpfs Ansatz in der Mitte. In manchen Punkten kann eine Ergänzung des Ansatzes sinnvoll sein. So lässt sich etwa die interne Beschaffenheit (Kohärenz und Kohäsion) der Akteure differenzieren und die ideologische Distanz zwischen den Akteuren berücksichtigen (→ Tsebelis 2002). Das Forschungsdesign der „Interaktionsformen" ist offen für solche Ausdifferenzierungen und Kombinationen mit anderen Ansätzen wie für eine Schwerpunktsetzung der Analyseebene in Abhängigkeit von der Forschungsfrage. Eine Scharpf gegenüber kritische Position müsste zeigen, dass die Bedeutung von Institutionen in politischen Prozessen deutlich überbewertet ist, und dass stattdessen informellen Regeln, kulturellen und sozialen Faktoren die zentrale Erklärungskraft zukommt (Kaiser 2001, S. 270). Die vielleicht beste und beeindruckendste Anwendung seiner Forschungsheuristik hat Scharpf selbst mit der Arbeit über „Sozialdemokratische Krisenpolitik in Europa" (1987) geliefert.

**Literatur:**

André Kaiser, Die politische Theorie des Neo-Institutionalismus: James March und Johan Olsen, in: André Brodocz/Gary S. Schaal (Hrsg.), Politische Theorien der Gegenwart II, Opladen 2001, S. 253-282.

Keith Dowding, The Compatibility of Behaviouralism, Rational Choice and „New Institutionalism", in: Journal of Theoretical Politics 6 (1994), S. 105-117.

Renate Mayntz/Fritz W. Scharpf, Der Ansatz des akteurszentrierten Institutionalismus, in: Dies. (Hrsg.), Gesellschaftliche Selbstregelung und politische Steuerung, Frankfurt am Main/New York 1995, S. 40-72.

Fritz W. Scharpf, Sozialdemokratische Krisenpolitik in Europa. Das „Modell Deutschland" im Vergleich, Frankfurt a.M./New York 1987.

Rainer-Olaf Schultze, Fritz W. Scharpf, in: Gisela Riescher (Hrsg.), Politische Theorie der Gegenwart in Einzeldarstellungen. Von Adorno bis Young, Stuttgart 2004, S. 430-434.

*Alexander Petring*

## Fritz W. Scharpf/Bernd Reissert/Fritz Schnabel, Politikverflechtung. Theorie und Empirie des kooperativen Föderalismus in der Bundesrepublik, Kronberg i.Ts. 1976.

Der Band „Politikverflechtung" gehört zu den frühen Werken von Fritz W. Scharpf, der heute zu den herausragenden Vertretern der internationalen Politikwissenschaft zählt. Scharpf begann seine Studien zum kooperativen Bundesstaat, nachdem die Reformpolitik der sozialliberalen Bundesregierung gescheitert war und es sich abzeichnete, dass unter den institutionellen Bedingungen der Bundesrepublik Deutschland eine „aktive Politik", für die Scharpf als Wissenschaftler und Berater der Bundesregierung eintrat, nicht durchsetzbar war. Zu einer Zeit, als viele Politikwissenschaftler entweder die kapitalistische Gesellschaft für die Probleme der politischen Steuerung verantwortlich machten (u.a. Offe 1972) oder die Unregierbarkeit (Hennis/Kielmansegg/Matz, 1977/1979) auf den Niedergang der Staatsgewalt zurückführten, lenkte Scharpf den Blick auf die konkreten Institutionen eines Staates und legte – mehr als 20 Jahre, bevor „Games Real Actors Play" (→ Scharpf 1997) erschien – die Grundlagen für einen Analyseansatz der Policyforschung, der heute als „akteurszentrierter Institutionalismus" weit verbreitet ist.

Mit seinen Analysen eines besonderes Aspekts der Institutionenordnung des deutschen Regierungssystems, nämlich der durch die Verfassung erzwungenen Zusammenarbeit zwischen Bund und Ländern, legte Scharpf zusammen mit seinen damaligen Mitarbeitern Bernd Reissert und Fritz Schnabel auch einen bahnbrechenden Beitrag zur Analyse von Mehrebenensystemen vor. Obwohl Scharpf seine Theorie der Politikverflechtung für den deutschen Fall entwickelte und auf ihre begrenzte Reichweite hinwies, liefern die Theoriearchitektur, die Begriffe und Hypothesen Grundlagen für eine allgemeine Theorie der Politik in Mehrebenensystemen. Scharpf selbst hat in Aufsätzen zum deutschen Föderalismus und zur Europäischen Union seine Theorie weiter entwickelt (Scharpf 1985). Das 1976 erschienene Buch enthält den von Scharpf formulierten Theorieansatz sowie die von Reissert und Schnabel durchgeführten Fallstudien zu den Gemeinschaftsaufgaben und Finanzhilfen. Insofern stellt es zunächst nichts anderes als eine Art Forschungsbericht dar. Die empirischen Studien sind inzwischen teilweise überholt, wenngleich sie im Kern auch die heutige Realität eines wichtigen Elements des deutschen Föderalismus gut beschreiben.

Sein Gewicht erhält das Buch durch die Theorie der Politikverflechtung. Diese ist aus mehreren Gründen von herausragender Qualität und genereller Bedeutung. Bemerkenswert ist zunächst der Aufbau der Theorie. In einer in der Policyforschung selten erreichten Stringenz unterscheidet Scharpf zwischen den Anforderungen, die aus normativer Sicht an Politik zu stellen sind, und der Analyse der realen Strukturen und Prozesse von Politik bzw. der Erklärung von Politikergebnissen. Der Grundgedanke der normativen Analyse lässt sich vereinfacht so fassen: Wenn in der Politik lediglich das Niveau von Aktivitäten erhöht oder fixiert werden muss, so sind weniger anspruchsvolle Programme und Maßnahmen erforderlich, als wenn Verteilungsprobleme zu lösen sind. Verteilungsprobleme verlangen eine präzise Definition der Ziele und Adressaten und führen zu Eingriffen in Strukturen, die zwischen Adressanten unterscheiden. Im „empirisch-verhaltenswissenschaftlichen" Teil seiner Theorie legt Scharpf ein differenziertes Raster an Begriffen und Hypothesen dar, mit denen sich erklären lässt, warum bestimmte institutionelle Strukturen eines Mehrebenensystems Niveauveränderungen und -fixierungen zulassen, nicht aber Entscheidungen zur Umverteilung.

Die Argumentation von Scharpf ist komplex. Zunächst legt er dar, dass in der Politikverflechtung Bund und Länder in Verhandlungen eine Einigung erzielen müssen, weil weder ungleiche Durchsetzungsmacht noch ungleiche Informationen einseitiges Handeln erlauben. Die typische Form der Politikverflechtung im deutschen Bundesstaat stelle ein Zwangsverhandlungssystem dar (um einen später geprägten Begriff Scharpfs zu verwenden), in dem keine Seite ohne die andere handeln könne. Wenn zwischen den Akteuren Verteilungskonflikte aufträten, so sei es schwer, sich zu einigen und es drohe die Handlungsunfähigkeit der Regierungen.

Scharpfs Theorie der Politikverflechtung wurde später immer wieder zitiert, wenn von der Blockade der deutschen Politik gesprochen wurde. Diese Sicht verkürzt seine Argumentation unzulässig und geht am entscheidenden Gedanken der Theorie vorbei. Ausgehend von der Erkenntnis, dass die Politikverflechtung strukturell für Blockaden anfällig ist, erklärte Scharpf, wie die verhandelnden Akteure diese – in der Regel für alle Beteiligten negative – Situation vermeiden können. Seine theoretischen Überlegungen zeigen drei Wege auf: 1. können Akteure die Entscheidungsstrukturen so verändern, dass nicht alle Interessen gleichzeitig berücksichtigt werden müssen. 2. können sie die Komplexität der Entscheidung reduzieren, indem sie das Problem aufspalten oder es sequenziell behandeln. 3. können sie das Problem so definieren, dass Konflikte reduziert werden, etwa indem auf Strukturveränderungen und Umverteilungen verzichtet wird.

In ihren Fallstudien stellten Scharpf, Reissert und Schnabel fest, dass in der bundesdeutschen Praxis die dritte Variante am häufigsten anzutreffen ist. Sie schlossen daraus, dass Verteilungsprobleme nicht gelöst werden, obwohl sie sich bei Gemeinschaftsaufgaben und Finanzhilfen in der Sache stellen. Zwar blockiere die Politikverflechtung Verhandlungen nicht, aber sie erzeuge Entscheidungen, die den Anforderungen an die politische Steuerung nicht gerecht würden. Die institutionellen Strukturen, die Handlungen prägten, ohne sie zu determinieren, förderten Strategien der Akteure, die eine Einigung in Verhandlungen ermöglichten, jedoch nur unter Verzicht auf eine sachdienliche Problemlösung.

Damit ist die Grundidee des akteurszentrierten Institutionalismus formuliert, der von einer Wechselbeziehung zwischen Institutionen und Akteuren ausgeht. Dieser wirft die Frage auf, warum Akteure institutionelle Strukturen, die angemessene Problemlösungen verhindern, nicht verändern. Hierfür bietet Scharpf zwei Erklärungen an. Zum einen könne Verflechtung nur durch Zentralisierung oder Dezentralisierung abgebaut werden. Beide Alternativen wiesen aber angesichts der komplexen Aufgaben, die ein modernes politisches System erfüllen muss, Nachteile auf: Zentralisierung reduziere die Informationsverarbeitungskapazität und erschwere die Implementation von Programmen; Dezentralisierung vernachlässige externe Effekte öffentlicher Aufgaben außerhalb der Grenzen der zuständigen Gebietseinheiten. Zum anderen seien maßgebliche Akteure an der Verflechtung interessiert. Regierungen könnten sich durch „intergouvernementale“ Kooperation der Verantwortung gegenüber ihren Parlamenten entziehen, und Fachverwaltungen könnten ihre Ressourcen gegen Eingriffe der Haushaltspolitik leichter absichern, wenn sie auf die Mitfinanzierung einer anderen Ebene hinweisen können.

Scharpf und seine Mitarbeiter haben mit der Analyse der Politikverflechtung im deutschen Bundesstaat nicht nur eine exzellente Policyanalyse vorgelegt, sie haben auch die in Mehrebenensystemen angelegten Dilemmata herausgearbeitet – und dies in prägnanterer Weise, als es im später geprägten Konzept der „Politikverflechtungsfalle“ zum Ausdruck kam (Scharpf 1985). Während Scharpf 1985 darauf hinwies, dass Verflechtungsstrukturen für die beteiligten Akteure eine ausgewogene Machtverteilung gewährleisten, die sie – trotz der defizitären Problemlösungsfähigkeit – nicht verändern wollen, zeigte er 1972 in der Politikverflechtungstheorie zudem, warum auch externe Reformer mit einer Strategie der Entflechtung scheitern, wenn sie nicht zugleich Wege finden, die Informations- oder Koordinationsprobleme eines entflochtenen Mehrebenensystems zu bewältigen. Insofern war es nur konsequent, wenn Scharpf sich später intensiv damit befasste, unter welchen Bedingungen Verhandlungssysteme effektiv funktionieren können (Benz/Scharpf/Zintl 1992).

Unmittelbar nachdem sie erschien, löste die „Politikverflechtung" eine intensive Debatte aus, in der es um die Reichweite der Theorie ging, aber auch der institutionalistische Ansatz kritisch diskutiert wurde. Das Buch wurde zudem in der Praxis wahrgenommen und förderte die in den 1970er Jahren aufkommende Kritik am kooperativen Bundesstaat und an den Gemeinschaftsaufgaben. In der internationalen Föderalismusforschung wurden Scharpfs Überlegungen erst durch die englische Übersetzung seines Artikels zur Politikverflechtungsfalle bekannt (z.B. Painter 1991). Dabei bietet das Buch für die Analyse von nationalen und internationalen Mehrebenensystemen eine Fundgrube an Kategorien und Hypothesen (z.B. Benz 2003), die noch nicht ausreichend ausgeschöpft ist.

**Literatur:**

Arthur Benz, Konstruktive Vetospieler in Mehrebenensystemen, in: Renate Mayntz/Wolfgang Streeck (Hrsg.), Die Reformierbarkeit der Demokratie: Innovationen und Blockaden. Festschrift für Fritz W. Scharpf, Frankfurt a.M., New York 2003, S. 205-236.

Arthur Benz/Fritz W. Scharpf/Reinhard Zintl, Horizontale Politikverflechtung. Zur Theorie von Verhandlungssystemen, Frankfurt a.M./New York 1992.

Wilhelm Hennis/Peter Graf Kielmansegg/Ulrich Matz (Hrsg.), Regierbarkeit. Studien zu ihrer Problematisierung, 2. Bde., Stuttgart 1977/1979.

Claus Offe, Strukturprobleme des kapitalistischen Staates: Aufsätze zur Politischen Soziologie, Frankfurt a.M. 1972.

Martin Painter, Intergovernmental Relations in Canada: An Institutional Analysis, in: Canadian Journal of Political Science 24 (1991), 269-288.

Fritz W. Scharpf, Die Politikverflechtungsfalle: Europäische Integration und deutscher Föderalismus im Vergleich, in: Politische Vierteljahresschrift 26 (1985), S. 323-356.

*Arthur Benz*

## Manfred G. Schmidt, Wohlfahrtsstaatliche Politik unter bürgerlichen und sozialdemokratischen Regierungen, Frankfurt a.M./New York 1982.

Manfred G. Schmidt (geb. 1948) studierte Politische Wissenschaft und Anglistik an der Universität Heidelberg und promovierte 1975 an der Universität Tübingen; 1981 schloss er sein Habilitationsverfahren an der Universität Konstanz ab. Das Thema war die „Wohlfahrtsstaatliche Politik unter bürgerlichen und sozialdemokratischen Regierungen" – später als Buch publiziert und mit dem renommierten „Stein Rokkan Preis für International vergleichende Sozialforschung" des International Science Council der UNESCO ausgezeichnet. Für seine weiteren Arbeiten im Bereich der empirischen Analyse von Staatstätigkeiten in westlichen Ländern erhielt er den Leibnitzpreis.

Der berufliche Werdegang Manfred G. Schmidts verlief über Professuren an der Freien Universität Berlin, der Universität Heidelberg sowie am Zentrum für Sozialpolitik der Universität Bremen. Seit 2001 lehrt er wieder als Professor für Politische Wissenschaft an der Universität Heidelberg. Zwischenzeitlich hat er verschiedene Aufenthalte an ausländischen Universitäten (etwa Harvard und Leiden) wahrgenommen.

In seiner Studie „Wohlfahrtsstaatliche Politik unter bürgerlichen und sozialdemokratischen Regierungen" verfolgt Schmidt die Frage, welche politischen Determinanten zu den variierenden Politikergebnissen (Policies) in den verschiedenen Ländern geführt haben. Er knüpft damit an eine anhaltende Debatte zur Frage „Does politics matter?" an und überprüft dies anhand von empirischen Daten über die Entwicklung der Wohlfahrtsstaaten der OECD-Länder seit 1945. Als wesentliche unabhängige Variablen fungieren in seinem Modell: 1. die politische Zusammensetzung der Regierungen; 2. die außerparlamentarische Machtverteilung (vor allem die Stärke der Gewerkschaften); 3. spezifische Strukturen des Parteiensystems und der politischen Lager; 4. die politisch-institutionellen Rahmenbedingungen (etwa die Rolle des Föderalismus); 5. die Ausgangsbedingungen und Folgen früher produzierter policies (Erblast und Inkrementalismus); 6. die ökonomischen und sozioökonomischen Strukturen (Sozialprodukt, Industrialisierungsgrad, Demographie etc).

Indikatoren für die staatliche Politikproduktion sind die Steuerquote, die Arbeitslosen- und Inflationsrate und die Höhe der Sozialausgaben. Aus diesem Analyserahmen werden überprüfbare Hypothesen abgeleitet: „Zwischen dem Leistungsprofil der Regierungen [...] und dem Grad, zu dem linke bzw. bürgerliche Parteien an der Regierung beteiligt waren, [...] besteht z.B. ein ‚bedeutsamer' direkter statistischer Zusammenhang" (S. 129). Die Arbeitslosenraten sind „insgesamt gesehen umso niedriger, [...] je mehr Stimmen auf das linke Lager entfallen" (S. 190). Dies bestätigt die parteipolitische Hypothese. Hinzu kommen starke Gewerkschaften und ein ideologisch schwaches bürgerliches Lager. Die Inflationsraten sind „umso niedriger [...], je stärker die Gewerkschaften organisiert sind, je mehr sie in korporatistische Modi der Konfliktregulierung eingebunden sind, je wohlhabender und dominanter die nationalen Ökonomien sind und je mehr sozialdemokratische Parteien an der Regierung beteiligt sind" (S. 213).

Insgesamt kommt Schmidt zu folgendem Ergebnis: Trotz der Schranken gegen Staatsintervention in kapitalistisch-demokratischen Ländern sei eine „partielle Politisierung" der Ökonomie anzutreffen. Entgegen marxistischen Vorstellungen sei Politik also nicht nur „Überbau" oder stehe im Dienste des Kapitals. Allerdings bestünden erhebliche Unterschiede nach einzelnen Politikfeldern sowie in der Art und Weise, in der Politik einen Unterschied macht. So sei die Bundesrepublik in ihren Sozialleistungen passiv ausgerichtet und alimentiere in Krisenzeiten Arbeitslose durch relativ hohe Lohnersatzleistungen, während das als aktiv eingestufte Schweden in solchen Fällen umfangreiche arbeitsmarktpolitische Maßnahmen ergreife. Zugleich seien neben parteipolitischen Determinanten auch Einflüsse des Weltmarktes und die außerparlamentarische Kräftebalance zwischen Kapital und Arbeit sowie die Art der Regulierung der Tarifparteien von hoher Bedeutung. Schließlich komme der Faktor Zeit hinzu: Linke Parteien benötigten lange, um den Staatsapparat zu durchdringen, eine ideologische Hegemonie zu erringen und so die Spielregelen entscheidend zu definieren. Auf dieser Weise zeigt Schmidt, dass in vielen Fällen die parteipolitische Zusammensetzung der Regierung einen Unterschied macht (= politics matter) – aber oft nur ein bisschen. Aber auch fünf Grad Änderung im Kurs eines Schiffes wirken sich auf Dauer merklich aus.

Schmidt hat ein komplexes Analysemodell entwickelt, das einerseits auf der Rezeption breiter theoretischer Überlegungen – von der angelsächsischen Forschung über Policy-Determinanten bis zur neomarxistischen Staatstheorie – und andererseits auf umfangreichem empirischen Datenmaterial und statistischen Auswertungen basiert. Auf diese Weise kommt er zu differenzierten Ergebnissen. Dies trägt zur Überwindung teilweise fruchtloser politikwissenschaftlicher Kontroversen bei. Zugleich ist die Studie sehr übersichtlich strukturiert und im Argumentationsgang gut nachvollziehbar. Dies gilt auch für die eingesetzten statistischen Verfahren. Es gelang Schmidt, die vergleichende Politikfeldanalyse in den deutschen Lehr- und Forschungskontext einzuführen. Die von ihm aufgearbeiteten Theorieansätze, Daten und Methoden lassen sich gut weiterentwickeln und auf verschiedenen Feldern anwenden. So hat Schmidt (1980) selbst – quasi als Vorstudie – die Politik in den deutschen Bundesländern untersucht und ähnliche Ergebnisse zu Tage gefördert.

Trotz dieser enormen Stärken lassen sich einige kritische Anmerkungen machen. So unterschlägt die Gegenüberstellung von linken und rechten (bzw. sozialdemokratischen und bürgerlichen) Parteien die enorme Spannweite, die in diesen beiden politischen Lagern anzutreffen ist. Besonders christdemokratische Parteien lassen sich nicht einfach in dieses Schema pressen. Sie sind sozialpolitisch engagierter als konservative Parteien und werden von einem beachtlichen Teil der Arbeiterschaft gewählt. In seinen Interpretationen trägt Schmidt diesem Umstand Rechnung, aber er versucht nicht, dem Problem durch eine Differenzierung des parteipolitischen Inputs Rechnung zu tragen. Hier sind aber angesichts der geringen Zahl an Fällen (21 OECD-Länder) enge Grenzen gesetzt, denn ansonsten droht ein Missverhältnis von Variablen und Fällen, was zum Verlust an statistischer Signifikanz führt. Ein weiteres Manko liegt in der Konzentration auf staatliche Politiken im Bereich Wirtschaft und Soziales, die stark mit der Verwendung der bereits weitgehend standardisierten Daten der OECD zusammenhängt. Auf diese Weise werden die Leistungen nicht-staatlicher Institutionen wie der Wohlfahrtsverbände und z.T. der Unternehmen (etwa tarifvertraglich geregelte Zusatzrenten) nicht als funktionale Äquivalente erfasst, sondern ausgeklammert. Freilich ist hier die Datenlage äußerst prekär und damit vergleichende Forschung schwierig.

Schmidt hat mit seiner Studie die vergleichende Politikfeldanalyse und Wohlfahrtsstaatsforschung in der Bundesrepublik stark beeinflusst. Vor allem eine Reihe von Schülern hat zur Weiterentwicklung und Ausdifferenzierung der Debatten um „Does politics matter?" beigetragen. Dies gilt thematisch durch die Fokussierung auf 1. die Wirtschaftspolitik in der Ära Kohl; 2. die Reformpolitik der rot-grünen Bundesregierung; 3. die Rolle von Nachzüglern in der Entwicklung des Wohlfahrtsstaats; 4. die Bedeutung des Steuerstaats und des Wirtschaftswachstums (Schmidt 2001). Daneben sind einige theoretische Weiterentwicklungen der internationalen Forschung wie das Veto-Spieler-Theorem (→ Tsebelis 2002) und Gösta Esping-Andersens Drei-Welten-These (→ Esping-Andersen 1990) eingearbeitet und einige Verbesserungen in der Datenanalyse erreicht worden. Schmidt selbst hat ebenfalls verschiedene Felder der Staatstätigkeit (v.a. Bildung, Gesundheit, Arbeitsmarkt), institutionelle Einflüsse des deutschen Bundesstaats und der EU sowie die Geschichte der DDR-Sozialpolitik genauer untersucht. Dabei zeichnen sich in der Architektur seines gesamten Werks drei neue Linien ab: 1. erfolgt eine differenzierte Analyse der Rolle von Parteien und deren politischen Spielräumen. Von der Frage, machen Parteien einen Unterschied, verlagert sich der Forschungsschwerpunkt hin zur Frage, wann sie einen Unterschied machen. 2. zeigt sich eine spieltheoretische Unterfütterung der Policy-Determinantenforschung durch die Ergänzung um das Veto-Spieler-Theorem, also die Frage nach der Reformierbarkeit der Politik, die von der Zahl, Kohäsion und der Position der Vetospieler eines Landes abhängt. 3. integriert Schmidt die Ergebnisse der Politikfeldanalyse in die empirische Demokratietheorie, d.h. die Output-Dimension tritt neben die Institutionen und den Input bzw. den politischen Prozess in der Beurteilung demokratischer Systeme.

## Literatur:

Josef Schmid, Vergleichende Wohlfahrtsstaatsforschung, in: Dirk Berg-Schlosser/Ferdinand Müller-Rommel (Hrsg.), Vergleichende Politikwissenschaft, 4. Aufl., Opladen 2003, S. 229-260.

Manfred G. Schmidt, CDU und SPD an der Regierung. Ein Vergleich ihrer Politik in den Ländern, Frankfurt a.M./New York 1980.

Manfred G. Schmidt, Sozialpolitik in Deutschland. Historische Entwicklung und internationaler Vergleich, 2. Aufl., Opladen 1998.

Manfred G. Schmidt (Hrsg.), Wohlfahrtsstaatliche Politik. Institutionen, politischer Prozess und Leistungsprofil, Opladen 2001.

Manfred G. Schmidt, Parteien und Staatstätigkeit, in: Oscar W. Gabriel/Oskar Niedermayer/Richard Stöss (Hrsg.), Parteiendemokratie in Deutschland, Opladen 2001, 2. Aufl., S. 528-550.

Arno Waschkuhn, Manfred G. Schmidt, in: Gisela Riescher (Hrsg.), Politische Theorie der Gegenwart in Einzeldarstellungen. Von Adorno bis Young, Stuttgart 2004, S. 434-437.

*Josef Schmid*

## Carl Schmitt, Der Begriff des Politischen, in: Archiv für Sozialwissenschaft und Sozialpolitik 58 (1927), S. 1-33

*(VA: überarbeiteter und erweiterter Text von 1932 mit einem Vorwort und drei Corollarien, Berlin 1963).*

Der Staats- und Völkerrechtler Carl Schmitt (1888-1985) war einer der bedeutendsten politischen Denker des 20. Jahrhunderts. In dieser Eigenschaft zählt er zu den Vertretern der „Konservativen Revolution" in Deutschland". Dieser unscharfe, in der Wissenschaft jedoch unverzichtbare Begriff bezeichnet eine antidemokratische, gegen die Weimarer Demokratie gerichtete, sehr heterogene Strömung des politischen Denkens, die dem Nationalsozialismus nahe stand, ohne jedoch darin aufzugehen (Sontheimer 1962). Schmitt lehrte als Professor an den Universitäten München (1919-1921), Greifswald (1921), Bonn (1921-1928), an der Handelshochschule Berlin (1928-1933), sowie an den Universitäten Köln (1933) und Berlin (1933-1945). In der untergehenden Weimarer Republik beriet Schmitt als Experte für den „Ausnahmezustand" die konservativen Präsidialkabinette. Schmitts Karriere im Dritten Reich begann zunächst Erfolg versprechend, so wurde er 1934 zum Hauptschriftleiter der „Deutschen Juristen-Zeitung" ernannt. 1936 wurde er jedoch auf Betreiben seiner Gegner in der SS entmachtet. Dennoch konnte er sich auch in den folgenden Jahren insbesondere auf dem Gebiet des Völkerrechts zu Wort melden. Die Frage, wie Schmitts Stellung zum Nationalsozialismus zu bewerten sei, ist bis heute umstritten. Nach dem Zweiten Weltkrieg wurde Schmitt mehrfach verhaftet, verhört und schließlich ohne Anklage entlassen. Anschließend lebte er zurückgezogen in seiner Geburtsstadt Plettenberg.

In Schmitts Gesamtwerk stellt „Der Begriff des Politischen" durch seine Abkehr vom Politikmonopol des Staates eine Zäsur dar. Weil Schmitt diese Abkehr in Form einer Theorie der Feindschaft entwickelte, blieb seine Schrift eine Provokation. Das traditionelle, an Aristoteles (→ Aristoteles ca. 335 v. Chr.) orientierte Politikverständnis setzte Politik, verstanden als „gute Ordnung" menschlichen Zusammenlebens, und Staat gleich. Davon grenzte Schmitt seinen „Begriff des Politischen" bereits im ersten Satz seiner gleichnamigen Schrift ab: „Der Begriff des Staates setzt den Begriff des Politischen voraus" (S. 20). Daraus folgt, dass sich das Politische nicht nur in staatlichen Einheiten, sondern ebenso in revolutionären Klassen, Nationen, politischen Parteien, Partisanen, Reichen und anderen kollektiven Akteuren verkörpern kann. Unter bestimmten Voraussetzungen könne jeder soziale Bereich politisch werden.

Schmitt geht davon aus, dass sich verschiedene Gegenstandsfelder menschlichen Denkens und Handelns ausdifferenzieren, die jeweils von einem Grundwiderspruch geprägt werden: In der Moral sei dieser Gegensatz „gut und böse", in der Ästhetik „schön und hässlich", in der Wirtschaft „nützlich und schädlich" oder „rentabel und nicht-rentabel". In dieser Logik ist z.B. das Schöne auf das Hässliche angewiesen, um als schön erkannt zu werden. Mit dem Verschwinden der Grundunterscheidung würde sich auch das Gegenstandsfeld auflösen. Die „spezifisch politische Unterscheidung" ist nach Schmitt die Unterscheidung von Freund und Feind. Ihren anthropologischen Grund hat diese Feststellung in der Annahme, dass der Mensch im Prinzip „böse" sei, d.h. dass er „als keineswegs unproblematisches, sondern als ‚gefährliches' und dynamisches Wesen" (S. 61) zu betrachten sei. Schmitt verstand den Feind als öffentlichen Feind (hostis) und nicht als privaten Gegner (inimicus). Als Katholik erblickte er darin keinen Widerspruch zum Liebesgebot der Bergpredigt, die sich Schmitt zufolge nur auf den privaten Gegner bezog. Immerhin sei auch „in dem tausendjährigen Kampf zwischen Christentum und Islam niemals ein Christ auf den Gedanken gekommen, man müsse aus Liebe zu den Sarazenen oder den Türken Europa, statt es zu verteidigen, dem Islam ausliefern" (S. 29). Politik bedeutet für Schmitt somit Drohung mit und Einsatz von physischer Gewalt. Die Sphäre des Politischen sei von jedem anderen Gegenstandsfeld aus zu erreichen. Es ließe sich auch umgekehrt formulieren: Das Politische kann aus dieser Sicht jedes andere Gegenstandsfeld durchdringen.

So könne beispielsweise ein ökonomischer Widerspruch die Qualität des Politischen in sich aufnehmen: „Der Begriff des Tausches schließt es keineswegs begrifflich aus, dass einer der Kontrahenten einen Nachteil erleidet und dass ein System von gegenseitigen Verträgen sich schließlich in ein System der schlimmsten Ausbeutung und Unterdrückung verwandelt. Wenn sich die Ausgebeuteten und Unterdrückten in einer solchen Lage zur Wehr setzen, so können sie das selbstverständlich nicht mit ökonomischen Mitteln" (S. 76). Es kommt also auf den „Intensitätsgrad" (S. 38) einer Vereinigung oder Trennung von Menschen an, damit ein solcher Gegensatz politisch wird. Mit dieser Definition hat Schmitt ein Intensitätsmodell des Politischen konzipiert, das Allgemeingültigkeit beanspruchen kann, weil es gewissermaßen nachideologisch und metahistorisch ist.

Die Entfaltung des Freund-Feind-Gegensatzes erfolgt durch die wandelbaren Inhalte, die im Lauf der Geschichte hervortreten. Prinzipiell kann nach

Schmitt jeder Gegensatz politisch werden. Voraussetzung sei, dass die richtige Freund-Feind-Bestimmung (öffentlich und nicht privat) und der gewaltsame Kampf als Bezugspunkt vorliegen. Unter diesen Gegebenheiten kann sich die Politik im Regelfall „friedlich", womit hier ein niedriger Intensitätsgrad an Feindschaft gemeint ist, oder im gewaltsamen Kampf manifestieren. Letzterer ist zwar nach Schmitt nur ein Eventualfall, aber er muss als solcher immer gegeben sein, damit man vom Politischen sprechen könne: „Der Krieg ist durchaus nicht Ziel und Zweck oder gar Inhalt der Politik, wohl aber ist er die als reale Möglichkeit immer vorhandene Voraussetzung, die das menschliche Handeln und Denken in eigenartiger Weise bestimmt und dadurch ein spezifisch politisches Verhalten bewirkt" (S. 34 f.). Die Sphäre des Politischen wäre allenfalls unter den utopischen Bedingungen eines den ganzen Planeten umfassenden Weltstaats als aufgelöst zu betrachten, sofern auch die Möglichkeit eines Bürgerkriegs nicht mehr in Betracht zu ziehen wäre.

Schmitt interpretierte den Völkerbund im Sinne seines „Begriffs des Politischen": „Der Genfer Völkerbund hebt die Möglichkeit von Kriegen nicht auf, sowenig wie er die Staaten aufhebt. Er führt neue Möglichkeiten von Kriegen ein, erlaubt Kriege, fördert Koalitionskriege und beseitigt eine Reihe von Hemmungen des Krieges dadurch, dass er gewisse Kriege legitimiert und sanktioniert" (S. 57). Dem Liberalismus hielt er entgegen, dass der Dialog Grenzen habe. Es gebe Dinge im Leben, die in einer Weise existenziell seien, dass sie nicht in einem Kompromiss aufgelöst werden könnten. Es sei jederzeit mit der Möglichkeit einer Entfesselung des Politischen zu rechnen. Schmitts Einschätzungen des Liberalismus und des Versailler Systems konnten in der aufgeheizten Atmosphäre der Weimarer Republik auch als nationales Manifest verstanden werden. Unabhängig davon bleibt festzuhalten, dass sich Schmitt bemühte, die politische Wirklichkeit als das zu entlarven, was sie in seinen Augen ist: eine permanente existenzielle Bedrohung. Darin liegt die bleibende Aktualität dieser Schrift.

Schmitt wurde vorgeworfen, seine Theorie der Feindschaft bedeute den Primat der Außenpolitik und des Krieges. Sie institutionalisiere den gewaltsamen Kampf, obwohl es doch die Hauptaufgabe der Politik sei, Konflikte zu lösen. In den Worten von Dolf Sternberger (1961) ist das so, als wolle man die Ehe von der Scheidung her begreifen. Andere Autoren warfen Schmitt nihilistischen Existenzialismus, inhaltsleere Entschlossenheit und eine Verkürzung seines Politikbegriffs auf die politische Entscheidung (Dezisionismus) vor. Ein weiterer Kritikpunkt bezog sich auf das Verhältnis von Recht und Politik. In der Logik der von Schmitt konstatierten Gegenstandsfelder menschlichen Denkens und Handelns liege es, dass Politik und Recht voneinander unhabhängig seien, d.h. dass die Politik nicht mehr auf rechtliche Kategorien zurückgeführt werden könne. Wieder andere Autoren haben auf die dem „Begriff des Politischen“ innewohnenden theologischen Prämissen aufmerksam gemacht.

„Der Begriff des Politischen“ zählt zu den bedeutendsten Werken der Staats- und Politiktheorie des 20. Jahrhunderts. Die politische Brisanz der Schrift zeigt sich darin, dass Schmitt heute weit über die Grenzen des deutschen Sprachraums hinaus als Galionsfigur der „Neuen Rechten“ bezeichnet werden kann, die seinem Werk besonders die antidemokratischen und antiliberalen Versatzstücke entnimmt. Schmitts Begriff des Politischen wurde aber auch von der Linken rezipiert und die Freund-Feind-Unterscheidung als Klassenkampf interpretiert.

**Literatur:**

Ernst-Wolfgang Böckenförde, Der Begriff des Politischen als Schlüssel zum staatsrechtlichen Werk Carl Schmitts, in: Ders., Recht, Staat, Freiheit. Studien zur Rechtsphilosophie, Staatstheorie und Verfassungsgeschichte, Frankfurt a.M. 1991, S. 344-366.

Günter Figal, Der Intensitätsgrad des Politischen. Carl Schmitts Phänomenologie der Feindschaft und das Ende des ideologischen Weltbürgerkrieges, in: Ders., Für eine Philosophie von Freiheit und Streit, Stuttgart 1994, S. 39-56.

Heinrich Meier, Carl Schmitt, Leo Strauss und der „Begriff des Politischen“. Zu einem Dialog unter Abwesenden, 2. Aufl., Stuttgart 1998.

Ilse Staff, Staatsdenken im Italien des 20. Jahrhunderts – Ein Beitrag zur Carl Schmitt-Rezeption, Baden-Baden 1991.

Dolf Sternberger, Begriff des Politischen. Der Friede als der Grund und das Merkmal und die Norm des Politischen, Frankfurt a.M. 1961.

Reinhard Mehring (Hrsg.), Carl Schmitt. Der Begriff des Politischen. Ein kooperativer Kommentar, Berlin 2003.

Kurt Sontheimer, Antidemokratisches Denken in der Weimarer Republik. Die politischen Ideen des Nationalismus zwischen 1918 und 1933, München 1962.

*Michael Thöndl*

## Philippe C. Schmitter/Gerhard Lehmbruch (Hrsg.), Trends Toward Corporatist Intermediation, London 1979.

Der Korporatismusansatz geht ideengeschichtlich zurück auf die Denkfigur des Ständestaates sowie auf Konzepte der Wirtschaftsdemokratie und Verfahren staatlicher Wirtschaftslenkung unter Einbeziehung von Gewerkschaften und Unternehmerverbänden. Die geringe theoretische Fundierung des Korporatismusbegriffs liegt in seiner Diskreditierung durch dessen Bedeutung innerhalb faschistischer Systeme begründet (Beyme 1971, S. 183). Als Anstoß der neueren korporatismustheoretischen Diskussion gilt der 1974 von Phillippe C. Schmitter (geb. 1936) veröffentlichte und im Sammelband wieder abgedruckte Aufsatz „Still the Century of Corporatism?“. Im gleichen Atemzug mit Schmitter ist Gerhard Lehmbruch (geb. 1928) zu nennen. Beide Forscher sahen den größten Vorteil korporatismustheoretischer Ansätze in der Möglichkeit, international vergleichende und interdisziplinäre Untersuchungen durchzuführen. Als Ausfluss ihrer Idee kamen neben diesem Sammelband verschiedene Konferenzen, unter anderem bei der „American Political Science Association“ zustande. Die bundesdeutsche Forschung nahm mit Beiträgen von Schmitter und Lehmbruch die Debatte rasch auf (Alemann/Heinze 1979).

Schmitter (1971) führte den Korporatismus-Begriff in einer Untersuchung der Interessengruppen und deren Einfluss auf die politische Entwicklung in Brasilien ein. Entstehung und Entwicklung dieses Begriffs sind daher eng mit seinen Studien über autoritäre Systeme verknüpft. Lehmbruch (1967) betrachtete dagegen vor allem die institutionellen Strukturen liberaldemokratischer Systeme und deren Auswirkungen auf Politikprozesse. Proporzdemokratie mit den Beispielen Österreich und Schweiz sah er dabei als eigenständigen Typus der politischen Konfliktaustragung, nicht als eine Entartung des konkurrenzdemokratischen Modells angelsächsischer Prägung. Typisch für Proporzsysteme seien Wertekonflike, die ständige sachrationale Entscheidungsfindung ausschließen würden.

Der Korporatismus fungiert für alle Autoren des Sammelbandes als eine attraktive Alternative zum Pluralismus. Beides sind Systeme der Interessenvermittlung zur Bündelung und Artikulierung von Interessen, zur Repräsentation und soziale Kontrolle der Mitglieder sowie zur Entwicklung und Verfolgung eigenständiger Organisationsinteressen. Schmitter definiert Korporatismus als ein System der Interessenvertretung, in dem eine beschränkte Zahl von nicht-konkurrierenden Verbänden in funktional differenzieren Bereichen aktiv sind. Die Verbände werden vom Staat anerkannt, legitimiert oder sogar geschaffen, und der Staat garantiert ihnen ein Repräsentationsmonopol in ihrem Bereich. Im Austausch dafür hat er Einfluss auf die Auswahl der Führung der Verbände und ihre Artikulation von Forderungen und Unterstützungen (S. 13). Pluralismus kennzeichne demgegenüber eine nicht näher bestimmte Anzahl verschiedener, nicht hierarchisch organisierter Gruppen, die in Konkurrenz zueinander stünden, frei von Kontrolle und Einfluss des Staaten seien und die Möglichkeit zur autonomen Willensbildung hätten (S. 14). Die Rolle von Parteien streift Schmitter nur kursorisch.

Lehmbruch geht in seinen Aufsätzen „Consociational Democracy, Class Conflict and the New Corporatism“ und „Liberal Corporatism and Party Government“ weiter als Schmitter und weist dem Korporatismus neben den organisationsspezifischen Gesichtspunkten Policy-Effekte zu. Für ihn ist im Korporatismus ein Entscheidungsprozess gegeben, der mehr als Kooperation zwischen Verbänden und Verwaltung bei wirtschaftspolitischen Politikprozessen beinhaltet. Verbände seien im Korporatismus unmittelbar in Entscheidungsprozesse eingebunden und entlasteten den Staat, in dem sie sich an der Erfüllung öffentlicher Aufgaben beteiligen. Aus dieser Verschränkung von Verbänden und Staat ergäben sich spezifische Austauschbeziehungen, die durch Aushandlung gekennzeichnet seien und bei Erfolg zu einer Konzertierung, also einem abgestimmten Handeln der beteiligten Interessengruppen und des Staates führten. Lehmbruch präzisiert den Korporatismusbegriff. Er spricht von einem „liberalen“ Korporatismus, der auf einem hohen Grad an freiwilliger Kooperation zwischen den Gruppen basiere und sich darin vom „autoritäre“ Korporatismus der Vor- und Zwischenkriegszeit unterscheide (S. 53 f.).

Die weiteren Aufsätze des Sammelbandes haben eine vergleichsweise geringe Bedeutung für die weitere Forschung. Kritik an Schmitter und Lehmbruch üben Birgitta Nedelmann und Kurt G. Mair. Sie bemängeln die statistischen wie deskriptiven Aspekte ihres Ansatzes; die Erfolge des Korporatismus seien weniger stabil und dauerhaft, als gemeinhin angenommen werde. Unter marxistischem Blickwinkel, in Abgrenzung zu den beiden Herausgebern betrachtet Leo Panitch den Korporatismus. Ihm komme im Klassenkampf gegen die kapitalistische Herrschaftsstruktur die Aufgabe zu, die Arbeiterklasse einzubinden. Die Konjunkturen im Rückgriff auf verhandlungsdemokratische, korporatistische Mechanismen politischer Steuerung verweisen – wie Bob Jessop in seinem ebenfalls klassentheoretisch ummantelten Beitrag betont – darauf, dass eine entsprechende Verbändestruktur nicht gleichzusetzen ist mit korporatistischer Politik. Dazu bedürfe es vor allem des Willens und der Fähigkeit einer Regierung, gesellschaftliche Kräfte und Verbände dazu zu bewegen, sich freiwillig auf eine Konzertierung der Interessen einzulassen. Nicht nur in der Bundesrepublik, sondern auch in anderen Ländern scheint für Jessop ein solches verhandlungsdemokratisches Politikmodell eher sozialdemokratischen als christdemokratischen, liberalen oder konservativen Regierungen zu entsprechen. Er sieht Korporatismus sogar als die höchste Form sozialdemokratischer Regierungspolitik an. Am Ende des Sammelbandes spricht Lehmbruch von zukünftigen Aufgaben der Forschung wie eine bessere Einbindung der Wirtschafts- und Einkommenspolitik und des Keynesianismus.

Neokorporatismus-Modelle beachten vor allem die Integrierung von Verbänden in die staatliche Politik und die damit in Verbindung stehenden staatlichen Organisationshilfen. Eine besondere Vermittlungsleistung komme Verbänden zu, da sie zwischen Individuen und Staat interagieren. Wer jedoch Korporatismus als theoretische Alternative zu Pluralismus begreift, geht entschieden zu weit. Die Reichweite unterscheidet sich, da Pluralismus als Steuerungs- und Ordnungsmodell gesamtgesellschaftliche Bezüge aufweist und damit übergeordnet ist, während der Korporatismus lediglich von den Größen „Staat“ und „organisierte Interessen“ ausgeht. So konnten Pluralismustheorien, die genau diese Fragen behandeln, durch die Korporatismustheoretiker nicht an den Rand gedrängt werden. Den von Schmitter und Lehmbruch intendierten Paradigmenwechsel in der Forschung zur Interessenvermittlung können Korporatismustheorien allein nicht leisten. Auch demokratietheoretische Aspekte wie die Rechtsfertigung öffentlicher Herrschaft kommen zu kurz. Funktionale Interessenvertretung muss sich zwingend innerhalb demokratischer Normen bewegen, unabhängig von den verschiedenen Politikfeldern (Reutter 1991, S. 213).

Für die komplexe Analyse von Staat-Verbände-Beziehungen entfaltet der von Schmitter und Lehmbruch entwickelte Korporatismusansatz gleichwohl eine deutlich stärkere Analysekraft als die bis dahin vorherrschenden staatszentrierten Untersuchungen. Die Beziehungen zwischen Staat und Verbände kennzeichnet nach dem Korporatismusansatz Gegenseitigkeit, nicht einen Staat, der einem unberechenbaren Druck von Verbänden ausgesetzt ist und dadurch stets in die Defensive geräte. Ein weiterer Vorteil des Forschungsfeldes besteht in der empirischen Nachvollziehbarkeit. Vage bleibt aber, welche Kriterien zur Einteilung eines schwach, mittleren oder starken Korporatismus ermitteln lassen, die Grundlage für die weiteren ländervergleichenden Analysen sind. Korporatistische Systeme können Studien zufolge zu Wohlstand kommen, da sie über Problemlösungskompetenzen verfügen. Ihnen gelingt die effiziente Bekämpfung von Arbeitslosigkeit und von Inflation besser als Staaten mit den traditionell pluralistischen Strukturen (→ Schmidt 1982).

Auf Grundlage der Korporatismusansätze reifte die Erkenntnis, dass Verbände sich nicht nur aus gesellschaftlichen Interessen speisen, sondern die staatlichen Handlungsmöglichkeiten positiv beeinflussen können. Die schnell ausufernde, theoretisch stark aufgeladene Korporatismus-,Verbände- und Pluralismusforschung haben Schmitter und Lehmbruch erheblich vorangetrieben. Schmitter führte gemeinsam mit Wolfgang Streek organisationstheoretische Untersuchungen über Arbeitgeberverbände durch (Streek/ Schmitter 1985). Lehmbruch führte den Begriff der „administrativen Interessenvermittlung“ ein. Ihm liegt die Beobachtung unterschiedlich strukturierter Beziehungen von Staatsverwaltungen und organisierten Interessen zugrunde, die im Ländervergleich auf nationaler Ebene – über Politikfelder hinweg – von Bedeutung sind. Diese Vereinheitlichung quer zu den eigentlichen Aufgabenfeldern erklärt Lehmbruch (1991) aus Staatstraditionen und historisch gewachsenen Vernetzungen zwischen Staat und Gesellschaft. Bis heute gibt es eine allerdings abnehmende Diskussion über die Tragfähigkeit von Korporatismuskonzepten, stets verbunden mit einem Rückgriff auf Schmitter und Lehmbruch (Molina/Rhodes 2002).

## Literatur:

Klaus von Beyme, Interessengruppen in der Demokratie, 3. Aufl., München 1971.

Roland Czada/Manfred G. Schmidt: Einleitung, in: Dies. (Hrsg.), Verhandlungsdemokratie, Interessenvermittlung, Regierbarkeit. Festschrift für Gerhard Lehmbruch zum 65. Geburtstag, Opladen 1993, S. 7-22.

Gerhard Lehmbruch, Proporzdemokratie. Politisches System und politische Kultur in der Schweiz und in Österreich, Tübingen 1967.

Gerhard Lehmbruch, The Organization of Society, Administrative Strategies and Policy Networks, in: Roland Czada/Adrienne Windhoff-Héritier (Hrsg.), Political Choice. Institutions, Rules and the Limity of Rationality, Frankfurt a.M./Boulder 1991, S. 121-158.

Gerhard Lehmbruch, Wandlungen der Interessenpolitik im liberalen Korporatismus, in: Ulrich von Alemann/Rolf G. Heinze (Hrsg.), Verbände und Staat. Vom Pluralismus zum Korporatismus, Opladen 1979, S. 50-71.

Gerhard Lehmbruch/Phillipe C. Schmitter (Hrsg.), Patterns of Corporatist Policy-Making, London 1982.

Oscar Molina/Martin Rhodes, Corporatism. The Past, Present, and Future of a Concept, in: Annual Review of Political Science, 5 (2002), S. 305-331.

Werner Reutter, Korporatismustheorien. Kritik, Vergleich, Perspektiven, Frankfurt a.M. u.a. 1991.

Phillipe C. Schmitter, Interest Conflict and Political Change in Brazil, Stanford 1971.

Phillipe C. Schmitter, Interessenvermittlung und Regierbarkeit, in: Ulrich von Alemann/Rolf G. Heinze (Hrsg.), Verbände und Staat. Vom Pluralismus zum Korporatismus, Opladen 1979, S. 92-114.

Philip Stöver, Philippe C. Schmitter, in: Gisela Riescher (Hrsg.), Politische Theorie der Gegenwart in Einzeldarstellungen. Von Adorno bis Young, Stuttgart 2004, S. 438-441.

Wolfgang Streek/ Phillipe C. Schmitter (Hrsg.), Private Interest Government. Beyond Market and State, London u.a. 1985.

*Florian Hartleb*

## Joseph A. Schumpeter, Capitalism, Socialism, Democracy, New York 1942

*(DA: Kapitalismus, Sozialismus und Demokratie, Bern 1950; VA: 7. Aufl., Tübingen/Basel 1993).*

Joseph Alois Schumpeter (1883-1950) lehrte an den Universitäten Czernowitz, Graz und Bonn. 1932 folgte nach zwei Gastprofessuren ein Ruf nach Harvard. Darüber hinaus war er zeitweise – allerdings mit weit weniger Erfolg – in der Privatwirtschaft und der Politik tätig. Zu seinen Hauptwerken zählen neben dem erstmals 1942 auf Englisch erschienenen Spätwerk „Kapitalismus, Sozialismus und Demokratie“ seine Habilitationsschrift „Das Wesen und der Hauptinhalt der theoretischen Nationalökonomie“ (1908), die umfangreiche Arbeit „Konjunkturzyklen: Eine theoretische, historische und statistische Analyse des kapitalistischen Prozesses“ (1939) sowie die postum von seiner Frau herausgegebene „Geschichte der ökonomischen Analyse“ (1954). Schumpeter verstand sich Zeit seines Lebens als Vertreter einer umfassenden Wirtschaftstheorie, die über das herkömmliche enge neoklassische Konzept hinausgeht und an die klassischen Traditionen der Politischen Ökonomie anknüpft. Sein Interesse richtet sich immer auch auf die wechselseitige Abhängigkeit von Wirtschaft und Politik und die sozio-kulturelle Einbettung wirtschaftlicher Transaktionen. Vor diesem Hintergrund gilt Schumpeter als einer der zentralen Gründungsväter der neuen, an dem Programm von

Max Weber (→ Weber 1922) orientierten „Sozialökonomik", das ökonomische und sozialwissenschaftliche Theorien, wirtschaftssoziologische Fragestellungen, Geschichte und Statistik zu einer gemeinsamen Konzeption verbindet (Swedberg 1991). Für die Politikwissenschaft sind insbesondere die in seinem bekanntesten Werk Kapitalismus, Sozialismus und Demokratie entwickelten Überlegungen zur Kapitalismus- und Demokratietheorie von Bedeutung.

Schumpeter argumentiert in einer ausführlichen Auseinandersetzung mit Karl Marx im ersten Teil des Buches, der Kapitalismus werde scheitern und durch den Sozialismus verdrängt. Im Gegensatz zu Marx geht nach Schumpeter der Kapitalismus aber nicht aufgrund seiner Misserfolge, sondern aufgrund seiner Erfolge unter. Kernpunkt der Argumentation im zweiten Teil des Buches ist die Sichtweise, der Wirtschaftsprozess sei ein Prozess der „schöpferischen Zerstörung" (S. 138). Motor der erfolgreichen wirtschaftlichen Entwicklung im Kapitalismus seien Produkt- und Verfahrensneuerungen, die alte Produkte und Produktionsmethoden verdrängen. Dieser Prozess werde von den Aktivitäten der Unternehmer getragen, die damit ihre Existenz sicherten, sei für sie aber zugleich mit hohen Kosten und Risiken verknüpft, weshalb Großunternehmen aufgrund ihrer Vorteile bei der Entwicklung und Durchsetzung von Innovationen zunehmend an Bedeutung gewännen. Die Folge seien oligopolistische Marktstrukturen (= wenige Unternehmen beherrschen den Markt) und eine zunehmende Dominanz der Aktionäre und der in den Großunternehmen tätigen Bürokraten und Technokraten mit ihren besonderen Interessen und vor allem vergleichsweise geringen Betriebsbindungen. Diese Verhältnisse verdrängten den klassischen Eigentümer-Unternehmer und zerstörten den institutionellen Rahmen des Kapitalismus. Das spezifische und für den Wirtschaftsprozess wesentliche Eigentumsinteresse des Unternehmers verschwinde von der Bildfläche. Ebenso verliere das freie Vertragsrecht an Bedeutung, denn unter den Bedingungen einer zunehmenden Konzentration und Bürokratisierung der Wirtschaft bieten die standardisierten Regelungen nur noch eine beschränkte Wahlfreiheit. Dies gelte besonders für den Arbeitsmarkt. „So schiebt der kapitalistische Prozess alle jene Institutionen, namentlich die Institutionen des Eigentums und des freien Vertragsrechts, die einst die Bedürfnisse und die Formen der wahrhaft ´privaten´ Wirtschaftstätigkeit ausgedrückt hatten, in den Hintergrund" (S. 230). Zugleich untergrabe der Kapitalismus seine schützenden „aristokratischen Schichten", die den politischen Rahmen für den wirtschaftlichen Erfolg garantierten. In der Folge greife eine wachsende Ablehnung der kapitalistischen Wirtschaftsordnung unter den Intellektuellen um sich und es zerbreche die „kapitalistische Ethik“ (S. 259), nach der die Ansichten und Motive der Unternehmer vor allem durch die Sorge um ihre Familien geprägt wurden. In der kapitalistischen Gesellschaft verlören aber, so die Analyse von Schumpeter, aufgrund der Rationalisierung des gesamten Lebens die bürgerliche Familie und vor allem die Kinder immer mehr an Bedeutung. Auf diese Weise würden der kapitalistischen Gesellschaft ihre ökonomischen, sozialen und kulturellen Fundamente entzogen, woraus sich die entscheidende Schlussfolgerung Schumpeters ergibt: „[D]em kapitalistischen System wohnt eine Tendenz zur Selbstzerstörung inne“ (S. 261).

Das Resultat dieser Entwicklung ist nach Schumpeter der Übergang zu einem sozialistischen System, „in dem die Kontrolle über die Produktionsmittel und über die Produktion selbst einer Zentralbehörde zusteht“ (S. 268). Auf die Funktions- und Leistungsfähigkeit dieses Systems geht er im dritten Teil und auf die Vereinbarkeit des Sozialismus mit einer demokratischen Ordnung im vierten Teil des Buches ausführlich ein. Vom Sozialismus erwartet Schumpeter grundsätzlich eine größere wirtschaftliche Effizienz, insbesondere weil die Mechanismen der Konjunkturzyklen in weit geringerem Maße als in der kapitalistischen Marktwirtschaft wirksam seien. Dabei schließen sich nach seiner Einschätzung die Funktionsbedingungen einer sozialistischen Gesellschaft und ihre demokratische Organisation keineswegs aus. Grundlage seiner Argumentation ist die Definition von Demokratie. Demokratie sei nämlich eine „politischen Methode“ (S. 384) und nicht ein normatives Ziel oder ein Wert, der für sich selber stehe. Ausdrücklich wendet er sich gegen die Vorstellungen der klassischen Demokratielehre, nach der die demokratische Methode jene institutionelle Ordnung zur Erzielung politischer Entscheidungen ist, „die das Gemeinwohl dadurch verwirklicht, dass sie das Volk selbst die Streitfragen entscheiden lässt und zwar durch die Wahl von Personen, die [...] seinen Willen auszuführen“ (S. 397). Nach Schumpeters Ansicht gibt es kein eindeutig bestimmbares Gemeinwohl, weil „verschiedenen Individuen und Gruppen das Gemeinwohl mit Notwendigkeit etwas Verschiedenes bedeuten muss“ (S. 399). Daher setzt er gegen die klassische Vorstellung seine berühmt gewordene Definition von Demokratie. Demokratie ist für ihn die „Ordnung der Institutionen zur Erreichung politischer Entscheidungen, bei welcher einzelne die Entscheidungsbefugnis vermittels eines Konkurrenzkampfes um die Stimmen des Volkes erwerben“ (S. 428). Mit der Betonung des Konkurrenzkampfes um die politische Führung verfolgt Schumpeter im Anschluss an Max Weber ein elitenorientiertes Konzept, das allerdings im Unterschied zu Webers Konzeption stärker auf einer Analogiebildung zur wirtschaftlichen Sphäre beruht. Demnach entsprechen den Konsumenten im ökonomischen Sektor die Wähler im politischen Bereich, deren Nachfrage sich auf bestimmte politische Maßnahmen oder Programme richtet. Als Anbieter treten entsprechend den Gewinn maximierenden Unternehmern die Politiker bzw. Parteien auf, die um die Stimmen der Wähler konkurrieren. Und wie die Tauschbeziehungen im ökonomischen Bereich lediglich indirekt zur gesellschaftlichen Wohlfahrt beitragen, wird auch die soziale Funktion der Politik, nämlich Gesetze hervorzubringen, nur nebenher erfüllt, als Nebenprodukt des Wettbewerbs um die Stimmen der Wähler. Diese Sichtweise ist nach Schumpeter wesentlich näher an der Wirklichkeit als eine gemeinwohlorientierte Konzeption: „Aber um zu verstehen, wie die demokratische Politik diesem sozialen Ziele dient, müssen wir vom Konkurrenzkampf um Macht und Amt ausgehen und uns klar werden, dass die soziale Funktion, so wie die Dinge nun einmal liegen, nur nebenher erfüllt wird – im gleichen Sinne wie die Produktion eine Nebenerscheinung beim Erzielen von Profiten ist“ (S. 448). Das Gemeinwohl ist für Schumpeter nicht wie in der klassischen Demokratielehre eine exogen vorgegebene Größe. Es sei nicht „stets einfach zu definieren“ und „jedem normalen Menschen mittels rationaler Argumente sichtbar“ (S. 397) zu machen. Gemeinwohl sei vielmehr das nicht-intendierte Produkt des politischen Prozesses. Dieser Prozess funktioniere vor allem dann, wenn die entsprechenden bürokratischen Voraussetzungen gegeben seien, die große Mehrheit der Bevölkerung demokratische Einstellungen teile und ein sozialer Konsens in der Gesellschaft bestehe. Negative Folge der Konkurrenzbeziehungen auf dem politischen Markt ist nach Schumpeter die Tendenz zu einer kurzfristigen, an Wahlterminen orientierten Politik, die die Berücksichtigung längerfristiger gesellschaftlicher Interessen außerordentlich schwierig mache. Dieses Problem sei auch deshalb gefährlich, weil nach seiner Einschätzung der typische Bürger schlecht informiert und daher auch in großem Maße beeinflussbar ist.

Die Überlegungen Schumpeters zur Funktionsweise demokratischer Prozesse und zur Entwicklung des Kapitalismus sind vor allem aufgrund ihres umfassenden und integrativen Zugriffs von großer Bedeutung. In dieser Hinsicht zählt „Kapitalismus, Sozialismus und Demokratie“ zu den modernen Klassikern der Sozialwissenschaften. Die Folgerungen, die Schumpeter aus der Problematik wirtschaftlicher Konzentration und des damit verbunden sozial-kulturellen Wandels zieht („Sieg des Sozialismus“), sind allerdings nicht schlüssig und vor allem aus heutiger Sicht kritikbedürftig. Zudem hielt man Schumpeter die ungenügende Präzisierung seiner Überlegungen im Rahmen mathematischer Modelle vor, die seit der so genannten „marginalistischen Revolution“ Ende des 19. Jahrhunderts in weiten Teilen der Ökonomie zentraler Bestandteil der Analysen sind. In der Politikwissenschaft ist demgegenüber besonders der mangelnde substantielle Gehalt seiner Idee von Demokratie als einem marktbestimmten, formalen Verfahren der Führerauslese kritisiert worden. Mit dieser Vorstellung vernachlässige Schumpeter die inhaltliche Bedeutung und den eigentlichen Sinn demokratischer Prozesse und könne auch nicht erklären, wie vor dem Hintergrund des angenommenen Übergewichts schlecht informierter Wähler eine kompetente Führung zustande komme (z.B. Santoro 1993). Die Bedeutung der letztgenannten Kritikpunkte hängt allerdings von der Perspektive ab. Im Rahmen der vorherrschenden Kritik an der unzureichenden Formalisierung der Überlegungen wird sein Konzept einer wissenschaftlich breiten und kultursoziologisch informierten Wirtschaftsanalyse häufig vernachlässigt. Erst seit den 1980er Jahren gibt es eine zunehmende Wiederentdeckung der Überlegungen Schumpeters in den Arbeiten der Sozialökonomik und evolutorischen Ökonomik (Swedberg 2003). Sie verdeutlichen, dass die wirtschaftspolitischen Konsequenzen seiner Überlegungen von andauernder Aktualität sind. Dies betrifft zum Beispiel die Bedeutung innovatorischer Unternehmer für die dynamische Entwicklung kapitalistischer Volkswirtschaften, die Beschränkungen einer keynesianischen Stabilitätspolitik unter den Bedingungen oligopolistischer Marktstrukturen oder die der kapitalistischen Marktwirtschaft eigenen Grenzen, die im Anschluss an Schumpeter Thema vieler weiterer Untersuchungen wurden (Weede 1990). Darüber hinaus spielt in der empirisch-analytischen Politiktheorie die von normativen Vorstellungen geprägte Kritik am Demokratiebegriff als reine Methode der Machtübertragung nur eine nachrangige Rolle. Schumpeter gilt als Wegbereiter der einflussreichen Ökonomischen Theorie der Demokratie, die auf Grundlage der Begriffe und Denkweisen der Wirtschaftswissenschaften die Beziehungen und Prozesse in politischen Systemen analysiert (Kunz 2004). Insbesondere Anthony Downs hat an diese Überlegungen angeknüpft und das Marktmodell in umfassender Weise auf die Politik übertragen (→ Downs 1968). In diesem Zusammenhang wurden auch die Grenzen des demokratischen Verfahrens eingehend untersucht (→ Arrow 1951). Der grundlegende Gedanke Schumpeters der sozio-kulturellen Prägung des politischen und wirtschaftlichen Handelns und seine große interdisziplinäre Ausrichtung wurden allerdings auch in diesem Rahmen lange vernachlässigt und finden erst in neuerer Zeit wieder zunehmende Beachtung.

## Literatur:

International Joseph A. Schumpeter Society, Generalsekretär Horst Hanusch, http://www.wiwi.uni-augsburg.de/vwl/hanusch/iss (Stand: 20. Juli 2006).
Volker Kunz, Rational Choice, Frankfurt a.M./New York 2004.
Emilio Santoro, Democratic Theory and Individual Autonomy. An Interpretation of Schumpeter's Doctrin of Democracy, in: European Journal of Political Research 23 (1993), S. 121-143.
Richard Swedberg, Joseph A. Schumpeter: His Life and Work, Cambridge 1991.
Richard Swedberg, Principles of Economic Sociology, New York 2003.
Erich Weede, Wirtschaft, Staat und Gesellschaft, Tübingen 1990.

*Volker Kunz*

# Theda Skocpol, States and Social Revolutions. A Comparative Analysis of France, Russia, and China, Cambridge 1979.

Als Schülerin von Barrington Moore an der Harvard University hatte Theda Skocpol (geb. 1947) 1973 drei bedeutende Kritikpunkte gegenüber dessen großer vergleichender (Revolutions-)Analyse der sozialen Ursprünge von Diktatur und Demokratie (→ Moore 1966) vorgebracht: 1. werde die relative Stärke kommerzieller Antriebe für das Bürgertum oder einzelne soziale Schichten nicht unabhängig vom Ergebnis (Demokratie, Faschismus und Kommunismus) bestimmt. 2. werde die unabhängige Rolle staatlicher Organisation und staatlicher Eliten nicht hinreichend herausgearbeitet, und 3. müsse der Modernisierungsprozess im internationalen Vergleich gesehen werden (Skocpol 1973, S. 30). Im Kern legte sie damit bereits ihr eigenes Forschungsprogramm vor.

Sie konzentriert sich in „States and Social Revolutions" auf die drei großen sozialen und politischen Revolutionen der Neuzeit in Frankreich, Russland und China. Das Buch machte in seinem Erscheinungsjahr Furore, errang zahlreiche Preise und wurde zunächst von der Fachkritik gepriesen. Inzwischen hat sich relativ still, aber in den Argumenten umso nachhaltiger eine recht kritische, teilweise ätzende Einschätzung zu etablieren versucht. Einleitend diskutiert Skocpol alternative Theorien von Karl Marx, Ted Robert Gurr (→ Gurr 1970), Charles Tilly, Chalmers Johnson u.a. zur Erklärung sozialer Revolutionen und stellt dem ihre „strukturelle Perspektive" entgegen. Teil 1 beschreibt in zwei Kapiteln die Ursachen von Revolutionen: 1. die Krisen der alten Regime (Vergleichsobjekte sind Japan und Preußen) sowie 2. Agrarstrukturen und Bauernaufstände (Vergleichsobjekte sind die englische und die deutsche Revolution). Im zweiten Teil mit vier Kapiteln werden zunächst die Veränderungen für die Staatsbildung durch eine neue politische Führung und revolutionäre Ideologien beschrieben. Es folgt eine Analyse der Revolutionen in Frankreich, Russland und China, die jeweils in einer Beschreibung des neuen Regimes endet. Zwei umfangreiche Tabellen im Text halten 1. die Bedingungen politischer Krisen (Verhältnis zwischen Monarchie und herrschender Klasse, Organisationsform der Landwirtschaft, internationale Herausforderungen) und 2. die Bedingungen für Bauernaufstände (agrarische Klassenstrukturen und lokale Faktoren) fest. Gesellschaftliche Transformationen gelten Skocpol als Ergebnis beider Faktoren. Eine zweite umfangreiche Tabelle hält das Zusammenspiel von sozialrevolutionären Krisen, sozioökonomischen Erbschaften des alten Regimes, internationalen und welthistorischen Umständen, den Prozess revolutionärer Staatsbildung und den Charakter des neuen Regimes fest.

Die Erklärungsskizze von Skocpol betont vor allem zwei Aspekte: Im Innern folgen die großen Revolutionen ihrer Ansicht nach einem Muster von Druck und Gegendruck. Durch die Aktivitäten der adligen Oberschichten werde der bisherige Staatsapparat herausgefordert und geschwächt und somit ein politisches Vakuum erzeugt, in das die revoltierenden bürgerlichen Schichten bzw. Kleingewerbetreibenden und Bauern stoßen. Je nach Eintritt und Ablauf dieser Konstellationen seien Revolutionen erfolgreich oder schlügen fehl. Die zweite Neuerung liegt in der Hervorhebung internationaler Herausforderungen durch weiter entwickelte Staaten. Skocpol sieht Revolutionen in diesem Zusammenhang ähnlich wie Huntington (→ Huntington 1968) als Modernisierungsanstrengung neuer revolutionärer Eliten, die leistungsfähigere Institutionen anstelle der alten schaffen wollen. Dies sei Anlass und Ziel zugleich für die revolutionären Umsturzbemühungen.

Dabei hätten die Agraroberschichten nur dann eine Chance mit ihrer Revolte, wenn sie ihre Ressourcen über zentrale Netzwerke gegen den bisherigen Staatsapparat mobilisieren könnten. Die Ironie dieser Deutung sei, dass ohne die Proteste der Landoberschichten die Bauernproteste und der Protest in den Städten wirkungslos verpuffen würden. Die Oberschichten aber, so sie mit ihrem Widerstand Erfolg haben, öffneten mit der weiteren Schwächung des Staatsapparates zugleich das Tor zu ihrem eigenen Niedergang. Die Verbindung aus Staatskrise und Widerstand der Oberschichten lähme den Staat und bahne den Weg für Massenaufstände (vgl. auch Goldstone 1991).

Die iranische Revolution hat Skocpol (1982) zum Anlass genommen, ihren funktionalistisch-strukturellen theoretischen Rahmen zumindest dahingehend zu modifizieren, dass nunmehr die zündende Wirkung revolutionärer Ideen und das in den Basaren und Religionsschulen wirksam werdende städtische Netzwerk der Schahgegner in den Vordergrund gerückt werden. In einer scharfen, bislang nicht publizierten Kritik wirft Richard Hamilton (1991) Skocpol eine Fülle logischer Fehler vor: 1. mangelhafte Trennung von konstanten und dynamischen Erklärungsmomenten, 2. fehlerhaften Umgang mit historischen Quellen, 3. neo-marxistischen Dogmatismus, 4. unausgeführte Kausalanalysen usw. Eine Antwort von Skocpol steht noch aus. Heftige Kritik an dem Werk üben auch Laitin/Warner 1992. Jack A. Goldstone erklärt eine rein strukturell dominierte Sicht wie bei Skocpol sogar für grundsätzlich überholt und zu ersetzen durch eine Struktur- samt Handlungsperspektive. Vorrangig seien dabei die „Faktoren, die die Stärke des Staates beeinflussen, den Wettbewerb unter Eliten und den Lebensstandard der Massen“ (Goldstone 2001, S. 167). Stabilität wird dabei als ein dauernder Prozess, als Auseinandersetzung zwischen Kräften und Faktoren der Destabilisierung und (Re-)Stabilisierung gesehen, zwischen Amtsinhabern, revolutionären Führern, ausländischen Mächten und unterstützenden Massen. Dies ist inzwischen eine eher konventionelle Einsicht.

Die osteuropäischen Systemwandlungen lassen sich mit Skocpols Theorie nur äußerst begrenzt erfassen. Am ehesten noch ist der Modernisierungsversuch staatlicher Eliten und das Anpassungsbestreben an westliche weiterentwickelte Staaten mit ihrer Theorie vereinbar, alles andere greift nicht. Positiv zu würdigen bleibt neben der Analyse des Staates, seiner Rolle und Eliten sowie internationaler Herausforderungen bei Skocpol die Betonung einer Blockrekrutierung für die strategische Verschanzung Protestierender, vor allem die Massen auf dem Land, wie auch der Umstand, dass die entscheidende Lähmung des Staatsapparates und der alten Gesellschaft von den Oberschichten und nicht von den Unterschichten ausgeht.

All dies hat sie klarer als andere Revolutionstheoretiker gesehen. Dabei findet sich vieles, etwa das Argument revolutionärer Koalitionen oder das Aufholen internationaler Rückständigkeit, schon bei Huntington (→ Huntington 1968) und Lenin. Wie nahezu alle Arbeiten in der historisch-vergleichenden Soziologie lebt Skocpols Werk von der Nutzung und Umdeutung von Sekundärquellen. Es stellt also keine neue historische Forschung im engeren Sinne dar. Neu ist die Verzahnung der Einzelerklärungen in einem (scheinbar) geschlossenen theoretischen Rahmen. Allerdings sind die historischen Fälle nicht unabhängig voneinander. Die Wirkung von Skocpols Werk ist z.T. über weitere vergleichende Arbeiten ihrer Schüler (Jack Goldstone über historische Krisen im 17.Jahrhundert) und Jeff Goodwin (vorwiegend über revolutionäre Herausforderungen in noch stark agrarisch geprägten Ländern der Dritten Welt) sowie durch einige kleinere Aufsätze und Sammelbände zur historischen Soziologie und vergleichenden Revolutionsforschung geprägt. Nach wie vor wird ihre Arbeit als Grundlagenstudie gesehen. Nur wenige originelle neuere vergleichende Revolutionsstudien sind seitdem erschienen. Allerdings sind die durch die Kritik aufgeworfenen vielen Fehlschlüsse weder behoben, noch hat Skocpol darauf reagiert.

**Literatur:**

Jack A. Goldstone, Revolution and Rebellion in the Early Modern World, Berkeley 1991.
Jack A. Goldstone, Toward a Fourth Generation of Revolutionary Theory, in: Annual Review of Political Science 4 (2001), S. 139-87.
Jeff Goodwin, No Other Way Out: States and Revolutionary Movements 1945-1991, Cambridge 2001.
Richard Hamilton, The Skocpol Prolegomenon, unveröffentlichtes Manuskript, Columbus 1991.
David Laitin/C. M. Warner, Structure and Irony in Social Revolutions, in: Political Theory 20 (1992), S. 147-151.
Theda Skocpol, A Critical Review of Barrington Moore's Social Origins of Dictatorship and Democracy, in: Politics and Society 4 (1973), S. 1-34.
Theda Skocpol, Rentier State and Shi'a Islam in the Iranian Revolution, in: Theory and Society 11 (1982), S. 265-283.
Charles Tilly, From Mobilization to Revolution, Reading 1978.

*Ekkart Zimmermann*

## Paul M. Sniderman/Richard A. Brody/Philip E. Tetlock, Reasoning and Choice. Explorations in Political Psychology, Cambridge/New York 1991.

Dieses Buch ist einer der Marksteine der „kognitiven Wende" in der Auseinandersetzung mit den Strukturen des politischen Denkens der Bürger westlicher Demokratien. Die „kognitive Revolution" der 1980er Jahre hat damit auch die Politische Psychologie erreicht und dazu beitragen, den behavioristischen Ansatz, also den sozialpsychologischer Ansatz, der sich nur mit dem objektiv beobachtbaren und messbaren Verhalten beschäftigt, zu überwinden (Sullivan u.a. 2002). Die Verfasser sind Politikwissenschaftler und Psychologen an der Stanford University (Paul Sniderman und Richard Brody) und der Ohio State University (Philip Tetlock). Kennzeichnend für den „neuen Blick“ (Sniderman 1993) auf politische Meinungen, Einstellungen, Überzeugungen und Werte der Bürger ist die kritische Abwendung von der „minimalistischen“ Sichtweise, die in den 1960er Jahren durch einen einflussreichen Aufsatz von Philip Converse (1964) begründet wurde. Dieser hatte – ebenso wie viele Folgestudien – im Grunde die empirische Bestätigung zu Joseph A. Schumpeters (→ Schumpeter 1942) pessimistischer Einschätzung der politischen Urteilskompetenz des „Normalbürgers“ nachgereicht. Zumindest für die amerikanischen Wähler demonstrierten diese Analysen: Die meisten Bürger schenken der Politik nicht viel Aufmerksamkeit, daher sind sie wenig informiert. Sie können politische Informationen auch kaum systematisch auswerten. Für abstrakte ideologische Konzepte fehlt ihnen fast jedes Verständnis. Die Inkohärenz und Instabilität der in Befragungen registrierten Einstellungsäußerungen wurden als Indiz interpretiert, dass solche Erhebungen überwiegend Zufallsantworten ohne gedankliche Fundierung erfassten. Bedenklich erschien auch die „demokratische Zuverlässigkeit“ der Bürger: Wenn das politische Denken der Bürger so oberflächlich ist, dann lässt sicht kaum erwarten, dass komplizierte Konstrukte wie „Demokratie“ hinreichend verstanden werden und die notwendige Unterstützung erfahren.

Dieses düstere Porträt der Bürger und ihrer politischen Fähigkeiten konfrontiert die Untersuchung mit Herbert A. Simons (1957) klassischer Rätselfrage: Wie kann es sein, dass die Bürger, wenn sie so wenig von Politik verstehen, doch nicht irrational entscheiden, sondern oft zu vernünftigen politischen Urteilen kommen? Die von Sniderman und seinen Kollegen gegebene Antwort stellt die überwältigenden Belege, die von der „minimalistischen“ Schule über Jahrzehnte zusammengetragen wurde, nicht in Abrede. Ihre zentrale These lautet vielmehr, dass die Bürger trotz ihrer begrenzten kognitiven Ressourcen sowohl „annähernd rationale“ („approximativ rationale“) Entscheidungen treffen können, als auch demokratischen Werten mit der notwendigen Tiefe und Ernsthaftigkeit verpflichtet sind. Sie behelfen sich mit gedanklichen „Abkürzungen“, die selbst komplexe politische Problemstellungen so vereinfachen, dass auch ohne umfangreiche Kenntnisse sinnvolle Entscheidungen möglich werden. Eine wichtige Rolle als Wegweiser spielen dabei Emotionen. Positive oder negative Gefühle gegenüber Gruppen und Sozialkategorien („Demokraten“, „Republikaner“, „Schwarze“, „Reiche“ usw.) geben Orientierung im unübersichtlichen Gelände politischer Probleme und darauf bezogener policies. Es gehört zu den Verdiensten dieser Studie, die Aufmerksamkeit der Politischen Psychologie auf die zu wenig beachtete Rolle von Emotionen in der Politik gelenkt zu haben (Sullivan u.a. 2002). Aber auch ideologische Etiketten wie „liberal“ und „konservativ“ können signalisieren, wie man konkrete Sachpolitiken einzuschätzen hat, die für Bewertungen auf schmaler Informationsbasis eigentlich zu komplex sind. Selbst ideologisch fundierte Urteile habe man sich jedoch nicht als Ergebnisse reinen Denkens (also kognitiver Prozesse) vorzustellen: Die Themenpräferenzen von Bürgern lassen sich laut dieser Studie nur dann aus ihren ideologischen Selbstpositionierungen vorhersagen, wenn diese von einer emotional intensiven ideologischen Bindung begleitet werden.

Ein weiteres zentrales Element der Arbeit ist die „Heterogenitäts-These“: Die gedanklichen Kalküle, über die Entscheidungen erreicht werden, sind nicht für alle Bürger gleich. Herausragende Bedeutung sprechen die Autoren den Unterschieden zwischen den Bürgern im Hinblick auf ihre politische Kompetenz zu. Dieses mehrdimensionale Konstrukt bündelt eng zusammenhängende Merkmalsdimensionen wie die Stärke der Aufmerksamkeit für die Politik, den Umfang der politischen Kenntnisse und das Verständnis für politische Argumente und deren Zusammenhänge. Kurz, es handelt sich um eine Art von politischer „Intelligenz“. Als Indikator wird der Grad der formalen Bildung herangezogen. In diesem Sinne politisch „intelligente“ Bürger wissen mehr und denken komplexer, nämlich sowohl differenzierter als auch vernetzter, als Bürger mit geringer Kompetenz. Das hat in vielerlei Hinsicht erhebliche Auswirkungen, beispielsweise auf das Wählerverhalten: Bürger mit hoher Kompetenz vergleichen die konkurrierenden Wahlbewerber und stützen ihre Urteile stark auf policy-bezogene Präferenzen, während weniger Kompetente dazu tendieren, ihre Wahlentscheidungen vor allem aus globalen Bewertungen der Leistungen der bisherigen Amtsinhaber abzuleiten. „Intelligentere“ Wähler entscheiden sich also sachfragenbezogen zwischen den Wettbewerbern. Sie sind (Nutzen-)Optimierer. Bei den weniger Gebildeten geht es hingegen in erster Linie darum, dem Amtsinhaber Unterstützung zu gewähren oder sie zu entziehen. Im Sinne von Herbert Simon (1957) können sie als „satisficers“ gelten. Sie wollen unter den Bedingungen „begrenzter Rationalität“ ein Mindestmaß an Nutzen für sich erreichen, streben aber nicht unbedingt an, diesen zu maximieren.

Sehr Kompetente lassen nach der Studie von Sniderman, Brody und Tetlock mehr Gesichtspunkte in ihre Urteile einfließen und beachten auch indirekte Zusammenhänge, während weniger Kompetente eindimensionaler und weniger tiefgründig entscheiden. Das kann zu überraschenden Folgen führen, etwa dem „principle-policy puzzle". Am Beispiel von Einstellungen zur Förderung der Rassengleichheit in den USA zeigt die Studie: Beurteilungen konkreter Projekte der Gleichstellungspolitik hängen bei gering Gebildeten enger mit allgemeinen Grundüberzeugungen zur Rassengleichheit zusammen als bei höher Gebildeten. Das ist so, weil sich erstere bei ihren Einschätzungen konkreter Maßnahmen allein auf ihre grundsätzliche Haltung zu diesem gesellschaftspolitischen Problem beziehen. Letztere erwägen dagegen auch indirekt mit der betreffenden Politik zusammenhängende Aspekte, etwa die für Amerikaner bedeutungsvolle Frage der grundsätzlichen Wünschbarkeit von Staatseingriffen in soziale und wirtschaftliche Prozesse. An mehreren Beispielen wird deutlich, dass durch Gefühle gesteuerte Kalküle im Denken der weniger kompetenten Bürger eine erheblich bedeutendere Rolle spielen als bei sehr Kompetenten. Diese verwenden ihre ideologischen Identifikationen als Wegweiser. Gedankliche „Abkürzungen" (kognitive Heuristiken) werden benutzt, um Informations- und Verständnislücken in der Politik auszugleichen. Auf welche „Abkürzungen" zurückgegriffen wird, ist aber von Wähler zu Wähler verschieden. Es hängt von der individuellen politischen Kompetenz ab. Diese Zusammenhänge werden aber nur sichtbar, wenn bei Analysen nach Kompetenzunterschieden der Wähler unterschieden wird. Die herkömmliche Einstellungs- und Verhaltensforschung, die gleiche Kompetenzen aller Bürger unterstellt, zeigt dagegen nur Strukturlosigkeit. Jüngere Arbeiten ziehen das im Vergleich zur „minimalistischen" Perspektive optimistischere Bild der Bürger und ihrer Befähigung zu bedeutungsvollen Entscheidungen zumindest partiell wieder in Zweifel. Die begrenzten Entscheidungsgrundlagen geringer gebildeter Wähler scheinen doch zu weniger rationalen Entscheidungen zu führen (Bartels 1996).

Das Werk hat nicht nur dazu beigetragen, das „Schumpeterianische" Menschenbild zurückzudrängen, das lange für die politische Einstellungs- und Verhaltensforschung charakteristisch war. Es hat auch einen wichtigen Impuls zur Renaissance experimenteller Methoden in der Politikwissenschaft gegeben. Phänomene der öffentlichen Meinung können nur dann ganz verstanden werden, wenn das Zusammenspiel zwischen Personen und ihren spezifischen Eigenschaften – wie z.B. ihrer ideologischen Identifikation oder ihrer politischen Kompetenz – und situativen Faktoren ausgelotet wird. Herkömmliche Bevölkerungsumfragen, die im Interesse „unverzerrter" Ergebnisse situative Faktoren soweit wie möglich zu neutralisieren versuchen, sind dafür kaum geeignet. Der durch computergestützte Erhebungstechniken ermöglichte Einschluss experimenteller Manipulationen in repräsentative Umfragen erlaubt es demgegenüber, situative Variablen aktiv zu variieren. Durch originelle experimentelle Designs wie die „counterarguing"-Technik wurde es möglich, in dieser Studie erstmals Hypothesen über Phänomene zu testen, denen mit üblichen Umfragen nicht beizukommen ist, beispielsweise zur Tiefe und Wahrhaftigkeit von Einstellungen zu den sensiblen Themen der Rassengleichstellung und des subtilen „neuen Rassismus" in den USA.

**Literatur:**

Larry M. Bartels, Uninformed Votes: Information Effects in Presidential Elections, in: American Journal of Political Science 40 (1996), S. 194-230.

Philip E. Converse, The Nature of Belief Systems in Mass Publics, in: David E. Apter (Hrsgs.), Ideology and Discontent, New York 1964, S. 206-261.

Herbert A. Simon, Models of Man: Social and Rational, New York 1957.

Paul M. Sniderman, The New Look in Public Opinion Research, in: Ada W. Finifter, (Hrsg.), Political Science: The State of the Discipline II, Washington 1993, S. 219-245.

John L. Sullivan/Wendy M. Rahn/Thomas J. Rudolph, The Contours of Political Psychology: Situating Research on Political Information Processing, in: James H. Kuklinski (Hrsg.), Thinking about Political Psychology, Cambridge 2002, S. 23-47.

*Rüdiger Schmitt-Beck*

## Dolf Sternberger, Schriften: Drei Wurzeln der Politik, 2 Bde., Frankfurt a.M. 1978.

Der Publizist Dolf Sternberger (1907-1989) studierte wie Hannah Arendt und Hans Jonas bei Karl Jaspers. Er war Mitbegründer der „Politischen Vierteljahresschrift" und seit 1955 Professor für Politikwissenschaft in Heidelberg. Das Buch „Drei Wurzeln der Politik" entstand während des Kalten Krieges im Austausch zwischen Geisteswissenschaftlern unterschiedlicher Disziplinen an der Philosophischen Fakultät Heidelberg. Eine erste Skizze seiner Überlegungen zum Politikbegriff hatte Sternberger bereits 1961 unter dem Titel „Der Friede als der Grund und das Merkmal und die Norm des Politischen" vorgelegt. Für Sternberger hatte der Begriff „Politik" eine verwirrende Vieldeutigkeit. Er machte sich vom Wort her auf die Suche nach der

„wahren Bedeutung“. Belege für das Hauptwort „Politik“ fand er im Deutschen von der „Staatsklugheit bis zur Verstellungskunst“ (S. 247). Im Französischen, so zeigte Sternberger, schließt es die Mittel und Wege ein, die jemand wählt, um an ein Ziel zu gelangen und nimmt damit einen instrumentalen Charakter an. Daneben stünden Interpretationen des Politikbegriffs, die Politik als zielgerichtet begreifen, um Utopien zu verfolgen. Da wir uns bei dieser Bedeutungsvielfalt nicht verstehen, obwohl das gleiche Wort verwendet wird, unterschied Sternberger zwischen dem Wort und dem Begriff, der als Kunstprodukt das gemeinsam benutzte Wort mit verschiedenen Inhalten füllt. Der Begriff „Politik“ spiegelt nach Sternberger eine Vorstellung vom Zusammenleben der Menschen, die auf die Menschen und ihre Erwartungen zurückwirkt. Sternberger verfolgt die Bedeutungsgeschichte, weil aller Streit zwischen Gegnern nicht nur ein Streit mit Wörtern, sondern auch um Worte sei. In dieser Aussage sind Prämissen und Ziel des Politikbegriffs bereits enthalten. Menschen sind verschieden. Sie können miteinander sprechen und ihre unterschiedlichen Interessen friedlich ausgleichen. Sternberger hält fest: „[E]s ist das Wesen der Politik und Verfassung, das Zusammenleben, die staatliche Gemeinschaft der Bürger, trotz und mitsamt ihren Unterschieden [...] Interessen, möglich zu machen“ (S. 153). In seine Erzählung der abenteuerlichen Geschichte des Wortes Politik flocht Sternberger Aussagen von Aristoteles (→ Aristoteles ca. 335 v. Chr.), Niccolò Machiavelli (→ Machiavelli 1532) und Augustin in sorgfältiger Kontextinterpretation so ein, dass sie als charakteristische historische Erscheinungen von „drei Wurzeln“ der Politik sichtbar werden. Im zweiten Band seines Werks hielt er fest, warum welche Gedanken in seine Überlegungen eingingen.

Sternberger begann sein Werk mit der Verwendung des Wortes „Polis“ durch Aristoteles als Regierung des bürgerlichen Staates, die über Regeln und Ämterverteilung zwischen Bürgern entscheidet. Rechtlich gleichgestellt, bestünden die Unterschiede zwischen den Menschen (Herren und Sklaven, Männern und Frauen) fort. Sie gingen ein in die gute Ordnung, deren „gemischte Verfassung“ von der Gemeinschaft her denke und zwischen Demos und Elite vermittele. Dieser „Politologik“ stellte Sternberger die „Dämonologik“ Machiavellis entgegen. Neu an dessen Gedankenwelt sei gewesen, dass er die Techniken, Herrschaft zu erringen und zu verteidigen, wertfrei beschrieben habe. Der staatliche Verband werde vom Herrscher her gedacht. Machiavelli rechtfertige so ein Regime der exzessiven Machtausübung. Dieser Herrscher habe sich nicht nur von seinem Gegenbild, dem guten König, emanzipiert, sondern sei von dem Bezug auf die politische Gemeinschaft abgelöst. Er sei eine unpolitische Erscheinung. Sternberger hält als historisches Paradox fest, dass gerade aus dem Bild des „Fürsten" eine reine Politik und autonome Politikwissenschaft begründet werde, obwohl die Bürger lediglich als Resonanzboden vorkommen und der Fürst in seiner konstruierten Vollkommenheit der Menschheit enthoben sei. Die Wurzel des jüngsten Bedeutungswandel des Politischen lokalisiert Sternberger im Wunsch nach Veränderung einer unvollkommenen Welt. Er nannte diese Wurzel „eschatologisch", weil sie ein Wissen von der großen oder absoluten Veränderung behauptet. Ihr Vorläufer sei der Gottesstaat des Augustin, der im jüngsten Gericht zwischen guten Bürgern Gottes und Verdammten unterscheide und insofern ein „unaufhebbares Paradox" entwerfe, als sein Staat alle Staatlichkeit überflüssig mache. Es entstehe somit eine polis ohne Politik. Augustins Ansicht unterscheide sich von späteren eschatologischen Vertretern dadurch, dass er der Meinung war, dass politische Veränderungen von göttlicher Macht abhängig seien und daher Geduld erforderten. Die späteren Vertreter der „Eschatologik" wie Thomas Münzer, Thomas Cromwell oder Wladimir Lenins glaubten dagegen, dass die Veränderungen gezielt und ungeduldig mit aller Macht vorangetrieben werden müssten. Verbinde sich diese Ergebnislegitimation mit dem technokratischen Politikverständnis, rechtfertige der Geist der Utopie die Schrecken der revolutionären Praxis. Damit habe sich Politik, die Hoffnung auf künftiges Heil zum Prinzip erhebend, gegen den Staat mit seiner bürgerlichen Ordnung gewendet.

Unter der Überschrift „Krieg und Frieden der Begriffe" unterscheidet Sternberger drei Bedeutungskomplexe: 1. „Politik als das Staatliche, Öffentliche, Gemeinsame, als bürgerliche Verfassung, als geordneter Zustand"; 2. „Politik als subjektiver Kalkül, als kluge Ausübung von Führung und Herrschaft, als schlaue Planung der Mittel zum vorteilhaften Zweck des Handeln"; 3. „Politik als Vorgang der gesellschaftlichen Veränderung und als diejenige Art Tätigkeit, welche diesen Vorgang auslöst, fördert und antreibt" (S. 383). Um zu klären, welche der drei Logiken – „Politologik", „Dämonologik" oder Eschatologik – die „wahre" (384 f.) sei, nutzt Sternberger das Kriterium der Gleichheit und die Art des verheißenen Friedens. Die „Politologik" ziele auf das Wohl aller Bürger. Die „Dämonologik" sei nur ausgerichtet auf den, der die Herrschaft erstrebt. Die „Eschatologik" richte sich auf die Scheidung der Geister und die Sammlung der Heiligen. Gleichheit als konstitutives und normatives Prinzip erscheine in der „Politologik" als Gleichheit der freien Bürger, aber nicht der Menschen. In der „Dämonologik" seien die vielen unterworfen und es gebe keine Gleichheit. In der „Eschatologik" ist die Gleichheit durch die Absonderung der Bösen von den Guten aufgehoben. Auch Frieden gebe es in dreierlei Form. In der Polis solle durch Gesetz, Gericht, Versammlung, Rat und Ämter Frieden geschaffen werden. Nach der „Dämonologik“ entstehe Frieden dagegen durch Unterwerfung in der Folge von Kampf mit Gewalt und List und werde hegemonial durch Unterdrückung erhalten. Die „Eschatologie“ ziele auf Frieden durch „Erlösung“.

Aus dem Dilemma unvereinbarer Bedeutungen befreite sich Sternberger durch die Entscheidung für die radikale wie originelle Erneuerung der politischen Philosophie durch Hannah Arendt, die Politik definiert als das, was zwischen den Menschen im Redewettstreit durch Handeln im politischen Raum als gemeinsame Ordnung entsteht (Arendt 1993). Sternberger ergänzte Arendts Beschreibung der „Banalität des Bösen“ durch eine Beschreibung der „Banalität des Guten“. Das „politisch Gute“ (S. 440) könne nur sein, was den Menschen möglich und zuträglich sei. Mit seiner Anthropologie berücksichtigt er Lage und Beschaffenheit der Menschen ebenso wie die elementare menschliche Gleichheit. Sternberger forderte, Erwartungen statt an der Demokratie an der „gemischten Verfassung“ auszurichten, die Herrschaft durch wechselseitige Abhängigkeiten ersetzt. Dies könne einzig die „Politologik“ leisten. Nur sie sei imstande, die philosophischen Voraussetzungen zu akzeptieren, indem sie die Menschen als gleichberechtigte Bürger aufzufassen verlange. „Die Politologik kennt kein Gesetz der Geschichte. Sie setzt dem Heilsverlangen und der Heilsbehauptung nichts entgegen als den stetigen Versuch, den Streit zu regeln. Wir befinden uns inmitten eines geschichtlichen Experiments“ (S. 445).

## Literatur:

Hannah Arendt, Was ist Politik? Fragmente aus dem Nachlass, hrsg. von Ursula Ludz, München 1993.

Carl-Joachim Friedrich/Benno Reifenberg (Hrsg.), Sprache und Politik: Festgabe für Dolf Sternberger zum 60. Geburtstag, Heidelberg 1968.

Dieter Nohlen, Dolf Sternberger, in: Gisela Riescher (Hrsg.), Politische Theorie der Gegenwart in Einzeldarstellungen. Von Adorno bis Young, Stuttgart 2004, S. 464-470.

Dolf Sternberger, Begriff des Politischen. Der Friede als der Grund und das Merkmal und die Norm des Politischen, Frankfurt a.M. 1961.

Dolf Sternberger, Das Wort „Politik“ und der Begriff des Politischen (1983), in: Wolfgang Seibel/Monika Medick-Krakau/Herfried Münkler/Michael Th. Greven (Hrsg.), Demokratische Politik – Analyse und Theorie. Politikwissenschaft in der Bundesrepublik Deutschland, Opladen/Wiesbaden 1997, S. 97-105.

Jörg Pannier, Das Vexierbild des Politischen: Dolf Sternberger als politischer Aristoteliker, Berlin 1996.

*Ingrid Reichart-Dreyer*

## Jacob L. Talmon, The Origins of Totalitarian Democracy, Bd. 1, Boston 1952; Bd. 2: The History of Totalitarian Democracy Political Messianism: the Romantic Phase, Boston 1960

*(DA, VA: Die Ursprünge der totalitären Demokratie, Bd. I, Köln/Opladen 1961; Politischer Messianismus. Die romantische Phase, Bd. II, Köln/Opladen 1963).*

Jacob Leib Talmon (1916-1980) arbeitete als Student der Geschichtswissenschaft und Philosophie in Warschau an einer Seminararbeit über die ultrademokratische französische Verfassung von 1793, als die Parteisäuberungen in Moskau 1937/38 mit großen Schauprozessen ihren Höhepunkt erreichten. Die Analogie zwischen dem Jakobinerterror des Jahres II und den Ereignissen in der Sowjetunion sprang ins Auge: „Wer hatte die Russische Revolution auf so kriminelle Weise verraten – die Angeklagten oder die Ankläger? [...] Wie konnten solche Missetaten, ob von der einen oder der anderen Gruppe der Oktoberrevolutionäre und der Gestalter der Sowjetunion begangen, mit der von beiden Seiten verkündeten universalen Heilsbotschaft vereinbart werden?“ Diese Parallele schien für Talmon die Existenz eines „unbegreifbaren und unausweichlichen Gesetzes nahe zu legen, das bewirkte, dass revolutionäre Heilsunternehmungen sich in Terrorregimes verwandelten und das Versprechen einer vollendeten direkten Demokratie, in die Praxis umgesetzt, die Form totalitärer Diktatur annahm“ (Bd. 3, S. 535).

Diese Mitteilung zum geistigen Ausgangspunkt des intellektuellen Abenteuers findet sich am Schluss des dritten, kurz nach dem Tod des Gelehrten erschienenen Bands, „The Myth of the Nation and the Vision of Revolution“ (1981). Die ersten beiden Teile waren mehr als 20 Jahre zuvor publiziert worden. Zu dieser Zeit lehrte Talmon bereits an der Hebräischen Universität Jerusalem. Nach dem deutschen Überfall auf Polen war er geflohen, hatte das Studium in Jerusalem, Paris und London fortgesetzt und mit einer Dissertation über „The Doctrine of Power in Its Religious, Social, and Political Aspects as Illustrated by some Movements of the Twelfth and Thirteenth Centuries“ zum Abschluss gebracht. Die existentiellen Grenzerfahrungen und die anregende intellektuelle Atmosphäre an der London School of Economics mit akademischen Lehrern wie Isaiah Berlin, Edward H. Carr (→ Carr 1939), Harold Laski und Lewis Namier bildeten das geistige Rüstzeug für die Bewältigung des Unternehmens.

„Vom achtzehnten Jahrhundert und der Revolution flossen, wie aus einer gemeinsamen Quelle, zwei Flüsse [...] der eine trug die Menschen zu freien Institutionen, der andere zu absoluter Macht“ (Tocqueville zit. nach Bd. II, S. 289). Die Janusköpfigkeit der aufklärerischen Ideen, die Alexis de Tocqueville (→ Tocqueville 1835/40) mit diesen Worten erfasst hatte und deren Wahrnehmung elementarer Bestandteil der politischen Überzeugungen vieler Liberaler des 19. Jahrhunderts war, führte zur Kernthese der breit angelegten ideengeschichtlichen Studie Talmons. Demnach hatte sich im 18. Jahrhundert „gleichzeitig mit dem liberalen Typ der Demokratie und aus denselben Prämissen“ eine Strömung entwickelt, die man als „totalitären Typ der Demokratie“ bezeichnen könnte. Die ersten Höhepunkte des Ost-West-Konflikts, die Talmon während der Arbeit an seinem Werk erlebte, erschienen ihm als unmittelbare Folge des Zusammenpralls „zwischen empirischer und liberaler Demokratie einerseits und totalitärer messianischer Demokratie andererseits“ (Bd. I, S. 1).

Beide „Schulen demokratischen Denkens“ unterschieden sich durch ihr entgegengesetztes Politikverständnis. Während die liberale Schule Politik als eine „Sache des Experimentierens“ und politische Systeme als „pragmatische Einrichtungen menschlicher Schöpfungskraft und Freiwilligkeit“ ansehe, beruhe die „Lehre der totalitären Demokratie [...] auf der Annahme einer alleinigen und ausschließlichen Wahrheit in der Politik“. Sie huldige einem „politischen Messianismus“, postuliere also „eine vorausbestimmte harmonische und vollkommene Ordnung der Dinge“, rechne alles „menschliche Denken und Handeln“ der Sphäre des Politischen zu und mache diese zum Gegenstand einer „in sich geschlossenen“, auf die Beherrschung aller „Lebensgebiete“ ausgehenden Philosophie“. Auch in ihren Endzielen unterschieden sich beide Schulen. Während die liberale Schule den Fortschritt durch einen Prozess von Versuch und Irrtum erreichen wolle, sei der Endzweck der totalitären Schule „genau definiert“. Er werde als „Angelegenheit größter Dringlichkeit behandelt, als Aufforderung zu sofortigem Handeln“. Das „Paradox der totalitären Demokratie“ bestehe darin, dass sie sich an einem „Modell der Gesellschaftsordnung“ ausrichte, das „alle anderen Möglichkeiten verneint“ (Bd. I, S. 1 f.).

Im ersten Band behandelt Talmon zunächst die Ursprünge der „totalitären Demokratie“ im 18. Jahrhundert. Im Zentrum stehen die Gesellschaftslehren von Helvetius, Holbach, Morelly und Mably sowie Jean-Jacques Rousseaus Konzept des „Allgemeinen Willens“ (→ Rousseau 1762). Dieses Konzept habe in Verbindung mit einer „zum Extrem geführten Volkssouveränität“ (Bd. I, S. 42) totalitäre Vorstellungen begünstigt, wie sie die Jakobiner in der Französischen Revolution zeitweilig umzusetzen suchten. Talmon beschreibt im Anschluss daran die Entwicklung der Französischen Revolution als ein wechselhaftes Ringen zwischen stärker pragmatischen Anhängern eines sozialen Kräftegleichgewichts und den Verfechtern der reinen Revolutionsideale, wie sie 1793/94 während der Zeit des großen Terrors unter der Führung Maximilien de Robespierres und in den Ideen François N. Babeufs zum Ausdruck kamen. Die jakobinische Tugendherrschaft und der „Babeufsche Plan einer egalitären kommunistischen Gesellschaft" gelten als „die beiden frühesten Ausdrucksformen des modernen politischen Messianismus" (Bd. I, S. 225).

„Politischer Messianismus" lautet dann auch der Leitbegriff des zweiten Bandes, der ein breiteres Spektrum politischer Ideen des 19. Jahrhunderts in den Blick nimmt, die nach Talmon die „totalitär-demokratische Erwartung einer vorbestimmten, allumfassenden und exklusiven Ordnung der Dinge" teilten, ohne in jedem Fall als vollgültige Ausprägung „totalitärer Demokratie" gelten zu können. Dieser Begriff traf auf die im ersten Teil behandelten Vertreter des „sozialistischen Messianismus" (von Saint-Simon und Fourier über Fichte bis Marx) zu, weniger hingegen auf Verfechter eines „messianischen Nationalismus" (Lamennais, Michelet, Mazzini, Mickiewicz). Talmon bezog nun stärker liberale Gegenspieler (Humboldt, Constant, Guizot, Tocqueville, Lamartine) in die Betrachtung ein und berücksichtigte auch knapp die „konterrevolutionäre Rechte" (de Maistre, Bonald, deutsche Romantiker), ohne indes den geistigen Vorläufern des Rechtstotalitarismus breiten Raum zu gewähren. Denn die „totalitäre Demokratie" bildete für Talmon den Schlüssel für die ideengeschichtliche Herleitung des Linkstotalitarismus, während ihm der Begriff auf den Rechtstotalitarismus „nicht anwendbar" (Bd. I, S. 7) erschien. Erst im letzten Band der Trilogie wich er von dieser Lesart ab, indem er die Wechselwirkung der Totalitarismen und die (pseudo-)demokratischen Züge des Faschismus/Nationalsozialismus hervorhob.

Talmons Werk gehört zu den bedeutendsten ideengeschichtlichen Deutungen des modernen Totalitarismus. Die von ihm herausgearbeiteten geistigen Wurzeln zielen in erster Linie auf den Linkstotalitarismus. Er blendet also die intellektuelle Vorgeschichte des Rechtstotalitarismus weitgehend aus. Zwar versteht er die „totalitäre Demokratie" als „weltliche Religion" (Bd. I, S. 8). Doch betont er zugleich die Diskontinuität gegenüber echten religiösen Ansätzen einer Verbindung von Politik und Religion. Er setzt sich also nicht mit prätotalitären Konzepten und Praktiken im Christentum auseinander. Was die Auseinandersetzung mit den geistigen Ausprägungen „totalitärer Demokratie" angeht, fällt auf, dass erkenntnistheoretische, anthropologische, revolutionstheoretische und politisch-prozessuale Aspekte eine weit größere Rolle spielen als institutionelle.

Für die Rekonstruktion der intellektuellen Geschichte der totalitären Ideologien des 20. Jahrhunderts war Talmons Werk von bahnbrechender Bedeutung. Naturgemäß wies dessen Rezeption ähnliche konjunkturelle Verlaufs- und Argumentationsmuster auf wie alle Totalitarismuskonzepte. Auch Talmons Konzept der „totalitären Demokratie“ ist durch den Untergang des „real existierenden Sozialismus“ neu belebt worden. Allerdings hatte es bereits lange zuvor weite Verbreitung und überwiegend positive Aufnahme gefunden, auch wenn die überwiegende Einordnung Rousseaus als geistigen Wegbereiter des Totalitarismus Widerspruch hervorrief. Talmons „totalitäre Demokratie“ hat in einem Maße kanonische Geltung erlangt, dass viele Autoren, die in dessen Fußstapfen wandeln, darauf verzichten zu können glauben, das Referenzwerk anzuführen. So ist François Furets Essay „Das Ende der Illusion“ (1996) – um nur ein Beispiel anzuführen – mit seinen Verbindungslinien vom Jakobinismus zum Marxismus-Leninismus durch Talmon inspiriert.

**Literatur:**

Yehoshua Arieli/Nathan Rotenstreich, Totalitarian Democracy and After, Neuausgabe, London/Portland 2002.

François Furet, Das Ende der Illusion. Der Kommunismus im 20. Jahrhundert, München 1996.

Klaus Hornung, Politischer Messianismus: Jacob Talmon und die Genesis der totalitären Diktaturen, in: Zeitschrift für Politik 47 (2000), S. 131-172.

Hans Otto Seitschek, Politischer Messianismus: Totalitarismuskritik und philosophische Geschichtsschreibung im Anschluss an Jacob Leib Talmon, Paderborn u.a. 2005.

Jacob L. Talmon, The Myth of the Nation and the Vision of Revolution. The Origins of Ideological Polarisation in the Twentieth Century, London/Berkeley/Los Angeles 1981.

Jacob L. Talmon, The Unique and the Universal. Some Historical Reflections, London 1965.

*Uwe Backes*

## Alexis de Tocqueville, De la Démocratie en Amérique. Teil 1, Paris 1835, Teil 2, Paris 1840

*(DA: Über die Demokratie in Amerika, Bd. 1, Leipzig 1836, Bd. 2, Stuttgart 1962; VA: Stuttgart 2003).*

Alexis de Tocqueville (1805-1859) entstammt einer alten französisch-normannischen Adelsfamilie. Nach dem Jurastudium wird er zunächst Richter in Versailles, später Abgeordneter (1839) und schließlich für kurze Zeit Außenminister unter Louis-Napoléon (1849). Tocqueville gehört insofern – mit Machiavelli (→ Machiavelli 1532) und den Autoren der Federalist Papers (→ Hamilton/Madison/Jay 1788) – zu den wenigen politischen Denkern, die über eigene Erfahrungen aus der politischen Praxis verfügten.

1831/32 unternimmt Tocqueville zusammen mit Gustave de Beaumont eine neunmonatige Amerikareise. Im Auftrag des Justizministeriums sollen sie das Strafvollzugssystem der USA studieren. Doch jenseits des offiziellen Anlasses verfolgt Tocqueville mit seiner Reise andere Ambitionen, die im Kontext der politischen Situation in Frankreich zu sehen sind: Nach der Juli-Revolution von 1830 beginnt sich die Dominanz des Bürgertums über den Adel abzuzeichnen. Vor diesem Hintergrund sieht Tocqueville anders als viele seiner Zeitgenossen nicht länger in dem britischen Mischverfassungssystem ein Modell für die Zukunft seines Landes, sondern vielmehr in der amerikanischen Staats- und Gesellschaftsordnung. Tocqueville will in Amerika die „Demokratie" – von ihm durchgängig in doppeltem Sinne verstanden als Staatsform und Zustand gesellschaftlicher Gleichheit – in ihrer fortgeschrittensten Gestalt kennen lernen.

In den Vereinigten Staaten von Amerika, in denen erstmals eine Demokratie in einem Großflächenstaat erfolgreich etabliert worden ist, erblickt Tocqueville das Anschauungsobjekt einer Entwicklung, die auf mittlere Sicht die „ganze zivilisierte Welt" erfassen wird: „Ich gestehe, dass ich in Amerika mehr gesehen habe als Amerika; ich habe dort ein Bild der reinen Demokratie gesucht, ein Bild ihrer Neigungen, Besonderheiten, ihrer Vorurteile und Leidenschaften; ich wollte sie kennen lernen, und sei es nur, um wenigstens zu erfahren, was wir von ihr zu erhoffen oder zu befürchten haben" (S. 30 f.). Dabei interessieren Tocqueville neben den demokratischen Institutionen und Prinzipien vor allem die spezifischen Einstellungen und Verhaltensmuster, die diese Ordnung hervorbringt, die sie stützen, aber auch gefährden können.

Tocqueville erkennt die unaufhebbare Spannung, die in der Demokratie zwischen den Prinzipien der Freiheit und Gleichheit besteht. Obwohl die

Demokratie beiden Prinzipien gerecht werden müsse, neige sie dazu, die Gleichheit auf Kosten der Freiheit zu bevorzugen, weil diese in zweifacher Weise ihr Zentrum bilde: zum einen als politische und rechtliche Gleichheit, die keine ständischen Privilegien mehr dulde, zum anderen als Gleichheit der sozialen und kulturellen Güterverteilung, der Lebensweise und geistigen Orientierung. Diese „Gleichheit der gesellschaftlichen Bedingungen" erzeuge einen Konformitätsdruck, der die Menschen auf sich selbst zurückwerfe und voneinander isoliere: Sie fördere „ihre Vereinzelung, und jeder [sei] bestrebt, sich nur um sich selber zu kümmern". Sie wecke „in ihnen eine unmäßige Liebe zu materiellen Genüssen" (S. 228). Sie entfremde den Menschen seinen Zeitgenossen und drohe, „ihn gänzlich in die Einsamkeit seines eigenen Herzens einzusperren" (S. 240). Materialismus, Konformismus und Individualismus im Sinne von Selbstbezogenheit sind für den Aristokraten Tocqueville die sozialpsychologischen Entsprechungen einer egalitären Gesellschaft. Er zeichnet das Bild einer einsamen Masse, die leicht zum politischen Opfer werden kann. Die Gefahr drohe dabei nicht mehr von einer Oligarchie oder Tyrannis, denn die „Gleichheit der Bedingungen" schließe die Restauration einer aristokratischen oder monarchischen Ordnungsform und deren Entartung aus. Die Masse laufe nun aber Gefahr, Opfer einer übermächtigen Zentralregierung und einer „fürsorglichen", „paternalistischen" Verwaltung zu werden. Die Zentralregierung regiere nämlich zum Zwecke der Wohlstandsförderung in alle Lebensbereiche der Menschen hinein – wozu sie von der Mehrheit der Bürger selbst autorisiert werde. Gegen die Macht dieser Mehrheit gebe es in einer Demokratie kaum einen Behelf. Selbst die öffentliche Meinung könne nicht gegen sie mobilisiert werden, sei sie doch nur die Meinung der Mehrheit (S. 147; 234): Wenn in einer Demokratie die Freiheit verloren gehe, so werde man der „Allmacht der Mehrheit die Schuld daran geben müssen, da sie die Minderheiten zur Verzweifelung gebracht und gezwungen haben" (S. 158), zur Gewalt Zuflucht zu nehmen.

Majorisierung und Verwaltungsdespotismus sind nach Tocqueville die Hauptgefahrenquellen in der Demokratie. Auch wenn sie nicht gänzlich beseitigt werden könnten, so lassen sich nach seiner Ansicht doch eindämmen: etwa durch die politische Partizipation der Bürger im kommunalen Bereich, wo diese sich „immer standhaft und bereit zeigen [müssen, um] zu verhindern, dass die staatliche Gewalt der allgemeinen Durchführung ihrer Pläne die persönlichen Rechte einiger Individuen leichtfertig zum Opfer bringt" (S. 355). Genau das glaubt Tocqueville in Amerika verwirklicht. In den Gemeindeinstitutionen Neuenglands sieht er die Prototypen einer freiheitlichen Selbstregierung. Sie verankern seiner Meinung nach „als Volksschulen der

Demokratie“ den „Geist der Freiheit“ in der Bevölkerung (S. 52) und tragen so dazu bei, in Amerika einen Despotismus zu verhindern, der „unerträglicher werden [würde] als in irgendeiner der absoluten Monarchien Europas“ (S. 161).

Zur Erhaltung der Freiheit, so führt Tocqueville aus, dienen in den USA neben dem Föderalismus und der Dezentralisierung weitere institutionelle und rechtliche Vorkehrungen wie die Gewaltenteilung, die Repräsentation, kurze Wahlperioden, verbriefte Grundrechte (besonders die Presse-, Versammlungs- und Vereinigungsfreiheit) und die Unabhängigkeit der Justiz (mit ihren Geschworenengerichten). In diesem Zusammenhang würdigt Tocqueville auch die Bedeutung der Religion: Sie mäßige die negativen Tendenzen der Demokratie, indem sie den Missbrauch der Freiheit verhüte und die „Liebe zum Wohlstand“ entschärfe. Nach Tocqueville sind es nicht in erster Linie die Institutionen, die verhindern, dass man in Amerika nicht „von der Tyrannei häufig Gebrauch macht“. Den Grund für die Mäßigung der Regierung sieht er vielmehr in den Umständen und den Sitten als in den Gesetzen (S. 149). Deshalb konnte seiner Ansicht nach der bloße Import der politischen Institutionen Amerikas nach Europa keine stabilen Demokratien herbeiführen. Es bedürfe darüber hinaus der bürgerlich-politischen Tugenden, der Ausbildung demokratischer Denk- und Verhaltensmuster in der Bevölkerung, um Freiheit und Gleichheit in Einklang zu bringen. Tocquevilles Haltung zur Demokratie bleibt ambivalent. Einerseits schreibt er einmal: „Ich liebe voller Leidenschaft die Freiheit, die Legalität, die Achtung vor den Gesetzen, aber nicht die Demokratie“ (S. 197). Andererseits hält er sie für die unaufhaltsam kommende Ordnungsform, deren Wesen man studieren müsse, um ihren Gefahren begegnen zu können.

„Über die Demokratie in Amerika“ wurde ein großer Erfolg und machte Tocqueville fast über Nacht berühmt. In den USA wird das Buch bis heute als aufschlussreiche Interpretation der amerikanischen Staats- und Gesellschaftsordnung gelesen. Noch vor wenigen Jahren produzierte das öffentliche Fernsehen der USA eine Serie über Geschichte und Politik des Landes „auf den Spuren Tocquevilles“. In der Politikwissenschaft wurde sein Werk dagegen lange vernachlässigt. Erst nach dem Zweiten Weltkrieg erwachte das Interesse an ihm erneut. Konservative Kritiker lasen es als Warnung vor einem Verlust der Humanität in einer nivellierten Massengesellschaft. Andere sahen in Tocqueville einen Denker, der mit seinen Analysen der modernen Demokratie und ihren Funktionsmechanismen zu einem Wegbereiter der empirisch und komparativ vorgehenden Politikwissenschaft wurde. Trotz der methodischen Mängel, der Unschärfe des zugrunde liegenden Demokratiebegriffs und der unübersehbaren Lücken (so fehlt etwa eine Untersuchung der ökonomischen Bedingungen des gesellschaftlichen Wandels) sind Tocquevilles soziologische Analysen des „demokratischen Menschen" und seine Warnungen vor einer despotischen Entartung der Demokratie von bleibender Bedeutung.

**Literatur:**

Michael Hereth, Tocqueville zur Einführung, 2. Aufl., Hamburg 2001.
Pierre Manent, Tocqueville and the Nature of Democracy, Lanham 1996.
Manfred G. Schmidt, Alexis de Tocqueville, in: Wilhelm Bleek/Hans J. Lietzmann (Hrsg.), Klassiker der Politikwissenschaft. Von Aristoteles bis David Easton, München 2005, S. 95-107.
Larry Siedentop, Tocqueville, Oxford 1994.
Cheryl B. Welch, de Tocqueville, Oxford 2001.

*Manfred Brocker*

## George Tsebelis, Veto Players: How Political Institutions Work, Princeton 2002.

George Tsebelis ist Professor für Politikwissenschaft an der Universität von Kalifornien in Los Angeles. „Veto Players" ist das bahnbrechende Ergebnis einer in den frühen 1990er Jahren begonnenen Bemühung, für den Vergleich politischer Systeme einen methodisch wie theoretisch neuen, aber zugleich möglichst einfachen und eleganten Rahmen zu entwickeln. Das Buch stellt die Frage, wie durch Institutionen einerseits, durch den Wettbewerb zwischen Akteuren andererseits die Stabilität politischer Entscheidungen beeinflusst wird. Anstelle der von den klassischen Institutionalisten in der traditionellen Politikwissenschaft bevorzugten dichotomen Einteilungen politischer Systeme in unitarische vs. föderale, parlamentarische vs. präsidentielle, Zwei- vs. Mehrparteiensysteme oder Einkammer- vs. Zweikammersysteme schlägt Tsebelis vor, alle institutionellen Arrangements und politischen Wettbewerbskonstellationen als funktional äquivalent zu betrachten und danach zu fragen, welche individuellen oder kollektiven sowie institutionellen oder parteilichen Akteure bei Entscheidungen zustimmen müssen, bevor eine Policy verändert werden kann. Akteure, die Reformen verhindern können, nennt Tsebelis Vetospieler. Wenn die Vetobefugnis verfassungsrechtlich festgeschrieben ist, dann handelt es sich um institutionelle Vetospieler (z.B. Parlamentskammer, Präsident). Die in diesen Institutionen vertretenen politischen Parteien sind dann parteiliche Vetospieler, wenn ihre Zustimmung zu einer Entscheidung erforderlich ist. Tsebelis verbindet diese radikale Vereinfachung mit einem räumlichen, auf euklidischen Annahmen beruhenden Politikmodell. Das bedeutet, dass jeder Vetospieler entsprechend seiner Policy-Präferenzen handelt und nach Entscheidungen strebt, die seiner idealen Politik möglichst nahe kommen. Um diesen Idealpunkt lassen sich kreisförmige Indifferenzkurven bilden. Demnach ist ein Akteur zwischen Punkten mit dem gleichen Abstand zu seiner idealen Politik indifferent. Geometrisch kann nun bestimmt werden, ob ein Vorschlag zur Veränderung des Status quo führen wird oder nicht. Dazu bedient sich Tsebelis der in der Spieltheorie entwickelten Konzepte des „core" und des „winset". Der „core" ist definiert als die Menge von Punkten, die nicht geändert werden können. In diesem Bereich besteht Policy-Stabilität. Das „winset" enthält dagegen die Politikvorschläge, die sich gegenüber dem Status quo durchsetzen können.

Auf dieser Grundlage leitet Tsebelis drei Hypothesen über die Policy-Stabilität oder – umgekehrt – die Veränderbarkeit des Status quo mathematisch ab. 1. ist nach Tsebelis die Policy-Stabilität umso größer, je mehr Vetospieler beteiligt sind, weil dadurch der „core" größer und das „winset" tendenziell kleiner wird. 2. ist die Policy-Stabilität umso größer, je weiter die Idealpunkte der Vetospieler voneinander entfernt liegen. Liegt der Idealpunkt eines Vetospielers zwischen den Positionen zweier anderer Vetospieler, dann wird er „absorbiert". Er kann somit die Größe des „core" und des „winset" nicht beeinflussen. Schließlich gilt 3. für kollektive Vetospieler, dass ihre internen Entscheidungsverfahren und die Homogenität der intern vertretenen Idealpunkte berücksichtigt werden müssen. Je homogener ein kollektiver Akteur, der mit einfacher Mehrheit entscheidet, desto größer sei die Policy-Stabilität. Umgekehrt sinke sie mit der Homogenität eines kollektiven Akteurs, der mit qualifizierter Mehrheit entscheide. Tsebelis erläutert diese Hypothesen mit minimalem mathematischem Aufwand. Nur die dritte Hypothese zu den Policy-Effekten kollektiver Vetospieler ist mühsamer nachvollziehbar, weil das Ergebnis, anders als bei den ersten beiden Hypothesen, nicht intuitiv einleuchtet. Wenn wir untersuchen wollen, welche Erfolgschancen ein Vorschlag zur Reform der Sozialversicherung einer Regierung im Land X hat, oder wenn wir wissen wollen, ob es im Land Y oder im Land Z schwieriger ist, die Steuerpolitik zu reformieren, dann gibt uns die Vetospielertheorie genaue Arbeitsanweisungen zur Hand. Wir müssen für das betreffende Politikfeld die relevanten Vetospieler und ihre Idealpunkte identifizieren, vom Status quo der Policy ausgehend „core“ und „winset“ bestimmen und sind damit in der Lage, eine klare Vorhersage zu treffen. Ist das „winset“ nicht leer, gibt es also Reformalternativen, auf die sich die Vetospieler einigen können, dann lässt sich sogar prognostizieren, welcher Politikvorschlag den Status quo ersetzen wird. Dazu ist zu berücksichtigen, welcher Akteur die Position des Agenda-Setters innehat. Der Agenda-Setter ist nach Tsebelis der Akteur, der über das Vorschlagsrecht verfügt. Er wird diese Kompetenz nutzen, um einen zustimmungsfähigen Vorschlag zu unterbreiten, der möglichst nahe an seinem Idealpunkt liegt. Das gelingt ihm umso leichter, je weniger Vetospieler beteiligt sind.

Tsebelis erläutert die Grundlagen seiner Vetospielertheorie im ersten Teil des Buches sehr anschaulich. Der zweite Teil dient dazu, die Annahmen der traditionellen vergleichenden Regierungslehre im Hinblick auf die Policy-Effekte von politischen Institutionen zu überprüfen. Es zeigt sich, dass sich parlamentarische Demokratien mit vielen Vetospielern wie Italien und das präsidentielle System der USA bezüglich der Policy-Stabilität viel ähnlicher sind, als die klassische typologische Unterscheidung der beiden Regierungsformen nahe legt. Während die traditionelle Politikwissenschaft einen erbitterten Streit darüber führt, ob direktdemokratische Abstimmungen positive oder negative Auswirkungen auf politische Systeme haben, zeigt Tsebelis, dass mit direkter Demokratie ein zusätzlicher Vetospieler am Entscheidungsprozess beteiligt wird. Dadurch nimmt die Policy-Stabilität zu. Zusätzlich sind Referenden, in denen den Abstimmungsberechtigten ein Entscheidungsvorschlag vorgelegt wird, und Volksinitiativen, in denen der Vorschlag aus dem Volk stammt, zu unterscheiden. Im zweiten Fall sind die Initiatoren Agenda-Setter, können also bei einem nicht-leeren „winset“ Einfluss darauf nehmen, dass die Entscheidung ihrem Idealpunkt möglichst nahe kommt. Im Gegensatz zur traditionellen Politikwissenschaft argumentiert Tsebelis, dass Föderalismus und Bikameralismus nicht per se spezifische Policy-Effekte wie etwa geringe Staatsverschuldung erzielen, sondern dass sie die Zahl der Vetospieler in einem politischen System und damit die Policy-Stabilität erhöhen. In Ländern mit geringer Staatsverschuldung sorgen sie dafür, dass sie niedrig bleibt, in Ländern mit hoher Staatsverschuldung hoch. Der dritte Teil des Buches dient der empirischen Überprüfung der Hypothesen. Die Analysen zum Ausmaß der Gesetzgebung in Westeuropa, zur Haushalts- und Wirtschaftspolitik in den OECD-Ländern und zur Dauerhaftigkeit von Regierungen bestätigen die Voraussagen der Vetospielertheorie weitgehend. Innovativ ist im vierten Teil zu den systemischen Wirkungen von Vetospielerkonstellationen insbesondere das Kapitel zu Gerichten (einschließlich Verfassungsgerichten) und Bürokratien. Hier argumentiert Tsebelis, dass der autonome Handlungsspielraum solcher Institutionen in dem Maße steigt, in dem die Vetospielerkonstellation für Policy-Stabilität sorgt. Diese These wird allerdings nur sehr kursorisch empirisch geprüft. Das letzte Kapitel widmet sich der Europäischen Union. Bekanntlich zeigt sich die traditionelle Politikwissenschaft mit ihrem Instrumentarium bis heute nicht in der Lage, dieses Gewirr an Akteuren, Institutionen und Handlungsbefugnissen auf den Begriff zu bringen. Die Formulierung, die Europäische Union sei ein politisches System „sui generis", legt davon beredtes Zeugnis ab. Hier glänzt die Vetospielertheorie, indem sie ausgesprochen sparsam und elegant die zahlreichen in den EU-Verträgen vorgesehenen und immer wieder reformierten Entscheidungsprozeduren oder die gelegentlichen Erweiterungsrunden um neue Mitgliedsländer aus einem einheitlichen analytischen Blickwinkel beleuchtet und ihre Auswirkungen auf die Policy-Stabilität ermittelt.

Auch wenn die Vetospielertheorie einen Durchbruch für die Analyse politischer Institutionen bedeutet und „Veto Players" neben Arend Lijpharts „Patterns of Democracy" (→ Lijphart 1999) wohl für lange Zeit führend in diesem Forschungsbereich sein wird, sind doch eine Reihe von Problemen erkennbar, die teilweise durch Modifikation des Ansatzes entschärft werden könnten, teilweise die Grenzen des Ansatzes aufzeigen. Die Vetospielertheorie entnimmt ihre konzeptionellen Grundlagen zwar zum Teil der Spieltheorie, ist selbst aber nicht spieltheoretisch fundiert. Die Akteure orientieren sich gemäß der Vetospielertheorie in ihrem Handeln allein an ihren Idealpunkten. Die Präferenzen anderer Akteure spielen demnach für sie keine Rolle. Sie handeln also nicht strategisch. Das ist eine nicht besonders realistische Annahme, die das analytische Potential der Theorie drastisch eingrenzt. Steffen Ganghof und Thomas Bräuninger (2003) zeigen, wie andere Handlungsmotive (Stimmen- und Machtmaximierung) in die Theorie aufgenommen werden können, ohne dass sie einen fundamental anderen Charakter annimmt. Vicki Birchfield und Markus Crepaz versuchen – allerdings weniger überzeugend – dasselbe Problem dadurch zu lösen, dass sie zwischen kooperativen, an einer Einigung interessierten und kompetitiven, an strategischen Überlegungen orientierten Vetospielern unterscheiden. Kaare Strøm (2003) verweist auf einen potentiell weit reichenden Unterschied zwischen institutionellen und parteilichen Vetospielern. Während bei institutionellen Akteuren ein Veto unmittelbar gelte, sei dies bei Parteien abhängig von ihrer politischen Sanktionsmacht. So kann ein Partner in einer Koalitionsregierung, der einem Regierungsvorschlag die Zustimmung verweigern will, nur dann ein effektives

Veto einlegen, wenn er glaubwürdig damit drohen kann, dass er anderenfalls die Regierung verlassen wird. Diese Glaubwürdigkeit wiederum aber von vielen strategischen Faktoren ab. Zudem gibt es zahlreiche Akteure (z.B. Interessengruppen), die im strikten Sinne keine Vetospieler sind, aber über Einflusspotentiale auf politische Entscheidungen verfügen. Ihre Einbeziehung fällt allerdings in Fallstudien leichter als in einem auf allgemeine Anwendbarkeit angelegten analytischen Rahmen, wie ihn Tsebelis vorlegt. Schließlich ist darauf aufmerksam gemacht worden, dass es leichter gesagt als getan ist, die Policy-Präferenzen bzw. die Idealpunkte der Akteure zu identifizieren. Aber das ist ein Problem, das Tsebelis' Ansatz mit nahezu allen handlungstheoretisch fundierten Konzepten in den Sozialwissenschaften teilt.

**Literatur:**

Vicki Birchfield/Markus M. L. Crepaz, The Impact of Constitutional Structures and Collective and Competitive Veto Points on Income Inequality in Industrialized Democracies, in: European Journal of Political Research 34 (1998), S. 175-200.

Steffen Ganghof, Promises and Pitfalls of Veto Player Analysis, in: Swiss Political Science Review 9 (2003), S. 1-25.

Steffen Ganghof/Thomas Bräuninger, Government Status and Legislative Behavior: Partisan Veto Players in Australia, Denmark, Finland and Germany, MPIfG Working Paper 03/11, Köln 2003.

Kaare Strøm, Parliamentary Democracy and Delegation, in: Dies./Wolfgang C. Müller/Torbjörn Bergman (Hrsg.), Delegation and Accountability in Parliamentary Democracies, Oxford 2003, S. 55-106.

*André Kaiser*

## Tatu Vanhanen, Prospects of Democracy. A Study of 172 Countries, London/New York 1997

Tatu Vanhanen lehrt Politikwissenschaft an der Universität Helsinki und war Professor für Politikwissenschaft an der Universität Tampere. „Prospects of Democracy" stellt die Vollendung eines langjährigen Forschungsprogramms dar, in dem Vanhanen die grundlegenden sozialstrukturellen Bedingungen der Demokratie und der Demokratisierung auf den Punkt zu bringen sucht (u.a. Vanhanen 1984). Das Buch besteht aus zwei ganz unterschiedlichen Teilen: Im ersten Teil präsentiert Vanhanen seine Theorie und Empirie einschließlich eines umfangreichen Datenanhangs. Im zweiten Teil finden sich fünf kommentierende Essays von Regionalexperten (Michael A. Seligson zu Lateinamerika, Ilter Turan zum Nahen und Mittleren Osten, Samuel Decalo und John W. Forje jeweils zu Afrika, John Henderson zu Ozeanien).

Vanhanens Untersuchung, die er im ersten Teil des Buches präsentiert, könnte kaum umfassender und zugleich enger angelegt sein: Für 172 Länder und den Zeitraum der letzten 150 Jahre ermittelt Vanhanen den Zusammenhang zwischen lediglich zwei Größen – dem Grad der Konzentration gesellschaftlicher Machtressourcen und dem Grad der Demokratisierung eines Landes. Vanhanen begründet zunächst seine überaus sparsam konzipierte Theorie (Kapitel 1): Er lehnt die Idee, es könnte in verschiedenen Ländern unterschiedliche kausal wirksame Konstellationen und womöglich sogar je einzigartige Wege geben, nachdrücklich ab. Vanhanen setzt ihr die Idee eines immer und überall vorhandenen gleichartigen Zusammenhangs zwischen Demokratie und einer einzigen unabhängigen Größe entgegen, die allein theoretisch hinreichend sei. Die These lautet, dass immer dann, wenn eine bestimmte Schwelle der Ressourcenstreuung überschritten ist, die Verhältnisse demokratisch werden. Es möge zwar Störfaktoren geben, die das beschleunigen oder verzögern, diese seien aber zufällig und es sei nicht sinnvoll und weitgehend auch nicht möglich, über sie zu theoretisieren (S. 161).

Seine zugrundeliegende theoretische Überlegung charakterisiert Vanhanen als „darwinistisch" (S. 22 ff.): Jede Gruppe von Lebewesen wolle sich im Überlebenskampf durchsetzen, so gut es gehe. Sie werde alle ihr verfügbaren Ressourcen nutzen, um sich gegen Konkurrenz durchzusetzen. Die Teilnahme an den Entscheidungen einer Gesellschaft werde dann in den Händen der Gruppen liegen, die die Ressourcen kontrollieren. Nach Vanhanen werden in einer Gesellschaft die Ressourcen nur über alle Mitglieder verteilt, wenn auch alle Mitglieder der Gesellschaft an den politischen Entscheidungen beteiligt sind.

Im zweiten Kapitel führt er seine Variablen und die zu prüfenden Hypothesen ein: Sowohl für die abhängige Variable, den Grad der Demokratisierung eines Landes, als auch für die unabhängige Variable, den Grad der Ressourcenkonzentration, bildet er Indizes, die jeweils in sich komplex zusammengesetzt sind: Der Index für den Demokratisierungsgrad eines Landes ist aus zwei Größen gebildet, 1. einem Maß der Intensität des politischen Wettbewerbs unter den Machtanwärtern (dazu subtrahiert Vanhanen den Prozentanteil der stimmstärksten Partei von 100), 2. einem Maß der Intensität der politischen Partizipation der Bevölkerung (gemessen über den Anteil der Wählenden an der Gesamtbevölkerung). Die beiden Maße multipliziert Vanhanen, damit beide einander nur in Grenzen ausgleichen können. Zugleich definiert er für diesen Index einen Schwellenwert, unterhalb dessen einem Land nicht als demokratisch gilt: weniger als 30 Prozent der Stimmen für die schwächere(n) Partei(en) oder weniger als 15 Prozent Wahlbeteiligung.

Der Index für Ressourcenstreuung besteht aus drei Teilindizes: 1. einem Index für die Heterogenität der Arbeitswelt, 2. einem Index für die Verbreitung von Bildung und 3. einem Index der Dezentralisierung ökonomischer Machtressourcen. Diese drei Teilindizes bildet Vanhanen aus je zwei Maßen. Der Index für die Heterogenität der Arbeitswelt beruht auf dem Anteil der städtischen Bevölkerung an der Gesamtbevölkerung und auf dem Anteil der Beschäftigten außerhalb des Agrarsektors. Der Index für die Verbreitung von Bildung beruht auf dem Studentenanteil und dem Anteil derer, die lesen und schreiben können. Der Index der Dezentralisierung ökonomischer Machtressourcen schließlich beruht auf Maßen der Konzentration des Landeigentums und der Konzentration des Eigentums an nichtagrarischen Produktionsmitteln. Seine Hypothesen lauten: 1. Es gibt eine positive Korrelation zwischen den unabhängigen Größen – insbesondere dem sie zusammenfassenden Index für Ressourcenstreuung – einerseits und den abhängigen politischen Variablen – vor allem dem sie zusammenfassenden Demokratieindex – andererseits. 2. Alle Länder überschreiten die Schwelle zur Demokratie bei ungefähr dem gleichen Wert des Indexes für Ressourcenstreuung.

Vanhanen hat seine – in den Anhängen 1-4 – dokumentierten Daten aus den unterschiedlichsten Quellen zusammengetragen und teilweise geschätzt. Werte werden den Ländern jeweils jahrzehnteweise zugeschrieben, bei einem Großteil der Länder beginnend mit 1850. Daraus resultieren über 1.100 Beobachtungsfälle, für die bivariate Beziehungen entsprechend den genannten Hypothesen ermittelt werden. Das Ergebnis bestätigt die Hypothesen. Die nach Hypothese 1 erwarteten Korrelationen fallen deutlich aus. Die Regression von Demokratisierungsgrad auf Ressourcenstreuung passt gut zu Hypothese 2. Zugleich sind aber die Differenzen zwischen den geschätzten Werten des Modells und den wirklichen Werten (Residuen) hoch. Den Großteil der weiteren Ausführungen widmet Vanhanen der Diskussion abweichender Einzelfälle (Schlussteil des dritten Kapitels) und regionaler Unterschiede (Kapitel 4). Im fünften Kapitel folgt eine abschließende Gesamtwürdigung, die in eine positive Bilanz für die Theorie mündet. Vanhanen scheut sich nicht, zu erläutern, welche Länder und Regionen nach seinem Ansatz reif für die Demokratisierung sind und wo daher demnächst der Übergang zu demokratischen Verhältnissen zu erwarten sei (z.B. S. 127). Der zweite Teil des Buches ist ungewöhnlich: Die kritische Auseinandersetzung mit der Untersuchung Vanhanens findet bereits in dem Buch selbst statt. Die fünf Beiträge gehen höflich, aber erbarmungslos zur Sache. Vieles von dem, was sich positiv und negativ zu Vanhanens Vorhaben sagen lässt, kommt in ihnen ausdrücklich oder implizit zur Sprache.

Das Unterfangen, für die gesamte moderne Welt vergleichbare Daten zu zentralen politischen und sozialökonomischen Eigenschaften von Staaten zusammenzutragen, ist beeindruckend und kann auch als erfolgreich angesehen werden. Zudem ist die These, die Vanhanen zur Diskussion stellt, klar und eindeutig. Insofern kann das Buch als ein Schlüsselwerk des Forschungszweiges angesehen werden, der sich mit den Voraussetzungen und Aussichten der Demokratie in der Welt befasst.

Die Probleme sind jedoch nicht zu übersehen. Zum einen sind dies Probleme, die mit den Daten und mit dem zu tun haben, was sich den Daten entnehmen lässt. Zum anderen sind es Probleme des theoretischen Anspruchs. Zu den Daten und dem, was sie sagen: Weniger schwer wiegen hier die großen Probleme der Verlässlichkeit der Daten. Solche Probleme sind bei einem derart umfangreichen Unternehmen nicht zu vermeiden. Gewichtiger sind die Validitätsprobleme der Arbeit. Misst Vahanen in allen Fällen, was er zu messen vorgibt? Für die unabhängige Variable etwa kann gefragt werden, ob der Index für die Heterogenität der Arbeitswelt und der Index für die Verbreitung von Bildung nicht eher die Modernisierung eines Staats anzeigen und ob der Index der Dezentralisierung ökonomischer Machtressourcen nicht eher den Grad der Durchsetzung marktwirtschaftlicher Verhältnisse misst. Das ist erheblich, weil es Folgen für das Urteil darüber hat, ob und wieweit Vanhanen theoretisches Neuland betritt. Für die abhängige Variable ist eine irritierende begriffliche Unbestimmtheit zu konstatieren: Vanhanens Demokratie-Index gibt Auskunft darüber, wie gut eine Demokratie funktioniert. Vanhanen interpretiert ihn aber so, als kläre er zugleich, ob überhaupt eine Demokratie vorliegt (vgl. etwa Berg-Schlosser 1999).

Zum theoretischen Anspruch: Man kann von Vanhanens unklarem Bezug auf Charles Darwin absehen, da er ihn nicht weiter erläutert und er keine Folgen hat. Was dagegen eine problematische Rolle spielt, ist Vanhanens Beharren auf strikter Monokausalität. Das richtige Anfangsargument, dass es eine Theorie sein muss, auf die wir zielen sollten, bedeutet keineswegs, dass es in dieser Theorie nur einen Kausalfaktor geben darf. Es ist sehr plausibel, die von Vanhanen genannten Faktoren als notwendige Bedingungen der Demokratie anzusehen. Er liefert aber kein Argument, warum sie zugleich hinreichend sein sollten. Unklar bleibt auch, warum andere Faktoren nur Störungen (S. 109, 167) sein sollten, die nicht in Form allgemeiner Sätze ins Bild gebracht werden können.

Hinsichtlich der Messkonzepte und Daten – weniger hinsichtlich der Datenanalyse – ist Vanhanens Buch eines der Standardwerke der makro-quantitativen Demokratieforschung geworden. Hinsichtlich des theoretischen Anspruchs ist das Bild zwiespältig: Deutet man ihn (um) als den bescheidenen Anspruch, einen Bereich notwendiger Bedingungen erfasst zu haben, findet er wenig Widerspruch. Nimmt man Vanhanen aber wörtlich, mit seinem Anspruch, die eine und einzige kausal nennenswerte Größe identifiziert zu haben, so ist sein Anspruch unhaltbar. Die fünf Essays des zweiten Teils können als typisch für die Reaktion gelten.

**Literatur:**

Dirk Berg-Schlosser, Empirische Demokratieforschung: Exemplarische Analysen, Frankfurt a.M. 1999.

Manfred G. Schmidt, Demokratietheorien, 3. Aufl., Opladen 2000 (S. 398-402).

Tatu Vanhanen, The Emergence of Democracy. A Comparative Study of 119 States, 1850-1979, Helsinki 1984.

Tatu Vanhanen, A new dataset for measuring democracy, 1810-1998, in: Journal of Peace Research 37 (2000), S. 251-265.

Christan Welzel, Fluchtpunkt Humanentwicklung: Über die Grundlagen der Demokratie und die Ursachen ihrer Ausbreitung, Opladen 2003.

*Reinhard Zintl*

## Eric Voegelin, The New Science of Politics. An Introduction, Chicago 1952

*(DA: Die neue Wissenschaft der Politik. Eine Einführung, München 1959; VA: 5. Aufl. mit einem Nachwort des Hrsg. und einer Bibliographie, hrsg. von Peter J. Opitz in Verbindung mit dem Eric-Voegelin-Archiv, München 2004).*

Der konservative Philosoph und Politikwissenschaftler Eric Voegelin (1901-1985) verbrachte einen Großteil seiner Jugend in Wien, wo er 1922 an der Juristischen Fakultät promovierte. Nach Studienaufenthalten in Deutschland, den USA und Frankreich kehrte er 1927 nach Wien zurück. Dort habilitierte er sich 1929 mit seiner Arbeit „Über die Form des amerikanischen Geistes" (1928) in Staatslehre und Soziologie. 1936 wurde Voegelin, bis dahin Privatdozent, außerordentlicher Professor an der Universität Wien. In unterschiedlicher Weise hatten ihn seine akademischen Lehrer Othmar Spann und Hans Kelsen geprägt. Wichtig war für ihn die Auseinandersetzung mit den Schriften von Max und Alfred Weber (→ Weber 1922), Eduard Meyer und Oswald Spengler. Der George-Kreis hatte Voegelin mit seinem Platonismus (→ Platon zwischen 387 und 367 v. Chr.) beeinflusst. Neben Karl Kraus, Max Scheler und einigen französischen Denkern wie Henri Bergson war für Voegelin besonders der Aufenthalt in den USA bedeutsam gewesen, der ihm z.B. die Philosophie von John Dewey nahe brachte. Voegelins politische Philosophie zeichnet allerdings eine große Eigenständigkeit aus, so dass die Einflüsse auf sein Denken oft nur unscharf hervortreten.

In den 1930er Jahren sympathisierte Voegelin mit dem österreichischen „Ständestaat", den er mit seinem Buch „Der autoritäre Staat" (1936) verteidigte. Nach dem „Anschluss" Österreichs wurde Voegelin von den Nationalsozialisten seiner Professur enthoben. Er emigrierte in die USA, wo er sich an verschiedenen Universitäten in Lehre und Forschung betätigte. In den USA profilierte er sich als vehementer Kritiker der vorherrschenden positivistischen, behavioristischen und szientistischen Ansätze, denen er sein normativ-ontologisches Politikverständnis entgegensetzte. 1958 nahm Voegelin, der seit 1944 amerikanischer Staatsbürger war, einen Ruf an die Universität München an. Dort baute er das neu gegründete „Institut für Politische Wissenschaft" auf. „Die neue Wissenschaft der Politik" enthielt das Programm, das Voegelin in München umzusetzen bestrebt war, die Neubegründung einer normativ ausgerichteten Politikwissenschaft. Nach seiner Emeritierung kehrte er 1969 in die USA zurück. Dort setzte er bis zu seinem Tod seine Forschungen als Senior Research Fellow an der Hoover Institution in Stanford fort.

„The New Science of Politics" ist das erste Buch, das Voegelin nach seiner Emigration in die USA geschrieben hat, und es ist sein bekanntestes. Es enthält die theoretischen Vorerwägungen zu seinem fünfbändigen Hauptwerk „Order and History" (1956-1987). Den Titel wählte Voegelin in Anlehnung an Giambattista Vicos „scienza nuova" (1725). Mit „neuer Wissenschaft" ist aber bei ihm eigentlich die Wiederaufnahme einer „alten Wissenschaft" gemeint, die auf dem von Platon und Aristoteles überlieferten normativ-teleologischen Grundverständnis von Politik beruht: „Der Rückgriff betrifft [...] die theoretische Grundlegung der Wissenschaft von menschlicher und gesellschaftlicher Ordnung, nicht etwa die besondere Form einer Theorie der Polis, die sie angenommen hat" (S. 14). Die Politikwissenschaft soll aus der griechischen „episteme politike" erneuert werden. Im Unterschied zu den Meinungen (doxai) sei die Wissenschaft (episteme) unabhängig von Zeit und Raum gültig. Sie erhalte ihren Charakter durch die Rationalität, die Voegelin daher in den Mittelpunkt seiner Betrachtungen stellt: „Unter Rationalität ist [...] die Anerkennung der Seinsverfassung zu verstehen; unter Irrationalität jeder Versuch, Teile der Seinsverfassung von der Betrachtung auszuschließen oder ihre Existenz zu bestreiten" (S. 15).

Weitere zentrale Begriffe sind „Wahrheit und Repräsentation". Ein Aspekt dieser Betrachtungen besteht in dem dreifachen Wahrheitsverständnis, das der Mensch von der Welt und seiner Position in ihr gewonnen habe: Das erste sei das „kosmologische" der Alten Reiche im Nahen und Fernen Osten gewesen. Darauf sei mit Platon (→ Platon zwischen 387 und 367 v. Chr.) und Aristoteles (→ Aristoteles ca. 335 v. Chr.) ein zweites „anthropologisches" gefolgt und schließlich ein drittes „soteriologisches", das auf christlicher Erfahrung beruhe. Dieser letzte Typus habe die anderen beiden nicht als falsch überwunden, sondern habe sie in ein differenziertes Ordnungswissen und damit in Rationalität übertragen. Die vormodernen, vom Christentum geprägten politischen Ordnungen seien die Repräsentanten dieser differenzierten Form von Wahrheit gewesen. Eine grundlegende Änderung habe sich ab dem 14. Jahrhundert durch die Erosion der christlichen Weltauslegung vollzogen, an deren Stelle allmählich die Orientierung des Menschen an der innerweltlichen Realität getreten sei.

Voegelin rekonstruierte die Entstehung, die Entwicklung und schließlich den Verfall der Rationalität in der Moderne, dem ein Niedergang der Sozialwissenschaften entspreche. Zu einer Analyse der westlichen Welt seien diese Wissenschaften nicht mehr imstande. Seine Diagnose des Verfalls leitet über zur Modernitäts- und Kulturkritik einerseits, einer kritischen Auseinandersetzung mit der positivistischen Wissenschaftsauffassung andererseits.

Die Moderne habe gnostischen Charakter. Dieser erschließe sich durch die Vorstellungen von der Selbsterlösung und Selbstvergottung des Menschen. Der Versuch der Selbsterlösung sei gegen die Ordnung des Seins gerichtet. Der Selbstvergottung des Menschen entspreche der Gottesmord, wie ihn Friedrich Nietzsche formuliert habe, der aber für die gesamte Zivilisation kennzeichnend sei: „Nietzsche [...] verkündete, dass Gott tot und dass er ermordet worden sei. Dieser gnostische Mord wird ständig von den Menschen begangen, die Gott der Zivilisation zum Opfer bringen. Je intensiver alle menschlichen Energien in das große Unternehmen der Erlösung durch welt-immanentes Handeln geworfen werden, desto mehr entfernen sich diejenigen, die an diesem Unternehmen mitwirken, vom Leben des Geistes" (S. 142). Da die Ordnung in der Gesellschaft ebenso wie im Menschen selbst des Geistes bedürfe, begründe gerade der Erfolg der gnostischen Zivilisation ihren Verfall.

Der „Gnostizismus" habe die westliche Zivilisation in einem tausendjährigen Prozess unterhöhlt und korrumpiert. Je früher allerdings die nationalen Revolutionen eingesetzt haben, desto weniger radikal sei der „Gnostizismus" gewesen. Daher seien die zerstörerischen Auswirkungen in England und in den USA geringer gewesen als in Frankreich und insbesondere in Deutschland, wo der „Totalitarismus als existentielle Herrschaft gnostischer Aktivisten [...] die Endform der progressiven Zivilisation" (S. 142) gewesen sei. Daraus leitete Voegelin die Hoffnung ab, dass ein erfolgreicher Widerstand gegen den „Gnostizismus" von den angelsächsischen Demokratien aus möglich sei. Aus Voegelins Modernitäts- und Kulturkritik resultierte daher kein Geschichtsdeterminismus, wie er für das Werk Oswald Spenglers charakteristisch ist.

Linke Kritiker betrachteten Voegelins Bezugnahme auf die platonisch-aristotelische „episteme" als reaktionär. Auch von rechtsgerichteten Autoren, die den „Konservatismus" von „The New Science of Politics" lobten, fühlte sich Voegelin aber missverstanden. Seine These, dass moderne Bewegungen und Ideologien generell als „gnostizistisch" zu qualifizieren seien, führt dazu, dass so unterschiedliche Strömungen wie Aufklärung, Liberalismus, Positivismus, Kommunismus und Nationalsozialismus unter einen gemeinsamen Oberbegriff gefasst werden. Dies ist vehement bestritten worden. Die Demokratie angelsächsischer Prägung, auf die Voegelin seine Hoffnung setzte, sei auf der Basis seiner Modernitäts- und Kulturkritik als Produkt einer Residualkategorie vormoderner Bewusstseinsinhalte zu deuten. Das widerspreche dem Selbstverständnis der westlichen Demokratien. „The New Science of Politics" war ein Bestseller, der in mehrere Sprachen übersetzt wurde. Die nachhaltige Umsetzung des Programms einer „neuen Wissenschaft" ist Voegelin aber nicht geglückt. Die normativ-ontologische Richtung stellt in der modernen Politikwissenschaft eine Randerscheinung dar, auch wenn ihrem Schöpfer in letzter Zeit verstärkte Aufmerksamkeit entgegengebracht wurde und mit der Eric-Voegelin-Bibliothek an der Universität Erlangen und dem Eric-Voegelin-Archiv an der Universität München (www.lrz-muenchen.de/~voegelin-archiv) wichtige Zentren zur Erforschung und Weiterentwicklung seines Werks vorhanden sind.

**Literatur:**

Michael Henkel, Eric Voegelin zur Einführung, Hamburg 1998.
Dietmar Herz/Veronika Weinberger, Die Münchener Schule der Politikwissenschaft, in: Wilhelm Bleek/Hans J. Lietzmann (Hrsg.), Schulen der deutschen Politikwissenschaft, Opladen 1999, S. 269-291.
Peter J. Opitz, Gregor Sebba (Hrsg.), The Philosophy of Order. Essays on History, Conciousness and Politics for Eric Voegelin on his 80th birthday, January 3, 1981, Stuttgart 1981.
Eric Voegelin/Alfred Schütz/Leo Strauss/Aron Gurwitsch, Briefwechsel über „Die Neue Wissenschaft der Politik", in Zusammenarbeit mit dem Eric-Voegelin-Archiv der Ludwig-Maximilians-Universität München hrsg. von Peter J. Opitz, Freiburg/ München 1993.
Eric-Voegelin-Archiv, www.lrz-muenchen.de/~voegelin-archiv (Stand: 20. Juli 2006).

*Michael Thöndl*

## Immanuel Wallerstein, The Modern World System, Bd. 1: Capitalist Agriculture and the Origins of the European World-Economy in the Sixteenth Century, New York 1974; Bd. 2: Mercantilism and the Consolidation of the European World-Economy, 1600-1750, New York 1980; Bd. 3: The Second Era of Great Expansion of the Capitalist World Economy, San Diego 1988

*(DA: Das Moderne Welt-System, Bd. 1: Die Anfänge der kapitalistischen Landwirtschaft und die europäische Weltökonomie im 16. Jahrhundert, Frankfurt 1996; Bd. 2: Der Merkantilismus. Europa zwischen 1600 und 1750, Wien 1998).*

Der Soziologe Immanuel Wallerstein (geb. 1930 in New York) promovierte 1959 an der Columbia University. Dort engagierte er sich 1968 in der Reformbewegung. Von 1955 bis 1970 forschte er hauptsächlich zur Kolonialgeschichte Afrikas. 1971 ging Wallerstein an die McGill University in Montreal. Seit 1976 ist er Soziologieprofessor an der State University of New York. Bis heute arbeitet er dort als Direktor des von ihm gegründeten „Fernand Braudel Center fort he Study of Economies, Historical Systems, and Civilizations".

Wallerstein gilt als Begründer und der wohl herausragendste Vertreter der Weltsystemtheorie, die sich im Gegensatz zu den Dependenztheoretikern (→ Cardoso/Faletto 1969) nicht auf die Analyse der Austauschbeziehungen zwischen einer begrenzten Anzahl von Staaten beschränkt, sondern einen geographisch breiteren und zeitlich längerfristigen Fokus entwickelt. Die zentrale Aussage lautet: Der Wandel einzelner Länder ist nicht ohne weltweiten Blick zu verstehen. Bereits mit den Anfängen der europäischen Expansion im 16. Jahrhundert, also lange vor der jetzigen Globalisierung, hat sich nach Wallerstein ein die ganze Welt umspannendes wirtschaftlich einheitliches, aber politisch nicht integriertes System herauszubilden begonnen. In seiner – noch nicht abgeschlossenen – Geschichte des „modernen Weltsystems" (geplant sind vier Bände) analysiert Wallerstein das Weltsystem als Interaktion seiner – in einer weltweiten ungleichen Arbeitsteilung integrierten – Teilräume.

Wallerstein greift inhaltlich in seinem Werk vor allem auf drei Quellen zurück, die sämtlich materialistisch argumentieren: 1. den Marxismus; 2. die französischen Historiker der so genannten „Annales"-Schule um Fernand Braudel und 3. die Dependenztheorien. Von Karl Marx (u.a. → Marx 1869) nimmt Wallerstein das Konzept des Kapitals, von Lenin das der Ausbeutung zum Ausgangspunkt seiner Überlegungen. Im Gegensatz zu Marx stellt er jedoch nicht die durch Lohnarbeit und Klassenkampf bedingte Produktionsverhältnisse, sondern den Austausch in den Mittelpunkt. Wallersteins Fokus auf Makrosysteme geht auf den französischen Historiker Braudel zurück. Dieser hatte weit gespannte Netzwerke in historischen Großreichen beschrieben und deren durch lange Handelsketten bedingten Dynamiken untersucht. Die dritte Quelle für Wallerstein waren die Arbeiten der Dependenztheoretiker. Von ihnen übernimmt er die Kernthese, dass „Unterentwicklung" in einigen Weltteilen das Resultat der „Entwicklung" in anderen, nämlich das Ergebnis ungleichen Tausches zwischen Zentren und Peripherien sei. Anders als bei den Dependenztheoretikern steht bei ihm jedoch der Staat und nicht die ökonomische Einheit im Zentrum. Dieser stabilisiert nach Wallerstein den Kapitalismus, indem er dessen Kosten übernimmt und die durch Widerstände auftretenden Konflikte managt.

Wallerstein vertritt einen transdisziplinären Ansatz, der bewusst nach einer Integration der vielfältigen Interdependenzen zwischen politischen, ökonomischen und soziokulturellen Phänomenen verlangt. Ein Weltsystem im Sinne Wallersteins ist einfach gesagt ein System der weltweiten Arbeitsteilung, das durch zwei wesentliche Merkmale bestimmt wird. Zunächst besteht es aus einem Netzwerk von Produktions- und Tauschbeziehungen. Es enthält mehrere kulturelle Subsysteme, die alle miteinander in einer dynamischen Beziehung verbunden sind. Träger des Systems sind für Wallerstein in der Neuzeit die Nationalstaaten. Sie sind jedoch für ihn im Zeitalter der Globalisierung keine notwendige Voraussetzung für dessen Erhalt. Das zweite Merkmal ist für Wallerstein die wirtschaftliche Unabhängigkeit des Systems. Veränderungen im System seien nur durch interne Systemdynamiken bedingt, außerdem umfasse längst nicht jedes System den gesamten Globus. So betrachtet Wallerstein das Römische Reich durchaus als Weltsystem. Weltsysteme sind also zunächst bestimmte geographisch definierbare, in sich zusammenhängende Räume. Historisch gab es nach Wallerstein mehrere solcher Weltsysteme. Vormoderne Weltsysteme bezeichnet er als Weltreiche und so genannte Mini-Systeme. Das im Mittelpunkt seiner drei Bände stehende, im „langen 16. Jahrhundert" zwischen 1450 und 1640 in Europa entstandene „moderne Welt-System" bezeichnet er als Weltwirtschaft. Der zentrale Unterschied zwischen beiden Typen liege in der Art und Weise, wie Entscheidungen über Ressourcenverteilungen getroffen werden. In einem Weltreich verlören die um das Machtzentrum gruppierten „Mini-Systeme", die ihrerseits eine einheitliche Kultur aufwiesen, ihre Eigenständigkeit dadurch, dass sie den Handelsimperien durch Tributzahlungen angeschlossen würden. Letztlich aber zerbrächen diese, da ihr angehäuftes, jedoch begrenztes Kapital nicht zur politischen Stabilisierung gereicht habe.

Das „moderne Welt-System", Beispiel einer Weltökonomie, wie sie Wallerstein in Europa (Bauernrevolten, Kriege, Seuchen, Hunger) seit Mitte des 15. Jahrhunderts allmählich entstehen sieht, sei hingegen dadurch gekennzeichnet, dass es kein einzelnes politisches Machtzentrum mehr gebe, sondern eine Reihe miteinander konkurrierender Zentren. Es sei das Resultat einer Krise des Feudalismus, deren Lösung in der geographischen Expansion, der Bildung von Nationalstaaten und der Anhäufung von Kapital durch eine ausgeprägte neue weltweite Arbeitsteilung zugunsten des Zentrums bestanden habe (Bd. 1, S. 99-101, S. 115-142). Dieses Weltsystem gründe auf marktwirtschaftlicher Organisation und umspanne als erstes und einziges System seit Mitte des 16. Jahrhunderts den ganzen Globus. Für Wallerstein ist jedoch auch das moderne kapitalistische Weltsystem zeitlich begrenzt.

Wie funktioniert Wallersteins Weltsystem? Grob vereinfacht ist es zunächst eine ökonomische Einheit, aber keine politische. Wirtschaftliche Entscheidungen werden demnach in Bezug auf die ganze Welt, politische Entscheidungen nur im Rahmen kleinerer Einheiten getroffen. In diesem System gebe es eine globale Arbeitsteilung. Produktion, Handel und Arbeit seien dabei in bestimmten Regionen enger miteinander verknüpft. Hauptmotor für die Dynamik des Systems sei das Prinzip der „unbegrenzten" Anhäufung von Kapital. Letzteres impliziere räumliche Ausdehnung im Sinne der Einbeziehung noch nicht integrierter Wirtschaften und führe zur zwischenstaatlichen Konkurrenz um Arbeitskräfte, Absatzmärkte und Rohstoffe. Da Expansion aber ungleich verlaufe, entstünden strukturell ungleich entwickelte Zonen als so genannte Subsysteme. In deren Rahmen könne sich die Position von Staaten verändern. Konkurrenz und die daraus folgenden Ungleichheiten führten immer wieder zu Krisen im System, z.B. durch Überproduktion. Das System sei daher durch lange Wellen von Stagnation und Dynamik gekennzeichnet. Jede Krise werde von so genannten „anti-systemischen Bewegungen" begleitet und führe immer zu einer Transformation des ganzen Weltsystems (Bd. 2, S. 1-36).

Zentral für die von Wallerstein skizzierte kapitalistische Weltökonomie ist, dass die Aneignung von Mehrarbeit in einem Ausbeutungsverhältnis stattfindet, das nicht etwa zwei Klassen, sondern drei strukturelle Einheiten, genannt „Zonen", umfasst: 1. zentrale Räume (z.B. Frankreich, England, die Niederlande: Bd. 1, S. 269-282; Bd. 2, S. 299-320), 2. Semi-Peripherien (z.B. Spanien, Portugal: Bd. 2, S. 205-223) und 3. Peripherie-Länder (z.B. Osteuropa: Bd. 2, S. 147-167). Diese Zonen sind nach Wallerstein von zentraler Bedeutung für die Entwicklung, da die Position eines Staates oder einer sozialen Gruppe innerhalb dieser Zonen die entscheidende Determinante des internen politischen Geschehens in diesem Staat darstelle. Er unterscheidet die Zonen nach verfügbarem Einkommen, Modernität der Arbeitsverhältnisse, technischem Wissen, Handelsintensität, Lebensweise und politisch-militärischer Macht. Seine Grundthese in diesem Kontext lautet: Während der europäische Kapitalismus sich im Untersuchungszeitraum zu einem universellen ökonomischen Raum entwickelte, zerfiel die Welt gleichzeitig in nationale Staaten und Identitäten. In diesem Weltsystem verschärften sich Verteilungskonflikte und führten zu einem immer größeren Wohlstandsgefälle.

Kritiker bemängeln vor allem, dass Wallersteins Ausführungen in den Beispielen historisch teilweise ungenau seien, ganz abgesehen davon, dass seine Theorie historisch-empirisch schwierig zu deuten und zu überprüfen sei. Verstärkt wird diese Kritik durch die fehlende Definition der Kernbegriffe bei Wallerstein. Auch die Datierung des Beginns der Globalisierung ist fragwürdig. Im Kontext seiner Darstellung ließe sich dieser durchaus mit der Entdeckung der Neuen Welt datieren. Auf keinen Fall aber ist die Globalisierung ein historisches Spezifikum des späten 20. Jahrhunderts. Mit anderen

Worten: Wallersteins Begriffsrahmen erlaubt keine Deutung des Transnationalen im Sinne des historisch Neuen.

Kritik entzündet sich auch an seiner Vernachlässigung des normativen Aspekts, d.h. der spezifisch westeuropäischen Werte. Nirgendwo wirft Wallerstein die Frage auf, ob nicht der von ihm beschriebene Weltmarkt ungewollt, geradezu zwangsläufig globale Konflikte und Identitäten erzeuge. Anders gewendet: Ist die Unterentwicklung der Peripherie tatsächlich Voraussetzung der Entwicklung der zentralen Mächte und daher bewusst, wie Wallerstein suggeriert, von ihnen gesteuert oder ist sie nicht eher ein Nebeneffekt? Sind es äußere Faktoren wie der Markt oder nicht eher innere Kräfte wie die Sozialstruktur in einem Staat, die Entwicklung steuern? Und schließlich: Gibt es tatsächlich nur ein System mit einer einzigen (der kapitalistischen) Produktionsweise, oder handelt es sich um ein Austauschsystem, das aber mehrere Produktionsweisen umfasst?

Mit seinem Standardwerk der Weltgeschichtsforschung hat Wallerstein eine umfassende politökonomische, historisch und vergleichend angelegte Makrotheorie der Entwicklung, insbesondere des Kapitalismus, entwickelt und zugleich die entscheidenden Konkurrenzthesen zur Modernisierungstheorie und den gängigen Globalisierungstheorien geliefert. Seine Theorie des Weltsystems hat vor allem Einfluss auf die Disziplinen Soziologie, Politische Ökonomie und Geschichtswissenschaft ausgeübt. Die von ihm begründete aktive Schule am Braudel Center dominiert maßgeblich die Makroentwicklungstheorie vor allem in den USA. Sie bietet verschiedensten Disziplinen die Möglichkeit der Lehre und Forschung am Weltsystem. Bis heute wird dort sein Ansatz kritisiert, verfeinert, empirisch getestet und erweitert. Allerdings blieb der von ihm angestrebte sozialistische Einfluss auf die Entwicklungspraxis eher gering. Dies liegt nicht zuletzt an der historischen Ausrichtung und am hohen Abstraktionsgrad seines Werkes.

## Literatur:

Andre Gunder Frank/Barry K. Gills (Hrsg.), The World System. Five Hundred Years or Five Thousand? London 1996.

Jochen Blaschke (Hrsg.), Perspektiven des Weltsystems: Materialien zu Immanuel Wallersteins 'Das moderne Weltsystem'. Frankfurt a.M./New York 1983.

Peter Imbusch, „Das moderne Weltsystem“: eine Kritik der Weltsystemtheorie Immanuel Wallersteins, Marburg 1990.

Lydia Kocar, Immanuel Wallerstein, Das moderne Weltsystem, in: Sven Papcke/Georg W. Oesterdiekhoff (Hrsg.), Schlüsselwerke der Soziologie, Wiesbaden 2001, S. 499-501.
Thomas R. Shannon, An Introduction to the World-System Perspective, Boulder 1996.
Steve Hobden/Richard Jones, World-System Theory, in: John Baylis/Steve Smith (Hrsg.), The Globalization of World Politics, Oxford/New York 1997, S. 125-145.

*Stefan Fröhlich*

## Kenneth N. Waltz, Theory of International Politics, New York 1979.

Kenneth Waltz (geb. 1924) ist geprägt durch sein Studium der Wirtschaftswissenschaften und der politischen Theorie am Oberlin College und an der Columbia University. Das Studium strahlt auf sein Werk aus: Als Wissenschaftler in der Zeit des Kalten Krieges und im bipolaren internationalen System gereift, lässt sich Waltz von Erklärungskonzepten der Mikroökonomie beeinflussen, die ihm einen neuen Blick auf die systemische Struktur der Staatenwelt erlauben. Als Professor lehrte er an renommierten Universitäten, u.a. an der Columbia University (1953-1957) und der Brandeis University (1966-1971). Sein Werk „Man, the State and War" (1959) thematisiert bereits die Bedeutung des internationalen Systems. Sein Hauptwerk „Theory of International Politics" (1979) schrieb er als Professor der Politikwissenschaft an der Universität von Kalifornien in Berkeley (1971-1994).

Waltz entwickelt mit seinem Werk eine allgemeine Theorie der Internationalen Politik, die vom anthropologisch begründeten Realismus Hans J. Morgenthaus (→ Morgenthau 1948) zum strukturellen Realismus führt. Er wird damit zum Begründer des Neo-Realismus in der Theorie der Internationalen Beziehungen. Wie die Realisten geht er davon aus, dass es anders als in staatlichen Systemen in der internationalen Politik keine Hierarchie gibt, d.h. keine Instanz, die für alle Staaten verbindliche Regeln setzen kann. Macht bleibt auch bei Waltz eine Schlüsselvariable. Sie ist jedoch kein Selbstzweck. Sie ist unabdingbares Mittel, um das Grundbedürfnis des Staates, seine Sicherheit, zu garantieren. Sein Interesse gilt nicht der Außenpolitik von Staaten, sondern fragt nach den Strukturen des internationalen Systems, in dem Staaten handeln müssen. In ihm sieht er den entscheidenden Faktor, der das Verhalten von Staaten bestimmt, gerade so, wie das Verhalten eines Marktteilnehmers vom Markt gesteuert wird. Die analytische Kategorie des Systems erlaubte es ihm, sowohl Krieg als auch Frieden zu erklären. Waltz kann mit seinem Ansatz deuten, warum die hochgerüstete Staatenwelt des Kalten Krieges erstaunlich stabil und gegenüber einer militärischen Konfrontation abgeneigt war.

Im 1. Kapitel beschäftigt er sich mit wissenschaftstheoretischen Grundlagen der Theoriebildung, insbesondere mit der Frage, wie Gesetze und Theorien voneinander unterscheidbar sind und in welcher Beziehung sie zueinander stehen. Gesetze stellen nach Waltz regelmäßige, zwingende Beziehungen zwischen Variablen her, Theorien erklären Gesetze. Eine Theorie entstehe durch Vereinfachung, nicht aber durch die Einbeziehung möglichst vieler Variablen und empirischer Daten. Das Ziel von Waltz ist es, eine schlanke Theorie zu entwickeln, um ihre Erklärungskraft zu stärken. Das bedeutet, er abstrahiert in hohem Maße. Die Analyseebenen trennt er strikt. Sein Ziel lautet: „to single out the propelling principle even though other principles operate“ (S. 10). Im 2. Kapitel überprüft Waltz Theorien, die er missverständlich „reduktionistisch“ nennt. Er nennt sie so, weil sie sich auf die individuelle oder nationale Ebene beziehen – also (in den Begriffen seines ersten Buches „Man, State and War“) auf die anthropologische Ebene, die das Wesen des Menschen als entscheidend ansieht oder die staatliche Ebene, die der inneren Verfasstheit von Staaten eine entscheidende Bedeutung beimisst. Waltz nennt sie „Ebenen der Analyse“ bzw. die erste und zweite Vorstellung von der internationalen Politik. Als Untersuchungsgegenstand dient ihm die Imperialismus-Theorie in verschiedenen Ausprägungen. Sie kann nach seiner Ansicht das Verhalten der Staaten nicht erklären. Das gelte auch für realistische und liberale Theorieansätze mit systemischen Ansätzen zu. Den Theorien sei gemeinsam, nicht zu erklären, welche Änderungen als normale Vorgänge im System verstanden werden können und welche Elemente das System selbst verändern. Somit würden sie den zwei Aufgaben der Systemtheorie nicht gerecht: 1. Internationale Systeme auf ihre wahrscheinliche Dauerhaftigkeit und Friedfertigkeit hin zu definieren und 2. Aussagen zu treffen, wie das System das Handeln der Einheiten beeinflusst und wie diese wiederum auf das System einwirken.

In den Kapiteln vier und fünf entwickelt Waltz seine strukturalistische Theorie. „Structure designates a set of constraining conditions“ (S. 73): Obwohl die Struktur – einer Grammatik vergleichbar – unsichtbar sei und selbst nicht agiere, beeinflusse sie das Verhalten der Staaten im System. Dies geschehe durch Sozialisation wie durch Wettbewerb. Beide bewirkten Ähnlichkeit im Verhalten. Wenn Strukturen Einfluss ausübten, so sei es unabdingbar zu unterscheiden, in welchem Ausmaß die Struktur für das Verhalten entscheidend sei und in welchem Ausmaß die Einheiten des Systems. Die Struktur und interagierende Einheiten – also Staaten – machten das System aus. Die Struktur sei definiert durch die Anordnung seiner Teile. Ändere sich die Struktur, so ändere sich das System. Die Staaten im System stünden in horizontaler Beziehung miteinander, seien untereinander formal gleich, nämlich souverän, und könnten sich den Gesetzen des Systems nicht entziehen. Das System sei durch drei Strukturmerkmale charakterisiert: 1. Sein Ordnungsprinzip kann anarchisch sein (souveräne Akteure sind auf sich gestellt), so sieht Waltz alle bisherigen internationalen Systeme, oder hierarchisch (unter einem übergeordneten Gewaltmonopol, z.B. Weltorganisation, Welthegemon). 2. Das Verhalten der Einheiten entspricht dem anarchischen Ordnungsprinzip: Die Staaten sind gezwungen, sich selbst um ihr primäres Ziel Sicherheit zu kümmern und wagen keine funktionale Arbeitsteilung, da diese ihnen Sicherheit nicht garantieren kann. Es herrscht ein System der Selbsthilfe (self-help system). Je anarchischer das System ist, desto geringer ist die funktionale Differenzierung der Staaten ausgeprägt. 3. Die Verteilung der Macht zwischen den Akteuren prägt das System und hat hohen Erklärungswert für die internationale Politik. Die Struktur des Systems wirkt verhaltenssteuernd auf Staaten ein.

In den folgenden Kapiteln überprüft Waltz seine Theorie. Im 6. Kapitel zeigt er auf, dass Staaten im anarchischen System nach einem Machtgleichgewicht streben. Dieses Machtgleichgewicht wird nach Waltz wegen der Aussichtslosigkeit, einen Konflikt zu gewinnen, Staaten von Angriffen abhalten. Strebten Staaten primär nach Macht, würden sich kleine Staaten eher mit großen als gegen große Staaten verbünden. Auch wenn die politische Zielsetzung von Staaten zunächst anderes vorsehe, passten sich die Einheiten des Systems der Wirkung an, dass es Sicherheit am ehesten im Gleichgewichtszustand gebe. Die Wahrscheinlichkeit, dass Staaten systemkonform handeln, sei groß, da systemwidriges Verhalten bestraft und systemkonformes Verhalten belohnt werde. Das 7. Kapitel widmet sich der Anordnung der Teile des internationalen Systems und ihrem Verhältnis zueinander. Ob ein System uni-, bi-, oder multipolar sei, hänge nicht von der Zahl der beteiligten Staaten ab, sondern von der Zahl der aufgrund ihrer Möglichkeiten wie Bevölkerung, Wirtschaftskraft, Ressourcen, militärische Stärke und politische Stabilität überlegenen Staaten. Die Ungleichheit zwischen den Staaten erleichtere es, Frieden und Stabilität zu erhalten, weil die begrenzte Zahl entscheidender Einheiten die Erhaltung des Gleichgewichts erleichtere. Da die Akteure unterschiedlich handelten und ihre Interaktion, je nachdem, wie viele Pole das System aufweise, andere Ergebnisse zeige, sei ihre Anzahl von hoher analytischer Bedeutung für Aussagen über Friedenserhaltung und Stabilität des internationalen Systems. Waltz versucht zu zeigen, dass die Interdependenz im System mit der Zahl der großen Mächte abnimmt. Anders als in den multipolaren Systemen der Zeit vor 1945 war die Interdependenz der USA und der Sowjetunion in der Bipolarität nach 1945 gering, wie auch ihre Abhängigkeit von den Blockpartnern. Den Vorzug des bipolaren Systems für Frieden und Stabilität weist Waltz auch im 8. Kapitel („Structural Causes and Military Effects") nach. Das bipolare System erscheint ihm als am wenigsten kriegsträchtig und besonders stabil, denn in diesem System sei das Gleichgewicht am leichtesten einschätzbar. Die überwältigend großen militärischen Kapazitäten zweier Mächte stabilisieren nach Waltz, da herausragend machtvolle Staaten ihr Militärpotential seltener anwenden müssen, um zum Ziel zu kommen, als die weniger machtvollen Einheiten in multipolaren Systemen. Multipolare Systeme seien komplex. Sie erhöhten das Risiko des Wechsels von Bündnispartnern und der Fehleinschätzung des Machtgleichgewichts und damit das Risiko eines Krieges. Dies gelte auch für unipolare Systeme, in denen die Existenz eines Hegemons zur Gegenmachtbildung reize. Der Hegemon werde versuchen, dies zu verhindern. Dies führe zu einer größeren Wahrscheinlichkeit von kriegerischen Auseinandersetzungen.

Im Schlusskapitel legt Waltz in Hinblick auf die Ordnungsfunktion im internationalen System die Vorzüge des bipolaren Systems dar. Beide dominanten Mächte, insbesondere weist er dies jedoch für die USA nach, identifizieren ihre eigene Sicherheit mit der Erhaltung der Weltordnung. Sie übernähmen daher (sicherheits-)politische und ökonomische Ordnungsaufgaben für die Staaten im System. Waltz schließt Systemwechsel, entweder durch Wandel oder durch Transformation, nicht aus. Wandel könne durch ein verändertes Arrangement der Systemteile entstehen. Zur Transformation komme es, wenn die Anarchie durch eine Hierarchisierung des Systems überwunden wird. Er konstatiert ausgehend von den 1970er Jahren eine Reifung der bipolaren Welt, weil beide Großmächte nicht danach streben, das System zu überwinden.

Waltz schrieb seine Abhandlung in der von der Entspannungspolitik geprägten Zeit. Die erneute Spannung Ende der 1970er, Anfang der 1980er führten zu einem verschärften Wettbewerb um die Vorherrschaft im System. Kaum mehr als ein Jahrzehnt nach der Veröffentlichung seines Buches war das Zeitalter der Bipolarität unerwartet rasch beendet: Der Systemwandel trat durch den Zerfall der Sowjetunion ein. Damit endete auch die von Waltz zu Recht diagnostizierte Stabilität der Bipolarität. Heute ist das internationale System in einer Latenzphase, in der nicht abzusehen ist, ob die sich abzeichnende Unipolarität von Dauer ist oder ob sich ein multipolares System herausbilden wird, wie es als historischer Normalfall erscheint. Politiker und Wissenschaftler favorisieren zumeist ein multipolares System. Waltz gibt ihm für Friedenswahrung und Stabilität keine guten Prognosen.

Der strukturelle Neorealismus ist eine fruchtbare Weiterentwicklung des klassischen Realismus. Er regte ertragreiche empirisch-analytische Studien an. John L. Gaddis Arbeit über den „langen Frieden", Werner Links Untersuchung über den Ost-West-Konflikt, John Mearsheimers Prognosen über die Auswirkung des Endes des Kalten Kriegs und Joseph M. Griecos Analyse der Kooperation zwischen den USA und Europa in der Wirtschaftspolitik sind Beispiele. Stephen Walt (1997) entwickelte die Theorie weiter: Er betont die Bedeutung der wahrgenommenen Bedrohung, die für die Akteure entscheidender sei als die reale Bedrohung und zur Allianz gegen den bedrohlichsten, nicht den stärksten Akteur im System führe. Robert Gilpin (1983) untersuchte die Bedeutung politischer, ökonomischer und technologischer Entwicklungen für den Wandel des internationalen Systems. Waltz verneint nicht die Bedeutung von politischen Systemen, nichtstaatlichen Akteuren, ökonomischen oder technologischen Entwicklungen. Für ihn sind sie aber nicht entscheidend für die internationale Politik. An diesem Punkt setzt die Kritik anderer Theorieschulen an, die ihm vorwerfen, die Dynamik des internationalen System – wie etwa die Integration Europas oder das Ende des Ost-West-Konflikts – unzureichend erklären zu können.

## Literatur:

John Lewis Gaddis, The Long Peace: Inquiries into the History of The Cold War, New York 1987.

Robert Gilpin, War and Change in World Politics, Cambridge 1983

Joseph M. Grieco, Cooperation among Nations. Europe, America and Non-Tariff Barriers to Trade, Ithaca/London 1990.

Robert O. Keohane, Neorealism and its Critics, New York 1986.

Werner Link, Der Ost-West-Konflikt, Stuttgart 1980.

Carlo Masala, Kenneth N. Waltz: Einführung in seine Theorie und Auseinandersetzung mit seinen Kritikern, Baden-Baden 2005.

Stephen Walt, The Progressive Power of Realism, In: American Political Science Review 91 (1997), S. 3-43.

Kenneth N. Waltz, Man, the State, and War. A Theoretical Analysis, New York 1959.

Kenneth N. Waltz, Structural Realism after the Cold War, in: International Security 25 (2000), S. 5-41.

*Beate Neuss*

## Michael Walzer, Spheres of Justice. A Defence of Pluralism and Equality, New York 1983

*(DA, VA: Sphären der Gerechtigkeit. Ein Plädoyer für Pluralität und Gleichheit, Frankfurt a.M. 1992).*

Zu den zentralen Themen Michael Walzers (geb. 1935) gehören Gerechtigkeit, Gesellschaftskritik und Krieg. Der in Princeton lehrende Politikwissenschaftler begreift sich selbst als demokratischen Sozialisten. Stets geht es ihm um die Spannung zwischen Gemeinschaft und Individuum, zwischen Partikularismus und Universalismus, zwischen Pluralität und Gleichheit. „Sphären der Gerechtigkeit“ sind prominenter Teil des durch John Rawls „Eine Theorie der Gerechtigkeit“ (→ Rawls 1971) ausgelösten, bis heute andauernden Gerechtigkeitsdiskurses. Sie entstanden in kritischer Auseinandersetzung mit Robert Nozick (→ Nozick 1976) und wenden sich gegen jeden Versuch, eine universell geltende Gerechtigkeitstheorie jenseits partikularer, kultureller Selbstverständnisse zu begründen.

Oberflächlich betrachtet präsentiert Walzer in den „Sphären der Gerechtigkeit“ eine mit historisch-kulturvergleichenden Fakten angereicherte Erörterung unterschiedlicher Verteilungsprozesse. Er untersucht die Verteilungsregeln für so unterschiedliche Güter wie Mitgliedschaft, Sicherheit und Wohlfahrt, Geld und Waren, Ämter, harte Arbeit, Freizeit, Bildung, Verwandtschaft und Liebe, religiöses Heil, Anerkennung und politische Macht. Zu einer Gerechtigkeitstheorie werden diese Untersuchungen durch drei zentrale Ideen integriert: 1. soziale Güter; 2. autonome Verteilung und 3. komplexe Gleichheit. Walzer versteht menschliche Gemeinschaften als „Verteilungsgemeinschaften“ (S. 28). Verteilt werden soziale Güter. Diese „Verteilungsgemeinschaften“ können materiellen (Geld, Nahrung usw.) wie immateriellen Charakter (Anerkennung, Bildung, Macht usw.) haben. Als soziale Güter seien sie weder auf individuelle Wertschätzung zu reduzieren, noch seien sie objektiv gegeben. Sie entstünden erst in den Interaktions- und Kommunikationsprozessen gemeinschaftlichen Lebens. Bedeutung und Wert dieser Güter sei deshalb nie unabhängig von den in einer Gesellschaft geteilten, historisch gewachsenen Überzeugungen. In der gemeinschaftlichen Bedeutung sozialer Güter sei immer schon eine Vorstellung ihrer angemessenen Verteilung enthalten. Wenn verstanden werde, was ein bestimmtes Gut sei, „was es für jene bedeutet, die ein Gut in ihm sehen, dann wissen wir auch, von wem es nach welchen Gründen wie verteilt werden sollte“ (S. 34). Daraus folgt die erste grundlegende Idee Walzers: Eine Gesellschaft ist dann gerecht, wenn die in ihr zur Anwendung kommenden Verteilungsprinzipien den gemeinsamen Vorstellungen ihrer Mitglieder entsprechen. Walzers Gütertheorie ist dabei einerseits partikularistisch, weil sie die Anerkennung je spezifischer Formen gemeinschaftlichen Lebens unterschiedlicher politischer Gemeinschaften verlangt. Ein kulturell tradiertes, im Zusammenhandeln bestätigtes gemeinsames Verständnis sozialer Güter sei die einzige Legitimationsgrundlage für Verteilungsprinzipien. Walzer distanziert sich andererseits aber von jeglichem kulturellen Essentialismus. Sein hermeneutisch-interpretativer Ansatz verweist auch auf Veränderung und individuelle Selbstbestimmung. Legitim sind für ihn nur jene Verteilungsordnungen, die auf „geteilten" Überzeugungen beruhen und damit eine wie auch immer geartete Zustimmung aller Gesellschaftsmitglieder erfahren.

In modernen Gesellschaften stünden nun aber eine Vielzahl unterschiedlichster sozialer Güter zur Verteilung, ohne dass es ein einziges, dominantes Gut (göttliche Gnade, Abstammung o.ä.) gibt, das die Verteilung aller anderen Güter legitimerweise ordne. Hierarchische Gesellschaften (z.B. Ständeordnung, Kastensystem) seien nicht per se ungerecht. Die entscheidende legitimationskritische Frage laute, ob das die Güterverteilung insgesamt leitende Gut (Abstammung, göttliche Gnade, Reinheit oder ähnliches) die Anerkennung aller Gesellschaftsmitglieder genieße. Kämen aber in einer pluralistischen Gesellschaft verschiedene Sozialgüter zur Verteilung und verlangten sie aufgrund unterschiedlicher Bedeutungen nach je eigenen Verteilungskriterien, dann müsse die Verteilung „autonom" erfolgen. Als zweite grundlegende Idee erscheint das Prinzip der autonomen Verteilung. Relevante soziale Güter bildeten „Distributionssphären" (S. 36), in denen nur bestimmte Verteilungsprinzipien angemessen seien. So soll in der Sphäre des Marktes der freie Tausch herrschen. In der Sphäre der Wohlfahrt gelte das Bedürfnisprinzip und in der Sphäre der Bildung seien Leistung und Verdienst die angemessenen Kriterien. Ungerechtigkeit zeige sich in der Verletzung der Autonomie der Sphären. Die Dominanz eines Gutes über andere werde dort sichtbar, wo politische Macht käuflich werde, Vetternwirtschaft die Ämtervergabe bestimme oder Politik die Wirtschaft plane.

Die dritte grundlegende Idee Walzers ist daher, dass das egalitäre Ideal moderner Gesellschaften nur „komplexe Gleichheit" (S. 46) sein könne. Die Verwirklichung „einfacher Gleichheit" sei in modernen Gesellschaften weder möglich noch wünschenswert. Entsprechende Regime neigten zur Tyrannei. Ihr Versuch, einen Zustand herbeizuführen, in dem jedes Gesellschaftsmitglied über die gleichen Anteile an relevanten Sozialgütern verfügt, erfordere einen übermächtigen Interventionsstaat. Politische Macht werde zu einem dominanten Gut, das die Autonomie der Verteilungssphären, und damit unser Verständnis gerechter Verteilung, verletze. Komplexe Gleichheit dagegen kombiniere Elemente individueller Verschiedenheit und einfacher Gleichheit. Eine Vielzahl autonomer Distributionssphären vervielfältige die Möglichkeiten individueller Entfaltung und verhindere eine starre, gesellschaftliche Rangordnung. Dabei verweist das Prinzip der autonomen Verteilung 1. auf das Prinzip der Chancengleichheit und enthält 2. ein Verbot von Übergriffen in andere Sphären. Allein die in einer Verteilungssphäre angemessenen Distributionskriterien entscheiden demnach über die Zuteilung der Güter und nicht die Abstammung, die Schichtzugehörigkeit oder ähnliches. Keine Person dürfe aufgrund ihres Erfolgs in anderen Sphären privilegiert werden. Der blockierte Tausch zwischen den Sphären verhindere, dass die Erfolgreichen den Erfolg in einer Sphäre in eine Vorherrschaft in allen Sphären umwandelten. Dies allein aber würde kaum ausreichen, um dem Ideal der Gleichheit in einer Gesellschaft nahe zu kommen. Es stünde zu befürchten, dass es Einigen gelinge, Güter zu monopolisieren, und andere ganz von der gesellschaftlichen Teilhabe ausgeschlossen würden. Die Autonomie der Verteilungen werde deshalb durch ein Konzept minimaler staatsbürgerlicher Gleichheit begrenzt. Jedes Mitglied der Gesellschaft ist demnach als gleicher Bürger mit bestimmten liberalen, politischen und sozialen Grundrechten anzuerkennen. Mitgliedschaft/Bürgerschaft konstituiere ein sphärenübergreifendes Prinzip, das nach Walzer 1. den gleichen Zugang zu allen Verteilungssphären garantiert, 2. durch sphärenspezifische Minimalforderungen verhindert, dass Niederlage und Misserfolg in einer oder mehreren Sphären die grundsätzliche Handlungsfähigkeit, Anerkennung und Würde als Bürger in Frage stellen und darüber hinaus 3. insbesondere die Beteiligung an der demokratischen Selbstregierung des Gemeinwesens sicherstellt. Denn politischer Macht falle die in sich widersprüchliche Aufgabe zu, die Sphärenautonomie zu gewährleisten, ohne selbst zum dominanten Gut zu werden. Dies sei nur mit einem, die Bürgerrechte garantierenden, von einem durch die gegenseitige Kontrolle der Gewalten (checks and balances) gezähmten, demokratischen Verfassungsstaat zu leisten.

Die „Sphären der Gerechtigkeit" gelten als eine der wichtigsten Gerechtigkeitstheorien der Gegenwart. Sie sind eine kommunitäre Antwort auf John Rawls. Sie berücksichtigen wie keine andere Gerechtigkeitstheorie die funktionale Differenzierung moderner Gesellschaften. Im angelsächsischen Sprachraum haben sie eine breit gefächerte Diskussion ausgelöst, in deren Mittelpunkt der hermeneutisch-interpretative Ansatz und die Konzeption komplexer Gleichheit stehen. In Deutschland wird das Werk im Zusammenhang der Kommunitarismuskontroverse seit Anfang der 1990er Jahre wahrgenommen. Dies hat die Rezeption des Werkes befördert, aber auch zu einseitigen, verkürzten Einschätzungen geführt. Sein Potential zur Reflexion und Kritik des Wohlfahrtsstaates ist bei weitem nicht ausgeschöpft.

**Literatur:**

Hubertus Buchstein/Rainer Schmalz-Bruns, Gerechtigkeit als Demokratie – zur politischen Philosophie von Michael Walzer, Opladen 1992.
Michael Haus, Die politische Philosophie Michael Walzers, Wiesbaden 2000.
Skadi Krause/Karsten Malowitz, Michael Walzer zur Einführung, Hamburg 1998.
David Miller/Michael Walzer (Hrsg.), Pluralism, Justice and Equality, Oxford 1995.
Günter Rieger, Einwanderung und Gerechtigkeit. Mitgliedschaftspolitik auf dem Prüfstand amerikanischer Gerechtigkeitstheorien der Gegenwart, Wiesbaden 1998 (S. 189–243).
Christoph Seibert, Politische Ethik und Menschenbild: eine Auseinandersetzung mit den Theorieentwürfen von John Rawls und Michael Walzer, Stuttgart 2004.
Michael Walzer, Lokale Kritik, globale Standards, Hamburg 1996.

*Günter Rieger*

## Max Weber, Wirtschaft und Gesellschaft. Grundriss der verstehenden Soziologie, Tübingen 1922

*(VA: 5. Aufl., hrsg. von Johannes Winckelmann, Tübingen 1980).*

„Wirtschaft und Gesellschaft" ist eine Zusammenstellung von Schriften Max Webers, die seine Frau Marianne 1922 aus dem Nachlass veröffentlichte. Weber hatte vor dem Ersten Weltkrieg eine gewaltige wissenschaftliche Kollektivanstrengung initiiert und herausgegeben, die unter dem Titel „Grundriss der Sozialökonomik" im Bereich von Politik, Wirtschaft und Gesellschaft alle hierfür relevanten normativen, theoretischen und empirischen Aspekte verbinden wollte. Max Webers eigener Beitrag war als erster Band für die III. Abteilung mit dem Titel „Wirtschaft und Gesellschaft" gedacht. Er sollte „Die Wirtschaft und ihre gesellschaftlichen Ordnungen und Mächte" heißen. Die heutige Gestalt beruht auf der Neuausgabe Johannes Winckelmanns. Er versuchte, den Stoff in der von Weber möglicherweise intendierten Gliederung vorzulegen und ergänzte die für „Wirtschaft und

Gesellschaft" noch nicht ausgeführten Abschnitte um Stücke aus anderen Veröffentlichungen Webers.

Das Werk breitet seinen Gegenstand auf 870 Seiten aus und ist zweigeteilt. Auf den Abschnitt „Soziologische Kategorienlehre" folgt ein nach einzelnen Sachgebieten gegliederter Teil zu den gesellschaftlichen Ordnungen und Mächten in historischer wie idealtypischer Perspektive. Die Kategorienlehre beginnt mit soziologischen Grundbegriffen wie „Sinn", „soziale Beziehung" und die Definitionen von „sozialen Verbänden", die Webers verstehende Soziologie ausmachen. Zu den sozialen Verbänden zählen auch „politische Verbände" und zu den maßgeblichen kategorialen Differenzierungen zählt die von Macht und Herrschaft. Nach den ökonomischen Grundbegriffen folgt das Schlusskapitel der Kategorienlehre zu den „Typen der Herrschaft". Weber legt dort die Grundbegriffe seiner Legitimationstheorie dar, seine Lehren zu Parteien, zur politischen Gewaltenteilung und zur Repräsentation sowie zu Ständen und Klassen. Im zweiten Teil erprobt Weber diese Grundbegriffe an konkreten historischen Gebilden, die als Idealtypen strukturiert werden. Nach Sachgebieten gegliedert folgt auf die Wirtschaft die Religion, die Rechtssoziologie und schließlich die politische Soziologie („Staatssoziologie"). Letztere nimmt auch ohne die von Winckelmann beigefügten Textstücke den mit Abstand größten Raum ein.

Weber hat in der politischen Kategorienlehre den Weg zu einer politischen Soziologie geebnet. Er wollte eine Grundlegung des sozialen Verhaltens des Menschen liefern. Webers Begriff des sozialen Verhaltens umfasst dabei ökonomische, politische, religiöse wie im engeren Sinne gesellschaftliche Handlungen und die Muster ihrer Organisation. Er charakterisiert „idealtypische" Muster vor dem Hintergrund des historischen Materials vom Anbruch der Hochzivilisation bis zur Moderne. Die „Idealtypen" sind dabei gedankliche Konstrukte, die Weber zum Zwecke klarer Erkenntnis bildet und die es in solcher Reinheit in der Wirklichkeit nicht gibt. Entscheidend ist methodisch die Konzentration auf das individuelle Verhalten, das mit seiner Orientierung am Handeln anderer erst soziale Beziehungen entstehen lässt. Alle Institutionen und von Zeitgenossen oft wie ontologische Gebilde behandelten Strukturen wie „die Nation", „die Demokratie" oder „die Gesellschaft" verdanken ihr Dasein ausschließlich dem individuellen Verhalten. Soziale Gebilde geben für Weber höchstens Aufschluss über die „Chance", soziales Verhalten prognostizieren zu können. Das gilt auch für politische Gebilde wie den „Staat" oder die „Partei". Erst die Chance, dass Menschen ihr Verhalten nach dem Muster solcher Kollektivgebilde ausrichten, erlaubt deren selbständige Erforschung.

Politikwissenschaftlich aufschlussreich ist die von Weber vorgenommene Verknüpfung von universalgeschichtlicher Perspektive und modernen politischen Institutionen. Die Soziologie ist zivilisationstheoretisch und vergleichend angelegt. Weber verbindet seine universalistische Bürokratisierungsthese, wonach die Moderne durch eine unaufhaltsame Steigerung der Verwaltetheit der Lebenswelt gekennzeichnet ist, mit der Demokratie. Bürokratie sei die typische Begleiterscheinung der „Massendemokratie". Die Befriedigung sozialer und wirtschaftlicher Interessen großer Bevölkerungen führe zum Aufbau einer Verwaltung, die immer mehr Lebensbereiche zu ihren Aufgaben zähle. An die Stelle bürgerlicher Selbstverwaltung in eigener oder in kooperativer Regie trete die Bürokratisierung aller Lebensbereiche. „Bürokratisierung" ist nach Weber keine Besonderheit der staatlichen Verwaltung, sondern sie sei auch in Parteien, Gewerkschaften und anderen Gebilden zu beobachten. Dieser Bürokratisierung entspreche die legale Herrschaftsform einer nach verfahrensmäßigen Regeln operierenden Verwaltungstätigkeit, welche den persönlichen Freiheitsraum immer stärker einschränke. Die Bürokratisierung führt nach Weber zur Herausbildung bürokratischer Eliten. Diese Annahme verdankt Weber der Parteiensoziologie von Robert Michels (→ Michels 1911), den er persönlich kannte und förderte. Die bürokratischen Eliten widersprechen nach Weber der normativen Idee der Demokratie von Gleichheit. Dadurch könne es zu einer Hinwendung zu charismatischer – im Gegensatz zur legaler –Legitimation kommen und die Bahnen der legalen Herrschaft würden partiell durchbrochen. Das Charisma begreift Weber insofern als schöpferische revolutionäre Macht, dass dazu geeignet ist, verkrustete, besonders bürokratische Strukturen aufzubrechen. Auf sich gestellt, scheitere aber das Charisma an den Leistungserfordernissen des Staates oder an seiner Tendenz zur Veralltäglichung.

Webers Grundriss hat eine sehr starke Wirkung auf die Soziologie und Politikwissenschaft des 20. Jahrhunderts ausgeübt: als Kompendium, als kategoriale Vorarbeit, als methodische Leistung der Verarbeitung ungeheurer Stoffmengen und der Fähigkeit zur Verknüpfung zuvor separat betrachteter Aspekte des sozialen Lebens. Bereits das umfangreiche Register diente zahllosen Forschungsarbeiten als erste Orientierung. Das macht Weber zum Ausgangspunkt so unterschiedlicher Theorieströmungen wie der Systemtheorie (→ Almond/Powell 1978; → Easton 1965) oder der Theorie des kommunikativen Handelns von Jürgen Habermas (1981). Das Übergewicht politischer Fragen und Probleme in „Wirtschaft und Gesellschaft" unterscheidet Webers Soziologie von ähnlich grundsätzlich orientierten Arbeiten zur Soziologie wie die von Émile Durkheim, Georg Simmel und auch von späteren Soziologen wie Talcott Parsons oder Niklas Luhmann und bleibt daher für jede gesellschaftstheoretisch inspirierte Politikwissenschaft eine maßgebliche Referenz.

Die Kritik muss bereits editorisch ansetzen. Den politikwissenschaftlich bedeutsamsten Eingriff Winckelmanns stellt die Zusammenstellung des Schlussabschnitts zur „Staatssoziologie" dar, in der Textstücke aus Webers „Wirtschaftsgeschichte", „Parlament und Regierung" sowie „Politik als Beruf" verarbeitet wurden (Winckelmann 1986). Ob die von Weber als „politische Gelegenheitsschriften" apostrophierten Vorlagen geeignet sind, um sie in die systematisch und empirisch angelegte Arbeit „Wirtschaft und Gesellschaft" zu integrieren, ist umstritten. Probleme der Kontextualität und der sachlichen Differenzen in den früheren und späteren Manuskripten haben die Herausgeber der Max-Weber-Gesamtausgabe zu einer völligen Neugestaltung veranlasst. Der Gedanke eines geschlossenen Buches ist von den Herausgebern aufgegeben worden. Bemerkenswert an der Edition aus politikwissenschaftlicher Sicht ist die Entscheidung, die Abschnitte „Entwicklung des modernen Staates" und „moderne politische Parteien" vollständig auszusparen, da sie zwar angekündigt waren, sich hierzu im Nachlas aber keine Notizen fanden.

Inhaltlich ist Webers Neigung zu einer stark am Konflikt ausgerichteten Betrachtungsweise kritisiert worden. Der an Kommunikation orientierte Theorieansatz hat Webers Konzentration auf die Handlungstheorie scheinbar hinter sich gelassen. Auch Webers kühle Distanz zu normativer Teleologie, der sich die modernen Demokratien in Gestalt der Menschenrechte verschrieben haben, lädt dazu ein, Weber eher als Repräsentanten seiner Zeit denn als modernen Soziologen zu lesen. Weber kann aber weiterhin als Ausgangspunkt einer analytisch angelegten Politikwissenschaft angesehen werden. Gerade die kulturvergleichend angelegte Perspektive und das Bewusstsein für die Eigenart der europäischen Entwicklung, die Weber nicht universalisiert, machen ihn neuerdings besonders interessant.

## Literatur:

Andreas Anter, Max Webers Theorie des modernen Staates – Herkunft, Struktur und Bedeutung, Berlin 1995.

Edith Hanke/Wolfgang J. Mommsen (Hrsg.), Max Webers Herrschaftssoziologie. Studien zu Entstehung und Wirkung, Tübingen 2001.

Jürgen Habermas, Theorie des kommunikativen Handelns, 2. Bde., Frankfurt a.M. 1981.

Dirk Kaesler, Max Weber, Wirtschaft und Gesellschaft, in: Theo Stammen/Gisela Riescher/Wilhelm Hofmann (Hrsg.), Hauptwerke der politischen Theorie, Stuttgart 1997, S. 522-528.

Wolfgang Schluchter, Religion und Lebensführung. Studien zu Max Webers Religions- und Herrschaftssoziologie, 2 Bde., Frankfurt a.M. 1991.

Max Weber, Gesammelte politische Schriften, hrsg. von Johannes Winckelmann, 4. Aufl., Tübingen 1980.

Johannes Winckelmann, Max Webers hinterlassenes Hauptwerk: Die Wirtschaft und die gesellschaftlichen Ordnungen und Mächte: Entstehung und gedanklicher Aufbau, Tübingen 1986.

*Marcus Llanque*

# Personenregister

# Schlüsselwerke der Politikwissensch



Die Politikwissenschaft kann stolz auf einen bemerkens an fruchtbaren Theorien und Forschungsergebnisse blic der politikwissenschaftlichen Werke ist aber selbst für den ausgebildeten Politikwissenschaftler kaum überschaubar. Die „Schlüsselwerke" sollen bei der Orientierung helfen. Aus dem reichhaltigen Bestand der politikwissenschaftlichen Literatur nimmt der Band jene heraus, die in besonderem Maße die Entwicklung der Politikwissenschaft spiegeln. Der spannende Streifzug durch die Politikwissenschaft führt von Platons politischer Philosophie bis zum aktuellen Vetospieleransatz von Georg Tsebelis.

**PD Dr. Steffen Kailitz** lehrt Politikwissenschaft an der TU Chemnitz.

www.vs-verlag.de

VS VERLAG FÜR SOZIALWISSENSCHAFTEN

ISBN 978-3-531-14005-6

9 783531 140056